SCHÜLER DUDEN

Mathematik II

SCHÜLERDUDEN

Rechtschreibung und Wortkunde
Ein Wörterbuch zur alten und neuen Rechtschreibung

Grammatik
Eine Sprachlehre mit Übungen und Lösungen

Wortgeschichte
Herkunft und Entwicklung des deutschen Wortschatzes

Bedeutungswörterbuch
Ein Lernwörterbuch mit Bedeutungsangaben, Anwendungsbeispielen und Abbildungen, mit sinn- und sachverwandten Wörtern und den Bausteinen zur Wortbildung

Fremdwörterbuch
Herkunft und Bedeutung der Fremdwörter

Lateinisch-Deutsch
Ein zuverlässiges Wörterbuch auf der Grundlage des »Taschen-Heinichen«

Kunst
Von der Felsmalerei bis zur Fotografie, von Dürer bis Dix

Musik
Bach und Beatles, gregorianischer Gesang und Hip-Hop

Literatur
Von der Tragödie bis zum Computertext, von Sophokles bis Süskind: die Literatur in ihrer ganzen Vielseitigkeit

Chemie
Von der ersten Chemiestunde bis zum Abiturwissen

Ökologie
Klassische Ökologie und moderne Umweltpolitik

Biologie
Die gesamte Schulbiologie aktuell und zuverlässig

Physik
Quarks & Co.: Begriffe und Methoden der Physik

Geographie
Erdbeben, Klimazonen, Strukturwandel: allgemeine Geographie für den modernen Erdkundeunterricht

Geschichte
Von der Hügelgräberkultur bis zum Hitlerputsch, von der Res publica bis zum Zwei-plus-vier-Vertrag

Wirtschaft
Das Einmaleins der Marktwirtschaft für Schule und Berufsausbildung

Politik und Gesellschaft
Grundlegende und aktuelle Information: Grundgesetz, Gewaltenteilung, Globalisierung

Religionen
Vom Ahnenkult bis zum Glauben an den einen Gott: die Religionen der Welt auf einen Blick

Philosophie
»Logik des Herzens« und kategorischer Imperativ: die wichtigsten Modelle und Schulen

Psychologie
Das Grundwissen der Psychologie und ihrer Nachbarwissenschaften

Pädagogik
Alles zum Thema Schule, Ausbildung und Erziehung

Informatik
Algorithmen und Zufallsgenerator: das Informationszentrum für Anfänger und Fortgeschrittene

Mathematik I
5.–10. Schuljahr: das Grundwissen

Mathematik II
11.–13. Schuljahr: das Abiturwissen

Sexualität
Umfassende Informationen zur Sexualität des Menschen

SCHÜLER DUDEN

Mathematik II

4., völlig neu bearbeitete Auflage
Herausgegeben und bearbeitet von
der Redaktion Schule und Lernen

Wissenschaftliche Bearbeitung:
Prof. Dr. Harald Scheid
und Dieter Kindinger

DUDENVERLAG
Mannheim·Leipzig·Wien·Zürich

Redaktionelle Leitung:
Dipl.-Phys. Martin Bergmann

Herstellung:
Erika Geisler

Redaktion:
Martin Fruhstorfer,
Dipl.-Phys. Carsten Heinisch,
Rainer Jakob,
Dipl.-Ökonom Otto Reger

Grafiken:
doppelpack, Mannheim

Umschlaggestaltung:
Sven Rauska, Wiesbaden

Die Deutsche Bibliothek – CIP-Einheitsaufnahme
Ein Titeldatensatz für diese Publikation ist bei
Der Deutschen Bibliothek erhältlich.

Das Wort DUDEN ist für den Verlag
Bibliographisches Institut & F. A. Brockhaus AG
als Marke geschützt.

Das Werk wurde in neuer Rechtschreibung verfasst.

Alle Rechte vorbehalten
Nachdruck, auch auszugsweise, vorbehaltlich der Rechte,
die sich aus §§ 53, 54 UrhG ergeben, nicht gestattet.
© Bibliographisches Institut & F. A. Brockhaus AG,
Mannheim 2000
Satz: Universitätsdruckerei H. Stürtz AG, Würzburg
Druck: Druckerei Ebner, Ulm
Bindearbeit: Schöneberger Buchbinderei, Berlin
Printed in Germany
ISBN 3-411-04274-5

Vorwort

Angesichts der Wissensfülle, die im Fach Mathematik bewältigt werden muss, fehlt oft das geeignete Hilfsmittel für einen kompakten Überblick. Das Lehrbuch ist zu umfangreich und kleinschrittig, die Formelsammlung wiederum ist zu knapp und verzichtet auf Erläuterungen. Diese Lücke schließt der Schülerduden »Mathematik II«, der das Mathematikwissen des 11. bis 13. Schuljahres für das gezielte Nachschlagen und Wiederholen bereithält – sei es für Klausuren und Hausaufgaben oder für die Abiturvorbereitung.

Der Schülerduden »Mathematik II« umfasst den Stoff, der im Unterricht der Sekundarstufe II behandelt wird, also schwerpunktmäßig Analysis, Stochastik, lineare Algebra und analytische Geometrie. Für einen ersten Einblick in den weiteren Aufbau der Mathematik werden darüber hinaus die Grundlagen weiterführender Themen berücksichtigt, z. B. Funktionen mehrerer Variabler oder gewöhnliche Differenzialgleichungen. Die Biografien bedeutender Mathematiker, auf die der dargestellte Stoff zurückgeht, erlauben zudem eine historische Einordnung.

Durch einen blauen Rand sind die »Blickpunkte« gekennzeichnet, ausgewählte Artikel zu besonders interessanten Themen (»fraktale Geometrie«, »Monte-Carlo-Methode«, »Spieltheorie« u. a.) und mit ausführlichen Porträts herausragender Persönlichkeiten (Mathematikerfamilie Bernoulli, L. Euler, G. W. Leibniz). Diese Sonderseiten laden ein zum Lesen, Mit- und Weiterdenken und schließen jeweils mit Tipps und Literaturempfehlungen für diejenigen ab, die sich eingehender mit einem Thema beschäftigen möchten.

Im Anhang finden sich eine Übersicht der häufigsten mathematischen Zeichen und eine kleine Sammlung der wichtigsten Formeln. Ein Verzeichnis mit Literaturhinweisen für die Abiturvorbereitung, den Übergang zur Universität oder einfach zur mathematischen Unterhaltung rundet den Band ab.

Hinsichtlich der genannten Inhalte ist der Schülerduden »Mathematik II« ein in sich abgeschlossenes Werk. Dabei baut er auf dem Schulwissen der Sekundarstufe I auf, das der Band »Mathematik I« (5. bis 10. Schuljahr) behandelt. Die entsprechenden Stichwörter schlage man daher dort nach bzw. folge dem Verweis »vgl. Band I«.

Nun noch einige *Benutzungshinweise:* Der Text ist nach fett gedruckten Hauptstichwörtern alphabetisch geordnet. Die Alphabetisierung ordnet Umlaute wie die einfachen Selbstlaute ein, also ä wie a, ö wie o usw. Mehrteilige Hauptstichwörter werden ohne Rücksicht auf Wortgrenzen durchalphabetisiert; z. B. steht **Linearkombination** zwischen **lineare Transformation** und **linear unabhängig.**

Gibt es für einen Sachverhalt mehrere Begriffe, so werden diese nach dem Stichwort in runden Klammern angegeben, z. B. **Ableitungsregeln** (Differenziationsregeln). Angaben zur Herkunft folgen dem Stichwort in eckigen Klammern. Begriffe oder Bezeichnungen, die mit dem Stichwort in enger inhaltlicher Verbindung stehen, sind als Unterstichwörter halbfett hervorgehoben, z. B. **abgeschlossenes Intervall** unter **abgeschlossen.** Der Verweispfeil (↑) besagt, dass ein Begriff unter einem anderen Stichwort behandelt wird oder dass weitere ergänzende Informationen in einem anderen Artikel zu finden sind. Besitzt ein Stichwort gleichzeitig verschiedene Bedeutungen, so wird dies durch das Symbol ♦ angezeigt, z. B. **Basis** als Begriff der Potenzrechnung und der linearen Algebra. Betonungen sind im Stichwort durch einen untergesetzten Strich (betonter langer Vokal) oder einen untergesetzten Punkt (betonter kurzer Vokal) gekennzeichnet. Sofern auch Aussprachehilfen gegeben werden, erfolgen diese in der gebräuchlichen internationalen Lautschrift. Die im Text verwendeten Abkürzungen sind am Ende des Bands zusammengestellt.

Der Schülerduden »Mathematik II« will als Nachschlagewerk in erster Linie von praktischem Nutzen sein, daneben aber auch den Blick auf die faszinierenden Aspekte der Mathematik lenken. Wir hoffen, diesem Ziel nahe gekommen zu sein, und sind in diesem Zusammenhang für Kritik und Anregungen sehr dankbar.

Mannheim, im Juli 2000   Redaktion und Bearbeiter

Abbildung: die eindeutige Zuordnung der Elemente einer Menge A (Ausgangsmenge, Definitionsmenge) zu Elementen einer Menge B (Zielmenge, Wertemenge). Bezeichnet man die Abbildung mit dem Buchstaben f, dann schreibt man $f : A \to B$. Wird durch die Abbildung f dem Element $a \in A$ das Element $b \in B$ zugeordnet, dann schreibt man $f : a \mapsto b$ oder $f(a) = b$ (↑ Funktion).

abelsch [nach NIELS HENRIK ABEL; *1802, †1829]: bezeichnet eine ↑ algebraische Struktur $(M, *)$, in der gilt:

$$x * y = y * x \quad \text{für alle} \ x, y \in M.$$

Statt abelsch verwendet man auch die Bezeichnung ↑ kommutativ.

abgeschlossen: bezeichnet die Eigenschaft einer Menge von Zahlen oder Punkten, die alle ihre ↑ Häufungspunkte enthält. Eine Menge ist abgeschlossen, wenn ihre ↑ Ergänzungsmenge ↑ offen ist. Insbesondere nennt man für reelle Zahlen a, b mit $a < b$ die Menge

$$[a; b] := \{ x \in \mathbb{R} \mid a \leq x \leq b \}$$

ein **abgeschlossenes Intervall**. Ist $M \subseteq \mathbb{R}^i$ ($i = 1, 2, 3$) und $H(M)$ die Menge der Häufungspunkte von M, so heißt

$$\bar{M} := M \cup H(M)$$

die **abgeschlossene Hülle** von M. Genau dann ist M abgeschlossen; $M = \bar{M}$ ist. Beispielsweise ist die Menge

$$M := \left\{ 1, \frac{1}{2}, \frac{1}{3}, \frac{1}{4}, \frac{1}{5}, \ldots \right\}$$

mit dem (einzigen) Häufungspunkt 0 nicht abgeschlossen, denn ihre abgeschlossene Hülle ist $\bar{M} = M \cup \{0\}$.

Es gibt Mengen, die weder abgeschlossen noch offen sind. Die leere Menge $\emptyset$ und die Menge $\mathbb{R}$ aller reeller Zahlen sind Beispiele für Mengen, die sowohl abgeschlossen als auch offen sind.

abhängig:

◆ *Lineare Algebra:* Linear abhängig nennt man eine Menge von ↑ Vektoren, wenn eine geeignete ↑ Linearkombination dieser Vektoren den Nullvektor ergibt, wobei aber nicht alle Koeffizienten 0 sein dürfen (↑ linear unabhängig). Die lineare Abhängigkeit bedeutet also, dass sich ein Vektor durch die anderen als Linearkombination darstellen lässt.

◆ *Wahrscheinlichkeitsrechnung:* Stochastisch abhängig nennt man eine Menge von ↑ Ereignissen eines Zufallsversuchs, wenn für mindestens eine Teilmenge $\{E_1, E_2, \ldots, E_n\}$ dieser Menge von Ereignissen gilt:

$$P(E_1 \cap E_2 \cap \ldots \cap E_n)$$
$$\neq P(E_1) \cdot P(E_2) \cdot \ldots \cdot P(E_n).$$

Dabei bedeutet $P(E)$ die Wahrscheinlichkeit des Ereignisses E (↑ unabhängige Ereignisse).

Abhängigkeitstest: ein statistisches Testverfahren zur Entscheidung, ob verschiedene Ereignisse eines Zufallsversuchs als abhängig oder als unabhängig angesehen werden können. Verbreitet sind der ↑ Vierfelder-Test, der ↑ Chi-Quadrat-Test und der ↑ Zeichen-Test.

Ablehnungsbereich (Verwerfungsbereich): beim ↑ Testen von Hypothesen die Menge der Werte, bei deren Auftreten in einer Zufallsversuchsreihe die Hypothese abgelehnt wird.

Ableitung (Differenzialquotient): Es sei f eine Funktion, deren Defini-

Ableitung

tionsmenge $D(f)$ und deren Wertemenge $W(f)$ Teilmengen von $\mathbb{R}$ sind. Wenn an der Stelle $x_0 \in D(f)$ der ↑ Grenzwert

$$\lim_{x \to x_0} \frac{f(x) - f(x_0)}{x - x_0}$$

existiert, so nennt man ihn die Ableitung oder den Differenzialquotienten von f an der Stelle x_0. Die Funktion f heißt dann an der Stelle x_0 **differenzierbar**. Die Ableitung von f an der Stelle x_0 bezeichnet man mit

$$f'(x_0), \ \frac{\mathrm{d}f}{\mathrm{d}x}(x_0) \ \text{oder} \ \left.\frac{\mathrm{d}f}{\mathrm{d}x}\right|_{x_0}.$$

■ **Geometrische Deutung der Ableitung**

Die Ableitung gibt die Steigung des Funktionsgraphen an der Stelle x_0 an, denn der **Differenzenquotient**

$$\frac{f(x) - f(x_0)}{x - x_0} \ (x, x_0 \in D(f), x \neq x_0)$$

ist die Steigung der Sekante durch die Punkte $(x|f(x))$ und $(x_0|f(x_0))$ (Abb. 1).

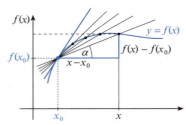

Ableitung (Abb. 1): Tangente als Grenzlage der Sekantenfolge

Anhand des in Abb. 1 eingezeichneten **Steigungsdreiecks** erkennt man, dass der Wert des Differenzenquotienten gleich $\tan \alpha$ ist. Beim Grenzübergang $x \to x_0$ geht die Sekante in die Tangente an der Stelle x_0 über.

■ **Differenzierbare und nicht differenzierbare Funktionen**

Wenn der Grenzwert $\lim\limits_{x \to x_0} \dfrac{f(x) - f(x_0)}{x - x_0}$ nicht existiert, dann ist f an der Stelle x_0 nicht differenzierbar. Beispielsweise ist die Betragsfunktion $f: x \mapsto |x|$ an der Stelle 0 nicht differenzierbar. Denn

für $x < 0$ ist $\dfrac{f(x) - f(0)}{x - 0} = \dfrac{|x|}{x} = -1$,

für $x > 0$ ist $\dfrac{f(x) - f(0)}{x - 0} = \dfrac{|x|}{x} = +1$;

der Grenzwert $\lim\limits_{x \to 0} \dfrac{|x|}{x}$ existiert also nicht (Abb. 2).

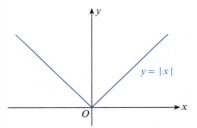

Ableitung (Abb. 2): Betragsfunktion

Gibt es für eine Stelle x_0 einen linksseitigen bzw. einen rechtsseitigen Grenzwert des Differenzenquotienten, so definieren sie die linksseitige bzw. die rechtsseitige Ableitung. Man erhält sie, indem man sich bei der Grenzwertbildung

$$\lim_{x \to x_0} \frac{f(x) - f(x_0)}{x - x_0}$$

auf $x > x_0$ oder auf $x < x_0$ beschränkt. Nur wenn die beiden einseitigen Grenzwerte übereinstimmen und die Funktion in x_0 stetig ist, existiert auch die (beidseitige) Ableitung. ■

Ableitung

Es gibt folgenden Zusammenhang zwischen der Existenz der Ableitung und der ↑ Stetigkeit einer Funktion f: Ist f an der Stelle x_0 differenzierbar, so ist f dort auch stetig; denn existiert

$$\lim_{x \to x_0} \frac{f(x) - f(x_0)}{x - x_0} = f'(x_0), \text{ so ist}$$

$$\lim_{x \to x_0} (f(x) - f(x_0))$$
$$= \lim_{x \to x_0} f'(x_0)(x - x_0) = 0,$$

also

$$\lim_{x \to x_0} f(x) = f(x_0).$$

Umgekehrt muss aber nicht jede stetige Funktion differenzierbar sein, wie das Beispiel der Betragsfunktion zeigt.

■ Beispiele

Beispiel 1: Die konstante Funktion

$$f: x \mapsto c \quad (D(f) = \mathbb{R}; c \in \mathbb{R})$$

hat an jeder Stelle die Ableitung 0, denn für jedes $x_0 \in D(f)$ gilt

$$\lim_{x \to x_0} \frac{f(x) - f(x_0)}{x - x_0} = \lim_{x \to x_0} \frac{c - c}{x - x_0} = 0.$$

Beispiel 2: Die identische Funktion

$$f: x \mapsto x \quad (D(f) = \mathbb{R})$$

hat an jeder Stelle die Ableitung 1, denn für jedes $x_0 \in D(f)$ gilt

$$\lim_{x \to x_0} \frac{f(x) - f(x_0)}{x - x_0} = \lim_{x \to x_0} \frac{x - x_0}{x - x_0} = 1.$$

Beispiel 3: Die quadratische Funktion

$$f: x \mapsto x^2 \quad (D(f) = \mathbb{R})$$

hat an der Stelle x_0 die Ableitung $2x_0$, denn für jedes $x_0 \in D(f)$ gilt

$$\lim_{x \to x_0} \frac{f(x) - f(x_0)}{x - x_0} = \lim_{x \to x_0} \frac{x^2 - x_0^2}{x - x_0}$$
$$= \lim_{x \to x_0} \frac{(x + x_0)(x - x_0)}{x - x_0}$$
$$= \lim_{x \to x_0} x + x_0 = 2x_0.$$

Beispiel 4: Die Potenzfunktion

$$f: x \mapsto x^n \quad (n \in \mathbb{N}; D(f) = \mathbb{R})$$

hat an der Stelle x_0 die Ableitung $n \cdot x_0^{n-1}$. Denn wegen

$$x^n - x_0^n = (x - x_0) \cdot (x^{n-1} + x^{n-2} x_0$$
$$+ \ldots + x^2 x_0^{n-3} + x x_0^{n-2} + x_0^{n-1})$$

gilt

$$\lim_{x \to x_0} \frac{x^n - x_0^n}{x - x_0} = \lim_{x \to x_0} (x^{n-1} + x^{n-2} x_0$$
$$+ \ldots + x^2 x_0^{n-3} + x x_0^{n-2} + x_0^{n-1})$$
$$= n \cdot x_0^{n-1}.$$

Beispiel 5: Die Wurzelfunktion

$$f: x \mapsto \sqrt{x} \quad (D(f) = \mathbb{R}_0^+)$$

hat an der Stelle $x_0 > 0$ die Ableitung $\frac{1}{2\sqrt{x_0}}$. Denn

$$\lim_{x \to x_0} \frac{f(x) - f(x_0)}{x - x_0} = \lim_{x \to x_0} \frac{\sqrt{x} - \sqrt{x_0}}{x - x_0}$$
$$= \lim_{x \to x_0} \frac{\sqrt{x} - \sqrt{x_0}}{(\sqrt{x} - \sqrt{x_0})(\sqrt{x} + \sqrt{x_0})}$$
$$= \lim_{x \to x_0} \frac{1}{\sqrt{x} + \sqrt{x_0}} = \frac{1}{2\sqrt{x_0}}.$$

An der Stelle 0 ist die Wurzelfunktion nicht differenzierbar.

Beispiel 6: Die Exponentialfunktion

$$f: x \mapsto e^x$$

(e ist die ↑ eulersche Zahl; $D(f) = \mathbb{R}$) hat an der Stelle x_0 die Ableitung e^{x_0}. Funktionswert und Ableitung an der Stelle x_0 stimmen also überein. Denn es ist

$$\lim_{x \to x_0} \frac{f(x) - f(x_0)}{x - x_0} = \lim_{x \to x_0} \frac{e^x - e^{x_0}}{x - x_0}$$
$$= e^{x_0} \cdot \lim_{x \to x_0} \frac{e^{x - x_0} - 1}{x - x_0}$$

und

$$\lim_{x \to x_0} \frac{e^{x - x_0} - 1}{x - x_0} = \lim_{x \to 0} \frac{e^x - 1}{x} = 1.$$

Ableitung

Den letztgenannten Grenzübergang kann man folgendermaßen begründen: Setzt man $x = \frac{1}{n}$ ($n \in \mathbb{N}$) und beachtet $e = \lim\limits_{n \to \infty} \left(1 + \frac{1}{n}\right)^n$, dann ist

$$\lim_{x \to 0^+} \frac{e^x - 1}{x}$$

$$= \lim_{n \to \infty} \frac{\left(\left(1 + \frac{1}{n}\right)^n\right)^{\frac{1}{n}} - 1}{\frac{1}{n}} = 1.$$

Ebenso kann man für $x \to 0^-$ argumentieren. Diese hier etwas schwammig erscheinende Argumentation lässt sich leicht zu einem exakten Beweis ausbauen.

Man kann die Ableitung der e-Funktion auch bestimmen, indem man zunächst die Ableitung der Umkehrfunktion ln (↑ Logarithmusfunktion) berechnet und darauf die ↑ Ableitungsregel für die Umkehrfunktion anwendet. Eine weitere Möglichkeit besteht darin, die e-Funktion als diejenige differenzierbare Funktion zu definieren, welche an allen Stellen mit ihrer Ableitung übereinstimmt und an der Stelle 0 den Wert 1 besitzt. Anstatt die Ableitung zu berechnen, ist dann zu beweisen, dass die so definierte Funktion die Gestalt $x \mapsto e^x$ hat.

Beispiel 7: Mithilfe der ↑ Kettenregel kann man die Ableitung der allgemeinen Potenzfunktion

$$f : x \mapsto x^r \quad (r \in \mathbb{R}; D(f) = \mathbb{R}^+)$$

an der Stelle x_0 berechnen: Wegen $e^{\ln x} = x$ gilt

$$f(x) = x^r = e^{r \cdot \ln x},$$

also

$$f'(x) = e^{r \cdot \ln x} \cdot \frac{r}{x} = x^r \cdot \frac{r}{x} = r \cdot x^{r-1}$$

und damit

$$f'(x_0) = r \cdot x_0^{r-1}.$$

Verwendet wurde hierbei, dass die Logarithmusfunktion $\ln x$ an der Stelle x_0 ($x_0 > 0$) die Ableitung $\frac{1}{x_0}$ besitzt.

Beispiel 8: Die allgemeine Exponentialfunktion

$$f : x \mapsto b^x \quad (b > 0; D(f) = \mathbb{R})$$

hat an der Stelle x_0 die Ableitung

$$f'(x_0) = b^{x_0} \cdot \ln b,$$

was ebenfalls mithilfe der Kettenregel aus Beispiel 6 folgt.

Beispiel 9: Die Sinusfunktion

$$f : x \mapsto \sin x \quad (D(f) = \mathbb{R})$$

hat an der Stelle x_0 die Ableitung $\cos x_0$. Denn mit den Additionstheoremen für die Sinusfunktion (vgl. Band I) erhält man

$$\frac{\sin(x_0 + h) - \sin x_0}{h}$$

$$= \frac{\sin x_0 \cdot \cos h + \cos x_0 \cdot \sin h - \sin x_0}{h}$$

$$= \cos x_0 \cdot \frac{\sin h}{h} - \sin x_0 \cdot \frac{1 - \cos h}{h},$$

und es gilt

$$\lim_{h \to 0} \frac{\sin h}{h} = 1, \qquad (1)$$

$$\lim_{h \to 0} \frac{\cos h}{h} = 0. \qquad (2)$$

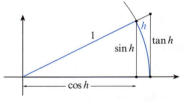

Ableitung (Abb. 3): zur Ableitung der Sinusfunktion

Der Grenzwert (1) folgt durch Vergleich des Flächeninhaltes des Kreissektors mit den Flächeninhalten der eingezeichneten rechtwinkligen Dreiecke (Abb. 3). Man findet für positive h die Beziehung

$$\tfrac{1}{2}\cdot\cos h\cdot\sin h < \tfrac{1}{2}\cdot h < \tfrac{1}{2}\cdot\tan h,$$

also

$$\cos h < \frac{h}{\sin h} < \frac{1}{\cos h}.$$

Diese Ungleichungen gelten wegen $\dfrac{\sin(-h)}{-h} = \dfrac{\sin h}{h}$ auch für negative h; wegen $\lim\limits_{h\to 0}\cos h = 1$ erhält man (1). Ferner ist

$$\frac{1-\cos h}{h} = \frac{2-2\cos^2\tfrac{h}{2}}{h}$$

$$= \frac{\sin^2\tfrac{h}{2}}{\tfrac{h}{2}} = \sin\tfrac{h}{2}\cdot\frac{\sin\tfrac{h}{2}}{\tfrac{h}{2}},$$

woraus sich mit (1) der Grenzwert (2) ergibt.

■ Ableitungen und Tangenten

Ist die Funktion f an der Stelle x_0 differenzierbar, so erhält man die Gleichung der **Tangente** im Punkt $(x_0|f(x_0))$ aus

$$\frac{y-f(x_0)}{x-x_0} = f'(x_0),$$

also

$$y = f(x_0) + f'(x_0)(x-x_0).$$

Man beachte, dass die Eigenschaft einer Geraden, Tangente zu sein, nur für den Punkt $P_0 = (x_0|f(x_0))$ definiert ist. Die Tangente kann also außer P_0 noch weitere Punkte mit dem Funktionsgraphen gemeinsam haben (Abb. 4b), sie kann den Funktionsgraphen auch in P_0 schneiden (Abb. 4c).

In der ↑ Kurvendiskussion treten bei der Bestimmung von Wendepunkten auch ↑ Wendetangenten auf. Sie schneiden die Kurve zwar in P_0, da ihre Steigung aber mit der Kurvensteigung übereinstimmt, ist es trotzdem sinnvoll, von einer Tangente zu sprechen. ■

Die Tangente entspricht der linearen ↑ Approximation einer Funktion an der betreffenden Stelle.

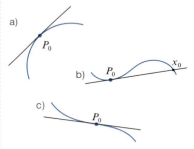

Ableitung (Abb. 4): Tangenten in P_0

■ Anwendungen der Ableitung

In Anwendungen des Differenzialquotienten bedeutet $f'(x_0)$ oft die lokale Änderungsrate oder lokale Änderungsgeschwindigkeit an der Stelle x_0 (z.B. lokaler Steuersatz, Momentangeschwindigkeit). Ist f ein Weg-Zeit-Gesetz, also $f(t)$ der zurückgelegte Weg zum Zeitpunkt t, so ist $f'(t_0)$ die Geschwindigkeit zum Zeitpunkt t_0. In der Physik kennzeichnet man die Ableitung von Funktionen nach der Zeit $\dfrac{\mathrm{d}f}{\mathrm{d}t}(t_0)$ oft mit einem Punkt: $\dot{f}(t_0)$.

Bildet man die Ableitung einer Funktion an *allen* Stellen, an denen sie differenzierbar ist, so erhält man ihre ↑ Ableitungsfunktion.

Mithilfe der ↑ Ableitungsregeln kann man die Ableitung von Funktionen bestimmen, welche durch Addition, Multiplikation, Verkettung, Umkehrung usw. aus einfacheren Funktionen aufgebaut sind, und deren Ableitungen man schon kennt.

Ableitungsfunktion

Beschränkt man sich bei der Grenzwertbildung

$$\lim_{x \to x_0} \frac{f(x) - f(x_0)}{x - x_0}$$

auf $x > x_0$ oder auf $x < x_0$, so ergeben sich ↑ einseitige Ableitungen.
Ist eine Funktion von mehreren Variablen nach den einzelnen Variablen differenzierbar, so erhält man die ↑ partiellen Ableitungen dieser Funktion.

Die Ableitung einer Funktion bezieht sich stets auf eine bestimmte Stelle x_0, die Ableitungsfunktion dagegen immer auf den gesamten Definitionsbereich. ∎

Ableitungsfunktion: zu einer Funktion f die Funktion f', deren Werte die Ableitungen von f sind. Die Funktion f' ist nur an den Stellen definiert, an denen f ↑ differenzierbar ist. Den Term $f'(x)$ der Ableitungsfunktion schreibt man manchmal auch so: $(f(x))'$. Ist die Ableitungsfunktion f' an der Stelle x_0 stetig, so ist f an der Stelle x_0 **stetig differenzierbar**.
Die Graphen der Funktion

$$f : x \mapsto \frac{1}{1 + x^2}$$

und ihrer Ableitungsfunktion

$$f' : x \mapsto -\frac{2x}{(1 + x^2)^2}$$

sind in Abb. 1 dargestellt.

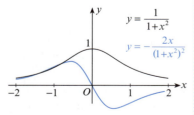

Ableitungsfunktion (Abb. 1): Graph einer Funktion und ihrer Ableitungsfunktion

Wenn eine Funktion nur durch ihren Funktionsgraphen gegeben ist, so kann man ihre Ableitungsfunktion näherungsweise durch ↑ grafische Differenziation bestimmen.
Ist die Ableitungsfunktion f' von f in $D(f')$ differenzierbar, so kann man dort die Ableitungsfunktion f'' von f' bilden. Man erhält die 2. Ableitungsfunktion (↑ höhere Ableitungen).
Aus dem Vorzeichen von $f'(x)$ kann man das Monotonieverhalten der Funktion $f(x)$ bestimmen:

$f'(x) \geq 0$ auf $[a, b] \Rightarrow$
  $f(x)$ monoton wachsend auf $[a, b]$;
$f'(x) \leq 0$ auf $[a, b] \Rightarrow$
  $f(x)$ monoton fallend auf $[a, b]$.

Ist $f'(x_0) = 0$, so hat f an der Stelle x_0 die Steigung 0, der Graph von f hat also eine waagrechte Tangente (Abb. 2).
Tab. 1 enthält die Ableitungsfunktionen einiger ↑ elementarer Funktionen; die Definitionsmenge wird dabei nicht genannt.

Funktion	Ableitung
$x \mapsto x^r \ (r \in \mathbb{R})$	$x \mapsto r x^{r-1}$
$x \mapsto \sin x$	$x \mapsto \cos x$
$x \mapsto \cos x$	$x \mapsto -\sin x$
$x \mapsto \tan x$	$x \mapsto \dfrac{1}{\cos^2 x}$
$x \mapsto e^x$	$x \mapsto e^x$
$x \mapsto \ln x$	$x \mapsto \dfrac{1}{x}$
$x \mapsto b^x$	$x \mapsto b^x \cdot \ln b$
$x \mapsto \log_b x$	$x \mapsto \dfrac{1}{x \cdot \ln b}$

Ableitungsfunktion (Tab. 1)

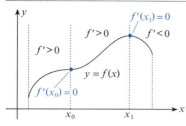

Ableitungsfunktion (Abb. 2): Monotonieverhalten einer Funktion

Ableitungsregeln (Differenziationsregeln): Regeln für die Berechnung der Ableitung bzw. der Ableitungsfunktion einer Funktion, die aus mehreren Funktionen zusammengesetzt ist.

■ **Summenregel**

Sind f und g an der Stelle x_0 differenzierbar, so ist auch $f+g$ an der Stelle x_0 differenzierbar, und es gilt

$$(f+g)'(x_0) = f'(x_0) + g'(x_0).$$

Für die Ableitungsfunktionen ist also

$$(f+g)' = f' + g'.$$

Der Beweis der Summenregel folgt aus

$$\lim_{x \to x_0} \frac{(f+g)(x) - (f+g)(x_0)}{x - x_0}$$
$$= \lim_{x \to x_0} \left(\frac{f(x) - f(x_0)}{x - x_0} + \frac{g(x) - g(x_0)}{x - x_0} \right)$$
$$= \lim_{x \to x_0} \frac{f(x) - f(x_0)}{x - x_0} + \lim_{x \to x_0} \frac{g(x) - g(x_0)}{x - x_0}.$$

Mit einer Konstanten $a \in \mathbb{R}$ gilt auch

$$(a \cdot f)'(x_0) = a \cdot f'(x_0)$$

bzw. $(a \cdot f)' = a \cdot f'$.
Man kann also einen konstanten Faktor aus der Ableitungsfunktion herausziehen (**Faktorregel**). Insgesamt ergibt sich die folgende Regel für die Differenziation einer Linearkombination zweier Funktionen f, g:

$$(a \cdot f + b \cdot g)' = a \cdot f' + b \cdot g'$$

für $a, b \in \mathbb{R}$.

Die Summenregel lässt sich auch auf mehr als zwei Funktionen erweitern: Dort, wo die Funktionen $f_1, f_2, \ldots, f_n$ differenzierbar sind, gilt die Beziehung

$$\left(\sum_{i=1}^{n} a_i \cdot f_i \right)' = \sum_{i=1}^{n} a_i \cdot f_i'$$

für alle $a_1, a_2, \ldots, a_n \in \mathbb{R}$. Mithilfe dieser Regel kann man alle Polynomfunktionen ableiten: Es ist

$$(x^i)' = i \cdot x^{i-1} \quad (i = 1, 2, 3, \ldots),$$

also ist

$$\left(\sum_{i=0}^{n} a_i x^i \right)' = \sum_{i=1}^{n} i a_i x^{i-1}.$$

Beispielsweise ist

$$(3 + 2x - 4x^2 + 7x^3)'$$
$$= 2 - 8x + 21x^2.$$

■ **Produktregel**

Sind f und g an der Stelle x_0 differenzierbar, so ist auch $f \cdot g$ an der Stelle x_0 differenzierbar, und es gilt

$$(f \cdot g)'(x_0) = f'(x_0) g(x_0) + f(x_0) g'(x_0).$$

Für die Ableitungsfunktionen ist also

$$(f \cdot g)' = f' \cdot g + f \cdot g'.$$

Zum Beweis betrachtet man den Differenzenquotienten und fügt einen Summanden mit dem Wert 0 ein (hier durch [ ] gekennzeichnet):

$$\frac{(f \cdot g)(x) - (f \cdot g)(x_0)}{x - x_0}$$
$$= \frac{1}{x - x_0} \left(f(x) \cdot g(x) \right.$$
$$+ [-f(x_0) g(x) + f(x_0) g(x)]$$
$$\left. - f(x_0) g(x_0) \right)$$
$$= \frac{f(x) - f(x_0)}{x - x_0} \cdot g(x)$$
$$+ f(x_0) \cdot \frac{g(x) - g(x_0)}{x - x_0}.$$

Ableitungsregeln

Beispielsweise ist
$$(x^2 \cdot \sin x)' = 2x \cdot \sin x + x^2 \cdot \cos x.$$

Auch zum Ableiten der Potenzfunktion $x \mapsto x^n$ ($n \in \mathbb{N}$) lässt sich die Produktregel anwenden:

$n = 2: (x^2)' = (x \cdot x)' = 1 \cdot x + x \cdot 1 = 2x,$

$n = 3: (x^3)' = (x \cdot x^2)' = 1 \cdot x^2 + x \cdot 2x$
$\qquad = 3x^2,$

$n = 4: (x^4)' = (x \cdot x^3)' = 1 \cdot x^3 + x \cdot 3x^2$
$\qquad = 4x^3$

usw. Geht man von $(x^n)' = n x^{n-1}$ aus, so folgt
$$(x^{n+1})' = (x \cdot x^n)'$$
$$= 1 \cdot x^n + x \cdot n x^{n-1} = (n+1) x^n.$$

Damit ist die Ableitungsformel für die Potenzfunktionen mit natürlichen Exponenten durch ↑ vollständige Induktion bewiesen.

Aus der Produktregel lässt sich auch eine Formel für die Ableitung von f^n herleiten, wobei man ebenfalls das Prinzip der vollständigen Induktion benutzt: Aus
$$(f^{n-1})' = (n-1) f^{n-2} \cdot f'$$
und
$$(f^n)' = (f \cdot f^{n-1})'$$
$$= f' \cdot f^{n-1} + f \cdot (f^{n-1})'$$
folgt
$$(f^n)' = n f^{n-1} \cdot f'$$

(**Potenzregel**). Das gleiche Ergebnis erhält man mit der Kettenregel (siehe unten).

Die Produktregel kann man auch in der Form
$$\frac{(f \cdot g)'}{f \cdot g} = \frac{f'}{f} + \frac{g'}{g}$$
schreiben, wenn $f(x) \cdot g(x) \neq 0$ in dem betrachteten Bereich gilt. In dieser Form lässt sich die Produktregel verallgemeinern: Sind $f_1, f_2, \ldots, f_n$ differenzierbar an der Stelle x_0 und ist $f_1(x_0) \cdot f_2(x_0) \cdot \ldots \cdot f_n(x_0) \neq 0$, dann gilt für die Ableitung der Produktfunktion $F := f_1 \cdot f_2 \cdot \ldots \cdot f_n$ an der Stelle x_0 die Beziehung
$$\frac{F'(x_0)}{F(x_0)} = \sum_{i=1}^{n} \frac{f_i'(x_0)}{f_i(x_0)}$$

(**Formel von Leibniz**, nach G. W. ↑ LEIBNIZ). Diese Formel gilt auch für die Ableitungsfunktionen. Beispielsweise erhält man für $n \in \mathbb{N}$
$$\frac{(x^n)'}{x^n} = n \cdot \frac{1}{x},$$
also die bekannte Formel
$$(x^n)' = n x^{n-1}.$$

■ **Quotientenregel**

Sind f und g an der Stelle x_0 differenzierbar und ist $g(x_0) \neq 0$, so ist auch $\dfrac{f}{g}$ an der Stelle x_0 differenzierbar, und es gilt
$$\left(\frac{f}{g}\right)'(x_0)$$
$$= \frac{f'(x_0) \, g(x_0) - f(x_0) \, g'(x_0)}{g^2(x_0)}.$$

Für die Ableitungsfunktionen ist also
$$\left(\frac{f}{g}\right)' = \frac{f' \cdot g - f \cdot g'}{g^2}.$$

Weiß man, dass $\dfrac{f}{g}$ differenzierbar ist, dann ergibt sich die Quotientenregel unmittelbar aus der Produktregel. Dazu differenziert man die Identität
$$\left(\frac{f}{g}\right) \cdot g = f$$
auf beiden Seiten:
$$\left(\frac{f}{g}\right)' \cdot g + \left(\frac{f}{g}\right) \cdot g' = f',$$

Ableitungsregeln

$$\left(\frac{f}{g}\right)' = \frac{f' - \frac{f \cdot g'}{g}}{g} = \frac{f' \cdot g - f \cdot g'}{g^2}.$$

Mithilfe der Quotientenregel kann man alle rationalen Funktionen ableiten. Beispielsweise ist

$$\left(\frac{x^2 - 2x}{x^3 + 1}\right)'$$
$$= \frac{(2x-2)(x^3+1) - (x^2-2x)(3x^2)}{(x^3+1)^2}$$
$$= \frac{-x^4 + 4x^3 + 2x - 2}{(x^3+1)^2}.$$

■ **Kettenregel**

Ist g an der Stelle x_0 differenzierbar und f an der Stelle $g(x_0)$ differenzierbar, so ist auch die Verkettung $f \circ g$ an der Stelle x_0 differenzierbar, und es gilt

$$(f \circ g)'(x_0) = f'(g(x_0)) \cdot g'(x_0).$$

Für die Ableitungsfunktionen ist also

$$(f \circ g)' = (f' \circ g) \cdot g'.$$

Man benutzt die Kettenregel stets, wenn man die Ableitungsfunktion von $f(g(x))$ berechnen will. Diese Ableitungsfunktion ergibt sich als das Produkt aus der Ableitung der »äußeren« Funktion f an der Stelle $g(x)$ mit der Ableitung der »inneren« Funktion g an der Stelle x. Leicht zu merken ist die Kurzfassung der Kettenregel: »äußere Ableitung mal innere Ableitung«. Mithilfe der Schreibweise $\frac{df}{dx}$ für $f'(x)$ kann man sich die Kettenregel auch folgendermaßen merken: Ist $y = f(g(x))$, dann ist

$$y' = \frac{df}{dg} \cdot \frac{dg}{dx}. \qquad ■$$

Beim Beweis der Kettenregel kann man die Fälle $g'(x_0) = 0$ und $g'(x_0) \neq 0$ unterscheiden. Der erste Fall ist trivial. Im zweiten Fall geht man von dem Ansatz

$$\frac{f(g(x)) - f(g(x_0))}{x - x_0}$$
$$= \frac{f(g(x)) - f(g(x_0))}{g(x) - g(x_0)} \cdot \frac{g(x) - g(x_0)}{x - x_0}$$

aus. Man kann die Kettenregel auch mithilfe des ↑ Mittelwertsatzes beweisen: Es gibt ein $\gamma \in \mathbb{R}$ mit

$$g(x) < \gamma < g(x_0) \text{ bzw. } g(x_0) < \gamma < g(x)$$

und

$$f(g(x)) - f(g(x_0))$$
$$= f'(\gamma)(g(x) - g(x_0)).$$

Also ist

$$\frac{f(g(x)) - f(g(x_0))}{x - x_0}$$
$$= f'(\gamma) \cdot \frac{g(x) - g(x_0)}{x - x_0}.$$

Strebt x gegen x_0, so entsteht rechts der Ausdruck $f'(g(x_0)) \cdot g'(x_0)$.

Mithilfe der Kettenregel kann man weitere Formeln für Ableitungen gewinnen, z. B.

$$(f^r)' = r f^{r-1} \cdot f'$$

(mit $r \in \mathbb{R}$), und als Sonderfälle hiervon

für $r = 2$: $\quad (f^2)' = 2f \cdot f'$,

für $r = \frac{1}{2}$: $\quad (\sqrt{f})' = \dfrac{f'}{2\sqrt{f}}$,

für $r = -1$: $\quad \left(\dfrac{1}{f}\right)' = -\dfrac{f'}{f^2}$.

Die Kettenregel für *drei* Funktionen f, g, h (mit geeigneten Differenzierbarkeitsbedingungen) lautet

$$(f \circ g \circ h)'(x_0)$$
$$= f'(g(h(x_0))) \cdot g'(h(x_0)) \cdot h'(x_0),$$

absolut

und für die Ableitungsfunktionen gilt
$(f \circ g \circ h)' = (f' \circ g \circ h) \cdot (g' \circ h) \cdot h'$.
Beispielsweise ist
$(\sin \sqrt{x^2+1})'$
$= \cos \sqrt{x^2+1} \cdot \dfrac{1}{2\sqrt{x^2+1}} \cdot 2x$.

■ Ableitung der Umkehrfunktion

Existiert zu einer Funktion f die Umkehrfunktion f^{-1}, so gibt es einen Zusammenhang zwischen den Ableitungen f' und $(f^{-1})'$. Dazu müssen folgende Voraussetzungen erfüllt sein: f ist in einer Umgebung U von x_0 differenzierbar, und es ist $f'(x) \neq 0$ für alle $x \in U$. Dann ist f dort umkehrbar, d.h., es gibt eine Funktion f^{-1} mit $f^{-1} \circ f = \mathrm{id}$ (identische Funktion auf U) und $f \circ f^{-1} = \mathrm{id}$ (identische Funktion auf $f(U)$). Für $y_0 = f(x_0)$ gilt
$$(f^{-1})'(y_0) = \dfrac{1}{f'(x_0)}.$$
Dies folgt aus dem Ansatz
$$\dfrac{f^{-1}(y) - f^{-1}(y_0)}{y - y_0} = \dfrac{x - x_0}{f(x) - f(x_0)}.$$
Die Formel für die Ableitung der Umkehrfunktion kann man grafisch verdeutlichen: Der Graph von f^{-1} entsteht aus dem Graphen von f durch Spiegeln an der Winkelhalbierenden des 1. und 3. Quadranten, d.h. der Geraden mit der Gleichung $y = x$ (Abb. 1). An den Steigungsdreiecken kann man die Ableitungen ablesen.

Die Ableitungsformel für die Umkehrfunktion kann man auch in der Form
$$(f^{-1})'(x) = \dfrac{1}{f'(f^{-1}(x))}$$
schreiben. Hierzu einige Beispiele:

(1) $f(x) = x^2$, $f^{-1}(x) = \sqrt{x}$;
$(\sqrt{x})' = \dfrac{1}{2\sqrt{x}}$.

(2) $f(x) = e^x$, $f^{-1}(x) = \ln x$;
$(\ln x)' = \dfrac{1}{e^{\ln x}} = \dfrac{1}{x}$.

(3) $f(x) = \sin x$, $f^{-1}(x) = \arcsin x$;
$(\arcsin x)' = \dfrac{1}{\cos(\arcsin x)}$
$= \dfrac{1}{\sqrt{1 - \sin^2(\arcsin x)}} = \dfrac{1}{\sqrt{1 - x^2}}$.

Aus den angegebenen Ableitungsregeln kann man weitere Regeln für Sonderfälle herleiten, beispielsweise die **logarithmische Ableitung**: Die Funktion f mit
$$f(x) = g(x)^{h(x)}$$
genügt wegen $\ln f(x) = h(x) \cdot \ln g(x)$ und $(\ln f(x))' = \dfrac{f'(x)}{f(x)}$ der Beziehung
$$\dfrac{f'}{f} = h \cdot \dfrac{g'}{g} + h' \cdot \ln g.$$

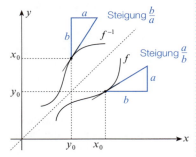

Ableitungsregeln (Abb. 1): Funktion und Umkehrfunktion mit ihren Ableitungsfunktionen

abso<u>lu</u>t [lateinisch »abgelöst«]:
♦ absoluter Betrag oder Absolutbetrag, veraltete Bezeichnung für den ↑ Betrag einer Zahl.
♦ *Fehlerrechnung*: Ergibt die Messung einer Größe den Wert a mit einem Fehler (einer Messungenauigkeit) der Größe Δa, dann nennt man

Regel	Formel für die Ableitungsfunktion
Faktorregel	$(a \cdot f)' = a \cdot f'$
Summenregel	$(f \pm g)' = f' \pm g'$
Produktregel für zwei Funktionen	$(f \cdot g)' = f' \cdot g + f \cdot g'$
Produktregel für drei Funktionen	$(f \cdot g \cdot h)' = f' \cdot g \cdot h + f \cdot g' \cdot h + f \cdot g \cdot h'$
Quotientenregel	$\left(\dfrac{f}{g}\right)' = \dfrac{f' \cdot g - f \cdot g'}{g^2} \quad (g \neq 0)$ speziell: $\left(\dfrac{1}{g}\right)' = -\dfrac{g'}{g^2} \quad (g \neq 0)$
Kettenregel für zwei Funktionen	$(f \circ g)' = (f' \circ g) \cdot g'$
Kettenregel für drei Funktionen	$(f \circ g \circ h)' = (f' \circ g \circ h) \cdot (g' \circ h) \cdot h'$
Potenzregel	$(f^n)' = n f^{n-1} \cdot f'$
Ableitung der Umkehrfunktion	$(f^{-1})' = \dfrac{1}{f' \circ f^{-1}}$
logarithmische Ableitung	$\dfrac{(g^h)'}{g^h} = h \cdot \dfrac{g'}{g} + h' \cdot \ln g$

Ableitungsregeln (Tab. 1): Zusammenstellung der wichtigsten Ableitungsregeln

Δa den absoluten Fehler und $\dfrac{\Delta a}{a}$ den relativen Fehler.

◆ *Reihen*: Eine konvergente Reihe $\sum\limits_{n=1}^{\infty} a_n$ heißt absolut konvergent, wenn auch die Reihe der Beträge, also $\sum\limits_{n=1}^{\infty} |a_n|$, konvergiert. Beispielsweise ist die harmonische Reihe $\sum\limits_{n=1}^{\infty} \dfrac{(-1)^n}{n}$ konvergent, aber nicht absolut konvergent.

◆ *Statistik*: Hat man in einer Stichprobe vom Umfang n eine bestimmte Ausprägung eines Merkmals genau k-mal gefunden, dann nennt man k die absolute Häufigkeit und $\dfrac{k}{n}$ die relative Häufigkeit der Ausprägung in der Stichprobe.

Absorptionsgesetze: ↑ boolsche Algebra

Abstand: in der Geometrie die kürzeste Entfernung zweier Punkte aus zwei verschiedenen geometrischen Gebilden (Geraden, Ebenen, Kugeln, ...).

Abstand

♦ **Abstand zweier Punkte:** Sind P, Q Punkte im Koordinatensystem mit den ↑ Ortsvektoren $\vec{p}$, $\vec{q}$, dann gilt für ihren Abstand $d\,(=\overline{PQ},$ Länge der Strecke PQ):

$$d = |\vec{p} - \vec{q}| = \sqrt{(\vec{p} - \vec{q})^2}$$
$$= \sqrt{(p_1 - q_1)^2 + (p_2 - q_2)^2}$$

in der Ebene bzw.

$$d = \sqrt{(p_1 - q_1)^2 + (p_2 - q_2)^2 + (p_3 - q_3)^2}$$

im Raum (↑ Skalarprodukt).

♦ **Abstand eines Punktes von einer Geraden in der Ebene:** Ist $g : \vec{n}_0 \cdot \vec{x} - e = 0$ mit $e \geq 0$ die ↑ hessesche Normalenform der Geraden g, dann hat der Punkt P mit dem Ortsvektor $\vec{p}$ von g den Abstand

$$d = |\vec{n}_0 \cdot \vec{p} - e|.$$

Dabei ist $\vec{n}_0 \cdot \vec{p} - e > 0$ genau dann, wenn P und der Koordinatenursprung O auf verschiedenen Seiten von g liegen.

♦ **Abstand eines Punktes von einer Geraden im Raum:** Schneidet die zur Geraden g orthogonale Ebene durch den Punkt P die Gerade g im Punkt S, dann hat P von g den Abstand $d = \overline{PS}$. Ist $\vec{x} = \vec{a} + t\vec{b}$ eine Gleichung von g mit $|\vec{b}| = 1$, dann ist

$$d = |\vec{b} \times (\vec{a} - \vec{p})|$$
$$= \sqrt{(\vec{p} - \vec{a})^2 - ((\vec{p} - \vec{a}) \cdot \vec{b})^2},$$

wobei »×« das ↑ Vektorprodukt und »·« das ↑ Skalarprodukt bedeutet (Abb. 1).

♦ **Abstand paralleler Geraden:** der Abstand eines beliebigen Punktes der einen Geraden von der anderen Geraden.

♦ **Abstand eines Punktes von einer Ebene:** Wir betrachten eine Ebene E und einen Punkt P außerhalb der Ebene. Die zu E orthogonale Gerade

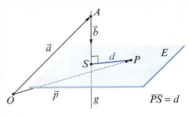

Abstand (Abb. 1): Abstand eines Punktes von einer Geraden im Raum

durch P schneide die Ebene im Punkt S. Dann hat P von E den Abstand $d = \overline{PS}$. Ist $E : \vec{n}_0 \cdot \vec{x} - e = 0$ mit $e \geq 0$ die hessesche Normalform der Ebene E, dann hat der Punkt P mit dem Ortsvektor $\vec{p}$ von g den Abstand

$$d = |\vec{n}_0 \cdot \vec{p} - e|.$$

Dabei ist $|\vec{n}_0 \cdot \vec{p} - e| > 0$ genau dann, wenn P und der Koordinatenursprung O auf verschiedenen Seiten von E liegen. Hat E die Vektorgleichung $\vec{x} = \vec{a} + s\vec{b} + t\vec{c}$, dann ist d die Höhe des von $\vec{p} - \vec{a}$, $\vec{b}$ und $\vec{c}$ aufgespannten ↑ Spats (Abb. 2). Also ist

$$d = \frac{(\vec{b} \times \vec{c}) \cdot (\vec{p} - \vec{a})}{|\vec{b} \times \vec{c}|}.$$

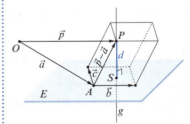

Abstand (Abb. 2): Der Abstand eines Punktes von einer Ebene lässt sich als Höhe eines Spats auffassen.

♦ **Abstand einer Geraden von einer parallelen Ebene:** der Abstand eines beliebigen Punktes der Geraden von der Ebene.

◆ Abstand paralleler Ebenen: der Abstand eines beliebigen Punktes der einen Ebene von der anderen Ebene.
◆ Abstand zweier windschiefer Geraden: Der Abstand der ↑ windschiefen Geraden

$g: \vec{x} = \vec{a} + r\vec{u}$ und $h: \vec{x} = \vec{b} + s\vec{v}$

($\vec{u}, \vec{v}$ linear unabhängig) ist der Abstand der parallelen Ebenen

$E: \vec{x} = \vec{a} + r\vec{u} + s\vec{v}$

$F: \vec{x} = \vec{b} + r\vec{u} + s\vec{v}$

(Abb. 3). Ergibt sich der Abstand 0, dann haben die Geraden einen Schnittpunkt.

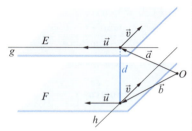

Abstand (Abb. 3): Abstand windschiefer Geraden

Abweichung:
◆ *Astronomie* (Deklination eines Gestirns): der Winkel, der in Abhängigkeit von der geographischen Breite gemeinsam mit dem Stundenwinkel die Lage des Gestirns festlegt.
◆ *Stochastik* (Streuung): eine Maßzahl, die angibt, wie stark die Werte einer Messreihe oder die Werte einer Zufallsgröße vom Mittelwert bzw. vom Erwartungswert abweichen. Beispiele sind die ↑ Varianz und die ↑ Standardabweichung.

abzählbar: bezeichnet eine unendliche Menge M, wenn eine ↑ umkehrbare Abbildung von M auf die Menge $\mathbb{N}$ der natürlichen Zahlen existiert (vgl. Band I).

Additionssatz

Achsenabschnittsform: Form der Geradengleichung $\frac{x}{a} + \frac{y}{b} = 1$ (↑ Gerade) in der Ebene bzw. der Ebenengleichung $\frac{x}{a} + \frac{y}{b} + \frac{z}{c} = 1$ (↑ Ebene). Dabei geben a, b bzw. a, b, c die Abschnitte der Geraden bzw. der Ebene auf den Koordinatenachsen an.

Achsenaffinität: eine ↑ affine Abbildung mit einer Fixpunktgeraden (Achse).

Additionssatz: ein Satz der ↑ Wahrscheinlichkeitsrechnung, der besagt, dass für zwei ↑ Ereignisse $A, B \subseteq \Omega$ (Ω Menge der möglichen Ausfälle eines Zufallsversuchs) gilt:

$P(A \cup B) = P(A) + P(B) - P(A \cap B).$

Dabei bedeutet $P(E)$ die Wahrscheinlichkeit des Ereignisses E, und $A \cup B$ bzw. $A \cap B$ ist die Vereinigungsmenge bzw. Schnittmenge von A und B. Insbesondere gilt

$P(A \cup B) = P(A) + P(B),$

falls $A \cap B = \emptyset$, falls die Ereignisse A und B also unvereinbar sind. Abb. 1 zeigt ein Mengendiagramm zum Additionssatz.

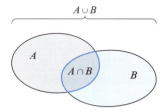

Additionssatz (Abb. 1): Additionssatz für zwei Ereignisse A und B

Für *drei* Ereignisse A, B, C lautet der Additionssatz (vgl. Abb. 2):

$P(A \cup B \cup C)$
$= P(A) + P(B) + P(C)$
$- P(A \cap B) - P(A \cap C) - P(B \cap C)$
$+ P(A \cap B \cap C).$

Additionstheorem

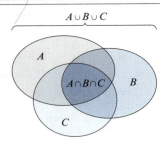

Additionssatz (Abb. 2): Additionssatz für drei Ereignisse A, B und C

Er folgt aus dem Fall für zwei Ereignisse, angewendet auf $(A \cup B) \cup C$.
Ist der Zufallsversuch ein ↑ Laplace-Versuch, dann ist der Additionssatz eine Folgerung aus der ↑ Siebformel.

Beispiel: Beim dreimaligen Würfeln gewinnt der Spieler, wenn er drei gleiche Augenzahlen (Ereignis A), mindestens eine Sechs (Ereignis B) oder eine Augensumme von mindestens 15 hat (Ereignis C). Dann ist

$$P(A) = \frac{1}{216},$$
$$P(B) = 1 - \left(\frac{5}{6}\right)^3 = \frac{91}{216},$$
$$P(C) = \frac{20}{216}.$$

Für die Schnittmengen gilt

$$P(A \cap B) = \frac{1}{216},$$
$$P(A \cap C) = \frac{2}{216},$$
$$P(B \cap C) = \frac{19}{216},$$
$$P(A \cap B \cap C) = \frac{1}{216}.$$

Also ist die Gewinnwahrscheinlichkeit

$$P(A \cup B \cup C)$$
$$= \frac{6}{216} + \frac{91}{216} + \frac{20}{216}$$
$$- \frac{1}{216} - \frac{2}{216} - \frac{19}{216} + \frac{1}{216}$$
$$= \frac{96}{216} = \frac{4}{9} \approx 44{,}4\%.$$

Additionstheorem: eine Formel, mit der man den Wert einer Funktion f an der Stelle $z = a + b$ berechnen kann, wenn $f(a)$ und $f(b)$ bekannt sind. Eine besondere Rolle spielen die Additionstheoreme der Trigonometrie (vgl. Band I):

$$\sin(\alpha + \beta) = \sin\alpha \cos\beta + \cos\alpha \sin\beta,$$
$$\cos(\alpha + \beta) = \cos\alpha \cos\beta + \sin\alpha \sin\beta,$$
$$\tan(\alpha + \beta) = \frac{\tan\alpha + \tan\beta}{1 - \tan\alpha \tan\beta}.$$

Für $\alpha = \beta$ ergeben sich die Sonderfälle

$$\sin 2\alpha = 2\sin\alpha \cos\alpha,$$
$$\cos 2\alpha = \cos^2\alpha - \sin^2\alpha,$$
$$\tan 2\alpha = \frac{2\tan\alpha}{1 - \tan^2\alpha}.$$

Mithilfe der Beziehung

$$\sin^2\alpha + \cos^2\alpha = 1,$$

die aus dem Satz des Pythagoras folgt, kann man diese Formeln noch weiter umformen.

Affindrehung: die Verkettung einer ↑ affinen Abbildung mit dem Fixpunkt F mit einer Drehung um F.

affine Abbildung [aus lateinisch *affinis* »angrenzend«, »verwandt«] (Affinität): eine ↑ umkehrbare Abbildung der Ebene auf sich, die geradentreu ist, also Geraden wieder auf Geraden abbildet (vgl. Band I). Analog sind affine Abbildungen im Raum definiert, wir beschränken uns hier aber auf affine Abbildungen der Ebene.

affine Abbildung

Ist in der Ebene ein Koordinatensystem gegeben, dann wird eine affine Abbildung $(x_1, x_2) \mapsto (x'_1, x'_2)$ durch Abbildungsgleichungen der Form

$$x'_1 = a_{11} x_1 + a_{12} x_2 + b_1$$
$$x'_2 = a_{21} x_1 + a_{22} x_2 + b_2$$

beschrieben. Definiert man eine ↑ Matrix A und einen Vektor $\vec{b}$ gemäß

$$A := \begin{pmatrix} a_{11} & a_{12} \\ a_{21} & a_{22} \end{pmatrix} \quad \text{und} \quad \vec{b} := \begin{pmatrix} b_1 \\ b_2 \end{pmatrix},$$

so schreibt man dies kürzer

$$\vec{x}' = A\vec{x} + \vec{b}.$$

Dabei ist $a_{11} a_{22} - a_{12} a_{21} \neq 0$, da andernfalls die Abbildung nicht umkehrbar wäre. Man nennt nun $\det A := a_{11} a_{22} - a_{12} a_{21}$ die ↑ Determinante der Matrix A.

Eine ↑ Ähnlichkeitsabbildung liegt genau dann vor, wenn die Vektoren $\begin{pmatrix} a_{11} \\ a_{21} \end{pmatrix}$ und $\begin{pmatrix} a_{12} \\ a_{22} \end{pmatrix}$ orthogonal zueinander und von gleicher Länge sind, wenn also gilt:

$$a_{11} a_{12} + a_{21} a_{22} = 0,$$
$$a_{11}^2 + a_{21}^2 = a_{12}^2 + a_{22}^2 = k^2.$$

Ist dabei $k^2 = 1$, dann handelt es sich um eine ↑ Kongruenzabbildung. In diesem Fall kann die Determinante $\det A$ nur die Werte $+1$ oder -1 haben. Im ersten Fall liegt eine eigentliche Bewegung (Drehung, Verschiebung) vor, im zweiten Fall eine uneigentliche Bewegung (Spiegelung, Schubspiegelung); vgl. hierzu Band I.

Beispiel 1:

$$\begin{cases} x'_1 = x_1 - 3 \\ x'_2 = x_2 + 5 \end{cases} \quad \text{bzw.} \quad \vec{x}' = \vec{x} + \begin{pmatrix} -3 \\ 5 \end{pmatrix}$$

gibt eine Verschiebung mit dem Verschiebungsvektor $\begin{pmatrix} -3 \\ 5 \end{pmatrix}$ an. Die Abbildungsmatrix A ist hier die Einheitsmatrix $E = \begin{pmatrix} 1 & 0 \\ 0 & 1 \end{pmatrix}$.

Beispiel 2: Durch

$$\vec{x}' = \frac{1}{2} \begin{pmatrix} 1 & \sqrt{3} \\ -\sqrt{3} & 1 \end{pmatrix} \vec{x}$$

ist eine Drehung um den Ursprung um 60° gegeben, denn aus Abb. 1 liest man ab:

$$x'_1 = r \cos (\alpha + 60°)$$
$$= r \cos \alpha \cos 60° - r \sin \alpha \sin 60°$$
$$= x_1 \cos 60° - x_2 \sin 60°,$$

$$x'_2 = r \sin (\alpha + 60°)$$
$$= r \cos \alpha \sin 60° + r \sin \alpha \cos 60°$$
$$= x_1 \sin 60° + x_2 \cos 60°.$$

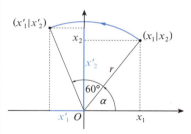

affine Abbildung (Abb. 1): Drehung um den Ursprung um 60°

Wegen $\cos 60° = \frac{1}{2}$ und $\sin 60° = \frac{1}{2}\sqrt{3}$ ergibt sich genau die angegebene Abbildungsgleichung. Allgemein hat die Abbildungsmatrix einer Drehung um den Ursprung mit dem Winkel φ die Form

$$\begin{pmatrix} \cos \varphi & -\sin \varphi \\ \sin \varphi & \cos \varphi \end{pmatrix}.$$

Mit dieser Formel kann man die Einheitsmatrix $\begin{pmatrix} 1 & 0 \\ 0 & 1 \end{pmatrix}$ (vgl. Beispiel 1) als eine Drehung um 0° deuten, denn $\sin 0 = 0$ und $\cos 0 = 1$. ∎

affine Abbildung

Beispiel 3: Die Verschiebung und die Drehung aus den Beispielen 1 und 2 werden verkettet. Da es dabei auf die Reihenfolge ankommt, gibt es zwei Möglichkeiten:

(a) Erst Verschiebung, dann Drehung:
$$x'_1 = \tfrac{1}{2}x_1 - \tfrac{1}{2}\sqrt{3}x_2 + (-\tfrac{3}{2} - \tfrac{5}{2}\sqrt{3}),$$
$$x'_2 = \tfrac{1}{2}\sqrt{3}x_1 + \tfrac{1}{2}x_2 + (-\tfrac{3}{2}\sqrt{3} + \tfrac{5}{2})$$

bzw.
$$\vec{x}' = \frac{1}{2}\begin{pmatrix} 1 & -\sqrt{3} \\ \sqrt{3} & 1 \end{pmatrix}\vec{x} + \frac{1}{2}\begin{pmatrix} 1 & -\sqrt{3} \\ \sqrt{3} & 1 \end{pmatrix}\begin{pmatrix} -3 \\ 5 \end{pmatrix}.$$

(b) Erst Drehung, dann Verschiebung:
$$x'_1 = \tfrac{1}{2}x_1 - \tfrac{1}{2}\sqrt{3}x_2 - 3,$$
$$x'_2 = \tfrac{1}{2}\sqrt{3}x_1 + \tfrac{1}{2}x_2 + 5$$

bzw.
$$\vec{x}' = \frac{1}{2}\begin{pmatrix} 1 & -\sqrt{3} \\ \sqrt{3} & 1 \end{pmatrix}\vec{x} + \begin{pmatrix} -3 \\ 5 \end{pmatrix}.$$

Beispiel 4: Die Spiegelung an der Geraden mit der Gleichung $x_2 = ax_1$ hat die Abbildungsgleichungen
$$x'_1 = \frac{1-a^2}{1+a^2}x_1 + \frac{2a}{1+a^2}x_2,$$
$$x'_2 = \frac{2a}{1+a^2}x_1 - \frac{1-a^2}{1+a^2}x_2,$$

also
$$\vec{x}' = \frac{1}{1+a^2}\begin{pmatrix} 1-a^2 & 2a \\ 2a & 1-a^2 \end{pmatrix}\vec{x}.$$

Beispiel 5: Es sollen die Abbildungsgleichungen einer ↑ Parallelstreckung aufgestellt werden. Die Achse a habe die Gleichung $x_2 = x_1$, die Streckrichtung sei parallel zur Geraden mit der Gleichung $x_2 = -2x_1$. Der Streckfaktor sei $\tfrac{2}{3}$ (Abb. 2). In den Abbildungsgleichungen gilt $b_1 = b_2 = 0$, weil der Ursprung festbleibt, und für die Koeffizienten der Abbildungsmatrix gilt

$$a_{11} + a_{12} = 1, \quad a_{21} + a_{22} = 1,$$

weil die Punkte der Achse Fixpunkte sind. Das Bild des Punktes $(3|-6)$ ist $(-2|4)$, also gilt

$$3a_{11} - 6a_{12} = -2,$$
$$3a_{21} - 6a_{22} = 4.$$

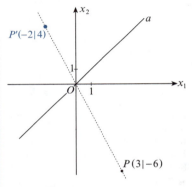

affine Abbildung (Abb. 2): Gleichungen einer Parallelstreckung

Aus diesen vier Gleichungen kann man die Koeffizienten a_{ij} berechnen und erhält die Matrix

$$\frac{1}{9}\begin{pmatrix} 4 & 5 \\ 10 & -1 \end{pmatrix}.$$

■ **Fixrichtungen und Eigenwerte**

Die Fixpunkte der affinen Abbildung $\vec{x}' = A\vec{x} + \vec{b}$ bestimmt man aus der Gleichung $\vec{x} = A\vec{x} + \vec{b}$ bzw.

$$(A - E)\vec{x} + \vec{b} = \vec{o}$$

(E ist die Einheitsmatrix, $\vec{o}$ der Nullvektor) oder

$$(a_{11} - 1)x_1 + a_{12}x_2 = 0$$
$$a_{12}x_1 + (a_{22} - 1)x_2 = 0.$$

Um die Fixgeraden zu bestimmen, stellt man zuerst fest, welche Richtungen festbleiben (**Fixrichtungen**), für welche Vektoren $\vec{u} \neq \vec{o}$ also

$$A\vec{u} = \lambda \vec{u}$$

mit $\lambda \in \mathbb{R}$ gilt. Dann ist $\vec{u}$ ein ↑ Eigenvektor zum ↑ Eigenwert λ der Matrix A bzw. der durch A beschriebenen linearen Abbildung. Man berechnet die Eigenwerte aus der Gleichung $|A - \lambda E| = 0$ (Determinante), also

$$\lambda^2 - (a_{11} + a_{22})\lambda$$
$$+ (a_{11}a_{22} - a_{12}a_{21}) = 0.$$

Existieren keine reellen Eigenwerte, dann gibt es keine Fixrichtungen und daher auch keine Fixgeraden. Existiert genau ein Eigenwert λ und ist der zugehörige ↑ Eigenraum eindimensional, so existiert genau eine Fixrichtung; ist der Eigenraum zweidimensional, dann ist *jede* Richtung fest. Existieren zwei verschiedene Eigenwerte λ_1, λ_2 (deren Eigenräume dann notwendigerweise eindimensional sind), dann gibt es genau zwei Fixrichtungen.
Ist $\vec{u}$ ein Eigenvektor zum Eigenwert λ der Matrix A, dann ist die Gerade $f: \vec{x} = \vec{p} + t\vec{u}$ genau dann eine Fixgerade der affinen Abbildung $\vec{x}' = A\vec{x} + \vec{b}'$, wenn $(A - E)\vec{p} + \vec{b}$ ein Vielfaches von $\vec{u}$ ist.

■ **Klassifizierung von affinen Abbildungen**

Die affinen Abbildungen mit dem Fixpunkt O, also mit der Gleichung $\vec{x}' = A\vec{x}$, kann man mithilfe der Eigenwerte und Eigenräume folgendermaßen klassifizieren:
(1) A hat zwei Eigenwerte λ_1, λ_2.
In diesem Fall liegt eine ↑ eulersche Affinität mit den beiden Fixgeraden f_1 und f_2 vor (Abb. 3). Die Eigenwerte λ_1 und λ_2 sind die Streckfaktoren der Parallelstreckung, aus denen die Abbildung zusammengesetzt ist. Ist einer der Eigenwerte 1, dann handelt

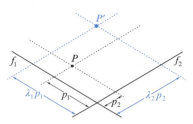

affine Abbildung (Abb. 3): eulersche Affinität mit zwei Fixgeraden f_1 und f_2

es sich um eine Parallelstreckung (Achsenaffinität); sind die Eigenwerte 1 und −1, dann handelt es sich um eine Schrägspiegelung.
(2) A hat genau einen Eigenwert λ.
Es liegt eine Streckscherung vor, bei der ein Punkt P zunächst auf einen Punkt P_1 gestreckt und dann auf P' geschert (oder auf P_2 geschert und dann auf P' gestreckt) wird (Abb. 4). Ist $\lambda = 1$ und der Eigenraum eindimensional, dann handelt es sich um eine Scherung; ist der Eigenraum zweidimensional, dann handelt es sich um eine zentrische Streckung.

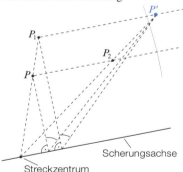

affine Abbildung (Abb. 4): Streckscherung

(3) A hat keinen Eigenwert.
Es liegt eine Affindrehung vor, d. h. eine Verkettung mit einer Drehung um O mit einer Euler-Affinität oder einer Streckscherung.

affiner Raum: der Punktraum $\mathbb{R}^3$, in Abgrenzung gegen den ↑ Vektorraum $\mathbb{R}^3$.

affines Koordinatensystem: ein schiefwinkliges ↑ Koordinatensystem.

Affinität: ↑ affine Abbildung.

Ähnlichkeitsabbildung: eine ↑ affine Abbildung, bei der sich Streckenverhältnisse nicht ändern. Jede Ähnlichkeitsabbildung lässt sich als Verkettung einer ↑ zentrischen Streckung mit einer ↑ Kongruenzabbildung darstellen (vgl. Band I).

Algebra [aus dem Arabischen »Wiederherstellung«, »Einrenkung« (gebrochener Teile)]: die Theorie der Verknüpfungen und der Verknüpfungsgebilde (↑ algebraische Strukturen) sowie der Auflösung von Gleichungen in Verknüpfungsgebilden (vgl. Band I). In der ↑ linearen Algebra befasst man sich mit den Eigenschaften der ↑ Vektorräume.

algebraische Funktion: eine Funktion, die durch Addition, Multiplikation, Verketten und die entsprechenden Umkehroperationen (Bildung der Gegenfunktion $-f$, der Kehrfunktion $\frac{1}{f}$, der Umkehrfunktion f^{-1}) aus den konstanten Funktionen $x \mapsto c$ ($c \in \mathbb{R}$) und der identischen Funktion $x \mapsto x$ aufgebaut werden kann.

Die rationalen Funktionen und die Wurzelfunktionen sind algebraisch. Die trigonometrischen Funktionen und die Exponentialfunktionen sind nicht algebraisch, sie sind ↑ transzendent.

Die oben angegebene Definition ist zwar anschaulich, aber nicht sehr präzise. Etwas genauer definiert man den Begriff der (reellen) algebraischen Funktion folgendermaßen: Eine auf einem Intervall I differenzierbare Funktion f heißt algebraisch, wenn endlich viele Polynome

$$p_0(x), p_1(x), p_2(x), \ldots, p_m(x)$$

mit Koeffizienten p_k aus $\mathbb{R}$ existieren, sodass für alle $x \in I$ gilt:

$$\sum_{k=0}^{m} p_k(x)(f(x))^k = 0.$$

Beispiel: Die Funktion

$$f : x \mapsto \sqrt[3]{\frac{x+1}{x-1} + \sqrt{x^2+1}}$$

ist auf $I := \,]1;\infty[$ algebraisch, denn mit $y = f(x)$ gilt für alle $x \in I$

$$(x^2 - 2x + 1)y^6 + (-2x^2 + 2)y^3$$
$$+ (-x^4 + 2x^3 - x^2 + 4x) = 0.$$

Funktionen, die durch solche Polynomgleichungen definiert sind, nennt man implizit definiert (↑ implizite Funktion); sie sind durch die erste Definition algebraischer Funktionen nicht alle erfasst. Ist eine solche Polynomgleichung nach y auflösbar, dann gibt es in der Regel verschiedene Auflösungen, sodass also durch die Polynomgleichung mehrere Funktionen definiert werden können.

Beispiel: Die Gleichung $x^2 + y^2 = 1$ definiert auf $[-1;1]$ die beiden Funktionen $x \mapsto \sqrt{1-x^2}$ und $x \mapsto -\sqrt{1-x^2}$.

algebraische Gleichung (Polynomgleichung): eine Gleichung der Form

$$a_n x^n + a_{n-1} x^{n-1} + \ldots + a_1 x + a_0 = 0$$

mit $a_0, a_1, \ldots, a_{n-1}, a_n \in \mathbb{R}$ und ganzzahligen Potenzen (vgl. Band I).

algebraische Struktur (Verknüpfungsgebilde): eine Menge M, in der eine Verknüpfung »∗« gegeben ist, welche je zwei Elementen $a, b \in M$ ein drittes Element $c \in M$ zuordnet. Man schreibt dann $a * b = c$ und nennt (genauer) das Paar $(M, *)$ eine algebraische Struktur (vgl. Band I).

algebraische Zahl: eine reelle Zahl, die Lösung einer ↑ algebraischen Gleichung ist. Beispielsweise ist die Zahl $x = \sqrt[3]{2 - \sqrt{3}}$ algebraisch,

Analysis

denn sie ist eine Lösung der Gleichung $x^6 - 4x^3 + 1 = 0$. Eine Zahl, die nicht algebraisch ist, heißt ↑ transzendent.

Algorithmus [in Anlehnung an das griechische arithmós »Zahl« entstellt aus dem Namen des persischen Astronomen und Mathematikers AL-CHARISMI, 9. Jh. n. Chr.]: eindeutige und endliche Vorschrift zur schematischen Lösung einer Aufgabe oder einer Klasse von Aufgaben. Ursprünglich verstand man darunter das um 1200 n. Chr. von FIBONACCI (vgl. Band I) dargestellte, aber erst um 1600 n. Chr. in Europa allgemein verbreitete Rechnen mit Dezimalzahlen. Nur wenn sich ein Lösungsverfahren durch einen Algorithmus beschreiben lässt, kann es als Programm für einen Computer formuliert werden.

Abbrechende **Algorithmen** sind z. B.

- die Verfahren zur schriftlichen Addition, Subtraktion und Multiplikation von Zahlen,
- der euklidische Algorithmus zur Berechnung des größten gemeinsamen Teilers zweier natürlicher Zahlen (vgl. Band I),
- der Gauß-Algorithmus zur Berechnung der Lösungsmenge eines linearen Gleichungssystems.

Nichtabbrechende **Algorithmen** sind z. B.

- das Verfahren zur schriftlichen Division zweier Zahlen, falls der Quotient nicht als Zehnerbruch zu schreiben ist,
- das Verfahren zur Berechnung der Quadratwurzel aus einer natürlichen Zahl, die keine Quadratzahl ist, etwa gemäß dem heronschen Verfahren (vgl. Band I),
- das newtonsche Verfahren zur Berechnung von Nullstellen einer Funktion.

Alternativhypothese (Gegenhypothese): eine zur ursprünglichen Vermutung über die unbekannte Wahrscheinlichkeit eines Ereignisses in Konkurrenz stehende Annahme, die beim ↑ Testen von Hypothesen verifiziert (bestätigt) oder falsifiziert (verworfen) wird.

Alternativtest: Verfahren aus der ↑ beurteilenden Statistik, das zu einer Entscheidung zwischen zwei Hypothesen (z. B. über eine unbekannte Wahrscheinlichkeit) führen soll.

alternierende Reihe: Reihe, bei der aufeinander folgende Summanden verschiedene Vorzeichen haben. Ein Beispiel ist die alternierende harmonische Reihe:

$$\sum_{n=1}^{\infty} \frac{(-1)^{n+1}}{n} = 1 - \frac{1}{2} + \frac{1}{3} - \frac{1}{4} + - \cdots$$

Es gilt das **Leibniz-Kriterium**: Bilden die Beträge der Summanden einer alternierenden Reihe eine monotone Nullfolge, dann ist die Reihe konvergent.

Analysis [griechisch »Auflösung«]: das Gebiet der Mathematik, welches sich mit der Differenzial- und Integralrechnung beschäftigt (Infinitesimalrechnung). Zum Bereich der Analysis zählt man aber auch die Untersuchung der Eigenschaften von ↑ Folgen (z. B. ↑ Konvergenz) und von Funktionen (z. B. ↑ Stetigkeit).
In der Differenzialrechnung werden ↑ Ableitungen bzw. ↑ Ableitungsfunktionen von Funktionen betrachtet. Liegen Definitionsbereich und Wertebereich dieser Funktionen in der Menge $\mathbb{R}$ der ↑ reellen Zahlen, so spricht man von Funktionen *einer* Variablen; liegt der Definitionsbereich in der Menge $\mathbb{R}^n$ der n-Tupel reeller Zahlen $(n \geq 2)$, so spricht man von ↑ Funktionen mehrerer Variablen.

analytische Funktion

Der rote Faden der Analysis ist die Frage, wie man das Änderungsverhalten einer Funktion verstehen und beschreiben kann. Anders gesagt: Wie kann man aus der Kenntnis einer Funktion »im Kleinen« (d. h. bei geringen Veränderungen ihrer Variablen) Folgerungen auf den Verlauf der Funktion »im Großen« ziehen? Zentrales Hilfsmittel dazu ist der ↑ Grenzwert. Erst nach seiner begrifflichen Klärung zu Beginn des 19. Jahrhunderts wurde es möglich, die Analysis streng zu begründen. ∎

In der Integralrechnung untersucht man die Inhalte von Flächen und Körpern, die von Kurven in der Ebene bzw. Flächen im Raum begrenzt werden. Man berechnet also das ↑ Integral von Funktionen einer oder mehrerer Variablen.
Differenzialrechnung und Integralrechnung sind eng miteinander verwandt (↑ Hauptsatz der Differenzial- und Integralrechnung). Auch das Lösen von ↑ Differenzialgleichungen gehört in das Gebiet der Analysis.
Die Untersuchung von Funktionen, deren Definitions- und Wertemengen aus ↑ komplexen Zahlen bestehen, fällt in den Bereich der ↑ Funktionentheorie, manchmal auch komplexe Analysis genannt.

analytische Funktion: Bezeichnung für eine reelle Funktion $f: I \mapsto \mathbb{R}$ ($\mathbb{R}$: Menge der reellen Zahlen, I: offenes Intervall $\subseteq \mathbb{R}$), wenn es für ein $x_0 \in I$ eine ↑ Potenzreihe

$$\sum_{k=0}^{\infty} a_k (x - x_0)^k$$

gibt, für die

$$f(x) = \sum_{k=0}^{\infty} a_k (x - x_0)^k$$

in einer ↑ Umgebung $U(x_0) \subseteq I$ gilt. Die Funktion heißt dann an der Stelle x_0 analytisch.
Jede in einem Punkt x_0 analytische reelle Funktion ist auch in einer gewissen Umgebung von x_0 analytisch.
f heißt auf dem Intervall $I \subseteq \mathbb{R}$ analytisch, wenn f in jedem Punkt von I analytisch ist.
Wenn f eine in x_0 analytische Funktion ist, so ist f in einer Umgebung von x_0 beliebig oft ↑ differenzierbar.

analytische Geometrie: das Teilgebiet der Mathematik, in dem man geometrische Sachverhalte mit algebraischen Hilfsmitteln unter Verwendung eines Koordinatensystems behandelt (vgl. Band I). Hierbei werden auch Methoden der linearen Algebra angewendet.

Änderungsrate:
◆ Die mittlere Änderungsrate der Funktion f im Intervall $[a; b]$ ist der Quotient $\dfrac{f(b) - f(a)}{a - b}$.

◆ Die ↑ lokale Änderungsrate (momentane Änderungsrate) der Funktion f an der Stelle x_0 ist die Ableitung $f'(x_0)$.

Anfangswertproblem: das Problem, auf einem Intervall I eine Lösung $y = f(x)$ der ↑ Differenzialgleichung $y' = g(x, y)$ zu bestimmen, die der **Anfangsbedingung** $f(x_0) = y_0$ genügt. Der Punkt $(x_0; y_0)$ heißt **Anfangswert**.

angeordnet: bezeichnet eine ↑ algebraische Struktur $(M, *)$, wenn eine lineare ↑ Ordnungsrelation »<« in M (vgl. Band I) so definiert ist, dass für $a, b \in M$ gilt:

$a < b \Rightarrow a * c < b * c$ für alle $c \in M$

(Monotoniegesetz).
Ein ↑ Körper $(K, +, \cdot)$ heißt angeordnet, wenn eine lineare Ordnungsrelation »<« in K so definiert ist, dass für $a, b \in K$ gilt:

Approximation

$a < b \Rightarrow a+c < b+c$ für alle $c \in K$,
$a < b \Rightarrow a \cdot c < b \cdot c$
   für alle $c \in K$ und $0 < c$.

Annahmebereich: ↑ Testen von Hypothesen.

Anpassungstest: ein Test zur Überprüfung der Hypothese, dass die Verteilungsfunktion einer ↑ Zufallsgröße mit einer vorgegebenen Verteilungsfunktion zusammenfällt oder zu einer vorgegebenen Menge von Verteilungsfunktionen gehört. Ein Beispiel ist der ↑ Chi-Quadrat-Test.

antiproportional: bezeichnet zwei variable Größen x, y, für die $x \cdot y = a$ bei konstantem a gilt (↑ proportional).

antisymmetrisch (schiefsymmetrisch): ↑ Matrix.

apollonisches Berührungsproblem [nach APOLLONIOS VON PERGE; *260 v. Chr., † um 190 v. Chr., vgl. Bd. I]: die Aufgabe, Kreise zu konstruieren, die gegebene Kreise oder Geraden berühren. Die ursprüngliche Aufgabe des Apollonios besteht darin, zu drei gegebenen Kreisen alle gemeinsamen Berührungskreise zu bestimmen. Im allgemeinen Fall gibt es acht solche Kreise. Ihre Mittelpunkte ergeben sich als Schnittpunkte von ↑ Kegelschnitten (Ellipsen, Hyperbeln, Parabeln).

Approximation [lateinisch »Annäherung«]: die näherungsweise Darstellung einer Zahl, einer Funktion, einer Kurve oder eines anderen mathematischen Objekts durch eine einfachere Zahl, Funktion, Kurve usw., wobei der Fehler möglichst klein gehalten werden soll.

Am wichtigsten ist die Approximation einer ↑ Funktion. Mithilfe der ↑ Ableitung kann man eine an der Stelle x_0 differenzierbare Funktion in einer Umgebung von x_0 **linear approximieren** (Abb. 1):

$$f(x) \approx f(x_0) + f'(x_0)(x-x_0).$$

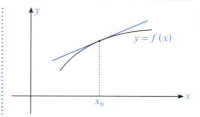

Approximation (Abb. 1): lineare Approximation

Bei der **quadratischen Approximation** einer Funktion f, die an der Stelle x_0 zweimal differenzierbar ist, sucht man eine Parabel, die sich dem Graph von f in einer Umgebung von x_0 möglichst gut anschmiegen soll. Dazu muss für die approximierende Parabel p gelten:

(1) $p(x_0) = f(x_0)$,
(2) $p'(x_0) = f'(x_0)$,
(3) $p''(x_0) = f''(x_0)$.

Mit dem Ansatz

$$p(x) = a_0 + a_1(x-x_0) + a_2(x-x_0)^2$$

erhält man

aus (1): $a_0 = f(x_0)$,

aus (2): $a_1 = f'(x_0)$,

aus (3): $a_2 = \tfrac{1}{2} f''(x_0)$.

Die Formel für die quadratische Approximation lautet also

$$f(x) \approx f(x_0) + f'(x_0)(x-x_0) + \tfrac{1}{2} f''(x_0)(x-x_0)^2.$$

Ist f an der Stelle x_0 n-mal differenzierbar, so erhält man die Formel für die **Approximation n-ter Ordnung**:

$$f(x) \approx \sum_{i=0}^{n} \frac{1}{i!} f^{(i)}(x_0)(x-x_0)^i.$$

Diese Ausdrücke nennt man ↑ Taylor-Polynome (das Zeichen $f^{(i)}$ bedeutet

Approximation

die i-te Ableitung). Nach dem ↑ Approximationssatz lässt sich eine solche Approximation beliebig genau finden.

Beispiel 1: Für die Exponentialfunktion erhält man an der Stelle $x_0 = 0$ (Abb. 2):

$$e^x \approx 1 + x,$$
$$e^x \approx 1 + x + \frac{x^2}{2},$$
$$e^x \approx 1 + x + \frac{x^2}{2} + \frac{x^3}{6}$$

und allgemein

$$e^x \approx \sum_{i=0}^{n} \frac{x^i}{i!}.$$

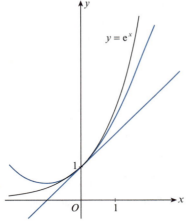

Approximation (Abb. 2): Approximation der Exponentialfunktion

Beispiel 2: Die ersten zwei Approximationspolynome für

$$f : x \mapsto \sqrt{1+x}$$

an der Stelle 0 lauten (Abb. 3):

$$p_1(x) = 1 + \tfrac{1}{2}x,$$
$$p_2(x) = 1 + \tfrac{1}{2}x - \tfrac{1}{8}x^2.$$

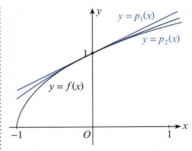

Approximation (Abb. 3): Approximation der Funktion $f : x \mapsto \sqrt{1+x}$

In welcher Zeit verdoppelt sich ein Kapital bei jährlicher Verzinsung mit dem Zinsfuß $p\%$? Verzinsung für ein Jahr bedeutet Multiplikation des Kapitals mit dem Zinsfaktor $1 + \frac{p}{100}$. Aus $\left(1 + \frac{p}{100}\right)^n = 2$ folgt

$$n = \frac{\ln 2}{\ln\left(1 + \frac{p}{100}\right)}$$

mit dem natürlichen Logarithmus ln. Approximiert man $\ln\left(1 + \frac{p}{100}\right)$ linear gemäß $f(x) \approx f(0) + f'(x) \cdot x$ durch $1 + \frac{p}{100}$ (was etwas zu groß ist) und setzt 0,69 für ln 2, dann ergibt sich die Näherung $n \approx \frac{69}{p}$. Weil man den Nenner etwas vergrößert hat, vergrößert man auch den Zähler etwas, und zwar zweckmäßigerweise auf 72, weil diese Zahl so viele Teiler hat. Es ergibt sich also die äußerst nützliche Faustformel $n \approx \frac{72}{p}$. ∎

Eine Approximation von f an der Stelle x_0 kann man auch mit einem Kreisbogen durchführen, der den gleichen Funktionswert, die gleiche Steigung und die gleiche Krümmung wie die Funktion an der Stelle x_0 hat (↑ Krümmungskreis). Zur Approximation periodischer Funktionen dienen trigonometrische Funktionen (↑ Fourier-Reihe).

Zur Approximation von Funktionen zweier reeller Variabler benutzt man ↑ partielle Ableitungen. Ist f eine differenzierbare Funktion von zwei reellen Variablen, so lautet die Formel für die lineare Approximation an der Stelle (x_0, y_0):

$$f(x,y) \approx f(x_0, y_0)$$
$$+ f_x(x_0, y_0)(x - x_0)$$
$$+ f_y(x_0, y_0)(y - y_0)$$

(f_x, f_y bedeutet dabei die partielle Ableitung von $f(x,y)$ nach x bzw. nach y). Die von f dargestellte Fläche wird dabei im Punkt $(x_0|y_0)$ durch die ↑ Tangentialebene angenähert.

Approximationspolynome: Polynome, die bei der ↑ Approximation von Funktionen benutzt werden. Die allgemeine Form sind ↑ Taylor-Polynome.

Approximationssatz: der auf K. ↑ WEIERSTRASS zurückgehende Satz über die Genauigkeit einer ↑ Approximation: Jede auf einem Intervall $[a;b]$ stetige Funktion lässt sich über dem Intervall beliebig genau durch eine Polynomfunktion approximieren. Dieser Satz ist von enormer Wichtigkeit für viele Anwendungen z. B. in der Physik.

Äquivalenzrelation: eine ↑ Relation in einer Menge M, die reflexiv, symmetrisch und transitiv ist (vgl. Band I). Für eine Äquivalenzrelation in M muss also gelten:

(1) $a \sim a$ für alle $a \in M$;
(2) ist $a \sim b$, dann ist auch $b \sim a$;
(3) ist $a \sim b$ und $b \sim c$, dann ist auch $a \sim c$.

Äquivalenzumformung (äquivalente Umformung): Umformung einer Gleichung oder Ungleichung bzw. eines Gleichungssystems oder Ungleichungssystems derart, dass sich die Lösungsmenge nicht ändert (vgl. Band I).

arccos: Funktionszeichen für die Arkuskosinusfunktion (Umkehrfunktion der Kosinusfunktion).

archimedisch angeordneter Körper [nach ARCHIMEDES; * um 285 v. Chr., † 212 v. Chr., vgl. Band I]: ein angeordneter ↑ Körper $(K, +, \cdot)$, für den gilt: Für je zwei Elemente $a, b \in K$ mit $a, b > 0$ existiert eine natürliche Zahl n mit $na > b$. Dabei steht na für die n-fache Summe $a + a + \ldots + a$. Der Körper der rationalen Zahlen und der Körper der reellen Zahlen sind Beispiele für archimedisch angeordnete Körper, wobei die Ordnungsrelation »<« die bekannte Kleiner-Relation ist.

archimedische Spirale [nach ARCHIMEDES; * um 285 v. Chr., † 212 v. Chr., vgl. Band I]: eine Kurve, die folgendermaßen entsteht: Man denke sich zu einem Kreis vom Radius a eine Tangente t und den zugehörigen Berührradius gezeichnet. Dann denke man sich diese Tangente wie in Abb. 1 auf dem Kreis abgerollt.

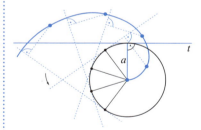

archimedische Spirale (Abb. 1): Konstruktion der archimedischen Spirale

Der Endpunkt des ursprünglichen Berührradius beschreibt dann eine spiralförmige Kurve (Abb. 2). Die archimedische Spirale hat in ↑ Polarkoordinaten die Gleichung $r = a \cdot \varphi$.
Je zwei aufeinander folgende Windungen der archimedischen Spirale haben denselben Abstand, nämlich $2\pi a$.

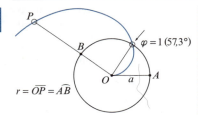

archimedische Spirale (Abb. 2): Gleichung der archimedischen Spirale

arcsin: Funktionszeichen für die Arkussinusfunktion (Umkehrfunktion der Sinusfunktion).

arctan: Funktionszeichen für die Arkustangensfunktion (Umkehrfunktion der Tangensfunktion).

Areafunktionen: die Umkehrfunktionen der ↑ hyperbolischen Funktionen.

Argument [aus lateinisch argumentum »was der Veranschaulichung dient«]:
♦ im *Alltag* die Bezeichnung für einen Grund oder ein Beleg für eine Behauptung.
♦ bei der Betrachtung einer ↑ *Funktion* ein Element der Definitionsmenge. Bei Funktionen mehrerer Veränderlicher bezeichnet man die einzelnen unabhängigen Variablen, manchmal aber auch das gesamte n-Tupel der Variablen als Argument.
♦ bei einer ↑ *komplexen Zahl z* in der Darstellung

$$z = |z|(\cos\varphi + i\sin\varphi)$$

Bezeichnung für den Winkel φ.

Arithmetik [von dem griechischen arithmós »Zahl«]: allgemein die Lehre von den Zahlen und dem Rechnen mit Zahlen. Häufig beschränkt man die Arithmetik auf das Rechnen mit ganzen Zahlen, wobei ein wichtiger Bestandteil der Arithmetik die Teilbarkeitslehre ist (vgl. Band I).

arithmetisch: die Zahlen oder das Rechnen betreffend. In der Mathematik verwendet man den Begriff meist im Zusammenhang mit dem ↑ arithmetischen Mittel.

arithmetische Folge: eine Zahlenfolge $\langle a_n \rangle$ (↑ Folge), bei der die Differenzen der aufeinander folgenden Glieder konstant sind. Ist diese Differenz d und ist das Anfangsglied a_n, dann ist das n-te Glied $a_n = a + (n-1)d$. Jedes Glied einer arithmetischen Folge (außer dem Anfangsglied) ist das arithmetische Mittel seiner beiden Nachbarglieder.

arithmetische Reihe: die ↑ Summenfolge einer arithmetischen Folge.

arithmetisches Mittel (Durchschnitt): für zwei Zahlen a, b der ↑ Mittelwert $\dfrac{a+b}{2}$. Das arithmetische Mittel von n Zahlen $a_1, a_2, \ldots, a_n$ ist $\dfrac{a_1 + a_2 + \ldots + a_n}{n}$. Treten die Werte $a_1, a_2, \ldots, a_n$ mit den relativen Häufigkeiten $h_1, h_2, \ldots, h_n$ auf, dann ist ihr gewichtetes Mittel (gewichtetes arithmetisches Mittel) $h_1 a_1 + h_2 a_2 + \ldots + h_n a_n$.

Arkusfunktionen (zyklometrische Funktionen): die Umkehrfunktionen der ↑ trigonometrischen Funktionen.

ASCII-Code [Abk. für englisch **A**merican **S**tandard **C**ode for **I**nformation **I**nterchange »amerikanischer Standardcode für den Informationsaustausch«]: ein in vielen Computern verwendeter 7-Bit-Code (↑ Codierung) zur Darstellung von Ziffern, Buchstaben und Sonderzeichen.

assoziativ [aus lateinisch associare »beigesellen«, »vereinigen«]: bezeichnet eine ↑ Verknüpfung »∗« in einer Menge M, wenn für alle $a, b, c \in M$ gilt:

$$(a * b) * c = a * (b * c).$$

Man sagt dann, in $(M, *)$ gelte das **Assoziativgesetz**. Beim Verknüpfen von drei Elementen ist es dann also nicht nötig, Klammern zu setzen, man schreibt einfach $a*b*c$. Entsprechend kann man für mehr als drei Elemente $a_1 * a_2 * a_3 * \ldots * a_n$ ohne Klammern schreiben, da die Verknüpfung mit zwei beliebigen benachbarten Elementen beginnen kann.

Beispiele für assoziative Verknüpfungen sind die Addition von Zahlen, die Multiplikation von Zahlen und die ↑ Verkettung von Abbildungen.

Asteroide (Astroide) [griechisch »Sternförmige«]: die Kurve mit der Gleichung

$$\sqrt[3]{x^2} + \sqrt[3]{y^2} = \sqrt[3]{a^2}$$

mit $a > 0$ (↑ implizite Funktion). Sie hat die Parameterdarstellung

$$x = a\cos^3\varphi, \ y = a\sin^3\varphi$$

($\varphi \in [0; 2\pi[$). Man kann die Asteroide als ↑ Evolute eines Kreises oder einer Ellipse deuten. Sie lässt sich also, wie in Abb. 1 angegeben, konstruieren, indem man einen Kreis mit dem Mittelpunkt C und dem Peripheriepunkt M auf der Innenseite des Kreises bzw. der Ellipse abrollt (↑ Zykloide).

Die Asteroide ist symmetrisch zu den Koordinatenachsen. Der Bogen der Asteroide im 1. Quadranten wird durch die Funktion

$$f: x \mapsto \sqrt{(\sqrt[3]{a^2} - \sqrt[3]{x^2})^3}$$

($0 \leq x \leq a$) beschrieben. Für die ↑ Ableitungsfunktion gilt

$$f'(x) = \frac{\sqrt{\sqrt[3]{a^2} - \sqrt[3]{x^2}}}{\sqrt[3]{x}}.$$

An den einseitigen Grenzwerten $\lim_{x \to a^-} f'(x) = 0$ und $\lim_{x \to 0^+} f'(x) = -\infty$ erkennt man die Spitzen der Kurve in den Punkten auf den Koordinatenachsen.

Asympt<u>o</u>te [griechisch »nicht zusammenfallend«]: eine Gerade, der sich eine Kurve immer stärker nähert, wenn man die Kurve durchläuft. Der Abstand zwischen Kurve und Gerade wird dabei beliebig klein (Abb. 1).

Asymptote (Abb. 1): Kurve und Asymptoten

Eine Funktion f besitzt die Gerade mit der Gleichung $x = c$ (Parallele zur y-Achse) als Asymptote, wenn

$$\lim_{x \to c^+} f(x) = +\infty \quad \text{oder}$$

$$\lim_{x \to c^+} f(x) = -\infty$$

oder Entsprechendes für den linksseitigen Grenzwert $x \to c^-$ gilt. Bei einseitiger Annäherung an c wächst also $f(x)$ über jede positive Schranke oder fällt unter jede negative Schranke (Abb. 2). Man nennt c dann eine ↑ Polstelle von f und sagt, f habe dort einen **Pol**.

Eine Funktion f besitzt die Gerade mit der Gleichung $y = c$ (Parallele zur x-Achse) als Asymptote, wenn

$$\lim_{x \to \infty} f(x) = c \quad \text{bzw.} \quad \lim_{x \to -\infty} f'(x) = 0.$$

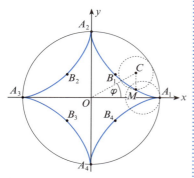

Asteroide (Abb. 1): Asteroide als Evolute eines Kreises. Die A_i und B_i bezeichnen die Umkehr- bzw. Scheitelpunkte.

Asymptote

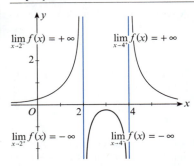

$\lim_{x\to 2^-} f(x) = +\infty$ $\quad$ $\lim_{x\to 4^+} f(x) = +\infty$

$\lim_{x\to 2^+} f(x) = -\infty$ $\quad$ $\lim_{x\to 4^-} f(x) = -\infty$

Asymptote (Abb. 2): Pole einer Funktion

Der Graph der Funktion f hat für $x \to \infty$ eine Asymptote mit der Gleichung $y = mx + b$, wenn

$$\lim_{x\to\infty} f'(x) = m$$

und

$$\lim_{x\to\infty} (f(x) - f'(x)x) = b,$$

wenn also

$$\lim_{x\to\infty} (f(x) - (mx + b)) = 0.$$

Für $x \to -\infty$ gilt Entsprechendes.

Beispiel 1: Die gebrochenrationale Funktion

$$f : x \mapsto \frac{x^3 - 2x^2 - x + 3}{x^2 - 1}$$

(Abb. 3) hat Pole an den Nullstellen des Nenners, also an den Stellen 1 und −1. Die Geraden mit den Gleichungen

$$x = 1 \quad \text{und} \quad x = -1$$

sind Asymptoten:

$$\lim_{x\to 1^+} f(x) = +\infty, \ \lim_{x\to 1^-} f(x) = -\infty$$

und

$$\lim_{x\to -1^+} f(x) = -\infty, \ \lim_{x\to -1^-} f(x) = +\infty.$$

Ferner hat f die Asymptote mit der Gleichung $y = x - 2$. Dies erkennt man, wenn man den Funktionsterm von f mithilfe der Polynomdivision (vgl. Band I) vereinfacht:

$$f(x) = x - 2 + \frac{1}{x^2 - 1}.$$

■ Asymptoten in Polarkoordinaten

Ist die Kurve durch die Gleichung

$$r = f(\varphi)$$

in ↑ Polarkoordinaten gegeben, dann lässt sich eine etwaige Asymptote durch ihren Winkel α mit der Polarachse und ihren Abstand p vom Koordinatenursprung festlegen. Rechnerisch ergeben sich α und p aus

$$\frac{1}{f(\alpha)} = 0 \quad \text{und} \quad p = \lim_{\varphi \to \alpha} \frac{r^2}{\sqrt{r^2 + (r')^2}}.$$

Beispiel 2: Das kartesische Blatt hat die implizite Darstellung $x^3 + y^3 = 3axy$ mit $a > 0$, und in Polarkoordinaten ergibt sich die Darstellung

$$r = \frac{3a \sin\varphi \cos\varphi}{\sin^3\varphi + \cos^3\varphi}$$

(Abb. 4). Diese Kurve hat eine Asymptote mit $\alpha = 135°$ und $p = \frac{a}{2}\sqrt{2}$.

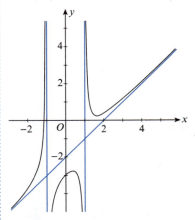

Asymptote (Abb. 3): Asymptote einer gebrochenrationalen Funktion

asymptotisches Verhalten

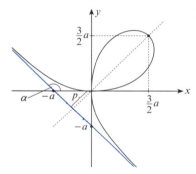

Asymptote (Abb. 4): kartesisches Blatt

■ Verallgemeinerung

Den Begriff der Asymptote kann man zum Begriff der **asymptotischen Linie** verallgemeinern. Dies ist eine Kurve, welche sich der gegebenen Kurve immer stärker nähert (»anschmiegt«), wenn man die Kurve durchläuft.

Beispiel 3: Die gebrochenrationale Funktion f mit

$$f(x) = \frac{x^3 + 2x^2 - 3x + 4}{4x - 4}$$
$$= \frac{1}{4}(x^2 + 3x) + \frac{1}{x-1}$$

hat als asymptotische Linie die Parabel mit der Gleichung $y = \frac{1}{4}(x^2 + 3x)$ (Abb. 5).

Am »Rest« $f(x) - \lim\limits_{x \to \infty} f(x)$ kann man erkennen, ob sich die asymptotische Linie der Kurve von oben oder von unten nähert. ■

Beispiel 4: Die Kurve mit der Darstellung

$$r = \frac{a \cdot \alpha}{\varphi - 1} \quad (a > 0)$$

in Polarkoordinaten hat eine Asymptote und einen asymptotischen Kreis (Abb. 6).

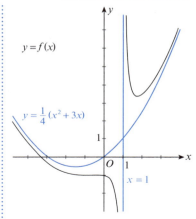

Asymptote (Abb. 5): Kurve mit einer asymptotischen Parabel

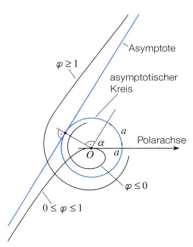

Asymptote (Abb. 6): Kurve mit einem asymptotischen Kreis und einer Asymptote

asymptotische Linie: ↑ Asymptote.
asymptotisches Verhalten: das Verhalten von Funktionen und Zahlenfolgen bei Grenzwertbetrachtungen.

asymptotisch gleich

Wir betrachten zwei Funktionen f und g, die auf der Halbgeraden $[a,\infty[$ definiert sind. Ist

$$\lim_{x \to \infty} (f(x) - g(x)) = 0,$$

dann ist der Graph von f eine asymptotische Linie (↑ Asymptote) für den Graphen von g und umgekehrt. Die Funktionen f und g heißen in diesem Fall **asymptotisch gleich** für $x \to \infty$. Entsprechend heißen zwei Zahlenfolgen $\langle a_n \rangle, \langle b_n \rangle$ asymptotisch gleich, wenn

$$\lim_{n \to \infty} (a_n - b_n) = 0.$$

Gilt für zwei Funktionen f und g

$$\lim_{x \to \infty} \frac{f(x)}{g(x)} = 1,$$

dann sagt man, dass sich f und g asymptotisch gleich *verhalten* oder f sich asymptotisch wie g verhält. Entsprechendes sagt man für Zahlenfolgen $\langle a_n \rangle, \langle b_n \rangle$, wenn

$$\lim_{n \to \infty} \frac{a_n}{b_n} = 1.$$

Man beachte, dass asymptotisch gleiche Funktionen sich auch asymptotisch gleich verhalten, die Umkehrung gilt aber nicht: Es ist $\lim_{x \to \infty} \frac{x^2 + x}{x^2} = 1$, aber $\lim_{x \to \infty} (x^2 + x - x^2) \neq 0$. ∎

Beispiel: Es sei $\pi(x)$ die Anzahl der Primzahlen unterhalb von x; dann gilt

$$\lim_{x \to \infty} \frac{\pi(x)}{\frac{x}{\ln x}} = 1,$$

die Funktion $\pi(x)$ verhält sich also asymptotisch wie $\frac{x}{\ln x}$ (Primzahlsatz).

■ **Asymptotische Ordnung**

Ist der Quotient $\frac{f(x)}{g(x)}$ für $x \to \infty$ beschränkt, so schreibt man $f(x) = O(g(x))$ und sagt, f sei asymptotisch von der Ordnung g.

Ist $\lim_{x \to \infty} \frac{f(x)}{g(x)} = 0$, so schreibt man $f(x) = o(g(x))$ und sagt, f sei **asymptotisch klein** gegen g. Die Symbole O und o werden als ↑ Landau-Symbole bezeichnet. Man liest sie »Groß-O von $g(x)$« bzw. »Klein-o von $g(x)$«.

Beispiele:
(1) $\sqrt{1+x} = O(x)$;
(2) $\sin x = O(1)$;
(3) $(\ln x)^a = o(x^b)$ für alle $a > 0, b > 0$.

asymptotisch gleich: ↑ asymptotisches Verhalten.

Ausfall: das Ergebnis eines ↑ Zufallsversuchs.

Ausgangsmenge: ↑ Definitionsmenge.

ausgeartet:
♦ bezeichnet eine *Abbildung* (Funktion), die nicht injektiv ist; verschiedenen Elementen der Definitionsmenge sind also nicht stets auch verschiedene Elemente der Wertemenge zugeordnet.
♦ Ein *Kegelschnitt* heißt ausgeartet, wenn er nur aus einem Punkt, nur aus einer Geraden oder nur aus einem Geradenpaar besteht.

Ausgleichsgerade: ↑ Ausgleichsrechnung.

Ausgleichsrechnung: eine auf ADRIEN-MARIE LEGENDRE (*1752, †1833) und C. F. ↑ GAUSS zurückgehende Methode, aus gegebenen Messwerten $x_1, x_2, \ldots, x_n$ einen solchen Wert $\bar{x}$ zu berechnen, für den die Summe der Fehlerquadrate

$$\sum_{i=1}^{n} (\bar{x} - x_i)^2$$

minimal ist (↑ Methode der kleinsten Quadrate). Dies ist der Fall für $\bar{x}=\frac{1}{n}\sum_{i=1}^{n}x_i$ (arithmetisches Mittel). Bei der linearen ↑ Regression ermittelt man mithilfe der Ausgleichsrechnung die **Ausgleichsgerade** $y=ax+b$ für eine Messreihe von Größenpaaren (x_i, y_i) (etwa Größe, Gewicht von Schülern): Gesucht sind Zahlen a und b, für welche die Quadratsumme

$$\sum_{i=1}^{n}(ax_i+b-y_i)^2$$

minimal ist. Dies ist der Fall für

$$a=\frac{\sum_{i=1}^{n}(\bar{x}-x_i)(\bar{y}-y_i)}{\sum_{i=1}^{n}(\bar{x}-x_i)^2}$$

und

$$b=a\bar{x}+\bar{y},$$

wobei $\bar{x},\bar{y}$ die jeweiligen arithmetischen Mittel sind.

Ausreißer: ein Wert in einer Messreihe, der sich wesentlich stärker vom Mittelwert der Messreihe unterscheidet als fast alle übrigen Messwerte: *Beispiel:* Eine Messreihe bestehe aus den Zahlen

24, 20, 17, 2, 15, 28, 119, 23, 21.

In diesem Fall kann man die Werte 2 und 119 als Ausreißer ansehen.
Treten in einer Messreihe Ausreißer auf, so ist oft der ↑ Zentralwert ein besserer Mittelwert als das arithmetische Mittel. In obigem Beispiel ist der Zentralwert 21, dagegen ist das arithmetische Mittel 29,9. Bei der Berechnung eines brauchbaren Mittelwertes lässt man in manchen Fällen Ausreißer einfach weg, da sie meistens auf Fehlern beim Messen beruhen.

äußerer Punkt: ein Punkt P einer Teilmenge M von $\mathbb{R}$, wenn es ein offe-

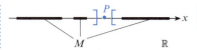

äußerer Punkt (Abb. 1): P ist äußerer Punkt von M.

nes Intervall um P gibt, das keinen Punkt von M enthält (Abb. 1).
Allgemein heißt ein Punkt P ein äußerer Punkt von $M \subseteq \mathbb{R}^i$ ($i=1,2,3$), wenn es eine ↑ Umgebung von P gibt, die keinen Punkt von M enthält (Abb. 2).

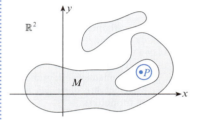

äußerer Punkt (Abb. 2): P ist äußerer Punkt von M.

Ein Punkt P ist also genau dann äußerer Punkt von M, wenn er ↑ innerer Punkt der Ergänzungsmenge $\mathbb{R}^i \setminus M$ ist ($i=1,2,3$). Die Menge der äußeren Punkte von M heißt **Äußeres** von M; diese Menge ist eine ↑ offene Menge. Ein Punkt aus der ↑ abgeschlossenen Hülle von M, der kein äußerer Punkt von M ist, ist ein Randpunkt von M.

Äußeres: die Menge der ↑ äußeren Punkte einer Menge M.

äußeres Produkt: andere Bezeichnung für das ↑ Vektorprodukt.

Auswahlaxiom: das folgende Axiom der Mengenlehre:
Es sei I eine nichtleere Menge (»Indexmenge«), und jedem $i \in I$ sei eine nichtleere Menge M_i zugeordnet. Dann gibt es eine Abbildung f von I in die Vereinigungsmenge aller M_i mit $f(i) \in M_i$ für alle $i \in I$.

Auswahlen

Man kann also aus der Mengenfamilie $\{M_i | i \in I\}$ ein »Vertretersystem« auswählen. Bei einer endlichen Menge ist dies sofort einsichtig; man beachte aber, dass I eine beliebige Indexmenge sein kann. Das Auswahlaxiom ist äquivalent zum ↑ Wohlordnungsaxiom und zum ↑ zornschen Lemma und wird beispielsweise beim Beweis benötigt, dass jeder Vektorraum eine Basis hat.

Das Auswahlaxiom wurde 1904 erstmals formuliert, aber schon vorher unausgesprochen von vielen Mathematikern in Analysis und Algebra angewendet. Anfangs wurde es von zahlreichen Mathematikern angefochten, da es keine Möglichkeit gibt, die Auswahlmenge von M zu konstruieren. Im 20. Jahrhundert wurden dann auch axiomatische Begründungen der Mengenlehre ohne das Auswahlaxiom formuliert. ∎

Auswahlen: In der Kombinatorik betrachtet man k-elementige Auswahlen (kurz k-Auswahlen) aus einer n-elementigen Menge (kurz n-Menge) mit und ohne Berücksichtigung der Reihenfolge sowie mit und ohne Wiederholungen.

■ Geordnete k-Auswahl mit Wiederholungen

Eine geordnete k-Auswahl aus einer n-Menge M mit Wiederholungen entsteht, wenn man k Plätze 1, 2, ..., k unter Berücksichtigung der Reihenfolge mit Elementen aus M besetzt. Es handelt sich also um eine Abbildung $\{1, 2, ..., k\} \to M$. Für jeden Platz hat man n Möglichkeiten, also gibt es n^k solche Abbildungen.

Jede solche Abbildung und damit jede solche k-Auswahl kann als ein k-Tupel $(m_1, m_2, ..., m_k)$ von Elementen aus M verstanden werden. Man benutzt auch die Bezeichnung **Variationen** mit Wiederholungen von n Elementen zur k-ten Klasse. Der Zusatz »mit Wiederholungen« bedeutet, dass die Wiederholung von Elementen erlaubt, aber nicht vorgeschrieben ist.

■ Geordnete k-Auswahl ohne Wiederholungen

Eine geordnete k-Auswahl aus einer n-Menge M ohne Wiederholungen entsteht, wenn man k Plätze 1, 2, ..., k unter Berücksichtigung der Reihenfolge mit lauter *verschiedenen* Elementen von M besetzt; dabei muss $k \leq n$ sein. Es handelt sich also um eine injektive Abbildung von $\{1, 2, ..., k\}$ in M. Für Platz 1 hat man n Möglichkeiten, für Platz 2 dann jeweils noch $n-1$ Möglichkeiten, für Platz 3 dann noch jeweils $n-2$ Möglichkeiten, ... und schließlich für Platz k noch jeweils $n-k+1$ Möglichkeiten. Insgesamt gibt es also

$$n(n-1)(n-2) \cdot ... \cdot (n-k+1)$$

derartige Abbildungen. Mithilfe des Symbols »!« (Fakultät) kann man diese Anzahl in der Form $\dfrac{n!}{(n-k)!}$ schreiben.

Für $k = n$ ist eine geordnete k-Auswahl aus M ohne Wiederholungen eine ↑ Permutation von M. Es gibt also $n!$ Permutationen einer n-Menge.

Jede injektive Abbildung $\{1, 2, ..., k\} \to M$ und damit jede geordnete k-Auswahl aus M ohne Wiederholungen kann als k-Tupel $(m_1, m_2, ..., m_k)$ mit lauter verschiedenen Elementen aus M verstanden werden. Man benutzt auch die Bezeichnung Variationen ohne Wiederholungen von n Elementen zur k-ten Klasse.

■ Nichtgeordnete k-Auswahl aus einer n-Menge M ohne Wiederholungen

Eine nichtgeordnete k-Auswahl aus einer n-Menge M ohne Wiederholungen ist eine k-elementige Teilmenge von M (kurz k-Teilmenge von M); dabei muss $k \leq n$ sein. Die Anzahl dieser Teilmengen ist der Binomialkoeffizient $\binom{n}{k}$. Berücksichtigt man in den geordneten k-Auswahlen aus M ohne Wiederholungen die Reihenfolge nicht, so entsteht aus je $k!$ solcher Auswahlen eine k-Teilmenge von M. Dies liefert die Formel

$$\binom{n}{k} = \frac{n!}{k!(n-k)!}.$$

Man benutzt auch die Bezeichnung **Kombination** ohne Wiederholungen von n Elementen zur k-ten Klasse oder kurz k-Kombination aus einer n-Menge.

▪ Nichtgeordnete k-Auswahl aus einer n-Menge M mit Wiederholungen

Eine nichtgeordnete k-Auswahl aus einer n-Menge M mit Wiederholungen erlaubt im Gegensatz zu den k-elementigen Teilmengen von M, dass Elemente wiederholt auftreten können. Hier ist neben der Bezeichnung »Kombination mit Wiederholungen von n Elementen zur k-ten Klasse« auch die kürzere Bezeichnung »k-**Kollektion** aus einer n-Menge« gebräuchlich. Die Anzahl der k-Kollektionen aus einer n-Menge ist

$$\binom{n+k-1}{k} = \binom{n+k-1}{n-1}.$$

In Tab. 1 sind diese Zählformeln zusammengefasst.

Automorphismus: eine verknüpfungstreue und umkehrbare Abbildung einer algebraischen Struktur auf sich.

Axiom [griechisch »Grundwahrheit«]: Grundaussage (Satz) über die Begriffe einer Theorie, welche nicht bewiesen wird, sondern zusammen mit weiteren Axiomen den Ausgangspunkt für den Aufbau einer Theorie bildet (↑ Axiomensystem).

Axiomensystem: Menge von Sätzen (Axiomen) einer Theorie, aus denen alle übrigen Sätze dieser Theorie hergeleitet werden können. Aus der Antike stammt das von EUKLID aufgestellte Axiomensystem für die Geometrie (vgl. Band I). Ein Axiomensystem für die natürlichen Zahlen, das als Axiom u.a. das Prinzip der

k-Auswahlen aus einer n-Menge	geordnet	nichtgeordnet
mit Wiederholungen	Abbildungen von $\{1, 2, ..., k\}$ in eine n-Menge Anzahl: n^k	k-Kollektion einer n-Menge Anzahl: $\binom{n+k-1}{k}$
ohne Wiederholungen	injektive Abbildungen von $\{1, 2, ..., k\}$ in eine n-Menge Anzahl: $\frac{n!}{(n-k)!}$	k-Teilmenge einer n-Menge k-Kombination einer n-Menge Anzahl: $\binom{n}{k}$
	Variationen	Kombinationen

Auswahlen (Tab. 1): kombinatorische Zählformeln

Basis

vollständigen Induktion enthält, geht auf GIUSEPPE PEANO (*1858, †1932) zurück. Ein Axiomensystem für die Wahrscheinlichkeitsrechnung wurde erstmals 1933 von ANDREJ NIKOLAJEWITSCH KOLMOGOROW (*1903, †1987) aufgestellt (↑ Kolmogorow-Axiome).

Basis: [griechisch »Grundlage«]:
- *Geometrie:* in einem gleichschenkligen Dreieck die Seite, an der die beiden gleichen Winkel anliegen.
- *Potenzrechnung:* in einer Potenz b^x die Grundzahl b. In gleicher Weise heißt in dem Logarithmus $\log_b x$ (oder $_b\log x$) b die Basis oder Grundzahl.
- *Zahlensystem:* in einem Stellenwertsystem die Basis der Potenzen, mit deren Hilfe die natürlichen Zahlen dargestellt werden (vgl. Band I).
- *Lineare Algebra:* in einem ↑ Vektorraum die größte Anzahl ↑ linear unabhängiger Vektoren.

Im Anschauungsraum haben jeweils drei linear unabhängige Vektoren $\vec{v}_1, \vec{v}_2, \vec{v}_3$ die Eigenschaft, dass sich *jeder* Vektor $\vec{v}$ als ↑ Linearkombination

$$\vec{v} = \mu_1 \vec{v}_1 + \mu_2 \vec{v}_2 + \mu_3 \vec{v}_3$$

mit eindeutig bestimmten Koeffizienten $\mu_1, \mu_2, \mu_3 \in \mathbb{R}$ darstellen lässt. Man bezeichnet deshalb $(\vec{v}_1, \vec{v}_2, \vec{v}_3)$ als Basis des geometrischen Vektorraumes.

Allgemein heißt ein n-Tupel $(\vec{v}_1, \ldots, \vec{v}_n)$ von Vektoren eines Vektorraumes V eine Basis von V, wenn $\{\vec{v}_1, \ldots, \vec{v}_n\}$ ein linear unabhängiges ↑ Erzeugendensystem von V ist, d.h., falls gilt:

$$\{\vec{v}_1, \ldots, \vec{v}_n\} \text{ ist linear unabhängig}, \quad (1)$$
$$\langle \vec{v}_1, \ldots, \vec{v}_n \rangle = V. \quad (2)$$

(»$\langle \ldots \rangle$« bedeutet das ↑ Erzeugnis der Vektoren …). Dies ist genau dann der Fall, wenn sich jeder Vektor $\vec{v} \in V$ *eindeutig* als Linearkombination

$$\vec{v} = \sum_{i=1}^{n} \mu_i \vec{v}_i \quad (\mu_i \in \mathbb{R}) \quad (3)$$

schreiben lässt. Man nennt (3) die **Basisdarstellung** von $\vec{v}$ bezüglich der Basis $B = (\vec{v}_1, \ldots, \vec{v}_n)$. Die Koeffizienten $\mu_1, \ldots, \mu_n$ bilden den ↑ Koordinatenvektor

$$\vec{v}_B = \begin{pmatrix} \mu_1 \\ \mu_2 \\ \vdots \\ \mu_n \end{pmatrix} \in \mathbb{R}^n$$

von $\vec{v}$ bezüglich B. Jeder Vektorraum außer dem Nullraum $\{\vec{o}\}$ besitzt eine Basis.

Beispiel 1: Die am häufigsten verwendete Basis im Vektorraum $\mathbb{R}^3$ ist die **kanonische Basis** (Standardbasis)

$$B = \left(\begin{pmatrix} 1 \\ 0 \\ 0 \end{pmatrix}, \begin{pmatrix} 0 \\ 1 \\ 0 \end{pmatrix}, \begin{pmatrix} 0 \\ 0 \\ 1 \end{pmatrix} \right)$$
$$= (\vec{e}_1, \vec{e}_2, \vec{e}_3).$$

Für $\vec{v} = \begin{pmatrix} \mu_1 \\ \mu_2 \\ \mu_3 \end{pmatrix} \in \mathbb{R}^3$ ist

$$\vec{v} = \mu_1 \vec{e}_1 + \mu_2 \vec{e}_2 + \mu_3 \vec{e}_3,$$

und der Koordinatenvektor $\vec{v}_B$ von $\vec{v}$ bezüglich der kanonischen Basis ist $\vec{v}$ selbst.

Im Vektorraum $\mathbb{R}^n$ ($n \in \mathbb{N}$) besteht die kanonische Basis (Standardbasis) aus n Vektoren $\vec{e}_1, \ldots, \vec{e}_n$ mit

$$\vec{e}_i = \begin{pmatrix} 0 \\ \vdots \\ 0 \\ 1 \\ 0 \\ \vdots \\ 0 \end{pmatrix} \leftarrow i\text{-te Zeile}.$$

Wie im geometrischen Vektorraum bilden je drei linear unabhängige Vektoren von $\mathbb{R}^3$ eine Basis (↑ Dimension). Basen von $\mathbb{R}^3$ sind daher beispielsweise auch

$$B = \left(\begin{pmatrix} 1 \\ 0 \\ 0 \end{pmatrix}, \begin{pmatrix} 1 \\ 1 \\ 0 \end{pmatrix}, \begin{pmatrix} 1 \\ 1 \\ 1 \end{pmatrix} \right),$$

$$D = \left(\begin{pmatrix} 1 \\ 2 \\ 3 \end{pmatrix}, \begin{pmatrix} 2 \\ 4 \\ 3 \end{pmatrix}, \begin{pmatrix} 5 \\ -2 \\ 6 \end{pmatrix} \right).$$

Beispiel 2: Im Vektorraum V_P der ↑ Polynome besteht jede Basis aus *unendlich vielen* Vektoren (Polynomen). Beispielsweise bilden die Polynome

$$1, x, x^2, x^3, \ldots, x^n, \ldots$$

eine Basis von V_P.

■ Eigenschaften von Basen

In einem Vektorraum V bestehen alle Basen aus gleich vielen Vektoren. Die Anzahl der Vektoren in einer Basis (und damit in allen Basen) bezeichnet man als **Dimension** von V. Je nachdem, ob die Basen von V aus endlich oder unendlich vielen Vektoren bestehen, spricht man von **endlichdimensionalen** (endlich erzeugten) bzw. **unendlichdimensionalen** Vektorräumen. Bei unendlichen Basen ist die Anzahlgleichheit im Sinne der Gleichmächtigkeit von Mengen zu verstehen (vgl. Band I).

Durch die folgenden Sätze werden Basen näher charakterisiert und eine Möglichkeit zur Bestimmung von Basen eines Vektorraumes angegeben. Wir drücken diese Sätze für endliche Basen aus, sie gelten aber entsprechend auch für unendliche Basen:

(1) Jede Basis $B = (\vec{v}_1, \ldots, \vec{v}_n)$ von V ist ein *minimales* Erzeugendensystem von V, d.h., es gilt

$$\langle \vec{v}_1, \ldots, \vec{v}_n \rangle = V,$$

und das ↑ Erzeugnis von jeder echten Teilmenge von $\{\vec{v}_1, \ldots, \vec{v}_n\}$ ist ein echter ↑ Unterraum von V.

(2) Jede Basis $B = (\vec{v}_1, \ldots, \vec{v}_n)$ von V besteht aus einer *maximalen* Menge linear unabhängiger Vektoren von V, d.h., jede Menge von Vektoren, die $\{\vec{v}_1, \ldots, \vec{v}_n\}$ als echte Teilmenge enthält, ist linear abhängig.

(3) Durch ↑ elementare Umformungen bleiben die Basiseigenschaften (1) und (2) erhalten.

Den letzten Satz benutzt man häufig, um Vektoren $\vec{v}_1, \ldots, \vec{v}_n$ hinsichtlich der Basiseigenschaften (1), (2) zu untersuchen. Beispielsweise kann man beweisen, dass

$$D = \left(\begin{pmatrix} 1 \\ 2 \\ 3 \end{pmatrix}, \begin{pmatrix} 2 \\ 4 \\ 3 \end{pmatrix}, \begin{pmatrix} 5 \\ -2 \\ 6 \end{pmatrix} \right)$$
$$= (\vec{v}_1, \vec{v}_2, \vec{v}_3)$$

aus Beispiel 1 eine Basis von $\mathbb{R}^3$ ist, indem man $(\vec{v}_1, \vec{v}_2, \vec{v}_3)$ durch elementare Umformungen in die kanonische Basis $(\vec{e}_1, \vec{e}_2, \vec{e}_3)$ überführt.

Beziehungen zwischen Vektorräumen werden in der linearen Algebra durch lineare Abbildungen beschrieben. Dabei ist eine lineare Abbildung A eines Vektorraumes V in einen Vektorraum W bereits eindeutig durch das Bild

$$(A\vec{v}_1, A\vec{v}_2, \ldots, A\vec{v}_n)$$

einer beliebigen Basis $(\vec{v}_1, \vec{v}_2, \ldots, \vec{v}_n)$ von V festgelegt (↑ Darstellungsmatrix, ↑ Koordinatenvektor).

Baumdiagramm: die grafische Form der Darstellung von Fallunterscheidungen, Anzahlproblemen u.Ä.
Beispiel: Aus den drei Buchstaben a, b, c kann man 6 verschiedene Zeichenfolgen mit genau drei Buchstaben bilden (siehe Abb. 1, S. 40).

bayessche Formel: ['beiz-; nach THOMAS BAYES; *1702, †1761]: eine Formel, mit der man die ↑ bedingte Wahrscheinlichkeit $P(A_i|B)$ berech-

bayessche Formel

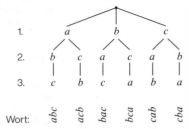

Baumdiagramm (Abb. 1): Zeichenfolgen aus drei verschiedenen Buchstaben aus $\{a, b, c\}$

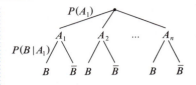

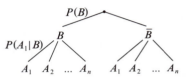

bayessche Formel (Abb. 1): Vertauschbarkeit der Stufen

nen kann, wenn man $P(A_i)$ und $P(B|A_i)$ ($i = 1, 2, \ldots, n$) kennt. Dabei ist B ein Ereignis mit $P(B) \neq 0$, und $A_1, A_2, \ldots, A_n$ sind paarweise ↑ unvereinbare Ereignisse mit $P(A_i) \neq 0$ und $A_1 \cup A_2 \cup \ldots \cup A_n = \Omega$ (Ω: ↑ sicheres Ereignis). Es gilt dann für $i = 1, 2, \ldots, n$

$$P(A_i|B) = \frac{P(A_i)P(B|A_i)}{\sum_{j=1}^{n} P(A_j)P(B|A_j)} \quad (1)$$

Wegen der Formel von der ↑ totalen Wahrscheinlichkeit

$$P(B) = \sum_{j=1}^{n} P(A_j) P(B|A_j)$$

ist (1) gleichbedeutend mit

$$P(B)P(A_i|B) = P(A_i)P(B|A_i) \quad (2)$$
$i = 1, 2, \ldots, n.$

Die Gleichheit von (1) und (2) bedeutet, dass man in den Bäumen in Abb. 1 die Reihenfolge der Stufen vertauschen kann; beide Bäume stellen also denselben ↑ mehrstufigen Zufallsversuch dar. ($\bar{A}, \bar{B}$ sind die Gegenereignisse von A bzw. B).

Formel (2) ist unmittelbar einsichtig, denn gemäß der Definition der bedingten Wahrscheinlichkeit steht auf beiden Seiten der Gleichung $P(A_i \cap B)$.

Beispiel: Eine Firma bezieht von vier Zulieferfirmen F1, F2, F3, F4 den gleichen Artikel, und zwar mit den Anteilen p_i ($i = 1, 2, 3, 4$). Erfahrungsgemäß ist bei jedem Lieferanten ein gewisser Prozentsatz q_i ($i = 1, 2, 3, 4$) der Teile schadhaft (Tabelle 1).

Firma	Anteil	Ausschuss
F1	20%	1,2%
F2	30%	0,8%
F3	35%	0,4%
F4	15%	1,8%

bayessche Formel (Tab. 1)

Zwei typische Fragen der Qualitätskontrolle sind: Mit welcher Wahrscheinlichkeit ist ein zufällig dem Lager entnommener Artikel schadhaft? Und mit welcher Wahrscheinlichkeit stammt dieser Artikel beispielsweise von Firma F1?

Mit den Bezeichnungen A_i (Artikel stammt von Fi) und S (Artikel ist schadhaft) ergibt sich für die Ausschusswahrscheinlichkeit

$P(S) = 20\% \cdot 1{,}2\% + 30\% \cdot 0{,}8\%$
$\quad + 35\% \cdot 0{,}4\% + 15\% \cdot 1{,}8\%$
$\quad = 0{,}83\%.$

Die Wahrscheinlichkeit, dass ein schadhaftes Stück aus F1 stammt, ist

$$P(A_1|S) = \frac{P(A_1)P(S|A_1)}{P(S)}$$
$$= \frac{20\% \cdot 1{,}2\%}{0{,}83\%} \approx 29\%.$$

Die Zahl $P(A_1|S)$ ist zu unterscheiden von der Zahl $P(S|A_1) = 1{,}2\%$, der eingangs benutzten Wahrscheinlichkeit, dass ein von F1 geliefertes Stück schadhaft ist.

bedingte relative Häufigkeit: die relative Häufigkeit einer Merkmalsausprägung in einer Stichprobe, bezogen auf eine Teilmenge der Menge aller Merkmalsausprägungen. Sind α, β Merkmalsausprägungen und $h(\alpha)$, $h(\beta), h(\alpha \text{ und } \beta)$ die relativen Häufigkeiten des Auftretens von »α«, »β« sowie »α und β«, dann ist

$$h(\alpha|\beta) := \frac{h(\alpha \text{ und } \beta)}{h(\beta)}$$

die bedingte relative Häufigkeit für das Auftreten von α unter der Voraussetzung, dass auch gleichzeitig β auftritt.

Der bedingten relativen Häufigkeit entspricht in der Wahrscheinlichkeitsrechnung die bedingte Wahrscheinlichkeit.

bedingter Erwartungswert: der ↑Erwartungswert einer Zufallsgröße unter der Annahme, dass ein gewisses Ereignis eingetreten ist. In einem endlichen Ereignisraum Ω sei A ein Ereignis mit $P(A) \neq 0$ und $X: \Omega \to \mathbb{R}$ eine Zufallsgröße. Dann nennt man die Zahl

$$E(X|A) := \frac{\sum_{\omega \in A} X(\omega)P(\omega)}{P(A)}$$

den bedingten Erwartungswert von X unter der Bedingung A.
Insbesondere ist $E(X|\Omega) = E(X)$ der Erwartungswert von X.

bedingte Wahrscheinlichkeit: die Wahrscheinlichkeit eines Ereignisses B unter der Voraussetzung, dass ein gewisses Ereignis A bereits eingetreten ist. Genauer versteht man unter der bedingten Wahrscheinlichkeit des Ereignisses B unter dem bedingenden Ereignis A die Zahl

$$P(B|A) := \frac{P(A \cap B)}{P(A)},$$

falls $P(A) \neq 0$. Also ist $P(B|A)$ die Wahrscheinlichkeit des Ereignisses B für den Fall, dass A bereits eingetreten ist, dass man also statt der Menge Ω aller Ereignisse nur noch die Menge A als die Menge der möglichen Ausfälle zulässt (Abb. 1).

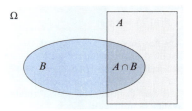

bedingte Wahrscheinlichkeit (Abb. 1): $P(B|A)$

Die bedingte Wahrscheinlichkeit tritt bei ↑mehrstufigen Zufallsversuchen auf (Abb. 2).

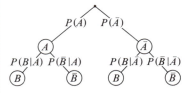

bedingte Wahrscheinlichkeit (Abb. 2): mehrstufiger Versuch

bedingt konvergent

Es ist dabei

$$P(A \cap B) = P(A)P(B|A),$$
$$P(A \cap \bar{B}) = P(A)P(\bar{B}|A),$$
$$P(\bar{A} \cap B) = P(\bar{A})P(B|\bar{A}),$$
$$P(\bar{A} \cap \bar{B}) = P(\bar{A})P(\bar{B}|\bar{A}).$$

Mit $\bar{A}, \bar{B}$ sind dabei die Gegenereignisse (Komplementärereignisse) zu A, B bezeichnet.

Ist $P(B|A) = P(B)$ (also $P(A \cap B) = P(A)P(B)$, dann heißen die Ereignisse A, B ↑ unabhängig.

Beispiel: Die Häufigkeit der Farbenblindheit (genauer: Rot-Grün-Blindheit) ist geschlechtsabhängig: Etwa 3,5% der Männer, aber nur 0,4% der Frauen sind farbenblind. Bezeichnet man mit F, ♂ bzw. ♀ die Ereignisse farbenblind, männlich bzw. weiblich, so gilt

$$P(F|♂) = 3{,}5\%$$

und

$$P(F|♀) = 0{,}4\%.$$

Aus der Bevölkerungsstatistik ist bekannt, dass mehr Jungen als Mädchen geboren werden ($P(F|♂) = 51{,}4\%$, $P(F|♀) = 48{,}6\%$). Somit erhält man mit der Formel von der ↑ totalen Wahrscheinlichkeit

$$P(F) = 51{,}4\% \cdot 3{,}5\% + 48{,}6\% \cdot 0{,}4\%$$
$$\approx 2\%.$$

Der Anteil von Farbenblinden beträgt also etwa 2% (↑ bayessche Formel, ↑ Multiplikationssatz).

bedingt konvergent: bezeichnet die Eigenschaft einer konvergenten Reihe $\sum_{n=1}^{\infty} a_n$, dass die Reihe ihrer Beträge $\sum_{n=1}^{\infty} |a_n|$ nicht konvergiert. Anderfalls heißt die Reihe absolut konvergent.

Bernoulli [bɛr'nuli]: siehe S. 44.
Bernoulli-Kette [nach JAKOB ↑ BERNOULLI]: ein ↑ Zufallsversuch, der als n-malige Wiederholung eines Zufallsversuchs mit genau zwei Ausfällen (**Bernoulli-Versuch**) gedeutet werden kann. Hat der Bernoulli-Versuch die Ausfälle + (»Treffer«) und − (»Fehlschlag«) mit den Wahrscheinlichkeiten p und $1-p$, so hat die Bernoulli-Kette 2^n verschiedene Ausfälle, nämlich alle n-Tupel aus + und − (etwa (+, +, −, +, −, −, −, +, −, −) für $n = 10$); ein bestimmter Ausfall hat die Wahrscheinlichkeit $p^k(1-p)^{n-k}$, wenn er genau k Treffer enthält. Das Ereignis »k Treffer« besteht aus allen n-Tupeln mit genau k Treffern, hat also die Wahrscheinlichkeit $\binom{n}{k} p^k (1-p)^{n-k}$ (↑ Binomialverteilung).

Beispiel 1: Eine Münze wird n-mal geworfen. Als Treffer gilt Wappen ($p = \frac{1}{2}$), als Fehlschlag gilt Zahl. Dann ist die Wahrscheinlichkeit für genau k Treffer

$$\binom{n}{k}\left(\frac{1}{2}\right)^n.$$

Beispiel 2: Ein Würfel wird n-mal geworfen. Als Treffer gilt das Würfeln einer Sechs ($p = \frac{1}{6}$), als Fehlschlag gilt jeder andere Wurf. Dann ist die Wahrscheinlichkeit für genau k Treffer

$$\binom{n}{k}\left(\frac{1}{6}\right)^k\left(\frac{5}{6}\right)^{n-k}.$$

Beispiel 3: Ein Rouletterad wird n-mal gedreht. Als Treffer gilt, wenn eine Zahl aus dem mittleren Dutzend fällt ($p = \frac{12}{37}$), als Fehlschlag gilt, wenn eine Zahl aus dem ersten Dutzend, dem letzten Dutzend oder Zero fällt. Dann ist die Wahrscheinlichkeit für genau k Treffer

$$\binom{n}{k}\left(\frac{12}{37}\right)^k\left(\frac{25}{37}\right)^{n-k}.$$

bernoullische Differenzialgleichung [nach JAKOB ↑ BERNOULLI]: die ↑ Differenzialgleichung

$$y' = f(x)y + g(x)y^\alpha.$$

Dabei sind f, g auf einem offenen Intervall $]a;b[$ definierte ↑ stetige Funktionen. Ferner ist $\alpha \neq 0$ und $\alpha \neq 1$, da sonst eine ↑ lineare Differenzialgleichung vorliegt. Mit dem Ansatz $z(x) = (y(x))^{1-\alpha}$ (Trennung der Variablen) erhält man eine lineare Differenzialgleichung erster Ordnung:

$$z' = (1-\alpha)f(x)z + (1-\alpha)g(x).$$

Ist $z(x)$ eine Lösungsfunktion auf $]a;b[$, dann ist $y(x) = (z(x))^{\frac{1}{1-\alpha}}$ eine Lösungsfunktion der ursprünglichen Differenzialgleichung auf dem größten offenen Teilintervall von $]a;b[$, auf welchem $z(x) > 0$ gilt. (Man beachte, dass Potenzen mit nichtganzen Exponenten nur für positive Basen definiert sind.)

bernoullisches Gesetz der großen Zahlen: ↑ Gesetz der großen Zahlen.

bernoullische Ungleichung [nach JOHANN ↑ BERNOULLI]: die Ungleichung

$$(1+a)^n \geq 1 + na,$$

wobei $a > -1$ und $n \in \mathbb{N}$.

Das Gleichheitszeichen gilt nur für $a = 0$ oder $n = 1$. Für $a > 0$ folgt diese Ungleichung unmittelbar aus dem binomischen Lehrsatz:

$$(1+a)^n = 1 + \binom{n}{1}a + \binom{n}{2}a^2 + \ldots$$

$$> 1 + \binom{n}{1}a = 1 + na.$$

Im allgemeinen Fall beweist man diese Ungleichung mit ↑ vollständiger Induktion: Es gilt für $a \neq 0$

$$(1+a)^2 = 1 + 2a + a^2 > 1 + 2a;$$

aus

$$(1+a)^n > 1 + na$$

folgt für $1 + a > 0$ (also $a > -1$)

$$(1+a)^{n+1} > (1+na)(1+a)$$
$$= 1 + na + a + na^2$$
$$> 1 + (n+1)a.$$

Die bernoullische Ungleichung besagt, dass der Graph der Funktion $x \mapsto (1+x)^n$ für $x > -1$ oberhalb der Geraden mit der Gleichung $y = nx + 1$ verläuft; im Punkt $(0,1)$ berühren sich beide Graphen (Abb. 1).

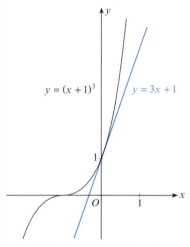

bernoullische Ungleichung (Abb. 1): Veranschaulichung

Die bernoullische Ungleichung lässt sich auch als Extremwertproblem behandeln (↑ Extremwert): Die Funktion

$$f : x \mapsto (1+x)^n - (1+nx)$$

hat für $n \geq 2$ in $[-1;1]$ ein Minimum an der Stelle 0, denn $f'(0) = 0$ und $f''(0) > 0$.

bernoullische Zahlen [nach JAKOB ↑ BERNOULLI]: die Koeffizienten $B_0, B_1, B_2, \ldots$ in der Reihenentwicklung (↑ Taylor-Reihe)

$$\frac{x}{e^x - 1} = \sum_{i=0}^{\infty} B_i \cdot \frac{x^i}{i!}.$$

Bernoulli

Die Basler Familie BERNOULLI, ursprünglich niederländischer Herkunft, brachte gleich eine ganze Reihe berühmter Mathematiker und anderer bedeutender Gelehrter hervor. Die in der Mathematik einflussreichsten Mitglieder der Familie waren die Brüder JAKOB und JOHANN sowie dessen Sohn DANIEL.

■ Ein Schöpfer der Wahrscheinlichkeitstheorie

JAKOB BERNOULLI, *Basel 27.12.1654 (nach julianischem Kalender), †Basel 16.8.1705, studierte in Basel zunächst Theologie, obwohl sein Interesse nur den Naturwissenschaften und der Mathematik galt, mit denen er sich in autodidaktischen Studien beschäftigte. Auf ausgedehnten Reisen prägten ihn die Begegnungen mit vielen führenden Wissenschaftlern. Nach seiner Rückkehr nach Basel begann er 1682 private Vorlesungen über Physik zu halten und schrieb erste Veröffentlichungen. Schließlich wurde er 1687 Professor für Mathematik an der Universität Basel. Dieser Lehrstuhl blieb fortan mehr als hundert Jahre lang von einem BERNOULLI besetzt.

JAKOB zählt zu den herausragenden Mathematikern seiner Zeit. Er verfasste bahnbrechende Arbeiten zur Analysis und zu ihren Anwendungen in den Naturwissenschaften sowie zur Wahrscheinlichkeitsrechnung. Zusammen mit seinem Bruder JOHANN führte er einen regen Briefwechsel mit G.W. ↑ LEIBNIZ, der bedeutende Erkenntnisse zur Differenzial- und

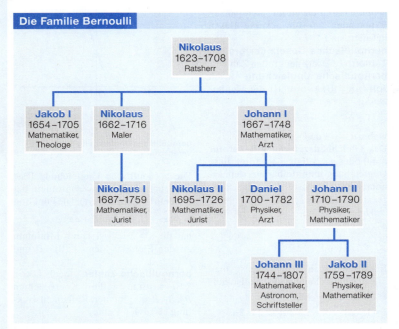

(Abb. 1) Stammbaum der Familie Bernoulli. Die wissenschaftlich tätigen Bernoullis werden gewöhnlich durch »Nummerierung« mit römischen Ziffern unterschieden.

Integralrechnung enthält. In seinem erst 1713 postum veröffentlichten Werk »Ars conjectandi« (»Die Kunst des Vermutens«) versuchte er, die Wahrscheinlichkeitsrechnung über das Gebiet der Glücksspiele hinaus auf gesellschaftliche Probleme anzuwenden. Er definierte die Wahrscheinlichkeit als »Grad der Gewissheit« und formulierte das ↑ Gesetz der großen Zahlen. Man kann dieses Werk vielleicht als Beginn, sicher aber als Meilenstein der Entwicklung der Wahrscheinlichkeitsrechnung ansehen.

■ Der Lehrmeister Europas

JOHANN BERNOULLI, * Basel 27.7.1667 (nach julianischem Kalender), †Basel 1.1.1748, begann eine Kaufmannslehre, studierte dann aber Medizin und beschäftigte sich außerdem unter Anleitung seines Bruders JAKOB so intensiv mit Mathematik, dass er 1695 Professor für Mathematik an der Universität in Groningen wurde.

Nach seinem Medizinstudium 1690 unternahm JOHANN Reisen nach Genf und Paris. Dort unterrichtete er den Marquis GUILLAUME DE L'HOSPITAL (*1661, †1704) in der gerade von LEIBNIZ geschaffenen Differenzialrechnung und setzte die Unterweisungen später schriftlich fort. Das dafür gezahlte Honorar sah der Marquis offensichtlich als Abgeltung der Urheberrechte an. Denn 1696 veröffentlichte er das erste Lehrbuch zur Differenzialrechnung, ohne JOHANN als Quelle zu benennen. Erst im 20. Jahrhundert konnte der Zusammenhang urkundlich nachgewiesen werden. ■

Als JAKOB 1705 starb, wurde JOHANN dessen Nachfolger auf dem Basler Lehrstuhl. Zu seinen Studenten ge-

(Abb. 2) Jakob Bernoulli

hörten neben seinen Söhnen NIKOLAUS, DANIEL und JOHANN zahlreiche wichtige Mathematiker, darunter an erster Stelle L. ↑ EULER. Ehrenvolle Berufungen an auswärtige Universitäten lehnte er aus familiären Gründen stets ab. Nach LEIBNIZ' Tod galt er als »Praeceptor mathematicae«, als mathematischer Lehrmeister Europas.

(Abb. 3) Johann Bernoulli

Wie bei seinem Bruder standen auch bei JOHANN die Analysis und ihre Anwendungen auf die Physik, insbesondere auf die Hydraulik, im Mittelpunkt des Interesses. In dessen Prioritätenstreit mit I. ↑ NEWTON stritt er an der Seite von LEIBNIZ. 1696 stellte er das Problem der ↑ Brachystochrone, das außer von ihm nur von seinem Bruder JAKOB, von LEIBNIZ, NEWTON und DE L'HOSPITAL gelöst wurde. Dies darf als Ausgangspunkt der

Variationsrechnung betrachtet werden. Im Kern geht es dabei um die Aufgabe, aus einer Schar möglicher Kurven jene herauszufinden, für die ein mit ihr gebildeter Integralausdruck ein Minimum annimmt.

Über die Frage der sinnvollen Verallgemeinerung des Brachystochronenproblems gerieten die Brüder JAKOB und JOHANN – wie häufig bei ihrer Zusammenarbeit – in einen heftigen, öffentlich ausgetragenen Streit. Die Zeitschriften verweigerten schließlich die Veröffentlichung weiterer Schriften hierzu. Ihr Zerwürfnis aber legten die Brüder nie wieder bei. ∎

(Abb. 4)
Daniel Bernoulli

∎ Der Begründer der Hydrodynamik

DANIEL BERNOULLI, *Groningen 8.2.1700, †Basel 17.3.1782, sollte als JOHANNS zweiter Sohn Kaufmann werden, nur mühsam konnte er seinen Wunsch durchsetzen, Medizin zu studieren und gleichzeitig Mathematik zu lernen. Sein Lebensweg begann also wie der seines Vaters. 1725 erhielt er einen Ruf an die Akademie in St. Petersburg, wo kurz darauf auch sein Studienfreund EULER eintraf. 1733 kehrte er nach Basel zurück und lehrte dort Anatomie, Botanik und Physik.

Von herausragender Bedeutung sind DANIELS Forschungen zur kinetischen Gastheorie und theoretischen Mechanik. Mit seinem Hauptwerk zur Hydrodynamik (1738, u.a. mit der bernoullischen Strömungsgleichung) begründete er einen neuen Zweig der Physik. Auf dem Gebiet der Medizin setzte er sich u.a. aufgrund eigener statistischer Untersuchungen für die Pockenschutzimpfung ein. Obwohl er nie Mathematik lehrte, vollbrachte er doch große wissenschaftliche Leistungen auf diesem Gebiet. Es zählt zu seinen großen Verdiensten, dass er NEWTONS naturwissenschaftliche Ideen mit LEIBNIZ' Differenzialkalkül verband und dies erfolgreich bei Experimenten nutzte. ∎

📖 In Basel finden sich viele Spuren der Familie BERNOULLI. Interessant sind die Grabsteine von JOHANN in der Peterskirche und von JAKOB im Kreuzgang des Basler Münsters. Letzterer zeigt eine logarithmische Spirale mit der Inschrift »Eadem mutata resurgo« (»Als dieselbe erstehe ich verwandelt wieder.«). JAKOB wählte die Spirale wegen ihrer Invarianz unter gewissen geometrischen Transformationen als persönliches Auferstehungssymbol.
Biografien der anderen Mitglieder der Familie BERNOULLI finden sich in der angegebenen Literatur.

📖 BERNOULLI-SUTTER, RENÉ: *Die Familie Bernoulli.* Basel (Helbing & Lichtenhahn) 1972. ∎ *Lexikon bedeutender Mathematiker,* hg. von SIEGFRIED GOTTWALD u.a. Thun (Deutsch) 1990. ∎ DUNHAM, WILLIAM: *Mathematik von A–Z. Eine alphabetische Tour durch vier Jahrtausende.* Basel (Birkhäuser) 1996.

Es ist $B_0 = 1$ und
$$\sum_{i=0}^{n-1} \binom{n}{i} B_i = 0$$
für $n > 1$ (↑ Binomialkoeffizienten). Damit kann man die Bernoulli-Zahlen rekursiv berechnen:

$2 B_1 + 1 = 0,$
$3 B_2 + 3 B_1 + 1 = 0,$
$4 B_3 + 6 B_2 + 4 B_1 + 1 = 0,$
$5 B_4 + 10 B_3 + 10 B_2 + 5 B_1 + 1 = 0,$
$\ldots$

Es ergibt sich
$B_1 = -\frac{1}{2}, B_2 = \frac{1}{6}, B_3 = 0, B_4 = -\frac{1}{30}$
und allgemein $B_{2k+1} = 0$ für $k \geq 1$, ferner
$B_6 = \frac{1}{42}$, $B_8 = -\frac{1}{30}$, $B_{10} = \frac{5}{66}$,
$B_{12} = -\frac{691}{2730}$, $B_{14} = \frac{7}{6}$.

Die bernoullischen Zahlen treten in der Reihenentwicklung der Tangensfunktion auf. Ferner kann man mit ihrer Hilfe Summationsformeln für ↑ Potenzsummen gewinnen: Ist k eine natürliche Zahl, dann gilt für die Potenzsumme
$$s_k(n) := 1^k + 2^k + 3^k + \ldots + n^k$$
die Beziehung
$$s_k(n) = \frac{1}{k+1} \sum_{i=0}^{k} \binom{k+1}{i} B_i (n+1)^{k+1-i}$$

Man erhält für $k = 1, 2, 3$ der Reihe nach
$$s_1(n) = \tfrac{1}{2}(B_0(n+1)^2 + 2 B_1 (n+1)^1)$$
$$= \tfrac{1}{2}((n+1)^2 - (n+1))$$
$$= \frac{n(n+1)}{2};$$
$$s_2(n) = \tfrac{1}{3}(B_0(n+1)^3 + 3 B_1 (n+1)^2 + 3 B_2 (n+1))$$
$$= \tfrac{1}{3}((n+1)^3 - \tfrac{3}{2}(n+1)^2 + \tfrac{1}{2}(n+1))$$
$$= \frac{n(n+1)(2n+1)}{6};$$
$$s_3(n) = \tfrac{1}{4}(B_0(n+1)^4 + 4 B_1 (n+1)^3 + 6 B_2 (n+1)^2 + 4 B_3 (n+1))$$
$$= \tfrac{1}{4}((n+1)^4 - 2(n+1)^3 + (n+1)^2)$$
$$= \left(\frac{n(n+1)}{2}\right)^2.$$

Mithilfe der bernoullischen Zahlen kann man also für jedes k eine Formel für die Potenzsumme $s_k(n)$ aufstellen.

Bernoulli-Versuch [nach JAKOB ↑ BERNOULLI]: ein ↑ Zufallsversuch mit genau zwei Ausfällen. Die n-malige Wiederholung eines Bernoulli-Versuchs ist eine ↑ Bernoulli-Kette der Länge n.

Bernoulli-Verteilung [nach JAKOB ↑ BERNOULLI]: andere Bezeichnung für die ↑ Binomialverteilung.

bertrandsches Paradoxon [bɛr'trã-; nach JOSEPH LOUIS FRANCOIS BERTRAND; *1822, †1900]: In einem Kreis mit Radius r wird »auf gut Glück« eine Sehne gezeichnet. Wie groß ist die Wahrscheinlichkeit dafür, dass die Sehne länger ausfällt als die Seite des in den Kreis einbeschriebenen gleichseitigen Dreiecks?

Ansatz 1: Jede Richtung der Sehne sei »gleich wahrscheinlich«. Dann ist die gesuchte Wahrscheinlichkeit (vgl. Abb. 1 links)
$$\frac{\overline{AB}}{2r} = \frac{1}{2}.$$

Ansatz 2: Jeder Punkt der Kreislinie sei als Endpunkt der Sehne »gleich wahrscheinlich«. Dann ist die gesuchte Wahrscheinlichkeit (vgl. Abb. 1 Mitte)
$$\frac{60°}{180°} = \frac{1}{3}.$$

Ansatz 3: Jeder Punkt der Kreisfläche sei als Mittelpunkt der Sehne »gleich wahrscheinlich«. Dann ist die ge-

Berührungspunkt

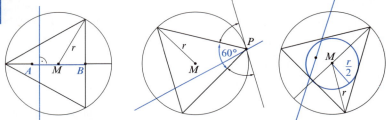

bertrandsches Paradoxon (Abb. 1): Lösung nach Ansatz 1, 2 und 3 (von links nach rechts)

suchte Wahrscheinlichkeit (vgl. Abb. 1 rechts)

$$\frac{\pi\left(\frac{r}{2}\right)^2}{\pi r^2} = \frac{1}{4}.$$

Diese widersprüchlichen Ergebnisse entstehen dadurch, dass der zugrunde liegende Zufallsversuch »Zeichnen einer Sehne« nicht ausreichend beschrieben ist: Die »Menge der möglichen Ausfälle« ist nicht klar definiert. Um die gesuchte Wahrscheinlichkeit zu berechnen, muss man zuvor den Zufallsversuch präzisieren und damit bestimmen, was als »gleich wahrscheinlich« anzunehmen ist.

Berührungspunkt (Berührpunkt):
◆ *Analysis:* ein Punkt P aus einer Menge M von reellen Zahlen, Zahlenpaaren, Zahlentripeln usw., wenn in jeder ↑ Umgebung von P mindestens ein Punkt von M liegt. Ein Berührungspunkt ist also entweder ↑ innerer Punkt oder Randpunkt von M.
◆ *Geometrie:* ein gemeinsamer Punkt einer Kurve oder einer Fläche mit einer ↑ Tangente oder einer ↑ Tangentialebene.

beschränkt: durch eine Schranke begrenzt. Eine Teilmenge M von $\mathbb{R}$ heißt nach oben beschränkt, wenn ein $k \in \mathbb{R}$ derart existiert, dass

$$x \leq k \quad \text{für alle } x \in M.$$

M heißt nach unten beschränkt, wenn ein $l \in \mathbb{R}$ derart existiert, dass

$$x \geq l \quad \text{für alle } x \in M.$$

M nennt dann k eine **obere Schranke** und l eine **untere Schranke** von M. Ist M nach oben und nach unten beschränkt, so heißt M beschränkt. M ist also genau dann beschränkt, wenn eine positive reelle Zahl r derart existiert, dass

$$|x| \leq r \quad \text{für alle } x \in M.$$

Eine Teilmenge M von $\mathbb{R}^2$ heißt beschränkt, wenn eine Kreisscheibe existiert, welche M als Teilmenge enthält. M ist also genau dann beschränkt, wenn eine positive reelle Zahl r derart existiert, dass

$$x^2 + y^2 \leq r^2 \quad \text{für alle } (x, y) \in M.$$

Entsprechend ist die Beschränktheit von Teilmengen von $\mathbb{R}^3$ definiert.
Eine endliche Teilmenge von $\mathbb{R}^i$ ($i = 1, 2, 3$) ist stets beschränkt. Man beachte aber, dass eine beschränkte Menge durchaus unendlich sein kann, d.h. unendlich viele Elemente besitzen kann.

■ **Beschränktheit von Funktionen und Folgen**

Eine Funktion $f: A \to B$ mit $A, B \subseteq \mathbb{R}$ heißt beschränkt, wenn ihre Bildmenge

$$f(A) = \{f(a) | a \in A\}$$

Betrag

beschränkt ist. Entsprechend sind Funktionen nach oben beschränkt bzw. nach unten beschränkt, wenn ihre Bildmenge nach oben bzw. nach unten beschränkt ist.

Beispiel 1: Die Funktion

$$f\colon\ ]0;\,1] \to \mathbb{R} \text{ mit } f(x) = \frac{1}{x}$$

ist nicht nach oben beschränkt. Betrachtet man diese Funktion aber nur auf dem Intervall $\left[\frac{1}{2};\,1\right]$, so ist sie dort beschränkt (Abb. 1).

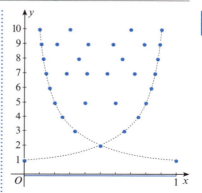

beschränkt (Abb. 2): Beispiel für eine Funktion, die auf keinem Teilintervall von [0; 1] nach oben beschränkt ist

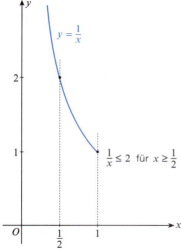

beschränkt (Abb. 1): nichtbeschränkte Funktion

Beispiel 2: Die folgende (nichtstetige) Funktion f ist auf dem abgeschlossenen Intervall [0; 1] definiert und dort nicht nach oben beschränkt. Sie ist sogar auf keinem Teilintervall von [0; 1] nach oben beschränkt: Für $x \in [0; 1]$ sei (vgl. Abb. 2)

$f(x) = 0$, falls x irrational ist,

$f(x) = n$, falls $x = \dfrac{m}{n}$ mit $m, n \in \mathbb{N}$ und $\mathrm{ggT}(m,n) = 1$,

$f(0) = 1$.

Da eine Folge reeller Zahlen eine Funktion $f: \mathbb{N} \to \mathbb{R}$ ist, kann man den Begriff der Beschränktheit einer Folge auf den der Beschränktheit einer Funktion zurückführen: Eine Folge $\langle a_n \rangle$ heißt beschränkt (nach oben, nach unten beschränkt), wenn die aus ihren Gliedern bestehende Menge beschränkt (nach oben, nach unten beschränkt) ist.

Beschränktheitsaxiom: der folgende Satz, wenn man ihn als Vollständigkeitsaxiom zur axiomatischen Beschreibung des Körpers der reellen Zahlen verwendet: Zu jeder auf einem abgeschlossenen Intervall $[a; b]$ stetigen Funktion f gibt es ein $n \in \mathbb{N}$ mit $f(x) \leq n$ für alle $x \in [a; b]$.

beschreibende Statistik: Teilgebiet der Statistik, das sich damit beschäftigt, empirisches Material über Zufallsgrößen zu sammeln und geeignet darzustellen. Die Auswertung und Beurteilung dieses Materials ist Gegenstand der ↑ beurteilenden Statistik.

Betrag:

◆ *Reelle Zahlen:* Der Betrag (ältere Bezeichnung **absoluter Betrag**) einer reellen Zahl a ist definiert durch

Betragsfunktion

$$|a| := \begin{cases} a, & \text{falls } a \geq 0, \\ -a, & \text{falls } a < 0. \end{cases}$$

In Abb. 1 ist die **Betragsfunktion** $x \to |x|$ dargestellt.

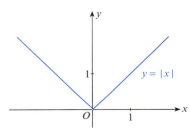

Betrag (Abb. 1): Betragsfunktion

◆ *Komplexe Zahlen:* Der Betrag einer ↑ komplexen Zahl $\alpha = a + \mathrm{i}b$ ist $|\alpha| := \sqrt{a^2 + b^2}$.

◆ *Vektoren:* Der Betrag (die Länge) eines ↑ Vektors kann mithilfe des ↑ Skalarproduktes erklärt werden (sofern in dem betreffenden Vektorraum überhaupt ein Skalarprodukt definiert ist): $|\vec{a}| := \sqrt{\vec{a} \cdot \vec{a}}$.

Der Vektor $\begin{pmatrix} a_1 \\ a_2 \\ \vdots \\ a_n \end{pmatrix} \in \mathbb{R}^n$ hat bezüglich des üblichen Skalarproduktes den Betrag

$$\sqrt{a_1^2 + a_2^2 + \ldots + a_n^2}.$$

Betragsfunktion: die Funktion, die jeder reellen Zahl x ihren Betrag $|x|$ zuordnet.

beurteilende Statistik: Teilgebiet der Statistik, das sich damit beschäftigt, empirisch gesammeltes Material über ↑ Zufallsgrößen auszuwerten und zu beurteilen. Dabei werden Methoden der ↑ Wahrscheinlichkeitsrechnung verwendet.

Bevölkerungsstatistik: ein Zweig der angewandten Statistik, der zahlenmäßige Angaben über die Bevölkerungsentwicklung liefert. Eine wesentliche Datenquelle sind dabei die Volkszählungen. Von der Bevölkerungsstatistik werden auch Rechenmodell und Maßzahlen entwickelt, die möglichst gute Bevölkerungsschätzungen ermöglichen sollen. Die altersmäßige Zusammensetzung der Bevölkerung eines Staates wird im **Altersaufbau** (auch **Altersgliederung**) dargestellt. Abb. 1 zeigt diesen für die Bundesrepublik Deutschland am 31.12.1997. Bei ungestörtem Bevölkerungswachstum (keine Kriege o. Ä.) treten keine »Einbuchtungen« wie in Abb. 1 auf. Die Bevölkerungsstatistik liefert wichtige Planungsdaten für Politik und Verwaltung, die Rentenversicherung und Versicherungsgesellschaften (z.B. Kalkulation der Lebensversicherungsprämien).

Die grafische Darstellung der Altersgliederung hat bei wachsenden Bevölkerungen (die Geburtenrate ist höher als die Sterberate) die Form einer Pyramide (**Alterspyramide**). Wie Abb. 2 (S. 52) zeigt, geht diese mit steigender Lebenserwartung in eine Glocke über. Wenn zusätzlich ein Geburtenrückgang erfolgt, ergibt sich die Form einer Zwiebel.

Beweis durch vollständige Induktion: ↑ vollständige Induktion.

bijektiv (eineindeutig): bezeichnet die Eigenschaft einer ↑ Abbildung, umkehrbar zu sein.

Bild: das Element aus der Bildmenge, auf das ein Element a aus der Definitionsmenge einer ↑ Abbildung (↑ Funktion) f abgebildet wird. Das Bild wird mit $f(a)$ bezeichnet.

Bildmenge (Bildbereich, Zielmenge, Zielbereich, Wertemenge, Wertebereich): bei einer ↑ Abbildung

Bildmenge

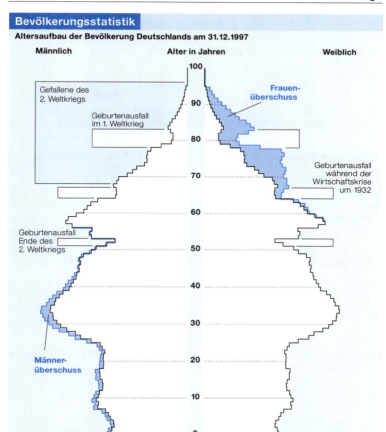

Bevölkerungsstatistik (Abb. 1): Altersaufbau der Bevölkerung der Bundesrepublik Deutschland am 31. 12. 1997

$f : A \to B$ die Menge B, in der die Elemente liegen, auf welche die Elemente von A abgebildet werden. Oft versteht man unter der Bildmenge aber nur die Menge derjenigen Elemente, die als Bild eines Elementes von A wirklich vorkommen. Diese Menge bezeichnet man dann auch mit $f(A)$; es ist also

$$f(A) := \{b \in B|\text{ es gibt ein } a \in A \text{ mit } f(a) = b\}.$$

binärer Code

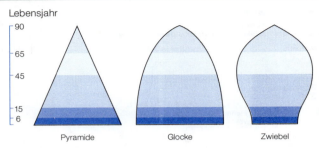

Bevölkerungsstatistik (Abb. 2): grafische Formen des Altersaufbaus einer Bevölkerung

binärer Code: ↑ Codierung.

Binomialkoeffizient: die Anzahl der verschiedenen k-elementigen Teilmengen einer n-elementigen Menge N. Sie ist gegeben durch $\binom{n}{k}$ (gelesen »n über k«) mit

$$\binom{n}{k} = \frac{n \cdot (n-1) \cdot (n-2) \cdot \ldots \cdot (n-k+1)}{k \cdot (k-1) \cdot (k-2) \cdot \ldots \cdot 1}$$

$(0 \leq k \leq n)$.

Die Zahlen $\binom{n}{k}$ heißen Binomialkoeffizienten, weil sie als Koeffizienten im ↑ binomischen Lehrsatz auftreten:

$$(x+y)^n = \sum_{i=0}^{n} \binom{n}{i} x^{n-i} y^i. \quad (1)$$

Dabei sind x, y Zahlen. Der binomische Lehrsatz liefert für $n = 0, 1, 2, 3, 4, \ldots$

$$(x+y)^0 = 1$$
$$(x+y)^1 = x+y$$
$$(x+y)^2 = x^2 + 2xy + y^2$$
$$(x+y)^3 = x^3 + 3x^2 y + 3xy^2 + y^3$$
$$(x+y)^4 = x^4 + 4x^3 y + 6x^2 y^2 + 4xy^3 + y^4$$
$$\ldots$$

Beweis des binomischen Lehrsatzes: Beim Ausmultiplizieren des Produktes $(x+y) \cdot (x+y) \cdot \ldots \cdot (x+y)$ (n Faktoren) entsteht das Potenzprodukt $x^{n-i} y^i$, wenn man aus genau i Klammern den Faktor y wählt, aus den übrigen $n-i$ Klammern also den Faktor x. Dies ist auf genau $\binom{n}{i}$ Arten möglich, da man aus n Klammern auf genau $\binom{n}{i}$ Arten i Klammern auswählen kann.

■ Eigenschaften und Rechenregeln

Es ist

$$\binom{n}{0} = 1 \quad \text{für } n = 0, 1, 2, \ldots \quad (2)$$

denn die Menge N besitzt genau eine 0-elementige Teilmenge (die leere Menge). Es ist auch

$$\binom{n}{n} = 1 \quad \text{für } n = 0, 1, 2, \ldots \quad (3)$$

denn N besitzt genau eine n-elementige Teilmenge (nämlich die Menge N selbst). Es gilt

$$\binom{n}{k} = \frac{n}{k} \binom{n-1}{k-1}$$

für $0 < k \leq n$. $\quad (4)$

Beweis von (4): Die Paare (a, A) mit $a \in A$ und $A \subseteq N$ sowie $|A| = k$ kann

Binomialkoeffizient

man auf zwei Arten zählen. Einmal zählt man erst bei fester Menge A die Elemente a und berücksichtigt dann die Möglichkeiten für A. Die zweite Art zu zählen ergibt sich bei umgekehrter Reihenfolge:

1. Art: Für festes A erhält man k Paare, insgesamt also $k\binom{n}{k}$ Paare.

2. Art: Für festes a erhält man $\binom{n-1}{k-1}$ Paare, insgesamt also $n\binom{n-1}{k-1}$ Paare.

Aus $k\binom{n}{k} = n\binom{n-1}{k-1}$ folgt (4).

Die Formel (4) eignet sich zur rekursiven Berechnung der Binomialkoeffizienten:

$$\binom{n}{k} = \frac{n}{k} \cdot \frac{n-1}{k-1} \cdot \frac{n-2}{k-2} \cdot \ldots \cdot \frac{n-k+1}{1} \quad (5)$$

Erweitert man hier mit dem Ausdruck

$(n-k)! = (n-k)(n-k-1) \cdot \ldots \cdot 3 \cdot 2 \cdot 1$,

so erhält man

$$\binom{n}{k} = \frac{n!}{k!(n-k)!} \quad (6)$$

(das Symbol »!« steht für ↑ Fakultät). Aus (6) erhält man

$$\binom{n}{k} = \binom{n}{n-k} \quad \text{für } 0 \le k \le n \quad (7)$$

und

$$\binom{n+1}{k+1} = \binom{n}{k} + \binom{n}{k+1}$$
$$\text{für } 0 \le k < n. \quad (8)$$

Aus den Formeln (2), (3) und (8) ergibt sich die Möglichkeit, die Binomialkoeffizienten im pascalschen Dreieck darzustellen und zu berechnen (Abb. 1).

Aus (1) ergeben sich für $x = 1, y = -1$ bzw. $x = y = 1$ die Beziehungen

$$\sum_{i=0}^{n} (-1)^i \binom{n}{i} = 0 \quad \text{für } n > 0, \quad (9)$$

$$\sum_{i=0}^{n} \binom{n}{i} = 2^n \quad \text{für } n \ge 0. \quad (10)$$

```
Pascalsches           1
Dreieck            1     1
                1     2     1
             1     3     3     1
          1     4     6     4     1
       1     5    10    10     5     1
       ...   ...   ...
```

n-te Zeile → $\binom{n}{k} + \binom{n}{k+1}$ $\binom{4}{1} + \binom{4}{2}$

$(n+1)$-te Zeile → $\binom{n+1}{k+1}$ $\binom{5}{2}$

Binomialkoeffizient (Abb. 1): das pascalsche Dreieck

In einer Tafel für Binomialkoeffizienten (Tab. 1 zeigt einen Auszug) genügt wegen (7) die Angabe von $\binom{n}{k}$ für solche k mit $2k \le n$.

Den Binomialkoeffizienten $\binom{49}{6}$ kann man mit dem Taschenrechner so geschickt berechnen:

$44 (:1) \cdot 45 :2 \cdot 46 :3$
$\cdot 47 :4 \cdot 48 :5 \cdot 49 :6.$

Dabei vermeidet man zu große Zahlen und erhält stets ganzzahlige Zwischenergebnisse. ■

Binomialkoeffizient

n \ k	0	1	2	3	4	5	6	7	8	9	10
0	1										
1	1	1									
2	1	2									
3	1	3									
4	1	4	6								
5	1	5	10								
6	1	6	15	20							
7	1	7	21	35							
8	1	8	28	56	70						
9	1	9	36	84	126						
10	1	10	45	120	210	252					
11	1	11	55	165	330	462					
12	1	12	66	220	495	792	924				
13	1	13	78	286	715	1287	1716				
14	1	14	91	364	1001	2002	3003	3432			
15	1	15	105	455	1365	3003	5005	6435			
16	1	16	120	560	1820	4368	8008	11 440	12 870		
17	1	17	136	680	2380	6188	12 376	19 448	24 310		
18	1	18	153	816	3060	8568	18 564	31 824	43 758	48 620	
19	1	19	171	969	3876	11 628	27 132	50 388	75 582	92 378	
20	1	20	190	1140	4845	15 504	38 760	77 520	125 970	167 960	184 756

Binomialkoeffizienten $\binom{n}{k}$ mit $2k \leq n$

Beispiele: $\binom{7}{3} = 35$; $\binom{15}{12} = \binom{15}{15-12} = \binom{15}{3} = 455$

Binomialkoeffizient (Tab. 1): Tafel der Binomialkoeffizienten bis $n = 20$

■ Anwendungen

Beispiel 1: Im Zahlenlotto »6 aus 49« gibt es

$$\binom{49}{6} = \frac{49}{6} \cdot \frac{48}{5} \cdot \frac{47}{4} \cdot \frac{46}{3} \cdot \frac{45}{2} \cdot \frac{44}{1}$$
$$= 13\,983\,816$$

verschiedene Tipps. Es handelt sich um nicht geordnete ↑ Auswahlen ohne Wiederholungen.

Beispiel 2: Die Wahrscheinlichkeit, bei Abgabe eines Tipps im Zahlenlotto »k Richtige« zu haben, ist

$$\frac{\binom{6}{k}\binom{43}{6-k}}{\binom{49}{6}}.$$

Die Wahrscheinlichkeitsverteilung ist eine ↑ hypergeometrische Verteilung.

Beispiel 3: Die Wahrscheinlichkeit, bei 10-maligem Würfeln genau dreimal eine 6 zu werfen, ist

$$\binom{10}{3} \cdot \left(\frac{1}{6}\right)^3 \left(\frac{5}{6}\right)^7 \approx 15{,}5\%.$$

Die Wahrscheinlichkeitsverteilung ist eine ↑ Binomialverteilung.

■ Verallgemeinerung

Der Binomialkoeffizent $\binom{n}{k}$ ist bislang nur für ganze Zahlen n, k mit $0 \leq k \leq n$ definiert. Für eine nichtnegative ganze Zahl k und eine beliebige reelle Zahl α definiert man in Verallgemeinerung von Formel (5)

Binomialverteilung

$$\binom{\alpha}{k} := \frac{\alpha(\alpha-1)(\alpha-2)\ldots(\alpha-k+1)}{k!};$$

dies sind die Koeffizienten in der ↑ binomischen Reihe. Beispielsweise ist

$$\binom{2,3}{4} = \frac{2,3 \cdot 1,3 \cdot 0,3 \cdot (-0,7)}{4 \cdot 3 \cdot 2 \cdot 1}$$
$$= -0{,}0261625,$$
$$\binom{-2}{5} = \frac{(-2)(-3)(-4)(-5)(-6)}{5 \cdot 4 \cdot 3 \cdot 2 \cdot 1}$$
$$= -6,$$
$$\binom{5}{17} = \frac{5 \cdot 4 \cdot 3 \cdot 2 \cdot 1 \cdot 0 \cdot \ldots}{17!} = 0.$$

Binomialtest: Test einer statistischen Hypothese (↑ Testen von Hypothesen) mithilfe der Binomialverteilung.

Binomialverteilung (Bernoulli-Verteilung): die Wahrscheinlichkeitsverteilung der Anzahl der Treffer bei einer ↑ Bernoulli-Kette.

Es sei die Anzahl der Treffer X eine ↑ Zufallsgröße, welche die Werte $k = 0, 1, 2, \ldots, n$ annehmen kann. p sei die Wahrscheinlichkeit für einen Treffer. Wenn die Wahrscheinlichkeit, dass X genau den Wert k eines Treffers annimmt, durch

$$P(X=k) = \binom{n}{k} p^k (1-p)^{n-k} \quad (1)$$

gegeben ist, dann heißt die Zufallsgröße binomial verteilt. Zur Abkürzung schreibt man für die rechte Seite von (1) $B(n,p;k)$ oder $B_{n;p}(k)$ und spricht von der $B(n,p)$-Verteilung.

Beispiel 1: Beim 10-maligen Werfen einer Münze betrachte man als Zufallsgröße die Anzahl der gefallenen »Wappen«. Es ist

$$P(X=k)$$
$$= \binom{10}{k} \left(\frac{1}{2}\right)^k \left(\frac{1}{2}\right)^{10-k}$$
$$= \binom{10}{k} \left(\frac{1}{2}\right)^{10}.$$

Dies ist eine symmetrische Binomialverteilung. Abb. 1 zeigt ihr Stabdiagramm.

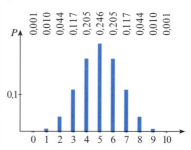

Binomialverteilung (Abb. 1): Stabdiagramm einer symmetrischen Verteilung

Beispiel 2: Beim 10-maligen Werfen eines Würfels betrachte man als Zufallsgröße die Anzahl der geworfenen Sechsen. Es ist

$$P(X=k) = \binom{10}{k} \left(\frac{1}{6}\right)^k \left(\frac{5}{6}\right)^{10-k}.$$

Dies ist eine unsymmetrische Binomialverteilung (Abb. 2).

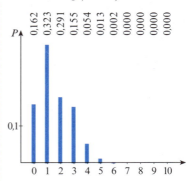

Binomialverteilung (Abb. 2): Stabdiagramm einer unsymmetrischen Verteilung

Für geeignete Werte von n und p (Faustregel: $np(1-p) > 9$) kann man die Binomialverteilung durch die ↑ Normalverteilung annähern

binomische Reihe

(↑ Grenzwertsatz von Moivre-Laplace).

Die symmetrische Binomialverteilung (vgl. Beispiel 1) kann man mit dem **Galton-Brett** [nach FRANCIS GALTON; *1822, †1911] demonstrieren (Abb. 3): Die Wahrscheinlichkeit, dass eine Kugel im Fach k ankommt, ist $B(n,\frac{1}{2};k)$.

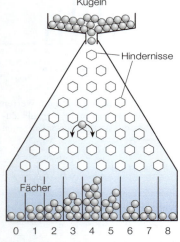

Binomialverteilung (Abb. 3): Galton-Brett

Die $B(n,p)$-verteilte Zufallsgröße X kann man als Summe der Zufallsgrößen $X_1, X_2, \ldots, X_n$ schreiben, wobei X_i die Anzahl der Treffer (0 oder 1) beim i-ten Glied der Bernoulli-Kette angibt. Ist $E(X)$ der ↑ Erwartungswert von X, so erhält man wegen $E(X_i) = p$

$$E(X) = \sum_{i=1}^{n} E(X_i) = np.$$

Weil die Zufallsgrößen $X_1, X_2, \ldots, X_n$ in einer Bernoulli-Kette stets unabhängig sind, gilt für die ↑ Varianz wegen $V(X_i) = p(1-p)$

$$V(X) = \sum_{i=1}^{n} V(X_i) = np(1-p).$$

■ **Summierte Binomialverteilungen**

Bei Anwendungen spielt meistens die *summierte* Wahrscheinlichkeitsverteilung

$$P(X \leq k) = \sum_{i=0}^{k} B(n,p;i)$$

eine Rolle. Für diese Funktion liegen Tafeln vor, in der Regel für $p = 0{,}10$; 0,20; 0,25; 0,30; 0,40; 0,50 und $n = 5$, 10, 15, 20, 25, 50, 100. Einen Auszug aus einer solchen Tafel zeigt Abb. 4. Wegen

$$\sum_{i=0}^{k} B(n,p;i) = 1 - \sum_{i=0}^{n-k-1} B(n, 1-p;i)$$

benötigt man keine Tafelwerte für $0{,}5 < p < 1$.

Beispiel 3: Die Wahrscheinlichkeit, bei 20-maligem Werfen einer Münze höchstens 9-mal »Wappen« zu werfen, ist nach den Tafelwerten in Abb. 4

$$\sum_{i=0}^{10} B(20,\tfrac{1}{2};i) = 0{,}4119.$$

Heute kann man die Werte der summierten Binomialverteilung leicht mit dem Taschenrechner bestimmen.

Abb. 5 ist ein Polygonzugdiagramm für $n = 20$ und $p = 0{,}4$. Man beachte, dass die Stelle des steilsten Anstiegs $np = 8$ ist (in Abb. 5 blau unterlegt).

binomische Reihe: die ↑ Taylor-Reihe der Funktion $x \mapsto (1+x)^{\alpha}$ für $\alpha \in \mathbb{R}$. Mit der Abkürzung

$$\binom{\alpha}{k} := \frac{(\alpha-1)(\alpha-2)\ldots(\alpha-k+1)}{k!}$$

lautet sie

$$(1+x)^{\alpha} = 1 + \binom{\alpha}{1}x + \binom{\alpha}{2}x^2 + \ldots$$
$$= \sum_{k=0}^{\infty} \binom{\alpha}{k} x^k.$$

binomische Reihe

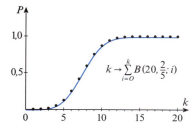

Binomialverteilung (Abb. 5): Polygonzugdiagramm zum Verlauf der summierten Wahrscheinlichkeitsverteilung

Die Koeffizienten haben die Form von ↑ Binomialkoeffizienten. Ist α eine natürliche Zahl n, so erhält man wegen

$$\binom{n}{k} = 0 \quad \text{für } k, n \in \mathbb{N} \text{ mit } k > n$$

die Entwicklung von $(1+x)^n$ nach dem binomischen Lehrsatz.
Auch im allgemeinen Fall nennt man die Zahlen $\binom{\alpha}{k}$ Binomialkoeffizienten.

Summierte Binomialverteilung $\qquad P(X \leq k) = \sum_{i=0}^{k} \binom{n}{i} p^i (1-p)^{n-i}$

n	k	0,10	0,20	0,25	0,30	0,40	0,50	n
	0	0,1216	0115	0032	0008	0000	0000	19
	1	3917	0692	0243	0076	0005	0000	18
	2	6769	2061	0913	0355	0036	0002	17
	3	8670	4114	2252	1071	0160	0013	16
	4	9568	6296	4148	2375	0510	0059	15
	5	9887	8042	6172	4164	1256	0207	14
	6	9976	9133	7858	6080	2500	0577	13
	7	9996	9679	8982	7723	4159	1316	12
20	8	9999	9900	9591	8867	5956	2517	11	20
	9		9974	9861	9520	7553	4119	10
	10		9994	9961	9829	8725	5881	9
	11		9999	9991	9949	9435	7483	8
	12			9998	9987	9790	8684	7
	13				9997	9935	9423	6
	14					9984	9793	5
	15					9997	9941	4
	16						9987	3
	17	Nicht aufgeführte Werte ≈ 1,0000.					9998	2
n		0,90	0,80	0,75	0,70	0,60	0,50	k	n

Bei dunkelblau unterlegtem Eingang, d.h. $p \geq 0{,}5$: $P(X \leq k) = 1 -$ abgelesener Wert.

Binomialverteilung (Abb. 4): Auszug aus einer Tafel der summierten Binomialverteilung für $n = 20$ mit Beispielen: für $p = 0{,}5$ ist $P(X \leq 9) = 0{,}4119$; für $p = 0{,}6$ ist $P(X \leq 11) = 1 - 0{,}5956 = 0{,}4044$.

Die binomische Reihe konvergiert für $|x| < 1$.

binomischer Lehrsatz: der mathematische Satz, der besagt, dass für alle natürlichen Zahlen n die Formel

$$(a+b)^n = \sum_{k=0}^{n} \binom{n}{k} a^{n-k} b^k$$

gilt, wobei a, b Zahlen sind. Dabei sind $\binom{n}{k}$ die ↑ Binomialkoeffizienten (dort findet man auch einen Beweis der Formel). Eine Verallgemeinerung des binomischen Lehrsatzes ist der ↑ Multinomialsatz.

Bogenlänge: die Länge eines Kurvenstücks (Bogen). Zunächst betrachten wir eine durch eine Funktion f über einem Intervall definierte Kurve

$$C_f := \{(x,y) | y = f(x), x \in [a;b]\}.$$

Die Länge dieser Kurve bezeichnen wir mit $L(C_f)$. Zur Berechnung von $L(C_f)$ denken wir uns C_f durch einen Polygonzug angenähert, d.h., wir betrachten eine Zerlegung $Z = \{x_0, x_1, x_2, \ldots, x_n\}$ von $[a;b]$ und den durch die Punkte

$$P_k = (x_k, f(x_k))$$

erzeugten Polygonzug (Abb. 1).

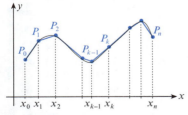

Bogenlänge (Abb. 1): zur Definition der Bogenlänge

Für die Länge $L(P_{k-1}P_k)$ der Strecke $L(P_{k-1}P_k)$ erhält man

$$\sqrt{(x_k - x_{k-1})^2 + (f(x_k) - f(x_{k-1}))^2}.$$

Hieraus ergibt sich die Länge des Polygonzuges

$$L_Z(C_f) := \sum_{k=1}^{n} L(P_{k-1}P_k).$$

Ist die Zerlegung Z' eine Verfeinerung von Z, so gilt aufgrund der ↑ Dreiecksungleichung

$$L_{Z'}(C_f) \geq L_Z(C_f).$$

Wenn das ↑ Supremum der Zahlen $L_Z(C_f)$ über alle möglichen Zerlegungen Z existiert, wenn also gilt

$$\sup_Z L_Z(C_f) < \infty,$$

dann können wir der Kurve C_f eine Länge zuschreiben. C_f heißt dann **rektifizierbar**, und wir definieren die Bogenlänge von C_f durch

$$L(C_f) := \sup_Z L_Z(C_f).$$

Es gibt auch nicht rektifizierbare Kurven, etwa die kochsche Schneeflockenkurve (↑ fraktale Geometrie).

■ Berechnung der Bogenlänge

Ist f stetig differenzierbar auf $[a;b]$, so ist C_f rektifizierbar, und es gilt

$$L(C_f) = \int_a^b \sqrt{1 + (f'(x))^2} \, dx.$$

Dies erhält man aus dem ↑ Mittelwertsatz: Es gibt ein $\xi_k \in]x_{k-1}, x_k[$ mit

$$L_Z(C_f)$$
$$= \sum_{k=1}^{n} \sqrt{1 + \left(\frac{f(x_k) - f(x_{k-1})}{x_k - x_{k-1}}\right)^2} (x_k - x_{k-1})$$
$$= \sum_{k=1}^{n} \sqrt{1 + (f'(\xi_k))^2} \, (x_k - x_{k-1}),$$

und dies ist eine ↑ riemannsche Summe zu obigem Integral.

Bogenlänge

Ist die Kurve in ↑ Parameterdarstellung gegeben, also

$$C = \{(x,y) | x = \varphi(t), \\ y = \psi(t), t \in [u; v]\},$$

dann ist

$$L(C) = \int_u^v \sqrt{(\varphi'(t))^2 + (\psi'(t))^2} \, dt.$$

Ist die Kurve in ↑ Polarkoordinaten gegeben, also $r = r(\varphi)$ mit $\varphi \in [\alpha; \beta]$, so erhält man

$$L(C) = \int_\alpha^\beta \sqrt{r^2 + (r')^2} \, d\varphi.$$

Beispiel 1: Das Kurvenstück der neilschen Parabel

$$\{(x,y) | y = x\sqrt{x}, 0 \leq x \leq 1\}$$

(Abb. 2) hat die Bogenlänge

$$L = \int_0^1 \sqrt{1 + (\tfrac{3}{2}\sqrt{x})^2} \, dx$$

$$= \int_0^1 \tfrac{1}{2}\sqrt{4 + 9x} \, dx$$

$$= \tfrac{1}{27}(4 + 9x)^{\tfrac{3}{2}} \Big|_0^1$$

$$= \frac{13\sqrt{13} - 8}{27} = 1{,}4397\ldots$$

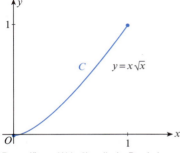

Bogenlänge (Abb. 2): neilsche Parabel

Beispiel 2: Die Kardioide (Herzkurve) mit der Gleichung

$$r = a(1 - \cos\varphi)$$

(Abb. 3) hat die Bogenlänge

$$L = \int_0^{2\pi} \sqrt{(a(1-\cos\varphi))^2 + (a\sin\varphi)^2} \, d\varphi$$

$$= \int_0^{2\pi} \sqrt{2a^2(1 - \cos\varphi)} \, d\varphi$$

$$= \int_0^{2\pi} 2a \sin\frac{\varphi}{2} \, d\varphi = 8a.$$

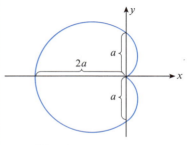

Bogenlänge (Abb. 3): Kardioide (Herzkurve)

Beispiel 3: Für den Kreis mit der Parameterdarstellung

$$x = r\cos t, \; y = r\sin t \quad (t \in [0; 2\pi])$$

ergibt sich die Bogenlänge

$$L = \int_0^{2\pi} r \, dt = 2\pi r.$$

■ Bogenlänge und trigonometrische Funktionen

Bei der analytischen (also »geometriefreien«) Definition der trigonometrischen Funktionen definiert man zuerst die Kreiszahl π durch ein Integral und führt aufgrund dieser Definition die trigonometrischen Funktionen

Bogenmaß

ein: Man betrachtet die Funktion $f : x \mapsto \sqrt{1-x^2}$ in $[0; 1]$ und definiert

$$l(x) := \int_0^x \sqrt{1+(f'(t))^2}\, dt$$

$$= \int_0^x \frac{1}{\sqrt{1-t^2}}\, dt$$

(Abb. 4). Für $x \to 1$ erhält man ein ↑ uneigentliches Integral, welches konvergiert. Nun definiert man

$$\pi := 2 \cdot l(1);$$

die Kreiszahl π ist also durch ein uneigentliches Integral definiert. Mithilfe der Umkehrfunktion der Funktion l kann man nun die Kosinusfunktion und damit alle trigonometrischen Funktionen definieren.

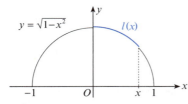

Bogenlänge (Abb. 4): Definition von π als Bogenlänge

■ Kurven im Raum

Auch einer Kurve im Raum lässt sich eine Bogenlänge zuschreiben. Ist

$$\begin{aligned} x &= \varphi(t) \\ y &= \psi(t) \quad (t \in [u; v]) \\ z &= \chi(t) \end{aligned}$$

die Parameterdarstellung einer Raumkurve, so gilt für die Länge L dieser Kurve

$$L = \int_u^v \sqrt{(\varphi'(t))^2 + (\psi'(t))^2 + (\chi'(t))^2}\, dt.$$

Schon bei sehr einfachen Kurven treten bei der Berechnung der Bogenlänge Integrale auf, die nicht elementar zu berechnen sind. Beispielsweise erhält man für die Ellipse mit der Parameterdarstellung

$$\begin{aligned} x &= a\cos t \\ y &= b\sin t \quad (0 \le t \le 2\pi) \end{aligned}$$

als Umfang das Integral

$$\int_0^{2\pi} \sqrt{(a\sin t)^2 + (b\cos t)^2}\, dt$$

$$= \sqrt{a^2 - b^2} \int_0^{2\pi} \sqrt{k^2 + \sin^2 t}\, dt$$

mit $k^2 = \dfrac{b^2}{a^2 - b^2}$, wobei $a > b$ angenommen ist. Dieses Integral ist nur näherungsweise zu berechnen.

Bogenmaß: für einen Winkel φ die Länge des Bogens eines Einheitskreises, der zum Mittelpunktswinkel φ gehört. Das Bogenmaß eines Vollwinkels ist 2π, eines gestreckten Winkels π, eines rechten Winkels $\frac{\pi}{2}$.

Bolzano, Bernhard, böhmischer Theologe und Mathematiker, * Prag 5. 10. 1781, † Prag 18. 12. 1848: BOLZANO entstammte einer ursprünglich italienischen Kaufmannsfamilie. Er studierte katholische Theologie, Philosophie und Mathematik und veröffentlichte bereits 1804 die streng axiomatisch begründeten »Betrachtungen über einige Gegenstände der Elementargeometrie«. Nach seiner Priesterweihe 1805 wurde er Professor für Religionsphilosophie in Prag. Als Führer der »Böhmischen Aufklärung« setzte er sich für ein vernunftorientiertes Verständnis des Katholizismus und soziale Reformen ein. Wegen dieser »Irrlehren« wurde er 1819 amtsenthoben. Er zog sich auf den Landsitz einer befreundeten Familie zurück und wandte sich ver-

stärkt der Mathematik und der Logik zu, insbesondere der Analysis.
BOLZANO war, zusammen mit A. L. ↑ CAUCHY, einer der Begründer der modernen Theorie der Funktionen einer reellen Veränderlichen. Er präzisierte den Begriff der Stetigkeit und klärte etliche Begriffe im Zusammenhang mit Grenzwerten. In seiner Schrift »Paradoxien des Unendlichen« (1851, nach seinem Tod veröffentlicht) nahm er bereits wesentliche Begriffsbildungen der später von G. ↑ CANTOR begründeten Mengenlehre vorweg.

Bolzano (Abb. 1): Bernhard Bolzano

Bolzano-Weierstraß-Axiom [nach BERNHARD ↑ BOLZANO und KARL ↑ WEIERSTRASS]: der folgende Satz, wenn man ihn als Vollständigkeitsaxiom (↑ Vollständigkeit) zur axiomatischen Beschreibung des Körpers der reellen Zahlen verwendet: Jede ↑ beschränkte unendliche Teilmenge von $\mathbb{R}$ besitzt mindestens einen ↑ Häufungspunkt.

boolesche Algebra (boolescher Verband) [buːl-; nach GEORGE BOOLE; *1815, †1864]: eine ↑ algebraische Struktur $(M, \cap, \cup)$ mit zwei Verknüpfungen, in welcher für alle $x, y, z \in M$ gilt:

(1) $x \cap (y \cap z) = (x \cap y) \cap z$
(2) $x \cup (y \cup z) = (x \cup y) \cup z$
(3) $x \cap y = y \cap x$
(4) $x \cup y = y \cup x$
(5) $x \cap (x \cup y) = x$
(6) $x \cup (x \cap y) = x$
(7) $x \cap (y \cup z) = (x \cap y) \cup (x \cap z)$
(8) $(x \cup (y \cap z) = (x \cup y) \cap (x \cup z)$
(9) es gibt ein Element $\mathbf{0} \in M$ mit $\mathbf{0} \cap x = \mathbf{0}$ und $\mathbf{0} \cup x = x$
(10) es gibt ein Element $\mathbf{1} \in M$ mit $\mathbf{1} \cap x = x$ und $\mathbf{1} \cup x = \mathbf{1}$
(11) für jedes $x \in M$ existiert ein $y \in M$ mit $x \cap y = \mathbf{0}$ und $x \cup y = \mathbf{1}$

Die Regeln (1) bis (4) besagen, dass die Verknüpfungen ↑ assoziativ und ↑ kommutativ sind. Die Regeln (5) und (6) drücken aus, dass jede der Verknüpfungen ↑ distributiv bezüglich der anderen ist. (7) und (8) heißen **Absorptionsgesetze** oder **Verschmelzungsgesetze**. Das Element **0** ist ↑ neutrales Element bezüglich $\cup$ (Regel 9), das Element **1** ist neutral bezüglich $\cap$ (Regel 10). Die Regel (11) besagt, dass zu jedem Element ein ↑ komplementäres Element existiert.

In einer booleschen Algebra wird durch

$$x \leq y :\Leftrightarrow x \cap y = x$$

eine ↑ Ordnungsrelation definiert. Es gilt $0 \leq x \leq 1$ für alle $x \in M$.

Beispiel 1: Ist M die Menge aller Teilmengen einer Menge A, so ist $(M, \cap, \cup)$ eine boolesche Algebra, wenn $\cap$ und $\cup$ die Bildung der Schnittmenge bzw. der Vereinigungsmenge bedeuten. Das Nullelement ist dabei die leere Menge $\emptyset$, das Einselement die Menge A. Regel (11) ist gültig, denn mit $\bar{X} := A \setminus X$ (Komplementärmenge) gilt für alle $X \in M$

$$X \cap \bar{X} = \emptyset \quad \text{und} \quad X \cup \bar{X} = A.$$

Beispiel 2: Für die Bildung des ggT (größter gemeinsamer Teiler) und des kgV (kleinstes gemeinsames Vielfaches) natürlicher Zahlen gelten die Regeln (1) bis (8). In der algebrai-

boolesche Funktion

schen Struktur ($\mathbb{N}$, ggT, kgV) gilt auch die Regel (9), denn ggT$(1,x) = 1$ und kgV$(1,x) = x$ für alle $x \in \mathbb{N}$. Die Aussage (10) gilt aber nicht, es gibt kein Element **1** mit ggT$(x,\mathbf{1}) = x$ und kgV$(\mathbf{1},x) = \mathbf{1}$ für alle x, weil es keine »größte« Zahl gibt. Daher kann auch Aussage (11) nicht gelten. Betrachtet man aber die Verknüpfungen ggT und kgV in der Menge T_a aller Teiler einer festen natürlichen Zahl a, dann gelten auch (10) und (11) mit a als größtem Element.

Beispiel 3: Verknüpft man Aussagen mit den logischen Symbolen $\wedge$ für »und« sowie $\vee$ für »oder«, dann dienen die Regeln (1) bis (11) zur Umformung von Aussageverbindungen. Das Nullelement ist eine widersprüchliche Aussage, das Einselement ist eine wahre Aussage. Bezeichnet man mit $\bar{A}$ die Negation der Aussage A, dann ist $A \wedge \bar{A}$ stets falsch und $A \vee \bar{A}$ stets wahr.

boolesche Funktion [buːl-; nach GEORGE BOOLE; *1815, †1864]: eine Abbildung, die jedem aus 0 und 1 gebildeten n-Tupel einen der Werte 0 oder 1 zuordnet. Solche Abbildungen spielen in der Informatik eine Rolle.

borelsches Gesetz der großen Zahlen [nach ÉMILE FÉLIX ÈDOUARD JUSTIN BOREL; *1871, †1956]: ↑ Gesetz der großen Zahlen.

Bose-Einstein-Modell [nach SATYENDRA NATH BOSE, *1894, †1974, und ALBERT EINSTEIN, *1879, †1955]: in der Physik ein Modell zur Verteilung von Elementarteilchen (z.B. Photonen) auf die Zellen des Phasenraums. Dabei wird angenommen, dass die Elementarteilchen nicht unterscheidbar sind und in unbeschränkter Anzahl pro Zelle auftreten können (alle Verteilungen sind gleichmöglich). Für k Teilchen und n Zellen gibt es also $\binom{n+k-1}{k}$ gleichmögliche Fälle (↑ Auswahlen). Andere Verteilungsmodelle in der Physik, die von anderen Voraussetzungen ausgehen, sind das ↑ Fermi-Dirac-Modell und das ↑ Maxwell-Boltzmann-Modell.

Bourbaki, Nicolas [burbaˈki]: Pseudonym (Deckname) für eine Gruppe führender, meist französischer Mathematiker, die in der Tradition von D. ↑ HILBERT seit 1938 daran arbeitet, die gesamte Mathematik einheitlich darzustellen.

Die von BOURBAKI verfasste Buchserie »Eléments de Mathématique« hat das Ziel, alle Teilgebiete der Mathematik von wenigen Grundstrukturen ausgehend streng logischaxiomatisch zu entwickeln. Die Gruppe ging von der Erkenntnis aus, dass die Mathematik insgesamt auf der axiomatischen Mengenlehre aufgebaut werden kann. Die verwendeten Grundstrukturen sind eingeteilt in algebraische Strukturen, Ordnungsstrukturen und topologische Strukturen. Ziele und Methoden der Bourbaki-Gruppe sind umstritten.

Eine unkritische Übernahme der Ideen des Bourbakismus in die Schulmathematik hat vor einiger Zeit unter dem Schlagwort »New Math« für Irritationen gesorgt.

Auf BOURBAKI geht die Bezeichnung der Zahlenbereiche mit den Symbolen $\mathbb{N}, \mathbb{Z}, \mathbb{Q}, \mathbb{R}, \mathbb{C}$ zurück.

Brachistochrone [zu griechisch bráchistos »kürzester« und chrónos »Zeit«]: die Kurve zwischen zwei in verschiedener Höhe liegenden Punkten, auf der eine der Schwerkraft unterworfene Masse in der kürzest möglichen Zeit nach unten gleitet. Die von JOHANN und JAKOB ↑ BERNOULLI gefundene Lösung besagt, dass diese Kurve als Graph einer Funktion f mit

$$f(x) = \frac{c}{a + (f'(x))^2} \quad (c = \text{konstant})$$

entsteht. Die Lösungskurven dieser ↑ Differenzialgleichung sind ↑ Zykloiden; entsprechend ist auch die Brachistochrone ein Zykloidenbogenstück.

Brianchon, Satz von [briã'ʃõ; nach CHARLES JULIEN BRIANCHON; *1783, †1864]: ↑ Satz von Brianchon.

brianchonscher Punkt [briã'ʃõ-; nach CHARLES JULIEN BRIANCHON; *1783, †1864]: nach dem ↑ Satz von Brianchon der Schnittpunkt der Diagonalen eines Sechsecks, das ein Tangentensechseck einer Kegelschnittskurve ist.

briggssche Logarithmen [nach HENRY BRIGGS; *1561, †1630]: die Logarithmen zur Basis 10 (↑ Logarithmusfunktion).

BRIGGS lehrte in Cambridge, London und Oxford. Nach jahrelangen Berechnungen veröffentlichte er im Jahr 1617 ein Buch, das die dekadischen Logarithmen der Zahlen 1 bis 1000 auf acht Dezimalen genau enthielt. 1624 brachte er ein weiteres Werk mit den 14-stelligen Logarithmen der Zahlen 1 bis 20000 und 90000 bis 100000 heraus. ∎

---

buffonsches Nadelproblem [by'fõ-; nach GEORGES LOUIS LECLERC, Graf VON BUFFON; *1707, †1788]: Man werfe eine Nadel der Länge l »zufällig« auf die mit Parallelen im Abstand a ($a \geq l$) versehene Ebene (Abb. 1) und berechne die Wahrscheinlichkeit P dafür, dass die Nadel eine der Geraden schneidet.

Die Nadel »zufällig werfen« soll dabei bedeuten, dass die Länge x im Intervall $[0; \frac{a}{2}]$ und der Winkel φ im Intervall $[0; \pi]$ ↑ gleichverteilt sind, und dass diese beiden Größen ↑ unab-

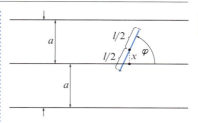

buffonsches Nadelproblem (Abb. 1): Beschreibung des Experiments

hängige Zufallsgrößen sind. Die Nadel schneidet eine Parallele genau dann, wenn $x \leq \frac{l}{2} \sin \varphi$, wenn also der Ausfall (x, φ) in dem blau gerasterten Teil des Rechtecks in Abb. 2 liegt.

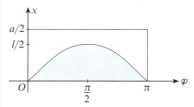

buffonsches Nadelproblem (Abb. 2): Berechnung der Wahrscheinlichkeit

Also ist

$$P = \frac{\frac{l}{2} \int_0^\pi \sin\varphi \, d\varphi}{\frac{a}{2} \cdot \pi} = \frac{2l}{\pi a}.$$

Ermittelt man einen Näherungswert für P (etwa mithilfe der ↑ Monte-Carlo-Methode), so ergibt sich gemäß $\pi = \frac{2 \cdot l}{a \cdot P}$ ein Näherungswert für π.

Das buffonsche Nadelproblem zeigt, dass man einen *allgemeinen* Wahrscheinlichkeitsbegriff nicht durch das Verhältnis der Anzahl der günstigen Fälle zur Anzahl der möglichen Fälle definieren kann, denn im vorliegen-

Cantor

den Beispiel gibt es jeweils unendlich viele Fälle. Man kann einen allgemeinen Wahrscheinlichkeitsbegriff jedoch axiomatisch einführen (↑ Kolmogorow-Axiome). ∎

Cantor, Georg, deutscher Mathematiker, * Petersburg 3.3.1845, † Halle (Saale) 6. 1. 1918: CANTOR war der Sohn einer wohlhabenden Kaufmannsfamilie. Er studierte Mathematik in Zürich, Göttingen und Berlin und wirkte von 1872 bis 1913 als Professor in Halle (Saale).

Cantor (Abb. 1): Georg Cantor

CANTOR begründete mit seinen Theorien der Punktmengen bzw. der transfiniten Zahlen zwischen den Jahren 1870 und 1885 die für die moderne Mathematik grundlegende Mengenlehre. Er zeigte, dass man unendliche Mengen nach ihrer Mächtigkeit unterscheiden kann, so, wie man endliche Mengen nach der Anzahl ihrer Elemente unterscheidet. Als gleichmächtig gelten dabei zwei Mengen, die man ↑ umkehrbar aufeinander abbilden kann. Insbesondere zeigte er, dass die Menge der rationalen Zahlen gleichmächtig zur Menge der natürlichen Zahlen ist (erstes ↑ cantorsches Diagonalverfahren) und dass die Menge der reellen Zahlen von höherer Mächtigkeit ist (zweites cantorsches Diagonalverfahren). CANTOR konstruierte eine Teilmenge des Intervalls [0; 1] mit einer erstaunlichen Eigenschaft: Diese Teilmenge ist zwar gleichmächtig zur Menge [0; 1], sie kann aber von Intervallen überdeckt werden, deren gesamte Länge kleiner als jede positive Zahl ε ist (↑ cantorsches Diskontinuum).

Er vermutete, dass keine Menge existiert, deren Mächtigkeit größer als die von $\mathbb{N}$ und kleiner als die von $\mathbb{R}$ ist (**Kontinuumshypothese).** Nachdem die Mengenlehre heute auf ein besseres axiomatisches Fundament gestellt wurde als von CANTOR, hat man herausgefunden, dass die Kontinuumshypothese den Status eines *Axioms* hat, d.h., man kann also sowohl mit ihr selbst als auch mit ihrer Negation eine Theorie der Mengen aufbauen.

CANTOR definierte die reellen Zahlen mithilfe von Intervallschachtelungen rationaler Zahlen; auf ihn geht das ↑ Intervallschachtelungsaxiom (Cantor-Axiom) zurück.

Cantor-Axiom [nach G. ↑ Cantor]: ↑ Intervallschachtelungsaxiom.

cantorsches Diagonalverfahren [nach G. ↑ Cantor]: Verfahren zur Bestimmung der Mächtigkeit der Mengen $\mathbb{Q}$ und $\mathbb{R}$.

Das **erste cantorsche Diagonalverfahren** dient zum Nachweis der Abzählbarkeit der Menge der rationalen Zahlen (vgl. Band I): Man durchlaufe die Gitterpunkte auf der in der Abb. 1 angedeuteten Linie und identifiziere allgemein den Punkt $(a\,|\,b)$ mit der rationalen Zahl $\frac{a}{b}$; dabei überspringe man den Punkt $(a\,|\,b)$, falls $\text{ggT}(a,b) \neq 1$, sodass alle Brüche voll gekürzt sind. Bei Durchlaufen der Linie erteile man nun den Brüchen der Reihe nach die Nummern 1, 2, 3, ..., sodass jeder Bruch genau eine Num-

cantorsches Diskontinuum

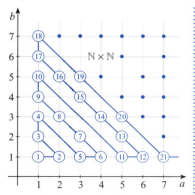

cantorsches Diagonalverfahren (Abb. 1):
Nummerierung der (teilerfremden) Bruchzahlen

mer erhält und zu jeder Nummer genau ein Bruch gehört.

Die Menge der positiven rationalen Zahlen ist also abzählbar. Um *alle* rationalen Zahlen abzuzählen, erteile man der Zahl 0 die Nummer 1, der Zahl $\frac{a}{b}$ mit der Nummer k in obiger Nummerierung jetzt die Nummer $2k$ und der Zahl $-\frac{a}{b}$ die Nummer $2k+1$.

Mit dem **zweiten cantorschen Diagonalverfahren** weist man die Überabzählbarkeit der Menge der reellen Zahlen nach: Es genügt der Nachweis, dass schon die Menge aller reellen Zahlen zwischen 0 und 1 nicht abzählbar ist. Gäbe es eine Abzählung (Nummerierung), dann könnte man diese Zahlen (als Dezimalzahlen) alle in einer Liste schreiben:

1. $0, a_{11} a_{12} a_{13} a_{14} a_{15} a_{16} \ldots$
2. $0, a_{21} a_{22} a_{23} a_{24} a_{25} a_{26} \ldots$
3. $0, a_{31} a_{32} a_{33} a_{34} a_{35} a_{36} \ldots$
4. $0, a_{41} a_{42} a_{43} a_{44} a_{45} a_{46} \ldots$
5. $0, a_{51} a_{52} a_{53} a_{54} a_{55} a_{56} \ldots$
6. $0, a_{61} a_{62} a_{63} a_{64} a_{65} a_{66} \ldots$

$\vdots$

usw.

Dabei seien alle Zahlen als nichtabbrechende Dezimalzahlen geschrieben, notfalls unter Verwendung der 9er-Periode. Nun findet man aber immer noch Zahlen zwischen 0 und 1, die noch nicht in der Liste vorkommen, nämlich alle Zahlen

$$0, b_1 b_2 b_3 b_4 b_5 b_6 \ldots \text{ mit } b_i \neq a_{ii}.$$

Damit ist die Überabzählbarkeit von $\mathbb{R}$ gezeigt.

cạntorsches Diskontinu|um (cantorsche Wischmenge) [nach G. ↑CANTOR]: Aus dem abgeschlossenen Intervall $[0;1]$ entferne man das offene Intervall $]\frac{1}{3};\frac{2}{3}[$, sodass zwei abgeschlossene Intervalle der Gesamtlänge $\frac{2}{3}$ übrig bleiben. Mit den beiden verbliebenen Intervallen verfahre man ebenso. Es bleiben dann vier abgeschlossene Intervalle der Gesamtlänge $\left(\frac{2}{3}\right)^2$ übrig. Fährt man so fort, dann bleiben nach dem n-ten Schritt noch 2^n abgeschlossene Intervalle der Gesamtlänge $\left(\frac{2}{3}\right)^n$ übrig (Abb. 1).

cantorsches Diskontinuum (Abb. 1):
Konstruktion der cantorschen Wischmenge

Für $n \to \infty$ bleiben nur Randpunkte von Intervallen übrig. Es ist erstaunlich, dass die Menge der verbliebenen Punkte trotzdem gleichmächtig zur Menge der Punkte des Ausgangsintervalls ist, dass diese beiden Mengen also ↑umkehrbar aufeinander abgebildet werden können. Dies wollen wir nun zeigen:

Die Punkte aus $[0;1]$ seien als nichtabbrechende Systembrüche im 3er-System dargestellt, also in der Form

$$0, a_1 a_2 a_3 a_4 \ldots \text{ mit } a_i \in \{0,1,2\}.$$

Im ersten Schritt werden alle Zahlen mit $a_1 = 1$ gestrichen, im zweiten Schritt alle Zahlen mit $a_2 = 1$ usw., im n-ten Schritt also alle Zahlen mit $a_n = 1$. Es bleiben schließlich alle Zahlen mit $a_i \in \{0,2\}$ übrig. Setzen wir $b_i = 0$, falls $a_i = 0$ und $b_i = 1$, falls $a_i = 2$, dann ergibt sich die Zahl

$$0, b_1 b_2 b_3 b_4 \ldots \text{ mit } b_i \in \{0,1\},$$

also eine Zahl aus $[0;1]$ als nichtabbrechender Systembruch im 2er-System geschrieben. Dabei ergibt sich *jede* Zahl aus $[0;1]$ genau einmal, womit die Behauptung bewiesen ist.

cantorsche Wischmenge [nach G. ↑ CANTOR]: ↑ cantorsches Diskontinuum.

Cauchy [koˈʃi], Augustin Louis Baron, französischer Mathematiker, * Paris 21.8.1789, † Sceaux 23.5.1857: CAUCHY wurde nach einer Tätigkeit als Ingenieur 1816 Professor an der École Polytechnique in Paris und Mitglied der Académie des sciences. Nach der Julirevolution von 1830 verließ er Frankreich und lebte für einige Jahre im Ausland (Turin, Prag), da er als Katholik und Monarchist keinen Eid auf die neu etablierte bürgerliche Regierung leisten wollte. 1838 kehrte er nach Paris zurück und wurde 1848 Professor für Astronomie an der Sorbonne.

CAUCHY war einer der vielseitigsten Mathematiker des 19. Jahrhunderts und mit etwa 800 Abhandlungen auch ein ungewöhnlich fruchtbarer Wissenschaftler. Er lieferte Beiträge zur Physik und zu vielen Gebieten der Mathematik, seine wichtigsten Beiträge sind aber die zur Analysis. Er erkannte die Notwendigkeit, die Begriffe der Infinitesimalrechnung präziser zu fassen, und gilt damit als Begründer der neuzeitlichen Analysis. Zahlreiche Sätze aus diesem Gebiet sind erstmals von ihm exakt und ohne Benutzung der Anschauung bewiesen worden. Ferner hat er wesentlich dazu beigetragen, die Theorie der komplexen Funktion auszubauen. Das ist die Theorie der Funktionen, deren Definitions- und Wertemengen aus ↑ komplexen Zahlen bestehen.

Cauchy-Axiom [nach A. L. ↑ Cauchy]: der folgende Satz, wenn man ihn als Vollständigkeitsaxiom zur axiomatischen Beschreibung des Körpers der reellen Zahlen verwendet: Jede ↑ Cauchy-Folge besitzt in $\mathbb{R}$ einen Grenzwert.

Cauchy-Folge [nach A. L. ↑ CAUCHY] (Fundamentalfolge): eine ↑ Folge von Zahlen $\langle a_n \rangle$, wenn für hinreichend große Indizes k, l der Abstand der Folgenglieder a_k, a_l beliebig klein wird. Die Folge $\langle a_n \rangle$ ist also genau dann eine Cauchy-Folge, wenn für jedes $\varepsilon > 0$ eine Zahl $N_\varepsilon \in \mathbb{N}$ derart existiert, dass

$$|a_n - a_l| < \varepsilon \quad \text{für alle } k, l > N_\varepsilon.$$

Jede ↑ konvergente Folge ist eine Cauchy-Folge: Ist $\lim_{n \to \infty} a_n = a$, so gibt es ein $N_\varepsilon \in \mathbb{N}$ mit

$$|a_n - a| < \frac{\varepsilon}{2} \quad \text{für } n > N_\varepsilon,$$

also

$$\begin{aligned}|a_n - a_l| &= |a_k - a - (a_l - a)| \\ &\leq |a_k - a| + |a_l - a| \\ &< \frac{\varepsilon}{2} + \frac{\varepsilon}{2} = \varepsilon\end{aligned}$$

für alle $k, l > N_\varepsilon$.

Jede Cauchy-Folge reeller Zahlen ist auch konvergent in $\mathbb{R}$. Diese Eigenschaft zeichnet die reellen Zahlen gegenüber den rationalen Zahlen aus. Denn es gibt Cauchy-Folgen rationaler Zahlen, welche keinen rationalen Grenzwert haben (vgl. Beispiele 2 und 3). Man sagt, der angeordnete Körper der reellen Zahlen sei (im Ge-

Cauchy-Folge

gensatz zu dem der rationalen Zahlen) vollständig (↑ Vollständigkeit). In $\mathbb{R}$ gilt also das **cauchysche Konvergenzkriterium**: Eine Folge ist genau dann konvergent, wenn sie eine Cauchy-Folge ist.

Den Begriff der Cauchy-Folge kann man in jedem ↑ metrischen Raum definieren.

Beispiel 1:
Die Folge $\langle a_n \rangle$ mit $a_n = \dfrac{7n^2+1}{3n^2-2}$ ist eine Cauchy-Folge, denn für $2 \leq k \leq l$ gilt

$$\left| \frac{7k^2+1}{3k^2-2} - \frac{7l^2+1}{3l^2-2} \right| = \frac{17(l^2-k^2)}{(3l^2-2)(3k^2-2)}$$
$$< 6 \cdot \frac{1}{3k^2-2} < \frac{6}{2k^2} = \frac{3}{k^2} < \varepsilon,$$

falls $k > \sqrt{\dfrac{3}{\varepsilon}}$. Wählen wir also die Zahl N_ε größer als $\sqrt{\dfrac{3}{\varepsilon}}$, so ist

$$|a_k - a_l| < \varepsilon \text{ für alle } k, l > N_\varepsilon.$$

Der Grenzwert dieser Cauchy-Folge ist $\lim\limits_{n \to \infty} a_n = \tfrac{7}{3}$.

Beispiel 2: Die Folge $\langle a_n \rangle$ mit $a_n = \sum\limits_{i=0}^{n} \dfrac{1}{i!}$ ist eine Cauchy-Folge, denn für $m > n$ gilt

$$0 < a_m - a_n = \sum_{i=n+1}^{m} \frac{1}{i!}$$
$$< \frac{1}{(n+1)!} \sum_{i=0}^{m-n-1} \frac{1}{(n+2)^i}$$
$$< \frac{1}{(n+1)!} \cdot \frac{1}{1-\frac{1}{n+2}} < \frac{1}{n!}.$$

Da $\dfrac{1}{n!}$ offensichtlich eine ↑ Nullfolge ist, handelt es sich bei $\langle a_n \rangle$ um eine Cauchy-Folge. Sie konvergiert gegen die eulersche Zahl e. Da e irrational ist, liegt bei $\langle a_n \rangle$ eine Folge rationaler Zahlen mit einem irrationalen Grenzwert vor.

Beispiel 3: Die Folge $\langle a_n \rangle$ mit

$$a_1 := 1, \quad a_{n+1} := \frac{1}{2} a_n + \frac{1}{a_n} \quad (n \geq 1)$$

ist eine Cauchy-Folge. Zum Beweis dieser Behauptung benutzen wir das folgende Lemma (Hilfssatz), das eine Aussage über das Quadrat der Folgenglieder macht:

$$2 \leq a_n^2 \leq 2 + \frac{1}{2^n} \quad \text{für } n \geq 2. \qquad (1)$$

Dieses Lemma werden wir in zwei Schritten beweisen:

Erster Schritt: Wir betrachten die Ungleichung $(x+y)^2 \geq 4xy$ (das Gleichheitszeichen gilt für $x=y$) und wenden sie auf die Definition der Folge an. Dann folgt

$$a_n^2 = \left(\frac{1}{2} a_{n-1} + \frac{1}{a_{n-1}} \right)^2 \geq 2 \text{ für } n \geq 2.$$

Zweiter Schritt: Wir führen einen Beweis durch ↑ vollständige Induktion und betrachten $a_2 = \dfrac{3}{2}$. Dann ist $a_2^2 = \dfrac{9}{4} \leq 2 + \dfrac{1}{2^2}$. Gilt nun $a_n^2 \leq 2 + \dfrac{1}{2^n}$ für ein $n \geq 2$, so folgert man

$$a_{n+1}^2 = \left(\frac{1}{2} a_n + \frac{1}{a_n} \right)^2 = \frac{1}{4} a_n^2 + 1 + \frac{1}{a_n^2}$$
$$\leq \frac{1}{4} \left(2 + \frac{1}{2^n} \right) + 1 + \frac{1}{2} = 2 + \frac{1}{4} \cdot \frac{1}{2^n}$$
$$\leq 2 + \frac{1}{2^{n+1}}.$$

Damit ist die rechte Seite des Lemmas (1) durch Induktion bewiesen; die Gültigkeit des linken Ungleichheitszeichens ist trivial.

Beweis der Ausgangsbehauptung: Aus dem Lemma (1) folgt $\lim\limits_{n \to \infty} a_n^2 = 2$, die Folge der Quadratglieder $\langle a_n^2 \rangle$ ist also eine Cauchy-Folge. Wegen

$|a_m - a_n| < 2 \cdot |a_m - a_n|$
$\leq (a_m + a_n) \cdot |a_m - a_n|$
$= |(a_m + a_n)(a_m - a_n)|$
$= |a_m^2 - a_n^2|$

ist dann auch $\langle a_n \rangle$ eine Cauchy-Folge. Der Grenzwert von $\langle a_n \rangle$ ist $\sqrt{2}$, da der Grenzwert von $\langle a_n^2 \rangle$ nach dem Lemma (1) gleich 2 ist.

Cauchy-Kriterium [nach L. A. ↑ CAUCHY]: das folgende Konvergenzkriterium für eine Folge von Zahlen: Eine Zahlenfolge ist genau dann ↑ konvergent in $\mathbb{R}$, wenn sie eine ↑ Cauchy-Folge ist.

cauchysches Restglied [nach L. A. ↑ CAUCHY]: eine Form des Restgliedes bei der Entwicklung einer Funktion in eine ↑ Taylor-Reihe.

Cauchy-Schwarz-Ungleichung [nach L. A. ↑ CAUCHY und HERMANN AMANDUS SCHWARZ; *1843, †1921] (schwarzsche Ungleichung): die Ungleichung

$$\left| \vec{a} \cdot \vec{b} \right| \leq |\vec{a}| \cdot \left| \vec{b} \right|$$

für Vektoren eines ↑ Vektorraums, in dem ein ↑ Skalarprodukt definiert ist. Man beachte, dass der Malpunkt zwischen Vektoren das Skalarprodukt bedeutet, und dass der Betrag eines Vektors $\vec{a}$ durch $|\vec{a}| = \sqrt{\vec{a} \cdot \vec{a}} = \sqrt{\vec{a}^2}$ definiert ist. Diese Ungleichung ist für $\vec{b} = \vec{o}$ trivialerweise erfüllt; für $\vec{b} \neq \vec{o}$ folgt sie aus $\left| \vec{a} - t\vec{b} \right| \geq 0$, wenn man $t = \dfrac{\vec{a} \cdot \vec{b}}{\vec{b}^2}$ ersetzt.

Cauchy-Stetigkeit [nach L. A. ↑ CAUCHY]: Bezeichnung der ↑ Stetigkeit, wenn man sie abgrenzen möchte gegen weitere oder engere Stetigkeitsbegriffe wie z. B. die ↑ Lipschitz-Stetigkeit.

cavali|erisches Prinzip [nach dem italienischen Mathematiker BONAVENTURA CAVALIERI; *1598, †1647]: folgendes Prinzip zur Berechnung des Volumens bestimmter Körper: Werden zwei Körper von einer Schar paralleler Ebenen in flächeninhaltsgleichen Flächenstücken geschnitten, dann haben sie gleiches Volumen (vgl. Band I).

Ist ein Körper in einem Koordinatensystem gegeben und schneidet die zur y-z-Ebene parallele Ebene durch den Punkt $(x; 0; 0)$ den Körper in einer Fläche mit dem Inhalt $F(x)$, dann ist sein Volumen zwischen den Stellen a und b (Abb. 1)

$$V = \int_a^b V(x)\, dx.$$

cavalierisches Prinzip (Abb. 1): Berechnung des Volumens mithilfe der Flächeninhalte paralleler Schnittflächen

Beispiel 1: Berechnung des Volumens von ↑ Rotationskörpern (Abb. 2):

$$F(x) = \pi(f(x))^2,$$

also

$$V = \pi \int_a^b (f(x))^2\, dx.$$

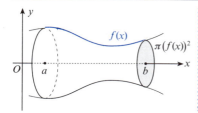

cavalierisches Prinzip (Abb. 2): Volumen eines Rotationskörpers

Beispiel 2: Berechnung des Volumens von allgemeinen Kegeln (Abb. 3):

$$F(x) = G \cdot \left(\frac{x-h}{h}\right)^2,$$

also

$$V = \int_0^h G \cdot \left(\frac{x-h}{h}\right)^2 dx$$
$$= \frac{G}{h^2} \cdot \int_0^h (x-h)^2 dx = \frac{1}{3} \cdot G \cdot h.$$

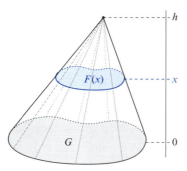

cavalierisches Prinzip (Abb. 3): Volumen von allgemeinen Kegeln

charakteristische Funktion: ↑ Indikator.

charakteristische Gleichung: für eine quadratische Matrix die Polynomgleichung $\det(A - xE) = 0$ (↑ charakteristisches Polynom).

charakteristisches Polynom:

◆ *Algebra:* Das charakteristische Polynom p_A einer quadratischen ↑ Matrix A ist ein Polynom, dessen Nullstellen die ↑ Eigenwerte von A sind. Es sei

$$A = \begin{pmatrix} \alpha_{11} & \alpha_{12} & \ldots & \alpha_{1n} \\ \alpha_{21} & \alpha_{22} & \ldots & \alpha_{2n} \\ \vdots & \vdots & & \vdots \\ \alpha_{n1} & \alpha_{n2} & \ldots & \alpha_{nn} \end{pmatrix}$$

eine reelle (n,n)-Matrix, also eine Matrix aus $\mathbb{R}_{n,n}$. Ist E die Einheitsmatrix von $\mathbb{R}_{n,n}$ und x eine Variable, so hat die (n,n)-Matrix $A - xE$ die Gestalt

$A - xE$
$$= \begin{pmatrix} \alpha_{11}-x & \alpha_{12} & \ldots & \alpha_{1n} \\ \alpha_{21} & \alpha_{22}-x & \ldots & \alpha_{2n} \\ \vdots & \vdots & \ddots & \vdots \\ \alpha_{n1} & \alpha_{n2} & \ldots & \alpha_{nn}-x \end{pmatrix}$$

Die ↑ Determinante der Matrix $A - xE$ ist ein ↑ Polynom vom Grad n mit reellen Koeffizienten. Dann ist das charakteristische Polynom gegeben durch

$$p_A(x) = \det(A - xE).$$

Der Koeffizient von x^n ist $(-1)^n$.
Die Gleichung $\det(A - xE) = 0$ bezeichnet man auch als **charakteristische Gleichung** von A.

Beispiel: Es ist das charakteristische Polynom p_A der Matrix

$$A = \begin{pmatrix} 2 & -1 & 0 \\ -1 & 2 & -1 \\ 0 & -1 & 2 \end{pmatrix}$$

zu bestimmen. Dann ist

$$A - xE = \begin{pmatrix} 2-x & -1 & 0 \\ -1 & 2-x & -1 \\ 0 & -1 & 2-x \end{pmatrix}$$

und

$$p_A(x) = \det(A - xE)$$
$$= -x^3 + 6x^2 - 10x + 4.$$

Chi-Quadrat-Test

Besonders einfach lässt sich das charakteristische Polynom für Dreiecksmatrizen angeben. Ist

$$A = \begin{pmatrix} \alpha_{11} & \alpha_{12} & \ldots & \alpha_{1n} \\ 0 & \alpha_{22} & \ldots & \alpha_{2n} \\ \vdots & \ddots & \ddots & \vdots \\ 0 & \ldots & \ldots & 0 & \alpha_{nn} \end{pmatrix}$$

eine obere Dreiecksmatrix, so ist

$$p_A(x) = (\alpha_{11} - x)(\alpha_{22} - x) \ldots (\alpha_{nn} - x).$$

Entsprechendes gilt für untere Dreiecksmatrizen. Mithilfe des charakteristischen Polynoms lassen sich die Eigenwerte von Matrizen bestimmen. Es gilt der Satz:
Die Eigenwerte einer Matrix $A \in \mathbb{R}_{n,n}$ sind genau die Nullstellen ihres charakteristischen Polynoms p_A.

♦ *Differenzialgleichungen:* Das charakteristische Polynom einer linearen homogenen ↑ Differenzialgleichung

$$y^{(n)} + a_{n-1} y^{(n-1)} + \ldots$$
$$\ldots + a_2 y'' + a_1 y' + a_0 y = 0$$

ist das Polynom

$$\lambda^n + a_{n-1} \lambda^{n-1} + \ldots$$
$$\ldots + a_2 \lambda^2 + a_1 \lambda + a_0 = 0.$$

Es entsteht, wenn man in der Differenzialgleichung von dem Ansatz $y = e^{\lambda x}$ ausgeht. Die Nullstellen $\lambda_1, \lambda_2, \ldots$ liefern Lösungen $y = e^{\lambda_1 x}$ usw. der Differenzialgleichung.

Chi-Quadrat-Test [çi:-] (χ^2-Test): ein Testverfahren der beurteilenden Statistik, bei dem man nicht nur die Mittelwerte von Grundgesamtheiten und Stichproben vergleicht, sondern noch weitere Eigenschaften der zugrunde liegenden Wahrscheinlichkeitsverteilung untersucht. Beim χ^2-Test geht man davon aus, dass die zu testende ↑ Zufallsgröße exakt oder näherungsweise χ^2-verteilt ist (↑ Chi-Quadrat-Verteilung). Man unterscheidet verschiedene Arten von χ^2-Tests.

■ **Der χ^2-Anpassungstest**

Der χ^2-Anpassungstest wird benutzt, um die Annahme (Hypothese) zu überprüfen, dass die Ausfälle $\omega_1, \omega_2, \ldots, \omega_s$ eines ↑ Zufallsversuchs die Wahrscheinlichkeiten $p_1, p_2, \ldots, p_s$ besitzen. Dazu führt man eine ↑ Zufallsversuchsreihe der Länge n durch und vergleicht die erhaltenen absoluten ↑ Häufigkeiten $a_1, a_2, \ldots, a_s$ mit den nach der Hypothese zu erwartenden Werten $np_1, np_2, \ldots, np_s$. Als Maß für die Abweichung wählt man die Größe

$$\frac{(a_1 - np_1)^2}{np_1} + \frac{(a_2 - np_2)^2}{np_2} + \ldots$$
$$+ \frac{(a_s - np_s)^2}{np_s}$$
$$= \sum_{i=1}^{s} \frac{(a_i - np_i)^2}{np_i}.$$

Große Werte dieser Größe sprechen gegen die Annahme, kleine Werte unterstützen sie.

Es liegt also beim χ^2-Anpassungstest folgende Situation vor: Für einen Zufallsversuch mit den möglichen Ausfällen $\omega_1, \ldots, \omega_s$ soll die Hypothese

$$P(\omega_j) = p_j \quad (j = 1, \ldots, s)$$

getestet werden. In einer Stichprobe vom Umfang n gebe die Zufallsgröße A_j die absolute Häufigkeit von ω_j an. Dann ist die Zufallsgröße (Testgröße)

$$T := \sum_{j=1}^{s} \frac{(A_j - np_j)^2}{np_j}$$

für hinreichend große n näherungsweise χ^2-verteilt mit $f = s - 1$ Freiheitsgraden. Man vergleicht dann T mit dem Tabellenwert $\chi^2_{f,\alpha}$, wobei α das **Signifikanzniveau** ist. Die Werte für $\chi^2_{f,\alpha}$ sind in der Tafel auf Seite 74 für die gebräuchlichsten Werte von f und α aufgetragen. Ist $T > \chi^2_{f,\alpha}$ so ist die Hypothese auf dem Signifikanzniveau α abzulehnen, d.h. mit einer Irrtumswahrscheinlichkeit von höchstens α. Als Faustregel gilt: Die Hypothese wird auf dem 5%-Niveau abgelehnt, wenn T den Wert $f + 2\sqrt{2f}$ übersteigt.

■ Der χ^2-Unabhängigkeitstest

Der χ^2-Unabhängigkeitstest wird verwendet, um die Hypothese zu überprüfen, zwei Merkmale oder Ereignisse seien unabhängig. Eine Menge von n Objekten sei nach den Merkmalen A und B in Klassen eingeteilt (vgl. ↑ Vierfelder-Test). In Abb. 1 sei

$|A \cap B| = a$, $|\bar{A} \cap B| = b$,
$|A \cap \bar{B}| = c$, $|\bar{A} \cap \bar{B}| = d$.

	A	$\bar{A}$	
B	a	b	$a+b$
$\bar{B}$	c	d	$c+d$
	$a+c$	$b+d$	$a+b+c+d=n$

Chi-Quadrat-Test (Abb. 1): Unabhängigkeitstest

Sind die Merkmale (Ereignisse) A, B ↑ unabhängig voneinander und gilt $P(A) = p, P(B) = q$, so muss (näherungsweise) gelten:

$a = npq$, $b = n(1-p)q$,
$c = np(1-q)$, $d = n(1-p)(1-q)$.

Für p und q benutzt man die Schätzwerte $\tilde{p} = \dfrac{a+c}{n}$ und $\tilde{q} = \dfrac{a+b}{n}$ und berechnet die Größe

$$\frac{(a - n\tilde{p}\tilde{q})^2}{n\tilde{p}\tilde{q}} + \frac{(b - n(1-\tilde{p})\tilde{q})^2}{n(1-\tilde{p})\tilde{q}}$$
$$+ \frac{(c - n\tilde{p}(1-\tilde{q}))^2}{n\tilde{p}(1-\tilde{q})}$$
$$+ \frac{(d - n(1-\tilde{p})(1-\tilde{q}))^2}{n(1-\tilde{p})(1-\tilde{q})}.$$

Diese Größe dient als Maß für die Unabhängigkeit von A, B: Kleine Werte legen Unabhängigkeit nahe, große sprechen dagegen.

Im Allgemeinen liegt beim χ^2-Unabhängigkeitstest folgende Situation vor: Es seien zwei Zufallsgrößen X, Y mit den Werten $a_1, \ldots, a_k$ bzw. $b_1, \ldots, b_l$ gegeben. Es sei

$p_i = P(X = a_i)$, $q_j = P(Y = b_j)$

und

$r_{ij} = P(X = a_i \wedge Y = b_j)$

($i = 1, \ldots, k; j = 1, \ldots, l$). Die zu testende Hypothese ist: $r_{ij} = p_i \cdot q_j$. In einer Stichprobe vom Umfang n sollen P_i, Q_j, R_{ij} die relativen Häufigkeiten der Ereignisse $X = a_i$, $Y = b_j$ bzw. $(X = a_i \wedge Y = b_j)$ angeben. Ist n hinreichend groß, dann ist die Testgröße

$$T := n \sum_{i=1}^{k} \sum_{j=1}^{l} \frac{(R_{ij} - P_i Q_j)^2}{P_i Q_j}$$

näherungsweise χ^2-verteilt mit $f = (k-1)(l-1)$ Freiheitsgraden. Wieder vergleicht man T mit dem Tabellenwert $\chi^2_{f,\alpha}$ und lehnt die Hypothese auf dem Signifikanzniveau α ab, wenn $T > \chi^2_{f,\alpha}$.

Im speziellen Fall $k = l = 2$ (Vierfelder-Tafel, ↑ Vierfelder-Test) lässt sich T umformen zu

$$T = \frac{(R_{11}R_{22} - R_{12}R_{21})^2}{P_1 P_2 Q_1 Q_2}.$$

Diese Testgröße ist näherungsweise χ^2-verteilt mit *einem* Freiheitsgrad.

■ χ^2-Homogenitätstest

Beim χ^2-Homogenitätstest sind r unabhängige Zufallsgrößen $X_1, \ldots, X_r$ vorgelegt, von denen jede die Werte $a_1, \ldots, a_s$ annehmen kann. Es soll die Hypothese getestet werden, dass die r Zufallsgrößen alle die gleiche Vertei-

Chi-Quadrat-Verteilung

lung besitzen. Wir betrachten also die Hypothese

$$P(X_i = a_j) = p_j \quad \text{für alle } i$$

($i = 1, \ldots, r$; $j = 1, \ldots, s$). In einer Stichprobe vom Umfang n_i sei H_{ij} die absolute Häufigkeit des Ereignisses $X_i = a_j$, ferner sei

$$H_j = \sum_{i=1}^{r} H_{ij} \quad \text{und} \quad n = \sum_{i=1}^{r} n_i.$$

Dann ist die Testgröße

$$T = \sum_{j=1}^{s} \sum_{i=1}^{r} \frac{\left(H_{ij} - \frac{n_i}{n} \cdot H_j\right)}{\frac{n_i}{n} \cdot H_j}$$

bei genügend großen Stichprobenumfängen (also genügend großem n) näherungsweise χ^2-verteilt mit $f = (r-1)(s-1)$ Freiheitsgraden. Die Hypothese wird auf dem Signifikanzniveau α abgelehnt, wenn gilt $T > \chi^2_{f,\alpha}$.

■ χ^2-Streuungstest

Beim χ^2-Streuungstest soll für eine $N(\mu, \alpha)$-verteilte Zufallsgröße X (↑ Normalverteilung) die Hypothese

$$\alpha^2 = \alpha_0^2$$

getestet werden. In einer Zufallsversuchsreihe der Länge n (Stichprobe vom Umfang n) sei X_i der Wert von X beim i-ten Versuch ($i = 1, \ldots, n$) und $\bar{X} = \frac{1}{n}(X_1 + \ldots + X_n)$ die Mittelwertgröße. Die Testgröße

$$T = \sum_{i=1}^{n} \left(\frac{X_i - \bar{X}}{\alpha_0}\right)^2$$

ist dann (exakt) χ^2-verteilt mit $f = n - 1$ Freiheitsgraden. Man lehnt nun die Hypothese auf dem Signifikanzniveau α im Rahmen eines zweiseitigen Tests ab, wenn T einen Wert kleiner als $\chi^2_{f, 1-\beta}$ oder größer als $\chi^2_{f, \beta}$ mit $\beta = \frac{\alpha}{2}$ annimmt. (↑ Testen von Hypothesen).

Der mährische Augustinermönch GREGOR MENDEL (*1822, †1884) gilt als einer der Begründer der modernen Vererbungslehre (Genetik). Aufgrund seiner Theorien erwartete er bei einem Kreuzungsexperiment mit verschiedenen Erbsensorten (Samen grün oder gelb sowie rund oder eckig) in der Enkelgeneration ein Verhältnis der vier Phänotypen von 9:3:3:1. Er erhielt bei Auszählung von 556 Pflanzen folgendes Resultat:

Phänotyp	Anzahl	erwartet
gelb/rund	315	312,75
gelb/eckig	101	104,25
grün/rund	108	104,25
grün/eckig	32	34,75

Die Testgröße für einen χ^2-Anpassungstest hat hier den Wert

$$\chi^2_3 = \frac{2{,}25^2}{312{,}5} + \frac{3{,}25^2}{104{,}25}$$
$$+ \frac{3{,}75^2}{104{,}25} + \frac{2{,}75^2}{34{,}75} \approx 0{,}47.$$

Das liegt deutlich unter dem Erwartungswert 3; die Wahrscheinlichkeit für einen derart kleinen Wert von χ^2_3 ist kleiner als 7,5%. Hat MENDEL etwa sein Resultat manipuliert, damit es besser zur Theorie passte?
Wie dem auch sei: MENDELS wissenschaftliche Leistung liegt in seinen theoretischen Ansätzen und nicht in seinem Talent, Erbsen zu zählen. ■

Chi-Quadrat-Verteilung [çi:-] (χ^2-Verteilung): eine Wahrscheinlichkeitsverteilung, die folgendermaßen bestimmt ist: Es seien $U_1, U_2, \ldots, U_f$ unabhängige normalverteilte Zufallsgrößen mit dem Erwartungswert 0 und der Standardabweichung 1, also unabhängige $N(0,1)$-verteilte Zu-

Codierung

fallsgrößen (↑ Normalverteilung). Dann ist die Zufallsgröße

$$\chi^2 = U_1^2 + U_2^2 + \ldots + U_f^2$$

stetig verteilt. Ihre Verteilung heißt χ^2-Verteilung mit f Freiheitsgraden. In Abb. 1 sind für $f = 1, 2, 3, 4$ die Dichtefunktionen d der χ^2-Verteilung dargestellt. Für $x > 0$ ist damit

$$P(\chi^2 \geq x) = \int\limits_x^\infty d(t)\,dt.$$

Chi-Quadrat-Verteilung (Abb. 1): Dichtefunktionen

Für die Dichte d der χ^2-Verteilung mit f Freiheitsgraden gilt $d(t) = 0$ für $t \leq 0$ und

$$d(t) = \frac{t^{k-1} \cdot e^{-\frac{t}{2}}}{2^k \Gamma(k)}$$

mit $k = \dfrac{f}{2}$ für $t > 0$, wobei Γ die ↑ Gammafunktion ist. Man erhält also für $t > 0$:

$$d(t) = \frac{t^{-\frac{1}{2}} \cdot e^{-\frac{t}{2}}}{\sqrt{2\pi}} \quad \text{für } f = 1;$$

$$d(t) = \frac{e^{-\frac{t}{2}}}{2} \quad \text{für } f = 2;$$

$$d(t) = \frac{t^{\frac{1}{2}} \cdot e^{-\frac{t}{2}}}{2\sqrt{2\pi}} \quad \text{für } f = 3;$$

$$d(t) = \frac{t \cdot e^{-\frac{t}{2}}}{4} \quad \text{für } f = 4$$

usw. Der Erwartungswert der χ^2-Verteilung mit f Freiheitsgraden ist f, die Varianz ist $2f$. Für großes f (etwa $f > 30$) stimmt die χ^2-Verteilung näherungsweise mit der $N(f, \sqrt{2f})$-Verteilung (↑ Normalverteilung) überein, d.h., es gilt dann

$$P(\chi^2 \leq x) \approx \Phi\!\left(\frac{x-f}{\sqrt{2f}}\right).$$

Etwas besser ist i.A. die Näherungsformel

$$P(\chi^2 \leq x) \approx \Phi\!\left(\sqrt{2x} - \sqrt{2f-1}\right).$$

Bei einem ↑ Chi-Quadrat-Test benötigt man für verschiedene Freiheitsgrade f und verschiedene Wahrscheinlichkeiten α die Werte χ^2_α mit

$$P(\chi^2 \geq \chi^2_\alpha) = \alpha.$$

In der Tafel sind solche Werte für verschiedene Freiheitsgrade ($f \leq 30$) angegeben.

Cissoide: ↑ Zissoide.

Codierung: die Übersetzung von Texten in ein System von Ziffern und Zeichen zum Zweck der Geheimhaltung oder zum Zweck der automatischen Verarbeitung. Die Übersetzungsvorschrift nennt man **Code**.

Die **Kryptographie** beschäftigt sich mit Codierungen zur Geheimhaltung. Die Übersetzung von Ziffernfolgen in einen Strichcode zwecks maschineller Erfassung z. B. von Artikelnummern ist ebenfalls eine Codierung (vgl. Band I).

Ein zentrales Problem der Codierungstheorie besteht darin, die Buchstaben, Zeichen und Ziffern unserer Schrift durch Folgen von besonders einfachen Symbolen darzustellen. Dabei soll man eventuelle Fehler bei der Übersetzung automatisch erkennen und möglicherweise auch automatisch korrigieren können.

Am einfachsten sind Codes, bei denen die Codewörter aus gleich langen Fol-

Codierung

$P=$ α / f	0,99	0,975	0,95	0,90	0,10	0,05	0,025	0,01
1	0,00016	0,00098	0,00393	0,01579	2,70554	3,84146	5,02389	6,63490
2	0,00201	0,00506	0,10259	0,21072	4,60517	5,99147	7,37776	9,21034
3	0,11483	0,21580	0,35185	0,58438	6,25139	7,81473	9,34840	11,3449
4	0,29711	0,48442	0,71072	1,06362	7,77944	9,48773	11,1433	13,2767
5	0,55430	0,83121	1,14548	1,61031	9,23635	11,0705	12,8325	15,0863
6	0,87209	1,23735	1,63539	2,20413	10,6446	12,5916	14,4494	16,8119
7	1,23904	1,68987	2,16735	2,83311	12,0170	14,0671	16,0128	18,4753
8	1,64648	2,17973	2,73264	3,48954	13,3616	15,5073	17,5346	20,0902
9	2,08781	2,70039	3,32511	4,16816	14,6837	16,9190	19,0228	21,6660
10	2,55821	3,24697	3,94030	4,86518	15,9871	18,3070	20,4831	23,2093
11	3,0535	3,8158	4,5748	5,5778	17,275	19,675	21,920	24,725
12	3,5706	4,4038	5,2260	6,3038	18,549	21,026	23,337	26,217
13	4,1069	5,0087	5,8919	7,0415	19,812	22,362	24,736	27,688
14	4,6604	5,6287	6,5706	7,7895	21,064	23,685	26,119	29,143
15	5,2294	6,2621	7,2604	8,5468	22,307	24,996	27,488	30,578
16	5,812	6,908	7,962	9,312	23,54	26,30	28,85	32,00
17	6,408	7,564	8,672	10,09	24,77	27,59	30,19	33,41
18	7,015	8,231	9,390	10,86	25,99	28,87	31,53	34,81
19	7,633	8,907	10,12	11,65	27,20	30,14	32,85	36,19
20	8,260	9,591	10,85	12,44	28,41	31,41	34,17	37,57
21	8,897	10,28	11,59	13,24	29,62	32,67	35,48	38,93
22	9,542	10,98	12,34	14,04	30,81	33,92	36,78	40,29
23	10,20	11,69	13,09	14,85	32,00	35,17	38,08	41,64
24	10,68	12,40	13,85	15,66	33,20	36,42	39,36	42,98
25	11,52	13,12	14,61	16,47	34,38	37,65	40,65	44,31
26	12,20	13,84	15,38	17,29	35,56	38,89	41,92	45,64
27	12,88	14,57	16,15	18,11	36,74	40,11	43,19	46,96
28	13,56	15,31	16,93	18,94	37,92	41,34	44,46	48,28
29	14,26	16,05	17,71	19,77	39,09	42,56	45,72	49,59
30	14,95	16,79	18,49	20,60	40,26	43,77	46,98	50,89

Erläuterung der Tafel: z.B. die 5. Zeile bedeutet: Bei 5 Freiheitsgraden ist
$P(\chi^2 \geq 0,5543) = 0,99$, $P(\chi^2 \geq 0,83121) = 0,975$, ..., $P(\chi^2 \geq 15,0863) = 0,01$.

Chi-Quadrat-Verteilung (Abb. 2): Schranken für χ^2 bei f Freiheitsgraden

gen von zwei Symbolen »0« und »1« bestehen. Man spricht hier von **binären Codes**.

Beispiel 1: Die Ziffern von 0 bis 9 könnte man etwa durch 5-stellige Folgen aus 0 und 1 darstellen (Tab. 1). Dieser Code besteht aus allen $\binom{5}{2}$ Wörtern der Länge 5 mit genau 2 Symbolen »1« und »0« (↑ Binomialkoeffizient) und heißt daher $\binom{5}{2}$-Code.

Allgemeiner kann man einen Code aus Folgen (»Wörtern«) der Länge l von Zeichen aus einer Menge von k Zeichen (»Alphabet«) bilden. Der Code in Beispiel 1 besteht aus Wörtern der Länge 5 aus dem Alphabet

Codierung

Ziffer	Codewort
0	11000
1	00011
2	00101
3	00110
4	01001
5	01010
6	01100
7	10001
8	10010
9	10100

Codierung (Tab. 1): $\binom{5}{2}$-Code

$\{0, 1\}$. Dabei verwendet man nicht alle k^l möglichen Folgen, um auf diese Art schon zu erkennen, ob eine fehlerhaft übertragene Folge überhaupt ein Codewort ist oder nicht. In Beispiel 1 sind nur 10 der insgesamt 32 möglichen Folgen als Codewörter benutzt worden.

Vergleicht man zwei Wörter eines Codes Stelle für Stelle, so nennt man die Anzahl der unterschiedlich besetzten Stellen den **Hamming-Abstand** dieser Wörter (nach RICHARD W. HAMMING; *1915). Der Hamming-Abstand eines Codes ist der kleinste auftretende Hamming-Abstand von zwei Wörtern. Der Hamming-Abstand des Codes in Beispiel 1 ist 2.

Beispiel 2: Der **ASCII-Code** (American Standard Code for Information Interchange) besteht aus Wörtern der Länge 8 über dem Alphabet $\{0, 1\}$. Die Buchstaben A und X werden folgendermaßen codiert:

A: 01000001, X: 01011000.

Ihr Hamming-Abstand ist 3.

■ **Prüfbarkeit von Codes**

Ein Code mit dem Hamming-Abstand d ist $\left[\frac{d}{2}\right]$-**prüfbar**: Ein Codewort, das bei der Übertragung in weniger als $\frac{d}{2}$ Stellen gestört wurde, ist richtig decodiert, wenn man das empfangene Wort als das »nächstliegende« Codewort liest (Abb. 1).

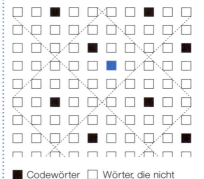

■ Codewörter   □ Wörter, die nicht zum Code gehören

Codierung (Abb. 1): Veranschaulichung eines prüfbaren Codes: Auch ein falsch gelesenes Wort (blau) kann richtig decodiert werden.

Ein Code mit Wörtern der Länge l über dem Alphabet A heißt **systematischer Code** oder (l, k)-Code, wenn Indizes $i_1, i_2, \ldots, i_k \in \{1, 2, \ldots, l\}$ mit folgender Eigenschaft existieren: Die Wörter der Länge k, die aus der i_1-ten, i_2-ten, ..., i_k-ten Komponente der Codewörter gebildet werden, ergeben insgesamt alle Wörter der Länge k über A. Die Stellen $i_1, i_2, \ldots, i_k$ heißen die **Informationsstellen**, die übrigen $l - k$ Stellen heißen die **Kontrollstellen** des Codes.

Beispiel 3: Einen $(5, 3)$-Code über $\{0, 1\}$ zeigt Tab. 2.

Informationsstellen	Kontrollstellen
000	00
001	10
010	01
100	11
011	11
101	01
110	10
111	00

Codierung (Tab. 2): (5,3)-Code

Ist A ein endlicher ↑ Körper, so bilden die Wörter der Blocklänge l einen ↑ Vektorraum V über A. Dabei ist die Addition und Vervielfachung von Wörtern komponentenweise definiert. Ist C ein Unterraum von V, so heißt C ein **linearer Code** (ein solcher ist stets ein systematischer Code). Die linearen Codes sind für die Codierungstheorie von besonderer Bedeutung.

Beispiel 4: Es sei A ein Körper mit 11 Elementen (Restklassenkörper modulo 11), also $A = \{0, 1, 2, 3, 5, 6, 7, 8, 9, X\}$; ferner sei C die Menge aller Wörter $(a_1, a_2, a_3, a_4, a_5, a_6, a_7, a_8, a_9, a_{10})$ mit

$$\sum_{i=1}^{9} i a_i = a_{10} \quad \text{bzw.} \quad \sum_{i=1}^{10} i a_i = 0,$$

was wegen $10 = -1$ (in A) dasselbe ist. Dieser lineare (10, 9)-Code heißt **ISBN-Code** (**I**nternationale **S**tandard-**B**uch**n**ummer) und wird international zur Kennzeichnung von Büchern verwendet. In Abb. 2 ergibt sich z. B. die Prüfziffer $p = 5$ des Schülerdudens Mathematik II aus

Codierung (Abb. 2): Internationale Standard-Buchnummer

$1 \cdot 3 + 2 \cdot 4 + 3 \cdot 1 + 4 \cdot 1 + 5 \cdot 0 + 6 \cdot 4$
$+ 7 \cdot 2 + 8 \cdot 7 + 9 \cdot 4 \equiv 5 \pmod{11}.$

cos: Funktionszeichen für die ↑ Kosinusfunktion.
cosh: Funktionszeichen der Kosinushyperbolikusfunktion (↑ hyperbolische Funktionen). Es ist

$$\cosh x = \frac{e^x + e^{-x}}{2}.$$

cot: Funktionszeichen für die ↑ Kotangensfunktion.
cramersche Regel [nach GABRIEL CRAMER; *1704, †1752]: eine Regel, mit der sich die Lösung eines eindeutig lösbaren ↑ linearen Gleichungssystems (LGS) berechnen lässt.
Das LGS

$a_{11} x_1 + a_{12} x_2 = b_1$
$a_{21} x_1 + a_{22} x_2 = b_2$

ist genau dann eindeutig lösbar, wenn $a_{11} a_{22} - a_{12} a_{21} \neq 0$. Mithilfe der ↑ Determinante

$$\begin{vmatrix} a_{11} & a_{12} \\ a_{21} & a_{22} \end{vmatrix} := a_{11} a_{22} - a_{12} a_{21}$$

kann man die Lösung des LGS dann folgendermaßen schreiben:

$$x_1 = \frac{\begin{vmatrix} b_1 & a_{12} \\ b_2 & a_{22} \end{vmatrix}}{\begin{vmatrix} a_{11} & a_{12} \\ a_{21} & a_{22} \end{vmatrix}}, \quad x_2 = \frac{\begin{vmatrix} a_{11} & b_1 \\ a_{21} & b_2 \end{vmatrix}}{\begin{vmatrix} a_{11} & a_{12} \\ a_{21} & a_{22} \end{vmatrix}}.$$

Fasst man die Koeffizientenspalten des LGS als Vektoren (Spaltenvektoren) $\vec{a}_1, \vec{a}_2, \vec{b}$ auf, so hat das LGS die Form

$$x_1 \vec{a}_1 + x_2 \vec{a}_2 = \vec{b},$$

und die Lösung lässt sich in der Form

$$x_1 = \frac{|\vec{b}, \vec{a}_2|}{|\vec{a}_1, \vec{a}_2|}, \quad x_2 = \frac{|\vec{a}_1, \vec{b}|}{|\vec{a}_1, \vec{a}_2|}$$

schreiben. Ein LGS mit n Gleichungen und n Variablen lautet

$$x_1 \vec{a}_1 + x_2 \vec{a}_2 + \ldots + x_n \vec{a}_n = \vec{b}.$$

Das LGS ist allgemein lösbar, wenn

$$|\vec{a}_1, \ldots, \vec{a}_{i-1}, \vec{a}_i, \vec{a}_{i+1}, \ldots, \vec{a}_n| \neq 0,$$

und die Lösung lautet

$$x_i = \frac{|\vec{a}_1, \ldots, \vec{a}_{i-1}, \vec{b}, \vec{a}_{i+1}, \ldots, \vec{a}_n|}{|\vec{a}_1, \ldots, \vec{a}_{i-1}, \vec{a}_i, \vec{a}_{i+1}, \ldots, \vec{a}_n|}$$

($i = 1, 2, \ldots, n$). Dies ist die allgemeine Form der cramerschen Regel. Die cramersche Regel für (3, 3)-Systeme ergibt sich auch als Anwendung des ↑ Spatprodukts.

Die cramersche Regel hat kaum praktische Bedeutung, da sie nur für *eindeutig* lösbare (n, n)-Systeme gilt und da der Aufwand zur Berechnung der Determinanten mit steigendem n sehr rasch wächst. Zur numerischen Lösung von linearen Gleichungssystemen verwendet man daher meist den weniger aufwendigen ↑ Gauß-Algorithmus. ∎

Craps: ein Glücksspiel, dessen Gewinnwahrscheinlichkeit sich mit einer ↑ Markow-Kette berechnen lässt.

Darstellungsmatrix: eine Matrix, durch die eine lineare Abbildung eines Vektorraums V in einen Vektorraum W bezüglich gegebener Basen von V und W beschrieben wird. Sind V und W Vektorräume ($\mathbb{R}$-Vektorräume) der ↑ Dimension n bzw. m und der Basen

$B = (\vec{v}_1, \ldots, \vec{v}_n)$ bzw.
$C = (\vec{w}_1, \ldots, \vec{w}_m)$,

dann ist eine lineare Abbildung A von V in W durch das Bild

$(A \vec{v}_1, \ldots, A \vec{v}_n)$

der Basis B von V eindeutig bestimmt. Die Vektoren $A \vec{v}_1, \ldots, A \vec{v}_n \in W$ lassen sich eindeutig als ↑ Linearkombinationen der Basisvektoren von W darstellen:

$$A \vec{v}_i = a_{1i} \vec{w}_1 + a_{2i} \vec{w}_2 + \ldots + a_{mi} \vec{w}_m$$

mit $a_{1i}, a_{2i}, \ldots, a_{mi} \in \mathbb{R}$ ($i = 1, 2, \ldots, n$). Die Matrix

$$\begin{pmatrix} a_{11} & a_{12} & \ldots & a_{1n} \\ a_{21} & a_{22} & \ldots & a_{2n} \\ \vdots & \vdots & & \vdots \\ a_{m1} & a_{m2} & \ldots & a_{mn} \end{pmatrix}$$

bezeichnet man nun als die Darstellungsmatrix der linearen Abbildung A bezüglich der gegebenen Basen von V und W.

Die Untersuchung linearer Abbildungen von Vektorräumen ist damit auf die Untersuchung von Matrizen zurückzuführen. Jede Matrix lässt sich als Darstellungsmatrix einer linearen Abbildung auffassen, sodass es in vielen Zusammenhängen zulässig ist, lineare Abbildungen und Matrizen als äquivalente Begriffe zu verstehen.
Der ↑ Verkettung linearer Abbildungen entspricht die Multiplikation ihrer Darstellungsmatrizen. Da die Verkettung eine assoziative Operation ist, ist auch die Matrizenmultiplikation assoziativ.

Dedekind, Richard, deutscher Mathematiker, * Braunschweig 6. 10. 1831, † Braunschweig 12. 2. 1916:

Dedekind-Axiom

DEDEKIND war Schüler von C. F. ↑ GAUSS in Göttingen, wo er 1857 eine Professur erhielt. Nachdem er 1858–62 in Zürich gelehrt hatte, wirkte er dann am Collegium Carolinum (der späteren Technischen Hochschule) in Braunschweig. DEDEKIND gilt als einer der Begründer der modernen Algebra. Er beschäftigte sich mit der Gruppentheorie und der Idealtheorie wie auch (angeregt durch seinen Freund G. CANTOR) mit der Mengenlehre. Ebenso sind seine Arbeiten über den Zahlenbegriff von grundlegender Bedeutung. In seiner Schrift »Was sind und was sollen die Zahlen?« (1888) entwickelte er eine Theorie der reellen Zahlen auf Grundlage der ↑ Dedekind-Schnitte und formulierte das ↑ Dedekind-Axiom.

Dedekind (Abb. 1): Richard Dedekind

Dedekind-Axiom [nach R. ↑ DEDEKIND]: der folgende Satz, wenn man ihn als Vollständigkeitsaxiom zur axiomatischen Beschreibung des Körpers der reellen Zahlen verwendet: Bei jedem Dedekind-Schnitt (A, B) in $\mathbb{R}$ besitzt A ein größtes oder B ein kleinstes Element.

Dedekind-Schnitt (dedekindscher Schnitt) [nach R. ↑ DEDEKIND]: Zerlegung einer Menge M von Zahlen in zwei Mengen A, B mit

$A \neq \emptyset, \ B \neq \emptyset, \ A \cup B = M$ sowie

$a < b$ für alle $a \in A, b \in B$.

Es gilt dann $A \cap B = \emptyset$.
Ist (A, B) ein dedekindscher Schnitt in $\mathbb{R}$, so besitzt A ein größtes oder B ein kleinstes Element (↑ Vollständigkeit). Dies muss für einen Schnitt in $\mathbb{Q}$ jedoch nicht gelten, wie folgendes Beispiel zeigt:

$A = \{x \in \mathbb{Q} | x < 0 \vee x^2 < 2\}$,
$B = \{x \in \mathbb{Q} | x > 0 \wedge x^2 > 2\}$;

A hat kein größtes und B hat kein kleinstes Element, weil $\sqrt{2}$ keine rationale Zahl ist.

Man kann Dedekind-Schnitte in $\mathbb{Q}$ benutzen, um die reellen Zahlen zu definieren, d.h., man betrachtet die reellen Zahlen als Dedekind-Schnitte in $\mathbb{Q}$. Durch das obige Beispiel ist dann die reelle Zahl $\sqrt{2}$ definiert.
In einer anderen Formulierung führt man den Begriff der **Trennungszahl** t des Schnitts (A, B) ein, für die gilt:

$a \leq t \leq b$ für alle $a \in A, b \in B$.

Dann lautet das ↑ Dedekind-Axiom: Jeder Schnitt in $\mathbb{R}$ hat genau eine Trennungszahl.

Definitionslücke: bei einer Funktion f eine Stelle d, wenn eine ↑ Umgebung von d mit Ausnahme der Stelle d zur Definitionsmenge von f gehört.

Definitionsmenge (Definitionsbereich, Ausgangsmenge, Ausgangsbereich): die Menge, auf der ein Term, eine Relation oder eine ↑ Abbildung definiert ist. Bei einer ↑ Funktion $f: A \to B$ ist Definitionsmenge die Menge A, deren Elemente von f auf Elemente von B abgebildet werden.

Deklination: in der Astronomie die ↑ Abweichung eines Gestirns.

Descartes [de'kart], René (latinisiert RENATUS CARTESIUS), französischer Philosoph und Mathematiker, * La Haye (Touraine) 31. 3. 1596, † Stockholm 11. 2. 1650: DESCARTES gilt als einer der einflussreichsten Philosophen des 17. Jahrhunderts. Eine ausführliche Biografie findet sich in Band I.

Determinante [zu lateinisch determinare »bestimmen«]: eine reelle Zahl, die folgendermaßen bestimmt wird: Ist A eine ↑ Matrix mit zwei Zeilen und zwei Spalten (eine (2, 2)-Matrix), die man mit reellen Zahlen a_{ij} in der Form

$$A = \begin{pmatrix} a_{11} & a_{12} \\ a_{21} & a_{22} \end{pmatrix}$$

schreibt, so heißt die reelle Zahl

$$a_{11}a_{22} - a_{12}a_{21}$$

die Determinante von A. Es sind verschiedene Schreibweisen üblich:

$$\det A = \det(a_{ij}) = \begin{vmatrix} a_{11} & a_{12} \\ a_{21} & a_{22} \end{vmatrix}. \quad (1)$$

Wegen $A \in \mathbb{R}_{2,2}$ spricht man von einer 2-reihigen Determinante. Ist

$$A = \begin{pmatrix} a_{11} & a_{12} & a_{13} \\ a_{21} & a_{22} & a_{23} \\ a_{31} & a_{32} & a_{33} \end{pmatrix} \in \mathbb{R}_{3,3},$$

so ist die 3-reihige Determinante von A erklärt durch

$$\det A = \begin{vmatrix} a_{11} & a_{12} & a_{13} \\ a_{21} & a_{22} & a_{23} \\ a_{31} & a_{32} & a_{33} \end{vmatrix}$$

$$= a_{11} \begin{vmatrix} a_{22} & a_{23} \\ a_{32} & a_{33} \end{vmatrix} - a_{21} \begin{vmatrix} a_{12} & a_{13} \\ a_{32} & a_{33} \end{vmatrix}$$

$$+ a_{31} \begin{vmatrix} a_{12} & a_{13} \\ a_{22} & a_{23} \end{vmatrix} \quad (2)$$

$$= a_{11}a_{22}a_{33} + a_{12}a_{23}a_{31} + a_{13}a_{21}a_{32} - a_{11}a_{23}a_{32} - a_{12}a_{21}a_{33} - a_{13}a_{22}a_{31}.$$

Zur Berechnung von 3-reihigen Determinanten kann man die **sarrussche Regel** [nach PIERRE FRÉDÉRIC SARRUS; *1798, †1861] anwenden: Man schreibt die Matrixelemente auf und wiederholt dahinter die beiden ersten Spalten (Abb. 1). Der Wert der Determinante ergibt sich, indem man die durch eine schwarze Linie verbundenen Elemente multipliziert und addiert. Davon zieht man das Produkt ab, das durch Multiplikation der durch eine blaue Linie verbundenen Elemente entsteht.

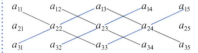

Determinante (Abb. 1): sarrussche Regel zur Berechnung 3-reihiger Determinanten

■ Entwicklung *n*-reihiger Determinaten

Jede quadratische Matrix A besitzt eine Determinante. Wir definieren n-reihige Determinanten rekursiv: Streicht man in einer (n, n)-Matrix A die i-te Zeile und k-te Spalte, so erhält man eine $(n-1, n-1)$-Matrix, die wir mit A_{ik} bezeichnen; $\det A_{ik}$ bezeichnet man als **Unterdeterminante** von $\det A$ (Abb. 2).

Für

$$A = \begin{pmatrix} a_{11} & a_{12} & \cdots & a_{1n} \\ a_{21} & a_{22} & \cdots & a_{2n} \\ \vdots & \vdots & & \vdots \\ a_{n1} & a_{n2} & \cdots & a_{nn} \end{pmatrix}$$

definieren wir die n-reihige Determinante von A durch

$$\det A = \begin{vmatrix} a_{11} & a_{12} & \cdots & a_{1n} \\ a_{21} & a_{22} & \cdots & a_{2n} \\ \vdots & \vdots & & \vdots \\ a_{n1} & a_{n2} & \cdots & a_{nn} \end{vmatrix}$$

$$= a_{11} \cdot \det A_{11} - a_{21} \cdot \det A_{21} + a_{31} \cdot \det A_{31} - \ldots + (-1)^{(n+1)} a_{n1} \cdot \det A_{n1}.$$

Determinante

$$\det A = \begin{vmatrix} a_{11} & a_{12} & a_{13} & a_{14} & a_{15} \\ a_{21} & a_{22} & a_{23} & a_{24} & a_{25} \\ a_{31} & a_{32} & a_{33} & a_{34} & a_{35} \\ a_{41} & a_{42} & a_{43} & a_{44} & a_{45} \\ a_{51} & a_{52} & a_{53} & a_{54} & a_{55} \end{vmatrix}$$

$$\det A_{23} = \begin{vmatrix} a_{11} & a_{12} & a_{14} & a_{15} \\ a_{31} & a_{32} & a_{34} & a_{35} \\ a_{41} & a_{42} & a_{44} & a_{45} \\ a_{51} & a_{52} & a_{54} & a_{55} \end{vmatrix}$$

Determinante (Abb. 2): det A und die Unterdeterminante A_{23}

Man sagt auch: Die Determinante von A ist nach der 1. Spalte entwickelt worden. Entsprechend ist die **Entwicklung** von det A nach jeder Spalte und jeder Zeile möglich (Abb. 3).

$$\det A = \begin{vmatrix} a_{11} & \ldots & a_{1i} & \ldots & a_{1n} \\ a_{21} & \ldots & a_{2i} & \ldots & a_{2n} \\ \vdots & & \vdots & & \vdots \\ a_{n1} & \ldots & a_{ni} & \ldots & a_{nn} \end{vmatrix}$$

$$= (-1)^{1+i} a_{1i} \det A_{1i}$$
$$+ (-1)^{2+i} a_{2i} \det A_{2i} + \ldots$$
$$+ (-1)^{n+i} a_{ni} \det A_{ni}.$$

$$\det A = \begin{vmatrix} a_{11} & a_{12} & \ldots & a_{1n} \\ \vdots & \vdots & & \vdots \\ a_{i1} & a_{i2} & \ldots & a_{in} \\ \vdots & \vdots & & \vdots \\ a_{n1} & a_{n2} & \ldots & a_{nn} \end{vmatrix}$$

$$= (-1)^{i+1} a_{i1} \cdot \det A_{i1}$$
$$+ (-1)^{i+1} a_{i2} \cdot \det A_{i2}$$
$$+ \ldots + (-1)^{i+n} a_{in} \cdot \det A_{in}$$

Determinante (Abb. 3): Entwicklung der Determinante nach der i-ten Spalte (oben) bzw. nach der i-ten Zeile (unten)

Die Unterdeterminanten det A_{ij} sind $(n-1)$-reihig. Ist $(n-1) \geq 3$, so kann man jede dieser Unterdeterminanten wiederum entwickeln und erhält $(n-2)$-reihige Determinanten. Dies setzt man fort, bis man zu 2-reihigen Unterdeterminanten gelangt, die man gemäß der Definition (1) berechnet. Ein Rechenvorteil ergibt sich bei der Entwicklung nach einer Zeile oder Spalte, die möglichst viele Nullen enthält.

Beispiel: Berechnung einer fünfreihigen Determinante (Entwicklung nach der 2. Zeile)

$$\begin{vmatrix} 5 & 4 & 3 & 2 & 1 \\ 0 & 0 & 0 & 1 & 2 \\ 1 & 1 & 1 & 1 & 0 \\ 1 & -2 & -3 & -4 & -2 \\ 1 & 0 & 1 & 1 & 1 \end{vmatrix}$$

$$= (-1)^{2+4} \cdot 1 \begin{vmatrix} 5 & 4 & 3 & 1 \\ 1 & 1 & 1 & 0 \\ 1 & -2 & -3 & -2 \\ 1 & 0 & 1 & 1 \end{vmatrix}$$

$$+ (-1)^{2+5} \cdot 2 \begin{vmatrix} 5 & 4 & 3 & 2 \\ 1 & 1 & 1 & 1 \\ 1 & -2 & -3 & -4 \\ 1 & 0 & 1 & 1 \end{vmatrix}$$

$$= 10 - 2 \cdot (-2) = 14;$$

denn es ist (entwickelt nach der 2. Zeile)

$$\begin{vmatrix} 5 & 4 & 3 & 1 \\ 1 & 1 & 1 & 0 \\ 1 & -2 & -3 & -2 \\ 1 & 0 & 1 & 1 \end{vmatrix}$$

$$= (-1)^{2+1} \begin{vmatrix} 4 & 3 & 1 \\ -2 & -3 & -2 \\ 0 & 1 & 1 \end{vmatrix}$$

$$+(-1)^{2+2}\begin{vmatrix} 5 & 3 & 1 \\ 1 & -3 & -2 \\ 1 & 1 & 1 \end{vmatrix}$$

$$+(-1)^{2+3}\begin{vmatrix} 5 & 4 & 1 \\ 1 & -2 & -2 \\ 1 & 0 & 1 \end{vmatrix}$$

$$= 0 - 10 + 20 = +10$$

und (entwickelt nach der letzten Zeile)

$$\begin{vmatrix} 5 & 4 & 3 & 2 \\ 1 & 1 & 1 & 1 \\ 1 & -2 & -3 & -4 \\ 1 & 0 & 1 & 1 \end{vmatrix}$$

$$= (-1)^{4+1}\begin{vmatrix} 4 & 3 & 1 \\ 1 & 1 & 1 \\ -2 & -3 & -4 \end{vmatrix}$$

$$+(-1)^{4+3}\begin{vmatrix} 5 & 4 & 2 \\ 1 & 1 & 1 \\ 1 & -2 & -4 \end{vmatrix}$$

$$+(-1)^{4+4}\begin{vmatrix} 5 & 4 & 3 \\ 1 & 1 & 1 \\ 1 & -2 & -3 \end{vmatrix}$$

$$= 0 - 4 + 2 = -2.$$

■ Eigenschaften von Determinanten:

Häufig kann man in eine Zeile oder Spalte einige Nullen hineinbringen, indem man die Determinante umformt. Dabei werden die folgenden Eigenschaften ausgenützt:
(1) Eine ↑ Matrix A und ihre transponierte Matrix A^T $(A, A^T \in \mathbb{R}_{n,n})$ haben die gleiche Determinante: $\det A = \det A^T$.
(2) Werden zwei Zeilen oder zwei Spalten von A vertauscht, ändert sich das Vorzeichen der Determinante.
(3) Wird eine Zeile (Spalte) von A mit einer reellen Zahl $r \neq 0$ multipli-

ziert, so ist die Determinante ebenfalls mit r zu multiplizieren.
(4) Addiert man zu einer Zeile (Spalte) von A das r-fache einer *anderen* Zeile (Spalte) der Matrix, so ändert sich der Wert der Determinante nicht.
Bei den unter (2), (3) und (4) beschriebenen Veränderungen der Matrix A handelt es sich um ↑ elementare Umformungen von A.
(5) Ist eine Zeile (Spalte) von A das r-fache einer anderen Zeile (Spalte), so ist $\det A = 0$.
Die Verallgemeinerung von (5) lautet:
(6) Sind die Zeilenvektoren (Spaltenvektoren) von A ↑ linear abhängig, so ist $\det A = 0$, im Falle der linearen Unabhängigkeit ist $\det A \neq 0$. Dies kann man auch mithilfe des ↑ Rangs von $A \in \mathbb{R}_{n,n}$ ausdrücken:

$$\det A = 0 \Leftrightarrow \operatorname{Rang} A < n.$$

Unter Anwendung der Eigenschaften von Determinanten wird im Folgenden nochmals die erste der beiden vierreihigen Determinanten aus dem vorherigen Beispiel bestimmt. In abkürzender Schreibweise soll

$$z_i \to z_i - z_j \; (s_i \to s_i - s_j)$$

bedeuten, dass von den Elementen der i-ten Zeile (Spalte) die entsprechenden Elemente der j-ten Zeile (Spalte) subtrahiert werden.

$$\begin{vmatrix} 5 & 4 & 3 & 1 \\ 1 & 1 & 1 & 0 \\ 1 & -2 & -3 & -2 \\ 1 & 0 & 1 & 1 \end{vmatrix} = \begin{vmatrix} 5 & 4 & 3 & 1 \\ 0 & 1 & 0 & -1 \\ 1 & -2 & -3 & -2 \\ 1 & 0 & 1 & 1 \end{vmatrix}$$

(aufgrund von (4): $z_2 \to z_2 - z_4$)

$$= 1 \cdot \begin{vmatrix} 5 & 3 & 1 \\ 1 & -3 & -2 \\ 1 & 1 & 1 \end{vmatrix} - 1 \cdot \begin{vmatrix} 5 & 4 & 3 \\ 1 & -2 & -3 \\ 1 & 0 & 1 \end{vmatrix}$$

(Entwickeln nach der 2. Zeile)

deterministisch

$$= 1 \cdot \begin{vmatrix} 5 & -2 & -4 \\ 1 & -4 & -3 \\ 1 & 0 & 0 \end{vmatrix} - 1 \cdot \begin{vmatrix} 5 & 4 & -2 \\ 1 & -2 & -4 \\ 1 & 0 & 0 \end{vmatrix}$$

(wegen (4): $s_2 \to s_2 - s_1, s_3 \to s_3 - s_1$ bzw. nur $s_3 \to s_3 - s_1$)

$$= 1 \begin{vmatrix} -2 & -4 \\ -4 & -3 \end{vmatrix} - \begin{vmatrix} 4 & -2 \\ -2 & -4 \end{vmatrix}$$

(Entwicklung jeweils nach der 3. Zeile)

$$= (6 - 16) - (-16 - 4) = 10.$$

Man kann Determinanten zur Bestimmung der Lösung eines eindeutig lösbaren ↑ linearen Gleichungssystems verwenden (↑ cramersche Regel). Dreireihige Determinanten treten bei der Berechnung des Volumens eines Spats auf (↑ Spatprodukt).

deterministisch [von lateinisch determinare »bestimmen«, »entscheiden«]: bezeichnet die Eigenschaft eines Versuchs, dessen Ausfall durch die Versuchsbedingungen eindeutig bestimmt (determiniert) ist. Sind verschiedene Ausfälle möglich, so heißt der Versuch stochastisch.

DGL: Abkürzung für ↑ Differenzialgleichung.

Diagonalmatrix: eine quadratische Matrix, die nur in der von links oben nach rechts unten führenden Diagonalen (Hauptdiagonale) von 0 verschiedene Elemente besitzt.

Diagonalverfahren: ↑ cantorsches Diagonalverfahren.

Dichte (Dichtefunktion): Begriff aus der Statistik und Wahrscheinlichkeitsrechnung zur Beschreibung von Zufallsgrößen.

■ **Häufigkeitsdichte**

Die Häufigkeitsverteilung der Messwerte bei einer statistischen Erhebung oder allgemeiner der Werte einer ↑ Zufallsgröße in einer ↑ Zufallsversuchsreihe sei gegeben. Es sei ferner eine ↑ Klassierung der Werte gegeben mit den Klassen

$K_1, K_2, \ldots, K_n,$

wobei jede Klasse K_i auf einem Intervall $[a_{i-1}; a_i[$ gegeben ist und das Intervall $[a_0; a_n[$ alle vorhandenen Werte enthält. Man nennt

$b_i := a_i - a_{i-1}$

die **Klassenbreite** von K_i und

$$h_i := \frac{\text{Anzahl der Werte in } K_i}{\text{Anzahl aller Werte}}$$

die relative Häufigkeit von K_i. Ferner sei

$$d_i := \frac{h_i}{b_i}.$$

Das Rechteck mit der Grundseite b_i und der Höhe d_i hat also den Inhalt h_i (↑ Histogramm). Die Funktion d mit

$d: x \mapsto d_i$ für $x \in K_i$

heißt dann die **Häufigkeitsdichte** der Wertemenge (also der Messwerte bzw. der Werte der Zufallsgröße in der Zufallsversuchsreihe). Die Häufigkeitsdichte hängt von der vorgegebenen Klassierung ab. Der Graph der Häufigkeitsdichte enthält die oberen Seiten der Rechtecke im Histogramm (jeweils mit dem linken und ohne den rechten Endpunkt). Er ist eine ↑ Treppenfunktion (Abb. 1).

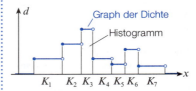

Dichte (Abb. 1): Histogramm

Treten sehr viele Klassen auf und ändert sich die Funktion d an den Sprungstellen nicht zu stark, so kann man die Funktion d oft recht gut durch eine stetige Funktion d^* annähern (Abb. 2). Dann ist die relative Häufigkeit der Werte im Intervall $[a; b[$ etwa gleich dem Inhalt der in Abb. 3 blauen Fläche.

Dichte (Abb. 2): Annäherung der Dichtefunktion durch eine stetige Funktion

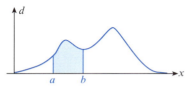

Dichte (Abb. 3): relative Häufigkeit als Flächeninhalt

■ **Wahrscheinlichkeitsdichte**

Analog zur Häufigkeitsdichte ist die Wahrscheinlichkeitsdichte einer Zufallsgröße X definiert. Statt der relativen Häufigkeit h_i verwendet man jetzt aber die Wahrscheinlichkeit $P(X \in K_i)$, also die Wahrscheinlichkeit, mit welcher der Wert von X in die Klasse K_i fällt.

Bei ganzzahligen Zufallsgrößen wählt man oft nur einelementige Klassen, also Intervalle, in denen genau ein Wert der Zufallsgröße X liegt. Hat X etwa die Werte 0, 1, 2, ..., n, dann setzt man

$K_i := [i - \frac{1}{2}; i + \frac{1}{2}[$
$(i = 0, 1, 2, \ldots, n)$

und erhält wegen $b_i = 1$ hier $d_i = P(X = i)$. In diesem Fall muss man nicht zwischen Histogramm und Wahrscheinlichkeitsdichte einerseits und Stabdiagramm und Wahrscheinlichkeitsverteilung andererseits un-

terscheiden. Ein Beispiel hierfür liefert die ↑ Binomialverteilung.

Viele diskrete Wahrscheinlichkeitsverteilungen lassen sich durch stetige Wahrscheinlichkeitsverteilungen annähern. Eine wichtige stetige Wahrscheinlichkeitsverteilung ist die ↑ Normalverteilung. Für die Dichtefunktion φ der standardisierten Normalverteilung gilt (Abb. 4)

$$\varphi(x) = \frac{1}{\sqrt{2\pi}} e^{-\frac{1}{2}x^2}.$$

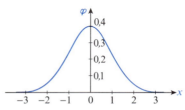

Dichte (Abb. 4): standardisierte Normalverteilung (gaußsche Glockenkurve)

Für eine Normalverteilung mit dem Erwartungswert μ und der Standardabweichung σ ist die Dichtefunktion

$$\varphi(x) = \frac{1}{\sigma\sqrt{2\pi}} \exp\left(-\frac{1}{2}\left(\frac{x-\mu}{\sigma}\right)^2\right).$$

Liegt eine angenähert normalverteilte Zufallsgröße vor (etwa die Länge von Kiefernadeln oder die Lebensdauer von Taschenrechnerbatterien), so beträgt die Wahrscheinlichkeit, dass der Wert der Zufallsgröße in das Intervall $[a; b[$ fällt, näherungsweise (Abb. 5)

$$\int_a^b \varphi(x)\,dx.$$

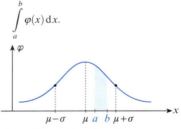

Dichte (Abb. 5): Normalverteilung

Ist f die Dichtefunktion einer stetigen Zufallsgröße, so gilt $f(x) \geq 0$ für alle $x \in \mathbb{R}$ und

$$\int_{-\infty}^{\infty} f(x)\,\mathrm{d}x = 1$$

(↑ uneigentliches Integral).

Di|edergruppe [zu griechisch dis »zweifach« und hedra »Fläche«]: die ↑ Gruppe der Deckabbildungen eines regelmäßigen n-Ecks (vgl. Band I).

Differenzenfolge: zu einer Zahlenfolge $\langle a_n \rangle$ die Folge $\langle a_{n+1} - a_n \rangle$. Die Differenzenfolge einer ↑ arithmetischen Folge ist konstant. Die Differenzenfolge der Folge der Quadratzahlen ist eine arithmetische Folge. Die Summenfolge der Differenzenfolge und die Differenzenfolge der Summenfolge einer Folge $\langle a_n \rangle$ ergibt im Wesentlichen wieder die Folge $\langle a_n \rangle$.

Differenzenquotient: für eine ↑ Funktion f der Quotient

$$\frac{f(x) - f(x_0)}{x - x_0}$$

mit $[x; x_0] \subseteq D(f)$ bzw. $[x_0; x] \subseteq D(f)$ (Differenzenquotient von f an der Stelle x_0). Er gibt die Steigung der Sekante des ↑ Graphen von f durch die Kurvenpunkte $P(x|f(x))$ und $P_0(x_0|f(x_0))$ an. Existiert der ↑ Grenzwert des Differenzenquotienten für $x \to x_0$, dann nennt man ihn die ↑ Ableitung oder den ↑ Differenzialquotienten von f an der Stelle x_0.

Differenzial [lateinisch »Unterschied«, »Verschiedenheit«]: für eine differenzierbare Funktion f an der Stelle x die Funktion

$$\mathrm{d}f(x)\colon h \mapsto f'(x) \cdot h.$$

Für die identische Funktion $\mathrm{id}\colon x \mapsto x$ ist insbesondere

$$\mathrm{d}x(h) = h,$$

weshalb die Schreibweisen

$$\mathrm{d}f(x) = f'(x)\,\mathrm{d}x$$

bzw.

$$f'(x) = \frac{\mathrm{d}f(x)}{\mathrm{d}x}$$

sowie die Bezeichnung Differenzialquotient für die Ableitung naheliegend sind. Dass man bei differenzierbaren Abbildungen den Differenzialquotienten $\dfrac{\mathrm{d}f(x)}{\mathrm{d}x}$ als Grenzwert der Differenzenquotienten $\dfrac{\Delta f(x)}{\Delta x}$ für $\Delta x \to 0$ auffassen kann, zeigt auch Abb. 1.

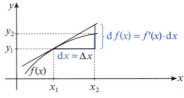

Differenzial (Abb. 1): Differenzialquotient als Grenzwert der Differenzenquotienten

Ist eine Funktion von mehr als einer Variablen abhängig, bildet man durch Ableitung nach allen Variablen das ↑ vollständige Differenzial.

Differenzialgleichung (DGL): eine Gleichung, in der als Variable Funktionen einer oder mehrerer Variabler sowie Ableitungen dieser Funktionen auftreten. Handelt es sich um Funktionen mehrerer Variabler, so spricht man von einer **partiellen Differenzialgleichung**; kommen nur Funktionen einer einzigen Variablen vor, so spricht man von einer **gewöhnlichen Differenzialgleichung**. Beispiele für gewöhnliche Differenzialgleichungen (DGL) sind die ↑ bernoullische Differenzialgleichung, die Differenzialgleichung mit getrennten Variablen, die ↑ lineare Differenzialgleichung und die ↑ riccatische Differenzialgleichung.

Differenzialgleichung mit getrennten Variablen: eine Differenzialgleichung der Form $y' = f(x) \cdot g(y)$, wobei $g(y) \neq 0$ im betrachteten Intervall gilt. Eine solche Differenzialgleichung lässt sich formal umformen und integrieren:

$$\frac{1}{g(y)} dy = f(x) dx,$$

$$\int \frac{1}{g(y)} dy = \int f(x) dx + C.$$

Mit $\int \frac{1}{g(y)} dy = \phi(y)$ gilt also für die Lösungsfunktionen:

$$y(x) = \phi^{-1}(x) \left[\int f(x) dx + C \right].$$

Der Wert der Integrationskonstanten C wird durch den Punkt $x = x_0, y = y_0$ bestimmt, durch den die Lösungsfunktion gehen soll.

Beispiel: Gegeben sei die Differenzialgleichung

$$y' = -\frac{1+y^2}{xy} \quad (x, y > 0).$$

Gesucht ist eine Lösungsfunktion y mit $y(1) = 2$. Man setzt $f(x) = -\frac{1}{x}$ und $g(y) = \frac{1+y^2}{y}$ und erhält

$$\int \frac{y}{1+y^2} dy = \int -\frac{1}{x} dx.$$

Integration ergibt

$$\frac{1}{2} \ln(1+y^2) = -\ln Cx.$$

Die Lösungsfunktionen haben also die Gestalt

$$y = \sqrt{\frac{1}{(Cx)^2} - 1}.$$

Die Lösungsfunktion, die durch den Punkt $y_0 = 2, x_0 = 1$ geht, erfüllt die Gleichung $2 = \sqrt{\frac{1}{C^2} - 1}$; damit wird $C^2 = \frac{1}{5}$.

Die gesuchte Lösung ist also $y = \sqrt{\frac{5}{x^2} - 1}$.

Differenzialquotient: im Unterricht nur selten benutzte Bezeichnung für die ↑ Ableitung.

Differenzialrechnung: derjenige Teil der ↑ Analysis, der sich mit der Existenz und Berechnung von ↑ Ableitungen von Funktionen beschäftigt.

Differenziationsregeln: die ↑ Ableitungsregeln zum Ableiten zusammengesetzter Funktionen.

differenzierbar: bezeichnet die Eigenschaft einer Funktion, eine Ableitung zu besitzen. Man nennt eine Funktion f differenzierbar an der Stelle x_0 (im Intervall I), wenn man ihre Ableitung an der Stelle x_0 (im Intervall I) bilden kann. Eine an der Stelle x_0 differenzierbare Funktion f kann man dort linear approximieren (↑ Approximation):

$$f(x) = f(x_0) + f'(x_0)(x - x_0) + \alpha(x)(x - x_0)$$

mit $\lim_{x \to x_0} \alpha(x) = 0$. In diesem Sinne ist also

$$f(x) \approx f(x_0) + f'(x_0)(x - x_0).$$

In dieser Form ist der Begriff der Differenzierbarkeit leicht auf ↑ Funktionen mehrerer Variabler zu übertragen. In der linearen Approximation

$$f(x, y) \approx f(x_0, y_0) + a(x - x_0) + b(y - y_0)$$

sind a, b die partiellen Ableitungen von f nach x bzw. nach y an der Stelle (x_0, y_0).

Differenzieren: Berechnen der ↑ Ableitung oder ↑ Ableitungsfunktion.

Differenzmenge: für zwei Mengen A, B die Mengen $A \setminus B$ (A ohne B) und

Dimension

$B \setminus A$ (B ohne A), also die Menge aller Elemente von A bzw. B, die nicht zu B bzw. zu A gehören.

Dimension [zu lateinisch dimetiri »nach allen Seiten abmessen«]:
- *Umgangssprachlich:* die Ausdehnung, das Ausmaß.
- *Physik:* die Art einer physikalischen Größe, z. B. »Länge pro Zeit« für die Geschwindigkeit.
- *Geometrie:* eine Eigenschaft geometrischer Gebilde. Man schreibt Punkten die Dimension 0, Linien die Dimension 1, Flächen die Dimension 2 und Körpern die Dimension 3 zu.
- *Fraktale:* in der ↑ fraktalen Geometrie eine nicht notwendig ganze Zahl d (Selbstähnlichkeitsdimension), die man bestimmten Punktmengen zuschreibt.
- *Lineare Algebra:* in einem ↑ Vektorraum die Zahl der Vektoren einer ↑ Basis.

Dirichlet (Abb. 1): Peter Dirichlet

Dirichlet [diri'kle:], Peter Gustav (eigentlich LEJEUNE-DIRICHLET), deutscher Mathematiker, * Düren 13. 2. 1805, † Göttingen 5. 5. 1859: Der aus einer französischen Familie stammende DIRICHLET studierte ab 1822 in Paris und sorgte schon als Student mit einer Abhandlung über Gleichungen 5. Grades 1825 für Aufsehen. Er erhielt den Ehrendoktor der Universität Bonn und ging nach seiner Habilitation 1827 als Privatdozent an die Universität Breslau. 1828 wechselte er an die Kriegsschule in Berlin, bis er 1831–54 Professor an der Berliner Universität war und Mitglied der Akademie der Wissenschaften wurde. Danach erfolgte die Berufung zum Nachfolger von GAUSS nach Göttingen.

DIRICHLET arbeitete intensiv über Fragen der Zahlentheorie. Er beschäftigte sich mit der Verteilung der Primzahlen und bewies, dass prime ↑ Restklassen stets unendlich viele Primzahlen enthalten (und zwar asymptotisch gleich viele). Diese Aussage nennt man den **dirichletschen Primzahlsatz**. Auf DIRICHLET geht auch der moderne Funktionsbegriff zurück. In der Analysis bewies er als Erster streng die Konvergenz der ↑ Fourier-Reihen und forschte über Differenzialgleichungen mit bestimmten Nebenbedingungen.

Dirichlet-Funktion [diri'kle-; nach P.G. ↑ DIRICHLET]: die auf $\mathbb{R}$ definierte Funktion f mit

$$f(x) = \begin{cases} 0 & \text{für irrationales } x, \\ 1 & \text{für rationales } x. \end{cases}$$

Diese Funktion ist überall unstetig, denn in jeder Umgebung einer rationalen Zahl liegt eine irrationale und umgekehrt. DIRICHLET hat diese Funktion angegeben, um zu zeigen, welche merkwürdigen Gebilde unter den allgemeinen Funktionsbegriff fallen.

Dirichlet-Reihe [diri'kle-; nach P.G. ↑ DIRICHLET]: eine ↑ Reihe der Form

$$\sum_{n=1}^{\infty} \frac{a_n}{n^x} \text{ mit } a_1, a_2, a_3, \ldots \in \mathbb{R}$$

und $x \in \mathbb{R}$. DIRICHLET hat solche Reihen mit ↑ komplexen Koeffizienten und Variablen betrachtet und beim Beweis seines Primzahlsatzes verwendet (↑ DIRICHLET). Ein Spezialfall ist die

Reihe $\sum_{n=1}^{\infty} \frac{1}{n^x}$, welche für $x > 1$ konvergiert. Die Funktion $x \mapsto \sum_{n=1}^{\infty} \frac{1}{n^x}$ stimmt für $x > 1$ mit der ↑ riemannschen Zetafunktion überein.

dirichletscher Schubfachschluss [diri'kle-;] (dirichletsches Schubfachprinzip): ↑ Taubenschlagprinzip.

diskret [lateinisch »abgesondert«]: bezeichnet eine Eigenschaft einer Punktmenge M (z. B. der Zahlengeraden), wenn es zu jedem Punkt P aus M eine ↑ Umgebung gibt, in der kein weiterer Punkt aus M liegt. Eine Funktion heißt diskret, wenn die Menge ihrer Werte diskret ist.

Dispersion: ↑ Varianz.

distributiv [zu lateinisch distributivus »verteilend«]: Sind in einer Menge M zwei ↑ Verknüpfungen »∗« und »∘« definiert, dann heißt ∗ distributiv bezüglich ∘, wenn für alle $a, b, c \in M$ gilt:

$a \circ (b \ast c) = (a \circ b) \ast (a \circ c)$,
$(a \ast b) \circ c = (a \circ c) \ast (b \circ c)$.

Ist ∘ ↑ kommutativ, dann muss man diese beiden Regeln nicht unterscheiden. Die Addition von Zahlen ist distributiv bezüglich der Multiplikation, aber die Multiplikation ist nicht distributiv bezüglich der Addition. Die Regel

$a \cdot (b + c) = (a \cdot b) + (a \cdot c)$

für Zahlen a, b, c ist das **Distributivgesetz** der Arithmetik. Dabei kann man auf der rechten Seite die Klammern weglassen, da man vereinbart »Punktrechnung geht vor Strichrechnung«.

divergent: bezeichnet eine Folge oder Reihe, die nicht ↑ konvergent ist.

Doppelverhältnis: der Quotient zweier Verhältnisse, insbesondere zweier Streckenverhältnisse.

Sind A, B zwei verschiedene Punkte und C ein Punkt der Geraden g_{AB}, so gibt es ein $k \in \mathbb{R}$ mit

$\overrightarrow{AC} = k \cdot \overrightarrow{AB}$ bzw. $\frac{\overrightarrow{AC}}{\overrightarrow{AB}} = k$.

Man spricht von einem **Streckenverhältnis**, obwohl es sich um *gerichtete* Strecken (↑ Vektoren) handelt. (Beachte, dass man Vektoren nicht dividieren darf, dass also $\frac{\vec{x}}{\vec{y}} = k$ nur eine andere Schreibweise für $\vec{x} = k\vec{y}$ ist.) Liegen nun die Punkte A, B, C, D auf einer Geraden und sind sie paarweise verschieden, dann nennt man die Zahl

$$\frac{\overrightarrow{AC}}{\overrightarrow{BC}} : \frac{\overrightarrow{AD}}{\overrightarrow{BD}}$$

das Doppelverhältnis dieser vier Punkte. Ist

$\overrightarrow{AC} = -\frac{1}{2} \overrightarrow{BC}$

und

$\overrightarrow{AD} = \frac{7}{4} \overrightarrow{BD}$,

dann hat das Punktequadrupel $(A, B; C, D)$ das Doppelverhältnis

$\left(-\frac{1}{2}\right) : \left(\frac{7}{4}\right) = -\frac{2}{7}$.

Da man vier Punkte auf einer Geraden durch ↑ Permutation auf $4! = 24$ verschiedene Arten anordnen kann, sollte man 24 verschiedene Doppelverhältnisse erwarten. Man findet aber für je vier Permutationen das gleiche Doppelverhältnis (falls es verschieden von 0 und 1 ist). Insbesondere ändert sich der Wert des Doppelverhältnisses nicht, wenn man in dem Quadrupel $(A, B; C, D)$ die Paare (A, B) und (C, D) und innerhalb eines Paares die Punkte austauscht.

Hat das Quadrupel $(A, B; C, D)$ das Doppelverhältnis λ mit $\lambda \neq 0, \lambda \neq 1$, dann ergibt sich durch Vertauschen

Drehung

der Punkte nur eines Paares der Kehrwert $\frac{1}{\lambda}$ und durch Vertauschen der »inneren Punkte« der Wert $(1-\lambda)$. Insgesamt erhält man folgende Werte für die Doppelverhältnisse:

$f_1(\lambda) = f_{AB,CD} = \lambda,$
$f_2(\lambda) = f_{AB,DC} = \frac{1}{\lambda},$
$f_3(\lambda) = f_{AC,BD} = 1-\lambda,$
$f_4(\lambda) = f_{AD,BC} = \frac{1}{1-\lambda},$
$f_5(\lambda) = f_{AD,CB} = \frac{\lambda-1}{\lambda},$
$f_6(\lambda) = f_{AC,DB} = \frac{\lambda}{\lambda-1}.$

Die damit definierten Funktionen $f_1, \ldots, f_6$ bilden bezüglich der ↑ Verkettung eine ↑ Gruppe.

Drehung: eine ↑ Kongruenzabbildung mit genau einem Fixpunkt (vgl. Band I). Eine Drehung der Ebene um den Ursprung mit dem Drehwinkel φ hat die Abbildungsgleichung

$$\vec{x}' = \begin{pmatrix} \cos\varphi & -\sin\varphi \\ \sin\varphi & \cos\varphi \end{pmatrix} \vec{x}$$

(↑ affine Abbildung).

Dreiecksmatrix: eine quadratische ↑ Matrix, die oberhalb oder unterhalb der Diagonalen nur die Einträge 0 hat. Beispielsweise ist

$$\begin{pmatrix} 1 & 2 & 3 & 4 & 5 \\ 0 & 6 & 7 & 8 & 9 \\ 0 & 0 & 8 & 7 & 6 \\ 0 & 0 & 0 & 5 & 4 \\ 0 & 0 & 0 & 0 & 3 \end{pmatrix}$$

eine obere Dreiecksmatrix.

Dreiecksungleichung: die für alle reellen Zahlen a, b geltende Ungleichung

$|a+b| \leq |a| + |b|$

(↑ Betrag). Die Bezeichnung beruht auf der Tatsache, dass in einem Dreieck mit den Seitenlängen a, b, c die Ungleichung

$c \leq a+b$

gilt. Man beachte auch die Analogie zu folgender Betragsungleichung für ↑ Vektoren (Abb. 1):

$\left|\vec{a}+\vec{b}\right| \leq |\vec{a}| + \left|\vec{b}\right|$

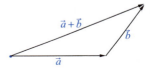

Dreiecksungleichung (Abb. 1): Dreiecksungleichung für Vektoren

Die Dreiecksungleichung gilt auch für ↑ komplexe Zahlen.
Für drei reelle Zahlen a, b, c gilt

$|a+b+c| \leq |a| + |b| + |c|,$

denn nach der Dreiecksungleichung für zwei Summanden gilt

$|a+b+c| = |(a+b)+c|$
$\leq |a+b| + |c|$
$\leq |a| + |b| + |c|.$

Die Dreiecksungleichung für n Summanden lautet

$$\left|\sum_{i=1}^{n} a_i\right| \leq \sum_{i=1}^{n} |a_i|.$$

Neben der Dreiecksungleichung ist oft noch folgende Betragsabschätzung nützlich:

$|a+b| \geq ||a| - |b||.$

Sie lässt sich aus der Dreiecksungleichung herleiten:

$|a| = |a+b-b|$
$\leq |a+b| + |-b| = |a+b| + |b|,$

also $|a+b| \geq |a| - |b|$; ebenso folgt $|a+b| \geq |b| - |a|$.

Man kann diese Ungleichung und die Dreiecksungleichung folgendermaßen zusammenfassen: Für $a, b \in \mathbb{R}$ gilt

$$||a| - |b|| \leq |a \pm b| \leq |a| + |b|.$$

Dreiecksverteilung: eine *stetige* ↑ Wahrscheinlichkeitsverteilung, wenn der Graph ihrer Wahrscheinlichkeitsdichte die Form eines gleichschenkligen Dreiecks hat (Abb. 1).

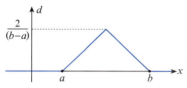

Dreiecksverteilung (Abb. 1): stetige Dreiecksverteilung

Ein Beispiel für eine *diskrete* Dreiecksverteilung wird durch die Augensumme beim zweimaligen Würfeln gegeben (Abb. 2).

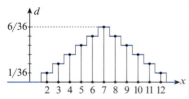

Dreiecksverteilung (Abb. 2): diskrete Dreiecksverteilung

Dreipunkteform der Ebenengleichung: die Gleichung

$$\vec{x} = \vec{a} + s(\vec{b} - \vec{a}) + t(\vec{c} - \vec{a}) \quad (s, t \in \mathbb{R})$$

der ↑ Ebene durch die drei Punkte mit den Ortsvektoren $\vec{a}, \vec{b}, \vec{c}$.

Durchstoßpunkt: der Punkt, in dem eine Ebene von einer nicht zu ihr parallelen Geraden geschnitten (durchstoßen) wird (↑ Ebenenschnitte).

E

e: die ↑ eulersche Zahl 2,71828...
Ebene: Grundbegriff der räumlichen Geometrie wie Punkt und Gerade. Genau eine Ebene geht

- durch drei Punkte, die nicht auf einer Geraden liegen,
- durch eine Gerade und einen nicht auf ihr liegenden Punkt,
- durch zwei verschiedene sich schneidende oder parallele Geraden.

Zwei Ebenen sind parallel oder schneiden sich in einer Geraden.
Ebenenbündel: die Menge aller Ebenen, die genau einen Punkt (**Trägerpunkt**) gemeinsam haben (Abb. 1).

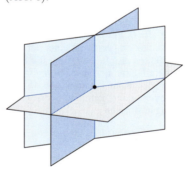

Ebenenbündel (Abb. 1): drei Ebenen eines Ebenenbündels mit ihrem Trägerpunkt

Ebenenbüschel: die Menge aller Ebenen, die genau eine Gerade (**Trägergerade**) gemeinsam haben (Abb. 1, S. 90).
Ebenengleichung: eine Gleichung, die in einem räumlichen Koordinatensystem eine Ebene beschreibt. Jede in den Koordinaten lineare Gleichung beschreibt eine Ebene und umgekehrt. Bezeichnen wir die Koordinaten allgemein mit x_1, x_2, x_3, so hat eine

Ebenengleichung

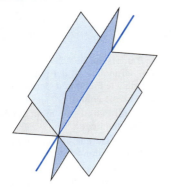

Ebenenbüschel (Abb. 1): drei Ebenen eines Ebenenbüschels mit ihrer Trägergeraden

Ebene eine **Koordinatengleichung** der Form

$$a_1 x_1 + a_2 x_2 + a_3 x_3 = b.$$

Dabei sind die Koeffizienten a_1, a_2, a_3 nicht alle 0. Für $b = 0$ geht die Ebene durch den Ursprung. Ist einer der Koeffizienten $a_i = 0$, dann liegt die Ebene parallel zur x_i-Achse. Ist $b \neq 0$ und jeder der Koeffizienten von 0 verschieden, dann kann man die Gleichung umformen zu

$$\frac{x_1}{u_1} + \frac{x_2}{u_2} + \frac{x_3}{u_3} = 1$$

(**Achsenabschnittsform** der Ebenengleichung, Abb. 1).

■ Parameterform der Ebenengleichung

Ist A ein Punkt (mit dem Ortsvektor $\vec{a}$) der Ebene E und sind $\vec{u}, \vec{v}$ linear unabhängige Vektoren parallel zu E, dann ist

$$\vec{x} = \vec{a} + s\vec{u} + t\vec{v} \quad (s, t \in \mathbb{R})$$

eine **Parametergleichung** von E mit den Parametern s und t. Da die Ebene durch einen Punkt und die Richtung der Vektoren gegeben ist, nennt man die Parameterform auch die **Punkt-**

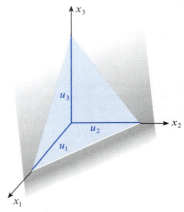

Ebenengleichung (Abb. 1): Achsenabschnittsform der Ebenengleichung

Richtungs-Form der Ebenengleichung.

Durchlaufen die Parameter unabhängig voneinander die Menge $\mathbb{R}$ der reellen Zahlen, dann wird jeder Punkt der Ebene erreicht, d.h., es ergibt sich die Menge der Ortsvektoren aller Punkte von E. Der Ortsvektor $\vec{a}$ heißt **Stützvektor**, der zugehörige Punkt **Stützpunkt**; die Vektoren $\vec{u}, \vec{v}$ heißen **Spannvektoren** der Ebene (Abb. 2). Genau dann beschreibt

$$\vec{x} = \vec{a}' + s\vec{u}' + t\vec{v}' \quad (s, t \in \mathbb{R})$$

dieselbe Ebene, wenn $\vec{a} - \vec{a}', \vec{u}', \vec{v}'$ ↑ Linearkombinationen von $\vec{u}$ und $\vec{v}$

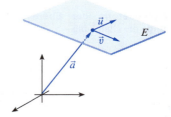

Ebenengleichung (Abb. 2): Ebene mit dem Stützvektor $\vec{a}$ und den Spannvektoren $\vec{u}, \vec{v}$

Ebenengleichung

sind. Sie beschreibt eine zu E parallele Ebene, wenn nur $\vec{u}', \vec{v}'$ Linearkombinationen von $\vec{u}$ und $\vec{v}$ sind.

Die Ebene durch die nicht auf einer gemeinsamen Geraden liegenden Punkte mit den Ortsvektoren $\vec{a}, \vec{b}, \vec{c}$ hat den Stützvektor $\vec{a}$ sowie die Spannvektoren $\vec{b}-\vec{a}$ und $\vec{c}-\vec{a}$, also die Gleichung

$$\vec{x} = \vec{a} + s(\vec{b}-\vec{a}) + t(\vec{c}-\vec{a})$$

(**Dreipunkteform** der Ebenengleichung).

■ Normalenform der Ebenengleichung

Ist $\vec{n}$ zur Ebene E rechtwinklig (↑ Normalenvektor) und ist und $\vec{a}$ ein Stützvektor von E, dann genügen die Ortsvektoren $\vec{x}$ der Punkte von E der Gleichung

$$\vec{n} \cdot (\vec{x}-\vec{a}) = 0,$$

wobei »·« das ↑ Skalarprodukt bedeutet. Dies ist eine **Normalengleichung** oder eine Normalenform der Ebenengleichung. Man erhält eine Normalenform aus einer Parametergleichung, wenn man einen zu den Spannvektoren $\vec{u}, \vec{v}$ orthogonalen Vektor $\vec{n} \neq \vec{o}$ bestimmt, entweder mithilfe des ↑ Vektorprodukts oder durch Lösen des homogenen LGS

$$u_1 n_1 + u_2 n_2 + u_3 n_3 = 0$$
$$v_1 n_1 + v_2 n_2 + v_3 n_3 = 0.$$

Umgekehrt ergibt sich aus einer Normalenform eine Parametergleichung, wenn man zwei linear unabhängige Lösungen der Gleichung

$$n_1 y_1 + n_2 y_2 + n_3 y_3 = 0$$

berechnet.

Ist der Normalenvektor in der Normalenform ein Einheitsvektor, also $|\vec{n}| = 1$, und wählt man das Vorzeichen von $\vec{n}$ so, dass $\vec{n} \cdot \vec{a} \geq 0$, dann ist

$$\vec{n} \cdot (\vec{x}-\vec{a}) = 0$$

die ↑ Hesse-Normalform der Ebenengleichung. Mit dieser Form lässt sich der Abstand d eines Punktes P von der Ebene E besonders leicht berechnen (Abb. 3): Es ist

$$d = \vec{n} \cdot (\vec{p}-\vec{a}).$$

Aus dem Vorzeichen von d kann man Aussagen über die Lage von P bezüglich E herleiten: Für $d > 0$ liegt P in dem Halbraum bezüglich E, in den $\vec{n}$ weist, für $d = 0$ liegt P auf E, und für $d < 0$ liegt P in dem Halbraum bezüglich E, in den $\vec{n}$ nicht weist.

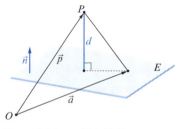

Ebenengleichung (Abb. 3): Hesse-Normalform

Schreibt man die Normalenform $\vec{n} \cdot \vec{x} = \vec{n} \cdot \vec{a}$ in Koordinaten, so ergibt sich eine Koordinatengleichung

$$n_1 x_1 + n_2 x_2 + n_3 x_3 = c$$

mit $c = n_1 a_1 + n_2 a_2 + n_3 a_3$. Aus einer Koordinatengleichung kann man auch sofort einen Normalenvektor ablesen, denn ihre Koeffizienten sind gerade die Koordinaten eines solchen Normalvektors.

■ Spurpunkte und Spurgeraden

Die Schnittpunkte einer Ebene mit den Koordinatenachsen heißen die **Spurpunkte** der Ebene. Die Ebene mit der Gleichung

$$a_1 x_1 + a_2 x_2 + a_3 x_3 = b$$

Ebenenschnitte

hat die Spurpunkte

$$D_1\left(\frac{b}{a_1}\right), D_2\left(\frac{b}{a_2}\right), D_3\left(\frac{b}{a_3}\right),$$

falls $a_1 \neq 0$ bzw. $a_2 \neq 0$ bzw. $a_3 \neq 0$.
Die Schnittgeraden einer Ebene mit den Koordinatenebenen heißen die **Spurgeraden** der Ebene. Die Spurgeraden der Ebene mit der Gleichung

$$a_1 x_1 + a_2 x_2 + a_3 x_3 = b$$

sind

- $g_1: a_2 x_2 + a_3 x_3 = b$ in der $x_2 x_3$-Ebene,
- $g_2: a_1 x_1 + a_3 x_3 = b$ in der $x_1 x_3$-Ebene,
- $g_3: a_1 x_1 + a_2 x_2 = b$ in der $x_1 x_2$-Ebene,

falls $(a_2|a_3) \neq (0|0)$ bzw. $(a_1|a_3) \neq (0|0)$ bzw. $(a_1|a_2) \neq (0,0)$.
Mithilfe der Spurgeraden kann man sehr anschauliche Darstellungen von Ebenen in einem Koordinatensystem zeichnen (Abb. 4).

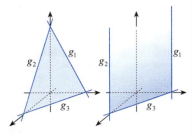

Ebenengleichung (Abb. 4): Spurgeraden

Ebenenschnitte: Zwei nichtparallele Ebenen schneiden sich in einer Geraden. Drei Ebenen, von denen je zwei nicht parallel sind, schneiden sich in einer Geraden (wenn sie zu einem Ebenenbüschel gehören) oder in einem Punkt. Eine Gerade, die nicht parallel zu einer Ebene ist, schneidet diese Ebene in einem Punkt (**Durchstoßpunkt**).

■ Schnittgerade zweier Ebenen

Die Schnittgerade der Ebenen

$$E: a_1 x_1 + a_2 x_2 + a_3 x_3 = c,$$
$$F: b_1 x_1 + b_2 x_2 + b_3 x_3 = d$$

ergibt sich als Lösung des LGS

$$\begin{cases} a_1 x_1 + a_2 x_2 + a_3 x_3 = c \\ b_1 x_1 + b_2 x_2 + b_3 x_3 = d. \end{cases}$$

Ein Richtungsvektor der Schnittgeraden (↑ Geradengleichungen) ergibt sich als Vektorprodukt von Normalenvektoren der beiden Ebenen.
Die Schnittgerade der Ebenen

$$E: \vec{x} = \vec{a} + q\vec{u} + r\vec{v} \quad (q, r \in \mathbb{R})$$
$$F: \vec{x} = \vec{b} + s\vec{w} + t\vec{z} \quad (s, t \in \mathbb{R})$$

ergibt sich, wenn man mithilfe des LGS

$$\begin{cases} a_1 + u_1 q + v_1 r = b_1 + w_1 s + z_1 t \\ a_2 + u_2 q + v_2 r = b_1 + w_2 s + z_2 t \\ a_3 + u_3 q + v_3 r = b_1 + w_3 s + z_3 t \end{cases}$$

q durch r ausdrückt und in die Gleichung von E einsetzt (oder s durch t ausdrückt und in die Gleichung von F einsetzt).

■ Durchstoßpunkt einer Geraden durch eine Ebene

Der Schnittpunkt der Geraden $g: \vec{x} = \vec{p} + t\vec{u}$ mit der nicht zu ihr parallelen Ebene

$$E: a_1 x_1 + a_2 x_2 + a_3 x_3 = b$$

ergibt sich aus der Gleichung

$$a_1(p_1 + tu_1) + a_2(p_2 + tu_2) + a_3(p_3 + tu_3) = b.$$

Man setzt die Lösung

$$t = -\frac{a_1 p_1 + a_2 p_2 + a_3 p_3}{a_1 u_1 + a_2 u_2 + a_3 u_3}$$

in die Geradengleichung ein. Fasst man die Koeffizienten der Ebenengleichung zu einem Vektor $\vec{a}$ (Normalenvektor) zusammen, so kann man dies mithilfe des Skalarprodukts ausdrücken: Der Schnittpunkt hat den Ortsvektor

$$\vec{p} - \frac{\vec{a} \cdot \vec{p}}{\vec{a} \cdot \vec{u}} \vec{u}.$$

Dabei ist $\vec{a} \cdot \vec{u} \neq 0$, da andernfalls die Gerade zur Ebene parallel wäre.

Ehrenfest-Modell [nach PAUL EHRENFEST; *1880, †1933]: ein stochastisches Modell zur Beschreibung der Diffusion von Gasen (↑ Markow-Kette).

Eigenraum: Unterraum eines ↑ Vektorraums, der aus allen ↑ Eigenvektoren zu einem gegebenen Eigenwert einer gegebenen ↑ linearen Abbildung des Vektorraums in sich besteht.

Eigenvektor: Zu einer ↑ linearen Abbildung A eines Vektorraums V auf sich selbst heißt ein Vektor $\vec{v} \neq \vec{o}$ Eigenvektor, wenn eine Zahl λ mit $A\vec{v} = \lambda\vec{v}$ existiert. Die Zahl λ heißt dann ein **Eigenwert** von A. Die Summe zweier Eigenvektoren zu λ und jedes Vielfache $\neq \vec{o}$ eines Eigenvektors zu λ ist wieder ein Eigenvektor zu λ. Zusammen mit dem Nullvektor bildet die Menge aller Eigenvektoren zu einem festen Eigenwert λ also einen Unterraum von V, welchen man den **Eigenraum** von λ nennt und mit $E(\lambda)$ bezeichnet.

Da man jede lineare Abbildung von V in sich durch eine (quadratische) Matrix (↑ Darstellungsmatrix) beschreiben kann, sprechen wir im Folgenden von Eigenwerten, Eigenvektoren und Eigenräumen einer (quadratischen) Matrix.

■ **Rechnen mit Eigenvektoren**

Es sei A eine (n,n)-Matrix mit reellen Einträgen. Die Bedingung

$$A\vec{v} = \lambda\vec{v} \text{ bzw. } (A - \lambda E)\vec{v} = \vec{o}$$

(E ist die Einheitsmatrix) beschreibt ein homogenes ↑ lineares Gleichungssystem für $v_1, v_2, \ldots, v_n$. Ein solches Gleichungssystem hat genau dann von $\vec{o}$ verschiedene Lösungen, wenn die ↑ Determinante von $A - \lambda E$ verschwindet. Also sind die Eigenwerte von A die Lösungen der Gleichung

$$\det(A - \lambda E) = 0.$$

Dies ist eine ↑ Polynomgleichung in λ vom Grad n und heißt charakteristische Gleichung von A. Das Polynom $\det(A - \lambda E)$ heißt ↑ charakteristisches Polynom von A.

Der Aufwand zur Berechnung von Eigenwerten steigt mit dem Grad der Matrix enorm. Insbesondere gibt es für die charakteristische Gleichung von Matrizen mit einem höheren Grad als 4 keine allgemeine Lösungsformel mehr, nur Spezialfälle sind lösbar. ■

Die charakteristische Gleichung hat höchstens n reelle Lösungen.

Ist λ ein Eigenwert von A, dann ist der Eigenraum $E(\lambda)$ der Lösungsraum des homogenen linearen Gleichungssystems $(A - \lambda E)\vec{v} = \vec{o}$.

Beispiel: Die Matrix

$$A = \begin{pmatrix} 1 & 0 & 0 \\ 0 & 1 & 1 \\ 0 & 0 & 2 \end{pmatrix}$$

hat die charakteristische Gleichung

$$(1-\lambda)(1-\lambda)(2-\lambda) = 0$$

mit den Lösungen $\lambda_1 = 1$ (doppelte Lösung) und $\lambda_2 = 2$ (einfache Lösung). Aus den Eigenwerten kann man den Eigenraum von A berechnen:

$$(A - \lambda_1 E)\vec{v} = \begin{pmatrix} 0 & 0 & 0 \\ 0 & 0 & 1 \\ 0 & 0 & 1 \end{pmatrix} \vec{v} = \vec{o}$$

Eigenwert

liefert den zweidimensionalen Eigenraum

$$E(\lambda_1) = \left\{ s\begin{pmatrix}1\\0\\0\end{pmatrix} + t\begin{pmatrix}0\\1\\0\end{pmatrix} \middle| s,t \in \mathbb{R} \right\}.$$

$$(A - \lambda_2 E)\vec{v} = \begin{pmatrix}-1 & 0 & 0\\ 0 & -1 & 1\\ 0 & 0 & 0\end{pmatrix}\vec{v} = \vec{o}$$

liefert den eindimensionalen Eigenraum

$$E(\lambda_2) = \left\{ t\begin{pmatrix}0\\1\\1\end{pmatrix} \middle| t \in \mathbb{R} \right\}.$$

■ **Anwendungen von Eigenvektoren**

Eigenvektoren haben viele Anwendungen in Mathematik und Physik. Sie dienen z. B. zur Klassifikation und Normierung ↑ affiner Abbildungen. Dort gibt ein Eigenvektor $\vec{u} \neq \vec{o}$ eine Fixrichtung der Abbildung an.

Eigenvektoren lassen sich auch zur Klassifikation und Normierung von Kurven und Flächen zweiter Ordnung anwenden. Hierbei liegen symmetrische Matrizen vor, also Matrizen, die spiegelbildlich zur Hauptdiagonalen gleiche Elemente besitzen. Für eine quadratische symmetrische Matrix A mit reellen Einträgen gilt:

- Alle Eigenwerte von A sind reell.
- Eigenvektoren zu verschiedenen Eigenwerten sind zueinander orthogonal.
- Die Dimension des Eigenraums zum Eigenwert λ ist gleich der Vielfachheit von λ als Lösung der charakteristischen Gleichung.
- Es gibt in geeigneten Fällen eine orthogonale Matrix C derart, dass $C^{-1}AC$ eine Diagonalmatrix ist mit den Eigenwerten von A als Diagonalelementen.

Eigenwert: zu einer ↑ linearen Abbildung A eines Vektorraums in sich eine Zahl λ, wenn ein Vektor $\vec{v} \neq \vec{o}$ mit $A\vec{v} = \lambda\vec{v}$ existiert.

Neben *Kindergarten, Kursaal, Rucksack* und *Waldsterben* ist auch *Eigenwert* eines der wenigen deutschen Wörter, die in andere Sprachen als Fremdwort aufgenommen worden sind. Allerdings sagt man im Englischen *eigenvalue*. ■

Einheitskreis: in einem ↑ kartesischen Koordinatensystem der Kreis um den Ursprung mit dem Radius 1.

Einheitsmatrix: die ↑ quadratische Matrix

$$E := \begin{pmatrix}1 & 0 & 0 & 0 & \ldots & 0\\ 0 & 1 & 0 & 0 & \ldots & 0\\ 0 & 0 & 1 & 0 & \ldots & 0\\ 0 & 0 & 0 & 1 & \ldots & 0\\ \vdots & \vdots & \vdots & \vdots & & \vdots\\ 0 & 0 & 0 & 0 & \ldots & 1\end{pmatrix}.$$

Sie ist neutrales Element bei der Multiplikation von ↑ Matrizen.

Einheitsvektor: ein ↑ Vektor vom Betrag 1.

Einheitswurzel: eine ↑ komplexe Lösung der Gleichung $z^n = 1$ (n-te Einheitswurzel). In der gaußschen Zahlenebene liegen die Einheitswurzeln auf dem ↑ Einheitskreis. Die n-ten Einheitswurzeln lauten

$$\cos\frac{2\pi k}{n} + i\sin\frac{2\pi k}{n} \ (k = 1, 2, \ldots, n).$$

Einhüllende: ↑ Enveloppe.

Einschließungskriterium: eine Regel, mit der man aus der Konvergenz zweier Folgen bzw. Funktionen auf die Konvergenz einer dritten Folge bzw. Funktion schließen kann.

Folgen: Sind $\langle a_n \rangle, \langle b_n \rangle, \langle c_n \rangle$ Zahlenfolgen mit

$$a_n \leq b_n \leq c_n \text{ für alle } n \in \mathbb{N}$$

einseitiger Grenzwert

und konvergieren $\langle a_n \rangle$ und $\langle c_n \rangle$ beide gegen den Grenzwert γ, dann konvergiert auch $\langle b_n \rangle$ gegen γ.

Funktionen: Sind $f(x), g(x), h(x)$ Funktionen mit

$$f(x) \leq g(x) \leq h(x)$$

für alle $x \in D(f) \cap D(g) \cap D(h)$ und ist $x_0 \in D(f) \cap D(g) \cap D(h)$, dann folgt aus

$$\lim_{x \to x_0} f(x) = \lim_{x \to x_0} h(x) = \gamma,$$

dass auch $\lim_{x \to x_0} g(x) = \gamma$. Dasselbe gilt auch für einseitige Grenzwerte und für die Grenzübergänge $x \to \pm\infty$.

einseitige Ableitung: Wenn für eine Funktion f an der Stelle x_0 der rechtsseitige Grenzwert (↑ einseitiger Grenzwert)

$$\lim_{x \to x_0^+} \frac{f(x) - f(x_0)}{x - x_0}$$

existiert, so bezeichnet man ihn als rechtsseitige Ableitung von f an der Stelle x_0. Man nennt dann f an der Stelle x_0 rechtsseitig differenzierbar. Entsprechend sind die Begriffe linksseitige Ableitung und linksseitig differenzierbar definiert. Zusammenfassend spricht man von einseitiger Ableitung und von einseitig differenzierbar. Ist f an der Stelle x_0 links- und rechtsseitig differenzierbar und stimmen diese einseitigen Ableitungen überein, ist ferner f an der Stelle x_0 stetig, so ist f an der Stelle x_0 differenzierbar und es gilt

$$\lim_{x \to x_0^-} \frac{f(x) - f(x_0)}{x - x_0} = f'(x_0)$$
$$= \lim_{x \to x_0^+} \frac{f(x) - f(x_0)}{x - x_0}.$$

Beispiel 1: Die Betragsfunktion $x \mapsto |x|$ hat an der Stelle 0 die linksseitige Ableitung -1 und die rechtsseitige Ableitung $+1$.

Beispiel 2: Für die Funktion

$$f : x \mapsto \begin{cases} \arctan \dfrac{1}{x} & \text{für } x \neq 0 \\ 0 & \text{für } x = 0 \end{cases}$$

gilt (vgl. Abb. 1)

$$\lim_{x \to 0^-} \frac{f(x) - f(0)}{x - 0} = \lim_{x \to 0^-} \frac{1}{x} \arctan \frac{1}{x}$$
$$= -1;$$

derselbe Wert ergibt sich als rechtsseitige Ableitung. Da f an der Stelle 0 nicht stetig ist, existiert die Ableitung an der Stelle 0 jedoch nicht.

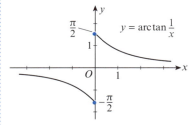

einseitige Ableitung (Abb. 1): links- und rechtsseitige Ableitungen an der Stelle 0

einseitiger Grenzwert: Beschränkt man sich bei der Bildung des ↑ Grenzwerts einer Funktion f an der Stelle x_0 auf Werte $x > x_0$, so erhält man den **rechtsseitigen Grenzwert** von f an der Stelle x_0. Man schreibt dafür

$$\lim_{x \to x_0^+} f(x).$$

Der rechtsseitige Grenzwert existiert genau dann, wenn für jede ↑ Folge $\langle x_n \rangle$ aus $D(f)$ mit $x_n > x_0$ für alle $n \in \mathbb{N}$ und $\lim_{n \to \infty} x_n = x_0$ der Grenzwert $\lim_{n \to \infty} f(x_n)$ existiert und für alle solchen Folgen den gleichen Wert hat. Analog ist der **linksseitige Grenzwert**

$$\lim_{x \to x_0^-} f(x)$$

definiert; hier nähert sich x »von links« der Stelle x_0.

einseitiger Test

Stimmen rechtsseitiger und linksseitiger Grenzwert an der Stelle x_0 überein, so existiert auch der Grenzwert, und es gilt

$$\lim_{x \to x_0^-} f(x) = \lim_{x \to x_0} f(x) = \lim_{x \to x_0^+} f(x).$$

Beispiel 1: Für die ↑ Ganzteilfunktion $f : x \mapsto [x]$ gilt $\lim_{x \to 2^-} f(x) = 1$ und $\lim_{x \to 2^+} f(x) = 2$ (Abb. 1).

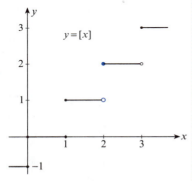

einseitiger Grenzwert (Abb. 1): Ganzteilfunktion

Beispiel 2: Für die Funktion

$$f : x \mapsto \arctan \frac{1}{x} \quad \text{gilt}$$

$$\lim_{x \to 0^-} f(x) = -\frac{\pi}{2}, \; \lim_{x \to 0^+} f(x) = +\frac{\pi}{2}$$

einseitiger Test: Test einer Hypothese über eine unbekannte Wahrscheinlichkeit der Form $p \leq p_0$ oder $p \geq p_0$ (↑ Testen von Hypothesen).

Eins|element: in einem Ring oder Körper das ↑ neutrale Element bezüglich der Multiplikation. Das Einselement im Ring der n-reihigen quadratischen ↑ Matrizen ist die ↑ Einheitsmatrix.

Einsiedler: ↑ isolierter Punkt.

Ein- und Ausschaltformel: die Verallgemeinerung der ↑ Siebformel.

elementare Funktion: eine Funktion, die man nach folgender zweckmäßiger, aber nicht strenger Definition charakterisiert: Eine Funktion heißt elementar, wenn sie aus den Funktionen

$f_0 : x \mapsto c$ ($c \in \mathbb{R}$; konstante Funktion),
$f_1 : x \mapsto x$ (identische Funktion),
$f_2 : x \mapsto e^x$ (Exponentialfunktion),
$f_3 : x \mapsto \sin x$ (Sinusfunktion)

durch eine endliche Anzahl von Anwendungen der folgenden Operationen entsteht (ggf. unter geeigneter Einschränkung des Definitionsbereichs):
(1) Addition $f + g$;
(2) Multiplikation $f \cdot g$;
(3) Kehrwertbildung $\frac{1}{f}$, falls $f(x) \neq 0$;
(4) Verkettung $f \circ g$, falls der Bildbereich von g in $D(f)$ liegt;
(5) Umkehrung f^{-1}, falls f bijektiv ist.

Beispiel: Die Funktion

$$x \mapsto \ln \sqrt{\sin^2 x + 1}$$

ist eine elementare Funktion, denn sie lässt sich in der Form

$$f_2^{-1} \circ (f_1 \cdot f_1)^{-1} \circ (f_3 \cdot f_3 + 1)$$

schreiben.

Elementare Funktionen sind differenzierbar, ihre Ableitungsfunktionen sind wieder elementare Funktionen. Es gibt elementare Funktionen, deren ↑ Stammfunktionen nicht elementar sind; beispielsweise ist

$$x \mapsto \int_1^x t^t \, dt$$

nicht elementar, obwohl $x \mapsto x^x$ eine elementare Funktion ist. Hat eine Funktion elementare Stammfunktionen, so nennt man sie *elementar integrierbar*. Der Nachweis, dass eine

Funktion nicht elementar integrierbar ist, ist i.d.R. ziemlich schwierig.

Elementarereignis: ein ↑ Ereignis in einem Zufallsversuch, das nur aus einem einzigen ↑ Ausfall besteht.

elementare Umformung: eine bestimmte Veränderung einer Matrix oder einer Menge von Vektoren, welche die Dimension des durch die Vektoren aufgespannten Raumes bzw. den ↑ Rang der Matrix nicht ändert.

Matrizen: Als elementare Umformungen einer (n, m)-Matrix A bezeichnet man die folgenden Veränderungen dieser Matrix:

(E 1) Vertauschen zweier Zeilen bzw. zweier Spalten von A.

(E 2) Multiplikation von jedem Element einer Zeile (Spalte) von A mit einer reellen Zahl $k \neq 0$.

(E 3) Addition des k-fachen einer Zeile (Spalte) von A zu einer anderen Zeile (Spalte) von A.

Je nachdem, woran die Umformungen vorgenommen werden, spricht man von elementaren Zeilen- oder Spaltenumformungen. Als Schreibweise vereinbaren wir:

(E1): $z_i \leftrightarrow z_j \; (s_i \leftrightarrow s_j)$:
Die i-te und die j-te Zeile (Spalte) von A werden vertauscht.

(E2): $z_i \to kz_i \; (s_i \to ks_i)$:
Die i-te Zeile (Spalte) von A wird mit k multipliziert.

(E3): $z_i \to z_i + kz_j \; (s_i \to s_i + ks_j)$:
Zur i-ten Zeile (Spalte) wird das k-fache der j-ten Zeile (Spalte) addiert.

Überführt man eine Matrix A durch elementare Umformungen in eine Matrix A', so haben A und A' denselben Rang. Dies lässt sich zur Rangbestimmung von Matrizen nutzen, indem man A durch elementare Umformungen verändert, bis man eine Matrix erhält, deren Rang man direkt ablesen kann (↑ Rang einer Matrix). Es gilt: Durch elementare Umformungen kann man jede (n, m)-Matrix A in eine (n, m)-Matrix A' mit $r = \text{Rang}\, A$ ($r \leq n, r \leq m$) umwandeln, die genau r Einsen (in der Hauptdiagonalen) und sonst nur Nullen enthält. A' hat also die Form

$$\begin{pmatrix} 1 & 0 & \cdots & \cdots & \cdots & \cdots & \cdots & 0 \\ 0 & \ddots & \ddots & & & & & \vdots \\ \vdots & \ddots & 1 & & r\text{-te Zeile} & & & \vdots \\ \vdots & & & \ddots & 0 & \ddots & & \vdots \\ \vdots & & & & & \ddots & \ddots & \vdots \\ 0 & \cdots & \cdots & 0 & 0 & 0 & \cdots & 0 \end{pmatrix}.$$

Beispiel:

$$A = \begin{pmatrix} 1 & -1 & 2 & 0 \\ 0 & 2 & 1 & 4 \\ 2 & 1 & -1 & -3 \end{pmatrix} \in \mathbb{R}_{3,4}.$$

Nach $z_3 \to z_3 - 2z_1$ erhält man

$$\begin{pmatrix} 1 & -1 & 2 & 0 \\ 0 & 2 & 1 & 4 \\ 0 & 3 & -5 & -3 \end{pmatrix};$$

$s_2 \to s_2 + s_1, s_3 \to s_3 - 2s_1$:

$$\begin{pmatrix} 1 & 0 & 0 & 0 \\ 0 & 2 & 1 & 4 \\ 0 & 3 & -5 & -3 \end{pmatrix};$$

$s_4 \to s_4 + s_2$,

danach $s_4 \leftrightarrow s_2, s_2 \to \frac{1}{6} s_2$:

$$\begin{pmatrix} 1 & 0 & 0 & 0 \\ 0 & 1 & 1 & 2 \\ 0 & 0 & -5 & 3 \end{pmatrix};$$

$s_3 \to s_3 - s_2, \; s_4 \to s_4 - 2s_2$,

danach $s_3 \to -\frac{1}{5} s_3$:

$$\begin{pmatrix} 1 & 0 & 0 & 0 \\ 0 & 1 & 0 & 0 \\ 0 & 0 & 1 & 3 \end{pmatrix}.$$

Schließlich $s_4 \to s_4 - 3s_3$:

$$A' = \begin{pmatrix} 1 & 0 & 0 & 0 \\ 0 & 1 & 0 & 0 \\ 0 & 0 & 1 & 0 \end{pmatrix}.$$

Entsprechend der Rangbestimmung verfährt man auch bei der Lösung eines ↑ linearen Gleichungssystems S mithilfe des gaußschen Algorithmus: Man wandelt S in ein System S' mit gleicher Lösungsmenge L um, aus dem L direkt abzulesen oder leicht zu berechnen ist. Die dabei an S vorgenommenen Änderungen heißen äquivalente Umformungen von S und entsprechen genau den elementaren Zeilenumformungen der erweiterten Koeffizientenmatrix A_e des Systems S.

Vektoren: Für die Menge $\{\vec{v}_1, \ldots, \vec{v}_n\}$ von Vektoren eines Vektorraumes V bezeichnet man die folgenden Umformungen dieser Menge als elementar:

(E 2) Multiplikation eines Vektors $\vec{v}_i$ mit einer Zahl $k \neq 0$,

(E 3) Addition des k-fachen eines Vektors $\vec{v}_j$ zu einem Vektor $\vec{v}_i$.

Die bei den Matrizen mit (E1) bezeichnete Umformung entfällt, da es bei einer Menge auf die Reihenfolge der Vektoren – im Gegensatz zur Reihenfolge der Zeilen (Spalten) einer Matrix – nicht ankommt. Elementare Umformungen erhalten die ↑ lineare Abhängigkeit bzw. Unabhängigkeit von Vektoren. Wenn man also von $\{\vec{v}_1, \ldots, \vec{v}_n\}$ zu $\{\vec{v}'_1, \ldots, \vec{v}'_n\}$ durch elementare Umformungen gelangen kann, so sind entweder $\{\vec{v}_1, \ldots, \vec{v}_n\}$ und $\{\vec{v}'_1, \ldots, \vec{v}'_n\}$ zugleich linear abhängig oder zugleich linear unabhängig. Man benutzt elementare Umformungen daher zur Untersuchung von Vektoren auf lineare Abhängigkeit bzw. Unabhängigkeit.

Auch ↑ Erzeugnisse werden durch elementare Umformungen eines ↑ Erzeugendensystems nicht verändert; wenn man also $\{\vec{v}'_1, \ldots, \vec{v}'_n\}$ aus $\{\vec{v}_1, \ldots, \vec{v}_n\}$ durch elementare Umformungen erhält, so ist

$$\langle v_1, \ldots, v_n \rangle = \langle v'_1, \ldots, v'_n \rangle.$$

Diese Eigenschaft wird häufig verwendet, um aus einem Erzeugendensystem eines Vektorraumes eine ↑ Basis zu konstruieren.

elementar integrierbar: bezeichnet eine stetige Funktion, deren ↑ Stammfunktionen ↑ elementare Funktionen sind.

Ellipse [von griechisch »Mangel«]: im geometrischen Sinne ein Kegelschnitt, im algebraischen Sinne eine Kurve zweiter Ordnung.

Ellipsoid: eine ↑ Fläche zweiter Ordnung. Die Schnittlinien eines Ellipsoids mit Ebenen sind Ellipsen.

elliptisch: ellipsenförmig. Eine ↑ Fläche zweiter Ordnung heißt elliptisch, wenn sie von einer Schar paralleler Ebenen in Ellipsen geschnitten wird, z. B. elliptisches Paraboloid.

elliptischer Zylinder: ein Zylinder mit elliptischer Grundfläche, eine ↑ Fläche zweiter Ordnung. Die Schnittlinien eines elliptischen Zylinders mit Ebenen sind Ellipsen und Paare paralleler Geraden.

elliptisches Paraboloid: eine ↑ Fläche zweiter Ordnung. Die Schnittlinien eines elliptischen Paraboloids mit Ebenen sind Ellipsen und Parabeln.

empirisches Gesetz der großen Zahlen: ↑ Gesetz der großen Zahlen.

endlichdimensional: bezeichnet die Eigenschaft eines ↑ Vektorraums, der eine aus endlich vielen Elementen bestehende ↑ Basis besitzt.

endlich erzeugt: bezeichnet die Eigenschaft einer algebraischen Struktur, die aus endlich vielen ihrer Elemente durch Anwenden der in ihr definierten Operationen entsteht. Besitzt ein ↑ Vektorraum eine endliche ↑ Basis, dann ist er endlich erzeugt.

Endomorphismus: ein ↑ Homomorphismus einer algebraischen Struktur in sich selbst.

Entscheidungsregel: beim ↑ Testen von Hypothesen die Festlegung des Ablehnungsbereiches und damit die Festlegung einer Regel zur Ablehnung der Hypothese.
Entwicklung:
◆ *Lineare Algebra:* eine Rechenregel zum Berechnen einer ↑ Determinante (Entwicklung nach einer Zeile oder einer Spalte).
◆ *Analysis:* die Darstellung einer Funktion in einer ↑ Taylor-Reihe (Taylor-Entwicklung) oder einem anderen Reihentyp.
Enveloppe [ãvə'lɔp(ə); französisch »Umhüllung«] (Hüllkurve, Einhüllende): zu einer unendlichen ↑ Kurvenschar die Kurve, die von jeder Kurve der Schar berührt wird und von der auch umgekehrt jeder Punkt Berührpunkt einer Kurve der Schar ist.
Beispiel 1: Die Ellipsen, bei denen das Produkt der Halbachsen a und b den festen Wert r hat, bilden eine Kurvenschar mit der Schargleichung

$$\frac{x^2}{a^2}+\frac{a^2 y^2}{r^2}=1$$

mit dem Parameter a. Als Enveloppen ergeben sich die Hyperbeln mit den Gleichungen

$$xy=\frac{r}{2} \text{ und } xy=-\frac{r}{2}$$

(Abb. 1).
Beispiel 2: Jede Kurve ist die Enveloppe der Schar ihrer Tangenten. Die Normalparabel ($y=x^2$) ist Enveloppe der Geradenschar mit

$$y=2ax-a^2 \quad (a\in\mathbb{R})$$

(Abb. 2), denn die Gleichung der Tangente im Parabelpunkt (x_0, x_0^2) lautet

$$y=2x_0 x-x_0^2.$$

Ist $F(x,y,a)=0$ die Schargleichung einer Kurvenschar mit dem Parameter a, so erhält man bei geeigne-

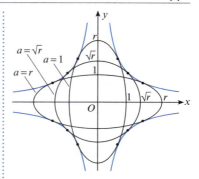

Enveloppe (Abb. 1): Hyperbeln als Enveloppe einer Ellipsenschar

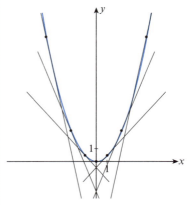

Enveloppe (Abb. 2): Parabel als Enveloppe ihrer Tangenten

ten Bedingungen an F (↑ Funktion mehrerer Variabler) die Enveloppe durch Auflösen des Gleichungssystems

$$F(x,y,a)=0$$
$$\frac{\partial F}{\partial a}(x,y,a)=0$$

$\left(\dfrac{\partial F}{\partial a}\text{ ist die ↑ partielle Ableitung}\right).$

Epimorphismus

Beispiel 3: Durch
$$\frac{x}{\cos\alpha}+\frac{y}{\sin\alpha}=1 \quad (\alpha\in[0;\pi[)$$
wird eine Geradenschar beschrieben. Von jeder dieser Geraden wird durch die Koordinatenachsen ein Stück der Länge 1 ausgeschnitten. Löst man das Gleichungssystem
$$\frac{x}{\cos\alpha}+\frac{y}{\sin\alpha}=1,$$
$$\frac{\sin\alpha}{\cos^2\alpha}\cdot x-\frac{\cos\alpha}{\sin^2\alpha}\cdot y=0$$
nach x, y auf, so erhält man die Parameterdarstellung der Enveloppe:
$$x=\cos^3\alpha,$$
$$y=\sin^3\alpha,$$
aus welcher sich die Gleichung
$$x^{\frac{2}{3}}+y^{\frac{2}{3}}=1$$
ergibt. Dies ist die Gleichung einer ↑ Asteroide (Abb. 3).

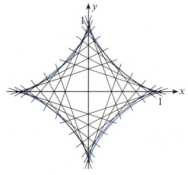

Enveloppe (Abb. 3): Asteroide als Enveloppe einer Geradenschar

Beispiel 4: Die Asteroide mit der Gleichung
$$x^{\frac{2}{3}}+y^{\frac{2}{3}}=1$$
erscheint auch als Enveloppe der Ellipsenschar
$$\frac{x^2}{a^2}+\frac{y^2}{(1-a)^2}=1.$$

Diese Ellipsen sind dadurch gekennzeichnet, dass die Summe der Halbachsen jeweils gleich 1 ist (Abb. 4).

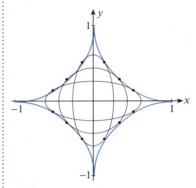

Enveloppe (Abb. 4): Asteroide als Enveloppe einer Ellipsenschar

Epimorphismus: ein surjektiver ↑ Homomorphismus einer algebraischen Struktur auf eine andere.

Epizykloide: ↑ Zykloide.

Epsilontik: die von K. ↑ WEIERSTRASS in die Analysis eingeführte Methode, infinitesimale Überlegungen nicht intuitiv zu begründen, sondern stets mit Abschätzungen zu operieren. Die dabei benutzte Variable für eine »beliebig kleine positive reelle Zahl« wird oft mit ε (griechischer Buchstabe epsilon) bezeichnet, woher der Name für diese Methode rührt.

Epsilonumgebung (ε-Umgebung): zu einer reellen Zahl a das offene Intervall $]a-\varepsilon;a+\varepsilon[$.

Ereignis: eine Teilmenge der Menge Ω der möglichen Ausfälle eines ↑ Zufallsversuchs.

∅ heißt das unmögliche Ereignis.
Ω heißt das sichere Ereignis.

Die Menge aller Ereignisse, die zu einem Zufallsversuch gehören, bildet den Ereignisraum des Zufallsversuchs. Der Ereignisraum ist also eine

Teilmenge der ↑ Potenzmenge der Menge aller möglichen Ausfälle.
Gilt für Ereignisse A, B die Beziehung $A \subseteq B$, so sagt man, A impliziert B oder A hat B zur Folge. Zwei Ereignisse A, B schließen sich aus, wenn $A \cap B = \emptyset$. Die Ereignisse heißen dann unvereinbar oder disjunkt.
Sind $E_1, E_2, \ldots, E_n$ paarweise disjunkte Ereignisse mit

$$E_1 \cup E_2 \cup \ldots \cup E_n = \Omega,$$

ist also

$$Z = \{E_1, E_2, \ldots, E_n\}$$

eine Zerlegung von Ω, so kann man $E_1, E_2, \ldots, E_n$ als die Ausfälle eines neuen Zufallsversuchs (mit endlich vielen Ausfällen) interpretieren.
In einem Zufallsversuch mit endlich vielen Ausfällen, also

$$\Omega = \{\omega_1, \omega_2, \ldots, \omega_n\},$$

heißen die einelementigen Ereignisse $\{\omega_i\}$ ($i = 1, 2, \ldots, n$) **Elementarereignisse**. Meistens unterscheidet man nicht zwischen Ausfall und Elementarereignis.
Der Begriff des Ereignisses tritt stets in Verbindung mit dem Begriff der ↑ Wahrscheinlichkeit auf, mit der man auch die ↑ Unabhängigkeit von Ereignissen definiert. Aus den Ereignissen kann man eine algebraische Struktur konstruieren, die Ereignisalgebra.

Ereignisalgebra: algebraische Struktur, deren Elemente E_1, E_2 Ereignisse in einem ↑ Zufallsversuch sind. Der Begriff spielt in der axiomatischen Begründung der Wahrscheinlichkeitsrechnung (↑ Kolmogorow-Axiome) eine Rolle.
Gilt für $E_1, E_2 \subseteq \Omega$ (Ω: Menge der möglichen Ausfälle des Zufallsversuchs), dann bedeutet

$E_1 \cup E_2$ das Eintreten von E_1 *oder* E_2,
$E_1 \cap E_2$ das Eintreten von E_1 *und* E_2.

Eine Teilmenge $\mathfrak{E}$ der Potenzmenge $\mathfrak{P}(\Omega)$ bezeichnet man als Ereignisalgebra, wenn gilt:

$$E_1, E_2 \in \mathfrak{E} \Rightarrow E_1 \cup E_2 \in \mathfrak{E},$$
$$E_1, E_2 \in \mathfrak{E} \Rightarrow E_1 \cap E_2 \in \mathfrak{E},$$
$$E \in \mathfrak{E} \Rightarrow \Omega \backslash E \in \mathfrak{E}.$$

Eine Ereignisalgebra ist eine boolesche Algebra, deren Elemente als Ereignisse interpretiert werden.

Ereignisraum: die Menge aller ↑ Ereignisse, die zu einem Zufallsversuch gehören.

Ergänzungsmenge (Komplementärmenge): zu einer Teilmenge T einer Menge M die ↑ Differenzmenge $M \backslash T$, also die Menge aller Elemente von M, die nicht zu T gehören.

Ergebnis: der Ausfall eines ↑ Zufallsversuchs.

Ergebnismenge: die Menge aller möglichen Ausfälle (Ergebnisse) eines ↑ Zufallsversuchs.

erwartungstreue Schätzgröße: Ist $\alpha(X)$ ein Parameter der ↑ Zufallsgröße X (etwa der ↑ Erwartungswert $E(X)$ oder die ↑ Varianz $V(X)$), so besteht in der Statistik die Aufgabe, den Wert von $\alpha(X)$ anhand von n Beobachtungen zu schätzen. Dazu betrachtet man einen Zufallsversuch, der in der n-maligen Beobachtung von X besteht. Auf diesem Zufallsversuch seien Zufallsgrößen $X_1, X_2, \ldots, X_n$ definiert durch

$X_i :=$ beobachteter Wert von X bei der i-ten Beobachtung.

Die Funktion $S(X_1, X_2, \ldots, X_n)$ heißt dann eine erwartungstreue Schätzgröße für den Parameter $\alpha(X)$, wenn

$$E(S(X_1, X_2, \ldots, X_n)) = \alpha(X),$$

wenn also der Erwartungswert der Zufallsgröße S gleich $\alpha(X)$ ist.

Beispiel 1: Es ist der Erwartungswert $E(X)$ zu schätzen. Dazu definiert man

$$S(X_1, X_2, \ldots, X_n) := \frac{1}{n} \sum_{i=1}^{n} X_i,$$

Erwartungswert

d.h., man bildet das arithmetische Mittel der beobachteten Werte. Dann ist

$$E(S(X_1, X_2, \ldots, X_n)) = \frac{1}{n}\sum_{i=1}^{n} E(X_i),$$

wegen $E(X_i) = E(X)$ also

$$E(S(X_1, X_2, \ldots, X_n)) = E(X).$$

Daher ist $\frac{1}{n}\sum_{i=1}^{n} X_i$ eine erwartungstreue Schätzgröße für den Erwartungswert von X.

Beispiel 2: Es ist die Varianz $V(X)$ zu schätzen. Bildet man (was naheliegend scheint) die Schätzgröße

$$S(X_1, X_2, \ldots, X_n) := \frac{1}{n}\sum_{i=1}^{n}(X_i - \bar{X})^2$$

mit dem arithmetischen Mittel $\bar{X} := \frac{1}{n}\sum_{i=1}^{n} X_i$, so ergibt sich wegen

$$\frac{1}{n}\sum_{i=1}^{n}(X_i - \bar{X})^2$$
$$= \frac{1}{n}\sum_{i=1}^{n}(X_i - E(X))^2 - (\bar{X} - E(X))^2$$

die Beziehung

$$E\left(\frac{1}{n}\sum_{i=1}^{n}(X_i - \bar{X})^2\right) = \frac{n-1}{n} V(X).$$

Die gewählte Schätzgröße ist also keine erwartungstreue Schätzgröße für die Varianz $V(X)$. Eine erwartungstreue Schätzgröße für die Varianz ist dagegen

$$\frac{1}{n-1}\sum_{i=1}^{n}(X_i - \bar{X})^2.$$

Man nennt sie **Stichprobenvarianz**.

Erwartungswert: Bei einem endlichen ↑ Zufallsversuch sei $\Omega = \{\omega_1, \omega_2, \ldots, \omega_n\}$ die Menge der möglichen Ausfälle und $X: \Omega \to \mathbb{R}$ eine ↑ Zufallsgröße. Dann heißt

$$E(X) := \sum_{i=1}^{n} X(\omega_i) P(\omega_i)$$

der Erwartungswert von X. Wiederholt man das zugrunde liegende Zufallsexperiment sehr oft und stellt jedesmal den Wert von X fest, so erwartet man als Mittelwert den Wert $E(X)$. Deshalb nennt man $E(X)$ auch den **Mittelwert** der Zufallsgröße X.

■ Eigenschaften des Erwartungswerts

Der Erwartungswert von X minimiert den Wert der Polynomfunktion

$$x \mapsto \sum_{i=1}^{n}(x - X(\omega_i))^2 P(\omega_i),$$

man kann also auch $E(X)$ als Minimalstelle dieser Funktion definieren.
Der Erwartungswert ist eine lineare Funktion auf der Menge der Zufallsgrößen, d.h., es gilt

$$E(aX + bY) = aE(X) + bE(Y)$$

($a, b \in \mathbb{R}$; X, Y Zufallsgrößen auf Ω).
Ferner gilt

$$E(XY) = E(X)E(Y),$$

wenn X, Y unabhängige Zufallsgrößen sind.
Setzt man

$$P(X = x) := P(\{\omega_i \in \Omega | X(\omega_i) = x\}),$$

so kann man den Erwartungswert auch in der Form

$$E(X) = \sum_{x \in X(\Omega)} x P(X = x)$$

angeben; dabei ist $X(\Omega)$ die Wertemenge der Funktion X.

Beispiel 1: Beim zweimaligen Würfeln ordnet man dem Ausfall (a, b) die Augensumme $a + b$ zu, also $X: (a, b) \mapsto a + b$. Dann ist

$$\begin{aligned}E(X) &= 2 \cdot \tfrac{1}{36} + 3 \cdot \tfrac{2}{36} + 4 \cdot \tfrac{3}{36} + 5 \cdot \tfrac{4}{36} \\ &\quad + 6 \cdot \tfrac{5}{36} + 7 \cdot \tfrac{6}{36} + 8 \cdot \tfrac{5}{36} + 9 \cdot \tfrac{4}{36} \\ &\quad + 10 \cdot \tfrac{3}{36} + 11 \cdot \tfrac{2}{36} + 12 \cdot \tfrac{1}{36} \\ &= \tfrac{252}{36} = 7.\end{aligned}$$

Erwartungswert

ω	ω_1	ω_2	ω_3	ω_4	ω_5	ω_6	ω_7
$P(\omega)$	$\frac{1}{10}$	$\frac{2}{10}$	$\frac{3}{10}$	$\frac{1}{10}$	$\frac{1}{10}$	$\frac{1}{10}$	$\frac{1}{10}$
x	0	0	2	2	2	3	4
$P(X=x)$		$\frac{3}{10}$			$\frac{5}{10}$	$\frac{1}{10}$	$\frac{1}{10}$

Erwartungswert (Tab. 1): zu Beispiel 2

Man erwartet also »im Schnitt« die Augensumme 7.
Beispiel 2: Ein Zufallsversuch und auf diesem eine Zufallsgröße seien durch Tab. 1 erklärt. Dann ist

$$E(X) = 0 \cdot \tfrac{3}{10} + 2 \cdot \tfrac{5}{10} + 3 \cdot \tfrac{1}{10} + 4 \cdot \tfrac{1}{10}$$
$$= \tfrac{17}{10} = 1{,}7.$$

Abb. 1 zeigt das zugehörige Stabdiagramm.

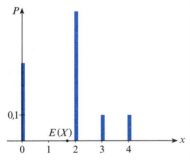

Erwartungswert (Abb. 1): Stabdiagramm zu Beispiel 2

Beispiel 3: Setzt man beim Roulette 100 € auf die Zahl 13, so kann man 3500 € gewinnen oder den Einsatz verlieren. Der Erwartungswert des Gewinns ist

$$3500 \cdot \tfrac{1}{37} + (-100) \cdot \tfrac{36}{37} = -\tfrac{100}{37} \approx -2{,}7.$$

Man wird also »im Schnitt« 2,70 € pro Spiel verlieren, wenn man sehr oft 100 € auf eine Zahl setzt.

■ Abzählbarunendlich viele Ausfälle

Bei einem Zufallsversuch mit abzählbarunendlich vielen Ausfällen, also $\Omega = \{\omega_1, \omega_2, \omega_3, \ldots\}$, heißt

$$E(X) := \sum_{i=1}^{\infty} X(\omega_i) P(\omega_i)$$

der Erwartungswert von X, falls diese Reihe absolut konvergiert.
Beispiel 4: Man würfle so oft, bis die erste Sechs erscheint. Die Menge Ω besteht aus allen k-Tupeln aus $\{1, 2, 3, 4, 5, 6\}$ ($k = 1, 2, 3, \ldots$), bei denen das k-te Element eine Sechs ist und die ersten $k-1$ Elemente von Sechs verschieden sind:

$$(6), (*;6), (*;*;6), (*;*;*;6)$$

usw., wobei für $*$ keine 6 stehen darf. Die Zufallsgröße X gebe die Länge des k-Tupels an, also $X(\omega) = k$. Dann ist

$$P(X=k) = \left(\tfrac{5}{6}\right)^{k-1} \cdot \tfrac{1}{6},$$

also

$$E(X) = \tfrac{1}{6} \sum_{k=1}^{\infty} k \cdot \left(\tfrac{5}{6}\right)^{k-1}.$$

Wegen

$$\sum_{k=1}^{\infty} k \cdot q^{k-1} = \frac{1}{(1-q)^2}$$

für $|q| < 1$ (geometrische Reihe) erhält man $E(X) = 6$. Man erwartet die erste Sechs also »im Schnitt« nach 6 Würfen.

Ein Glücksspieler wirft eine Münze so lange, bis zum erstenmal »Wappen« erscheint. Ist dies bei seinem n-ten Wurf der Fall, dann erhält er 2^n Rubel. Die Bank wird aber von dem Spieler einen Einsatz verlangen, der mindestens dem Erwartungswert seines Gewinns entspricht.

Der Erwartungswert der Anzahl der notwendigen Würfe ist

$$1 \cdot \frac{1}{2} + 2 \cdot \left(\frac{1}{2}\right)^2 + 3 \cdot \left(\frac{1}{2}\right)^3$$
$$+ 4 \cdot \left(\frac{1}{2}\right)^4 + 5 \cdot \left(\frac{1}{2}\right)^5 + \ldots$$
$$= \frac{1}{2} \cdot \frac{1}{(1-\frac{1}{2})^2} = 2.$$

Im Mittel ist das Spiel also nach zwei Würfen beendet, und die Bank glaubt, der Erwartungswert des Gewinns sei damit $2^2 = 4$ Rubel.

Merkwürdigerweise ist dies aber falsch. Der Erwartungswert des Gewinns ist nämlich

$$2 \cdot \frac{1}{2} + 2^2 \cdot \left(\frac{1}{2}\right)^2 + 2^3 \cdot \left(\frac{1}{2}\right)^3$$
$$+ 2^4 \cdot \left(\frac{1}{2}\right)^4 + 2^5 \cdot \left(\frac{1}{2}\right)^5 + \ldots$$
$$= 1 + 1 + 1 + 1 + 1 + \ldots,$$

also unendlich hoch. Diese Situation nennt man das **Petersburger Paradoxon**. ∎

■ **Überabzählbarunendlich viele Ausfälle**

Bei einem Zufallsversuch mit überabzählbar vielen Ausfällen sei X eine Zufallsgröße, deren Wahrscheinlichkeitsdichte $d(x)$ gegeben sei. Dann heißt das uneigentliche Integral

$$E(X) := \int_{-\infty}^{\infty} x\,d(x)\,\mathrm{d}x$$

der Erwartungswert von X.

Beispiel 5: Die ↑ Exponentialverteilung mit dem Parameter λ ($\lambda > 0$) hat die Wahrscheinlichkeitsdichte

$$d(x) = \begin{cases} \lambda e^{-\lambda x} & \text{für } x \geq 0, \\ 0 & \text{für } x < 0, \end{cases}$$

also den Erwartungswert

$$\int_0^{\infty} (\lambda x) \cdot e^{-\lambda x}\,\mathrm{d}x = \frac{1}{\lambda}.$$

erzeugende Funktion: Zu einer Zahlenfolge $\langle a_n \rangle$ die Funktion f mit

$$f(t) = \sum_{n=0}^{\infty} a_n t^n.$$

Der Definitionsbereich von f ist durch den Konvergenzbereich der ↑ Potenzreihe $\sum_{n=0}^{\infty} a_n t^n$ gegeben. Die erzeugende Funktion ermöglicht in manchen Fällen die Aufstellung einer expliziten Formel (»Bildungsgesetz«) für eine rekursiv definierte Folge.

Beispiel 1: Die erzeugende Funktion der arithmetischen Folge $\langle a + bn \rangle$ ist

$$f(t) = \frac{(a-b)t + b}{(1-t)^2}, \text{ mit } |t| < 1, \text{ denn}$$

$$\sum_{n=0}^{\infty} (a + bn) t^n$$
$$= a \sum_{n=0}^{\infty} t^n + b \sum_{n=0}^{\infty} n t^n$$
$$= \frac{a}{1-t} + \frac{bt}{(1-t)^2} = \frac{(a-b)t + b}{(1-t)^2}.$$

Beispiel 2: Die erzeugende Funktion der geometrischen Folge $\langle aq^n \rangle$ ist

$$f(t) = \sum_{n=0}^{\infty} aq^n t^n = a \cdot \frac{1}{1 - qt}.$$

Beispiel 3: Die Folge $\langle F_n \rangle$ der Fibonacci-Zahlen (vgl. Band I) ist rekursiv gegeben durch $F_0 = F_1 = 1$ und $F_{n+2} = F_{n+1} + F_n$ ($n \geq 0$). Es gilt

$$f(t) := \sum_{n=0}^{\infty} F_n t^n$$

$$= 1 + t + \sum_{n=0}^{\infty} F_{n+2} t^{n+2}$$

$$= 1 + t + \sum_{n=0}^{\infty} F_{n+1} t^{n+2} + \sum_{n=0}^{\infty} F_n t^{n+2}$$

$$= 1 + t \left(1 + \sum_{n=1}^{\infty} F_n t^n \right) + t^2 \sum_{n=0}^{\infty} F_n t^n,$$

also

$$f(t) = 1 - tf(t) + t^2 f(t)$$

und somit

$$f(t) = \frac{1}{1 - t - t^2}.$$

Die Gleichung $1 - t - t^2 = 0$ hat die Nullstellen $\frac{-1+\sqrt{5}}{2}$ und $\frac{-1-\sqrt{5}}{2}$.

Nach einigen Umformungen erhält man

$$f(t) = \frac{1}{\sqrt{5}} \left(\frac{a}{1-at} - \frac{b}{1-bt} \right).$$

Dies ist die Summenformel einer ↑ geometrischen Reihe mit

$$a = \frac{1+\sqrt{5}}{2} \quad \text{und} \quad b = \frac{1-\sqrt{5}}{2}.$$

Schreibt man die geometrische Reihe aus:

$$f(t) = \sum_{n=0}^{\infty} \frac{1}{\sqrt{5}} (a^{n+1} - b^{n+1}) t^n,$$

so erhält man die erzeugende Funktion und damit die explizite Darstellung der Fibonacci-Zahlen:

$$F_n = \frac{1}{\sqrt{5}} \left(\left(\frac{1+\sqrt{5}}{2} \right)^{n+1} - \left(\frac{1-\sqrt{5}}{2} \right)^{n+1} \right).$$

In dieser expliziten Darstellung der Folge der Fibonacci-Zahlen spielen die »goldene Zahl« $\frac{1+\sqrt{5}}{2}$ und ihr Kehrwert $-\frac{1-\sqrt{5}}{2}$ eine Rolle (vgl. goldener Schnitt in Band I). Das Erstaunliche daran ist, dass man eine Folge natürlicher Zahlen mithilfe von ↑ irrationalen Zahlen gewinnt. Mit der Formel kann man auch leicht die Fibonacci-Zahlen berechnen: Wegen

$$\left| \frac{1}{\sqrt{5}} \left(\frac{1-\sqrt{5}}{2} \right)^{n+1} \right| < 1$$

ist F_n für gerades n der Ganzteil von $\frac{1}{\sqrt{5}} \left(\frac{1+\sqrt{5}}{2} \right)^{n+1}$ und für ungerades n um 1 kleiner.

Kennt man diese Darstellung der Fibonacci-Zahlen, so findet man auch eine Lösung der folgenden Aufgabe aus einem vor einigen Jahren veranstalteten Schülerwettbewerb:
Man beweise, dass die Zahlen $[(1+\sqrt{2})^n]$ abwechselnd gerade und ungerade sind ([ ] Ganzteilfunktion). Man muss dabei beachten, dass $(1+\sqrt{2})^n + (1-\sqrt{2})^n$ eine gerade natürliche Zahl ist. ∎

■ Erzeugende Funktion einer Wahrscheinlichkeitsverteilung

Ist X eine ↑ Zufallsgröße mit den Werten 0, 1, 2, 3, ..., so heißt die erzeugende Funktion der Folge $\langle P(X=n) \rangle$, also

$$t \mapsto \sum_{n=0}^{\infty} P(X=n) t^n,$$

die erzeugende Funktion der ↑ Wahrscheinlichkeitsverteilung von X.
Beispiel 4: Genügt die Zufallsgröße X mit den Werten 0, 1, 2, ..., N der ↑ Bi-

Erzeugendensystem

nomialverteilung, so gilt für die erzeugende Funktion f

$$f(t) = \sum_{n=0}^{N} \binom{N}{n} p^n (1-p)^{N-n} t^n$$
$$= \sum_{n=0}^{N} \binom{N}{n} (pt)^n (1-p)^{N-n}$$
$$= (pt + (1-p))^N$$
$$= (p(t-1) + 1)^N.$$

Beispiel 5: Genügt die Zufallsgröße X mit den Werten 0, 1, 2, 3, … der ↑ Poisson-Verteilung, so gilt für die erzeugende Funktion f

$$f(t) = \sum_{n=0}^{\infty} \frac{\mu^n}{n!} e^{-\mu} t^n$$
$$= e^{-\mu} \sum_{n=0}^{\infty} \frac{\mu^n}{n!} t^n$$
$$= e^{-\mu} \cdot e^{\mu t}$$
$$= e^{\mu(t-1)}.$$

■ Erzeugende Funktionen bezüglich anderer Reihenentwicklungen

Die bisher betrachteten erzeugenden Funktionen bezüglich einer Potenzreihe heißen genauer gewöhnliche erzeugende Funktionen. Man kann auch erzeugende Funktionen bezüglich anderer Reihenentwicklungen definieren:
Die Funktion

$$t \mapsto \sum_{n=0}^{\infty} a_n \frac{t^n}{n!}$$

bezeichnet man als exponentielle erzeugende Funktion der Folge $\langle a_n \rangle$.
Die Funktion

$$t \mapsto \sum_{n=1}^{\infty} \frac{a_n}{t^n}$$

bezeichnet man als dirichletsche erzeugende Funktion der Folge $\langle a_n \rangle$, weil es sich um eine ↑ Dirichlet-Reihe handelt.

Erzeugendensystem: zu einem ↑ Vektorraum V eine Menge von Vektoren aus V mit der Eigenschaft, dass man jeden Vektor aus V als ↑ Linearkombination von Vektoren aus dieser Menge darstellen kann. Genau dann ist das Erzeugendensystem minimal, wenn es eine ↑ Basis von V ist, wenn also die Darstellung der Vektoren als Linearkombination aus Vektoren des Erzeugendensystems eindeutig ist.

Erzeugnis (lineare Hülle): Zu einem ↑ Vektorraum V mit Elementen $\vec{v}_1, \ldots, \vec{v}_n$ die Menge aller ↑ Linearkombinationen

$$\mu_1 \vec{v}_1 + \mu_2 \vec{v}_2 + \ldots + \mu_n \vec{v}_n$$
$$(\mu_1, \ldots, \mu_n \in \mathbb{R}).$$

Diese Menge wird mit

$$\langle \vec{v}_1, \ldots, \vec{v}_n \rangle$$

bezeichnet und das Erzeugnis der Vektoren $\vec{v}_1, \ldots, \vec{v}_n$ oder deren lineare Hülle genannt. Die Vektormenge $\{\vec{v}_1, \ldots, \vec{v}_n\}$ ist ein Erzeugendensystem von $\langle \vec{v}_1, \ldots, \vec{v}_n \rangle$.

Beispiel 1: Bezüglich eines kartesischen Koordinatensystems im Anschauungsraum hat eine Gerade durch den Ursprung O mit dem Richtungsvektor $\vec{v}$ die Gleichung

$$\vec{x} = \mu \vec{v} \quad (\mu \in \mathbb{R})$$

oder kürzer $\vec{x} = \langle \vec{v} \rangle$.
Die Erzeugnisse je eines Vektors $\vec{v} \neq \vec{o}$ stellen genau die Ursprungsgeraden im Anschauungsraum dar. Eine Ebene im Anschauungsraum durch den Ursprung O des Koordinatensystems mit den linear unabhängigen Spannvektoren $\vec{u}$ und $\vec{v}$ hat die Gleichung

$$\vec{x} = \mu \vec{u} + \nu \vec{v} \quad (\mu, \nu \in \mathbb{R})$$

oder kurz $\vec{x} = \langle \vec{u}, \vec{v} \rangle$.

Durch die Erzeugnisse je zweier linear unabhängiger Vektoren werden im Anschauungsraum genau die Ebenen durch den Ursprung des Koordinatensystems beschrieben.

Beispiel 2: Erzeugnisse verschiedener Vektoren können gleich sein. Beispielsweise ist in $\mathbb{R}^3$

$$\left\langle \begin{pmatrix} 2 \\ 0 \\ 1 \end{pmatrix}, \begin{pmatrix} 1 \\ 1 \\ 0 \end{pmatrix}, \begin{pmatrix} 0 \\ 1 \\ -1 \end{pmatrix}, \begin{pmatrix} -2 \\ -1 \\ 1 \end{pmatrix} \right\rangle$$

$$= \left\langle \begin{pmatrix} 1 \\ 0 \\ 0 \end{pmatrix}, \begin{pmatrix} 0 \\ 1 \\ 0 \end{pmatrix}, \begin{pmatrix} 0 \\ 0 \\ 1 \end{pmatrix} \right\rangle = \mathbb{R}^3.$$

■ **Eigenschaften von Erzeugnissen**

Das Erzeugnis von Vektoren $\vec{v}_1, \ldots, \vec{v}_n$ eines Vektorraumes V ist ein ↑ Unterraum von V. Für Vektoren $\vec{v}_1, \ldots, \vec{v}_n$ und $\vec{w}_1, \ldots, \vec{w}_m$ eines Vektorraumes V gilt genau dann

$$\langle \vec{v}_1, \ldots, \vec{v}_n \rangle = \langle \vec{w}_1, \ldots, \vec{w}_m \rangle,$$

wenn jedes $\vec{v}_i$ ($i = 1, \ldots, n$) eine ↑ Linearkombination der Vektoren $\vec{w}_1, \ldots, \vec{w}_m$ und umgekehrt jedes $\vec{w}_k$ ($k = 1, \ldots, m$) eine Linearkombination der Vektoren $\vec{v}_1, \ldots, \vec{v}_n$ ist. Für den konkreten Nachweis der Gleichheit von Erzeugnissen benutzt man meistens folgenden Satz:

Im Vektorraum V gilt

$$\langle \vec{v}_1, \ldots, \vec{v}_n \rangle = \langle \vec{w}_1, \ldots, \vec{w}_m \rangle,$$

wenn man durch ↑ elementare Umformungen von $\{\vec{v}_1, \ldots, \vec{v}_n\}$ zu $\{\vec{w}_1, \ldots, \vec{w}_m\}$ gelangen kann.

Ist $\{\vec{v}_1, \ldots, \vec{v}_n\}$ linear abhängig, dann gibt es ein $\vec{v}_i \in \{\vec{v}_1, \ldots, \vec{v}_n\}$, sodass gilt:

$$\langle \vec{v}_1, \ldots, \vec{v}_{i-1}, \vec{v}_i, \vec{v}_{i+1}, \ldots, \vec{v}_n \rangle$$
$$= \langle \vec{v}_1, \ldots, \vec{v}_{i-1}, \vec{v}_{i+1}, \ldots, \vec{v}_n \rangle.$$

Ist $\{\vec{v}_1, \ldots, \vec{v}_n\}$ linear unabhängig und gilt

$$\langle \vec{v}_1, \ldots, \vec{v}_n \rangle = V,$$

dann heißt $(\vec{v}_1, \ldots, \vec{v}_n)$ eine ↑ Basis von V.

euklidische Metrik: die mit der anschaulichen Abstandsvorstellung übereinstimmende ↑ Metrik in der Ebene und im Raum.

euklidischer Vektorraum: ein Vektorraum, in dem ein ↑ Skalarprodukt und damit eine ↑ Metrik definiert ist.

Euler: siehe S. 108.

eulersche Affinität [nach L. ↑ EULER]: eine ↑ affine Abbildung der Ebene auf sich, die genau zwei sich schneidende Fixgeraden besitzt. Ist die Affinität durch

$$x'_1 = a_{11} x_1 + a_{12} x_2 + b_1$$
$$x'_2 = a_{21} x_1 + a_{22} x_2 + b_2$$

bzw. mithilfe der Abbildungsmatrix A in der Form

$$\vec{x}' = A\vec{x} + \vec{b}$$

gegeben, dann ist der Richtungsvektor einer Fixgeraden ein ↑ Eigenvektor von A. Für zwei Ortsvektoren $\vec{x}_1, \vec{x}_2$ von Punkten dieser Fixgeraden gilt

$$\vec{x}'_1 - \vec{x}'_2 = A(\vec{x}_1 - \vec{x}_2),$$

und $\vec{x}_1 - \vec{x}_2$ sowie $\vec{x}'_1 - \vec{x}'_2$ sind Vielfache des Richtungsvektors. Die Matrix A muss also zwei verschiedene (reelle) Eigenwerte besitzen.

Beispiel: Wir betrachten die Abbildung

$$\vec{x}' = \begin{pmatrix} -3 & -2 \\ 5 & 4 \end{pmatrix} \vec{x} + \begin{pmatrix} 0 \\ 1 \end{pmatrix}.$$

Die ↑ Eigenwerte der Abbildungsmatrix sind die Lösungen von

$$\begin{vmatrix} -3-\lambda & -2 \\ 5 & 4-\lambda \end{vmatrix} = \lambda^2 - \lambda - 2 = 0,$$

also $\lambda_1 = -1$ und $\lambda_2 = 2$; zugehörige Eigenvektoren sind

$$\vec{u}_1 = \begin{pmatrix} 1 \\ -1 \end{pmatrix} \text{ und } \vec{u}_2 = \begin{pmatrix} 2 \\ -5 \end{pmatrix}.$$

Euler

Gerade 13 Jahre alt war LEONHARD EULER, der am 15.4.1707 in Basel geboren wurde und am 18.9.1783 in Petersburg starb, als er sein Mathematikstudium nach Abschluss der Lateinschule begann. In Basel studierte er bei JOHANN ↑ BERNOULLI zusammen mit dessen Söhnen DANIEL und NIKOLAUS. Schnell machte er mit mathematischen Abhandlungen auf sich aufmerksam.

Sein Mentor bewunderte die Begabung des meisterhaften jungen Schülers, »von dessen Scharfsinn wir uns das Höchste versprechen, nachdem wir gesehen haben, mit welcher Leichtigkeit und Gewandtheit er in die geheimsten Gefilde der höheren Mathematik unter unseren Auspizien eingedrungen ist.« ■

(Abb. 1) Leonhard Euler an seinem Schreibtisch

Schon im Alter von 23 Jahren wurde EULER als Professor – zunächst für Physik, später für Mathematik – nach St. Petersburg an die kurz zuvor von Zar PETER, DEM GROSSEN, gegründete Akademie berufen. Von 1741 bis 1766 arbeitete er in Berlin, kehrte dann aber nach St. Petersburg zurück, weil er fortgesetzte weltanschauliche Differenzen mit dem preußischen König FRIEDRICH II. hatte.

■ **Das vielseitige Genie**

Mit herausragenden Arbeiten zu allen mathematischen Gebieten war EULER die prägende Persönlichkeit der Mathematik des 18. Jahrhunderts. Sein Interesse galt insbesondere der Analysis und ihren Anwendungen, wobei die Entwicklung von Funktionen in Potenzreihen (↑ Taylor-Reihe) und andere Reihenformen eine große Rolle spielte. Entscheidende Fortschritte erzielte er in der Theorie der gewöhnlichen und partiellen ↑ Differenzialgleichungen. Mit der **eulerschen Formel**

$$e^{ix} = \cos x + i \sin x$$

für die ↑ komplexen Zahlen schuf er einen wichtigen Ausgangspunkt für die Funktionentheorie.

Beachtlich sind auch EULERS Beiträge zur Zahlentheorie. In Verallgemeinerung eines Satzes von PIERRE DE FERMAT (*1601, †1665) bewies er, dass für jede natürliche Zahl n gilt:
Ist a eine zu n teilerfremde ganze Zahl und $\varphi(n)$ die Anzahl der zu n teilerfremden Zahlen zwischen 1 und n, dann lässt $a^{\varphi(n)}$ bei Division durch n den Rest 1 (**Satz von Euler-Fermat).**
Die in diesem Satz auftretende Funktion φ heißt **eulersche Funktion.** Die Vermutung von FERMAT, dass die Zahlen $2^{2^n} + 1$ für alle $n \in \mathbb{N}$ Primzahlen seien, konnte EULER widerlegen: Für $n = 0, 1, 2, 3, 4$ stimmt dies, für $n = 5$ ist es aber falsch, weil $2^{32} + 1$ durch 641 teilbar ist.

Auch mit Fragen der Geometrie beschäftigte sich EULER, was sich u.a. in Bezeichnungen wie eulersche Affinität, eulersche Gerade, eulersche Polyederformel u.a. niedergeschlagen hat. Berühmt ist seine Behandlung des »Königsberger Brückenproblems«, mit der er zum Begründer der Graphentheorie wurde (vgl. Band I).

Euler als Lehrbuchautor

EULERS elementares Lehrbuch »Vollständige Anleitung zur Algebra« (1770) war ein mathematischer Bestseller, der noch bis Mitte des 20. Jahrhunderts verkauft wurde. Darin gibt er u.a. einen Beweis der großen fermatschen Vermutung (vgl. Band I) für den Fall $n=3$ an; er beweist also, dass keine natürlichen Zahlen x, y, z mit $x^3 + y^3 = z^3$ existieren. Dabei rechnet er mit komplexen Zahlen der Form $a + b\sqrt{-3}$ und gibt den Anstoß zur Entwicklung der algebraischen Zahlentheorie, einem der interessantesten Gebiete der modernen Algebra.

In den letzten 15 Jahren seines Lebens war EULER blind, führte seine Arbeit aber unermüdlich weiter. Das Manuskript zur »Vollständigen Anleitung zur Algebra« diktierte er deshalb seinem Diener zur Niederschrift. Angeblich soll der Diener dabei Algebra gelernt haben. ■

Die mathematischen Arbeiten und vor allem EULERS Lehrbücher zeugen von großem didaktischem Gespür. Oft war es ihm wichtiger, eine intuitive Vorstellung seiner Theorien zu entwickeln als sich in spitzfindigen logischen Argumentationen zu ergehen. Er hatte z. B. keine Skrupel,

$$\sum_{n=1}^{\infty} \frac{1}{n} = \log \infty$$

hinzuschreiben, was wir heute vorsichtiger formulieren müssten:

$$\lim_{x \to \infty} \frac{\sum_{n \leq x} \frac{1}{n}}{\log x} = 1.$$

In seinen zahlentheoretischen Arbeiten verwendete er oft die Aussage

$$\lim_{x \to \infty} \left(\sum_{n \leq x} \frac{1}{n} - \log x \right) = \gamma,$$

wobei $0 < \gamma < 1$ die heute nach ihm benannte eulersche Konstante ist.

Ein bleibendes Werk

Stets war es ihm wichtig, mathematische Methoden auf Probleme der Physik und der Technik anzuwenden. Daher ist EULER nicht nur als Mathematiker, sondern auch als Physiker, Astronom, Geodät und Technikwissenschaftler berühmt geworden.

EULERS großer Einfluss auf die Entwicklung der Mathematik beruht auf fast 900 wissenschaftlichen Arbeiten, darunter zahlreiche Lehrbücher. Dadurch sahen viele nachfolgende Generationen in EULER ihren Lehrer, obwohl er nie persönlich Studenten unterrichtete. ■

❧ Viele von EULER eingeführte Bezeichnungen haben sich in der Mathematik eingebürgert, z. B. die der trigonometrischen Funktionen, das Funktionssymbol $f(x)$, der Buchstabe e für die eulersche Zahl, der Buchstabe i für die imaginäre Einheit, das Summenzeichen $\sum$, das Produktzeichen $\prod$ usw. Über 50 Begriffe, Sätze und Verfahren der Mathematik und Mechanik tragen EULERS Namen.

❧ EULER, LEONHARD: *Vollständige Anleitung zur Algebra*. Neuausgabe Stuttgart (Reclam) 1959. ■ THIELE, RÜDIGER: *Leonhard Euler*. Leipzig (Teubner) 1982. ■ FELLMANN, EMIL A.: *Leonhard Euler*. Reinbek (Rowohlt) 1995.

eulersche Formel

Nun berechnet man die Gleichung der zum Eigenwert gehörenden Fixgeraden f_1. Aus

$$A\vec{x}+\vec{b}=\vec{x}+k\vec{u}_1 \text{ bzw.}$$
$$(A-E)\vec{x}+\vec{b}=k\vec{u}_1$$

erhält man

$$-4x_1-2x_2 = k,$$
$$5x_1+3x_2+1 = -k,$$

also

$$x_1+x_2+1=0.$$

Entsprechend ergibt sich die Gleichung der zu λ_2 gehörenden Fixgeraden f_2:

$$5x_1+2x_2-1=0.$$

Der Schnittpunkt $F=(1|-2)$ dieser beiden Fixgeraden ist Fixpunkt der Abbildung. In Abb. 1 ist die Konstruktion eines Bildpunktes angedeutet.

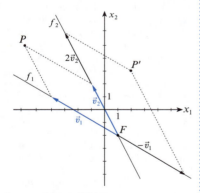

eulersche Affinität (Abb. 1): Konstruktion eines Bildpunktes

Den Fixpunkt kann man auch sofort aus $A\vec{x}+\vec{b}=\vec{x}$ bzw. aus

$$-4x_1-2x_2 = 0$$
$$5x_1+3x_2+1 = 0$$

gewinnen und dann f_1, f_2 angeben:

$$f_1: \vec{x}=\begin{pmatrix}1\\-2\end{pmatrix}+t\begin{pmatrix}1\\-1\end{pmatrix},$$

$$f_2: \vec{x}=\begin{pmatrix}1\\-2\end{pmatrix}+t\begin{pmatrix}2\\-5\end{pmatrix}.$$

eulersche Formel [nach L. ↑ EULER]: die Formel

$$e^{i\varphi}=\cos\varphi+i\sin\varphi$$

(↑ komplexe Zahlen).

eulersche Konstante (Euler-Mascheroni-Konstante) [nach L. ↑ EULER und LORENZO MASCHERONI; *1750, †1800]: der Grenzwert

$$\gamma := \lim_{n\to\infty}\left(\sum_{k=1}^{n}\frac{1}{k}-\ln n\right).$$

Es ist $\gamma=0{,}5772\ldots$. Bis heute ist nicht bekannt, ob γ rational oder irrational ist.

eulersche Zahl [nach L. ↑ EULER]: die Zahl e, die sich als Grenzwert der Folge $\left\langle\left(1+\frac{1}{n}\right)^n\right\rangle$ ergibt:

$$e := \lim_{n\to\infty}\left(1+\frac{1}{n}\right)^n$$
$$= 2{,}71828182845904523536\ldots$$

Die Zahl e lässt sich auch durch eine ↑ Reihe definieren, die sog. Exponentialreihe:

$$e = \sum_{i=0}^{\infty}\frac{1}{i!}$$
$$= \frac{1}{0!}+\frac{1}{1!}+\frac{1}{2!}+\frac{1}{3!}+\frac{1}{4!}+\ldots$$
$$= 1+1+\tfrac{1}{2}+\tfrac{1}{6}+\tfrac{1}{24}+\ldots.$$

Dabei steht $n!$ (n Fakultät) für das Produkt der ersten n natürlichen Zahlen. Man setzt $0!=1$.

■ Äquivalenz der Definitionen

Die beiden Definitionen sind gleichwertig, wie wir im Folgenden sehen werden. Dazu konstruiert man eine

eulersche Zahl

↑ Intervallschachtelung und nutzt das ↑ Einschließungskriterium aus.

Aus dem binomischen Lehrsatz erhält man

$$\left(1+\frac{1}{n}\right)^n = \sum_{i=0}^{n} \binom{n}{i} \frac{1}{n^i}$$

$$= 1 + \sum_{i=1}^{n} \frac{n(n-1)(n-2)\ldots(n-i+1)}{i!\,n^i}$$

$$= 1 + \sum_{i=1}^{n} \frac{1}{i!}\left(1-\frac{1}{n}\right)\left(1-\frac{2}{n}\right)\ldots$$

$$\ldots\left(1-\frac{i-1}{n}\right).$$

Es folgt

$$\left(1+\frac{1}{n}\right)^n \leq \sum_{i=0}^{n} \frac{1}{i!}$$

für alle $n \in \mathbb{N}$, also

$$\lim_{n\to\infty}\left(1+\frac{1}{n}\right)^n \leq \sum_{i=0}^{\infty} \frac{1}{i!}. \quad (1)$$

Andererseits ist für $n \geq k$

$$\left(1+\frac{1}{n}\right)^n \geq 1 +$$
$$+ \sum_{i=1}^{k} \frac{1}{i!}\left(1-\frac{1}{n}\right)\cdot\ldots\cdot\left(1-\frac{i-1}{n}\right),$$

also

$$\lim_{n\to\infty}\left(1+\frac{1}{n}\right)^n \geq \sum_{i=0}^{k} \frac{1}{i!}.$$

Da dies für jedes $k \in \mathbb{N}$ gilt, erhält man

$$\lim_{n\to\infty}\left(1+\frac{1}{n}\right)^n \geq \sum_{i=0}^{\infty} \frac{1}{i!}. \quad (2)$$

Aus (1) und (2) ergibt sich die Gleichwertigkeit der beiden Definitionen von e.

Die hier vorausgesetzte Konvergenz der Reihe $\sum_{i=0}^{\infty} \frac{1}{i!}$ erhält man aus dem Hauptsatz über ↑ monotone Folgen: Die Folge $\left\langle \sum_{i=0}^{n} \frac{1}{i!} \right\rangle$ ist monoton wachsend und nach oben beschränkt:

$$\sum_{i=0}^{n} \frac{1}{i!} \leq 1 + \sum_{i=0}^{n-1} \left(\frac{1}{2}\right)^i < 3.$$

Die Folge $\left\langle \left(1+\frac{1}{n}\right)^n \right\rangle$ ist monoton wachsend und nach oben beschränkt; die Folge $\left\langle \left(1+\frac{1}{n}\right)^{n+1} \right\rangle$ ist monoton fallend und nach unten beschränkt. Man erhält also mit

$$\left(\left\langle \left(1+\frac{1}{n}\right)^n \right\rangle, \left\langle \left(1+\frac{1}{n}\right)^{n+1} \right\rangle\right)$$

eine Intervallschachtelung für e.

Schon JAKOB BERNOULLI hatte 1690 das Anwachsen eines Kapitals »bei augenblicklicher Verzinsung« untersucht und dabei die Folge $\left\langle \left(1+\frac{1}{n}\right)^n \right\rangle$ verwendet. Aber erst EULER veröffentlichte 1743 eine Abhandlung über diese Folge und nannte ihren Grenzwert e. ∎

■ Eigenschaften

Die Zahl e ist ↑ irrational.

Beweis: Wir nehmen an, es wäre $e = \frac{p}{q}$ mit $p, q \in \mathbb{N}$. Weil $\left\langle \sum_{i=0}^{n} \frac{1}{i!} \right\rangle$ monoton wächst, gilt

$$0 < \frac{p}{q} - \sum_{i=0}^{n} \frac{1}{i!} = \sum_{i=n+1}^{\infty} \frac{1}{i!}$$

$$\leq \frac{1}{(n+1)!} \sum_{i=0}^{\infty} \frac{1}{(n+2)^i}$$

$$\leq \frac{1}{(n+1)!} \frac{n+2}{n+1} < \frac{1}{n!}.$$

Für $n = q$ ergibt sich nach Multiplikation dieser Ungleichung mit $q!$

$$0 < p(q-1)! - \sum_{i=0}^{q} \frac{q!}{i!} < 1.$$

Evolute

Dies ist ein Widerspruch zu der Tatsache, dass zwischen 0 und 1 keine ganze Zahl liegt.

Die Exponentialreihe $\left\langle \sum_{i=0}^{n} \frac{1}{i!} \right\rangle$ konvergiert viel rascher als die Folge $\left\langle \left(1+\frac{1}{n}\right)^n \right\rangle$. Zur numerischen Bestimmung von e verwendet man daher meist die Exponentialreihe. ∎

Die ↑ Exponentialfunktion zur Basis e, also

$\exp\colon x \mapsto e^x$,

zeichnet sich dadurch aus, dass sie mit ihrer ↑ Ableitungsfunktion übereinstimmt:

$(e^x)' = e^x$;

für jede andere Basis $b > 0$ gilt

$(b^x)' = \ln b \cdot b^x$,

wobei ln die Umkehrfunktion von exp ist (natürlicher ↑ Logarithmus).

Man kann e auch als diejenige Zahl *definieren*, für welche die Exponentialfunktion $x \mapsto e^x$ an der Stelle 0 die Ableitung 1 hat. Denn aus

$$\lim_{x \to 0} \frac{e^x - 1}{x} = \lim_{n \to \infty} \frac{e^{1/n} - 1}{\frac{1}{n}} = 1$$

folgt

$\dfrac{e^{1/n} - 1}{\frac{1}{n}} \approx 1$ bzw. $e^{1/n} \approx 1 + \dfrac{1}{n}$

für große Werte von n, also

$e \approx \left(1 + \dfrac{1}{n}\right)^n$.

Aus der Beziehung $(\ln x)' = \dfrac{1}{x}$ folgt

$\displaystyle\int_1^x \frac{1}{t}\,dt = \ln x$.

Umgekehrt kann man diese Beziehung zur Definition der Funktion ln und damit der Funktion exp (als Umkehrfunktion von ln) benutzen. Damit ergibt sich auch folgende Möglichkeit zur Definition der Zahl e (vgl. Abb. 1):

$\displaystyle\int_1^e \frac{1}{t}\,dt = 1$.

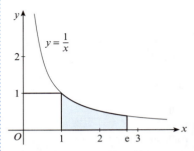

eulersche Zahl (Abb. 1): eine Definition der Zahl e

Evolute [lateinisch linea evoluta »herausgewickelte Linie«]: der geometrische Ort der Krümmungsmittelpunkte (Mittelpunkte der ↑ Krümmungskreise) einer Kurve C. Diese Punkte bilden (unter geeigneten Voraussetzungen über C) wieder eine Kurve (Abb. 1). Es besteht folgender Zusammenhang zwischen Evolute und Evolvente: Jede Kurve ist die

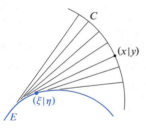

Evolute (Abb. 1): Evolute einer Kurve

Evolute jeder ihrer Evolventen. Man kann die Evolute auch als die Einhüllende (↑ Enveloppe) der Normalen der Ausgangskurve auffassen.

■ Parameterdarstellung der Evolute

Die Kurve C sei der Graph der Funktion $f: [a;b] \to \mathbb{R}$. In $[a;b]$ sei f zweimal differenzierbar, und es sei dort $f''(x) \neq 0$. Dann hat der Mittelpunkt des Krümmungskreises von f an der Stelle x die Koordinaten

$$\xi = x - f'(x) \cdot \frac{1 + (f'(x))^2}{f''(x)},$$

$$\eta = f(x) + \frac{1 + (f'(x))^2}{f''(x)}.$$

Damit hat man eine Parameterdarstellung der Evolute E in der Form

$$\xi = \xi(x), \quad \eta = \eta(x).$$

Beispiel 1: Die Evolute von $f: x \mapsto x^2$ ist auf $D(f) = \mathbb{R}$ definiert, denn es gilt $f''(x) = 2 \neq 0$ für alle $x \in \mathbb{R}$. Ihre Parameterdarstellung lautet

$$\xi = -4x^3, \quad \eta = \tfrac{1}{2} + 3x^2.$$

Daraus kann man eine Darstellung als Graph einer Funktion gewinnen, indem man den Parameter x eliminiert:

$$\eta = \frac{1}{2} + 3 \cdot \sqrt[3]{\frac{\xi^2}{16}}$$

(Abb. 2).

■ Evolute einer parametrisierten Kurve

Ist C in Parameterdarstellung gegeben, also

$$x = \varphi(t), \quad y = \psi(t)$$

für $t \in [a;b]$, sind ferner φ und ψ auf $[a,b]$ zweimal differenzierbar und gilt dort $\varphi'(t)\psi''(t) - \psi'(t)\varphi''(t) \neq 0$, dann erhält man folgende Parameterdarstellung der Evolute:

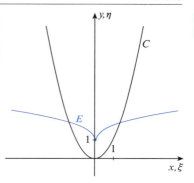

Evolute (Abb. 2): Evolute der Normalparabel

$$\xi = \left(\varphi - \psi' \frac{\varphi'^2 + \psi'^2}{\varphi'\psi'' - \psi'\varphi''} \right)(t),$$

$$\eta = \left(\psi + \varphi' \frac{\varphi'^2 + \psi'^2}{\varphi'\psi'' - \psi'\varphi''} \right)(t).$$

Beispiel 2: Die Evolute der Ellipse mit der Parameterdarstellung

$$x = a \cdot \cos t, \quad y = b \cdot \sin t$$

($t \in [0; 2\pi[$) soll berechnet werden (Abb. 3). Es ergibt sich

$$\xi = \frac{a^2 - b^2}{a} \cdot \cos^3 t,$$

$$\eta = -\frac{a^2 - b^2}{b} \cdot \sin^3 t$$

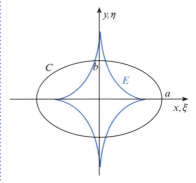

Evolute (Abb. 3): Evolute einer Ellipse

Evolvente

oder nach Elimination des Parameters t

$$(a\xi)^{\frac{2}{3}} + (b\eta)^{\frac{2}{3}} = (a^2 - b^2)^{\frac{2}{3}}.$$

Die Evolute der Ellipse ist also eine ↑ Asteroide.

Evolvente [lateinisch linea evolvens »herauswickelnde Kurve«] (Abwickelkurve, Involute): zu einer Kurve C eine Kurve, die durch »Abwicklung« aus C entsteht: Man denke sich einen Punkt A aus C fest gewählt. Dem Punkt $P \in C$ ordne man denjenigen Punkt Q zu, der auf der Tangente an C in P liegt und dessen Entfernung von P gleich der Länge des Bogens von A nach P ist (Abb. 1).

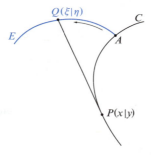

Evolvente (Abb. 1): Evolvente einer Kurve

Es besteht folgender Zusammenhang zwischen Evolvente und Evolute: Jede Kurve ist die Evolute jeder ihrer Evolventen. Dies lässt sich an Abb. 2 plausibel machen: Wird die Kurve ein kleines Stück weiter abgewickelt, geht also P_1 in einen »benachbarten« Punkt P_2 über, so liegen die zugehörigen Evolventenpunkte Q_1, Q_2 näherungsweise auf einem Kreisbogen um P_1 mit dem Radius P_1Q_1.

Jede Kurve hat eine eindeutige Evolute, es gibt aber eine unendliche Schar von Evolventen, je nach Wahl des Anfangspunktes A. ∎

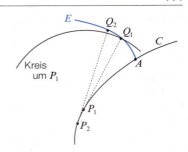

Evolvente (Abb. 2): Zusammenhang zwischen Evolute und Evolvente

Ist die Kurve C in Parameterdarstellung gegeben, also

$$x = \varphi(t), y = \psi(t) \quad \text{mit} \quad t \in [a; b],$$

so ergibt sich die Parameterdarstellung der Evolvente zu

$$\xi = \left(\varphi - \frac{\varphi'}{\sqrt{\varphi'^2 + \psi'^2}} \cdot s\right)(t),$$

$$\eta = \left(\psi - \frac{\psi'}{\sqrt{\varphi'^2 + \psi'^2}} \cdot s\right)(t)$$

mit

$$s(t) = \int_{t_0}^{t} \sqrt{\varphi'^2(\tau) + \psi'^2(\tau)}\, d\tau,$$

falls $A = (\varphi(t_0) | \psi(t_0))$ ist.

Beispiel: Wir wollen die Evolvente des Kreises mit der Parameterdarstellung

$$x = \cos t, y = \sin t \quad (t \in [0; 2\pi[)$$

berechnen. Der Anfangspunkt sei $(1 | 0)$, also $t_0 = 0$. Dann ist

$$s(t) = \int_{0}^{t} d\tau = t,$$

also

$$\xi = \cos t + t \cdot \sin t,$$
$$\eta = \sin t - t \cdot \cos t.$$

Die Kreisevolvente ist ein spiralförmiges Kurvenstück (Abb. 3).

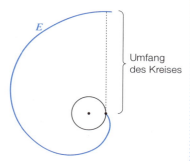

Evolvente (Abb. 3): Kreisevolvente

Bei der Konstruktion von Zahnrädern verwendet man die Kreisevolvente für die Formung der Zähne. Durch diese Art der Verzahnung (Evolventenverzahnung) erhält man besonders verschleißarme Zahnräder. ∎

exp: Funktionszeichen für die ↑ Exponentialfunktion $x \mapsto e^x$.
explizit: ausdrücklich dargestellt; Gegenteil von ↑ implizit.
Exponentialfunktion: [exponential: von lateinisch exponere »herausstellen«]: eine Funktion, bei der die Variable als Exponent einer Potenz auftritt.
Reelle Zahlen (vgl. Band I): Exponentialfunktion im Reellen nennt man die Funktion

$$x \mapsto a^x \quad (x \in \mathbb{R})$$

mit $a > 0$ und $a \neq 1$. Für $a > 1$ ist diese Funktion monoton wachsend und umkehrbar. Für $0 < a < 1$ ist sie monoton fallend und umkehrbar. Die Umkehrfunktion der Exponentialfunktion $x \mapsto a^x$ ist die Logarithmusfunktion

$$x \mapsto {_a}\log x \quad (x \in \mathbb{R}^+).$$

Die wichtigste Exponentialfunktion ist die zur Basis e (↑ eulersche Zahl), also die Funktion

$$\exp: x \mapsto e^x \quad (x \in \mathbb{R}).$$

Ihre Umkehrfunktion

$$\ln: x \mapsto \ln x \quad (x \in \mathbb{R}^+)$$

heißt natürlicher Logarithmus (Logarithmus naturalis). Wegen

$$a^x = b^{\log_a \cdot x}$$

unterscheiden sich die Graphen zweier Exponentialfunktionen nur durch eine Streckung längs der x-Achse. Mithilfe der Beziehung $a = e^{\ln a}$ lässt sich jede allgemeine Exponentialfunktion als Exponentialfunktion zur Basis e schreiben:

$$a^x = (e^{\ln a})^x = e^{kx}.$$

Der Faktor k wird je nach Vorzeichen Wachstums- oder Dämpfungskonstante genannt.
Die ↑ Taylor-Reihe der Funktion exp ist

$$e^x = \sum_{i=0}^{\infty} \frac{x^i}{i!}.$$

Durch diese Reihe kann man die Funktion exp auch definieren und daraus ihre Eigenschaften herleiten.
Die ↑ Ableitungsfunktion der allgemeinen Exponentialfunktion $x \mapsto a^x$ lautet $x \mapsto a^x \cdot \ln a$. Die Ableitungsfunktion von exp ist wieder exp; dies ist die einzige Funktion, welche mit ihrer Ableitungsfunktion übereinstimmt und an der Stelle 0 den Wert 1 hat. Man kann also exp auch als die Lösung der Differentialgleichung

$$f' = f \quad \text{mit} \quad f(0) = 1$$

definieren.
Man kann exp ferner als die Umkehrfunktion von

$$x \mapsto \int_1^x \frac{1}{t} dt \quad (x \in \mathbb{R}^+)$$

Exponentialverteilung

definieren, denn dies ist die Logarithmusfunktion ln.
Komplexe Zahlen: Exponentialfunktion im Komplexen nennt man die Funktion f mit

$$f(z) = \sum_{k=0}^{\infty} \frac{z^k}{k!}.$$

In Analogie zur reellen ↑ Exponentialfunktion schreibt man $f(z) = e^z$. Durch Reihenmultiplikation bestätigt man die Funktionalgleichung

$$e^{z_1+z_2} = e^{z_1} \cdot e^{z_2}.$$

Die komplexe Exponentialfunktion ist die einzige in der komplexen Ebene analytische Funktion, die auf der reellen Achse mit der reellen Exponentialfunktion übereinstimmt. Aus der Funktionalgleichung folgt, dass die Exponentialfunktion in der komplexen Ebene nirgends verschwindet. Die Trennung von Real- und Imaginärteil ergibt die **eulersche Formel**

$$e^{i\vartheta} = \cos\vartheta + i\sin\vartheta \quad (\vartheta \in \mathbb{R})$$

und somit weiter die ↑moivresche Formel

$$(\cos\vartheta + i\sin\vartheta)^n = \cos n\vartheta + i\sin n\vartheta$$

mit $n \in \mathbb{N}; \vartheta \in \mathbb{R}$.
Der Wertevorrat der komplexen Exponentialfunktion ist $\mathbb{C} \setminus \{0\}$, weil $|e^z| = e^{\operatorname{Re} z}$ und $\arg e^z = \operatorname{Im} z$ und die Exponentialfunktion im Reellen den Wertevorrat $]0; +\infty[$ hat. Die komplexe Exponentialfunktion ist periodisch mit der Periode $2\pi i$, denn es gilt

$$e^{z+2\pi i} = e^z \cdot e^{2\pi i} = e^z.$$

Ferner gilt für die Ableitung der Exponentialfunktion $(e^z)' = e^z$. Durch

$$\sin z := \frac{1}{2i}(e^{iz} - e^{-iz})$$

und

$$\cos z := \frac{1}{2}(e^{iz} - e^{-iz})$$

werden die **komplexen trigonometrischen Funktionen** definiert.

Exponentialverteilung: die Wahrscheinlichkeitsverteilung einer stetigen Zufallsgröße X mit positiven Werten, deren Dichte exponentiell abnimmt.
Eine Exponentialverteilung mit dem Parameter λ ($\lambda > 0$) liegt vor, wenn

$$P(X \leq t) = \begin{cases} 1 - e^{-\lambda t} & \text{für } t \geq 0, \\ 0 & \text{für } t < 0. \end{cases}$$

Man sagt dann, X ist exponentialverteilt mit dem Parameter λ (Abb. 1).

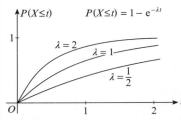

Exponentialverteilung (Abb. 1): Exponentialverteilungen zu verschiedenen Parametern

Die Dichte der Exponentialverteilung ist

$$d(t) = \begin{cases} \lambda \cdot e^{-\lambda t} & \text{für } t \geq 0, \\ 0 & \text{für } t < 0. \end{cases}$$

Der Erwartungswert ist

$$E(X) = \int_0^{\infty} t\, d(t) \mathrm{d}t = \int_0^{\infty} \lambda t e^{-\lambda t} \mathrm{d}t = \frac{1}{\lambda}.$$

Die Varianz ist

$$V(X) = \int_0^{\infty} \left(t - \frac{1}{\lambda}\right)^2 d(t) \mathrm{d}t = \frac{1}{\lambda^2}.$$

Die Exponentialverteilung beschreibt u.a. die Lebensdauer von mechanischen oder elektrischen Geräten.
Beispiel: Hat ein Gerät eine mittlere Lebensdauer von 3 Jahren (also $\lambda = \frac{1}{3}$), dann sind

$$1 - e^{-\frac{1}{3}} = 28{,}3\%$$

Extremwert

der Geräte schon nach einem Jahr defekt,

$$1 - e^{-\frac{2}{3}} = 48{,}7\%$$

der Geräte nach zwei Jahren defekt,

$$1 - e^{-1} = 63{,}2\%$$

der Geräte nach drei Jahren defekt usw.; nach 10 Jahren sind

$$1 - e^{\frac{10}{3}} = 96{,}4\%$$

der Geräte defekt.

exponentielles Wachstum: das Anwachsen einer Größe, wenn ihre Abhängigkeit von einer Variablen durch eine ↑ Exponentialfunktion beschrieben wird (↑ Wachstumsprozesse).

Extremalpunkt: ein Punkt eines Funktionsgraphen, in dem die Funktion ein relatives Extremum (↑ Extremwert) besitzt.

Extremalstelle: eine Stelle x_0 aus der Definitionsmenge einer Funktion f, an der f ein relatives Extremum (↑ Extremwert) besitzt.

Extremum: ↑ Extremwert.

Extremwert (Extremalwert, Extremum) [lateinisch extremum »das Äußerste«]: ein kleinster oder größter Wert einer Funktion.

Die Funktion f hat an der Stelle x_0 ein relatives Extremum oder lokales Extremum, wenn eine ↑ Umgebung $U(x_0) \subseteq D(f)$ derart existiert, dass

$$f(x) < f(x_0) \quad \text{für alle } x \in U(x_0) \setminus \{x_0\}$$

(dann liegt ein **relatives Maximum** vor) oder

$$f(x) > f(x_0) \quad \text{für alle } x \in U(x_0) \setminus \{x_0\}$$

(dann liegt ein **relatives Minimum** vor). Man nennt dann

x_0 Extremalstelle,
$y_0 = f(x_0)$ Extremalwert,
(x_0, y_0) Extremalpunkt.

Gilt $f(x) < f(x_0)$ oder $f(x) > f(x_0)$ jeweils für *alle* $x \in D(f) \setminus \{x_0\}$, dann spricht man von einem absoluten Extremum auf $D(f)$ (**absolutes Maximum, absolutes Minimum**). Dies ist das größte der relativen Maxima oder ein Randmaximum bzw. das kleinste der relativen Minima oder ein Randminimum (Abb. 1).

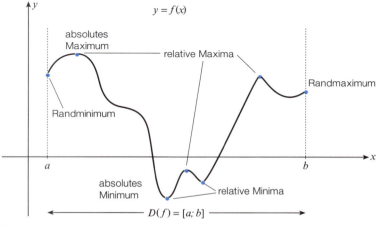

Extremwert (Abb. 1): verschiedene Arten von Extremwerten

Extremwert

Wenn eine stetige Funktion relative Extrema besitzt, dann wechseln stets Maxima und Minima einander ab. Die Bestimmung der Extremalstellen einer Funktion ist Bestandteil der ↑ Kurvendiskussion.

■ Zusammenhang mit der Ableitungsfunktion

Ist f an der Stelle x_0 ↑ differenzierbar und liegt dort ein relatives Extremum vor, so gilt $f'(x_0) = 0$. An der Stelle eines relativen Extremums hat die Kurve also eine horizontale Tangente (notwendige Bedingung). Aus der Bedingung $f'(x) = 0$ erhält man also die *möglichen* Extremalstellen. Da die Bedingung aber nicht hinreichend ist, muss nicht jede Lösung dieser Gleichung eine Extremalstelle sein. Es gibt verschiedene Methoden, die Extremstellen zu untersuchen.

Bei der **Methode des Vorzeichenvergleichs** bestimmt man für einen Wert x_- bzw. x_+, der etwas kleiner bzw. etwas größer ist als x_0, das Vorzeichen von $f'(x_0)$; x_- und x_+ sind so zu wählen, dass dazwischen kein weiteres Extremum liegt. Wechselt beim Übergang von $f'(x_-)$ zu $f'(x_+)$ das Vorzeichen von $f'(x)$ von »+« zu »−«, so liegt bei $x = x_0$ ein relatives Maximum vor, beim Vorzeichenwechsel von »−« zu »+« ein relatives Minimum. Gibt es keinen Vorzeichenwechsel, dann hat $f(x)$ bei x_0 kein Extremum, sondern einen Sattelpunkt (↑ Wendepunkt mit horizontaler Tangente).

Bei der **Methode der höheren Ableitungen** wird vorausgesetzt, dass f beliebig oft differenzierbar ist.

1. Fall: $f'(x_0) = 0, f''(x_0) \neq 0$: x_0 ist Extremalstelle.

(a) $f''(x_0) < 0$: x_0 ist *Maximal*stelle, da die Ableitungsfunktion $f'(x)$ in einer Umgebung von x_0 streng monoton fällt (Abb. 2).

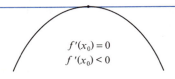

Extremwert (Abb. 2): Maximalstelle

(b) $f''(x_0) > 0$: x_0 ist *Minimal*stelle, da die Ableitungsfunktion $f'(x)$ in einer Umgebung von x_0 streng monoton wächst (Abb. 3).

Extremwert (Abb. 3): Minimalstelle

2. Fall: $f'(x_0) = f''(x_0) = 0, f'''(x_0) \neq 0$: in x_0 liegt ein Sattelpunkt vor, denn $f''(x)$ und damit die Krümmung der Kurve ändert an der Stelle x_0 ihr Vorzeichen (Abb. 4).

Extremwert (Abb. 4): Sattelpunkt

3. Fall: $f'(x_0) = f''(x_0) = f'''(x_0) = 0$, $f^{(4)}(x_0) \neq 0$: x_0 ist Extremalstelle, und zwar eine Maximalstelle, falls $f^{(4)}(x_0) < 0$, und eine Minimalstelle, falls $f^{(4)}(x_0) > 0$.

Allgemein gilt: Ist n die Ordnung der Ableitung, die erstmals nicht verschwindet, also

$$f'(x_0) = f''(x_0) = \ldots = f^{(n-1)}(x_0) = 0$$

und $f^{(n)}(x_0) \neq 0$, dann befindet sich an der Stelle x_0
ein Extremum, falls n gerade ist,
ein Sattelpunkt, falls n ungerade ist.

Extremwert

Es liegt ein relatives Maximum vor für $f^{(n)} < 0$ und ein relatives Minimum für $f^{(n)} > 0$. Das folgt aus der Taylor-Entwicklung von f an der Stelle x_0.

Beispiel 1: Wir betrachten auf $]0; 4[$ die Funktion

$$f : x \mapsto (x-1)^5 + 2(x-1)^4.$$

Es gilt

$$f'(x) = (x-1)^3 (5x+3).$$

Als Extremalstelle in $]0; 4[$ kommt nur $x_0 = 1$ infrage. Wir untersuchen die höheren Ableitungen an der Stelle 1:

$$f''(x) = 20(x-1)^3 + 24(x-1)^2,$$
$$f'''(x) = 60(x-1)^2 + 48(x-1),$$
$$f^{(4)}(x) = 120(x-1) + 48.$$

Es ist $f''(1) = f'''(1) = 0$ und $f^{(4)}(1) = 48 > 0$. Also liegt an der Stelle 1 ein relatives Minimum vor.
Schneller ist hier die Methode des Vorzeichenvergleichs, denn man sieht sofort, dass f' an der Stelle 1 von negativen zu positiven Werten übergeht.

Beispiel 2: Auf $\mathbb{R}$ betrachten wir die Funktion

$$f : x \mapsto \begin{cases} \dfrac{x^2-4}{x+1}, & \text{falls } x \neq -1 \\ 0, & \text{falls } x = -1 \end{cases}$$

An der Stelle -1 ist f nicht stetig und daher auch nicht differenzierbar. Für $x \neq -1$ gilt

$$f'(x) = \frac{x^2 + 2x + 4}{(x+1)^2}.$$

Weil die quadratische Gleichung

$$x^2 + 2x + 4 = 0$$

keine reellen Lösungen besitzt, ist $f'(x) \neq 0$ für alle $x \in \mathbb{R} \setminus \{-1\}$. Die Funktion f besitzt kein Extremum (Abb. 5).

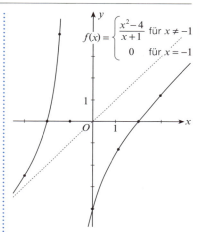

Extremwert (Abb. 5): Funktion ohne Extremwerte

Beispiel 3: Bestimmung der Extremwerte der auf $\mathbb{R}^+$ definierten Funktion

$$f : x \mapsto x^x.$$

Es gilt:

$$f'(x) = (x^x)' = (e^{x \cdot \ln x})'$$
$$= e^{x \cdot \ln x}(1 + \ln x) = x^x (1 + \ln x).$$

Wegen $x^x > 0$ für $x > 0$ erhält man als einzige Lösung von $f'(x) = 0$ die Lösung von $1 + \ln x = 0$, also

$$x_0 = \frac{1}{e} = 0{,}3678794\ldots.$$

Es ist

$$f''(x) = x^x (1 + \ln x)^2 + x^{x-1},$$

also

$$f''\left(\frac{1}{e}\right) = e^{1 - 1/e} > 0.$$

An der Stelle $\dfrac{1}{e}$ liegt also ein Minimum vor. Der Minimalwert ist

$$f\left(\frac{1}{e}\right) = 0{,}3678794\ldots^{0{,}367894\ldots}$$
$$= 0{,}6922006\ldots.$$

Extremwertaufgabe

In Abb. 6 beachte man $\lim_{x \to 0^+} f(x) = 1$, wie man mithilfe der ↑ l'Hospital-Regeln feststellt. Ferner ist $f'(1) = 1$ und $\lim_{x \to 0^+} f'(x) = -\infty$.

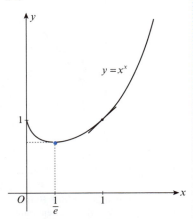

Extremwert (Abb. 6): Funktion mit Minimum an der Stelle $\frac{1}{e}$

Beispiel 4: Die Funktion

$$f : x \mapsto \sum_{i=1}^{n} b_i (x - a_i)^2$$

stellt eine Parabel dar, falls $\sum_{i=1}^{n} b_i \neq 0$, hat also auf $\mathbb{R}$ genau einen Extremwert. Wegen

$$f'(x) = 2 \left(x \cdot \sum_{i=1}^{n} b_i - \sum_{i=1}^{n} a_i b_i \right)$$

erhält man für die Extremalstelle

$$x_0 = \frac{\sum_{i=1}^{n} a_i b_i}{\sum_{i=1}^{n} b_i}.$$

Ist $\sum_{i=1}^{n} b_i > 0$, dann liegt ein Minimum vor, andernfalls ein Maximum.

Beispiel 5: Die Funktion

$$f : x \mapsto \begin{cases} e^{-1/x^2} & \text{für } x \neq 0, \\ 0 & \text{für } x = 0 \end{cases}$$

hat an der Stelle 0 ein Minimum, denn für $x \neq 0$ ist $f(x) > 0$ (Abb. 7).

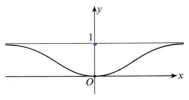

Extremwert (Abb. 7): Minimum an der Stelle 0

Für jedes $n \in \mathbb{N}$ gilt aber für $x \neq 0$

$$f^{(n)}(x) = f(x) p_n \left(\frac{1}{x} \right),$$

wobei p_n ein Polynom ist. Daraus ergibt sich $f^{(n)}(0) = 0$ für alle $n \in \mathbb{N}$. In diesem Fall kann man also nicht mithilfe der Ableitungen sehen, dass ein Extremum vorliegt.

Extremwertaufgabe (Extremwertproblem): eine Aufgabe, bei der extremale (minimale oder maximale) Werte einer Funktion (d.h. einer von einer oder mehreren Variablen abhängigen Größe) berechnet werden sollen.

Extremwertaufgaben, die auf die Berechnung des Extremwerts einer quadratischen Funktion hinauslaufen, löst man elementar mithilfe der quadratischen Ergänzung (vgl. Band I, ↑ Extremwert).

In der *Geometrie* lassen sich Extremwertaufgaben zuweilen mittels geometrischer Abbildungen lösen (vgl. Band I, ↑ Extremwert).

Bei der *linearen Optimierung* bestimmt man ein Extremum (»Optimum«) einer linearen Funktion mehrerer Variabler, wobei für die Variablen Nebenbedingungen in Form von

Extremwertaufgabe

linearen Gleichungen oder Ungleichungen gegeben sind (vgl. Band I, ↑ Optimierung).
In der *Analysis* behandelt man Extremwertprobleme, die mithilfe der Differentialrechnung zu lösen sind (↑ Extremwert).
Beispiel: Welche quadratische Pyramide mit einer Seitenkante der Länge a besitzt das größte Volumen (Abb. 1)?

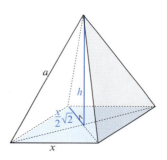

Extremwertaufgabe (Abb. 1): quadratische Pyramide mit einer Seitenkante der Länge a

Bezeichnet x die Seitenlänge des Grundquadrats, dann ist das Volumen

$$V(x) = \frac{1}{3} x^2 h = \frac{1}{3\sqrt{2}} \cdot x^2 \sqrt{2a^2 - x^2}.$$

Man sucht also ein Maximum der Funktion

$$f : x \mapsto x^2 \sqrt{2a^2 - x^2}$$

für $0 < x < a\sqrt{2}$. Um die Rechnung zu vereinfachen, betrachten wir die Funktion $g = f^2$, deren Ableitung leichter zu berechnen ist:

$$g : x \mapsto 2a^2 x^4 - x^6.$$

Dieser Trick ist zulässig, um die Stelle des Maximums zu bestimmen, weil die Quadratfunktion für positive Werte monoton wächst. Es ist

$$g'(x) = 8a^2 x^3 - 6x^5 = x^3(8a^2 - 6x^2),$$

für $0 < x < a\sqrt{2}$ ist also

$$g'(x) = 0 \Leftrightarrow x = \tfrac{2}{3} a\sqrt{3}.$$

Wegen

$$g''(\tfrac{2}{3} a\sqrt{3}) = 24a^2(\tfrac{2}{3} a\sqrt{3})^2 - 30(\tfrac{2}{3} a\sqrt{3})^4 = -\tfrac{64}{3} a^4 < 0$$

liegt an der Stelle $\tfrac{2}{3} a\sqrt{3}$ ein Maximum von g, also auch ein Maximum von f und somit von V vor. Es ergibt sich

$$V(\tfrac{2}{3} a\sqrt{3}) = \tfrac{4}{27} \sqrt{3} \cdot a^3.$$

Beispiel 2 (Herleitung des Brechungsgesetzes der Optik): Ein Lichtstrahl verläuft zunächst im Medium 1 mit der Geschwindigkeit c_1, tritt dann in Medium 2 über und hat dort die Geschwindigkeit c_2. Der Weg des Lichtes wird dadurch bestimmt, dass die benötigte Zeit, um den Weg zurückzulegen, minimal ist. In Abb. 2 ist die benötigte Zeit (berechnet als Quotient von Weg und Geschwindigkeit) für den Weg von A nach B

$$f(x) = \frac{\sqrt{(x-a)^2 + u^2}}{c_1} + \frac{\sqrt{(x-b)^2 + v^2}}{c_2}.$$

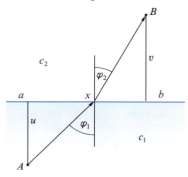

Extremwertaufgabe (Abb. 2): Herleitung des Brechungsgesetzes

Aus $f'(x) = 0$ ergibt sich die Stelle des Minimums:

$$f'(x) = \frac{2(x-a)}{2c_1\sqrt{(x-a)^2 + u^2}}$$
$$+ \frac{2(b-x)(-1)}{2c_2\sqrt{(b-x)^2 + v^2}}.$$

Die Bedingung $f'(x) = 0$ führt auf

$$\frac{x-a}{\sqrt{(x-a)^2 + u^2}} : \frac{b-x}{\sqrt{(b-x)^2 + v^2}}$$
$$= c_1 : c_2,$$

also $\sin\varphi_1 : \sin\varphi_2 = c_1 : c_2$.

Aus dieser Betrachtung ergibt sich nebenbei auch, warum im Brechungsgesetz der Einfalls- und der Ausfallswinkel zweckmäßigerweise gegen das Lot gemessen werden. ■

faires Glücksspiel: ein ↑ Glücksspiel, bei dem der ↑ Erwartungswert des Gewinns für jeden Spieler 0 ist. Bei einem solchen Glücksspiel gleichen sich die Gewinne und Verluste auf lange Sicht aus.

Faktorregel: die ↑ Ableitungsregel, nach der man beim Differenzieren einer Funktion einen konstanten Faktor herausziehen darf.

Fakultät: [aus lateinisch facultas »Fähigkeit«, »Vermögen«]: für $n \in \mathbb{N}$ die Zahl $n! := 1 \cdot 2 \cdot 3 \cdot \ldots \cdot n$ (lies »n Fakultät«), also das Produkt der ersten n natürlichen Zahlen. Ferner setzt man $0! := 1$, damit die Formel

$$\binom{n}{k} = \frac{n!}{k!(n-k)!}$$

für die ↑ Binomialkoeffizienten auch in den Fällen $k=0$ und $k=n$ gilt. Der Wert der Fakultät nimmt mit wachsendem n sehr rasch zu (Tab. 1).

n	n!
0	1
1	1
2	2
3	6
4	24
5	120
6	720
7	5040
8	40320
9	362880
10	3628800
11	39916800
12	479001600

Fakultät (Tab. 1)

Sind N_1 und N_2 Mengen mit jeweils genau n Elementen, so gibt es $n!$ bijektive Abbildungen von N_1 auf N_2. Insbesondere ist die Anzahl der bijektiven Abbildungen einer n-elementigen Menge auf sich (↑ Permutation) gleich $n!$. Es gibt also genau $n!$ verschiedene Anordnungen einer n-elementigen Menge.

Beispiel: Für eine Schulklasse mit 19 Schülern gibt es $19! \approx 1{,}2 \cdot 10^{17}$ verschiedene Sitzordnungen.

Zur Berechnung von $n!$ für große n benutzt man die ↑ Stirling-Formel

$$n! \approx \sqrt{2\pi n}\left(\frac{n}{e}\right)^n$$

mit der Kreiszahl $\pi = 3{,}14\ldots$ und der eulerschen Zahl $e = 2{,}72\ldots$.

Faltungsintegral: für zwei auf $\mathbb{R}$ definierte stetige Funktionen f und g das ↑ Integral

$$\int_{-\infty}^{x} f(t)g(x-t)\,dt\,.$$

Faltungsintegrale spielen in der Wahrscheinlichkeitsrechnung eine Rolle, und zwar bei der Berechnung der Wahrscheinlichkeitsfunktion einer Summe von stetigen Zufallsgrößen.

Fassregel, keplersche: ↑ keplersche Fassregel.

Fehler: zufällige Abweichungen, die bei Messungen (etwa in der Physik) unvermeidlich auftreten. Wie ein Fehler einer Messgröße sich auf ein daraus berechnetes Ergebnis auswirkt, wird in der ↑ Fehlerfortpflanzung behandelt. Die Angabe, welche Unsicherheit bei fehlerbehafteten Messungen zu erwarten ist, ist Gegenstand der **Fehlerrechnung**. Beispiel einer Fehlerrechnungsmethode ist die ↑ Methode der kleinsten Quadrate. Hat man für die Größe a der Reihe nach die Messwerte $x_1, x_2, \ldots, x_n$ erhalten, so berechnet man aus ihnen einen »wahrscheinlichsten« Wert, etwa in Gestalt des arithmetischen Mittels

$$\bar{x} = \frac{1}{n}\sum_{i=1}^{n} x_i\,.$$

Dann nennt man

$$a - x_i\ (i=1, 2, \ldots, n)$$

die **wahren Fehler** und

$$\bar{x} - x_i\ (i=1, 2, \ldots, n)$$

die **scheinbaren Fehler** der einzelnen Messwerte. Unter dem **durchschnittlichen Fehler** (mittlerer quadratischer Fehler) der Messreihe versteht man

$$\sigma := \sqrt{\frac{1}{n}\sum_{i=1}^{n}(a - x_i)^2}\,.$$

Da man i.A. nur $\bar{x}$, nicht aber a kennt, verwendet man als Schätzgröße für σ die Zahl

$$\tilde{\sigma} := \sqrt{\frac{1}{n-1}\sum_{i=1}^{n}(\bar{x} - x_i)^2}\,.$$

Der Faktor $\dfrac{1}{n-1}$ (anstatt $\dfrac{1}{n}$) bewirkt, dass $\tilde{\sigma}$ eine ↑ erwartungstreue Schätzgröße für σ ist.

Stellt man am Häufigkeitsdiagramm fest, dass die Messwerte näherungsweise normalverteilt sind (Abb. 1), so liegen etwa 65% der Messwerte im Intervall $[\bar{x} - \tilde{\sigma}; \bar{x} + \tilde{\sigma}]$.

Fehlerfortpflanzung: die rechnerische Behandlung der Abhängigkeit

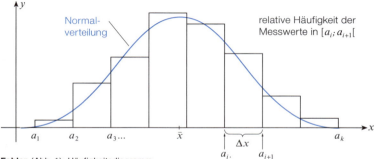

Fehler (Abb. 1): Häufigkeitsdiagramm

Fehlerrechnung

des ↑ Fehlers einer zusammengesetzten Größe von Messfehlern ihrer Komponenten. Ist ein Messwert a mit einem Fehler behaftet und kann man diesen durch Δa (lies »delta a«) abschätzen, so liegt der zu messende Wert in dem Intervall $[a - \Delta a; a + \Delta a]$; man schreibt $a \pm \Delta a$. Man nennt Δa den absoluten Fehler, $\dfrac{\Delta a}{a}$ den relativen Fehler und $a \pm \Delta a$ die Fehlergrenzen von a.

In der Fehlerfortpflanzung für zwei fehlerbehaftete Größen a und b auf deren Summe bzw. Produkt wendet man folgende Regeln an (vgl. Band I):

$$\Delta(a+b) = \Delta a + \Delta b,$$
$$\frac{\Delta(a \cdot b)}{a \cdot b} = \frac{\Delta a}{a} + \frac{\Delta b}{b}.$$

■ Fehlerfortpflanzung in komplizierteren Zusammenhängen

Ist $f(x)$ eine von der Größe x abhängige Größe, und hat man x mit einem Fehler Δx gemessen, so gilt für den Fehler der Größe $f(x)$:

$$\Delta f \approx f'(x)\,\Delta x.$$

Dabei ist f als differenzierbar vorausgesetzt, und $f'(x)$ ist die Ableitung von f an der Stelle x.

Beispiel 1: Hat man den Radius einer Kugel zu $r = 2$ cm mit $\Delta r = 0{,}05$ cm gemessen, so beträgt ihr Volumen

$$V = \tfrac{4}{3}\pi r^3 \pm 4\pi r^2 \cdot \Delta r$$
$$= \tfrac{32}{3}\pi \pm \tfrac{4}{5}\pi\,[\mathrm{cm}^3]$$
$$= 33{,}5 \pm 2{,}5\,[\mathrm{cm}^3],$$

das Volumen liegt also zwischen 31 cm³ und 36 cm³.

Ist $f(x_1, x_2, \ldots, x_n)$ eine von $x_1, x_2, \ldots, x_n$ abhängende Größe, deren ↑ partielle Ableitungen $\dfrac{\partial f}{\partial x_i}$ existieren, und hat man x_i mit einem Fehler Δx_i gemessen $(i = 1, 2, \ldots, n)$, so gilt für den Fehler der Größe f

$$\Delta f \approx \sum_{i=1}^{n} \frac{\partial f}{\partial x_i}(x_1, x_2, \ldots, x_n)\,\Delta x_i.$$

Beispiel 2: Bei einer quadratischen Pyramide maß man die Länge der Grundseite zu $a = 6$ cm mit $\Delta a = 0{,}02$ cm und die Höhe zu $a = 10$ cm mit $\Delta h = 0{,}05$ cm. Das Volumen beträgt dann

$$V = \tfrac{1}{3}a^2 h = 120\,[\mathrm{cm}^3]$$

mit dem Fehler

$$\Delta V = \tfrac{2}{3}ah \cdot \Delta a + \tfrac{1}{3}a^2 \cdot \Delta h$$
$$= 40 \cdot \Delta a + 12 \cdot \Delta h$$
$$= 1{,}4\,[\mathrm{cm}^3].$$

Fehlerrechnung: ↑ Fehler, ↑ Fehlerfortpflanzung.

Fermi-Dirac-Modell: [-dɪˈræk-; nach ENRICO FERMI, *1901, †1954, und PAUL ADRIEN MAURICE DIRAC, *1902, †1984]: in der Physik ein Modell zur Verteilung von Elementarteilchen (z. B. Elektronen, Neutronen, Protonen) auf die Zellen des Phasenraums. Dabei wird angenommen, dass die Elementarteilchen nicht unterscheidbar sind und höchstens ein Teilchen pro Zelle des Phasenraums auftreten kann (Pauli-Prinzip). Für k Teilchen und n Zellen gibt es also $\binom{n}{k}$ gleichmögliche Fälle (↑ Auswahlen). Andere Verteilungsmodelle in der Physik, die von anderen Voraussetzungen ausgehen, sind das ↑ Bose-Einstein-Modell und das ↑ Maxwell-Boltzmann-Modell.

Fisher-Test [nach RONALD AYLMER FISHER; *1890, †1966]: ↑ Vierfelder-Test.

Fixpunkt: bei einer Abbildung $f : A \to B$ mit $B \subseteq A$ ein Element $a \in A$, das auf sich selbst abgebildet wird, für das also gilt $f(a) = a$ (vgl. Band I).

Fixpunkte ↑ linearer Abbildungen und ↑ affiner Abbildungen kann man durch Lösen von linearen Gleichungssystemen ermitteln.

Für die Fixpunkte einer Funktion f mit $D(f), B(f) \subseteq \mathbb{R}$ interessiert man sich hauptsächlich aus zwei Gründen:
(1) Ist eine durch

$$a_1 := c; \quad a_{n+1} := f(a_n) \quad \text{für } n \in \mathbb{N}$$

definierte ↑ rekursive Folge konvergent, dann kann man ihren Grenzwert a aus der Gleichung $a = f(a)$ berechnen (falls die Funktion f gewisse Bedingungen erfüllt).
(2) Kann man eine Gleichung $F(x) = 0$ in die Form $x = f(x)$ bringen, so bedeutet das Lösen der Gleichung die Bestimmung eines Fixpunktes von f.

Beispiel 1: Die rekursive Folge $\langle a_n \rangle$ mit

$$a_1 := 5; \quad a_{n+1} := \sqrt{5 + a_n} \quad \text{für } n \in \mathbb{N}$$

ist konvergent, denn sie ist nach unten beschränkt und monoton fallend (Hauptsatz über monotone Folgen). Ihr Grenzwert a genügt also der Gleichung

$$a = \sqrt{5 + a}.$$

Diese hat die Lösungen

$\frac{1}{2} - \frac{1}{2}\sqrt{21}$ und $\frac{1}{2} + \frac{1}{2}\sqrt{21}$.

Als Grenzwert kommt nur die zweite Lösung in Frage, da er wegen

$$a_n \geq 0 \quad \text{für alle } n \in \mathbb{N}$$

positiv sein muss.

Beispiel 2: Zur Nullstellenbestimmung einer Funktion f eignet sich unter gewissen Voraussetzungen über die Funktion f das ↑ newtonsche Verfahren, das durch die Rekursionsformel

$$x_{n+1} = g(x_n) \quad \text{mit} \quad g(x_n) := x_n - \frac{f(x_n)}{f'(x_n)}$$

beschrieben wird. Im Falle der Konvergenz genügt ein Fixpunkt von g der Gleichung $f(x) = 0$.

Beispiel 3: Die Gleichung $x = \cos x$ kann man näherungsweise lösen, indem man den Grenzwert von $\langle a_n \rangle$ mit

$$a_{n+1} = \cos a_n$$

näherungsweise bestimmt. Abb. 1 verdeutlicht diesen Vorgang, wobei als Startwert $a_1 = -2$ gewählt wurde.

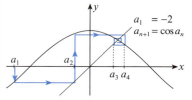

Fixpunkt (Abb. 1): näherungsweises Lösen der Gleichung $x = \cos x$

Dieses Vorgehen kann man mit einem Taschenrechner durch wiederholte Anwendung der cos-Taste nachvollziehen, wenn man also auf das Ergebnis jeweils wieder die Kosinusfunktion anwendet. ∎

fixpunktfreie Permutation: eine ↑ Permutation, bei der kein Element auf sich selbst abgebildet wird.

Fixpunktgerade: eine Gerade, die bei einer Abbildung (z. B. einer affinen Abbildung) punktweise festbleibt, also aus lauter Fixpunkten besteht.

Fixrichtung: eine durch einen Vektor gegebene Richtung, die bei einer ↑ affinen Abbildung fest bleibt. Eine Fixrichtung der affinen Abbildung mit der Matrix A ist durch einen ↑ Eigenvektor von A gegeben.

Fläche: ein zweidimensionales Gebilde im Raum, oft auch Kurzbezeichnung für ↑ Flächeninhalt. Dem Begriff der Kurve in der Ebene entspricht der Begriff der Fläche im

Fläche

Raum. Eine begrenzte Fläche nennt man oft **Flächenstück**.

Zunächst treten Flächen als grafische Darstellung (Graph) von Funktionen zweier Variabler auf: Ist

$f: A \to B$ mit $A \subseteq \mathbb{R}^2, B \subseteq \mathbb{R}$

eine solche Funktion, so ist die Punktmenge

$\{(x|y|z) \mid z = f(x,y)\}$

im kartesischen Koordinatensystem eine Fläche. Dabei entspricht jedem $(x|y) \in A$ genau ein $z \in \mathbb{R}$ (Abb. 1).

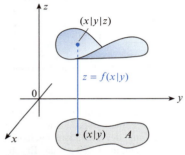

Fläche (Abb. 1): Flächenstück im kartesischen Koordinatensystem

Beispiel 1: Die Funktion $f: \mathbb{R}^2 \to \mathbb{R}$ mit

$z = f(x,y) = -\frac{2}{3}x - \frac{4}{3}y + 4$

beschreibt eine Ebene (Abb. 2).

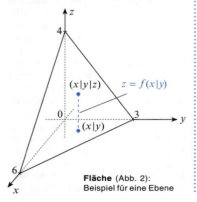

Fläche (Abb. 2): Beispiel für eine Ebene

Beispiel 2: Auf

$A = \{(x,y) \mid x^2 + y^2 \leq 9\}$

beschreibt die Funktion f mit

$z = f(x,y) = \sqrt{9 - x^2 - y^2}$

eine Halbkugelfläche (Abb. 3).

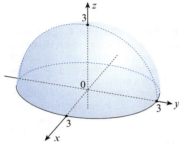

Fläche (Abb. 3): Halbkugelfläche

■ Parameterdarstellung von Flächen

In der folgenden Parameterdarstellung lassen sich auch Flächen beschreiben, die nicht als Graph einer Funktion zu deuten sind, z.B. geschlossene Flächen: Sind u, v, w drei Funktionen von zwei Veränderlichen, dann ist

$x = u(r,s),$
$y = v(r,s),$
$z = w(r,s)$

die Darstellung einer Fläche, wenn (r, s) eine Teilmenge von $\mathbb{R}^2$ durchläuft. Man kann dies auch in Vektorform schreiben:

$$\begin{pmatrix} x \\ y \\ z \end{pmatrix} = \begin{pmatrix} u(r,s) \\ v(r,s) \\ w(r,s) \end{pmatrix}.$$

Dann ist $\begin{pmatrix} x \\ y \\ z \end{pmatrix}$ als Ortsvektor des Punktes $(x|y|z)$ zu verstehen.

Flächeninhalt

Beispiel 3: Eine Parameterdarstellung der Ebene aus Beispiel 1 lautet

$$\begin{pmatrix}x\\y\\z\end{pmatrix} = \begin{pmatrix}6\\0\\0\end{pmatrix} + r\begin{pmatrix}6\\-3\\0\end{pmatrix} + s\begin{pmatrix}6\\0\\-4\end{pmatrix}$$

bzw:

$$\begin{pmatrix}x\\y\\z\end{pmatrix} = \begin{pmatrix}6+6r+6s\\-3r\\-4s\end{pmatrix}$$

mit $(r,s) \in \mathbb{R}^2$. Dies kann man aus Abb. 2 ablesen (↑ Ebene).

Beispiel 4: Eine Parameterdarstellung der Kugelfläche mit dem Mittelpunkt $(0,0,0)$ und dem Radius 3 lautet

$$\begin{pmatrix}x\\y\\z\end{pmatrix} = \begin{pmatrix}3\cos\varphi\cos\vartheta\\3\sin\varphi\cos\vartheta\\3\sin\vartheta\end{pmatrix}$$

mit $\varphi \in [0;2\pi[$ und $\vartheta \in \left[-\frac{\pi}{2};\frac{\pi}{2}\right]$ (↑ Polarkoordinaten). Für $\vartheta \in \left[0;\frac{\pi}{2}\right]$ erhält man die Halbkugelfläche aus Beispiel 2.

Die Parameterdarstellung einer Fläche kann man folgendermaßen deuten: Ist A eine Teilmenge von $\mathbb{R}^2$, dann wird jedem $(r,s) \in A$ ein $(x,y,z) \in \mathbb{R}^3$ zugeordnet. Es handelt sich also um eine Abbildung eines Stücks der r-s-Ebene in den Raum. Häufig spricht man nur dann von einer Fläche, wenn diese Abbildung stetig ist.

In der analytischen Geometrie sind die ↑ Flächen zweiter Ordnung von besonderem Interesse.

Flächeninhalt (Fläche): bei einem Flächenstück die Angabe, wie oft die Einheitsfläche darin enthalten ist. Dies ist für Vielecke elementar möglich (vgl. Band I): Die Berechnung des Flächeninhalts *krummlinig* begrenzter Figuren ist der Ausgangspunkt der Integralrechnung.

Definition des Flächeninhalts: Es sei F ein beschränktes Stück der Ebene, d. h., es gibt ein Rechteck, das F enthält (Abb. 1). Dieses Rechteck sei in endlich viele Teilrechtecke zerlegt, die paarweise disjunkt sind. Die Menge dieser Rechtecke bezeichnet man als **Zerlegung** Z. Mit $\underline{A}_Z(F)$ sei die Summe der Flächeninhalte derjenigen Rechtecke bezeichnet, welche ganz zu F gehören; ferner sei $\bar{A}_Z(F)$ die Summe der Flächeninhalte derjenigen Rechtecke, die mindestens einen Punkt mit F gemeinsam haben. Man bildet nun über alle möglichen Zerlegungen Z das ↑ Supremum aller Zahlen $\underline{A}_Z(F)$ sowie das ↑ Infimum aller Zahlen $\bar{A}_Z(F)$:

$$\underline{A}(F) := \sup_Z \underline{A}_Z(F),$$
$$\bar{A}(F) := \inf_Z \bar{A}_Z(F).$$

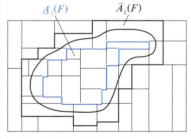

Flächeninhalt (Abb. 1): Annäherung des Flächeninhalts durch Rechtecke

Stimmen diese beiden Zahlen überein, dann nennen wir ihren gemeinsamen Wert den Flächeninhalt von F:

$$A(F) := \underline{A}(F), \text{ falls } \underline{A}(F) = \bar{A}(F).$$

Es gibt Teilmengen der Ebene, die *keinen* Flächeninhalt besitzen: Für die Menge

$$F = \{(x,y) \mid x \text{ und } y \text{ sind rational}$$
$$\text{und } x^2 + y^2 \leq 1\},$$

Flächeninhalt

gedeutet als Fläche im kartesischen Koordinatensystem, gilt

$\underline{A}(F) = 0$ und $\bar{A}(F) = \pi$.

Bei vielen Flächen ist die Existenz des Flächeninhalts anschaulich klar, da man ihn mithilfe einer ↑ Intervallschachtelung bestimmen kann.

Beispiel: Zur Bestimmung des Flächeninhalts unter der Parabel mit der Gleichung $y = cx^2$ über dem Intervall $[0;a]$ kann man die spezielle Rechteckseinteilung aus Abb. 2 benutzen.

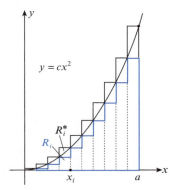

Flächeninhalt (Abb. 2): Bestimmung des Flächeninhalts unter einer Parabel

Dabei ist $x_i = i \cdot \dfrac{a}{n}$ und

$R_i = \dfrac{a}{n} \cdot c \left((i-1) \cdot \dfrac{a}{n} \right)^2$,

$R_i^* = \dfrac{a}{n} \cdot c \left(i \cdot \dfrac{a}{n} \right)^2$.

Dann ist

$\underline{A}_n(F) < A(F) < \bar{A}_n(F)$ mit

$\underline{A}(F) = \dfrac{ca^3}{n^3} \cdot (1^2 + 2^2 + \ldots + (n-1)^2)$

und

$\bar{A}_n(F) = \dfrac{ca^3}{n^3} \cdot (1^2 + 2^2 + \ldots + n^2)$.

Mithilfe der Formel

$1^2 + 2^2 + \ldots + k^2 = \dfrac{k(k+1)(2k+1)}{6}$

erhält man daraus

$\lim\limits_{n \to \infty} \underline{A}_n(F) = \lim\limits_{n \to \infty} \bar{A}_n(F) = \dfrac{ca^3}{3}$.

Die Flächeninhaltsformel lässt sich auch in der Form $A(F) = \tfrac{1}{3} \cdot a \cdot ca^2$ schreiben und als

»$\tfrac{1}{3}$ · Grundseite · Höhe«

deuten. In dieser Form (vgl. Abb. 3) ist die Quadratur der Parabelfläche schon von ARCHIMEDES (*um 285 v. Chr., †212 v. Chr.; vgl. Band I) angegeben worden.

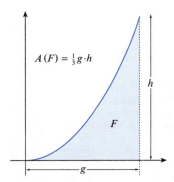

Flächeninhalt (Abb. 3): Quadratur der Parabelfläche

Berechnet man den Flächeninhalt, den eine Kurve im Koordinatensystem mit der x-Achse einschließt, mithilfe des Integrals, dann muss man **orientierte Flächeninhalte** betrachten:

Für $a < b$ ist $\int\limits_a^b f(x)\,dx$

- positiv, falls $f(x) > 0$ auf $]a;b[$, und
- negativ, falls $f(x) < 0$ auf $]a;b[$ (Abb. 4).

Fläche zweiter Ordnung

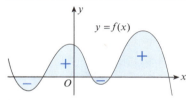

Flächeninhalt (Abb. 4): orientierte Flächeninhalte

Der von orientierten geschlossenen Kurven eingeschlossene Flächeninhalt wird gemäß Abb. 5 mit einem Vorzeichen versehen.

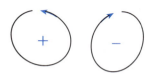

Flächeninhalt (Abb. 5): Vorzeichen bei von orientierten geschlossenen Kurven eingeschlossenen Flächeninhalten

Man kann auch unbegrenzten Flächen einen Flächeninhalt zuordnen (↑ uneigentliches Integral). Z. B. hat die blaue Fläche in Abb. 6 den Flächeninhalt

$$\frac{1}{5}\sum_{i=0}^{\infty}\left(\frac{3}{4}\right)^i = \frac{4}{5}$$

(↑ geometrische Reihe). Dagegen hat die blau gezeichnete Fläche in Abb. 7

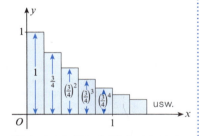

Flächeninhalt (Abb. 6): Flächeninhalt bei einer unbegrenzten Fläche

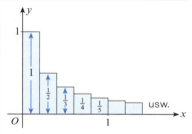

Flächeninhalt (Abb. 7): Fläche ohne Flächeninhalt

keinen Flächeninhalt, da die ↑ harmonische Reihe $\sum_{i=1}^{\infty}\frac{1}{i}$ divergiert.

Flächeninhaltsfunktion: das ↑ Integral $\int_{a}^{x} f(t)\,dt$ als Funktion in Abhängigkeit von der oberen Grenze.

Flächenstück: ein begrenztes (beschränktes) Stück einer ↑ Fläche.

Fläche zweiter Ordnung (Quadrik): eine Fläche mit einer Gleichung zweiten Grades der Form

$$a_{11}x^2 + a_{22}y^2 + a_{33}z^2 \\ + 2a_{12}xy + 2a_{13}xz + 2a_{23}yz \\ + 2a_{14}x + 2a_{24}y + 2a_{34}z \\ + a_{44} = 0.$$

Dabei sind die Koeffizienten a_{ij} reelle Zahlen. Durch eine solche Gleichung wird bezüglich eines kartesischen Koordinatensystems $(O; x; y; z)$ eine Punktmenge beschrieben, die man eine Fläche zweiter Ordnung nennt.

■ Klassifizierung

Durch eine ↑ Hauptachsentransformation lässt sich jede Gleichung zweiten Grades in eine Gleichung der Form

$$b_1 x^2 + b_2 y^2 + b_3 z^2 + b_4 = 0$$

oder der Form

$$b_1 x^2 + b_2 y^2 + z = 0$$

5 SD Mathematik II

Fläche zweiter Ordnung

(**Normalform**) überführen. Mithilfe der verschiedenen Normalformen kann man die Flächen zweiter Ordnung klassifizieren:

Ellipsoid:

$$\frac{x^2}{a^2}+\frac{y^2}{b^2}+\frac{z^2}{c^2}=1.$$

Spezialfälle:
(1) $a^2 = b^2 = c^2 = R^2$; dann folgt

$$x^2+y^2+z^2=R^2.$$

Diese Formel beschreibt eine Kugel mit Radius R.
(2) Für $a^2 = b^2$ folgt

$$\frac{x^2}{a^2}+\frac{y^2}{a^2}+\frac{z^2}{c^2}=1.$$

Dieses Ellipsoid entsteht durch Rotation der Ellipse

$$\frac{x^2}{a^2}+\frac{z^2}{c^2}=1$$

um die z-Achse und heißt deshalb Rotationsellipsoid. Entsprechend sind Rotationsellipsoide bezüglich der x- und der y-Achse definiert.

Zweischaliges Hyperboloid:

$$\frac{x^2}{a^2}-\frac{y^2}{b^2}-\frac{z^2}{c^2}=1.$$

Spezialfall: Für $b^2 = c^2$ erhält man das zweischalige Rotationshyperboloid. Es entsteht durch Rotation der Hyperbel

$$\frac{x^2}{a^2}-\frac{y^2}{b^2}=1$$

um die x-Achse.

Einschaliges Hyperboloid:

$$\frac{x^2}{a^2}+\frac{y^2}{b^2}-\frac{z^2}{c^2}=1.$$

Spezialfall: Für $a^2 = b^2$ bekommt man das einschalige Rotationshyperboloid. Es entsteht durch Rotation der Hyperbel

$$\frac{y^2}{b^2}-\frac{z^2}{c^2}=1$$

um die z-Achse.

Elliptischer Doppelkegel:

$$\frac{x^2}{a^2}+\frac{y^2}{b^2}-\frac{z^2}{c^2}=0.$$

Die Spitze des Kegels ist der Nullpunkt, der Kegel schneidet in der Ebene $z = c$ eine Ellipse aus.
Spezialfall: Der gerade Kreiskegel hat die Gleichung

$$\frac{x^2}{a^2}+\frac{y^2}{a^2}-z^2=0.$$

Elliptisches Paraboloid:

$$\frac{x^2}{a^2}+\frac{y^2}{b^2}-z=0.$$

Spezialfall: Wenn $a = b$ ist, liegt ein Rotationsparaboloid vor, das durch Rotation der Parabel $y^2 = 2b^2 \cdot z$ um die z-Achse entsteht.

Hyperbolisches Paraboloid:

$$\frac{x^2}{a^2}-\frac{y^2}{b^2}-z=0$$

(manchmal auch als **Sattelfläche** bezeichnet).

Elliptischer Zylinder:

$$\frac{x^2}{a^2}+\frac{y^2}{b^2}-1=0.$$

Durch die Punkte der in der x-y-Ebene liegenden Ellipse denkt man sich zur z-Achse parallele Geraden gezeichnet. Diese Geraden heißen Mantellinien oder Erzeugende des Zylinders.
Spezialfall: Für $a = b$ ergibt sich ein Kreiszylinder.

Hyperbolischer Zylinder:

$$\frac{x^2}{a^2}-\frac{y^2}{b^2}-1=0.$$

Die Mantellinien dieses Zylinders sind parallel zur z-Achse und gehen durch die in der x-y-Ebene liegende Hyperbel

$$\frac{x^2}{a^2}-\frac{y^2}{b^2}=1.$$

Flächen zweiter Ordnung

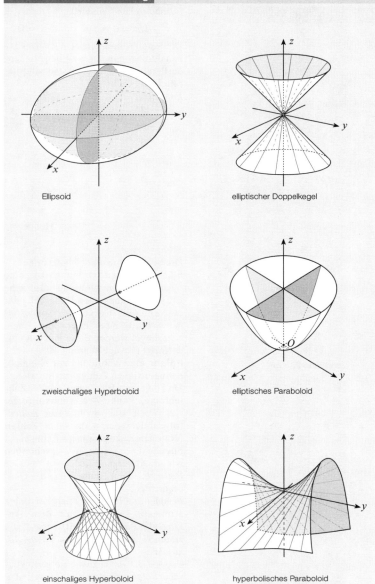

Flächen zweiter Ordnung

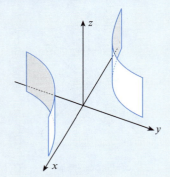

hyperbolischer Zylinder

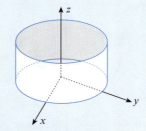

elliptischer Zylinder

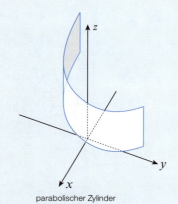

parabolischer Zylinder

Parabolischer Zylinder:

$$y^2 - 2px = 0.$$

Die Mantellinien dieses Zylinders gehen durch die in der x-y-Ebene liegende Parabel $y^2 - 2px = 0$ und sind parallel zur z-Achse.

Entartungen:

$\dfrac{x^2}{a^2} - \dfrac{y^2}{b^2} = 0$: Ebenenpaar

$\dfrac{x^2}{a^2} + \dfrac{y^2}{b^2} = 0$: z-Achse

$\dfrac{x^2}{a^2} + \dfrac{y^2}{b^2} + \dfrac{z^2}{c^2} = 0$: Ursprung

$-\dfrac{x^2}{a^2} - \dfrac{y^2}{b^2} - \dfrac{z^2}{c^2} = 1$: leere Menge

Schnittkurven:

Die Schnittlinie einer Ebene mit einer Fläche zweiter Ordnung ist eine ↑ Kurve zweiter Ordnung, also eine Ellipse, Parabel oder Hyperbel oder eine entartete Kurve. Am Sonderfall des Schnitts einer Ebene mit einem Kreiskegel werden diese Kurven i. A. definiert (↑ Kegelschnitt).

Folge: eine Abbildung der Menge $\mathbb{N}$ der natürlichen Zahlen in eine Menge M (Folge von Elementen aus M, Zahlenfolge, Punktfolge, Intervallfolge, ...). Wir betrachten hier nur *Zahlen*folgen. Die der natürlichen Zahl n (Nummer n) zugeordnete Zahl sei a_n. Für die Folge $a_1, a_2, a_3, \ldots$ schreiben wir zur Abkürzung $\langle a_n \rangle$.

Beispiel 1: $\langle n^2 \rangle$ ist die Folge der Quadratzahlen.

Beispiel 2: $\langle a + (n-1)d \rangle$ ist eine arithmetische Folge mit dem Anfangsglied a und der Differenz d; die ersten Glieder lauten $a, a+d, a+2d, a+3d, \ldots$

Beispiel 3: $\langle aq^{n-1} \rangle$ ist eine geometrische Folge mit dem Anfangsglied a und dem Quotienten q; die ersten Glieder lauten $a, aq, aq^2, aq^3, \ldots$

Definition von Folgen

Folgen können auf verschiedene Arten definiert werden:

(1) Der einfachste Fall liegt vor, wenn die Folge durch einen expliziten Term gegeben ist, etwa

$$a_n := 2^n, \quad a_n := \left(1 + \frac{1}{n}\right)^n.$$

(2) Bei einer rekursiven Bildungsvorschrift kann ein Glied der Folge erst berechnet werden, wenn die vorhergehenden Glieder schon bekannt sind, etwa

$$a_1 := 1, \quad a_{n+1} := \sqrt{a_n + 10} \text{ für } n \geq 1$$

oder

$$a_1 := 2, \quad a_2 := 5 \text{ und}$$
$$a_{n+1} := a_1 a_2 + a_2 a_3 + \ldots + a_{n-1} a_n$$
$$\text{für } n \geq 2.$$

Man bezeichnet solche Folgen als ↑ rekursive Folgen.

(3) Manche Folgen, die in der Mathematik eine Rolle spielen, sind weder durch einen algebraischen Term noch durch eine Rekursionsvorschrift definiert, sondern durch eine verbale Festlegung, etwa

$a_n := n$-te Primzahl,
$a_n := n$-te Ziffer in der Dezimalbruchentwicklung der eulerschen Zahl e.

(4) Aus gegebenen Folgen lassen sich durch Addition und Multiplikation neue Folgen gewinnen:

$$\langle a_n \rangle + \langle b_n \rangle := \langle a_n + b_n \rangle,$$
$$\langle a_n \rangle \cdot \langle b_n \rangle := \langle a_n \cdot b_n \rangle.$$

(5) Bildet man zu einer Folge $\langle a_n \rangle$ die Summenfolge $\langle s_n \rangle$ mit

$$s_n = a_1 + a_2 + \ldots + a_n = \sum_{i=1}^{n} a_i,$$

dann heißt $\langle s_n \rangle$ eine ↑ Reihe. Unter $\sum_{i=1}^{\infty} a_i$ versteht man die Folge $\left\langle \sum_{i=1}^{n} a_i \right\rangle$, aber auch ihren Grenzwert (siehe unten), falls er existiert.

Eigenschaften von Folgen

Eine Folge $\langle a_n \rangle$ heißt nach oben beschränkt, wenn eine Zahl S derart existiert, dass

$$a_n \leq S \text{ für alle } n \in \mathbb{N}.$$

Entsprechend heißt $\langle a_n \rangle$ nach unten beschränkt, wenn eine Zahl T mit

$$T \leq a_n \text{ für alle } n \in \mathbb{N}$$

existiert. Ist $\langle a_n \rangle$ nach oben *und* nach unten beschränkt, dann heißt diese Folge **beschränkt**. In diesem Fall existiert eine positive Zahl M mit

$$|a_n| \leq M \text{ für alle } n \in \mathbb{N};$$

die Glieder der Folge liegen dann alle in dem Intervall $[-M, +M]$. Die Summe und das Produkt zweier beschränkter Folgen sind beschränkt.

Beispiel 4: Die Folgen $\left\langle \frac{n+1}{n} \right\rangle$, $\langle (-1)^n \rangle$, $\left\langle \sin \frac{n}{2} \pi \right\rangle$ sind beschränkt.

Beispiel 5: Die Folge $\langle -n^2 \rangle$ ist nur nach oben, die Folge $\langle n^2 \rangle$ nur nach unten beschränkt.

Beispiel 6: Die Folge $\langle (-n)^n \rangle$ ist weder nach oben noch nach unten beschränkt.

Eine Folge $\langle a_n \rangle$ heißt ↑ konvergent zum **Grenzwert** a, wenn für jede positive Zahl ε eine natürliche Zahl N_ε derart existiert, dass gilt:

$$|a_n - a| < \varepsilon \text{ für alle } n > N_\varepsilon.$$

Man schreibt dafür

$$\lim_{n \to \infty} a_n = a$$

(lies: »Limes von a_n für n gegen unendlich ist a«.) Ist dabei $a = 0$, so heißt $\langle a_n \rangle$ eine Nullfolge. Eine nicht-

Fourier-Reihe

Wenn eine gegebene Funktion durch eine ↑ Reihe aus Sinus- und Kosinusfunktionen approximiert wird, spricht man von einer Fourier-Reihe (nach dem französischen Mathematiker und Physiker JEAN-BAPTISTE-JOSEPH DE FOURIER; *1758, †1830) oder einer **trigonometrischen Reihe.**

Als Beispiel betrachten wir auf dem Intervall $[-\pi; \pi]$ die Funktion f mit

$$x \mapsto \begin{cases} -\dfrac{\pi}{4} & \text{für } x > 0 \\ 0 & \text{für } x = 0 \\ \dfrac{\pi}{4} & \text{für } x < 0. \end{cases}$$

Diese Funktion lässt sich auf $[-\pi; \pi]$ gut durch die Funktion $\bar{f}$ mit

$$\bar{f}(x) = \sin x + \frac{1}{3}\sin 3x + \frac{1}{5}\sin 5x$$

annähern (Abb. 1). Eine noch bessere Annäherung erhielte man durch die Hinzunahme der weiteren Summanden $\frac{1}{7}\sin 7x$, $\frac{1}{9}\sin 9x$ usw. Dehnt man die Funktion f durch die Festlegung $f(x \pm n \cdot 2\pi) = f(x)$ $(n \in \mathbb{N})$ auf den Bereich $\mathbb{R}$ aus und setzt auch $\bar{f}$ entsprechend periodisch fort, erhält man auch auf $\mathbb{R}$ eine Annäherung der Funktion f. Die Funktion f wird quasi in Sinusfunktionen »zerlegt«. Umgekehrt ergibt die Überlagerung bzw. Addition der Sinusfunktionen wieder (angenähert) die Funktion f.

■ Berechnung von Fourier-Reihen

Jede Funktion f auf dem Intervall $[-\pi; \pi]$, die gewissen Bedingungen genügt, lässt sich durch eine Fourier-Reihe approximieren. Für eine exakte Darstellung der Funktion werden jedoch i.A. unendlich viele Summanden benötigt. Eine solche Darstellung heißt **Fourier-Entwicklung** oder **harmonische Analyse** der Funktion f und hat die allgemeine Form

$$f(x) = \frac{a_0}{2} + \sum_{n=1}^{\infty}(a_n \cos nx + b_n \sin nx).$$

Erfüllt die Funktion f auf $[-\pi; \pi]$ bestimmte Stetigkeitsvoraussetzungen, ist diese unendliche Reihe für jedes $x \in \mathbb{R}$ absolut konvergent. Für die **Fourier-Koeffizienten** a_n und b_n gilt:

$$a_n = \frac{1}{\pi}\int_{-\pi}^{\pi} f(x)\cos nx \, dx, \ n = 0, 1, 2, 3, \ldots$$

$$b_n = \frac{1}{\pi}\int_{-\pi}^{\pi} f(x)\sin nx \, dx, \ n = 1, 2, 3, \ldots$$

An den möglicherweise vorhandenen Sprungstellen von f konvergiert die Reihe gegen das arithmetische Mittel der ↑ einseitigen Grenzwerte an diesen Stellen.

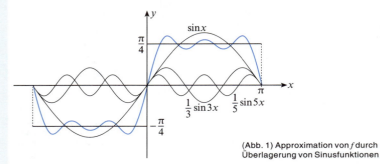

(Abb. 1) Approximation von f durch Überlagerung von Sinusfunktionen

Fourier-Reihe

Ist f gerade, gilt also $f(-x)=f(x)$ für alle $x \in [-\pi; \pi]$, dann ist $b_n = 0$ für alle $n \in \mathbb{N}$; es treten in der Fourier-Reihe keine Sinusterme auf. Ist f ungerade, gilt also $f(-x) = -f(x)$ für alle $x \in [-\pi; \pi]$, dann ist $a_n = 0$ für alle $n \in \mathbb{N}_0$; es treten in der Fourier-Reihe keine Kosinusterme und keine Konstante auf.

■ Fourier-Reihe und Kreiszahl π

Eine besonders schöne und überraschende Anwendung der Fourier-Reihe ist die Herleitung von Reihendarstellungen der Kreiszahl π bzw. deren Quadrat.

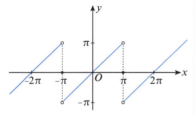

(Abb. 2) Graph der Funktion f aus Beispiel 1 mit periodischer Fortsetzung

Beispiel 1: Die Funktion f sei definiert durch

$x \mapsto x$ für $-\pi < x < \pi$,

wobei der Funktionswert an den Stellen $-\pi, \pi$ gleich 0 gesetzt wird (Abb. 2). Es liegt eine ungerade Funktion vor, also sind nur die Fourier-Koeffizienten b_n zu berechnen. Zur Berechnung von b_n benötigt man die Regel der ↑ Produktintegration:

$$b_n = \frac{1}{\pi} \int_{-\pi}^{\pi} x \sin x \, dx$$

$$= \frac{1}{\pi} \left[-x \cdot \frac{\cos nx}{n} + \frac{\sin nx}{n^2} \right]_{-\pi}^{\pi}$$

$$= (-1)^{n-1} \frac{2}{n}.$$

Also ist

$$f(x) = 2 \sum_{n=1}^{\infty} (-1)^{n-1} \frac{\sin nx}{n}$$

$$= 2 \left(\sin x - \frac{\sin 2x}{2} + \frac{\sin 3x}{3} - \frac{\sin 4x}{4} + \cdots \right)$$

Setzt man links und rechts $x = \frac{\pi}{2}$ ein, so ergibt sich die »leibnizsche Reihe«

$$\frac{\pi}{4} = 1 - \frac{1}{3} + \frac{1}{5} - \frac{1}{7} + \cdots$$

Die Kreiszahl π lässt sich also mithilfe einer sehr einfachen alternierenden Reihe darstellen. Zur praktischen Berechnung von π ist diese Reihe aber nicht besonders gut geeignet, da sie sehr langsam konvergiert. Die ersten Näherungsbrüche für π lauten

$$\frac{4}{1}, \frac{8}{3}, \frac{52}{15}, \frac{304}{105}, \cdots$$

Beispiel 2: Es sei f definiert durch

$x \mapsto |x|$ für $-\pi \leq x \leq \pi$

(Abb. 3). Die Funktion f ist gerade, also sind nur die Fourier-Koeffizienten a_n zu berechnen:

$$a_0 = \frac{1}{\pi} \int_{-\pi}^{\pi} |x| \, dx = \frac{2}{\pi} \int_{0}^{\pi} x \, dx$$

$$= \frac{1}{\pi} \cdot \pi^2 = \pi,$$

$$a_n = \frac{1}{\pi} \int_{-\pi}^{\pi} |x| \cos nx \, dx$$

$$= \frac{2}{\pi} \int_{0}^{\pi} x \cos nx \, dx.$$

$$= \frac{2}{\pi} \left[\frac{x \sin nx}{n} + \frac{\cos nx}{n^2} \right]_{0}^{\pi}$$

Fourier-Reihe

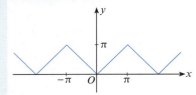

(Abb. 3) Graph der Funktion f aus Beispiel 2 mit periodischer Fortsetzung

Es ergibt sich $a_n = 0$ für gerades $n > 0$ und $a_n = -\dfrac{4}{\pi n^2}$ für ungerades n, also

$$f(x) = \frac{\pi}{2} - \frac{4}{\pi} \sum_{m=0}^{\infty} \frac{\cos(2m+1)x}{(2m+1)^2}.$$

Setzt man hier $x = 0$, so findet man

$$\sum_{m=0}^{\infty} \frac{1}{(2m+1)^2}$$
$$= 1 + \frac{1}{9} + \frac{1}{25} + \frac{1}{49} + \ldots = \frac{\pi^2}{8}.$$

Mithilfe dieser Formel lässt sich auch der Wert s der Reihe $\sum_{n=1}^{\infty} \dfrac{1}{n^2}$ bestimmen:

$$s = \sum_{n=1}^{\infty} \frac{1}{n^2} = \sum_{m=0}^{\infty} \frac{1}{(2m+1)^2} + \sum_{m=1}^{\infty} \frac{1}{(2m)^2}$$
$$= \frac{\pi^2}{8} + \frac{1}{4} \sum_{m=1}^{\infty} \frac{1}{m^2} = \frac{\pi^2}{8} + \frac{1}{4} s,$$

also $s = \sum_{n=1}^{\infty} \dfrac{1}{n^2} = \dfrac{\pi^2}{6}$. Diese Formel wurde erstmals von L. EULER angegeben. ∎

Harmonische Analyse von Schwingungen

Die Fourier-Entwicklung von Funktionen spielt vor allem bei Schwingungsvorgängen, z. B. in der Musik, eine Rolle. Ein beliebiger Schwingungsvorgang kann dabei als Überlagerung von (unendlich vielen) Sinusschwingungen unterschiedlicher Frequenz dargestellt werden. In der Fourier-Entwicklung

$$\frac{a_0}{2} + \sum_{n=1}^{\infty} (a_n \cos nx + b_n \sin nx).$$

werden also dem ersten konstanten Glied Sinusschwingungen überlagert, deren Frequenzen von Schritt zu Schritt zunehmen, aber ganzzahlige Vielfache einer Grundfrequenz sind.
Bei einem Instrument z. B. wird neben dem Grundton stets ein Obertonspektrum (harmonisches Spektrum) angeregt, das genau den Frequenzen einer Fourier-Entwicklung entspricht. Die Fourier-Koeffizienten geben dann die »Stärke« (genauer die Amplitude) des jeweiligen Obertons wieder und bestimmen damit die Klangfarbe des Instruments. ∎

📖 Rege eine Geigensaite einmal durch Zupfen, einmal durch Streichen mit dem Bogen zum Schwingen an und achte auf den unterschiedlichen Klang: Die Schwingung der Saite lässt sich durch eine mathematische Funktion beschreiben und diese in eine Fourier-Reihe entwickeln. Verschiedene Arten der Anregung führen zu verschiedenen Reihenentwicklungen, die wiederum unterschiedlichen Obertonspektren entsprechen.

📖 *Fourier-Analysis*, Beiträge von GERHARD GLATZ u.a. Berlin (Cornelsen) 1996.

konvergente Folge heißt divergent. Die Konvergenz einer Folge $\langle a_n \rangle$ zum Grenzwert a kann man sich auf der Zahlengeraden veranschaulichen: Für jedes beliebig (klein) gewählte Intervall $]a-\varepsilon; a+\varepsilon[$ liegen von einem genügend großen Index n ab *alle* Folgenglieder a_n in diesem Intervall (Abb. 1).

Folge (Abb. 1): zum Begriff der Konvergenz

Daran erkennt man auch, dass eine Folge höchstens *einen* Grenzwert hat, da für $a \neq b$ die Intervalle

$]a-\varepsilon; a+\varepsilon[$ und $]b-\varepsilon; b+\varepsilon[$

kein gemeinsames Element haben, falls $\varepsilon < \dfrac{|a-b|}{2}$ gewählt wird.

Jede konvergente Folge ist beschränkt, aber nicht jede beschränkte Folge ist konvergent. Beispielsweise ist die Folge $\langle(-1)^n\rangle$ zwar beschränkt, aber nicht konvergent; sie hat die Häufungspunkte $+1$ und -1.

Beispiel 7: Die geometrische Folge $\langle aq^n \rangle$ mit $a \neq 0$ ist eine Nullfolge, falls $|q| < 1$ ist; für $q = 1$ ist sie konvergent zum Grenzwert a, für $q = -1$ ist sie nicht konvergent, aber beschränkt. Für $|q| > 1$ ist diese Folge nicht beschränkt und daher auch nicht konvergent.

Beispiel 8: Es gilt

$$\lim_{n\to\infty} \frac{2n^2 - 3n + 1}{5n^2 + 2}$$
$$= \lim_{n\to\infty} \frac{2 - 3\dfrac{1}{n} + \left(\dfrac{1}{n}\right)^2}{5 + 2\left(\dfrac{1}{n}\right)^2} = \frac{2}{5}.$$

In Beispiel 8 haben wir von den **Grenzwertsätzen für Folgen** Gebrauch gemacht: Aus $\lim\limits_{n\to\infty} a_n = a$ und $\lim\limits_{n\to\infty} b_n = b$ folgt

$$\lim_{n\to\infty}(a_n + b_n) = a + b \text{ und}$$
$$\lim_{n\to\infty}(a_n \cdot b_n) = a \cdot b.$$

Insbesondere sind also Summe und Produkt konvergenter Folgen wieder konvergent.

Häufig ist auch folgender Satz nützlich: Das Produkt aus einer beschränkten Folge und einer Nullfolge ist eine Nullfolge.

Beispiel 9: In Verallgemeinerung von Beispiel 8 erhält man aus den Grenzwertsätzen: Die Folge $\langle a_n \rangle$ mit

$$a_n = \frac{b_k n^k + b_{k-1} n^{k-1} + \ldots + b_1 n + b_0}{c_l n^l + c_{l-1} n^{l-1} + \ldots + c_1 n + c_0}$$

$(b_k \neq 0, c_l \neq 0)$

ist für $k < l$ eine Nullfolge und hat für $k = l$ den Grenzwert $\dfrac{b_k}{c_l}$. Für $k > l$ ist $\langle a_n \rangle$ divergent.

Viele Konvergenzbeweise führt man mit dem ↑ Einschließungskriterium: Es seien $\langle a_n \rangle, \langle b_n \rangle, \langle c_n \rangle$ Folgen mit

$a_n \leq b_n \leq c_n$ für alle $n \in \mathbb{N}$.

Sind dann $\langle a_n \rangle$ und $\langle c_n \rangle$ konvergent zum Grenzwert a, dann ist auch $\langle b_n \rangle$ konvergent zum Grenzwert a.

■ Monotone Folgen

Eine Folge $\langle a_n \rangle$ heißt

- monoton wachsend, wenn

  $a_n \leq a_{n+1}$ für alle $n \in \mathbb{N}$;

- streng monoton wachsend, wenn

  $a_n < a_{n+1}$ für alle $n \in \mathbb{N}$;

- monoton fallend, wenn

  $a_n \geq a_{n+1}$ für alle $n \in \mathbb{N}$;

- streng monoton fallend, wenn

  $a_n > a_{n+1}$ für alle $n \in \mathbb{N}$.

Der **Hauptsatz über monotone Folgen** besagt, dass eine nach oben be-

Folium cartesii

schränkte monoton wachsende Folge in $\mathbb{R}$ konvergiert; ebenso konvergiert eine nach unten beschränkte monoton fallende Folge in $\mathbb{R}$. Die Gültigkeit dieses Satzes ist durch die ↑ Vollständigkeit des angeordneten Körpers der reellen Zahlen gewährleistet. Eine monoton wachsende nach oben beschränkte Folge *rationaler* Zahlen hat jedoch nicht immer auch einen *rationalen* Grenzwert.

Beispiel 10: Die rekursiv definierte Folge $\langle a_n \rangle$ mit

$$a_1 := 5, \quad a_{n+1} := \sqrt{5 + a_n}$$

ist nach unten beschränkt (durch 0) und fällt monoton, wie man mithilfe vollständiger Induktion einsieht:

$$5 =: a_1 > a_2 := \sqrt{10} = 3,16\ldots;$$
$$a_{n-1} > a_n \Rightarrow \sqrt{5 + a_{n-1}} > \sqrt{5 + a_n}.$$

Der Grenzwert a existiert also. Er lässt sich aus der Gleichung $a = \sqrt{5 + a}$ berechnen; es ergibt sich $a = \frac{1}{2} + \frac{1}{2}\sqrt{21} = 2,79\ldots$.

Von großer Bedeutung für Folgen reeller Zahlen ist das cauchysche Konvergenzkriterium (↑ Cauchy-Folge).

Folium cartesii: ↑ kartesisches Blatt.

Formel:
◆ eine Identität, die zur Termumformung dienen kann.

Beispiele:
(a) binomische Formel
$$(a + b)^2 = a^2 + 2ab + b^2,$$
wobei a, b Variable für Zahlen sind;
(b) Formel von Fibonacci (vgl. Band I)
$$(a^2 + b^2)(c^2 + d^2)$$
$$= (ac + bd)^2 + (ad - bc)^2$$
(a, b, c, d Variable für Zahlen);
(c) eulersche Formel
$$e^{i\vartheta} = \cos\vartheta + i\sin\vartheta$$
mit der imaginären Einheit i und $\vartheta \in \mathbb{R}$ (↑ Exponentialfunktion);

(d) moivresche Formel:
$(\cos\varphi + i\sin\varphi)^n = \cos n\varphi + i\sin n\varphi$
($n \in \mathbb{N}, \varphi \in \mathbb{R}$, i imaginäre Einheit);
(e) Formel von Leibniz (↑ Ableitungsregeln);
(f) Formeln von de Morgan (vgl. Band I).

◆ Vorschrift zur Berechnung (oder näherungsweisen Berechnung) einer Zahl oder Größe aus gegebenen Zahlen oder Größen.

Beispiele:
(a) ↑ bayessche Formel;
(b) Formel von der ↑ totalen Wahrscheinlichkeit;
(c) Kugelvolumen $V = \frac{4}{3}\pi r^3$;
(d) ↑ Stirling-Formel;
$$n! \approx \sqrt{2\pi n}\left(\frac{n}{e}\right)^n.$$

Fourier-Reihe: siehe S. 134.
Fraktal: ↑ fraktale Geometrie.
fraktale Geometrie: siehe S. 140.
Freiheitsgrad: eine Kenngröße einer ↑ Chi-Quadrat-Verteilung.
Fundamentalfolge: ↑ Cauchy-Folge.
Fundamentalsatz (Hauptsatz): ein Satz aus einer mathematischen Theorie, der für sie von zentraler Bedeutung ist.

Beispiele 1: Fundamentalsatz der Algebra: Jedes nichtkonstante Polynom mit reellen Koeffizienten besitzt im Körper der komplexen Zahlen mindestens eine Nullstelle. Aus diesem Satz folgt, dass sich jedes Polynom mit reellen Koeffizienten als Produkt von linearen und quadratischen Polynomen mit reellen Koeffizienten schreiben lässt.

Beispiel 2: Fundamentalsatz der Zahlentheorie: Jede natürliche Zahl besitzt eine eindeutige Primfaktorzerlegung.

Beispiel 3: ↑ Hauptsatz der Differenzial- und Integralrechnung.

Funktion [lateinisch Verrichtung, Geltung]: eine Abbildung $f: A \to B$, deren Ausgangsmenge A und deren

Funktionentheorie

Zielmenge B Zahlenmengen sind, also z.B. Teilmengen der Menge $\mathbb{R}$ der reellen Zahlen. Man nennt A auch die Definitionsmenge und B die Wertemenge oder Bildmenge von f. Man benutzt dafür die Symbole $D(f)$ bzw. $B(f)$. Ist die Definitionsmenge eine Teilmenge von $\mathbb{R}^2, \mathbb{R}^3,\ldots$, so spricht man von Funktionen von zwei, drei, ... Variablen (↑ Funktionen mehrerer Variabler).

Für die Funktion $f: A \to B$ mit $A,B \subseteq \mathbb{R}$ heißt die Punktmenge

$$\{(x,y) \in A \times B \,|\, y = f(x)\}$$

der **Graph** von f. Die zeichnerische Darstellung des Graphen im Koordinatensystem bezeichnet man ebenfalls als Graph oder auch als **Schaubild** von f. Die Gleichung $y = f(x)$ heißt die Funktionsgleichung von f.

Funktionen kann man auf verschiedene Arten miteinander verknüpfen: Die **Summe** $f + g$ ist auf $D(f) \cap D(g)$ durch

$$(f+g)(x) := f(x) + g(x)$$

definiert (Überlagerung).
Das **Produkt** $f \cdot g$ ist auf $D(f) \cap D(g)$ definiert durch

$$(f \cdot g)(x) := f(x)g(x);$$

für $f \cdot f, f \cdot f \cdot f, \ldots$ schreibt man $f^2, f^3, \ldots$.
Die **Verkettung** $f \circ g$ ist definiert durch

$$(f \circ g)(x) := f(g(x)).$$

Dabei ist

$$D(f \circ g) = \{x \in D(g) \,|\, g(x) \in D(f)\}.$$

Ist $f: A \to B$ eine Funktion, bei welcher zu jedem $b \in B$ genau ein $a \in A$ mit $f(a) = b$ existiert, dann ist f umkehrbar. Die ↑ Umkehrfunktion $f^{-1}: B \to A$ ist dann definiert durch

$$f^{-1}(b) = a \Leftrightarrow f(a) = b.$$

Funktionenfolge: eine Folge, deren Glieder Funktionen sind. Ist $f_1, f_2, f_3, \ldots$ eine Funktionenfolge, dann stellt sich die Frage, ob man den Grenzübergang $n \to \infty$ mit einem Grenzübergang bezüglich der Variablen x vertauschen darf. Dies ist nicht immer der Fall.
Beispiel: Für $f_n(x) := \left(\dfrac{\sin x}{x}\right)^n$ gilt

$$\lim_{n \to \infty} \lim_{x \to 0} f_n(x) = 1, \text{ aber}$$

$$\lim_{x \to 0} \lim_{n \to \infty} f_n(x) = 0.$$

Grenzprozesse sind vertauschbar, wenn die Funktionenfolge ↑ gleichmäßig konvergent ist.

Funktionen komplexer Variabler (komplexe Funktionen): Funktionen, bei denen die Definitionsmenge und die Wertemenge aus komplexen Zahlen besteht. Sie sind Gegenstand der Funktionentheorie.

Funktionen mehrerer Variabler: Funktionen, deren Definitionsmenge aus Zahlenpaaren oder Zahlentripeln oder allgemein aus n-Tupeln von Zahlen besteht. Viele Eigenschaften solcher Funktionen erkennt man schon am Fall der ↑ Funktionen zweier reeller Variabler.

Funktionenschar: ↑ Kurvenschar.

Funktionentheorie: die Theorie der Funktionen komplexer Veränderlicher (Variabler). Mithilfe des absoluten Betrages einer ↑ komplexen Zahl werden Begriffe wie Stetigkeit und Differenzierbarkeit einer Funktion einer komplexen Variablen analog wie bei der Theorie der reellen Funktionen definiert. Beispielsweise sagt man, eine Funktion $f: G \to \mathbb{C}\, (G \subseteq \mathbb{C})$ heißt stetig in $z_0 \in G$, wenn für jedes $\varepsilon > 0$ ein $\delta > 0$ existiert, sodass für alle $z \in G$ mit $|z - z_0| < \delta$ gilt: $|f(z) - f(z_0)| < \varepsilon$.
Die Differenzierbarkeit an der Stelle z_0 ist wie im Reellen durch die Existenz des Grenzwerts

$$f(z_0) := \lim_{z \to z_0} \frac{f(z) - f(z_0)}{z - z_0}$$

fraktale Geometrie

In der fraktalen Geometrie werden Punktmengen betrachtet, denen als Dimension eine nichtganze Zahl zugeordnet werden kann (»fraktal«: gebrochen). Eine solche Punktmenge wird durch unendlich oft wiederholte Anwendung einer Konstruktionsvorschrift auf eine Ausgangsfigur erzeugt, d. h. als Grenzmenge einer geeigneten Folge von Punktmengen. Man kann ihr in der Regel nur schwer die anschaulichen Begriffe Linie, Fläche und Körper zuordnen, ebenso ist es problematisch, von Länge, Flächeninhalt oder Rauminhalt zu sprechen. Derartige Punktmengen nennt man **Fraktale**. Ein Fraktal lässt sich nicht zeichnerisch darstellen, sondern lediglich durch eine Folge von Figuren beschreiben, deren Grenzfigur das betreffende Fraktal ist.

■ Merkwürdige Kurven

Beispiel 1: Abb. 1 zeigt die ersten beiden Glieder einer Folge, die dadurch entsteht, dass man von Schritt zu Schritt das mittlere Drittel jeder Strecke durch zwei Schenkel eines gleichseitigen Dreiecks ersetzt. Die Grenzkurve dieser Folge von Kurven ist unendlich lang, denn die n-te Kurve hat die Länge $l_n = \left(\frac{4}{3}\right)^n$, wenn die Ausgangsstrecke die Länge 1 hat, und diese Folge wächst unbeschränkt. Man nennt die Grenzkurve nach dem schwedischen Mathematiker HELGE VON KOCH (*1870, †1924) die **kochsche Kurve**.

Beginnt man die Konstruktion statt mit einer Strecke mit einem gleichseitigen Dreieck (Abb. 2), dann begrenzt die unendlich lange kochsche Kurve eine endliche Fläche mit dem Flächeninhalt

$$\left(\frac{1}{4} + \frac{3}{4} \sum_{n=0}^{\infty} \left(\frac{4}{9}\right)^n\right) \cdot A_0 = \frac{8}{5} A_0,$$

wenn A_0 der Inhalt des Ausgangsdreiecks ist. Diese Modifikation der kochschen Kurve heißt auch **Schneeflockenkurve**.

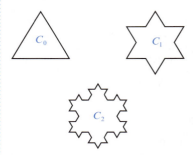

(Abb. 2) Konstruktion der Schneeflockenkurve

Beispiel 2: Es sei ein Quadrat mit dem Mittelpunkt C_0 gegeben. Man zerlege das Quadrat in vier kongruente Teilquadrate und verbinde deren Mittelpunkte wie in Abb. 3 angedeutet. So fortfahrend erhält man eine Folge $C_1, C_2, C_3 \ldots$ von Punktmengen (Kurven). Die Grenzkurve C, die sich bei unendlich oftmaliger Wiederholung dieser Konstruktionsschritte ergibt, hat eine merkwürdige Eigenschaft: Sie geht durch jeden Punkt des Quadrats, füllt also das Quadrat vollkommen aus, sodass man eher von einer Fläche als von einer Kurve sprechen möchte.

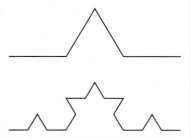

(Abb. 1) Konstruktion der kochschen Kurve

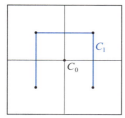 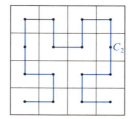 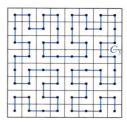

(Abb. 3) Konstruktion einer flächenfüllenden Kurve

Eine »flächenfüllende« Kurve wie diese Kurve C nennt man ein **Peano-Kontinuum** (nach dem italienischen Mathematiker GIUSEPPE PEANO; *1858, †1932). Ein weiteres Beispiel hierfür ist die Grenzkurve der Kurvenfolge, deren erste Glieder in Abb. 4 dargestellt sind.

■ Wischmengen und Flickenteppiche

Während in den Beispielen 1 und 2 Punktmengen durch fortgesetztes »Verlängern« von Kurven entstanden sind, betrachten wir nun ein Beispiel, bei dem ständig »verkürzt« wird.
Beispiel 3: Es sei $C_0 = [0; 1]$; also das abgeschlossene Intervall der reellen Zahlen zwischen 0 und 1, welches wir auf der Zahlengeraden als eine Strecke der Länge 1 verstehen. Die Menge C_1 entsteht, indem wir das mittlere Drittel dieser Strecke wegwischen, also das offene Intervall $]\frac{1}{3}; \frac{2}{3}[$ entfernen. Für C_2 tun wir dasselbe mit den beiden verbliebenen Teilintervallen usw. (Abb. 5). Als Grenzmenge entsteht das ↑ cantorsche Diskontinuum, auch **cantorsche Wischmenge** genannt (nach G. CANTOR).
Beim Übergang von C_n zu C_{n+1} entfernt man 2^n offene Intervalle der Länge $\left(\frac{1}{3}\right)^{n+1}$. Die Grenzmenge C entsteht also, indem man Intervalle der Gesamtlänge 1 wegwischt, denn

$$\sum_{k=0}^{\infty} 2^k \left(\frac{1}{3}\right)^{k+1} = \frac{1}{3} \cdot \frac{1}{1-\frac{2}{3}} = 1.$$

Es bleiben also nur »ein paar einsame Randpunkte« übrig. Merkwürdigerweise ist die Menge C dieser Punkte aber so umfangreich, dass man eine umkehrbare Abbildung zwischen ihr und dem vollständigen Intervall $[0; 1]$ angeben kann.

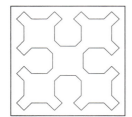 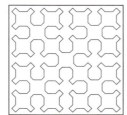 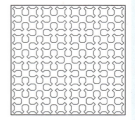

(Abb. 4) Die Kurven sind die ersten Glieder einer Folge, deren Grenzkurve ein Peano-Kontinuum ist.

fraktale Geometrie

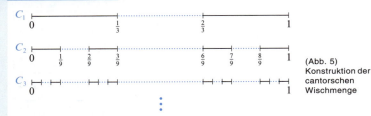

(Abb. 5) Konstruktion der cantorschen Wischmenge

Beispiel 4: Aus der Fläche eines gleichseitigen Dreiecks (einschließlich Rand) wischen wir das Mittendreieck (ohne Rand) weg und verfahren analog mit den entstandenen Teildreiecken (Abb. 6). Es ergibt sich eine Folge $C_0, C_1, C_2, \ldots$ von Punktmengen mit einer sehr eigenartigen Grenzmenge C. Soll man dieser einen Flächeninhalt zusprechen, so kommt nur der Flächeninhalt 0 in Frage, da Flächenstücke weggewischt werden, deren gesamter Flächeninhalt gleich dem des Ausgangsdreiecks ist.

Die Punktmenge C ist ein flächenhaftes Analogon zur cantorschen Wischmenge aus Beispiel 3. Daher nennt man diese und ähnlich konstruierte Mengen **cantorsche Kurven**. Nach dem polnischen Mathematiker WACŁAW SIERPIŃSKI (*1882, †1969) heißen sie auch **sierpinskische Flickenteppiche**.

Beispiel 5: SIERPIŃSKI konstruierte auch Flickenteppiche, die einen von 0 verschiedenen Flächeninhalt haben:

Ein Quadrat der Kantenlänge 1 (mit Rand) zerlege man wie in Abb. 7 in ein Quadrat der Kantenlänge $\frac{1}{5}$, vier Quadrate der Kantenlänge $\frac{2}{5}$ und vier Rechtecke mit den Kantenlängen $\frac{1}{5}$ und $\frac{2}{5}$. Man wische das mittlere Quadrat der Kantenlänge $\frac{1}{5}$ weg und verfahre mit den verbleibenden Quadraten und Rechtecken analog. Im ersten Schritt wird $\frac{1}{25}$ der Fläche gewischt, im zweiten Schritt $8 \cdot \left(\frac{1}{25}\right)^2$, im dritten Schritt $8^2 \cdot \left(\frac{1}{25}\right)^3$ usw. Der Anteil der weggewischten Fläche am gesamten Quadrat beträgt somit

$$\sum_{k=0}^{\infty} 8^k \left(\frac{1}{25}\right)^{k+1} = \frac{1}{17},$$

und es bleibt ein »Flächenstück« mit dem Inhalt $\frac{16}{17}$ übrig.

Aber ist die Grenzmenge C wirklich ein »Flächenstück«? Dagegen spricht, dass man in C kein noch so kleines Quadrat ohne »Loch« findet, aus welchem also nichts weggewischt worden ist.

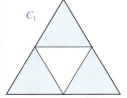
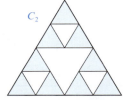
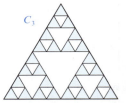

(Abb. 6) Konstruktion eines sierpinskischen Flickenteppichs

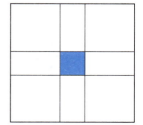
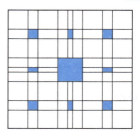

(Abb. 7) sierpinskischer Flickenteppich mit einem positiven Flächeninhalt

■ Das Problem der Dimension

Das räumliche Analogon eines Flickenteppichs ist leicht vorstellbar; man könnte ein solches Gebilde einen »Schwamm« nennen. Abb. 8 zeigt das erste Glied einer Folge, die einen solchen Schwamm definiert.

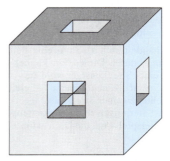

(Abb. 8) erstes Glied einer Folge, die einen »Schwamm« definiert

Allgemein versteht man unter *Linien* »eindimensionale«, unter *Flächen* »zweidimensionale« und unter *Körpern* »dreidimensionale« Punktmengen. Wie aber definiert man die »Dimension« einer Punktmenge? Der deutsche Mathematiker FELIX HAUSDORFF (*1868, †1942) schlug 1919 einen Dimensionsbegriff vor, den wir im Folgenden in stark vereinfachter Form vorstellen.

Wir betrachten Punktmengen auf einer Geraden, in einer Ebene oder im Raum, die folgende Eigenschaft haben: Die Punktmenge lässt sich so in a Teilmengen zerlegen, dass jede dieser Teilmengen bei Streckung (Vergrößerung) der Geraden, der Ebene oder des Raumes mit dem Faktor k kongruent zur gesamten Punktmenge ist. Eine solche Punktmenge nennt man **selbstähnlich**.

Hat die Punktmenge diese Eigenschaft, dann nennen wir die Zahl d mit

$$k^d = a \quad \text{bzw.} \quad d = \frac{\log a}{\log k}$$

die Dimension der Punktmenge (genauer die Selbstähnlichkeitsdimension). Anhand von Abb. 9 lässt sich prüfen, dass diese Definition sinnvoll ist und nicht dem anschaulichen Dimensionsbegriff entgegensteht. Eine Strecke hat demnach die Dimension 1, ein Rechteck die Dimension 2 und ein Quader die Dimension 3.

In Beispiel 1 (kochsche Kurve) besteht die erreichte Punktmenge nach jedem Schritt aus vier Teilmengen, von denen jede bei Streckung mit dem Faktor 3 kongruent zur vorangehenden Punktmenge ist. Diese Eigenschaft ordnen wir auch der Grenzkurve zu. Die Grenzkurve C lässt sich daher in vier Teile zerlegen, von denen jeder nach Streckung mit dem Fak-

fraktale Geometrie

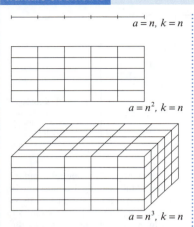

(Abb. 9) Definition der Selbstähnlichkeitsdimension anhand anschaulicher Beispiele

tor 3 wieder kongruent zu C ist. Es ergibt sich also für C die Dimension

$$d = \frac{\log 4}{\log 3} \approx 1{,}262.$$

Die Schneeflockenkurve hat somit eine größere Dimension als eine Strecke und eine kleinere Dimension als ein Rechteck.

In Beispiel 2 fügen wir an den Endpunkten den Kurven C_n jeweils noch eine Strecke von der Länge der jeweils halben Quadratseite an, beginnen also mit der Kurve in Abb. 10. Nach jedem Schritt besteht die erreichte Punktmenge aus vier Teilen, die bei Streckung mit dem Faktor 2 in die vorangegangene Punktmenge übergehen. Dies muss auch für die Grenzkurve C gelten. Hier ist also $d = 2$. Dies passt zu der Tatsache, dass es sich bei der Grenzkurve C um eine »flächenfüllende« Kurve handelt.

Bei der cantorschen Wischmenge aus Beispiel 3 erhält man nach jedem Schritt zwei Mengen, von denen jede bei Streckung mit dem Faktor 3 kon-

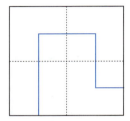

(Abb. 10) Modifikation von Beispiel 2

gruent zur vorangegangenen Menge ist. Also beträgt die Dimension

$$d = \frac{\log 2}{\log 3} \approx 0{,}631.$$

Es handelt sich also um eine Punktmenge, deren Dimension kleiner als die einer Strecke ist, obwohl sie – wie wir oben gesehen haben – gleichmächtig zu einer Strecke ist.

Der sierpinskische Flickenteppich aus Beispiel 4 hat die Dimension

$$d = \frac{\log 3}{\log 2} \approx 1{,}585,$$

denn nach einem Konstruktionsschritt erhält man drei Teilmengen, die bei Streckung mit dem Faktor 2 die vorangegangene Menge ergeben (Abb. 11).

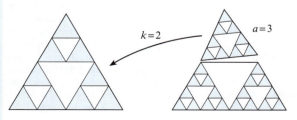

(Abb. 11) Selbstähnlichkeit des sierpinskischen Flickenteppichs

(Abb. 12)
Auch ein Farnblatt weist fraktale Eigenschaften auf.

In Beispiel 5 hat der Flickenteppich eine größere Dimension, was zu seinem positiven Flächeninhalt passt. Hier erhält man nämlich nach einem Konstruktionsschritt sechs Teile (wenn man je zwei der nichtquadratischen Rechtecke zu einem Quadrat zusammengefügt denkt) und jeder dieser Teile geht bei einer Streckung mit dem Faktor 2,5 in die vorangegangene Figur über. Es ist also

$$d = \frac{\log 6}{\log 2,5} \approx 1,955.$$

■ **Natürliche »Fraktale«**

In der Natur kommen »Kurven« und »Flächen« vor, die charakteristische Züge von Fraktalen aufweisen, auch wenn sie streng mathematisch keine solchen sind. Dazu gehören z. B. die filigranen Verästelungen von Pflanzen, etwa bei einem Farnblatt (Abb. 12). Betrachtet man die Küstenlinie eines Landes und vergrößert den Maßstab ständig, so ergibt sich immer wieder ein ähnliches Bild. Dieselbe Eigenschaft haben Wolkenformationen: Auch deren Rand ist keine Kurve im klassischen Sinn. ■

Mithilfe eines Computers lassen sich sehr schöne und komplexe Fraktale erzeugen. Bekanntestes Beispiel sind die »Apfelmännchen«, die bei der Berechnung der ↑ Mandelbrot-Menge entstehen.
Bilder, Formeln und Programme von Fraktalen finden sich vielfach im Internet, z. B. in der »Spanky Fractal Database« (http://spanky.triumf.ca).

BEHR, REINHART: *Ein Weg zur fraktalen Geometrie.* Stuttgart (Klett) 1991. ■ MANDELBROT, BENOÎT M.: *Die fraktale Geometrie der Natur.* Basel (Birkhäuser) 1991. ■ BEHR, REINHART: *Fraktale – Formen aus Mathematik und Natur.* Stuttgart (Klett) 1993. ■ HALLING, HORST, und MÜLLER, ROLF: *Mathematik fürs Auge.* Heidelberg (Spektrum, Akademischer Verlag) 1995. ■ HEIGL, ARMIN: *Fraktale im Mathematikunterricht.* Köln (Aulis-Verlag Deubner) 1998. ■ PEITGEN, HEINZ-OTTO, u. a.: *Bausteine des Chaos.* Reinbek (Rowohlt) 1998.

Funktionen zweier reeller Variabler

definiert, der Ableitung an der Stelle z_0 heißt. Anders als bei reellen Funktionen gilt für komplexe Funktionen: Ist f an jeder Stelle einer offenen Umgebung von z_0 differenzierbar, dann ist f dort auch beliebig oft differenzierbar und lässt sich dort als ↑ Potenzreihe schreiben:

$$f'(z) = \sum_{n=0}^{\infty} a_n (z-z_0)^n.$$

Funktionen einer komplexen Variablen kann man nicht durch einen Graphen darstellen, wie es i.d.R. bei Funktionen einer reellen Variablen der Fall ist. Die Ableitung einer komplexen Funktion ist nicht mehr wie bei einer reellen Funktion anschaulich als Steigung einer Tangente zu deuten.

In einfachen Fällen kann man aber geometrisch beschreiben, welche Abbildung in der gaußschen Zahlenebene durch die Funktion bewirkt wird.

Beispiel 1: Die Funktion $f: z \mapsto \dfrac{1}{z}$ bildet die komplexe Zahl $z = x+iy \neq 0$ auf

$$\frac{1}{x+iy} = \frac{x-iy}{x^2+y^2}$$

ab. Dies ist die Verkettung einer Spiegelung an der reellen Achse mit einer Spiegelung am Einheitskreis.

Beispiel 2: Die Funktion $f: z \mapsto z^2$ bildet die komplexe Zahl $z = |z|e^{i\varphi}$ auf die komplexe Zahl

$$z^2 = |z|^2 e^{i2\varphi}$$

ab. Der Betrag wird also quadriert und das Argument verdoppelt. Bildet man die gesamte gaußsche Zahlenebene mit dieser Funktion ab, so wird sie von den Bildern doppelt überdeckt.

Funktionen zweier reeller Variabler: Funktionen, deren Definitionsmenge eine Teilmenge von $\mathbb{R}^2$ ist, also aus Paaren reeller Zahlen besteht. Die Werte sollen dabei reelle Zahlen sein. Ist f eine solche Funktion, dann bilden die Punkte $P(x|y|z)$ mit $z=f(x,y)$ i.A. eine ↑ Fläche im Raum, wenn man sie in einem räumlichen x-y-z-Koordinatensystem darstellt.

■ Grenzwerte und Stetigkeit

Um Grenzwerte von Funktionen von zwei Variablen untersuchen zu können, fassen wir die Variablen zu ↑ Vektoren $\vec{x} := \begin{pmatrix} x \\ y \end{pmatrix}$ zusammen. Der Betrag eines solchen Vektors ist $|\vec{x}| := \sqrt{x^2+y^2}$. Der Grenzübergang $\vec{x} \to \vec{x}_0$ bedeutet dann, dass $|\vec{x}-\vec{x}_0|$ unter jede (noch so kleine) positive Schranke sinkt. Dann bedeutet

$$\lim_{\vec{x} \to \vec{x}_0} f(\vec{x}) = a,$$

dass für jedes $\varepsilon > 0$ ein $\delta > 0$ existiert, sodass aus $|\vec{x}-\vec{x}_0| < \delta$ folgt:

$$|f(\vec{x}) - f(\vec{x}_0)| < \varepsilon.$$

Im Folgenden betrachten wir eine Funktion f, die in einem ↑ Gebiet G von $\mathbb{R}^2$ definiert ist, also in einer offenen Teilmenge von $\mathbb{R}^2$. Die Funktion f heißt stetig an der Stelle $\vec{x}_0 \in G$, wenn

$$\lim_{\vec{x} \to \vec{x}_0} f(\vec{x}) = f(\vec{x}_0).$$

Dabei dürfen natürlich nur Punkte $\vec{x} \in G$ auftreten. Die Funktion f heißt stetig auf G, wenn f in jedem Punkt von G stetig ist. Die Funktion f heißt beschränkt auf G, falls ein $K > 0$ existiert mit $|f(\vec{x})| \leq K$ für alle $\vec{x} \in G$.

Die grundlegenden Sätze über die ↑ Stetigkeit einer Funktion einer Variablen übertragen sich nun auch auf Funktionen von zwei Variablen.

Funktionen zweier reeller Variabler

■ Differenzierbarkeit

f heißt **partiell differenzierbar** nach x an der Stelle $(x_0, y_0) \in G$, wenn

$$\lim_{h \to 0} \frac{f(x_0+h, y_0) - f(x_0, y_0)}{h}$$

existiert, und man definiert die **partielle Ableitung** von f nach x an der Stelle (x_0, y_0) durch

$$\lim_{h \to 0} \frac{f(x_0+h, y_0) - f(x_0, y_0)}{h}$$
$$=: \frac{\partial f}{\partial x}(x_0, y_0).$$

Analog definiert man die partielle Ableitung von f nach y an der Stelle (x_0, y_0) durch

$$\lim_{h \to 0} \frac{f(x_0, y_0+h) - f(x_0, y_0)}{h}$$
$$=: \frac{\partial f}{\partial y}(x_0, y_0).$$

Die Funktion f heißt partiell differenzierbar auf G, falls in jedem Punkt von G die partiellen Ableitungen $\frac{\partial f}{\partial x}$ und $\frac{\partial f}{\partial y}$ existieren. Statt $\frac{\partial f}{\partial x}$ und $\frac{\partial f}{\partial y}$ sind auch die Schreibweisen f_x, f_y gebräuchlich.

Beispiel: Es sei $G = \mathbb{R}^2$ und

$$f(x, y) = x^2 + y^3 + 2xy.$$

Dann ist

$$\frac{\partial f}{\partial x}(x, y) = 2x + 2y,$$
$$\frac{\partial f}{\partial y}(x, y) = 3y^2 + 2x.$$

Man kann nun zu den partiellen Ableitungen einer partiell differenzierbaren Funktion f natürlich auch, falls vorhanden, höhere partielle Ableitungen bilden, etwa

$$\frac{\partial \frac{\partial f}{\partial x}}{\partial x} =: \frac{\partial^2 f}{\partial x^2}, \quad \frac{\partial \frac{\partial f}{\partial y}}{\partial y} =: \frac{\partial^2 f}{\partial y^2}$$

$$\frac{\partial \frac{\partial f}{\partial x}}{\partial y} =: \frac{\partial^2 f}{\partial x \partial y}, \quad \frac{\partial \frac{\partial f}{\partial y}}{\partial x} =: \frac{\partial^2 f}{\partial y \partial x}.$$

Ist f in G zweimal stetig differenzierbar, dann gilt

$$\frac{\partial^2 f}{\partial x \partial y} = \frac{\partial^2 f}{\partial y \partial x}.$$

Es ist in diesem Fall also gleichgültig, ob man erst nach x und dann nach y, oder erst nach y und dann nach x differenziert.

Statt $\frac{\partial^2 f}{\partial x^2}, \frac{\partial^2 f}{\partial x \partial y}, \frac{\partial^2 f}{\partial y \partial x}, \frac{\partial^2 f}{\partial y^2}$ sind auch die Schreibweisen

$$f_{xx}, f_{xy}, f_{yx}, f_{yy}$$

gebräuchlich. Analog verfährt man bei höheren partiellen Ableitungen.

Zu beachten ist, dass die Existenz der ersten partiellen Ableitungen allein noch nicht die Stetigkeit einer Funktion f sichert. Beispielsweise existieren für $f : \mathbb{R}^2 \to \mathbb{R}$, definiert durch

$$f(x, y) = \begin{cases} \dfrac{xy}{x^2+y^2} & \text{für } x^2+y^2 > 0, \\ 0 & \text{für } x = y = 0, \end{cases}$$

überall die partiellen Ableitungen $\frac{\partial f}{\partial x}$ und $\frac{\partial f}{\partial y}$, f ist aber im Nullpunkt nicht stetig. Die Stetigkeit folgt erst, wenn die partiellen Ableitungen beschränkt sind.

Eine Funktion f heißt **total differenzierbar** im Punkt $\vec{x}_0 \in G$, wenn ein $\vec{a} \in \mathbb{R}^2$ existiert mit

$$\lim_{\vec{x} \to \vec{x}_0} \frac{f(\vec{x}) - f(\vec{x}_0) - \vec{a} \cdot (\vec{x} - \vec{x}_0)}{|\vec{x} - \vec{x}_0|} = 0.$$

Dabei ist für

$$\vec{a} = \begin{pmatrix} a \\ b \end{pmatrix}, \vec{x} = \begin{pmatrix} x \\ y \end{pmatrix}, \vec{x}_0 = \begin{pmatrix} x_0 \\ y_0 \end{pmatrix}$$

$$\vec{a} \cdot (\vec{x} - \vec{x}_0) = a(x - x_0) + b(y - y_0).$$

↑ (Skalarprodukt).

Funktionsgleichung

Es gilt dann der Satz:
Jede in einem Punkt $\vec{x}_0$ eines Gebietes total differenzierbare Funktion ist in $\vec{x}_0$ auch stetig.
Eine total differenzierbare Funktion ist auch partiell differenzierbar. Eine partiell differenzierbare Funktion braucht aber nicht total differenzierbar zu sein. Nur wenn die partiellen Ableitungen stetig sind, ist f auf G auch total differenzierbar.

Der Begriff des Integrals lässt sich auf Funktionen zweier reeller Variabler derart übertragen, dass das Volumen zwischen der x-y-Ebene und der von f dargestellten Fläche über einem beschränkten Teilgebiet von G berechnet wird. Ein solches Integral heißt **Raumintegral** (Abb. 1). In einfachen Fällen kann man es mit dem ↑ cavalierischen Prinzip berechnen.

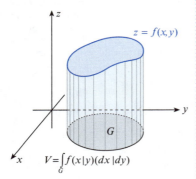

Funktionen zweier reeller Variabler
(Abb. 1): Raumintegral

Funkti̲o̲nsgleichung: für eine Funktion f die Gleichung $y = f(x)$ zwischen der Variablen x (»unabhängige Variable«) und dem Funktionswert y (»abhängige Variable«).

Funkti̲o̲nsgraph (Graph, Schaubild): Darstellung einer Funktion f einer reellen Variablen in einem Koordinatensystem. In einem x-y-Koordinatensystem besteht der Graph von f aus allen Punkten $P(x|y)$ mit $y = f(x)$. Man kann oft nur einen Ausschnitt aus dem Funktionsgraphen zeichnen, z.B. wenn die Definitionsmenge der Funktion $\mathbb{R}$ ist.

Manchmal kann man selbst in einem kleinen Intervall den Funktionsgraph nicht vollständig zeichnen, z.B. den Graphen der ↑ Dirichlet-Funktion oder den Graphen der auf $]0;1[$ definierten Funktion f mit

$$f(x) = \begin{cases} 0, & \text{wenn } x \text{ irrational,} \\ \dfrac{1}{q}, & \text{wenn } x = \dfrac{p}{q}, \end{cases}$$

wobei $p, q \in \mathbb{N}$ mit ggT $(p, q) = 1$ (Abb. 1).

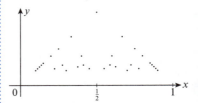

Funktionsgraph (Abb. 1): eine an jeder Stelle ihrer Definitionsmenge unstetige Funktion

Selbst bei stetigen Funktionen ist der Graph manchmal nicht vollständig zu zeichnen, z.B. bei der für $-\dfrac{1}{\pi} \leq x \leq \dfrac{1}{\pi}$ stetigen Funktion f mit

$$f(x) = \begin{cases} x \sin \dfrac{1}{x} & \text{für } x \neq 0, \\ 0 & \text{für } x = 0 \end{cases}$$

(Abb. 2).

Fußballtoto: das folgende Wettspiel: Für 11 Spiele soll vorausgesagt werden, ob sich der Ausfall 0 (unentschieden), 1 (Heimmannschaft gewinnt) oder 2 (Gastmannschaft gewinnt) ergibt. Es gibt $3^{11} = 177\,147$ verschiedene Möglichkeiten für eine solche Tippreihe (↑ Auswahlen).

Fuzzy-Menge

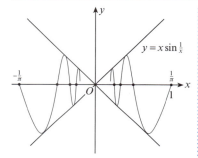

Funktionsgraph (Abb. 2): eine stetige Funktion, deren Graph nicht vollständig gezeichnet werden kann

Fuzzy-Menge [englisch fuzzy »unscharf«, »verschwommen«]: eine Verallgemeinerung des Mengenbegriffs mit dem Ziel, unscharfe Begriffe zu beschreiben. Als unscharf gelten dabei umgangssprachlich definierte Begriffe wie »hoch«, »mittel«, »wenig« oder Ähnliches. Beispielsweise kann die Entfernungsangabe »weit« für einen Fußgänger drei Kilometer bedeuten, aber kaum für einen Autofahrer. Fuzzy-Mengen sollen solche Unschärfen erfassen und einer formalen Verarbeitung (z. B. durch Computer) zugänglich machen. Aufbauend auf dem Konzept der Fuzzy-Mengen wurde die **Fuzzy-Logik** entwickelt, die unscharf definierten Aussagen (z. B. »wenn es diesig ist, dann fahre langsam«) handlungsorientierte Anweisungen zuordnet.

In der klassischen Mengenlehre betrachtet man Mengen M über einer Grundmenge Ω. Die ↑ charakteristische Funktion schreibt jedem Element $m \in \Omega$ den Wert 1 oder 0 zu, je nachdem, ob $m \in M$ oder $m \notin M$. Bei einer Fuzzy-Menge F wird jedem Element $m \in \Omega$ ein »Grad der Zugehörigkeit« zur Menge F zugeordet. Dieser Grad wird als eine Zahl aus dem reellen Intervall [0; 1] beschrieben. Wird einem Wert $m \in \Omega$ die Zahl 0 zugeordnet, so gilt sicher $m \notin F$, wird m die Zahl 1 zugeordnet, so ist sicher $m \in F$.

Beispiel 1: In Abb. 1 ist der Begriff »groß« für die Körpergröße (in cm) eines Menschen dargestellt: Grundmenge sind die natürlichen Zahlen von 140 bis 240: $\Omega = \{140, 141, 142, \ldots, 240\}$. Ein Mensch mit einer Größe unter 150 cm ist sicher nicht groß, ab 220 cm wird man eher von »riesig« sprechen. Menschen zwischen 185 und 205 cm wollen wir aber auf jeden Fall als »groß« bezeichnen. Der Wert 180 cm wird in Abb. 1 auf die Zahl 0,7 abgebildet; 180 cm kann man also mit dem Grad 0,7 als groß ansehen.

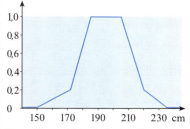

Fuzzy-Menge (Abb. 1): Grad der Zugehörigkeit zur Menge der »großen« Menschen

Auf Fuzzy-Mengen kann man die üblichen Mengenoperationen Vereinigung, Durchschnitt und Komplement definieren. Der Graph für das Komplement von F ergibt sich, wenn man für jeden x-Wert den zugehörigen Funktionswert von 1 abzieht (Abb. 2; S. 150).

Beispiel 2: Auf gleiche Weise lässt sich auch eine »unscharfe Personenbeschreibung« geben. Eine Person sei ungefähr 170 cm groß, aber auf jeden Fall nicht größer als 185 cm und nicht kleiner als 160 cm. Die Menge der Menschen mit dieser Beschreibung wird z. B. durch Abb. 3 (S. 150) charakterisiert.

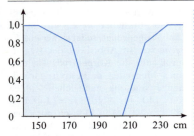

Fuzzy-Menge (Abb. 2): Grad der Zugehörigkeit zur Menge der »nicht großen« Menschen. Dieser Graph entsteht aus Abb. 1 durch Komplementbildung.

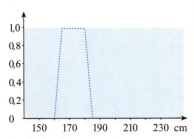

Fuzzy-Menge (Abb. 3): »Jemand ist etwa 170 cm groß, aber sicher nicht über 185 cm und sicher nicht unter 160 cm.«

Das wichtigste Anwendungsgebiet der Fuzzy-Logik ist die Regelungstechnik. Bei der Temperaturregelung von Heizungsanlagen z. B. kann auf diese Weise mit unscharfen Begriffen wie »kalt – warm – heiß« umgegangen werden.

Galton-Brett [nach FRANCIS GALTON; *1882, †1911]: Gerät zur Veranschaulichung der ↑ Binomialverteilung $B(n, \frac{1}{2})$.

Gammafunktion (Γ-Funktion): eine für $x > 0$ definierte Funktion Γ, die an den ganzzahligen Stellen $n+1$ den Wert $n!$ annimmt. Die Γ-Funktion interpoliert also die ↑ Fakultäten.

Die Funktion ist durch ein ↑ uneigentliches Integral definiert:

$$\Gamma(x) = \int_0^\infty t^{x-1} e^{-t} dt.$$

Es ist $\Gamma(1) = \int_0^\infty e^{-t} dt = 1$ und für $n \in \mathbb{N}$

$$\Gamma(n+1) = \int_0^\infty t^n e^{-t} dt$$

$$= -t^n e^{-t}\big|_0^\infty + n \int_0^\infty t^{n-1} e^{-t} dt$$

$$= n \cdot \Gamma(n).$$

Die Γ-Funktion tritt z. B. bei den Dichtefunktionen der ↑ Chi-Quadrat-Verteilung auf.

ganzrationale Funktion (Polynomfunktion): eine Funktion f, deren Funktionsterm ein ↑ Polynom ist, also

$$f(x) = a_n x^n + \ldots + a_2 x^2 + a_1 x + a_0$$

mit $a_0, a_1, a_2, \ldots, a_n \in \mathbb{R}$.

Ganzteilfunktion: die Funktion, die jeder reellen Zahl x die größte ganze Zahl $\leq x$ zuordnet. Diese ganze Zahl wird mit $[x]$ bezeichnet (das Funktionssymbol ist die **Gauß-Klammer**). Es ist also $x - 1 < [x] \leq x$. Man nennt $[x]$ den **Ganzteil** von x; die englische Bezeichnung ist $\text{int}(x)$ (**integer** von x). Eine modernere Schreibweise ist $\lfloor x \rfloor$. Man bezeichnet dann auch mit $\lceil x \rceil$ die kleinste ganze Zahl $\geq x$. Für $x \in \mathbb{R}$ gilt also $\lfloor x \rfloor, \lceil x \rceil \in \mathbb{Z}$ und

$$x - 1 < \lfloor x \rfloor \leq \lceil x \rceil < x + 1.$$

Gauß, Carl Friedrich, deutscher Mathematiker, Physiker und Astronom, *Braunschweig 30. 4. 1777, † Göttingen 23. 2. 1855: GAUSS gilt als bedeutendster Mathematiker seiner Zeit. Er studierte in Braunschweig und Göttingen und promovierte 1799 in Helmstedt. Seit 1807 war er Direktor der Sternwarte und Professor an der Universität Göttingen.

GAUSS leistete bedeutende Beiträge zur Analysis. In der Wahrscheinlichkeitstheorie führte er die gaußsche Glockenkurve als Graph der Dichtefunktion der ↑ Normalverteilung ein. Eine ausführliche Biografie befindet sich in Band I.

Gauß-Algorithmus [nach C. F. ↑ GAUSS]: Rechenverfahren zum Lösen eines ↑ linearen Gleichungssystems.

Gauß-Jordan-Algorithmus [nach C. F. ↑ GAUSS und CAMILLE MARIE ENNEMOND JORDAN, *1838, †1922]: Rechenverfahren zum Lösen eines ↑ linearen Gleichungssystems, das sich bei numerischen Rechnungen durch höhere Stabilität als der ursprüngliche Gauß-Algorithmus auszeichnet.

Gauß-Klammer [nach C. F. ↑ GAUSS]: Funktionssymbol [ ] der ↑ Ganzteilfunktion.

gaußsche Glockenkurve [nach C. F. ↑ GAUSS]: der Graph der ↑ Dichtefunktion

$$\varphi(x) := \frac{1}{\sqrt{2\pi}} e^{-\frac{1}{2}x^2}$$

einer ↑ Normalverteilung.

gaußsche Summenfunktion [nach C. F. ↑ GAUSS]: der Ausdruck

$$\Phi(x) := \frac{1}{\sqrt{2\pi}} \int_{-\infty}^{\infty} e^{-\frac{1}{2}t^2} dt$$

(↑ Normalverteilung).

gaußsche Zahlenebene (komplexe Zahlenebene) [nach C. F. ↑ GAUSS]: Darstellung der ↑ komplexen Zahlen in einem ebenen Koordinatensystem.

Gauß-Verteilung [nach C. F. ↑ GAUSS]: andere Bezeichnung für eine ↑ Normalverteilung.

Gebiet: eine Teilmenge G von $\mathbb{R}^2$ (»Zahlenebene«), wenn sie offen und zusammenhängend ist. Die Menge G ist also ein Gebiet, wenn gilt:

- Zu jedem $(x_0, y_0) \in G$ existiert ein $\varepsilon > 0$ derart, dass die Kreisscheibe

$$\{(x,y) | (x-x_0)^2 + (y-y_0)^2 < \varepsilon\}$$

ganz zu G gehört, d. h., G ist offen.

- Zu je zwei Punkten aus G gibt es eine ganz in G verlaufende Kurve, welche diese Punkte verbindet, d. h., G ist zusammenhängend (Abb. 1).

Gebiet (Abb. 1): Gebiet in der Ebene

In gleicher Weise kann man Gebiete in $\mathbb{R}^n$ definieren ($n = 1, 2, 3, \ldots$). Ein Gebiet in $\mathbb{R}$ ($= \mathbb{R}^1$) ist ein offenes (endliches oder unendliches) Intervall. Ein Gebiet in der Menge der komplexen Zahlen ist analog zum Gebiet in $\mathbb{R}^2$ definiert.

gebrochenrationale Funktion: eine Funktion f, deren Funktionsterm ein Quotient zweier Polynome ist, also

$$f(x) = \frac{a_m x^m + \ldots + a_1 x + a_0}{b_n x^n + \ldots + b_1 x + b_0}$$

mit $a_0, a_1, \ldots, a_m, b_0, b_1, \ldots, b_n \in \mathbb{R}$. Dabei soll das Nennerpolynom nicht konstant, also nicht vom Grad 0 sein, da sonst eine ganzrationale Funktion vorliegt (↑ rationale Funktion).

Geburtstagsproblem: die Frage, mit welcher Wahrscheinlichkeit n

Gegenereignis

Leute an n verschiedenen Tagen Geburtstag haben. Sinnvollerweise ist dabei $n \leq 365$. Zunächst gibt es 365^n Möglichkeiten, den n Leuten Geburtstage zuzuordnen. Es gibt aber nur

$$365 \cdot 364 \cdot \ldots \cdot (365-n+1)$$

Möglichkeiten, lauter verschiedene Geburtstage zuzuordnen, die gesuchte Wahrscheinlichkeit ist also

$$\frac{365 \cdot 364 \cdot \ldots \cdot (365-n+1)}{365^n}.$$

Schon für $n = 23$ ist sie kleiner $0{,}5$; für $n = 60$ beträgt sie nur noch etwa $0{,}006$.

Die Wahrscheinlichkeit, dass in einer Klasse mit 30 Schülern mindestens zwei am gleichen Tag Geburtstag haben, ist über 70%, denn

$$\frac{365 \cdot 364 \cdot \ldots \cdot 336}{365^{30}} < 0{,}3. \qquad \blacksquare$$

Gegenereignis: zu einem ↑ Ereignis A das Ereignis $\Omega \setminus A$, also das Ereignis, das genau dann eintritt, wenn A *nicht* eintritt.

Gegenhypothese: die Alternativhypothese beim ↑ Testen von Hypothesen.

Geodäsie [griechisch »Landverteilung«] (Erdvermessung): die Wissenschaft von der Bestimmung von Form und Vermessung der Erde.

geodätische Linie: ein Kurvenstück auf einer Fläche, das die kürzeste Verbindungslinie seiner Endpunkte darstellt. Die geodätischen Linien auf einer Kugel sind Bogen von ↑ Großkreisen.

geometrisch:
◆ Bezeichnung für Begriffe oder Sachverhalte aus der Geometrie, z. B. ↑ geometrische Wahrscheinlichkeit.
◆ Bezeichnung für Sachverhalte, bei denen das ↑ geometrische Mittel von Zahlen und damit geometrische Folgen und Reihen eine Rolle spielen, z. B. ↑ geometrische Verteilung.

geometrische Folge: eine Folge $\langle a_n \rangle$ mit $a_n = a \cdot q^n$ (vgl. Band I). Jedes Glied außer dem Anfangsglied einer geometrischen Folge mit positiven Gliedern ist das ↑ geometrische Mittel seiner Nachbarglieder:

$$\sqrt{a_{n-1} a_{n+1}} = \sqrt{a^2 q^{2n}} = a q^n = a_n.$$

geometrische Reihe: die Summenfolge einer geometrischen Folge, also die Folge $\langle s_n \rangle$ mit

$$s_n = a + aq + aq^2 + \ldots + aq^n \ (n \in \mathbb{N}_0).$$

Für $t_n := 1 + q + q^2 + \ldots + q^n$ gilt

$$t_n - q t_n = 1 - q^{n+1},$$

also ist im Fall $q \neq 1$

$$1 + q + q^2 + \ldots + q^n = \frac{1 - q^{n+1}}{1 - q}.$$

Man kann die geometrische Reihe als Funktion in Abhängigkeit von ihrem Quotienten $x (= q)$ behandeln. Wegen $\lim_{n \to \infty} x^n = 0$ für $|x| < 1$ gilt für $|x| < 1$

$$\sum_{i=0}^{\infty} x^i = \frac{1}{1-x}.$$

Differenziert man in der Gleichung

$$1 + x + x^2 + x^3 + \ldots + x^n = \frac{1 - x^{n+1}}{1-x}$$

auf beiden Seiten, dann ergibt sich

$$1 + 2x + 3x^2 + \ldots + nx^{n-1}$$
$$= \frac{1 - x^2(n+1-nx)}{1-x}.$$

Wegen $\lim_{n \to \infty} n x^n = 0$ für $|x| < 1$ erhält man für $|x| < 1$

$$\sum_{i=1}^{\infty} i x^{i-1} = \frac{1}{(1-x)^2}.$$

Ebenso erhält man durch Integration der geometrischen Reihe für $|x| < 1$

$$\sum_{i=1}^{\infty} \frac{x^i}{i} = \ln \frac{1}{1-x}.$$

geometrisches Mittel: für zwei positive reelle Zahlen a, b die Zahl $\sqrt{ab}$. Allgemeiner versteht man unter dem geometrischen Mittel der positiven Zahlen $a_1, a_2, \ldots, a_n$ die Zahl $\sqrt[n]{a_1 a_2 \cdot \ldots \cdot a_n}$.

Das geometrische Mittel erhielt seinen Namen, weil es häufig in geometrischen Zusammenhängen auftritt. Z. B. entsteht bei Verwandlung eines Rechtecks mit den Seitenlängen a und b in ein flächeninhaltsgleiches Quadrat ein Quadrat der Seitenlänge $\sqrt{ab}$. ∎

geometrisches Wachstum: andere Bezeichnung für ↑ exponentielles Wachstum; denn ist $\langle a_n \rangle$ mit $a_n = aq^n$ eine ↑ geometrische Folge, dann liegen die Punkte $P(n|a_n)$ auf dem Graph der ↑ Exponentialfunktion $x \mapsto aq^x$.

geometrische Verteilung (Pascal-Verteilung) [nach B. ↑ Pascal]: die folgende Wahrscheinlichkeitsverteilung einer Zufallsgröße X mit den Werten $1, 2, 3, \ldots$:

$$P(X = i) = p(1-p)^{i-2}$$

mit $0 < p < 1$.
Beispiel: Man würfle so oft, bis die erste Sechs erscheint. Für die Zufallsgröße $X :=$ Anzahl der Würfe, bis die erste Sechs erscheint, gilt (Abb. 1)

$$P(X = i) = \tfrac{1}{6} \cdot (\tfrac{5}{6})^{i-1}.$$

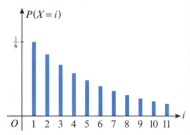

geometrische Verteilung (Abb. 1): Stabdiagramm zu Beispiel 1

Der Erwartungswert der geometrischen Verteilung ist

$$E(X) = \sum_{i=1}^{\infty} i \cdot p \cdot (1-p)^{i-1} = p \cdot \frac{1}{p^2} = \frac{1}{p}.$$

Dabei haben wir die Formel

$$\sum_{i=1}^{\infty} i \cdot x^{i-1} = \frac{1}{(1-x)^2}$$

für $|x| < 1$ benutzt, die sich ergibt, wenn man die Summenformel der ↑ geometrischen Reihe differenziert.
Für das Würfelbeispiel erhält man $E(X) = 6$. Dies war nicht anders zu erwarten, denn man rechnet im Schnitt bei je 6 Würfen mit einer Sechs.
Die Varianz der geometrischen Verteilung ist

$$V(X) = \sum_{i=1}^{\infty} \left(i - \frac{1}{p}\right)^2 \cdot p \cdot (1-p)^{i-1}$$
$$= \sum_{i=1}^{\infty} i^2 \cdot p \cdot (1-p)^{i-1} - \frac{2}{p^2} + \frac{1}{p^2}$$
$$= \frac{2-p}{p^2} - \frac{1}{p^2} = \frac{1-p}{p^2}.$$

Dabei haben wir die Formel

$$\sum_{i=1}^{\infty} i^2 \cdot x^{i-1} = \frac{1+x}{(1-x)^3}$$

für $|x| < 1$ benutzt.
Für das obige Würfelbeispiel erhält man $V(X) = 30$.

geometrische Wahrscheinlichkeit: eine Wahrscheinlichkeit, die als Verhältnis geometrischer Größen (z. B. Längen, Flächeninhalte) definiert ist. Ist die Menge Ω der möglichen Ausfälle eines ↑ Zufallsversuchs durch eine Strecke oder eine Fläche darstellbar (dann ist Ω notwendigerweise überabzählbar), so kann man versuchen, die Wahrscheinlichkeit von ↑ Ereignissen durch Längen- bzw. Flächeninhaltsanteile auszudrücken. Dies kann sehr schnell zu Paradoxien führen wie z. B. beim ↑ bertrandschen

geordnete Auswahl

Paradoxon, da hier meistens der Begriff der Gleichwahrscheinlichkeit in unerlaubter Weise benutzt wird.
Beispiel: Man schieße »auf gut Glück« auf die Schießscheibe in Abb. 1. Ist die Wahrscheinlichkeit für einen Treffer

$$\frac{\pi\left(\frac{r}{2}\right)^2}{\pi r^2}\ \left(=\frac{1}{4}\right)\ \text{oder}\ \frac{\frac{r}{2}}{r}\left(=\frac{1}{2}\right)?$$

Zur Vermeidung solcher Unklarheiten muss man bei Anwendungen des Wahrscheinlichkeitsbegriffs den zugrunde liegenden Zufallsversuch möglichst exakt beschreiben.

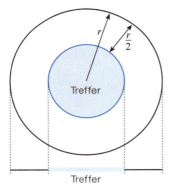

geometrische Wahrscheinlichkeit
(Abb. 1): Schießscheiben-Versuch

geordnete Auswahl: eine ↑ Auswahl von Elementen aus einer Menge, wobei es auf die Reihenfolge dieser Elemente ankommt. Wenn man beispielsweise beim ↑ Fußballtoto 11-mal ein Element aus $\{0, 1, 2\}$ auswählt, dann ist die Reihenfolge nicht gleichgültig, man trifft also eine geordnete 11-Auswahl aus einer 3-Menge. Beim Zahlenlotto »6 aus 49« trifft man dagegen eine nichtgeordnete 6-Auswahl aus einer 49-Menge, da es nicht auf die Reihenfolge ankommt, in der die Zahlen gezogen werden.

Gerade: Grundbegriff der ebenen und räumlichen Geometrie wie *Punkt* und *Ebene*. Durch zwei verschiedene Punkte geht genau eine Gerade. Zwei Geraden in der Ebene sind parallel oder schneiden sich in genau einem Punkt.

Geradenbündel: die Menge aller ↑ Geraden, die genau einen Punkt (Trägerpunkt) gemeinsam haben.

Geradengleichung: eine Gleichung, die eine Gerade beschreibt.

♦ *Geraden in der Ebene:* Für Geraden in der Ebene kann man eine **Koordinatengleichung** angeben (vgl. Band I), wenn ein Koordinatensystem mit den Koordinaten x_1, x_2 gegeben ist. Eine Gerade hat dann eine Gleichung der Form

$$a_1 x_1 + a_2 x_2 = b.$$

Dabei sind die Koeffizienten a_1, a_2 nicht beide 0. Ist jeder der Koeffizienten von 0 verschieden und auch $b \neq 0$, dann kann man die Gleichung umformen zu

$$\frac{x_1}{u_1} + \frac{x_2}{u_2} = 1$$

(**Achsenabschnittsform** der Geradengleichung.)
Ist $\vec{n}$ ein ↑ Normalenvektor und $\vec{a}$ ein Stützvektor (Ortsvektor eines Punktes) der Geraden g, dann genügen die Ortsvektoren $\vec{x}$ der Punkte von g der Gleichung

$$\vec{n} \cdot (\vec{x} - \vec{a}) = 0,$$

wobei »·« das ↑ Skalarprodukt bedeutet. Dies ist eine Normalengleichung oder **Normalenform** der Geradengleichung. Ist der Normalenvektor in der Normalenform ein ↑ Einheitsvektor, also $|\vec{n}| = 1$, und wählt man das Vorzeichen von $\vec{n}$ so, dass $\vec{n} \cdot \vec{a} \geq 0$, dann ist $\vec{n} \cdot (\vec{x} - \vec{a}) = 0$ die ↑ Hesse-Normalenform (hessesche Normalenform) der Geradengleichung. Sie eignet sich zur Berechnung des Abstands

Geradengleichung

d eines Punktes P von der Ebene g (Abb. 1): Es ist

$d = \vec{n} \cdot (\vec{p} - \vec{a})$, wobei

- $d > 0$, falls P in der Halbebene bezüglich g liegt, in die $\vec{n}$ weist,
- $d = 0$, falls P auf E liegt,
- $d < 0$, falls P in der Halbebene bezüglich g liegt, in welche $\vec{n}$ *nicht* weist.

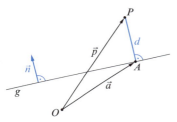

Geradengleichungen (Abb. 1):
Hesse-Normalenform

Schreibt man die Normalenform

$\vec{n} \cdot \vec{x} = \vec{n} \cdot \vec{a}$

in Koordinaten, so ergibt sich eine Koordinatengleichung

$n_1 x_1 + n_2 x_2 = c$

mit $c = n_1 a_1 + n_2 a_2$. Aus einer Koordinatengleichung kann man auch sofort einen Normalenvektor ablesen, denn ihre Koeffizienten sind die Koordinaten eines solchen Normalenvektors.

♦ *Geraden im Raum:* Für Geraden im Raum kann man keine Koordinatengleichung und keine Normalengleichung angeben, man kann sie aber als Schnittmenge zweier ↑ Ebenen definieren, also als Lösungsmenge eines linearen Gleichungssystems der Form

$a_1 x_1 + a_2 x_2 + a_3 x_3 = a$
$b_1 x_1 + b_2 x_2 + b_3 x_3 = b$.

♦ *Allgemein:* Geraden in der Ebene oder im Raum lassen sich durch eine Parametergleichung (Vektorgleichung) beschreiben: Ist A ein Punkt der Geraden g und ist $\vec{u} \neq \vec{o}$ ein Vektor parallel zu g, dann ist

$\vec{x} = \vec{a} + t\vec{u} \quad (t \in \mathbb{R})$

eine **Parametergleichung** von g. Durchläuft der Parameter t die Menge $\mathbb{R}$ der reellen Zahlen, dann wird jeder Punkt X der Geraden erreicht, d.h., es ergibt sich die Menge der Ortsvektoren aller Punkte von g. Der Ortsvektor $\vec{a}$ heißt **Stützvektor**, der zugehörige Punkt A **Stützpunkt**; der Vektor $\vec{u}$ heißt **Richtungsvektor** der Geraden (Abb. 2).

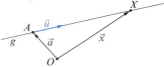

Geradengleichungen (Abb. 2):
Gerade mit dem Stützvektor $\vec{a}$ und dem Richtungsvektor $\vec{u}$.

Genau dann beschreibt

$\vec{x} = \vec{a}' + t\vec{u}' \quad (t \in \mathbb{R})$

dieselbe Gerade, wenn $\vec{a} - \vec{a}'$ und $\vec{u}'$ Vielfache von $\vec{u}$ sind. Sie beschreibt eine zu g parallele Ebene, wenn nur $\vec{u}'$ ein Vielfaches von $\vec{u}$ ist.

Die Gerade durch die verschiedenen Punkte mit den Ortsvektoren $\vec{a}$ und $\vec{b}$ hat den Stützvektor $\vec{a}$ und den Richtungsvektor $\vec{b} - \vec{a}$, also die Gleichung

$\vec{x} = \vec{a} + t(\vec{b} - \vec{a})$

(**Zweipunkteform** der Geradengleichung).

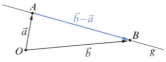

Geradengleichung (Abb. 3):
Zweipunkteform

Geradenschnitte: Schnittmengen von Geraden untereinander oder mit anderen geometrischen Objekten.

♦ *Geraden in der Ebene:* Zwei Geraden in der Ebene sind parallel oder schneiden sich in genau einem Punkt. Die Parallelität erkennt man daran, dass die Richtungsvektoren oder die Normalenvektoren Vielfache voneinander sind.
Sind die durch die Koordinatengleichungen

$$g : a_1 x_1 + a_2 x_2 = a,$$
$$h : b_1 x_1 + b_2 x_2 = b$$

gegebenen Geraden nicht parallel, so ergibt sich ihr Schnittpunkt als Lösung des linearen Gleichungssystems

$$a_1 x_1 + a_2 x_2 = a$$
$$b_1 x_1 + b_2 x_2 = b.$$

Sind die durch die Parametergleichungen

$$g : \vec{x} = \vec{a} + s\vec{u},$$
$$h : \vec{x} = \vec{b} + t\vec{v}$$

gegebenen Geraden nicht parallel, so ergibt sich (in der Ebene) ihr Schnittpunkt durch Berechnung von s oder t aus der Gleichung

$$\vec{a} + s\vec{u} = \vec{b} + t\vec{v},$$

also aus dem linearen Gleichungssystem

$$u_1 s - \vec{v}_1 t = b_1 - a_1$$
$$u_2 s - \vec{v}_2 t = b_2 - a_2.$$

Man beachte, dass dabei die Parameter in den Geradengleichungen unterschiedlich bezeichnet werden müssen.
Sind die in den unterschiedlichen Formen

$$g : \vec{x} = \vec{a} + s\vec{u},$$
$$h : b_1 x_1 + b_2 x_2 = b$$

gegebenen Geraden nicht parallel, so ergibt sich ihr Schnittpunkt durch Berechnung von s aus der Gleichung

$$b_1(a_1 + su_1) + b_2(a_2 + su_2) = b.$$

♦ *Geraden im Raum:* Zwei Geraden im Raum sind entweder parallel oder windschief oder schneiden sich in einem Punkt. Die Parallelität erkennt man daran, dass die Richtungsvektoren Vielfache voneinander sind. Sind die in der Parameterform

$$g : \vec{x} = \vec{a} + s\vec{u},$$
$$h : \vec{x} = \vec{b} + t\vec{v}$$

gegebenen Geraden nicht parallel, dann betrachtet man die Gleichung $\vec{a} + s\vec{u} = \vec{b} + t\vec{v}$ bzw. das entsprechende lineare Gleichungssystem mit drei Gleichungen für die zwei Variablen s, t. Ist $\{\vec{u}, \vec{v}\}$ linear unabhängig, dann gibt es entweder keine Lösung (g, h sind ↑ windschief) oder genau eine Lösung (s, t), mit der man den Schnittpunkt berechnen kann.

♦ *Geraden und Ebenen:* Die Gerade $g: \vec{x} = \vec{a} + r\vec{u}$ schneidet die Ebene $E: \vec{x} = \vec{b} + s\vec{v} + t\vec{w}$ in genau einem Punkt (Durchstoßpunkt), wenn $\{\vec{u}, \vec{v}, \vec{w}\}$ linear unabhängig ist. Der Parameterwert r des Durchstoßpunktes ergibt sich aus

$$r\vec{u} - s\vec{v} + t\vec{w} = \vec{b} - \vec{a}$$

bzw. dem entsprechenden (3,3)-Gleichungssystem für r, s, t.

Gesetz der großen Zahlen (besser: Gesetz der großen Zahl): die Aussage, dass bei genügend großer Zahl von Beobachtungen in einem Zufallsversuch die relative Häufigkeit sich der Wahrscheinlichkeit eines Ausfalls immer mehr annähert.
Man unterscheidet zwei verschiedene derartige Gesetze, von denen das eine nach JAKOB ↑ BERNOULLI, das andere nach ÉMILE BOREL (*1871, †1956) benannt ist.

Gesetz der großen Zahlen

■ **Das schwache Gesetz der großen Zahlen**

Nach dem bernoullischen Gesetz der großen Zahlen strebt die Wahrscheinlichkeit dafür, dass bei n unabhängigen Wiederholungen eines ↑ Zufallsversuchs die relative Häufigkeit $h_n = h_n(\omega)$ eines Ausfalls ω um mehr als eine vorgegebene Zahl $\varepsilon > 0$ von seiner Wahrscheinlichkeit $p = P(\omega)$ abweicht, mit wachsendem n gegen 0. Genauer gilt

$$P(|h_n - p| \geq \varepsilon) \leq \frac{p \cdot (1-p)}{n\varepsilon^2}, \quad (1)$$

wobei die Ungleichung $|h_n - p| \geq \varepsilon$ ein Ereignis in der ↑ Bernoulli-Kette beschreibt, die aus der n-maligen Wiederholung des Grundversuchs besteht. Die Wahrscheinlichkeit, dass h_n um mehr als eine vorgegebene Schranke von p abweicht, lässt sich also durch Wahl einer hinreichend großen Versuchszahl beliebig klein machen. Aus (1) folgt, dass

$$\lim_{n \to \infty} P(|h_n - p| \geq \varepsilon) = 0 \quad (2)$$

gilt. Dies besagt aber *nicht*, dass für jede Zufallsversuchsreihe $\lim_{n \to \infty} h_n = p$ gilt: Die Folge $\langle h_n \rangle$ konvergiert zwar für »fast alle« Zufallsversuchsreihen, die Existenz von Zufallsversuchsreihen, für welche die Folge $\langle h_n \rangle$ nicht konvergiert, ist aber keinesfalls ausgeschlossen.

Beispiel: Man würfle 1000-mal und betrachtet den Ausfall »Sechs«. Wählt man $\varepsilon = 0{,}01$, erhält man aus (1)

$$P(|h_{1000} - \tfrac{1}{6}| \geq 0{,}01) \leq \tfrac{50}{36},$$

also wegen $\tfrac{50}{36} > 1$ eine unbrauchbare Abschätzung. Würfelt man 1 000 000-mal, so erhält man

$$P(|h_{1\,000\,000} - \tfrac{1}{6}| \geq 0{,}01) \leq \tfrac{5}{3600}$$
$$\approx 0{,}14\%.$$

Die Wahrscheinlichkeit, dass sich bei 1 000 000-maligem Würfeln die relative Häufigkeit der »Sechs« von $\tfrac{1}{6}$ um mehr als $\tfrac{1}{100}$ unterscheidet, ist also geringer als $0{,}14\%$.

Das Beispiel zeigt, dass (1) keine sehr gute Abschätzung liefert. Mithilfe der ↑ Binomialverteilung (oder einer anderen zugrunde liegenden Wahrscheinlichkeitsverteilung) erhält man schärfere Abschätzungen.

Das Gesetz der großen Zahlen in der Form (1) ist eine Folgerung aus der ↑ Tschebyschow-Ungleichung. Es belegt die Erfahrungstatsache (**empirisches Gesetz der großen Zahlen**), dass bei einer Zufallsversuchsreihe der Länge n sich die relativen Häufigkeiten mit wachsendem n stabilisieren (**Stabilisierung** der relativen Häufigkeiten).

■ **Das starke Gesetz der großen Zahlen**

Das borelsche Gesetz der großen Zahlen besagt mehr, nämlich dass

$$\lim_{n \to \infty} h_n = p$$

»mit Wahrscheinlichkeit 1« für jede Zufallsversuchsreihe gilt (man spricht von **Konvergenz in Wahrscheinlichkeit**), oder formal geschrieben

$$P(\lim_{n \to \infty} h_n = p) = 1. \quad (3)$$

In der Menge aller (unendlich lang gedachten) Zufallsversuchsreihen hat also das durch $\lim_{n \to \infty} h_n = p$ beschriebene Ereignis die Wahrscheinlichkeit 1. Dies besagt aber *nicht*, dass diese Grenzwertbeziehung für *jede* Zufallsversuchsreihe gilt, sondern nur für »fast alle« Zufallsversuchsreihen.

gewichtetes Mittel

■ Folgerungen

Meist verwendet man das Gesetz der großen Zahlen in der Form (1). Hierfür kann man auch

$$P(|h_n - p| < \varepsilon) \geq 1 - \frac{p(1-p)}{n\varepsilon^2} \quad (4)$$

schreiben. Setzt man

$$\beta := 1 - \frac{p(1-p)}{n\varepsilon^2}, \text{ also}$$

$$\varepsilon = \sqrt{\frac{p(1-p)}{(1-\beta)n}},$$

so erhält man aus (4)

$$P\left(|h_n - p| < \sqrt{\frac{p(1-p)}{(1-\beta)n}}\right) \geq \beta. \quad (5)$$

Für festes β und n ist damit jedem p ein Intervall

$$I_p := \left[p - \sqrt{\frac{p(1-p)}{(1-\beta)n}}; p + \sqrt{\frac{p(1-p)}{(1-\beta)n}}\right]$$

zugeordnet, in dem mit einer Wahrscheinlichkeit von mindestens β der Wert der relativen Häufigkeit h liegt, wenn man n Versuche macht. Die Punktmenge

$$\{(p,h) | h \in I_p; 0 \leq p \leq 1\}$$

stellt eine Ellipse dar (Abb. 1).
Wegen $\max_{0 \leq p \leq 1} p \cdot (1-p) = \frac{1}{4}$ erhält man aus (1) die gröbere Abschätzung

$$P(|h_n - p| \geq \varepsilon) \leq \frac{1}{4n\varepsilon^2}. \quad (6)$$

Setzt man $\frac{1}{4n\varepsilon^2} = 1\%$, so liefert dieser Zusammenhang zwischen ε und n den 99%-Trichter (Abb. 2). Dieser gibt unabhängig von p an, in welchem Intervall $[p-\varepsilon; p+\varepsilon]$ die relative Häufigkeit in Abhängigkeit von n mit einer Wahrscheinlichkeit von 99% liegt. Ein solcher Trichter zeigt

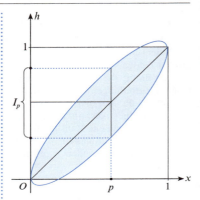

Gesetz der großen Zahlen (Abb. 1): grafische Darstellung zu Formel (5) für $\beta = 0{,}95$ und $n = 125$

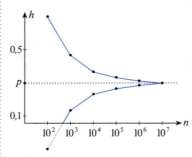

Gesetz der großen Zahlen (Abb. 2): der 99%-Trichter

die Stabilisierung der relativen Häufigkeiten der Ausfälle mit wachsender Länge der Zufallsversuchsreihe.

gewichtetes Mittel: ein ↑ Mittelwert von Zahlen, bei dem die relative Häufigkeit der auftretenden Werte zur Berechnung verwendet wird. Treten z. B. bei einer statistischen Erhebung die Zahlen a_1 bis a_n mit den relativen Häufigkeiten h_1 bis h_n auf, dann ist ihr gewichtetes arithmetisches Mittel

$$h_1 a_1 + h_1 a_2 + \ldots + h_n a_n.$$

gewöhnliche Differenzialgleichung: eine Gleichung der Form

$$F(x, y, y', y'', \ldots, y^{(n)}) = 0$$

(im Gegensatz zu einer ↑ partiellen Differenzialgleichung). Dabei ist F eine Funktion von $n+2$ Variablen, und n heißt die Ordnung der Differenzialgleichung. Eine Lösung ist eine Funktion $y = y(x)$ mit

$$F(x, y(x), y'(x), \ldots, y^{(n)}(x)) = 0$$

für alle $x \in D$ mit einem geeigneten Intervall D.

gleichförmig verteilt: ↑ gleichverteilt.

gleichmäßig konvergent: heißt eine ↑ Funktionenfolge $\langle f_n(x) \rangle$ auf der gemeinsamen Definitionsmenge D der Funktionen $f_n(x)$, wenn nicht nur für jedes $x \in D$ der Grenzwert

$$\lim_{n \to \infty} f_n(x) =: f(x)$$

existiert (punktweise Konvergenz), sondern die strengere Bedingung gilt: Für jedes $\varepsilon > 0$ existiert ein $n_0 \in \mathbb{N}$, das *nicht* von der Stelle x abhängt, sodass

$$|f_n(x) - f(x)| < \varepsilon \quad \text{für alle } n \geq n_0.$$

Beispiel 1: Es sei $f_n(x) = \dfrac{1}{1+x^{2n}}$ auf $D = [-1; 1]$. Die Folge $\langle f_n(x) \rangle$ konvergiert für jede Stelle $x \in D$. Für die Grenzfunktion f gilt

$$f(x) = \begin{cases} 1 & \text{für } -1 < x < 1, \\ \frac{1}{2} & \text{für } x = -1 \text{ oder } x = 1. \end{cases}$$

Die Konvergenz ist aber nur punktweise, nicht gleichmäßig: Für $x \in \,]-1; 1[$ ist

$$|f_n(x) - f(x)| < \varepsilon \Leftrightarrow$$

$$|x|^{2n} < \frac{\varepsilon}{1-\varepsilon} \Leftrightarrow$$

$$n > \frac{\lg \varepsilon - \lg(1-\varepsilon)}{2 \lg |x|},$$

und bei festem ε ($\varepsilon < \frac{1}{2}$) übersteigt die Zahl $\dfrac{\lg \varepsilon - \lg(1-\varepsilon)}{\lg |x|}$ jede Schranke, wenn sich $|x|$ dem Wert 1 nähert. In Abb. 1 sind die Funktionen f_1, f_2, f_3 und die Grenzfunktion f dargestellt.

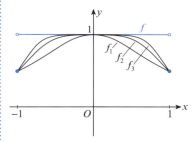

gleichmäßig konvergent (Abb. 1): Beispiel für punktweise, nicht gleichmäßige Konvergenz einer Funktionenfolge

Beispiel 2: Es sei

$$f_n(x) = \sum_{i=0}^{n} \frac{x^2}{(1+x^2)^i} \quad \text{auf } D = \mathbb{R}.$$

Die Folge $\langle f_n(x) \rangle$, also die Reihe

$$\sum_{i=0}^{\infty} \frac{x^2}{(1+x^2)^i},$$

konvergiert an jeder Stelle $x \in D$; die Grenzfunktion lautet

$$f : x \mapsto 1 + x^2$$

(Abb. 2; S. 160). Die Konvergenz ist nicht gleichmäßig: Man findet

$$|f_n(x) - f(x)| = \left(\frac{1}{1+x^2}\right)^n,$$

also gilt

$$|f_n(x) - f(x)| < \varepsilon \Leftrightarrow n > \frac{\lg \frac{1}{\varepsilon}}{\lg(1+x^2)}.$$

Bei festem $\varepsilon > 0$ ($\varepsilon < 1$) wächst die Zahl $\lg \dfrac{\frac{1}{\varepsilon}}{\lg(1+x^2)}$ über jede Schranke, wenn x sich der Stelle 0 nähert.

gleichmäßig stetig

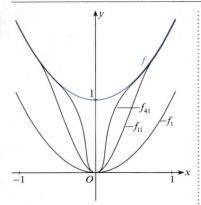

gleichmäßig konvergent (Abb. 2): Beispiel für nicht gleichmäßige Konvergenz

Konvergiert die Funktionenfolge $\langle f_n(x) \rangle$ gleichmäßig auf D, und sind die Funktionen $f_1, f_2, f_3, \ldots$ stetig auf D, dann ist auch die Grenzfunktion f stetig auf D.

Beispiel 3: Die Folge $\left\langle \sum_{i=0}^{n} x^i \right\rangle$ konvergiert gleichmäßig auf $\left[-\frac{1}{2}; \frac{1}{2}\right]$. Die Grenzfunktion ist $f: x \mapsto \dfrac{1}{1-x}$. Es gilt nämlich

$$\left| \sum_{i=0}^{n} x^i - \frac{1}{1-x} \right| = \left| \frac{1-x^{n+1}}{1-x} - \frac{1}{1-x} \right|$$
$$= \left| \frac{x^{n+1}}{1-x} \right| \le 2|x|^{n+1}$$

und

$$2|x|^{n+1} < \varepsilon \Leftrightarrow n > \frac{\lg \frac{1}{\varepsilon} + \lg 2}{\lg \frac{1}{|x|}} - 1.$$

Wegen $\lg \dfrac{1}{|x|} \ge \lg 2$ für $x \in \left[-\frac{1}{2}; \frac{1}{2}\right]$ gilt also $2|x|^{n+1} < \varepsilon$ sicher für

$$n > \frac{\lg \frac{1}{\varepsilon} + \lg 2}{\lg 2}.$$

Die ersten drei Funktionen der Folge und die Grenzfunktion sind in Abb. 3 gezeigt.

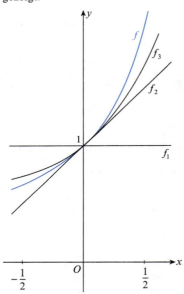

gleichmäßig konvergent (Abb. 3): Beispiel für eine gleichmäßige Konvergenz

Die punktweise und die gleichmäßige Konvergenz sind auf einer Definitionsmenge mit endlich vielen Elementen gleichwertig. Sonst ist stets die gleichmäßige Konvergenz das stärkere Kriterium. ∎

gleichmäßig stetig: eine schärfere Bedingung an eine Funktion f als die der gewöhnlichen Stetigkeit. Ist eine Funktion f an der Stelle $x_0 \in D_f$ stetig (↑ Stetigkeit), dann gibt es zu jedem $\varepsilon > 0$ ein $\delta > 0$ derart, dass für alle $x \in D_f$ mit $|x - x_0| < \delta$ die Ungleichung

$$|f(x) - f(x_0)| < \varepsilon$$

gilt. Dabei hängt δ i.d.R. von der Stelle x_0 ab. Kann man für ein Inter-

global

vall $I \subseteq D_f$ ein δ angeben, welches nicht von der Stelle $x_0 \in I$ abhängt, dann heißt f gleichmäßig stetig auf I.

Beispiel 1: Die Funktion $f: x \mapsto x^2$ ist gleichmäßig stetig auf dem Intervall $[1; 2]$, denn für $x, x_0 \in [1; 2]$ gilt

$$|f(x) - f(x_0)| = |x^2 - x_0^2|$$
$$= |x + x_0| \cdot |x - x_0| \leq 4|x - x_0|.$$

Zu gegebenem $\varepsilon > 0$ kann man also $\delta = \tfrac{1}{4}\varepsilon$ wählen, gleichgültig welche Stelle x_0 aus $[1; 2]$ untersucht wird.

Beispiel 2: Die Funktion $f: x \mapsto \dfrac{1}{x}$ ist auf $]0; 2]$ nicht gleichmäßig stetig:

$$\left|\frac{1}{x} - \frac{1}{x_0}\right| < \varepsilon \Leftrightarrow |x - x_0| < \varepsilon\, x\, x_0.$$

Bei festem $\varepsilon > 0$ muss man δ umso kleiner wählen, je näher x_0 an der Stelle 0 liegt.

Abb. 1 veranschaulicht dieses Verhalten von f in der Umgebung von O.

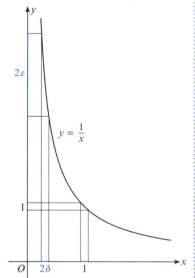

gleichmäßig stetig (Abb. 1): Beispiel für eine nicht gleichmäßig stetige Funktion

Ist f stetig auf I und ist I abgeschlossen und beschränkt (kompakt), dann ist f gleichmäßig stetig auf I. Dies beweist man mithilfe des ↑ Heine-Borel-Axioms.

Auf einem beliebigen Intervall ist f gleichmäßig stetig, wenn f stetig und beschränkt ist.

gleichverteilt (gleichförmig verteilt): beschreibt eine Eigenschaft einer ↑ Zufallsgröße mit einer Rechtecksverteilung. Der Graph ihrer Wahrscheinlichkeitsdichte hat die Form eines Rechtecks. Abb. 1 zeigt eine stetige, Abb. 2 eine diskrete Rechtecksverteilung.

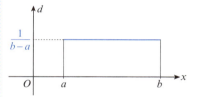

gleichverteilt (Abb. 1): Graph einer gleichverteilten Zufallsgröße

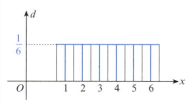

gleichverteilt (Abb. 2) diskrete Rechtecksverteilung

gleichwahrscheinlich: bezeichnet die Ausfälle eines ↑ Zufallsversuchs mit der gleichen Wahrscheinlichkeit. Haben alle Ausfälle eines *endlichen* Zufallsversuchs die gleiche Wahrscheinlichkeit, so bezeichnet man ihn als ↑ Laplace-Versuch.

global: den gesamten betrachteten Bereich betreffend, Gegenteil von

Glockenkurve

↑ lokal. Ein globales Extremum (absolutes Extremum) einer Funktion ist ihr größter Wert auf der gesamten Definitionsmenge, ein lokales Extremum (relatives Extremum) ist nur ein größter Wert innerhalb einer gewissen Teilmenge der Definitionsmenge.

Glockenkurve (gaußsche Glockenkurve): Graph der Dichtefunktion der ↑ Normalverteilung.

Glücksspiel: siehe S. 164.

goniometrische Funktion: ↑ trigonometrische Funktionen.

Grad [lateinisch gradus »Schritt«]:
◆ *Geometrie:* Einheit des ebenen Winkels im Gradmaß (vgl. Band I).
◆ *Algebra:* bei einem ↑ Polynom in x die höchste auftretende Potenz von x.

grafische Differenziation: das folgende Verfahren zur Bestimmung der Ableitungsfunktion einer Funktion f, von welcher lediglich der Graph bekannt ist, oder deren Funktionsterm trotz einfachem Graphen sehr kompliziert ist: Man kennzeichnet Punkte

$$P_1 = (x_1, y_2), \ldots, P_n = (x_n, y_n)$$

auf dem Graphen, verbindet die Mittelpunkte M_{i-1} und M_i der Strecken $P_{i-1}P_i$ und P_iP_{i+1} und setzt

$$f'(x_i) = \text{Steigung von } M_{i-1}M_i$$
$$= \frac{f(x_{i+1}) - f(x_{i-1})}{x_{i+1} - x_{i-1}}$$

(Abb. 1). Dabei macht man keinen allzu großen Fehler, wenn die Punkte $P_1, P_2, \ldots, P_n$ nahe genug beieinander liegen und der Graph hinreichend »glatt« ist. Die Steigung überträgt man durch Parallelverschiebung auf eine Gerade durch $(-1|0)$. Der Ordinatenabschnitt dieser Gerade beträgt gerade $f'(x_i)$. Man überträgt ihn an die Stelle x_i und erhält damit einen Punkt der Ableitungsfunktion (Abb. 1). In Abb. 2 ist dieses Verfahren an einem Beispiel durchgeführt.

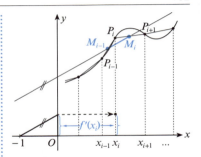

grafische Differenziation (Abb. 1):
Konstruktion eines Punktes

Die Umkehrung der einzelnen Konstruktionsschritte liefert ein Verfahren zur **grafischen Integration** (Abb. 2).

grafische Integration: Umkehrung des Verfahrens der ↑ grafischen Differenziation (Abb. 2).

Graph [zu griechisch *gráphein* »schreiben«]:
◆ *Analysis:* ↑ Funktionsgraph.
◆ *Topologie:* ein Netz, bestehend aus Ecken und Kanten (vgl. Band I).

Grassmann-Identität [nach HERMANN GÜNTHER GRASSMANN; *1809, †1877]: die Identität

$$\vec{u} \times (\vec{v} \times \vec{w}) = (\vec{u} \cdot \vec{w})\vec{v} - (\vec{u} - \vec{v})\vec{w}$$

für Vektoren $\vec{u}, \vec{v}, \vec{w}$ des Raumes.
Beweis: $\vec{u} \times (\vec{v} \times \vec{w})$ ist orthogonal zu $\vec{v} \times \vec{w}$, also eine Linearkombination von $\vec{v}$ und $\vec{w}$:

$$\vec{u} \times (\vec{v} \times \vec{w}) = r\vec{v} + s\vec{w}.$$

Bildet man das Skalarprodukt mit $\vec{u}$, so ergibt sich

$$0 = r(\vec{u} \cdot \vec{v}) + s(\vec{u} \cdot \vec{w})$$

und damit

$$\vec{u} \times (\vec{v} \times \vec{w}) = t((\vec{u} \cdot \vec{w})\vec{v} - (\vec{u} \cdot \vec{v})\vec{w})$$

mit einem geeigneten t. Einsetzen von Koordinaten zeigt, dass $t = 1$ ist.
Die Grassmann-Identität benötigt man bei der vektoriellen Behandlung der sphärischen Geometrie.

Grenzwert

Grafische Differenziation und Integration

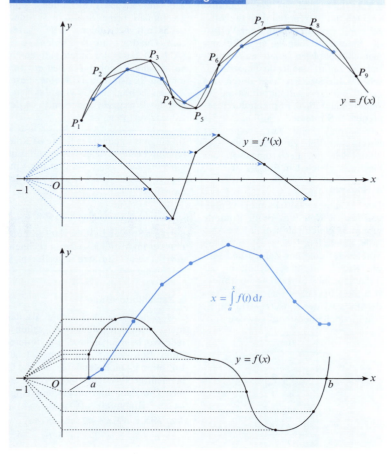

grafische Differenziation (Abb. 2): Beispiel zur grafischen Differenziation (oben) und zur grafischen Integration (unten)

Grenze: zu einer Menge von Zahlen die kleinstmögliche obere oder die größtmögliche untere Schranke (↑ Infimum, ↑ Supremum).

Grenzwert:

◆ *Folgen:* Grenzwert einer Zahlenfolge $\langle a_n \rangle$ ist eine Zahl a mit folgender Eigenschaft: Für jedes $\varepsilon > 0$ gibt es ein $N_\varepsilon \in \mathbb{N}$ derart, dass

$|a_n - a| < \varepsilon$ für alle $n > N_\varepsilon$.

Die Folge $\langle a_n \rangle$ heißt dann ↑ konvergent zum Grenzwert a und man schreibt

$\lim\limits_{n \to \infty} a_n = a$

Glücksspiel

Mathematisch lässt sich ein Glücksspiel als ein ↑ Zufallsversuch definieren, bei dem die Ausfälle mit einem Gewinn oder Verlust des Spielers verbunden sind. Bei **reinen Glücksspielen** spielt ausschließlich der Zufall eine Rolle, bei **strategischen Glücksspielen** wird durch den Zufall nur eine Anfangssituation geschaffen, auf die der Spieler durch geeignete Strategien aufbaut. Ein Glücksspiel heißt **fair**, wenn der durchschnittlich zu erwartende Gewinn, d.h. der Erwartungswert des Gewinns, gleich dem Einsatz ist.

■ Roulette

Das bekannteste Glücksspiel in Spielcasinos ist *Roulette*. Beim Roulette gibt es 37 gleichwahrscheinliche Ausfälle, nämlich 0, 1, 2, ..., 36. Setzt ein Spieler auf eine der Zahlen und fällt die Kugel auf diese, erhält er das 36fache seines Einsatzes (einschließlich des Einsatzes) ausgezahlt; andernfalls ist der Einsatz verloren. Er kann jedoch ebenso auf gewisse Teilmengen der 37 Roulettezahlen setzen, z.B. auf »Rot« (18 Zahlen), eine »Kolonne« (eine Spalte des Spieltischs mit 12 Zahlen), ein »Carré« (ein Quadrat mit 4 Zahlen) u.Ä. (Abb. 1). Setzt der Spieler allgemein auf d Zahlen (wobei d immer ein Teiler von 36 ist) und fällt eine dieser Zahlen, beträgt der Gewinn das $\frac{36}{d}$-fache des Einsatzes; andernfalls ist der Einsatz verloren.

Im eingangs genannten Sinne ist Roulette nicht fair, wie das Spiel auf eine einzelne Zahl zeigt: Beträgt der Einsatz X, ist der ↑ Erwartungswert des Gewinns

$$\frac{1}{37} \cdot 35X + \frac{36}{37} \cdot (-X) = -\frac{1}{37} \cdot X.$$

Setzt ein Spieler dieselbe Zahl sehr oft, muss er im Mittel also damit rechnen, $\frac{1}{37} \approx 3\%$ seiner Einsätze zu verlieren. ■

■ Zahlenlotto »6 aus 49«

Das *Zahlenlotto* darf sicher als das meistverbreitete Glücksspiel gelten – jede Woche reichen unzählige Spieler ihren Lottoschein ein. Ein solcher Lottotipp ist nichts anderes als eine 6-elementige Teilmenge aus $\{1, 2, 3, ..., 49\}$. Die Zahl aller möglichen Tipps ist der ↑ Binomialkoeffizient

$$\binom{49}{6} = \frac{49 \cdot 48 \cdot 47 \cdot 46 \cdot 45 \cdot 44}{1 \cdot 2 \cdot 3 \cdot 4 \cdot 5 \cdot 6}$$
$$= 13\,983\,816.$$

Die Ziehung der Lottozahlen selbst ist wahrscheinlichkeitstheoretisch ein ↑ Laplace-Versuch mit 13 983 816 möglichen Ausfällen und die Wahrscheinlichkeit, mit einem Tipp alle Gewinnzahlen, also den begehrten »Sechser« getroffen zu haben, beträgt $\frac{1}{13\,983\,816}$ oder 7 Millionstel Prozent.

Allgemein gibt es für einen Lottoschein mit i Gewinnzahlen genau

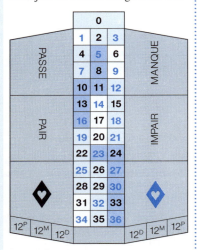

(Abb. 1) Spieltisch beim französischen Roulette

$\binom{6}{i}\binom{43}{6-i}$ verschiedene Tipps (↑ hypergeometrische Verteilung). Die Wahrscheinlichkeit für »i Richtige« ist dann

$$\frac{\binom{6}{i}\binom{43}{6-i}}{\binom{49}{6-i}} \quad (i = 0, 1, 2, 3, 4, 5, 6).$$

Als Besonderheit wird beim Zahlenlotto außerdem eine »Zusatzzahl« ausgespielt, wobei es $\binom{6}{5} = 6$ Möglichkeiten für einen Tipp mit 5 Gewinnzahlen und Zusatzzahl gibt.
Die Gewinnwahrscheinlichkeiten, mit seinem Lottoschein 6 Richtige, 5 Richtige und Zusatzzahl, 5, 4 bzw. 3 Richtige getippt zu haben, verhalten sich somit wie

1 : 6 : 252 : 13545 : 246820.

Die Gewinnquoten stehen annähernd im umgekehrten Verhältnis, da die gesamte Gewinnausschüttung gleichmäßig auf die fünf Gewinnklassen verteilt wird.

Die tatsächlichen relativen Häufigkeiten der Gewinnklassen weichen von obigem Verhältnis oft sehr stark ab, weil nicht alle Tipps die gleiche Chance haben, abgegeben zu werden: Viele Lottospieler tippen z. B. Geburtstagsdaten, in denen bestimmte Zahlen häufig, andere gar nicht vorkommen. Kaum jemand gibt aber den Tipp 1-2-3-4-5-6 ab. Hätten alle Tipps dieselbe Chance, abgegeben zu werden, so wäre die Anzahl der Hauptgewinne bei einem Spiel eine Zufallsgröße mit einer ↑ Poisson-Verteilung mit dem Parameter

$n : \binom{49}{6}$

(n = Zahl der abgegebenen Tipps). ∎

Glücksspiel

■ Fußballtoto und Pferdewetten

Bei Sportfreunden beliebt ist das *Fußballtoto*. Dabei muss für jedes von 11 Spielen getippt werden, ob es unentschieden ausgeht (0), die erste oder die zweite Mannschaft gewinnt (1 bzw. 2). Der Spieler muss also eine 11-Auswahl aus $\{0,1,2\}$ treffen (↑ Auswahlen), wofür es $3^{11} = 177147$ Möglichkeiten gibt.

Ebenfalls auf den Ausgang eines Sportwettbewerbs wird beim Pferderennen gewettet. Beim *Pferdetoto* wettet man auf die drei Erstplatzierten in der richtigen Reihenfolge, wofür es bei 18 Pferden $18 \cdot 17 \cdot 16 = 4896$ Möglichkeiten gibt. Beim *Pferdelotto* tippt man auf die vier Erstplatzierten in beliebiger Reihenfolge, wofür es bei 18 Pferden $\binom{18}{4} = 3060$ Möglichkeiten gibt (↑ Auswahlen). Das *Rennquintett* »3 + 4 aus 18« kombiniert Pferdetoto und Pferdelotto.

■ Würfelspiele

Würfeln ist wohl die älteste Form des Glücksspiels. Schon in ägyptischen Gräbern aus der Zeit um 2000 v. Chr. fand man Spielwürfel. Die Zahl der Würfelspiele ist nahezu unüberschaubar. Interessant ist z. B. das amerikanische Craps (↑ Markow-Kette), das man in Deutschland weniger kennt. Zudem ist der Würfel ein Paradebeispiel für Aufgaben zur Wahrscheinlichkeitsrechnung. Wissenschaftshistorisch bedeutend ist auch das sog. ↑ Würfelparadoxon von DE MÉRÉ.

Beim Würfelspiel *Chuck-a-luck* setzt ein Spieler auf eine der Würfelzahlen und wirft dann drei Würfel. Erscheint seine Zahl dabei ein-, zwei- oder dreimal, erhält er seinen Einsatz zurück und zusätzlich noch das Ein-, Zwei-

Glücksspiel

oder Dreifache des Einsatzes. Andernfalls ist sein Einsatz verloren. Mögliche Gewinne und ihre Wahrscheinlichkeiten gibt Tab. 1 an.

Gewinn	−1	1	2	3
Wahrsch.	$\frac{125}{216}$	$\frac{75}{216}$	$\frac{15}{216}$	$\frac{1}{216}$

(Tab. 1) Gewinnwahrscheinlichkeiten beim Chuck-a-luck

Konstellation	Anzahl
alle A. verschieden	720
zwei gleiche A.	3600
zweimal zwei gleiche A.	1800
drei gleiche A.	1200
drei und zwei gleiche A.	300
vier gleiche A.	150
fünf gleiche A.	6

(Tab. 2) Anzahl der Möglichkeiten für eine Konstellation beim Kniffel

Der ↑ Erwartungswert des Gewinns ergibt sich daraus zu $-\frac{17}{216}$. Auf lange Sicht verliert der Spieler also etwa 8% seiner Einsätze.

Beim Würfelspiel *Kniffel* wirft man fünf Würfel und bewertet verschiedene Konstellationen gemäß ihrer Häufigkeit. Die seltenere Konstellation gewinnt natürlich das Spiel. Die Anzahl der verschiedenen Möglichkeiten einer Konstellation werden mithilfe kombinatorischer Formeln bestimmt (↑ Auswahlen). Tab. 2 zeigt ausgewählte Würfelergebnisse; dabei steht A. für »Augenzahlen«.

■ **Kartenspiele**

Zu den Klassikern unter den Glücksspielen gehören auch die verschiedensten Kartenspiele, von denen zwei Vertreter vorgestellt werden sollen.
Beim *Poker* sind 5-Teilmengen der 52-Menge aller Spielkarten gemäß der Häufigkeit ihres Auftretens zu bewerten. Man achtet dabei auf Karten gleichen Werts (z. B. zwei, drei oder vier Könige) und auf fortlaufende

(Abb. 2) »Der Spieler«, Holzschnitt von Hans Franck, 16. Jahrhundert

(Abb. 3) »Zwei Paare« beim Poker

Karten gleicher oder verschiedener Farbe (z. B. der »Straight« 8, 9, 10, Bube, Dame). Die Häufigkeit wird wieder mithilfe kombinatorischer Formeln (↑ Auswahlen) ermittelt.
Beispiel: Für »Zwei Paare« ist die Anzahl der Möglichkeiten

$$\binom{13}{3}\binom{3}{2}\binom{4}{2}^2\binom{4}{1} = 123\,552;$$

denn man kann auf $\binom{13}{3}$ Arten drei Werte aus den 13 verschiedenen Werten (2 bis Ass) wählen, dann auf $\binom{3}{2}$ Arten zwei von diesen bestimmen, die zu Paaren ergänzt werden sollen, dann jeweils auf $\binom{4}{2}$ Arten diese Paare bilden und schließlich noch auf $\binom{4}{1}$ Arten die Einzelkarte wählen.
Für »Ein Drilling« ist die Anzahl der Möglichkeiten

$$\binom{13}{3}\binom{3}{2}\binom{4}{1}^2\binom{4}{3} = 54\,912.$$

»Ein Drilling« ist also wertvoller als »Zwei Paare«.
Bei dem Kartenspiel *Black Jack* (»17 und 4«) geht es darum, durch Ziehen von Karten aus einem Stoß mehrerer 52-Karten-Spiele möglichst nahe an 21 Punkte heranzukommen, diese aber nicht zu überschreiten. Die Bilder zählen dabei 10, das Ass 11 Punkte.
Beispiel: Hat man bereits 17 Punkte, so muss man das Risiko abschätzen, mit der nächsten Karte über 21 zu kommen. Von den 52 Karten haben nur 12 einen Wert ≤ 4, mit der Wahrscheinlichkeit $\frac{12}{52} \approx 23\%$ hat man also Glück. ∎

📖 Genaue Regeln von Glücksspielen finden sich in der angegebenen Literatur. Spannend und aufschlussreich im Hinblick auf die »Fairness« von Glücksspielen ist auch der Besuch eines Spielcasinos – zum Zusehen: Geld vermehrt sich schneller auf der Bank!

📚 ZOLLINGER, MANFRED: *Geschichte des Glücksspiels.* Wien (Böhlau) 1997. ∎ KOKEN, CLAUS: *Roulette.* München (Oldenbourg) ^{4}1997. ∎ BEWERSDORFF, JÖRG: *Glück, Logik und Bluff. Mathematik im Spiel.* Braunschweig (Vieweg) 1998. ∎ FUCHS, MICHAEL: *Black Jack, Poker & Co.* Niedernhausen (Falken) 1999. ∎ BOSCH, KARL: *Glücksspiele. Chancen und Risiken.* München (Oldenbourg) 2000.

Grenzwert

(vgl. Band I). Die Schreibweise »lim« kommt von ↑ Limes.

◆ *Funktionen:* Den Grenzwertbegriff für eine Funktion kann man auf den Grenzwertbegriff für Folgen zurückführen: Die Funktion f sei in einer ↑ Umgebung $U(x_0)$ von x_0 definiert, eventuell mit Ausnahme der Stelle x_0 selbst. Gibt es dann eine Zahl c mit

$$\lim_{n\to\infty} f(x_n) = c$$

für jede Folge $\langle x_n \rangle$, die gegen x_0 konvergiert und deren Glieder in $U(x_0) \setminus \{x_0\}$ liegen, dann heißt c der Grenzwert von f an der Stelle x_0, und man schreibt

$$\lim_{x\to x_0} f(x) = c.$$

Man kann den Funktionsgrenzwert auch ohne Benutzung des Folgengrenzwerts definieren: Gibt es zu jedem $\varepsilon > 0$ ein $\delta_\varepsilon > 0$ derart, dass die Ungleichung

$$|f(x) - c| < \varepsilon$$

für alle $x \in U(x_0) \setminus \{x_0\}$ mit

$$|x - x_0| < \delta_\varepsilon$$

erfüllt ist, dann heißt c der Grenzwert von f an der Stelle x_0.

Anschaulich gesprochen bedeutet

$$\lim_{x\to x_0} f(x) = c,$$

dass der Funktionswert $f(x)$ beliebig nahe bei c liegt, falls x hinreichend nahe bei x_0 gewählt wird.

Ist f an der Stelle x_0 definiert und ist

$$\lim_{x\to x_0} f(x) = f(x_0),$$

dann ist f stetig an der Stelle x_0.

Lässt man bei dem Grenzübergang $x \to x_0$ nur Werte $x > x_0$ oder nur Werte $x < x_0$ zu, dann erhält man ↑ einseitige Grenzwerte.

Ist f auf einer Halbgeraden $[a; \infty[$ definiert, so kann man auch Grenzwerte für den Grenzübergang $x \to \infty$ betrachten:

$$\lim_{n\to\infty} f(x) = c$$

bedeutet, dass für jedes $\varepsilon > 0$ ein $K_\varepsilon > 0$ derart existiert, dass

$$|f(x) - c| < \varepsilon$$

für alle $x \in [a; \infty[$ mit $x > K_\varepsilon$. Analog ist $\lim_{x\to-\infty} f(x) = c$ definiert.

Für das Rechnen mit Grenzwerten gelten aufgrund der ↑ Struktursätze folgende Regeln:

$$\lim_{x\to x_0} (f_1(x) \pm f_2(x))$$
$$= \lim_{x\to x_0} f_1(x) \pm \lim_{x\to x_0} f_2(x),$$

$$\lim_{x\to x_0} (f_1(x) \cdot f_2(x))$$
$$= \lim_{x\to x_0} f_1(x) \cdot \lim_{x\to x_0} f_2(x),$$

$$\lim_{x\to x_0} \left(\frac{f_1(x)}{f_2(x)} \right) = \frac{\lim_{x\to x_0} f_1(x)}{\lim_{x\to x_0} f_2(x)}$$

für $\lim_{x\to x_0} f_2(x) \neq 0$.

Häufig dient das ↑ Einschließungskriterium zur Bestimmung von Grenzwerten. Nützlich für deren Berechnung sind auch die ↑ L'Hospital-Regeln.

Beispiel 1: Die auf $\mathbb{R} \setminus \{0\}$ definierte Funktion

$$f : x \mapsto \frac{\sin x}{x}$$

hat an der Stelle 0 den Grenzwert 1: Durch Vergleich der Flächeninhalte in Abb. 1 erhält man für $0 < x < \frac{\pi}{2}$

$$\frac{\sin x \cdot \cos x}{2} < \frac{x}{2} < \frac{\tan x}{2}$$

und daraus

$$\frac{1}{\cos x} < \frac{\sin x}{x} < \cos x.$$

Dies gilt ebenso für $-\frac{\pi}{2} < x < 0$. Aus $\lim_{x\to 0} \cos x = \cos 0 = 1$ ergibt sich die Behauptung.

Grundgesamtheit

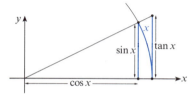

Grenzwert (Abb. 1): Berechnung des Grenzwerts der Funktion $f: x \mapsto \frac{\sin x}{x}$ an der Stelle 0

Beispiel 2: Aus den L'Hospital-Regeln ergibt sich
$$\lim_{x \to \infty} \frac{x}{q^x} = 0$$
für jedes $q > 1$. Also ist für diese q
$$x < q^x \quad \text{für alle } x > K,$$
falls K hinreichend groß gewählt wird. Daraus kann man weitere interessante Grenzwerte herleiten. Es folgt für $x > K$
$$1 < \sqrt[x]{x} < \sqrt[x]{q^x} = q,$$
wobei $\sqrt[x]{a}$ so viel wie $a^{1/x}$ bedeutet, falls $x > 0$ und $a > 0$. Da dies für jedes $q > 1$ gilt, erhält man
$$\lim_{x \to \infty} \sqrt[x]{x} = 1.$$
Man erhält ferner
$$\lim_{x \to 0^+} x^x = 1$$
(↑ einseitiger Grenzwert), denn
$$\lim_{x \to 0^+} x^x = \lim_{t \to \infty} \frac{1}{\sqrt[t]{t}}.$$

Der Begriff des Grenzwerts ist die Basis der Infinitesimalrechnung. Die Mathematiker haben zwar lange und erfolgreich mit unendlichen Reihen gerechnet und »intuitiv« auch die Differenzial- und Integralrechnung entwickelt und angewendet, zur vollen Blüte gelangte die Analysis aber erst, nachdem A. L. CAUCHY, K. T. W. WEIERSTRASS und ihre Schüler den Grenzwertbegriff sauber definiert hatten. ■

Grenzwertsatz:
◆ *Analysis:* ein Satz über die Konvergenz und den Grenzwert einer Summe, eines Produktes usw. von Folgen bzw. Funktionen (↑ Struktursätze).
◆ *Wahrscheinlichkeitsrechnung:* ein Satz über die Konvergenz einer Folge diskreter Wahrscheinlichkeitsverteilungen gegen eine stetige Wahrscheinlichkeitsverteilung (↑ Grenzwertsatz von Moivre-Laplace, ↑ zentraler Grenzwertsatz).

Grenzwertsatz von Moivre-Laplace [nach ABRAHAM DE MOIVRE, *1667, †1754, und P. S. ↑ LAPLACE]: Für die Wahrscheinlichkeit
$$B(n, p; k) := \binom{n}{k} p^k (1-p)^{n-k}$$
(↑ Binomialverteilung), also für die Wahrscheinlichkeit, dass in einer ↑ Bernoulli-Kette der Länge n und der Trefferwahrscheinlichkeit p genau k Treffer erzielt werden, gilt die Grenzwertbeziehung
$$\lim_{n \to \infty} \frac{B(n, p; k)}{\frac{1}{\sqrt{2\pi}\sigma} e^{-\frac{1}{2}x^2}} = 1$$
mit
$$\sigma := \sqrt{np(1-p)}, \quad x := \frac{k - np}{\sigma}$$
(↑ Normalverteilung). Beim Beweis dieses Grenzwertabsatzes kann man die ↑ Stirling-Formel benutzen.

Großkreis: auf einer Kugelfläche ein Kreis, der von einer durch den Mittelpunkt der Kugel gehenden Ebene ausgeschnitten wird.

Grundgesamtheit: in der ↑ Statistik die Menge der Merkmalsträger, von welcher man im Rahmen einer statistischen Erhebung eine Teilmenge auf ein gewisses Merkmal hin untersucht.

Gruppe: eine algebraische Struktur $(G,*)$, wenn die Verknüpfung »$*$« assoziativ ist, wenn ein neutrales Element e existiert ($a*e=e*a=a$ für alle $a\in G$) und zu jedem $a\in G$ ein inverses Element a^{-1} existiert ($a*a^{-1}=a^{-1}*a=e$). Ist die Verknüpfung kommutativ, dann heißt die Gruppe kommutativ oder abelsch (vgl. Band I).

Gruppenprüfung: ein bei manchen Massenuntersuchungen eingesetztes Verfahren um Arbeitsgänge zu sparen. Im Folgenden wird dieses Verfahren am Beispiel von Blutuntersuchungen zur Feststellung eines Krankheitserregers dargestellt: Es werden n Proben durch Mischen zu einer Probe zusammengefasst. Findet sich ein Erreger, so werden die n Proben einzeln untersucht. Gewünscht ist, möglichst wenig Analysen vornehmen zu müssen. Ist p die Wahrscheinlichkeit, dass ein Proband den Erreger *nicht* besitzt, so ist die Anzahl der notwendigen Untersuchungen bei n Personen

- 1, falls alle n Probanden gesund sind (Wahrscheinlichkeit p^n);
- $n+1$, falls mindestens ein Proband nicht gesund ist (Wahrscheinlichkeit $1-p^n$).

Also ist die mittlere Anzahl von Untersuchungen bei n Probanden

$$1\cdot p^n + (n+1)(1-p^n).$$

Man spart gegenüber der Einzelprüfung bei n Probanden

$$n - p^n - (n+1)(1-p^n) = np^n - 1$$

Analysen, pro Person also $p^n - \dfrac{1}{n}$ Analysen. Das Maximum der Funktion $f: x \mapsto p^x - \dfrac{1}{x}$ ($x>0$) liegt an der Stelle x_0 mit $x_0^2 p^{x_0} = -\dfrac{1}{\ln p}$ (↑ Extremwert); diese Gleichung löst man mit einem Näherungsverfahren.

Bei $p=0{,}99$ hat das optimale n den Wert 11, und es ergibt sich eine Einsparung von 80%.

guldinsche Regeln [nach PAUL GULDIN; *1577, †1643]: Regeln zur Berechnung des Oberflächeninhalts und des Volumens von ↑ Rotationskörpern:

1. guldinsche Regel: Der Oberflächeninhalt eines Rotationskörpers ist das Produkt aus der Länge der erzeugenden Kurve und der Länge des von ihrem Schwerpunkt zurückgelegten Weges.

2. guldinsche Regel: Das Volumen eines Rotationskörpers ist das Produkt aus dem Inhalt der erzeugenden Fläche und der Länge des von ihrem Schwerpunkt zurückgelegten Weges.

Beispiel: Für den Torus (Abb. 1) erhält man den Oberflächeninhalt

$$O = 2\pi r \cdot 2\pi R = 4\pi^2 rR$$

und das Volumen

$$V = \pi r^2 \cdot 2\pi R = 2\pi^2 r^2 R.$$

guldinsche Regeln (Abb. 1): Erzeugung eines Torus durch Rotation eines Kreises

Zur Begründung der guldinschen Regeln muss man einerseits den Schwerpunkt eines Flächenstücks berechnen, wobei man sich das Kurven- bzw. Flächenstück homogen mit Masse belegt denkt, andererseits den Oberflächeninhalt und das Volumen auf andere Weise ausrechnen können. Dabei denken wir uns den Körper durch Rotation eines Kurven- bzw. Flächenstücks um die x-Achse zwischen den

guldinsche Regeln

Stellen a und b entstanden. Das Kurven- bzw. Flächenstück soll dabei durch eine differenzierbare Funktion f gegeben sein.

Wir denken uns orthogonal zur x-Achse eine Scheibe der Dicke Δx an der Stelle x aus dem Körper herausgeschnitten, wobei Δx sehr klein sein soll (Abb. 2).

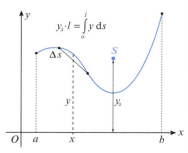

guldinsche Regeln (Abb. 2): zur Herleitung der guldinschen Regeln

Das zugehörige Kurvenstück hat die Länge

$$\Delta s \approx \sqrt{(\Delta x)^2 + (\Delta y)^2}$$
$$= \sqrt{1 + \left(\frac{\Delta y}{\Delta x}\right)^2} \cdot \Delta x$$
$$\approx \sqrt{1 + (f'(x))^2} \cdot \Delta x.$$

Sein Drehmoment (»Kraft mal Kraftarm«) bezüglich der x-Achse ist

$$f(x) \cdot \Delta \approx f(x)\sqrt{1+(f'(x))^2} \cdot \Delta x.$$

Das Drehmoment des gesamten Kurvenstücks ist also

$$\int_a^b f(x)\sqrt{1+(f'(x))^2}\,\mathrm{d}x.$$

Bezeichnet man mit l die Länge des Kurvenstücks und mit y_S die y-Koordinate seines Schwerpunkts, dann ist das Drehmoment andererseits $y_S \cdot l$, es ergibt sich also

$$y_S = \frac{1}{l}\int_a^b f(x)\sqrt{1+(f'(x))^2}\,\mathrm{d}x.$$

Der Mantelflächeninhalt der Scheibe der Dicke Δx, die bei Rotation des Kurvenstücks um die x-Achse entsteht, ist

$$\Delta M \approx 2\pi \Delta s,$$

woraus sich für den Mantelflächeninhalt ergibt:

$$M = 2\pi \int_a^b f(x)\sqrt{1+(f'(x))^2}\,\mathrm{d}x.$$

Es ist also $M = 2\pi y_S \cdot l$ (1. guldinsche Regel).

Das Drehmoment bezüglich der x-Achse, das der Streifen der Dicke Δx in Abb. 2 hat, ist $\frac{1}{2}(f(x))^2 \Delta x$, das gesamte Drehmoment ergibt sich daher zu

$$\frac{1}{2}\int_a^b (f(x))^2\,\mathrm{d}x.$$

Ist A der Inhalt der Fläche und y_S die y-Koordinate ihres Schwerpunkts, dann ist $y_S \cdot A$ das gesamte Drehmoment und daher

$$y_S = \frac{1}{2A}\int_a^b (f(x))^2\,\mathrm{d}x.$$

Da andererseits das Rotationsvolumen den Wert

$$V = \pi \int_a^b (f(x))^2\,\mathrm{d}x$$

hat, folgt $V = 2\pi y_S \cdot A$ (2. guldinsche Regel).

Gütefunktion

Die guldinschen Regeln waren schon Pappos von Alexandria um 320 n. Chr. bekannt. Guldin konnte dies aber nicht wissen, denn zu seiner Zeit waren die Werke von Pappos noch verschollen. ∎

Gütefunktion: ↑ Testen von Hypothesen.

H

Halbgruppe: eine assoziative ↑ algebraische Struktur $(H,*)$. Insbesondere ist jede Gruppe auch eine Halbgruppe.
Beispiele: $(\mathbb{N},+)$, d.h. die Menge $\mathbb{N}$ der natürlichen Zahlen bezüglich der Addition, ist (kommutative) Halbgruppe. $(\mathbb{N}_0,+)$ ist (kommutative) Halbgruppe mit dem neutralen Element 0. $(\mathbb{Z},-)$ ist keine Halbgruppe, da i.A. $(a-b)-c \neq a-(b-c)$.

halboffen: beschreibt die Eigenschaft eines ↑ Intervalls, von dem nur einer der Endpunkte zum Intervall gehört.

Hamming-Abstand: Anzahl der unterschiedlich besetzten Stellen zweier Codewörter (↑ Codierungen).

Hardy-Weinberg-Gesetz ['haːdɪ-; nach Sir Godfrey Harold Hardy; *1877, †1947; und Wilhelm Weinberg; *1862, †1937]: eine 1908 aufgestellte Regel über die Verteilung von Erbmerkmalen in großen Populationen.

Eine biologische Population habe bezüglich eines bestimmten Gens in der Generation 0 folgende Verteilung:

Genotyp	AA	Aa	aa
Anteil	x	y	z

mit $x+y+z=1$. Bei zufälliger Paarung ergibt sich dann in Generation 1:

Genotyp	AA	Aa	aa
Anteil	p^2	$2pq$	q^2

mit $p = x + \frac{y}{2}, q = \frac{y}{2} + z$.

Dies kann man anhand des Baumes in Abb. 1 bestätigen. Nach dem Hardy-Weinberg-Gesetz verändert sich die in Generation 1 erreichte Verteilung in den folgenden Generationen nicht mehr (Statik in einer idealen Population). Es gelten nämlich die Beziehungen

$$(p^2+pq)^2 = p^2(p+q)^2 = p^2,$$
$$2(p^2+pq)(pq+q^2)$$
$$= 2pq(p+q)^2 = 2pq,$$
$$(pq+q^2)^2 = (p+q)^2 q^2 = q^2.$$

harmonisch:

♦ *Geometrie:* Die Teilung einer Strecke $\overline{AB}$ durch die harmonischen Punkte T_1, T_2 heißt harmonische Teilung, wenn

$$\overline{AT_1} : \overline{T_1B} = \overline{AT_2} : \overline{T_2B}.$$

Dabei ist T_1 ein innerer und T_2 ein äußerer Punkt der Strecke $\overline{AB}$.

♦ *Mittelwerte:* Das harmonische Mittel der zwei positiven Zahlen a, b ist die Zahl:

$$\frac{2}{\dfrac{1}{a}+\dfrac{1}{b}} \; \left(= \frac{2ab}{a+b} \right).$$

Das harmonische Mittel der n positiven Zahlen $a_1, a_2, \ldots, a_n$ ist die Zahl

$$\frac{n}{\dfrac{1}{a_1}+\dfrac{1}{a_2}+\ldots+\dfrac{1}{a_n}}.$$

♦ *Folgen:* Eine Folge $\langle a_n \rangle$ heißt harmonisch, wenn sich jedes Glied außer dem ersten als harmonisches Mittel der beiden Nachbarglieder ergibt:

$$a_n = \frac{2a_{n-1}a_{n+1}}{a_{n-1}+a_{n+1}} \text{ für } n \geq 2.$$

Hardy-Weinberg-Gesetz

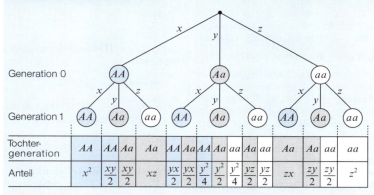

$$AA: x^2+\frac{xy}{2}+\frac{yx}{2}+\frac{y^2}{4} = \left(x+\frac{y}{2}\right)^2$$

$$Aa: \frac{xy}{2}+xz+\frac{yx}{2}+\frac{y^2}{2}+\frac{yz}{2}+zx+\frac{zy}{2} = 2\left(x+\frac{y}{2}\right)\left(\frac{y}{2}+z\right)$$

$$aa: \frac{y^2}{4}+\frac{yz}{2}+\frac{zy}{2}+z^2 = \left(\frac{y}{2}+z\right)^2$$

Hardy-Weinberg-Gesetz (Abb. 1): Verteilung der Genotypen in Generation 1

Ein Beispiel einer harmonischen Folge ist $\left\langle\frac{1}{n}\right\rangle$, denn

$$\frac{1}{n} = \frac{2 \cdot \frac{1}{n-1} \cdot \frac{1}{n+1}}{\frac{1}{n-1}+\frac{1}{n+1}} \text{ für } n \geq 2.$$

◆ *Reihen:* Eine Reihe heißt harmonisch, wenn ihre Summanden eine harmonische Folge bilden. Oft versteht man aber unter der harmonischen Reihe nur die Reihe

$$\sum_{i=1}^{\infty}\frac{1}{i} = 1+\frac{1}{2}+\frac{1}{3}+\frac{1}{4}+\ldots$$

Diese Reihe divergiert, denn (vgl. Abb. 1)

$$\sum_{i=1}^{k}\frac{1}{i} \geq \int_{i}^{k+1}\frac{dx}{x} = \ln(k+1).$$

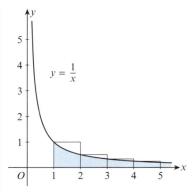

harmonisch (Abb. 1): Divergenz der harmonischen Reihe

◆ *Analysis:* Die Darstellung einer Funktion mithilfe der ↑ Fourier-Reihe nennt man harmonische Analyse.

Häufigkeit

Häufigkeit:

◆ *Wahrscheinlichkeitsrechnung:* Ist in einer ↑ Zufallsversuchsreihe der Länge n der Ausfall ω genau k-mal aufgetreten, so heißt k die absolute Häufigkeit und $\frac{k}{n}$ die relative Häufigkeit von ω in dieser Zufallsversuchsreihe. Man definiert die ↑ Wahrscheinlichkeit des Ausfalls als den »bestmöglichen« Schätzwert für die zu erwartende relative Häufigkeit und benutzt umgekehrt die relative Häufigkeit zur näherungsweisen Bestimmung der Wahrscheinlichkeit.

◆ *Statistik:* Bei der Auswertung von Messreihen ist es manchmal zweckmäßig, die Messwerte in Klassen einzuteilen (z. B. Monatseinkommen in die Klassen 0–1000, 1001–2500, 2501–5000 DM) und die Anzahl der Messwerte pro Klasse anzugeben. Diese Anzahl heißt die absolute Häufigkeit der Klasse in dieser Messreihe; dividiert man durch die Gesamtzahl der Messwerte, so entsteht die relative Häufigkeit der Klasse. Zur Darstellung von Häufigkeiten bei Messreihen benutzt man ↑ Histogramme. Haben die Klassen alle die gleiche Breite, so kann man zur Darstellung von Häufigkeitsverteilungen auch Stabdiagramme verwenden (↑ Statistik).

Sind die Klassen $K_1, K_2, \ldots, K_n$ mit den Klassenbreiten $b_1, b_2, \ldots, b_n$ sowie den relativen Häufigkeiten $h_1, h_2, \ldots, h_n$ gegeben, so heißt die Funktion

$h: K_i \mapsto h_i$

(Abb. 1) die **Häufigkeitsverteilung**, die Funktion

$d: x \mapsto d_i := \frac{h_i}{b_i}$ für $x \in K_i$

(Abb. 2) die **Häufigkeitsdichte** (↑ Dichte) und die Funktion

$H: x \mapsto \sum_{m_i \leq x} h_i$

(Abb. 3) die **Häufigkeitsfunktion**.

Die Rechtecke in Abb. 2 geben wegen $a_i \cdot b_i = h_i$ die relativen Häufigkeiten an.

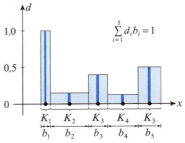

Häufigkeit (Abb. 2): Häufigkeitsdichte

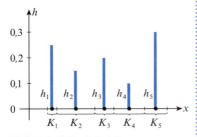

Häufigkeit (Abb. 1): Stabdiagramm für die Häufigkeitsverteilung

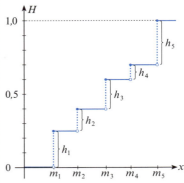

Häufigkeit (Abb. 3): Häufigkeitsfunktion

Hauptachsentransformation

Kann man eine Häufigkeitsfunktion durch eine differenzierbare Funktion H approximieren, so ist durch $H(b)-H(a)$ die relative Häufigkeit der Klasse $]a;b]$ und durch $d(x):=H'(x)$ die Häufigkeitsdichte an der Stelle d näherungsweise gegeben (Abb. 4). Ist $d(x)$ vorgegeben, so ist

$$H(x) = \int_{-\infty}^{x} d(t)\,dt$$

die Häufigkeitsfunktion, und die relative Häufigkeit der Klasse $]a;b]$ ist (Abb. 5)

$$\int_{a}^{b} d(x)\,dx.$$

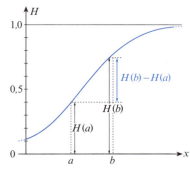

Häufigkeit (Abb. 4): stetige Häufigkeitsfunktion

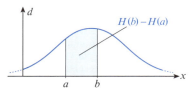

Häufigkeit (Abb. 5): Häufigkeit als Integral der Dichte

Man beachte, dass die Dichte d in der zur Einheit von x reziproken Einheit gemessen wird (z. B. $d(x)=0{,}2\,\text{cm}^{-1}$, falls eine Längenverteilung vorliegt). Der Maßstab auf der d-Achse in Abb. 3 und in Abb. 5 ist so zu wählen, dass der Flächeninhalt unter dem Graph von d den Wert 1 hat.

Häufigkeitsdiagramm: zeichnerische Darstellung der ↑ Häufigkeit.

Häufigkeitsdichte: eine Funktion zur Beschreibung der ↑ Häufigkeit (↑ Dichte).

Häufigkeitsverteilung: eine Funktion zur Angabe der relativen ↑ Häufigkeit.

häufigster Wert: ein ↑ statistisches Lagemaß.

Häufungspunkt: für eine Menge M von reellen Zahlen eine relle Zahl a mit der Eigenschaft, dass in jeder ↑ Umgebung von a mindestens eine von a verschiedene Zahl aus M liegt. Die Zahl a muss dabei nicht zu M gehören. Enthält eine Menge alle ihre Häufungspunkte, dann heißt sie **abgeschlossen**.

Genau dann ist a Häufungspunkt von M, wenn eine Folge von paarweise verschiedenen Elementen aus M mit dem ↑ Grenzwert a existiert. Jede unendliche beschränkte Teilmenge von $\mathbb{R}$ besitzt mindestens einen Häufungspunkt (↑ Bolzano-Weierstraß-Axiom).

Der Begriff des Häufungspunktes lässt sich auch in $\mathbb{R}^2$ und $\mathbb{R}^3$ definieren.

Hauptachsentransformation: eine ↑ Koordinatentransformation, bei der die Gleichung einer ↑ Kurve zweiter Ordnung (eines ↑ Kegelschnitts) oder einer ↑ Fläche zweiter Ordnung so transformiert wird, dass sie keine gemischten Glieder mehr enthält. Dies lässt sich durch eine Drehung des Koordinatensystems erreichen. Die Hauptachsen einer solchen Kurve

Hauptachsentransformation

bzw. Fläche liegen dann parallel zu einer Achse des Koordinatensystems. Durch eine Verschiebung des Koordinatensystems lassen sich die Gleichungen der Kurven und Flächen zweiter Ordnung in Normalformen überführen und dann klassifizieren.
Die allgemeine Gleichung einer Kurve zweiter Ordnung lautet

$$a_{11} x_1^2 + a_{22} x_2^2 + 2a_{12} x_1 x_2 \quad (1)$$
$$+ 2a_{13} x_1 + 2a_{23} x_2 + a_{33} = 0.$$

Die Faktoren 2 bei den Koeffizienten der »gemischten« Glieder sind zur Vereinfachung der folgenden Rechnungen eingeführt worden.
Mit den Bezeichnungen

$$\vec{x} := \begin{pmatrix} x_1 \\ x_2 \end{pmatrix}, \ \vec{x}^T := (x_1, x_2),$$

$$\vec{a}^T := (a_{13}, a_{23}),$$

$$A := \begin{pmatrix} a_{11} & a_{12} \\ a_{12} & a_{22} \end{pmatrix}, \ d := a_{33}$$

lässt sich (1) in Matrizenschreibweise darstellen:

$$\vec{x}^T \cdot A \cdot \vec{x} + 2(\vec{a}^T \cdot \vec{x}) + d = 0. \quad (2)$$

Eine Fläche zweiter Ordnung hat die allgemeine Gleichung

$$a_{11} x_1^2 + a_{22} x_2^2 + a_3 x_3^2$$
$$+ 2a_{12} x_1 x_2 + 2a_{13} x_1 x_3 + 2a_{23} x_2 x_3$$
$$+ 2a_{14} x_1 + 2a_{24} x_2 + 2a_4 x_3$$
$$+ a_{44} = 0. \quad (3)$$

Mit den Bezeichnungen

$$\vec{x} := \begin{pmatrix} x_1 \\ x_2 \\ x_3 \end{pmatrix}, \ \vec{x}^T := (x_1, x_2, x_3),$$

$$\vec{a}^T := (a_{14}, a_{24}, a_{34})$$

$$A := \begin{pmatrix} a_{11} & a_{12} & a_{13} \\ a_{12} & a_{22} & a_{23} \\ a_{13} & a_{23} & a_{33} \end{pmatrix}, \ d := a_{44}$$

lässt sie sich in Matrizenschreibweise ebenfalls auf die Gestalt (2) bringen. Man beachte, dass die Matrix A dabei symmetrisch ist.

■ Hauptachsen und Eigenwerte

Durch eine Transformation mit der Transformationsgleichung

$$\vec{x} = B \cdot \vec{x}' \quad (4)$$

(↑ lineare Abbildung) geht (2) über in

$$\vec{x}'T \cdot (B^T \cdot A \cdot B) \cdot \vec{x}' + 2(\vec{a}^T \cdot B \cdot \vec{x})$$
$$+ d = 0. \quad (5)$$

Dabei ist B eine (2, 2)-Matrix bei Kurven zweiter Ordnung, eine (3, 3)-Matrix bei Flächen zweiter Ordnung, und B^T ist die transponierte Matrix zu B. Um eine Hauptachsentransformation handelt es sich, wenn die Matrix

$$D := B^T \cdot A \cdot B$$

eine Diagonalmatrix ist:

$$D = \begin{pmatrix} \lambda_1 & 0 \\ 0 & \lambda_2 \end{pmatrix} \ \text{bzw.}$$

$$D = \begin{pmatrix} \lambda_1 & 0 & 0 \\ 0 & \lambda_2 & 0 \\ 0 & 0 & \lambda_3 \end{pmatrix},$$

wobei λ_i die ↑ Eigenwerte von A sind. Die Spalten der Transformationsmatrix B werden aus normierten ↑ Eigenvektoren der Matrix A zu den Eigenwerten λ_i gebildet. B ist eine orthogonale Matrix (↑ Koordinatentransformation).

■ Kegelschnitte

Bei den Kegelschnitten (Kurven zweiter Ordnung) gibt es eine weitere Möglichkeit zur Darstellung der Hauptachsentransformation: Sie entspricht der Drehung des Koordinatensystems um einen geeigneten Winkel φ: Die Matrix einer Drehung lautet

$$B = \begin{pmatrix} \cos\varphi & -\sin\varphi \\ \sin\varphi & \cos\varphi \end{pmatrix}.$$

Hauptachsentransformation

Es gilt $B^T A B = \begin{pmatrix} \lambda_1 & 0 \\ 0 & \lambda_2 \end{pmatrix}$ mit geeigneten $\lambda_1, \lambda_2 \in \mathbb{R}$, wenn

$$\tan 2\varphi = \frac{2a_{12}}{a_{11} - a_{22}};$$

im Fall $a_{11} = a_{22}$ ist dabei $\varphi = \pm 45°$.

Beispiel 1: Der Kegelschnitt

$$97 \cdot x^2 + 66\sqrt{3} \cdot xy + 163 \cdot y^2$$
$$+ 28(-16\sqrt{3} + 42) \cdot x$$
$$+ 28(16 + 42\sqrt{3}) \cdot y + 7056 = 0$$

soll auf Hauptachsenform transformiert werden. Es ist

$$\tan 2\varphi = \frac{66\sqrt{3}}{97 - 163} = -\sqrt{3},$$

also $2\varphi = 120°$ bzw. $\varphi = 60°$ und $\sin \varphi = \frac{1}{2}\sqrt{3}$, $\cos \varphi = \frac{1}{2}$.

Nach Einsetzen der Transformationsgleichungen

$$x = \frac{1}{2}x' - \frac{\sqrt{3}}{2}y',$$
$$y = \frac{\sqrt{3}}{2}x' + \frac{1}{2}y'$$

in die gegebene Gleichung erhält man die Form

$$196 \cdot x'^2 + 2352 \cdot x' + 64 \cdot y'^2$$
$$+ 896 \cdot y' + 7056 = 0.$$

Hieraus ergibt sich nach Zusammenfassen und quadratischer Ergänzung

$$\frac{(x' + 6)^2}{16} + \frac{(y' + 7)^2}{49} = 1 \quad (\text{Abb. 1}).$$

Die gegebene Gleichung beschreibt eine Ellipse mit dem Mittelpunkt $(-6 | -7)$ und den Halbachsenlängen $a = 4$ und $b = 7$.

■ Hauptachsentransformation einer Fläche zweiter Ordnung

Beispiel 2: Wir untersuchen mithilfe einer Hauptachsentransformation,

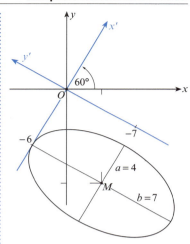

Hauptachsentransformation (Abb. 1): zu Beispiel 1

welche Fläche zweiter Ordnung durch die Gleichung

$$x_1^2 + x_2^2 + x_3^2 - 2x_1x_2 + 2x_2x_3$$
$$+ 2x_1x_3 - 1 = 0$$

beschrieben wird. Diese Gleichung hat die Matrix

$$A = \begin{pmatrix} 1 & -1 & 1 \\ -1 & 1 & 1 \\ 1 & 1 & 1 \end{pmatrix}.$$

Die Eigenwerte von A sind $\lambda_1 = \lambda_2 = 2$, $\lambda_3 = -1$ (↑ charakteristisches Polynom). Um die Transformationsmatrix B zu finden, berechnet man orthogonale, normierte ↑ Eigenvektoren zu $\lambda_1, \lambda_2, \lambda_3$ aus den homogenen linearen Gleichheitssystemen

$$\begin{pmatrix} -1 & -1 & 1 \\ -1 & -1 & 1 \\ 1 & 1 & -1 \end{pmatrix} \cdot \begin{pmatrix} \alpha_{1i} \\ \alpha_{2i} \\ \alpha_{3i} \end{pmatrix} = \begin{pmatrix} 0 \\ 0 \\ 0 \end{pmatrix}$$
$$(i = 1, 2)$$

und

$$\begin{pmatrix} 2 & -1 & 1 \\ -1 & 2 & 1 \\ 1 & 1 & 2 \end{pmatrix} \cdot \begin{pmatrix} \alpha_{13} \\ \alpha_{23} \\ \alpha_{33} \end{pmatrix} = \begin{pmatrix} 0 \\ 0 \\ 0 \end{pmatrix}.$$

Hauptsatz

Wählt man als ersten normierten Eigenvektor zu λ_1 den Vektor

$$\vec{v}_1 = \begin{pmatrix} \alpha_{11} \\ \alpha_{21} \\ \alpha_{31} \end{pmatrix} = \begin{pmatrix} \frac{1}{\sqrt{2}} \\ 0 \\ \frac{1}{\sqrt{2}} \end{pmatrix}$$

$$= \frac{1}{\sqrt{2}} \begin{pmatrix} 1 \\ 0 \\ 1 \end{pmatrix},$$

so ist

$$\vec{v}_2 = \begin{pmatrix} \alpha_{12} \\ \alpha_{22} \\ \alpha_{32} \end{pmatrix} = \begin{pmatrix} -\frac{1}{\sqrt{6}} \\ \frac{2}{\sqrt{6}} \\ \frac{1}{\sqrt{6}} \end{pmatrix}$$

$$= \frac{1}{\sqrt{6}} \begin{pmatrix} -1 \\ 2 \\ 1 \end{pmatrix}$$

ein dazu orthogonaler, normierter Eigenvektor zu $\lambda_1 = \lambda_2$.

Man erhält als normierten Eigenvektor zu λ_3:

$$\vec{v}_3 = \begin{pmatrix} \alpha_{13} \\ \alpha_{23} \\ \alpha_{33} \end{pmatrix} = \begin{pmatrix} \frac{1}{\sqrt{3}} \\ \frac{1}{\sqrt{3}} \\ -\frac{1}{\sqrt{3}} \end{pmatrix}$$

$$= \frac{1}{\sqrt{3}} \begin{pmatrix} 1 \\ 1 \\ -1 \end{pmatrix}.$$

Damit sind

$$\vec{x} = B \cdot \vec{x}$$
$$= \begin{pmatrix} \frac{1}{\sqrt{2}} & \frac{1}{\sqrt{6}} & \frac{1}{\sqrt{3}} \\ 0 & \frac{2}{\sqrt{6}} & \frac{1}{\sqrt{3}} \\ \frac{1}{\sqrt{2}} & \frac{1}{\sqrt{6}} & -\frac{1}{\sqrt{3}} \end{pmatrix} \cdot \begin{pmatrix} x'_1 \\ x'_2 \\ x'_3 \end{pmatrix}$$

bzw.

$$x_1 = \frac{1}{\sqrt{2}} x'_1 - \frac{1}{\sqrt{6}} x'_2 + \frac{1}{\sqrt{3}} x'_3,$$
$$x_2 = \phantom{\frac{1}{\sqrt{2}} x'_1 -} \frac{2}{\sqrt{6}} x'_2 + \frac{1}{\sqrt{3}} x'_3,$$
$$x_3 = \frac{1}{\sqrt{2}} x'_1 + \frac{1}{\sqrt{6}} x'_2 - \frac{1}{\sqrt{3}} x'_3$$

die Transformationsgleichungen für die Drehung des Koordinatensystems. Eingesetzt in die Gleichung

$$x_1^2 + x_2^2 + x_3^2 - 2x_1x_2 + 2x_2x_3 + 2x_1x_3 - 1 = 0$$

bzw. deren Matrizenform erhält man die Gleichung

$$2x'^2_1 + 2x'^2_2 - x'^2_3 = 1,$$

durch die ein einschaliges Rotationshyperboloid gegeben ist (Abb. 2).

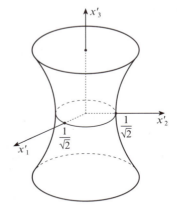

Hauptachsentransformation (Abb. 2): zu Beispiel 2

Hauptsatz: ↑ Fundamentalsatz.
Hauptsatz der Differenzial- und Integralrechnung: der Satz, wonach eine stetige Funktion mit der Ableitung ihrer Integralfunktionen übereinstimmt.

Ist f eine auf dem offenen Intervall I stetige Funktion und ist $a \in I$, dann ist

$$F: x \mapsto \int_a^x f(t)\,dt$$

eine auf I differenzierbare Funktion, und es gilt dort $F' = f$.

Eine Funktion F mit $F' = f$ ist eine ↑ Stammfunktion von f. Für jede Stammfunktion F von f und alle $a, b \in I$ ergibt sich aus dem Hauptsatz

$$\int_a^b f(x)\,dx = F(x)\Big|_a^b = F(b) - F(a).$$

Der Hauptsatz der Differenzial- und Integralrechnung ist sehr plausibel: Es gilt

$$F(x+\Delta x) - F(x) = \int_x^{x+\Delta x} f(t)\,dt$$
$$= f(\xi)\Delta x$$

mit einer Stelle ξ zwischen x und $x + \Delta x$. Aus

$$\frac{F(x+\Delta x) - F(x)}{\Delta x} = f(\xi)$$

folgt für $\Delta x \to 0$ wegen der Stetigkeit von f die Behauptung (Abb. 1).

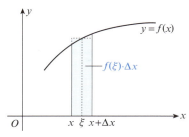

Hauptsatz der Differenzial- und Integralrechnung (Abb. 1): zur Herleitung

Hauptsatz über implizite Funktionen: der Satz, wonach eine reellwertige Funktion in zwei Variablen unter bestimmten Voraussetzungen eine Funktion in einer Variablen implizit definiert.

Es sei F eine Funktion von zwei Variablen, die bezüglich jeder Veränderlichen in einer Umgebung $U(x_0, y_0)$ des Punktes (x_0, y_0) stetig differenzierbar ist; es seien die ↑ partiellen Ableitungen an der Stelle (x_0, y_0) von null verschieden, und ferner sei $F(x_0, y_0) = 0$. Dann existiert eine in einer Umgebung $U(x_0)$ von x_0 differenzierbare Funktion f mit $y_0 = f(x_0)$ und $F(x, f(x)) = 0$ in $U(x_0)$.

Dieser Satz ist von entscheidender Bedeutung für die Theorie der ↑ impliziten Funktionen.

Hauptsatz über monotone Folgen: der Satz, nach dem jede monoton wachsende nach oben beschränkte Folge reeller Zahlen in $\mathbb{R}$ konvergiert. Dasselbe gilt für jede monoton fallende nach unten beschränkte Folge. Bei einem axiomatischen Aufbau der reellen Zahlen kann diese Aussage als ↑ Vollständigkeitsaxiom dienen.

hebbare Definitionslücke: ↑ stetig hebbare Definitionslücke.

Heine-Borel-Axiom [nach EDUARD HEINE; *1821, †1881; und ÉMILE BOREL; *1871, †1956]: der folgende Satz, wenn man ihn als ↑ Vollständigkeitsaxiom zur axiomatischen Beschreibung des Körpers der reellen Zahlen verwendet: Genau dann enthält jede offene Überdeckung der Menge $A \subseteq \mathbb{R}$ eine endliche Teilüberdeckung, wenn A ↑ kompakt ist.

Dabei versteht man unter einer offenen **Überdeckung** von A eine Menge M von ↑ offenen Teilmengen von $\mathbb{R}$ mit der Eigenschaft, dass A in der Vereinigung dieser offenen Teilmengen enthalten ist. Ist A bereits in der Vereinigung einer endlichen Menge von Elementen aus M enthalten, dann nennt man diese endliche Menge eine

endliche Teilüberdeckung aus M für die Menge A.
Eine Menge heißt **kompakt**, wenn sie ↑ beschränkt und ↑ abgeschlossen ist.
Beispiel 1: Die offenen Mengen

$$A_1 := \,]\tfrac{1}{2}; \tfrac{3}{2}[,\ A_2 := \,]\tfrac{1}{6}; \tfrac{5}{6}[,$$
$$A_3 := \,]\tfrac{1}{12}; \tfrac{7}{12}[,$$

allgemein

$$A_i := \left]\frac{1}{i(i+1)}; \frac{2i+1}{i(i+1)}\right[$$

für $i \in \mathbb{N}$ bilden eine offene Überdeckung des (nichtabgeschlossenen) Intervalls $]0;1[$. Es existiert keine endliche Teilüberdeckung, d.h., keine endliche Teilmenge von $\{A_1, A_2, A_3, \ldots\}$ überdeckt die Menge $]0;1[$.
Beispiel 2: Setzt man

$$A_0 := \,]-\tfrac{1}{100}; \tfrac{1}{100}[,$$

und definiert man $A_1, A_2, A_3, \ldots$ wie in Beispiel 1, dann bilden diese Mengen eine offene Überdeckung des abgeschlossenen und beschränkten Intervalls $[0;1]$. Es muss also eine endliche Teilüberdeckung geben. Eine solche ist beispielsweise $\{A_0, A_1, A_2, \ldots, A_{10}\}$.

heronsches Verfahren [nach HERON VON ALEXANDRIA; um 60 n. Chr.]: ein iteratives Verfahren zur näherungsweisen Berechnung von Wurzeln: Für $p>0$ sei $\sqrt{p}$ zu berechnen. Man wähle a, b mit $0 < a \leq b$ und $a \cdot b = p$. Ist $a = b$, so ist $\sqrt{p} = a$. Ist $a < b$, so setzt man $a_1 := a$, $b_1 := b$ und

$$a_{n+1} := \frac{2p}{a_n + b_n}, \quad b_{n+1} := \frac{a_n + b_n}{2}$$

für $n \in \mathbb{N}$. Dann ist

$$a_{n+1} < \sqrt{a_n b_n} = \sqrt{p} < \frac{a_n + b_n}{2}$$
$$= b_{n+1},$$

und $\langle [a_n; b_n] \rangle$ ist eine ↑ Intervallschachtelung für $\sqrt{p}$ (vgl. Band I).

Herzkurve: ↑ Kardioide.
Hesse-Normalenform (hessesche Normalenform, hessesche Normalform) [nach LUDWIG OTTO HESSE; *1811, †1874]:
In der Ebene: Ist g eine ↑ Gerade in der Ebene mit dem Normaleneinheitsvektor $\vec{n}$ und dem Stützvektor $\vec{a}$, dann heißt die Geradengleichung

$$\vec{n} \cdot (\vec{x} - \vec{a}) = 0$$

die Hesse-Normalenform von g, wobei »·« das ↑ Skalarprodukt bedeutet. Die Richtung von $\vec{n}$ wird dabei so gewählt, dass $\vec{n} \cdot \vec{a} \geq 0$. Ein Punkt mit dem Ortsvektor $\vec{p}$ hat von g den Abstand

$$d = \vec{n} \cdot (\vec{p} - \vec{a}).$$

Im Raum: Ist E eine ↑ Ebene mit dem Normaleneinheitsvektor $\vec{n}$ und dem Stützvektor $\vec{a}$, dann heißt die Ebenengleichung

$$\vec{n} \cdot (\vec{x} - \vec{a}) = 0$$

die Hesse-Normalenform von E, wobei »·« das ↑ Skalarprodukt bedeutet. Die Richtung von $\vec{n}$ wird dabei so gewählt, dass $\vec{n} \cdot \vec{a} \geq 0$. Ein Punkt mit dem Ortsvektor $\vec{p}$ hat von E den Abstand

$$d = \vec{n} \cdot (\vec{p} - \vec{a}).$$

Hilbert, David, deutscher Mathematiker, * Königsberg (heute Kaliningrad) 23. 1. 1862, † Göttingen 14. 2. 1943. HILBERT kann als der bedeutendste und universellste Mathematiker der Zeit um 1900 gelten. Er studierte ab 1880 in Königsberg und promovierte 1885. Schon ein Jahr später habilitierte er sich und erhielt eine Professur in Königsberg. Von 1895 an lebte und lehrte er in Göttingen.
HILBERT war Hauptvertreter der axiomatischen Richtung der Mathematik. Nach ersten Arbeiten zur Invariantentheorie wandte er sich der Zahlentheorie zu, die er mit seinem »Bericht

über die algebraische Zahlentheorie« (1897) auf ein neues Fundament stellte. In seinem Werk »Grundlagen der Geometrie« fasst er die seit EUKLID andauernden Versuche der Axiomatisierung der Geometrie abschließend zusammen. Gleichzeitig bringt er die Axiomatik auf ihre heutige Form, in der nur Aussagen über Objekte und ihre Beziehungen gemacht werden, ohne irgendwelche Sinnbezüge herzustellen.

Auf dem 2. Internationalen Mathematikerkongress in Paris 1900 hielt HILBERT einen Vortrag über 23 ungelöste Probleme, der die Entwicklung der Mathematik der ersten Hälfte des 20. Jahrhunderts maßgeblich beeinflusste. Einige der von ihm angegebenen Probleme sind bis heute nicht gelöst.

Hilbert (Abb. 1): David Hilbert

Unter dem Eindruck der sich stürmisch entwickelnden Physik befasste sich HILBERT von 1900 bis 1920 fast ausschließlich mit Fragen der Analysis und der mathematischen Physik.

Im Zuge einer Axiomatisierung der Mathematik wollte HILBERT eine metamathematische Beweistheorie entwickeln. Dieses Programm erwies sich nach dem 1931 von KURT GÖDEL (*1906, †1978) aufgestellten Unvollständigkeitssatz jedoch als nicht durchführbar, weil man zum Beweis der Widerspruchsfreiheit einer Theorie kompliziertere Mittel braucht, als die Theorie selbst zur Verfügung stellt.

Hilbert-Raum [nach D. ↑ HILBERT]: ein ↑ Vektorraum, in dem ein ↑ Skalarprodukt definiert ist, sodass der Raum bezüglich der durch das Skalarprodukt gegebenen ↑ Metrik vollständig ist. Ein einfaches Beispiel für einen Hilbert-Raum ist der Vektorraum $\mathbb{R}^n$ mit dem Standardskalarprodukt.

Ein interessanteres Beispiel ist der Vektorraum $L^2(a,b)$ aller Funktionen auf dem Intervall $[a;b]$, für die das Integral $\int_a^b (f(x))^2 \, dx$ existiert, wobei ein Skalarprodukt durch

$$f \cdot g := \int_a^b f(x) g(x) \, dx$$

definiert ist.

hinreichende Bedingung: für eine mathematische Aussage eine Bedingung, aus der die Aussage hergeleitet werden kann. Folgt umgekehrt aus einer Aussage eine Bedingung, dann ist es eine **notwendige Bedingung**. Ist A hinreichende Bedingung für B, dann schreibt man $A \Rightarrow B$.

Histogramm: eine Form der grafischen Darstellung von Häufigkeitsverteilungen (↑ Häufigkeit) und von ↑ Wahrscheinlichkeitsverteilungen von Zufallsgrößen.

Eine Menge von Messwerten sei in Klassen $K_1, K_2, \ldots, K_n$ mit den Klassenbreiten $b_1, b_2, \ldots, b_n$ eingeteilt. Die relative Häufigkeit h_i der Klasse K_i wird dann im Histogramm durch den Flächeninhalt eines über b_i errichteten Rechtecks gegeben.

Die Rechteckshöhe $d_i = \dfrac{h_i}{b_i}$ gibt die Häufigkeitsdichte in der Klasse K_i an, also die relative Häufigkeit pro Einheit der Messwerte. Die Funktion d mit

$$d(x) = d_i \quad \text{für} \quad x \in K_i$$

heißt Häufigkeitsdichte oder Dichtefunktion der Häufigkeitsverteilung.

Hochpunkt

Ändert man den Maßstab der Klassenbreite (x-Achse), so muss man den Maßstab der Häufigkeitsdichte (d-Achse) so ändern, dass sich die Flächeninhalte der Rechtecke nicht ändern (Abb. 1).

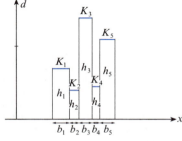

Histogramm (Abb. 1): Histogramme mit verschiedenen Maßstäben

Die Wahrscheinlichkeitsverteilung einer *stetigen* Zufallsgröße gibt man durch ihre Dichtefunktion an, deren Graph als Histogramm zu verstehen ist: Ist φ die Dichtefunktion, dann beträgt die Wahrscheinlichkeit dafür, dass der Wert der Zufallsgröße im Intervall $]a;b]$ liegt,

$$\int_a^b \varphi(x)\,dx$$

(Abb. 2). Die Wahrscheinlichkeitsfunktion ist

$$P(X \leq x) = \int_{-\infty}^{x} \varphi(t)\,dt$$

(X bezeichnet die Zufallsgröße). Offensichtlich muss gelten

$$\int_{-\infty}^{\infty} \varphi(x)\,dx = 1.$$

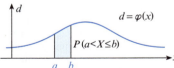

Histogramm (Abb. 2): stetige Zufallsgröße

Beim ↑ Standardisieren einer Zufallsgröße benutzt man die Eigenschaft des Histogramms, dass Wahrscheinlichkeiten durch Flächeninhalte dargestellt werden.

Hochpunkt: relativer oder absoluter Maximalpunkt eines Funktionsgraphen (↑ Extremwert).

höhere Ableitungen: (höhere Ableitungsfunktion): zu einer Funktion f die Ableitungsfunktion ihrer Ableitungsfunktion f', weiterhin deren Ableitungsfunktion usw.

Die Ableitungsfunktion der Ableitungsfunktion f' bezeichnet man mit f'' und nennt sie die **zweite Ableitungsfunktion** von f; deren Ableitungsfunktion ist die dritte Ableitungsfunktion und wird mit f''' bezeichnet usw. Allgemein definiert man die n-te Ableitungsfunktion als Ableitungsfunktion der $(n-1)$-ten Ableitungsfunktion, also

$$f^{(n)} := (f^{(n-1)})'.$$

Aus der Produktregel der Differenzialrechnung folgt

$$(fg)'' = f''g + 2f'g' + fg'',$$
$$(fg)''' = f'''g + 3f''g' + 3f'g'' + fg'''$$

und allgemein

$$(fg)^{(n)} = \sum_{i=0}^{n} \binom{n}{i} f^{(n-i)} g^{(i)}.$$

Dabei sind die Zahlen $\binom{n}{i}$ ↑ Binomialkoeffizienten.

homogen [griechisch »von gleichem Geschlecht«]: bezeichnet einen Term mit n Variablen $T(x_1, x_2, \ldots x_n)$ mit der Eigenschaft $T(rx_1, rx_2, \ldots rx_n) = r^m T(x_1, x_2, \ldots x_n)$ für alle $r \in \mathbb{R}$ mit einem geeigneten $m \in \mathbb{N}$.

homogenes lineares Gleichungssystem: ein ↑ lineares Gleichungssystem, in dem die Konstanten alle den Wert 0 haben.

Homomorphismus [zu griechisch morphé »Gestalt«]: eine ↑ verknüpfungstreue Abbildung f einer algebraischen Struktur $(A, *)$ in eine algebraische Struktur $(B, \circ)$.

Beispiel: $f: x \mapsto 2^x$ ist ein Homomorphismus von $(\mathbb{R}, +)$ in $(\mathbb{R}, \cdot)$, denn

$$f(x+y) = 2^{x+y} = 2^x \cdot 2^y = f(x) \cdot f(y).$$

Ist f ↑ surjektiv, dann heißt f ein **Epimorphismus**. Ist f ↑ bijektiv, dann heißt f ein **Isomorphismus**. Ist dabei $(A, *) = (B, \circ)$, dann heißt f ein **Automorphismus**.

Horner-Verfahren [nach WILLIAM GEORGE HORNER; *1786, †1837]: ein Schema zur Berechnung der Werte einer Polynomfunktion

$$x \mapsto p(x) = a_n x^n + a_{n-1} x^{n-1} + \ldots + a_2 x^2 + a_1 x + a_0$$

($n \in \mathbb{N}$) und ihrer Ableitungen an einer Stelle x_0. Es verringert die Zahl der dafür notwendigen Multiplikationen und erhöht die Stabilität der Lösungen auch bei schlecht konditionierten Aufgaben (↑ Konditionsproblem).

Dem Schema liegt folgende Darstellung des Polynoms zugrunde:

$$p(x) = ((\ldots((a_n x + a_{n-1})x + a_{n-2})x + \ldots + a_2)x + a_1)x + a_0.$$

Das Horner-Verfahren ist folgendermaßen aufgebaut (Abb. 1): In der ersten Zeile werden die Koeffizienten von a_n bis a_0 notiert, wobei für nicht in p vorkommende Potenzen eine Null zu schreiben ist. In der dritten Zeile steht an erster Stelle der Koeffizient a_n. Diesen multipliziert man mit a_0 und schreibt das Ergebnis rechts darüber in die zweite Zeile. Den nächsten Wert der dritten Zeile erhält man, wenn man den Wert der ersten und zweiten Zeile addiert. Danach multipliziert man wieder mit x_0 usw. Als letzten Wert in der dritten Zeile erhält man den gesuchten Wert $p(x_0)$.

Beispiel 1: Berechnung des Werts von $p(x) = 3x^5 - 2x^4 + 5$ an der Stelle $x_0 = 2$:

$p(x)$	3	−2	0	0	0	5
$x_0 = 2$		6	8	16	32	64
	3	4	8	16	32	69

Man erhält also $p(2) = 69$.

Das Horner-Verfahren kann man auch zur Berechnung der Koeffizienten des Polynoms

$$q(x) = \frac{p(x) - p(x_0)}{x - x_0} \qquad (1)$$

$p(x)$	a_n	a_{n-1}	a_{n-2}	a_{n-3}	...	a_1	a_0
x_0		$a_n x_0$	$(a_n x_0 + a_{n-1})x_0$	$(\ )x_0$	...	$(\ )x_0$	$(\ )x_0$
	a_n	$a_n x_0 + a_{n-1}$			...		$p(x_0)$

Horner-Verfahren (Abb. 1): schematische Darstellung des Rechengangs

Horner-Verfahren

benutzen. Es ist nämlich

$$q(x) = a_n \frac{x^n - x_0^n}{x - x_0} + a_{n-1} \frac{x^{n-1} - x_0^{n-1}}{x - x_0}$$
$$+ \ldots + a_2 \frac{x^2 - x_0^2}{x - x_0} + a_1 \frac{x - x_0}{x - x_0}$$
$$= b_{n-1} x^{n-1} + b_{n-2} x^{n-2} + \ldots + b_0$$

mit

$$b_i = a_n x_0^{n-1-i} + a_{n-1} x_0^{n-2-i} + \ldots + a_{i+1},$$

und die Koeffizienten b_{n-1}, $b_{n-2}, \ldots, b_1, b_0$ bilden gerade die dritte Zeile (mit Ausnahme des letzten Terms) im Horner-Schema.

Beispiel 2: Für das Polynom in Beispiel 1 erhält man

$$\frac{p(x) - p(2)}{x - 2}$$
$$= 3x^4 + 4x^3 + 8x^2 + 16x + 32.$$

Das Horner-Verfahren kann man also zur Abspaltung eines Linearfaktors eines Polynoms verwenden:

$$p(x) = q(x)(x - x_0) + p(x_0).$$

Beispiel 3: Division des Polynoms

$$p(x) = 2x^6 - 5x^4 + 3x^3 - x^2 - 12$$

durch $x + 1$ (mit Rest):

$p(x)$	2	0	−5	3	−1	0	−12
−1		−2	2	3	−6	7	−7
	2	−2	−3	6	−7	7	−19

Es ergibt sich

$$\frac{p(x)}{x+1} = 2x^5 - 2x^4 - 3x^3 + 6x^2$$
$$- 7x + 7 + \frac{-19}{x+1}.$$

Die Formel (1) lässt sich auch als ↑ Differenzenquotient auffassen. Dann folgt für die Ableitung

$$p'(x_0) = \lim_{x \to x_0} \frac{p(x) - p(x_0)}{x - x_0} = q(x_0),$$

sodass man das Horner-Verfahren auch zur Berechnung der Ableitung verwenden kann.

Möchte man nicht nur einen Linearfaktor $x - x_0$ abspalten, sondern das Polynom $p(x)$ als Polynom in $x - x_0$, also in der Form

$$p(x) = b_n (x - x_0)^n + b_{n-1} (x - x_0)^{n-1}$$
$$+ \ldots + b_1 (x - x_0) + b_0,$$

darstellen, dann wendet man das Horner-Verfahren mehrfach an (**vollständiges Horner-Verfahren**), in dem jeweils die (um die letzte Zahl verkürzte) dritte Zeile des einfachen Horner-Schemas die erste Zeile des folgenden Schemas wird. Hier lässt sich auch die n-te Ableitung $\left(\text{genauer: } \frac{p^{(n)}(x)}{n!}\right)$ ablesen. Im Folgenden ist dies an dem Polynom aus Beispiel 3 dargestellt (Tab. 1).

$p(x)$	2	0	−5	3	−1	0	−12	
−1		−2	2	3	−6	7	−7	
	2	−2	−3	6	−7	7	−19	
−1		−2	4	−1	−5	12		
	2	−4	1	5	−12	19		$= \frac{p'(-1)}{1!}$
−1		−2	6	−7	2			
	2	−6	7	−2	−10			$= \frac{p''(-1)}{2!}$
−1		−2	8	−15				
	2	−8	15	−17				$= \frac{p^{(3)}(-1)}{3!}$
−1		−2	10					
	2	−10	25					$= \frac{p^{(4)}(-1)}{4!}$
−1		−2						
	2	−12						$= \frac{p^{(5)}(-1)}{5!}$
−1								
	2							

Horner-Verfahren (Tab. 1): vollständiges Horner-Verfahren. Grau unterlegt ist der Wert von $p(-1)$, aus den blau unterlegten Feldern lässt sich die Ableitung $p^{(n)}(-1)$ ablesen.

Es ergibt sich

$$p(x) = 2(x+1)^6 - 12(x+1)^5 \\ + 25(x+1)^4 \\ - 17(x+1)^3 - 10(x+1)^2 \\ + 19(x+1) - 19$$

und

$$p'(-1) = 19,\ p''(-1) = -20,$$
$$p'''(-1) = -102,$$
$$p^{(4)}(-1) = 600,\ p^{(5)}(-1) = -1440.$$

hospitalsche Regel [opi'tal-]: ↑ L'Hospital-Regel.
Hüllkurve: ↑ Enveloppe.
Hyperbel: [griechisch-lateinisch »Darüber-hinaus-Werfen«], im geometrischen Sinne ein ↑ Kegelschnitt, im algebraischen Sinne eine ↑ Kurve zweiter Ordnung.
Hyperbelfunktion: andere Bezeichnung für eine ↑ hyperbolische Funktion.
hyperbolisch: bezeichnet eine ↑ Fläche zweiter Ordnung, die von einer Schar paralleler Ebenen in Hyperbeln geschnitten wird, z. B. hyperbolisches Paraboloid.
hyperbolische Funktionen (Hyperbelfunktionen): die folgenden mithilfe der ↑ Exponentialfunktion definierten Funktionen:
Hyperbelsinus (Sinus hyperbolicus; Abb. 1):

$$\sinh x := \frac{e^x - e^{-x}}{2};$$

Hyperbelkosinus (Cosinus hyperbolicus; Abb. 1), ↑ Kettenlinie:

$$\cosh x := \frac{e^x + e^{-x}}{2};$$

Hyperbeltangens (Tangens hyperbolicus; Abb. 2):

$$\tanh x := \frac{e^x - e^{-x}}{e^x + e^{-x}} = \frac{\sinh x}{\cosh x}.$$

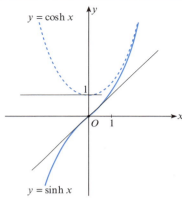

hyperbolische Funktionen (Abb. 1): Hyperbelsinus und Hyperbelkosinus

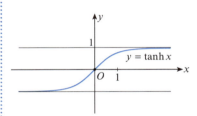

hyperbolische Funktionen (Abb. 2): Hyperbeltangens

Die Analogie zwischen den hyperbolischen Funktionen und den ↑ trigonometrischen Funktionen (Kreisfunktionen) besteht zunächst darin, dass Hyperbel und Ellipse eine ähnliche ↑ Parameterdarstellung haben: Der Ellipse $\frac{x^2}{a^2} + \frac{y^2}{b^2} = 1$ mit der Darstellung

$$x = a \cos t,\ y = b \sin t\ (t \in [0; 2\pi])$$

entspricht die Parameterdarstellung

$$x = \cosh t,\ y = b \sinh t\ (t \in \mathbb{R})$$

des rechten Astes der Hyperbel mit der Gleichung $\frac{x^2}{a^2} - \frac{y^2}{b^2} = 1$. Es gilt nämlich

$$\frac{(a\cosh x)^2}{a^2} - \frac{(b\sinh x)^2}{b^2}$$
$$= \cosh^2 x - \sinh^2 x$$
$$= \tfrac{1}{4}(e^{2x} + 2 + e^{-2x})$$
$$\quad - \tfrac{1}{4}(e^{2x} - 2 + e^{-2x}) = 1.$$

Noch deutlicher wird die Analogie zwischen den Hyperbelfunktionen und den Kreisfunktionen, wenn man ihre Bedeutung an der Einheitshyperbel $(x^2 - y^2 = 1)$ und am Einheitskreis $(x^2 + y^2 = 1)$ gegenüberstellt (Abb. 3). Der Parameter t kann jeweils als der Flächeninhalt des blau gerasterten Sektors gedeutet werden.

■ **Rechnen mit Hyperbelfunktionen**

In Analogie zu den ↑ Additionstheoremen für trigonometrische Funktionen gilt für hyperbolische Funktionen:

$$\sinh\,(x \pm y)$$
$$= \sinh x \cosh y \pm \cosh x \sinh y,$$
$$\cosh\,(x \pm y)$$
$$= \cosh x \cosh y \pm \sinh x \sinh y,$$
$$\tanh\,(x + y)$$
$$= \frac{\tanh x \pm \tanh y}{1 + \tanh x + \tanh y}.$$

Die ↑ Taylor-Reihen für sinh und cosh erhält man aus der Reihendarstellung der e-Funktion: Wegen

$$e^x = \sum_{n=0}^{\infty} \frac{x^n}{n!}$$

gilt

$$\sinh x = \sum_{n=0}^{\infty} \frac{x^{2n+1}}{(2n+1)!}$$

und

$$\cosh x = \sum_{n=0}^{\infty} \frac{x^{2n}}{(2n)!}.$$

Zum Vergleich: Die trigonometrischen Funktionen sin und cos haben die Reihendarstellungen (i ist die imaginäre Einheit)

$$\sin x = \frac{1}{i} \cdot \sum_{n=0}^{\infty} \frac{(ix)^{2n+1}}{(2n+1)!}$$

und

$$\cos x = \sum_{n=0}^{\infty} \frac{(ix)^{2n}}{(2n)!}.$$

Daraus ersieht man, dass

$$\sin x = \frac{e^{ix} - e^{-ix}}{2i}$$

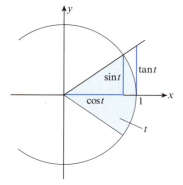
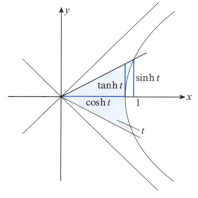

hyperbolische Funktionen (Abb. 3): Vergleich mit den Kreisfunktionen

und
$$\cos x = \frac{e^{ix}+e^{-ix}}{2},$$
wenn man für $x \in \mathbb{R}$
$$e^{ix} = \sum_{n=0}^{\infty} \frac{(ix)^n}{n!}$$
setzt.
Auch hier zeigt sich die Analogie zwischen den Hyperbelfunktionen und den Kreisfunktionen.
Die ↑ Umkehrfunktionen der hyperbolischen Funktionen heißen **Areafunktionen** (Tab. 1).

Funktion	Umkehrfunktion	Definitionsbereich der Umkehrfunktion
sinh	arsinh	$\mathbb{R}$
cosh	arcosh	$[1; \infty[$
tanh	artanh	$]-1; 1[$

hyperbolische Funktionen (Tab. 1)

hyperbolischer Zylinder: eine ↑ Fläche zweiter Ordnung.
hyperbolisches Paraboloid: eine ↑ Fläche zweiter Ordnung.
Hyperboloid: eine ↑ Fläche zweiter Ordnung.
hypergeometrische Verteilung: die ↑ Wahrscheinlichkeitsverteilung einer Zufallsgröße X mit den Werten 0, 1, ..., m und
$$P(X=k) = \frac{\binom{w}{k}\binom{n-w}{m-k}}{\binom{n}{m}}. \quad (1)$$

Eine Urne enthalte beispielsweise n Kugeln, davon seien w Kugeln weiß und $n-w$ Kugeln schwarz. Die Wahrscheinlichkeit, bei Entnahme von m Kugeln (ohne Zurücklegen) genau k weiße Kugeln zu erhalten, ist durch Formel (1) gegeben (Abb. 1).

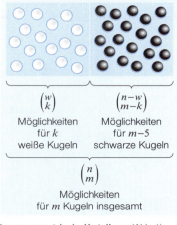

hypergeometrische Verteilung (Abb. 1): Urnenmodell mit w weißen und $n-w$ schwarzen Kugeln

Beispiel 1: Im ↑ Zahlenlotto beträgt die Wahrscheinlichkeit für »genau k Richtige« ($0 \leq k \leq 6$)
$$\frac{\binom{6}{k}\binom{43}{6-k}}{\binom{49}{6}} \quad (n=49, m=6, w=6).$$

Beispiel 2: Eine Warensendung enthält 80 gute und 20 defekte Stücke. Es werden 10 Stücke entnommen. Die Wahrscheinlichkeit, dass darunter genau k defekte Stücke sind ($k=0, 1, \ldots, 10$), ist
$$\frac{\binom{20}{k}\binom{80}{10-k}}{\binom{100}{10}} \quad (n=100, m=10, w=20).$$

Für $k=2$ ergibt sich
$$\frac{20! \cdot 80! \cdot 10! \cdot 90!}{2! \cdot 18! \cdot 8! \cdot 72! \cdot 100!} \approx 0{,}318.$$

Hypothese

Der ↑ Erwartungswert der hypergeometrischen Verteilung ist $m \cdot \frac{w}{n}$, die ↑ Varianz ist

$$m \cdot \frac{w}{n} \cdot \left(1 - \frac{w}{n}\right) \cdot \frac{n-m}{n-1}.$$

Die hypergeometrische Verteilung lässt sich für den Fall, dass m sehr viel kleiner als n ist (etwa $m:n < 1:100$), sehr gut durch die ↑ Binomialverteilung annähern:

$$\frac{\binom{w}{k}\binom{n-w}{m-k}}{\binom{n}{m}} \approx \binom{m}{k} p^k (1-p)^{m-k}$$

mit $p := \frac{w}{n}$.

Man kann dann also die Entnahme einer Stichprobe *ohne* Zurücklegen in diesem Fall ebenso behandeln wie die Entnahme einer Stichprobe *mit* Zurücklegen.

Hypothese [zu griechisch hypotithénai »(dar)unterstellen«] (statistische Hypothese): eine Annahme (Vermutung) über die unbekannte ↑ Wahrscheinlichkeit eines Ereignisses oder die (nicht vollständig bekannte) ↑ Wahrscheinlichkeitsverteilung einer Zufallsgröße. Beim ↑ Testen von Hypothesen berechnet man die Wahrscheinlichkeit, mit welcher die Hypothese aufgrund der Ergebnisse eines Zufallsexperiments irrtümlich beibehalten oder verworfen wird.

Hypothesentest: ↑ Testen von Hypothesen.

i: Symbol für die imaginäre Einheit der ↑ komplexen Zahlen.
id: Funktionszeichen für die ↑ identische Funktion.
identische Funktion (identische Abbildung): die Funktion (Abbildung), die jedes Element der Definitionsmenge auf sich selbst abbildet. Als Funktionszeichen wird id verwendet; es ist also id: $x \mapsto x$. Der Funktionsterm ist id$(x) = x$, die Funktionsgleichung $y = x$.

imaginäre Zahl [aus lateinisch imaginarius »bildhaft«]: ↑ komplexe Zahl, deren Realteil 0 ist, die also ein reelles Vielfaches der **imaginären Einheit i** ist.

Imaginärteil: imaginärer Anteil einer ↑ komplexen Zahl.

implizit [aus lateinisch implicare »umfassen«]: eingeschlossen, mitenthalten; Gegenteil von **explizit**.

implizite Funktion (implizit definierte Funktion): eine Funktion f mit der Funktionsgleichung $y = f(x)$, die als Lösung der Gleichung

$$F(x, y) = 0$$

definiert ist. Der ↑ Hauptsatz über implizite Funktionen trifft eine Aussage über die Existenz einer solchen Lösung. Im Allgemeinen ist die Relation

$$\{(x, y) \in \mathbb{R}^2 | F(x, y) = 0\}$$

keine Funktion, da zu verschiedenen Werten von y der gleiche Wert von x gehören kann. Oft lässt sich diese Relation aber in Teilmengen (Äste) zerlegen, die dann Funktionen sind. Im Folgenden wird dies an Beispielen verdeutlicht. Die Beispiele 4 bis 6 zeigen jeweils *vier* stetige Funktionen, die implizit definiert sind. Weitere Beispiele impliziter Funktionen sind die ↑ Asteroide und das ↑ kartesische Blatt.

Beispiel 1: Die Relation mit der Gleichung $x^2 + y^2 - 1 = 0$ lässt sich zerlegen in die Funktionen

$$f_1: x \mapsto \sqrt{1 - x^2},$$
$$f_2: x \mapsto -\sqrt{1 - x^2}$$

mit $D(f_1) = [-1; 1]$ und $D(f_2) =]-1; 1[$ (Abb. 1). Die Funktion f_1 ist

implizite Funktionen

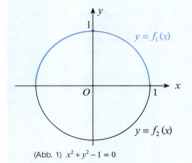

(Abb. 1) $x^2 + y^2 - 1 = 0$

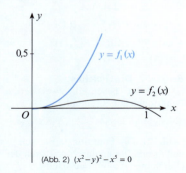

(Abb. 2) $(x^2 - y)^2 - x^5 = 0$

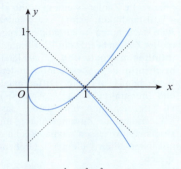

(Abb. 3) $x^3 - 2x^2 - y^2 + x = 0$

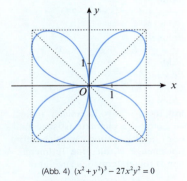

(Abb. 4) $(x^2 + y^2)^3 - 27x^2y^2 = 0$

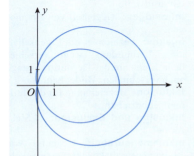

(Abb. 5) $(x^2 + y^2 - 6x)^2 - x^2 - y^2 = 0$

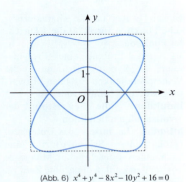

(Abb. 6) $x^4 + y^4 - 8x^2 - 10y^2 + 16 = 0$

Indikator

durch folgende drei Eigenschaften eindeutig beschrieben:

- f_1 ist auf $D(f_1) = [-1; 1]$ stetig;
- auf $D(f_1)$ gilt $x^2 + (f_1(x))^2 - 1 = 0$;
- $f_1(0) = 1$.

Beispiel 2: Die Gleichung $(x^2 - y)^2 = x^5$ beschreibt zwei stetige Funktionen auf $\mathbb{R}^+$, nämlich

$$f_1: x \mapsto x^2 + \sqrt{x^5},\ f_2: x \mapsto x^2 - \sqrt{x^5}$$

(Abb. 2). Die Funktionsterme von f_1 und f_2 erhält man durch Auflösen der Gleichung $(x^2 - y)^2 = x^5$ nach y.
Beispiel 3: $x^3 - 2x^2 - y^2 + x = 0$
(Abb. 3)
Beispiel 4: $(x^2 + y^2)^3 - 27x^2y^2 = 0$
(Abb. 4)
Beispiel 5:
$(x^2 + y^2 - 6x)^2 - x^2 - y^2 = 0$
(Abb. 5)
Beispiel 6:
$x^4 + y^4 - 8x^2 - 10y^2 + 16 = 0$
(Abb. 6).

Indikator [aus lateinisch indicare »anzeigen«], (charakteristische Funktion): eine Funktion I mit der Definitionsmenge M, die eine Teilmenge A von M folgendermaßen anzeigt:

$$I_A(x) = \begin{cases} 1, & \text{falls } x \in A \\ 0, & \text{falls } x \notin A \end{cases}$$

Beispielsweise ist die charakteristische Funktion für $\mathbb{R} \setminus \mathbb{Q}$ die ↑ Dirichlet-Funktion.
Ist A ein ↑ Ereignis eines Ereignisraums Ω (also $A \subseteq \Omega$), dann ist die Wahrscheinlichkeit $P(A)$ der ↑ Erwartungswert der Zufallsgröße I_A.

Induktion: die Beweisform der ↑ vollständigen Induktion.

Infimum [lateinisch »das Unterste«] (größte untere Schranke): für eine nach unten ↑ beschränkte Menge M von reellen Zahlen die größte Zahl s_0, für die gilt

$s_0 \leq x$ für alle $x \in M$.

Ist auch $s \leq x$ für alle $x \in M$, dann ist $s \leq s_0$.
Man bezeichnet das Infimum mit inf M. Es muss nicht zur Menge M gehören. Für eine monoton fallende und nach unten beschränkte Zahlenfolge ist das Infimum der Folgeglieder der ↑ Grenzwert der Folge.
Das Infimum einer Funktion auf der Definitionsmenge D ist das Infimum der Menge der Funktionswerte; es wird mit $\inf_D f$ bezeichnet.
Analog zum Infimum ist das ↑ Supremum (kleinste obere Schranke) definiert.

Infimumsaxiom: der folgende Satz über reelle Zahlen, wenn man ihn als ↑ Vollständigkeitsaxiom verwendet: Jede nach unten beschränkte Menge reeller Zahlen besitzt ein ↑ Infimum.

Infinitesimalrechnung [zu lateinisch infinitus »unbestimmt«]: andere Bezeichnung für die Differenzial- und Integralrechnung (↑ Analysis). Die Bezeichnung rührt daher, dass man früher im Zusammenhang mit Grenzwertprozessen vom »Rechnen mit unendlich kleinen Größen« sprach.

Informationsstelle: in einem Code (↑ Codierung) eine Information tragende Stelle, im Unterschied zur Kontrollstelle.

inhomogen: Gegenteil von ↑ homogen.

injektiv: bezeichnet die Eigenschaft einer ↑ Abbildung, wenn verschiedene Elemente der Definitionsmenge auch verschiedene Bilder haben.

Inklusion: Bezeichnung für die Teilmengenbeziehung »$\subseteq$«.

Inklusion und Exklusion: ↑ Siebformel.

inkommensurabel: Gegenteil von ↑ kommensurabel. Inkommensurable Größen haben ein ↑ irrationales Zahlenverhältnis. Die Längen der Seite und der Diagonale eines Quadrats sind inkommensurabel. Das ist gleichbedeutend damit, dass $\sqrt{2}$ irrational ist.

innerer Punkt: für eine Teilmenge M der reellen Zahlengeraden (also $M \subseteq \mathbb{R}$) ein Punkt P, der in einem offenen Intervall liegt, das ganz zu M gehört (Abb. 1).

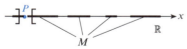

innerer Punkt (Abb. 1): innerer Punkt einer Menge von Zahlen

Allgemein heißt ein Punkt P ein innerer Punkt von $M \subseteq \mathbb{R}^i$ ($i = 1, 2, 3$), wenn es eine ↑ Umgebung von P gibt, die ganz zu M gehört (Abb. 2).

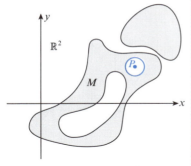

innerer Punkt (Abb. 2): innerer Punkt einer Menge von Zahlenpaaren

Die Menge der inneren Punkte von M ist eine ↑ offene Menge; sie heißt **Inneres** von M oder **offener Kern** von M und wird mit M^0 (gesprochen »M oben null«) bezeichnet. Ein Punkt aus der ↑ abgeschlossenen Hülle von M, der kein innerer Punkt von M ist, ist ein ↑ Randpunkt von M.

inneres Produkt: andere Bezeichnung für das ↑ Skalarprodukt.

Integral [zu lateinisch integrare »wiederherstellen«, »ergänzen«]: ein grundlegender Begriff der ↑ Analysis. Im Folgenden wird nur das **Riemann-Integral** behandelt, allgemeinere Integralbegriffe sind das Lebesgue-Integral und das Stieltjes-Integral.

■ Definition

Wir gehen von der Aufgabe aus, den Flächeninhalt zu berechnen, den der Graph einer Funktion f mit der x-Achse zwischen den Stellen a und b einschließt (Abb. 1).

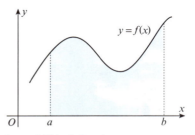

Integral (Abb. 1): Berechnung des Flächeninhalts unter einer Kurve

Zunächst betrachten wir eine Zerlegung des Intervalls $[a; b]$, also eine Menge

$$Z = \{x_0, x_1, x_2, \ldots, x_n\}$$

mit

$$a = x_0 < x_1 < x_2 < \ldots < x_n = b.$$

Ferner betrachten wir eine auf $[a; b]$ beschränkte Funktion f und definieren für $k = 1, 2, \ldots, n$

$$m_k(f) := \inf_{[x_{k-1}; x_k]} f(x),$$

$$m(f) := \inf_{[a; b]} f(x)$$

(↑ Infimum) und

$$M_k(f) := \sup_{[x_{k-1}; x_k]} f(x),$$

$$M(f) := \sup_{[a; b]} f(x)$$

Integral

(↑ Supremum). Dann heißt

$$\underline{S}_Z(f) := \sum_{k=1}^{n} m_k(f)(x_k - x_{k-1})$$

die **Untersumme** von f bezüglich Z, und

$$\overline{S}_Z(f) := \sum_{k=1}^{n} M_k(f)(x_k - x_{k-1})$$

die **Obersumme** von f bezüglich der Zerlegung Z. In Abb. 2 sind Unter- und Obersumme für eine Funktion mit positiven Werten veranschaulicht.

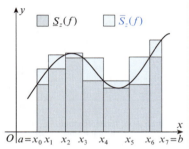

Integral (Abb. 2): Ober- und Untersumme

Bei jeder Zerlegung Z gilt für die Ober- und Untersumme

$$m(f)(b-a) \le \underline{S}_Z(f) \le \overline{S}_Z(f)$$
$$\le M(f)(b-a).$$

Daher hat die Menge der Zahlen $\underline{S}_Z(f)$, die entstehen, wenn man für Z *alle* möglichen Zerlegungen von $[a; b]$ zulässt, ein Supremum; ebenso besitzt die Menge der Zahlen $\overline{S}_Z(f)$ ein Infimum. Wir definieren

$$\underline{S}(f) := \sup_Z \underline{S}_Z(f)$$

und

$$\overline{S}(f) := \inf_Z \overline{S}_Z(f).$$

Stets gilt $\underline{S}(f) \le \overline{S}(f)$. Ist $\underline{S}(f) = \overline{S}(f)$, dann heißt f auf $[a; b]$ Riemann-integrierbar (kurz integrierbar), und der gemeinsame Wert von $\underline{S}(f)$ und $\overline{S}(f)$ heißt das Riemann-Integral (kurz Integral) von f auf $[a; b]$; man bezeichnet es mit

$$\int_a^b f(x)\,dx.$$

Ist $f(x) \ge 0$ und integrierbar auf $[a; b]$, dann gibt dieses Integral den Flächeninhalt der Punktmenge »unter der Kurve« an. Umgekehrt kann man mithilfe des Integrals eine analytische Definition des Flächeninhaltsbegriffs geben. Lässt man dabei auch Funktionen mit negativen Werten zu, so erhält man positive und negative Flächeninhalte (Abb. 3).

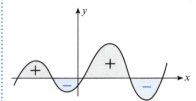

Integral (Abb. 3): Flächeninhalte mit Vorzeichen

■ Beispiele für Integrale

Beispiel 1: Auf $[0; 1]$ betrachten wir die Funktion f (Abb. 4) mit $f(0) = 0$ und

$$f(x) = \frac{1}{\left[\frac{1}{x}\right]} \quad \text{für } x \in \,]0; 1].$$

Offensichtlich ist $\underline{S}(f) = \overline{S}(f)$; es gilt

$$\int_0^1 f(x)\,dx = \sum_{i=1}^{\infty} \frac{1}{i}\left(\frac{1}{i} - \frac{1}{i+1}\right)$$
$$= \sum_{i=1}^{\infty} \frac{1}{i^2} - 1.$$

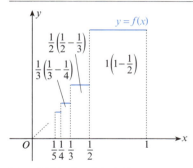

Integral (Abb. 4): zu Beispiel 1

Beispiel 2: Auf $[a; b]$ betrachten wir die Funktion f mit

$$f(x) = \begin{cases} 1, & \text{wenn } x \text{ rational ist,} \\ 0, & \text{wenn } x \text{ irrational ist.} \end{cases}$$

Da in jedem Intervall sowohl rationale als auch irrationale Zahlen liegen, ist

$$\underline{S}(f) = 0 \quad \text{und} \quad \overline{S}(f) = b - a.$$

Die Funktion f ist also auf $[a; b]$ nicht Riemann-integrierbar.

Beispiel 3: Auf $[0; 1]$ betrachten wir die Funktion f mit

$$f(x) = \begin{cases} 1, & \text{falls } x = 0, \\ 0, & \text{falls } x \text{ irrational,} \\ \dfrac{1}{q} & \text{falls } x = \dfrac{p}{q} \text{ mit } p, q \in \mathbb{N} \\ & \text{und ggT}(p, q) = 1 \end{cases}$$

(Abb. 5).
Offensichtlich ist $\underline{S}(f) = 0$, da in jedem Intervall eine irrationale Zahl liegt. Ferner gilt für jedes $n \in \mathbb{N}$ (vgl. Abb. 6)

$$\overline{S}(f) \leq \frac{3}{n} + \frac{1}{n^2}\left(\frac{1}{2} + \frac{2}{3} + \ldots + \frac{n-2}{n-1}\right)$$
$$\leq \frac{3}{n} + \frac{1}{n} = \frac{4}{n}.$$

Durch geeignete Wahl von n kann man demnach die Schranke für $\overline{S}(f)$ beliebig klein machen, also ist $\overline{S}(f) = 0$. Folglich ist f integrierbar, und es gilt

$$\int_0^1 f(x)\,dx = 0.$$

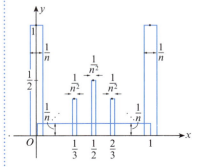

Integral (Abb. 5): zu Beispiel 3

Integral (Abb. 6): zu Beispiel 3

■ Die riemannsche Summe

In einer anderen Definition des Riemann-Integrals betrachtet man nicht die Ober- und Untersumme getrennt, sondern nur eine, die riemannsche Summe zu der Zerlegung Z des Intervalls. Konvergiert jede Folge von riemannschen Summen für jede immer feiner werdende Zerlegungsfolge, dann ist der Grenzwert das Riemann-Integral.

Integral

Man geht dabei folgendermaßen vor: Wählt man zu einer Zerlegung Z mit den $n+1$ Werten $x_0, x_1, \ldots, x_n$ ein n-Tupel von Zwischenwerten X, also

$$X = (\xi_1, \xi_2, \ldots, \xi_n)$$

mit

$$x_0 \leq \xi_1 \leq x_1 \leq \xi_2 \leq x_2 \leq \xi_3 \leq \ldots \leq x_{n-1} \leq \xi_n \leq x_n,$$

dann heißt

$$S_Z(f, X) := \sum_{k=1}^{n} f(\xi_k)(x_k - x_{k-1})$$

eine **riemannsche Summe** zur Zerlegung Z. Mit $\|Z\|$ bezeichnet man nun die Feinheit der Zerlegung Z, welche definiert ist durch

$$\|Z\| := \max_{1 \leq k \leq n} (x_k - x_{k-1}).$$

Genau dann ist f auf $[a; b]$ riemannintegrierbar, wenn für *jede* Folge von Zerlegungen $Z^{(1)}, Z^{(2)}, Z^{(3)}, \ldots$ mit

$$\lim_{i \to \infty} \|Z^{(i)}\| = 0$$

und *jede* Folge von zugehörigen Zwischenpunkt-Tupeln $X^{(1)}, X^{(2)}, X^{(3)}, \ldots$ die Folge $\langle S_{Z^{(i)}}(f, X^{(i)}) \rangle$ zum gleichen Grenzwert konvergiert. Die Zahl

$$\int_a^b f(x)\,dx := \lim_{i \to \infty} S_{Z^{(i)}}(f, X^{(i)})$$

ist dann das Riemann-Integral von f auf $[a; b]$.

Es gilt folgender wichtige Satz:
Ist f stetig auf $[a; b]$, dann ist f integrierbar auf $[a; b]$.
Die Umkehrung dieses Satzes gilt nicht, wie die Funktionen in Beispiel 1 und 3 zeigen: Sie sind zwar integrierbar, aber nicht stetig auf $[0; 1]$. Eine Funktion ist sogar dann integrierbar auf $[a; b]$, wenn die Menge ihrer Unstetigkeitsstellen vom ↑ Maß 0 ist.

Weiß man, dass eine Funktion integrierbar ist, so kann man ihr Integral mithilfe einer speziellen Folge von riemannschen Summen berechnen.
Beispiel 4: Die Funktion $f: x \mapsto \frac{1}{x}$ ist für $a > 1$ auf $[1; a]$ stetig und daher integrierbar. Es sei

$$Z^{(n)} = \{1, a^{\frac{1}{n}}, a^{\frac{2}{n}}, \ldots, a^{\frac{n}{n}}\}$$

und

$$X^{(n)} = (1, a^{\frac{1}{n}}, a^{\frac{2}{n}}, \ldots, a^{\frac{n-1}{n}}).$$

Die Folge der Zerlegungen konvergiert:

$$\lim_{n \to \infty} Z^{(n)} = \lim_{n \to \infty} a(a^{\frac{1}{n}} - 1) = 0,$$

und als riemannsche Summe ergibt sich

$$S_{Z^{(n)}}(f, X^{(n)})$$
$$= \sum_{k=1}^{n} a^{-\frac{k-1}{n}} \cdot a^{\frac{k-1}{n}} (a^{\frac{1}{n}} - 1)$$
$$= n(a^{\frac{1}{n}} - 1).$$

Wegen $\lim_{n \to \infty} n(a^{\frac{1}{n}} - 1) = \ln a$ folgt

$$\int_1^a \frac{1}{x}\,dx = \ln a.$$

■ **Unbestimmtes Integral**

Im Unterschied zur bisherigen Betrachtung, bei der wir stets von festen Integralgrenzen ausgegangen waren, sollen nun Integrale mit variabler oberer Grenze als Funktionen betrachtet werden.
Es sei I ein Intervall und f eine auf jedem Intervall $[a; b] \subseteq I$ integrierbare Funktion; ferner sei $x_0 \in I$. Die Funktion F mit $D(F) = I$ und

$$F(x) = \int_{x_0}^{x} f(t)\,dt$$

heißt Integral von f als Funktion der oberen Grenze. Die Funktion F ist stetig auf I. Ist der Integrand f stetig an einer Stelle x, so ist F dort differenzierbar, und es gilt

$$F'(x) = f(x)$$

($\uparrow$ Hauptsatz der Differenzial- und Integralrechnung). Sind f und F auf I definiert und gilt dort $F' = f$, dann ist F eine Stammfunktion von f. Sind F_1, F_2 Stammfunktionen von f, so unterscheiden sie sich nur durch eine additive Konstante:

$$F_1(x) = F_2(x) + c$$

mit $c \in \mathbb{R}$. Ist F eine Stammfunktion von f, so gilt aufgrund des Hauptsatzes der Differenzial- und Integralrechnung

$$\int_a^b f(x)\,dx = F(x)\Big|_a^b := F(b) - F(a).$$

Das Aufsuchen einer Stammfunktion ist in gewisser Weise die Umkehrung des Bestimmens der Ableitungsfunktion. Eine auf I stetige Funktion besitzt nach dem Hauptsatz immer Stammfunktionen; es ist aber oft schwer, sie elementar zu beschreiben, d.h. für den Ausdruck $\int_a^x f(t)\,dt$ eine Beschreibung durch einfache Funktionsterme zu finden ($\uparrow$ elementare Funktionen).

Besitzt f auf I eine Stammfunktion, so bezeichnen wir mit $\int f$ die Menge aller Stammfunktionen von f auf I, also

$$\int f := \{F \mid F' = f \text{ auf } I\}.$$

Man nennt $\int f$ das **unbestimmte Integral** von f und schreibt dafür auch

$$\int f(x)\,dx.$$

Die Beziehung $F \in \int f$ drückt man oft auch in der Form

$$\int f(x)\,dx = F(x) + \text{const.}$$

aus. In dieser Form geben wir einige wichtige Beispiele für unbestimmte Integrale an (Tab. 1). Der Gültigkeitsbereich ergibt sich aus den Definitionsmengen der jeweiligen Funktionen.

$$\int x^\alpha\,dx = \frac{x^{\alpha+1}}{\alpha+1} + \text{const.}$$
$$(\alpha \neq -1)$$

$$\int \frac{1}{x}\,dx = \ln x + \text{const.}$$

$$\int a^x\,dx = \frac{a^x}{\ln a} + \text{const.}$$
$$(a > 0, a \neq 1)$$

$$\int \sin x\,dx = -\cos x + \text{const.}$$

$$\int \cos x\,dx = \sin x + \text{const.}$$

$$\int \tan x\,dx = -\ln \cos x + \text{const.}$$

$$\int \frac{1}{1+x^2}\,dx = \arctan x + \text{const.}$$

$$\int \frac{1}{\sqrt{1-x^2}}\,dx = \arcsin x + \text{const.}$$

Integral (Tab. 1): Formeln wichtiger Integrale

Die Stammfunktionen von »zusammengesetzten« Funktionen (Produkte, Verkettungen usw.) kann man mithilfe von $\uparrow$ Integrationsregeln berechnen.

Kennt man einen gewissen Bereich von Funktionen (z.B. die rationalen Funktionen), so muss die Stammfunktion einer Funktion aus diesem Bereich nicht wieder zu diesem Bereich gehören. Mithilfe des Integrals kann man also neue Funktionen definieren. Man kann z.B. ausgehend von den ra-

Integralrechnung

tionalen Funktionen die Funktionen ln und arctan durch

$$\ln x := \int_1^x \frac{1}{t}\,dt$$

bzw.

$$\arctan x := \int_0^x \frac{1}{1+t^2}\,dt$$

definieren.
Existiert keine Stammfunktion von f oder gelingt es nicht, diese zu berechnen, dann benutzt man zur Bestimmung des Integrals von f Methoden der ↑ numerischen Integration.

Das Integral findet viele Anwendungen in der Mathematik und in den Naturwissenschaften. Beispielsweise berechnet man die Arbeit als das Wegintegral über die wirkende Kraft. Die ↑ Bogenlänge einer Kurve sowie Oberfläche und Volumen von ↑ Rotationskörpern lassen sich ebenfalls mithilfe des Integrals berechnen.

Bei der Definition des Riemann-Integrals haben wir vorausgesetzt, dass die Funktion f auf dem (endlichen) Intervall $[a;b]$ beschränkt ist. Beim ↑ uneigentlichen Integral kann man auf diese Voraussetzungen verzichten, d.h., man kann über Halbgeraden und sogar über ganz $\mathbb{R}$ integrieren, und man kann auch unbeschränkte Funktionen als Integranden zulassen.

Um ein Integral über eine stetige Funktion f zu berechnen, versucht man zuerst eine Stammfunktion F zu finden. Es gibt aber keinen einfachen Algorithmus zur Berechnung einer Stammfunktion – anders als bei der Ableitung, die sich immer finden lässt. Wahrscheinlich kommt daher die Mathematikerweisheit: Das Differenzieren ist ein Handwerk, das Integrieren ist eine Kunst. ∎

Integralrechnung: der Teil der Analysis, der sich mit dem Begriff und der Berechnung des ↑ Integrals und den dabei benutzten ↑ Integrationsregeln befasst.

Integrationsregeln: Für das Rechnen mit dem ↑ Integral gelten folgende Regeln:

(1) Ist f auf $[a;b]$ integrierbar und $c \in \mathbb{R}$, dann ist auch cf auf $[a;b]$ integrierbar, und es gilt

$$\int_a^b cf(x)\,dx = c\int_a^b f(x)\,dx.$$

(2) Sind f und g auf $[a;b]$ integrierbar, dann ist auch $f+g$ auf $[a;b]$ integrierbar, und es gilt

$$\int_a^b (f+g)(x)\,dx$$
$$= \int_a^b f(x)\,dx + \int_a^b g(x)\,dx.$$

(3) Sind f und g auf $[a;b]$ integrierbar und gilt dort $g(x) \leq f(x)$, dann ist

$$\int_a^b g(x)\,dx \leq \int_a^b f(x)\,dx.$$

(4) Ist f auf $[a;b]$ integrierbar, dann ist auch $|f|$ auf $[a;b]$ integrierbar, und es gilt

$$\left|\int_a^b f(x)\,dx\right| \leq \int_a^b |f(x)|\,dx.$$

(5) Sind f und g auf $[a;b]$ integrierbar, dann ist auch $f \cdot g$ auf $[a;b]$ integrierbar.

(6) **Intervalladditivität**: Ist f auf $[a;b]$ und auf $[b;c]$ integrierbar, dann ist f auch auf $[a;c]$ integrierbar, und es gilt

$$\int_a^c f(x)\,dx = \int_a^b f(x)\,dx + \int_b^c f(x)\,dx.$$

Integrationsregeln

Bisher ist das Integral $\int_a^b f(x)\,dx$ nur für $a < b$ definiert. Für $a = b$ und $b < a$ ist die Definition des Integrals wie folgt zu erweitern:

$$\int_a^a f(x)\,dx := 0,$$

$$\int_a^b f(x)\,dx := -\int_b^a f(x)\,dx.$$

Die Regeln (1), (2) gelten analog auch für bestimmte Integrale: Ist $F \in \int f$ und $G \in \int g$, so ist $F + G \in \int f + g$. Dies schreibt man in der Form

$$\int (f(x) + g(x))\,dx = \int f(x)\,dx + \int g(x)\,dx.$$

Ist $F \in \int f$ und $c \in \mathbb{R}$, dann ist $cF \in \int cf$. Dies schreibt man in der Form

$$\int cf(x)\,dx = c \int f(x)\,dx.$$

■ Partielle Integration

Es gilt die folgende **Produktregel** (Regel der partiellen Integration): Sind f und g stetig differenzierbar auf dem Intervall I, dann gilt

$$\int f(x)g'(x)\,dx = f(x)g(x) - \int f'(x)g(x)\,dx.$$

Diese Formel folgt aus der Produktregel der Differenzialrechnung (↑ Ableitungsregeln):

$$(f \cdot g)' = f' \cdot g + f \cdot g'$$
$$\Rightarrow \int (f \cdot g)' = \int f' \cdot g + \int f \cdot g'$$

Beispiel 1: Es soll

$$\int_0^1 x e^x\,dx$$

berechnet werden. Die Produktregel liefert

$$\int x e^x\,dx = x e^x - \int 1 \cdot e^x\,dx$$
$$= x e^x - e^x + \text{const.}$$

Also ist

$$\int_0^1 x e^x\,dx = x e^x - e^x \Big|_0^1 = e^0 = 1.$$

Beispiel 2: Für $\alpha \neq -1$ ist

$$\int x^\alpha \ln x\,dx$$
$$= \frac{x^{\alpha+1}}{\alpha+1} \ln x - \frac{1}{\alpha+1} \int x^{\alpha+1} \cdot \frac{1}{x}\,dx$$
$$= \frac{x^{\alpha+1}}{\alpha+1} \ln x - \frac{x^{\alpha+1}}{(\alpha+1)^2}.$$

Beispiel 3: Es soll

$$J_n := \int_0^1 \frac{dx}{(1+x^2)^n} \quad (n \in \mathbb{N})$$

berechnet werden. Wir setzen in der Formel für die partielle Integration

$$f(x) = \frac{1}{(1+x^2)^n} \quad \text{und} \quad g(x) = 1.$$

Dies liefert

$$\int \frac{dx}{(1+x^2)^n} = \frac{x}{(1+x^2)^n}$$
$$+ 2n \int \frac{x^2\,dx}{(1+x^2)^{n+1}}$$
$$= \frac{x}{(1+x^2)^n} + 2n \left(\int \frac{dx}{(1+x^2)^n} \right.$$
$$\left. - \int \frac{dx}{(1+x^2)^{n+1}} \right).$$

Integrationsregeln

Daraus erhält man

$$\int \frac{dx}{(1+x^2)^{n+1}}$$
$$= \frac{x}{2n(1+x^2)^n} + \frac{2n-1}{2n}\int \frac{dx}{(1+x^2)^n}.$$

Dies liefert für J_n die Rekursionsformel

$$J_{n+1} = \frac{1}{2n \cdot 2^n} + \frac{2n-1}{2n} \cdot J_n.$$

Zusammen mit

$$J_1 = \int_0^1 \frac{dx}{1+x^2} = \arctan x \Big|_0^1 = \frac{\pi}{4}$$

$\left(\text{wegen } \frac{1}{1+x^2} \, dx = \arctan x \right)$ kann man die Zahlen $J_1, J_2, J_3, \ldots$ der Reihe nach berechnen.

■ Integration durch Substitution

Oft kann man sich das Auffinden einer Stammfunktion erleichtern, indem man den Integranden vereinfacht: Man substituiert (ersetzt) einen kompliziert aufgebauten Integranden durch eine einfachere Funktion und spricht von Integration durch Substitution (**Substitutionsregel**).

Es sei φ eine auf dem Intervall I stetig differenzierbare Funktion, ferner f eine auf dem Intervall $\varphi(I)$ stetige Funktion. Dann gilt auf I

$$\int f(\varphi(t))\varphi'(t)\,dt$$
$$= \int f(x)\,dx\big|_{x=\varphi(t)}. \quad (1)$$

In dem rechts stehenden unbestimmten Integral ist also nach Auffinden einer Stammfunktion $F(x)$ die Variable x durch $\varphi(t)$ zu ersetzen. Ist $\varphi'(t) \neq 0$ auf I, dann erhält man die Formel

$$\int f(x)\,dx$$
$$= \int f(\varphi(t))\varphi'(t)\,dt\big|_{t=\varphi^{-1}(x)}. \quad (2)$$

Die beiden Formeln (1) und (2) folgen aus der Kettenregel der Differenzialrechnung (↑ Ableitungsregeln): Ist $F \in \int f$, so ist

$$(F(\varphi(t)))' = F'(\varphi(t))\varphi'(t)$$
$$= f(\varphi(t))\varphi'(t).$$

Formel (2) folgt aus (1), wenn φ auf I umkehrbar ist; dies wird durch die Bedingung $\varphi'(t) \neq 0$ auf I gewährleistet.

Beispiel 4: Mit $\varphi(t) = 1 - t^2$ erhält man

$$\int \frac{t}{\sqrt{1-t^2}} \, dt = -\frac{1}{2}\int \frac{-2t}{\sqrt{1-t^2}} \, dt$$
$$= -\frac{1}{2}\int \frac{dx}{\sqrt{x}} \Big|_{x=1-t^2}$$
$$= -\sqrt{x} + c \Big|_{x=1-t^2}$$
$$= -\sqrt{1-t^2} + c.$$

Beispiel 5: Man erhält mit $\varphi(t) = 1 + t^2$, also $\varphi^{-1}(x) = \sqrt{x-1}$

$$\int \frac{x}{\sqrt{x-1}} \, dx = \int \frac{1+t^2}{\sqrt{t^2}} 2t\,dt\Big|_{t=\sqrt{x-1}}$$
$$= 2\int (1+t^2)\,dt\Big|_{t=\sqrt{x-1}}$$
$$= 2t + \frac{2}{3}t^3 + c\Big|_{t=\sqrt{x-1}}$$
$$= 2\sqrt{x-1} + \frac{2}{3}(x-1)\sqrt{x-1} + c.$$

Beispiel 6: Für $f(x) = x^2$ erhält man aus (1) die Integrationsformel

$$\int \varphi(t)\varphi'(t)\,dt = \frac{1}{2}\varphi^2(t) + \text{const.}$$

Für $f(x) = \frac{1}{x}$ erhält man aus (1)

$$\int \frac{\varphi'(t)}{\varphi(t)}\,dt = \ln\varphi(t) + \text{const.}$$

Zur Integration einer rationalen Funktion stellt man sie mithilfe der ↑ Partialbruchzerlegung zunächst dar als eine Summe aus einer ganzrationalen

Funktion (Polynomfunktion) und von Funktionen mit Termen der Form

$$\frac{b}{(x+a)^n} \quad \text{und} \quad \frac{bx+c}{(x^2+1)^n}$$

(nach geeigneter Substitution). Zu diesen Funktionen findet man dann die Stammfunktionen.

Beispiel 7: Es ist

$$f(x) = \frac{x^3 - 2x^2 + 4x - 2}{x^4 - 2x^3 + 2x^2 - 2x + 1}$$

$$= \frac{1}{x-1} + \frac{1}{2} \cdot \frac{1}{(x-1)^2} - \frac{3}{2} \cdot \frac{1}{x^2+1},$$

also

$$\int f(x) \mathrm{d}x = \ln(x-1) - \frac{1}{2} \cdot \frac{1}{x-1}$$
$$- \frac{3}{2} \cdot \arctan x + \text{const.}$$

Die Substitutionsmethode ist ein sehr flexibles Verfahren zur Integralberechnung, weil man weitgehende Freiheit in der Wahl der Substitutionsfunktion φ besitzt, sie also leicht an die Besonderheiten eines Integranden anpassen kann. Das »Mitschleppen« des Differenzials $\mathrm{d}x$ im Integral erlaubt eine ganz mechanische Anwendung der Substitutionsregel: Man setze in $\int f(x) \mathrm{d}x$ einfach $x = \varphi(t)$, $\mathrm{d}x = \varphi'(t)\mathrm{d}t$ und berechne das so entstehende Integral $\int f(\varphi(t))\varphi'(t)\mathrm{d}t$. Im Ergebnis ersetze man dann t durch $\varphi^{-1}(x)$. ∎

Integritätsbereich: ein ↑ Ring $(I, +, \cdot)$ mit folgenden Eigenschaften:
(1) Es gibt ein neutrales Element bezüglich der Multiplikation; dieses bezeichnen wir mit 1 ($1 \neq 0$) und nennen es Einselement.
(2) Die Multiplikation ist kommutativ, d.h., für alle $a, b \in I$ gilt $a \cdot b = b \cdot a$.
(3) Es gilt die Kürzungsregel, d.h., aus $a \cdot c = b \cdot c$ und $c \neq 0$ folgt stets $a = b$; man sagt auch, der Ring besitzt keine Nullteiler, er ist nullteilerfrei: Aus $a \cdot b = 0$ folgt, dass a oder b gleich 0 ist.

Beispiele für Integritätsbereiche sind
- der Ring der ganzen Zahlen;
- der Ring der ganzrationalen Funktionen;
- der Ring der ↑ Restklassen mod p, falls p eine Primzahl ist.

Ein endlicher Integritätsbereich wie im letzten Beispiel ist stets schon ein ↑ Körper. Jeden Integritätsbereich kann man in einen Körper einbetten.

Interpolation [lateinisch »Umgestaltung«, »Veränderung«]: bei gegebenen Einzelwerten einer Funktion, aber unbekanntem Funktionsverlauf die Konstruktion einer (einfachen) Funktion, die an den vorgegebenen Stellen die bekannten Werte annimmt und die Berechnung von Zwischenwerten erlaubt.

Ersetzt man die Funktion f zwischen den Stellen x_1 und x_2 durch die Gerade mit der Gleichung

$$\frac{y - f(x_1)}{x - x_1} = \frac{f(x_2) - f(x_1)}{x_2 - x_1},$$

dann kann man für die Zwischenwerte (d. h. $x \in [x_1; x_2]$) einen Näherungswert für $f(x)$ ablesen:

$$f(x) \approx f(x_1)$$
$$+ \frac{f(x_2) - f(x_1)}{x_2 - x_1}(x - x_1).$$

Man spricht in diesem Fall von **linearer Interpolation**.

Die allgemeine Interpolationsaufgabe lautet: Gegeben seien $n+1$ verschiedene Punkte (x_i, y_i) ($i = 0, 1, 2, \ldots, n$). Gesucht ist ein Polynom p von möglichst kleinem Grad mit der Eigenschaft

$$p(x_i) = y_i \quad \text{für } i = 0, 1, 2, \ldots, n.$$

Intervall

Man nennt dabei
$x_0, x_1, \ldots, x_n$ **Stützstellen**,
$y_0, y_1, \ldots, y_n$ **Stützwerte**,
$(x_0, y_0), \ldots, (x_n, y_n)$ **Stützpunkte**

und p das zugehörige Interpolationspolynom. Das Interpolationspolynom ist eindeutig bestimmt, es gibt aber verschiedene Verfahren, um es zu gewinnen. Von besonderer Bedeutung ist die **newtonsche Interpolationsformel** (nach I. ↑ NEWTON):

$$p(x) = a_0 \\ + a_1(x - x_0) \\ + a_2(x - x_0)(x - x_1) \\ + \ldots \\ + a_n(x - x_0)(x - x_1)\ldots(x - x_{n-1}),$$

wobei sich die Koeffizienten $a_0, a_1, \ldots, a_n$ sukzessiv aus dem folgenden Schema berechnen lassen:

$$y_0 = a_0,$$
$$y_1 = a_0 + a_1(x_1 - x_0),$$
$$y_2 = a_0 + a_1(x_2 - x_0) \\ + a_2(x_2 - x_0)(x_2 - x_1),$$
$$\ldots\ldots\ldots\ldots$$
$$y_n = a_0 + a_1(x_n - x_0) + \ldots \\ + a_n(x_n - x_0)(x_n - x_1)\ldots \\ (x_n - x_{n-1}).$$

Beispiel 1: Wir betrachten folgendes Interpolationsproblem:

Stützstellen	−2	−1	0	1	2
Stützwerte	3	0	−2	6	1

Zunächst erhalten wir das Schema

$$3 = a_0,$$
$$0 = a_0 + a_1 \cdot 1,$$
$$-2 = a_0 + a_1 \cdot 2 + a_2 \cdot 2 \cdot 1,$$
$$6 = a_0 + a_1 \cdot 3 + a_2 \cdot 3 \cdot 2 \\ + a_3 \cdot 3 \cdot 2 \cdot 1,$$
$$1 = a_0 + a_1 \cdot 4 + a_2 \cdot 4 \cdot 3 \\ + a_3 \cdot 4 \cdot 3 \cdot 2 \\ + a_4 \cdot 4 \cdot 3 \cdot 2 \cdot 1.$$

Daraus ergibt sich der Reihe nach

$a_0 = 3, \quad a_1 = -3, \quad a_2 = \frac{1}{2},$
$a_3 = \frac{3}{2}, \quad a_4 = -\frac{4}{3}.$

Also ist

$$p(x) = 3 - 3(x+2) + \tfrac{1}{2}(x+2)(x+1) \\ + \tfrac{3}{2}(x+2)(x+1)x \\ - \tfrac{4}{3}(x+2)(x+1)x(x-1) \\ = -\tfrac{4}{3}x^4 - \tfrac{7}{6}x^3 + \tfrac{19}{3}x^2 \\ + \tfrac{25}{6}x - 2.$$

Intervall [lateinisch »Zwischenraum«]: die Menge aller reeller Zahlen, die zwischen zwei vorgegebenen Grenzen liegen. Ein abgeschlossenes Intervall ist

$$[a; b] := \{x \in \mathbb{R} \mid a \leq x \leq b\},$$

ein offenes Intervall ist

$$]a; b[:= \{x \in \mathbb{R} \mid a < x < b\}.$$

Entsprechend sind die **halboffenen Intervalle** $[a; b[$ und $]a; b]$ definiert.

Intervallschachtelung: eine Folge von abgeschlossenen Intervallen

$$[a_1; b_1], [a_2; b_2], [a_3; b_3], \ldots,$$

wenn $\langle a_n \rangle$ monoton wächst, $\langle b_n \rangle$ monoton fällt und $\langle b_n - a_n \rangle$ eine Nullfolge ist. Jede Intervallschachtelung in $\mathbb{R}$ hat einen **Kern**, d.h., zu jeder Intervallschachtelung $\langle [a_n, b_n] \rangle$ gibt es eine eindeutig bestimmte Zahl $c \in \mathbb{R}$ mit

$$a_n \leq c \leq b_n \quad \text{für alle } n \in \mathbb{N}.$$

Man definiert den Begriff der ↑ reellen Zahl u.a. mithilfe von Intervallschachtelungen. Dem entspricht, dass konkrete reelle Zahlen wie $\sqrt{2}, \pi, \ln 7, 3^{\sqrt{2}}, \ldots$ durch Intervallschachtelungen dargestellt werden können (vgl. Band I).

Intervallschachtelungsaxiom
(Cantor-Axiom, nach G. ↑ CANTOR): der folgende Satz, wenn man ihn als ↑ Vollständigkeitsaxiom zur Charakterisierung der reellen Zahlen verwendet: Jede ↑ Intervallschachtelung in ℝ besitzt in ℝ einen Kern.
In der Menge ℚ der rationalen Zahlen gilt das Intervallschachtelungsaxiom nicht. Beispielsweise ist durch

$$[a_1; b_1] := [1; 2],$$
$$[a_{n+1}; b_{n+1}] := \left[\frac{4}{a_n + b_n}; \frac{a_n + b_n}{2}\right]$$

eine Intervallschachtelung in ℚ definiert (↑ heronsches Verfahren), die keinen Kern in ℚ besitzt. Denn wegen

$$a_n^2 \leq 2 \leq b_n^2$$

müsste für einen (rationalen) Kern α die Beziehung $\alpha^2 = 2$ gelten, dies ist aber wegen der Irrationalität von $\sqrt{2}$ nicht möglich.

inverses Element: [zu lateinisch inversus »umgekehrt«], zu einem Element a einer ↑ algebraischen Struktur $(M, *)$ ein Element $b \in M$, für das gilt $a * b = e$. Dabei ist e das ↑ neutrale Element von $(M, *)$. Dann heißt a inverses Element von b und umgekehrt. Man sagt auch, a sei **invers** zu b. Ist $(M, *)$ nicht ↑ kommutativ und nicht ↑ assoziativ, dann muss man linksinverse und rechtsinverse Elemente unterscheiden.

Inzidenz: [zu lateinisch incidere »begegnen«, »befallen«], in der Geometrie eine Relation zwischen Punkten und Geraden, die beschreibt, ob ein Punkt auf einer Geraden liegt. Entsprechend ist auch die Inzidenz von Punkten und Ebenen definiert.

irrationale Zahlen: siehe S. 202.

Irrtumswahrscheinlichkeit: obere Schranke für die Wahrscheinlichkeit, mit der man beim ↑ Testen von Hypothesen eine falsche Entscheidung trifft.

ISBN: Internationale Standard-Buchnummer (↑ Codierung).

isolierter Punkt: in einer Menge M von Zahlen, Zahlenpaaren oder Zahlentripeln ein Punkt aus M, zu dem es eine ↑ Umgebung gibt, in der kein weiterer Punkt von M liegt.
Isolierter Punkt oder **Einsiedler** einer Funktion ist ein isolierter Punkt des Funktionsgraphen; er gehört zu einem isolierten Punkt der Definitionsmenge.
Beispiel: Die durch $4y^2 - x^3 + 2x^2 = 0$ definierte Kurve hat den Einsiedler $(0|0)$ (Abb. 1).

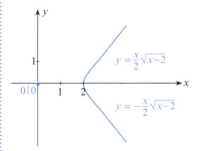

isolierter Punkt (Abb. 1): Kurve mit Einsiedler

Isomorphismus [zu griechisch ísos »gleich« und morphḗ »Gestalt«]: ein umkehrbarer (bijektiver) ↑ Homomorphismus.

isoperimetrische Ungleichung [zu griechisch isoperímetros »von gleicher Größe«]:
◆ In der *Ebene*: Von allen konvexen Figuren mit gegebenem Flächeninhalt hat der Kreis den kleinsten Umfang. Wegen

$$(2\pi r)^2 = 4\pi(\pi r^2)$$

besteht also zwischen Umfang u und Flächeninhalt F einer konvexen Figur die isoperimetrische Ungleichung

$$u^2 \geq 4\pi F.$$

irrationale Zahlen

Die Frage, was irrationale Zahlen sind, lässt sich am leichtesten durch die Feststellung beantworten, was sie nicht sind: Irrationale Zahlen heißen diejenigen reellen Zahlen, die sich nicht als Quotient zweier ganzer Zahlen darstellen lassen und somit keine rationalen Zahlen sind.

■ Rational – irrational

Besonders klar wird die Unterscheidung, wenn man die jeweiligen Dezimalbruchentwicklungen betrachtet. Rationale Zahlen besitzen entweder eine abbrechende oder eine periodische Dezimalbruchentwicklung, bei irrationalen Zahlen ist diese weder abbrechend noch periodisch, wie etwa bei der nichtperiodischen Zahl

0,12345678910111213141516…

(die Ziffern sind durch die Folge der natürlichen Zahlen gegeben).
Die rationalen Zahlen bilden bezüglich der Addition und der Multiplikation einen ↑ Körper, d. h., alle vier Grundrechenarten (außer der Division durch 0) sind stets ausführbar. Trotzdem benötigt man in der Mathematik weitere Zahlen, da Wurzeln, Logarithmen und Werte trigonometrischer Funktionen i. A. keine rationalen Zahlen sind. Daher konstruiert man die aus rationalen und irrationalen Zahlen bestehende Menge ℝ der reellen Zahlen, z. B. mithilfe von ↑ Intervallschachtelungen. Der angeordnete Körper der reellen Zahlen ist vollständig, was sich in vielen Eigenschaften dieses Körpers zeigt, die der Körper der rationalen Zahlen nicht besitzt (↑ Vollständigkeit).

Die Menge der rationalen Zahlen ist abzählbar (erstes ↑ cantorsches Diagonalverfahren), die Menge der reellen Zahlen ist überabzählbar (zweites cantorsches Diagonalverfahren). Im Sinne der Mengenlehre sind also »fast alle« reellen Zahlen irrational, die rationalen Zahlen bilden nur eine »verschwindend kleine« Teilmenge der reellen Zahlen. ■

■ Inkommensurabilität – irrationale Zahlen in der Antike

In der altgriechischen Mathematik heißen zwei Größen a und b **kommensurabel** (mit einem gemeinsamen Maß messbar), wenn sie beide ein ganzzahliges Vielfaches einer Einheitsgröße e sind. Anderenfalls heißen sie **inkommensurabel**.
Die Größen a, b seien kommensurabel und es sei b die kleinere der beiden Größen. Nimmt man so viele ganzzahlige Vielfache von b von der Größe a weg, bis der Rest a' kleiner als b ist, nimmt dann so viele ganzzahlige Vielfache von a' von b weg, bis der Rest b' kleiner als a' ist und fährt so fort, endet dieser Prozess der »Wechselwegnahme« nach endlich vielen Schritten. Bricht der Prozess jedoch nicht ab, dann sind die Größen inkommensurabel.
In der Antike wurde bewiesen, dass die Diagonalenlänge d und die Seitenlänge s eines Quadrats inkommensurabel sind: In Abb. 1 ist

$$d : s = (s - (d-s)) : (d-s),$$

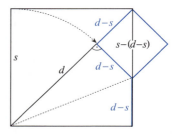

(Abb. 1) Beweis der Inkommensurabilität von Seite und Diagonale eines Quadrats

nach jedem Schritt der Wechselwegnahme liegt also wieder die alte Situation vor. In heutiger Schreibweise ist $d:s = \sqrt{2}$. Oben ist somit die Irrationalität von $\sqrt{2}$ bewiesen worden.

■ **Wurzeln und Logarithmen**

Die Irrationalität von $\sqrt{2}$ ist auch algebraisch leicht einzusehen: Wäre $\sqrt{2} = \frac{a}{b}$ mit $a,b \in \mathbb{N}$ und ggT$(a,b) = 1$, dann wäre $2b^2 = a^2$, also a gerade und a^2 durch 4 teilbar, weshalb auch b gerade wäre. Dies ist wegen ggT$(a,b) = 1$ aber nicht möglich (vgl. ausführlich Band I).

Irrationalitätsbeweise für Wurzeln und Logarithmen sind meistens Anwendungen des Satzes von der eindeutigen Primfaktorzerlegung natürlicher Zahlen: Jede natürliche Zahl a besitzt eine eindeutige kanonische Primfaktorzerlegung

$$a = p_1^{\alpha_1} \cdot p_2^{\alpha_2} \cdot p_3^{\alpha_3} \cdot \ldots,$$

wobei $p_1, p_2, p_3, \ldots$ die Folge der Primzahlen bedeutet und die Folge $\alpha_1, \alpha_2, \alpha_3, \ldots$ von Zahlen aus $\mathbb{N}_0$ ab einer gewissen Stelle nur noch aus Nullen besteht.

Satz 1: Die n-te Wurzel aus a ist genau dann rational (und dann auch ganzrational), wenn die Exponenten α_i in der Primfaktorzerlegung von a alle durch n teilbar sind:

$n \mid \alpha_i$ für $i = 1,2,3,\ldots$

Beweis: Ist $\sqrt[n]{a} = \frac{b}{c}$ mit $b,c \in \mathbb{N}$, dann gilt

$$c^n \cdot p_1^{\alpha_1} p_2^{\alpha_2} p_3^{\alpha_3} \cdot \ldots = b^n.$$

Werden die Primfaktorzerlegungen von b und c analog zu derjenigen von a mit den Exponenten β_i bzw. γ_i geschrieben, dann folgt

$$(p_1^{n\gamma_1} p_2^{n\gamma_2} p_3^{n\gamma_3} \cdot \ldots) \cdot (p_1^{\alpha_1} p_2^{\alpha_2} p_3^{\alpha_3} \cdot \ldots)$$
$$= p_1^{n\beta_1} p_2^{n\beta_2} p_3^{n\beta_3} \cdot \ldots,$$

also $n\gamma_i + \alpha_i = n\beta_i$ bzw.

$\alpha_i = n(\beta_i - \gamma_i)$ für alle $i \in \mathbb{N}$.

Damit ist die Behauptung des Satzes bewiesen: Ist $\sqrt[n]{a}$ rational, dann ist a die n-te Potenz einer ganzen Zahl, weil alle Exponenten in der Primfaktorzerlegung von a durch n teilbar sind.

Satz 2: Der Logarithmus $\log_b a$ ($a,b \in \mathbb{N}$; $a,b \geq 2$) ist nur dann rational, wenn für die Exponenten α_i und β_i in der kanonischen Primfaktorzerlegung von a bzw. b gilt: Es gibt eine Bruchzahl q, sodass für jedes $i \in \mathbb{N}$

$\alpha_i = \beta_i = 0$ oder $\alpha_i : \beta_i = q$.

Beweis: Es sei $\log_a b = \frac{r}{s}$. Dann ist

$b^{\frac{r}{s}} = a$ bzw. $b^r = a^s$.

Daraus folgt $r\beta_i = s\alpha_i$, also

$\alpha_i = \beta_i = 0$ oder $\frac{\alpha_i}{\beta_i} = \frac{r}{s}$

für alle $i \in \mathbb{N}$. Mit $q := \frac{r}{s}$ folgt die Behauptung.

■ **Irrationalität der Zahl e**

Die ↑ eulersche Zahl e ist der Grenzwert der Folge (x_n) mit $x_n = \left(1 + \frac{1}{n}\right)^n$. Wir wollen hier die Darstellung von e durch eine unendliche Reihe benutzen, nämlich

$$e = \sum_{i=0}^{\infty} \frac{1}{i!}.$$

Satz 3: Die eulersche Zahl ist irrational.
Beweis: Mit $s_n := \sum_{i=0}^{n} \frac{1}{i!}$ betrachten wir die Zahl $e - s_n$, welche positiv ist. Sie hat den Wert

$$\frac{1}{(n+1)!}\left(1 + \frac{1}{n+2} + \frac{1}{(n+2)(n+3)} + \ldots\right)$$

irrationale Zahlen

und ist kleiner als

$$\frac{1}{(n+1)!}\left(1+\frac{1}{n+1}+\frac{1}{(n+1)^2}+\ldots\right)$$
$$=\frac{1}{(n+1)!}\cdot\frac{n+1}{n}=\frac{1}{n!\,n}.$$

Es gilt also

$$0 < n!\,\mathrm{e} - n!\,s_n < \frac{1}{n}$$

für alle $n \in \mathbb{N}$. Wäre e rational, etwa $\mathrm{e}=\frac{a}{b}$ mit $a, b \in \mathbb{N}$, so wäre $b!\,\mathrm{e} - b!\,s_b$ eine *ganze* Zahl, die echt zwischen 0 und 1 liegt, was einen Widerspruch darstellt.

■ Irrationalität der Kreiszahl π

Satz 4: Die Kreiszahl π ist irrational.
Für diesen Satz gibt es zahlreiche Beweise, die meistens die Integralrechnung verwenden und recht kompliziert sind. Die Irrationalität von π folgt natürlich auch daraus, dass π transzendent ist, aber der Transzendenzbeweis von π, der auch die Unmöglichkeit der Quadratur des Kreises liefert, ist noch schwieriger.

■ Eine offene Frage

Bei vielen reellen Zahlen, die eine interessante Rolle in der Mathematik spielen, ist es bis heute nicht gelungen zu entscheiden, ob sie rational oder irrational sind. Ein Beispiel hierfür ist die **Euler-Mascheroni-Konstante** C (nach L. EULER und dem italienischen Mathematiker LORENZO MASCHERONI, *1750, †1800). Sie ist als Grenzwert der Folge (a_n) mit

$$a_n := \sum_{i=1}^{n} \frac{1}{i} - \ln n$$

definiert. In Abb. 2 entsprechen die Flächen der Rechtecke bis zum Wert n dem Betrag der Summe, die graue Fläche unter der Kurve dem Betrag von $\ln n$. Die Summe der blauen Flächen gibt somit a_n an. Für den Grenzwert dieser Summe gilt

$$C \approx 0{,}577215664901532\ldots$$

Diese Konstante spielt in der Theorie der Primzahlen eine große Rolle. ■

📖 CONWAY, JOHN H., und GUY, RICHARD K.: *Zahlenzauber. Von natürlichen, imaginären und anderen Zahlen.* Basel (Birkhäuser) 1997. ■
SCHEID, HARALD: *Grundlagen der Mathematik für Studium und Lehramt,* Band 2. Wiesbaden (AULA-Verlag) 1997.

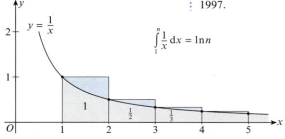

(Abb. 2)
Darstellung der Euler-Mascheroni-Konstante als Flächendifferenz

◆ *Im Raum*: Von allen konvexen Körpern mit gegebenem Rauminhalt hat die Kugel die kleinste Oberfläche. Wegen

$$(4\pi r^2)^3 = 36\pi (\tfrac{4}{3}\pi r^3)^2$$

besteht also zwischen Oberfläche O und Rauminhalt V eines konvexen Körpers die isoperimetrische Ungleichung

$$O^3 \geq 36\pi V^2.$$

Iteration [lateinisch »Wiederholung«]: jeder vollständige Durchgang in einem Rechenprozess, in dem ständig die gleichen Rechenschritte wiederholt werden. Iterative Rechnungen erlauben die schrittweise Annäherung an die Lösung einer Gleichung, indem man von einem (geschätzten) Startwert ausgeht und jedes Mal denselben Rechenvorgang auf den zuvor berechneten Wert anwendet. Solche Rechnungen lassen sich für einen Computer besonders leicht programmieren.

Im abgeschlossenen Intervall I sei eine Gleichung

$$x = \varphi(x)$$

und ein Startwert $x_0 \in I$ gegeben. Man bildet die Folge $\langle x_n \rangle$ nach der Vorschrift

$$x_1 := \varphi(x_0)$$
$$x_2 := \varphi(x_1)$$
$$x_3 := \varphi(x_2)$$
$$\vdots$$
$$x_n := \varphi(x_{n-1})$$
$$\vdots$$

Damit ist der allgemeine Fall eines Iterationsverfahrens in $\mathbb{R}$ beschrieben. Die Gleichung $x = \varphi(x)$ bezeichnet man in diesem Zusammenhang als Iterationsformel. Die Folge $\langle x_n \rangle$ kann man natürlich nur dann konstruieren, wenn die Funktion φ das Intervall in sich abbildet, wenn also gilt:

$$x \in I \;\Rightarrow\; \varphi(x) \in I.$$

Die Konvergenz der Folge $\langle x_n \rangle$ hängt sowohl von der Iterationsfunktion φ als auch vom gewählten Startwert x_0 ab.

Beispiel 1: Es soll die Gleichung $\varphi(x) = \sqrt{5+x}$ iterativ gelöst werden. Mit dem Startwert $x_0 = -2$ ergibt sich die Iterationsfolge (vgl. Abb. 1)

$x_0 = -2$
$x_1 = 1{,}73$
$x_2 = 2{,}59$
$x_3 = 2{,}76$
$x_4 = 2{,}78$

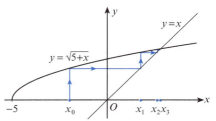

Iteration (Abb. 1): zu Beispiel 1

Beispiel 2: Mit $\varphi(x) = \cos x$ und dem Startwert $x_0 = -2$ erhält man eine Iterationsfolge, die sich durch den Streckenzug in Abb. 2 veranschaulichen lässt.

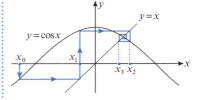

Iteration (Abb. 2): zu Beispiel 2

Beispiel 3: Mit $\varphi(x) = \tfrac{1}{2}\left(x + \tfrac{a}{x}\right)$ ergibt sich das ↑heronsche Verfahren zur Berechnung der Quadratwurzel $\sqrt{a}$.

Beispiel 4: Besonders wichtig ist das ↑ newtonsche Verfahren zur näherungsweisen Bestimmung der Nullstellen einer Funktion f. Dieses Verfahren benutzt die Iterationsfunktion

$$\varphi(x) = x - \frac{f(x)}{f'(x)}.$$

■ Konvergenz einer Iterationsfolge

Ist die Funktion φ in I stetig und besitzt die Folge $\langle x_n \rangle$ einen Grenzwert $\bar{x}$ in I, dann gilt $\bar{x} = \varphi(\bar{x})$, dann ist also $\bar{x}$ eine Lösung der Gleichung $x = \varphi(x)$. Diese Lösung $\bar{x}$ wird durch die Zahlen der Folge $\langle x_n \rangle$ schrittweise angenähert. Das Iterationsverfahren heißt daher auch Verfahren der schrittweisen Annäherung oder Verfahren der sukzessiven Approximation.

Die Iterationsfolge in Beispiel 1 konvergiert gegen die Lösung von $x = \sqrt{5+x}$, also gegen die (positive) Lösung von $x^2 - x - 5 = 0$. Sie ist

$$\bar{x} = \frac{1 + \sqrt{21}}{2} = 2{,}79128\ldots$$

Die zweite Lösung der quadratischen Gleichung

$$x = \frac{1}{2} - \frac{1}{2}\sqrt{21} = -1{,}79\ldots$$

löst die ursprüngliche Wurzelgleichung nicht.

Die Iterationsfolge in Beispiel 2 konvergiert gegen die (einzige) Lösung von $x = \cos x$. Wiederholte Anwendung der Kosinusfunktion gemäß

$$x = \cos(\cos(\cos(\ldots(\cos x))))$$

(z.B. mithilfe eines Taschenrechners) liefert nach etwa 20 Schritten den Näherungswert $0{,}739\ldots$

Das Iterationsverfahren konvergiert nur dann, wenn der Graph der Iterationsfunktion in der Umgebung der Stelle $\bar{x}$ hinreichend »flach« verläuft. In der Tat gilt folgender Satz:

Ist φ differenzierbar in einem abgeschlossenen Intervall I und gilt

$\varphi(x) \in I$ für alle $x \in I$,
$|\varphi'(x)| \leq L < 1$ für alle $x \in I$

(mit einer festen Zahl $L \geq 0$), dann konvergiert die Iterationsfolge $\langle x_n \rangle$ für jeden beliebigen Startwert $x_0 \in I$, und für den Grenzwert $\bar{x}$ gilt $\bar{x} \in I$ und $\bar{x} = \varphi(\bar{x})$.

kanonisch [lateinisch »regelmäßig«]:
- *Algebra:* Die ↑ Basis $\{\vec{e}_1, \vec{e}_2, \ldots, \vec{e}_n\}$ heißt **kanonische Basis** des ↑ Vektorraums $\mathbb{R}^n$, wenn $\vec{e}_i$ als i-te Koordinate 1 und sonst nur die Koordinaten 0 hat.
- *Zahlentheorie:* Die Zerlegung einer natürlichen Zahl in ein Produkt von Primzahlen (vgl. Band I) heißt **kanonische Primfaktorzerlegung**, wenn die Primzahlen in dem Produkt der Größe nach geordnet und gleiche Primfaktoren zu Potenzen zusammengefasst sind.

Kardioide (Herzkurve): die Kurve mit der folgenden Gleichung in Polarkoordinaten:

$$r = 2a(1 - \cos\varphi)$$

(Abb. 1). Sie ist ein spezieller Typ der ↑ pascalschen Schnecken.

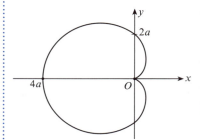

Kardioide (Abb. 1): Darstellung im kartesischen Koordinatensystem

Man kann die Kardioide definieren als die Bahnkurve, die ein fester Punkt eines Kreises vom Radius a beim Abrollen auf einem zweiten Kreis vom gleichen Radius a beschreibt (Abb. 2).

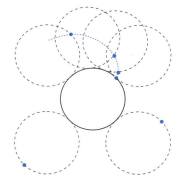

Kardioide (Abb. 2): Erzeugung durch zwei Kreise mit gleichem Radius

kartesisches Blatt (Folium cartesii) [nach R. ↑ DESCARTES]: die Kurve dritter Ordnung mit der Gleichung

$$x^3 + y^3 = 3axy$$

(Abb. 1). In ↑ Polarkoordinaten hat sie die Gleichung

$$r = \frac{3a \sin\varphi \cos\varphi}{\sin^3\varphi + \cos^3\varphi}.$$

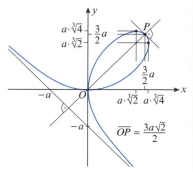

kartesisches Blatt (Abb. 1): Darstellung im kartesischen Koordinatensystem

Die Asymptote ist die Gerade durch $(-a|0)$ und $(0|a)$.

kartesisches Koordinatensystem [nach R. ↑ DESCARTES]: ein ↑ Koordinatensystem, bei dem die Achsen zueinander rechtwinklig sind, gleiche Einheiten tragen und positiv orientiert sind.

kartesisches Produkt [nach R. ↑ DESCARTES]: eine Menge von geordneten n-Tupeln, deren Koordinaten aus den Elementen der Mengen $M_1, M_2, \ldots, M_n$ gebildet werden. Diese Menge schreibt man

$$M_1 \times M_2 \times \ldots \times M_n$$

und nennt sie das kartesische Produkt der Mengen $M_1, M_2, \ldots, M_n$. Das Symbol »×« liest man »kreuz«.
Beispiel: $A = \{1, 2\}$, $B = \{3, 4\}$,
$A \times B = \{(1, 3), (1, 4), (2, 3), (2, 4)\}$.
Das n-fache kartesische Produkt einer Menge M mit sich selbst bezeichnet man mit M^n. Beispielsweise ist $\mathbb{R}^3$ die Menge aller Tripel reeller Zahlen.

Kegelschnitte: die ↑ Kurven zweiter Ordnung, die als Schnittlinien einer Ebene mit einem geraden Kreiskegel entstehen (vgl. Band I). Auch die Schnittlinien einer Ebene mit einer beliebigen ↑ Fläche zweiter Ordnung sind Kegelschnitte. Die nicht ausgearteten Kegelschnitte sind Ellipsen, Parabeln oder Hyperbeln.

Kehrfunktion: die Funktion $\dfrac{1}{f}$ zu einer gegebenen Funktion f, also die Funktion mit dem Funktionsterm $\dfrac{1}{f(x)}$. Die Kehrfunktion ist zu unterscheiden von der ↑ Umkehrfunktion f^{-1}.
Beispiel: Für $f: x \mapsto x^2$ ist jeweils auf einer geeigneten Definitionsmenge

$$\frac{1}{f}: x \mapsto \frac{1}{x^2} \text{ und } f^{-1}: x \mapsto \sqrt{x}.$$

keplersche Fassregel (Simpson-Regel) [nach JOHANNES KEPLER;

Kettenlinie

*1571, †1630; bzw. THOMAS SIMPSON; *1710, †1761]: eine Regel zur näherungsweisen Berechnung eines ↑ Integrals. Interpoliert man eine Funktion f über $[a; b]$ durch eine quadratische Funktion p (↑ Interpolation), so findet man mit $h = \frac{b-a}{2}$ und $m = \frac{a+b}{2}$

$$p(x) = f(a) + \frac{f(m) - f(a)}{h}(x-a)$$
$$+ \frac{f(b) - 2f(m) + f(a)}{2h^2}(x-a)(x-m).$$

Mit $\int_a^b f(x)\,dx \approx \int_a^b p(x)\,dx$ folgt

$$\int_a^b f(x)\,dx \approx \frac{h}{3}(f(a) + 4f(m) + f(b))$$
$$= \frac{1}{6}(b-a)\left[f(a) + 4f\left(\frac{a+b}{2}\right) + f(b)\right].$$

Wendet man diese Näherung auf die Berechnung eines Rotationsvolumens an, so ergibt sich die ursprüngliche keplersche Faßregel zur Berechnung des Volumens eines Fasses (vgl. Band I).

Kettenlinie: der Graph der Funktion

$$x \mapsto a \cosh \frac{x}{a},$$

(Abb. 1), wobei die ↑ hyperbolische Funktion cosh (Hyperbelkosinus) durch

$$\cosh x = \frac{e^x + e^{-x}}{2}$$

definiert ist. Der Name kommt daher, daß eine an zwei Punkten aufgehängte Kette eine Kurve dieser Gestalt bildet.

Die Kettenlinie hat die ↑ Parameterdarstellung

$$x = a \ln \frac{s + \sqrt{a^2 + s^2}}{a},$$
$$y = \sqrt{a^2 + s^2}$$

mit der Bogenlänge s als Parameter.

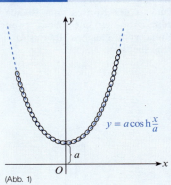
(Abb. 1)

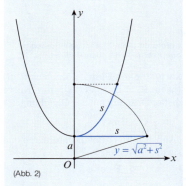
(Abb. 2)

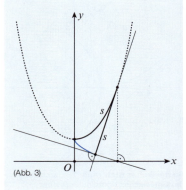
(Abb. 3)

Aufgrund der Parameterdarstellung lässt sich die Bogenlänge der Kettenlinie gemäß Abb. 2 mit Zirkel und Lineal konstruieren.
Die ↑ Evolvente der Kettenlinie ist die ↑ Schleppkurve (Abb. 3).

Die Kettenlinie ist von großer technischer Bedeutung, da diese Kurvenform z. B. bei den Trageseilen von Hängebrücken oder bei durchhängenden Hochspannungsleitungen auftritt. ∎

Kettenregel: eine ↑ Ableitungsregel zur Berechnung der Ableitung einer Funktion, die durch ↑ Verkettung zweier Funktionen definiert ist: Die Funktion $f \circ g$ mit

$$(f \circ g)(x) := f(g(x))$$

sei auf dem Intervall I definiert. Ist g differenzierbar an der Stelle $x_0 \in I$ und f differenzierbar an der Stelle $g(x_0)$, dann ist $f \circ g$ differenzierbar an der Stelle x_0, und es gilt

$$(f \circ g)'(x_0) = f'(g(x_0)) \cdot g'(x_0)$$

(»äußere Ableitung mal innere Ableitung«).
Kissoide: ↑ Zissoide.
Klasseneinteilung: eine Zerlegung einer Menge in Teilmengen mithilfe einer Äquivalenzrelation (vgl. Band I).
Klassierung: eine Einteilung von Messwerten oder Daten einer statistischen Erhebung in Klassen, die nicht notwendig gleich breit sein müssen. Eine solche Einteilung ist zweckmäßig zur Aufstellung einer Häufigkeitsverteilung (↑ Häufigkeit). Zur grafischen Darstellung benutzt man das ↑ Histogramm; bei äquidistanter Klassierung zeigen Histogramm und Stabdiagramm den gleichen Verlauf.
kochsche Kurve [nach NIELS FABIAN HELGE VON KOCH; *1870, †1924]: eine Kurve in der ↑ fraktalen Geometrie.

Kodierung: ↑ Codierung.
Koeffizientenvergleich: ein Verfahren, bei dem man aus der Gleichheit von Termen auf die Gleichheit der beteiligten Koeffizienten schließt.
Sind $\vec{a}_1, \vec{a}_2, \ldots, \vec{a}_n$ linear unabhängige Vektoren eines ↑ Vektorraums, dann folgt aus

$$r_1 \vec{a}_1 + r_2 \vec{a}_2 + \ldots + r_n \vec{a}_n$$
$$= s_1 \vec{a}_1 + s_2 \vec{a}_2 + \ldots + s_n \vec{a}_n$$

für die Koeffizienten:

$$r_1 = s_1, r_2 = s_2, \ldots, r_n = s_n.$$

Beispiel 1: Im Vektorraum der Funktionen über $\mathbb{R}$ ist

$$\{1, x, x^2, \ldots, x^n\}$$

für jedes $n \in \mathbb{N}$ eine linear unabhängige Menge. Folglich sind zwei ganzrationale Funktionen (Polynomfunktionen) genau dann gleich, wenn ihre Koeffizienten übereinstimmen.
Beispiel 2: Sollen die Gleichungen

$$ax_1 + bx_2 + cx_3 = d$$

und

$$ex_1 + fx_2 + gx_3 = h$$

mit $d \neq 0$, $h \neq 0$ die gleiche Ebene darstellen, dann müssen dies auch die Gleichungen

$$\frac{a}{d}x_1 + \frac{b}{d}x_2 + \frac{c}{d}x_3 = 1,$$
$$\frac{e}{h}x_1 + \frac{f}{h}x_2 + \frac{g}{h}x_3 = 1$$

tun. Der Koeffizientenvergleich liefert dann die Gleichungen

$$\frac{a}{d} = \frac{e}{h}, \ \frac{b}{d} = \frac{f}{h}, \ \frac{c}{d} = \frac{g}{h}.$$

Beispiel 3: Wir wollen in dem Tetraeder in Abb. 1 den Schwerpunkt mit dem Ortsvektor $\vec{s}$ berechnen. Es gilt

$$\vec{s} = \vec{a} + u\left(\tfrac{1}{3}(\vec{b} + \vec{c} + \vec{d}) - \vec{a}\right)$$

kollinear

und

$$\vec{s} = \vec{b} + v(\tfrac{1}{3}(\vec{a}+\vec{c}+\vec{d}) - \vec{b})$$

mit geeigneten reellen Zahlen u, v. Aus

$$\vec{a} + u(\tfrac{1}{3}(\vec{b}+\vec{c}+\vec{d}) - \vec{a})$$
$$= \vec{b} + v(\tfrac{1}{3}(\vec{a}+\vec{c}+\vec{d}) - \vec{b})$$

folgt

$$\left(\frac{u}{3} + v - 1\right)(\vec{b} - \vec{a})$$
$$+ \left(\frac{u}{3} - \frac{v}{3}\right)(\vec{c} - \vec{a})$$
$$+ \left(\frac{u}{3} - \frac{v}{3}\right)(\vec{d} - \vec{a}) = \vec{o}.$$

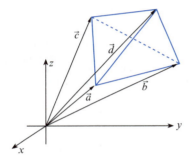

Koeffizientenvergleich (Abb. 1):
Schwerpunkt eines Tetraeders

Da die Vektoren $\vec{b} - \vec{a}, \vec{c} - \vec{a}, \vec{d} - \vec{a}$ linear unabhängig sind, ergibt sich daraus durch Koeffizientenvergleich

$$\frac{u}{3} + v - 1 = 0, \quad \frac{u}{3} - \frac{v}{3} = 0, \quad \frac{u}{3} - \frac{v}{3} = 0,$$

also $u = v = \tfrac{3}{4}$. Man erhält schließlich

$$\vec{s} = \tfrac{1}{4}(\vec{a}+\vec{b}+\vec{c}+\vec{d}).$$

kollinear: bezeichnet die Eigenschaft von Punkten, auf einer gemeinsamen Geraden zu liegen.

Kolmogorow-Axiome [nach ANDREJ NIKOLAJEWITSCH KOLMOGOROW (KOLMOGOROFF); *1903, †1987]: ein zu Beginn der 1930er-Jahre entwickeltes Axiomensystem für die ↑ Wahrscheinlichkeitsrechnung. Ausgangspunkt war die Überlegung, dass die klassische Definition der Wahrscheinlichkeit nach P. S. ↑ LAPLACE

$$\left(P(E) = \frac{\text{Zahl der günstigen Fälle}}{\text{Zahl aller möglichen Fälle}}\right)$$

nicht für alle Fragestellungen der Wahrscheinlichkeitsrechnung anwendbar ist und auch zu Widersprüchen führen kann.

Gegeben sei eine nichtleere Menge Ω der möglichen Ausfälle eines Zufallsversuchs; der Ereignisraum des Versuchs, also die Menge $\mathfrak{E}$ aller Ereignisse A, B, ..., ist eine Teilmenge der ↑ Potenzmenge $\mathfrak{P}(\Omega)$. Es sei ferner eine Funktion P gegeben, die man Wahrscheinlichkeit nennt, und die jedem $A \in \mathfrak{E}$ eine reelle Zahl zuordnet: $P: \mathfrak{E} \to \mathbb{R}$. Dann gelte für die Ereignisse

$$A \in \mathfrak{E} \Rightarrow \Omega \setminus A \in \mathfrak{E} \qquad (1)$$

$$A, B \in \mathfrak{E} \Rightarrow A \cup B \in \mathfrak{E} \qquad (2)$$

$$A, B \in \mathfrak{E} \Rightarrow A \cap B \in \mathfrak{E} \qquad (3)$$

und für die Wahrscheinlichkeiten

$$0 \le P(A) \le 1 \quad \text{für alle } A \in \mathfrak{E} \qquad (4)$$

$$P(\Omega) = 1 \qquad (5)$$

$$A \cap B = \emptyset \Rightarrow$$
$$P(A \cup B) = P(A) + P(B) \qquad (6)$$

Formel (5) besagt, dass das sichere Ereignis die Wahrscheinlichkeit 1 hat, und (6) ist der ↑ Additionssatz für disjunkte Ereignisse.

Um auch unendliche Ereignisräume abzudecken, fordert man (2), (3) und (6) auch für jede unendliche Folge von Elementen aus $\mathfrak{E}$; für $A_1, A_2, A_3, \ldots (\in \mathfrak{E})$ soll also gelten:

$$\bigcup_{i=1}^{\infty} A_i \in \mathfrak{E} \quad \text{und} \quad \bigcap_{i=1}^{\infty} A_i \in \mathfrak{E}$$

sowie
$$P\left(\bigcup_{i=1}^{\infty} A_i\right) = \sum_{i=1}^{\infty} P(A_i),$$

falls die A_i paarweise disjunkt sind.
Die Eigenschaften (1) bis (6) sind nicht unabhängig, denn (3) folgt aus (1) und (2) aufgrund der Formeln von de Morgan (vgl. Band I).

Kombination [lateinisch »Vereinigung«: veraltete Bezeichnung für eine nichtgeordnete ↑ Auswahl; im Gegensatz dazu ist eine geordnete Auswahl eine **Variation**.

Kombinatorik: der Zweig der Mathematik, der sich mit dem Zählen endlicher Mengen befasst. Hierbei werden verschiedene ↑ Auswahlen untersucht, deren Elementeanzahl u. a. mithilfe des ↑ Binomialkoeffizienten zu berechnen ist (vgl. Band I).

kommensurabel [lateinisch »vergleichbar«]: bezeichnet die Eigenschaft zweier Größen, die beide ganzzahlige Vielfache einer Grundgröße (Einheit) sind. Kommensurable Größen haben ein rationales Zahlenverhältnis. Das Gegenteil ist ↑ inkommensurabel.

kommutativ (abelsch): bezeichnet die Eigenschaft einer ↑ algebraischen Struktur $(M, *)$, wenn gilt:

$$a * b = b * a \quad \text{für alle } a, b \in M.$$

Man sagt dann, es gelte das **Kommutativgesetz**. In algebraischen Strukturen, die aus Abbildungen bezüglich der ↑ Verkettung bestehen, gilt das Kommutativgesetz i. A. nicht.

kompakt [von lateinisch compactus »gedrungen«]: bezeichnet die Eigenschaft einer Menge von Zahlen, Zahlenpaaren oder Zahlentripeln (allgemeiner: von Elementen aus einem ↑ metrischen Raum), wenn sie ↑ abgeschlossen und ↑ beschränkt ist.

komplanar [zu lateinisch complanare »einebnen«]: in einer gemeinsamen Ebene liegend; im Raum sind je drei Punkte komplanar, vier Punkte müssen aber nicht komplanar sein.

komplementär: ergänzend, z. B. ↑ Ergänzungsmenge. Das zu einem ↑ Ereignis komplementäre Ereignis ist das ↑ Gegenereignis.

Komplementärmenge: ↑ Ergänzungsmenge.

komplexe Zahlen: siehe S. 212.

Komposition [lateinisch »Zusammensetzung«, »Zusammenstellung«]: andere Bezeichnung für die ↑ Verkettung von Abbildungen, allgemeiner auch für beliebige ↑ Verknüpfungen.

Konchoide [zu lateinisch chondra »Muschel«] (Muschellinie): eine ebene Kurve, die folgendermaßen entsteht: Es seien ein Punkt S, eine Kurve k und eine Zahl $\lambda > 0$ gegeben. Auf jeder Geraden durch S, welche k schneidet, tragen wir von diesem Schnittpunkt aus nach beiden Seiten eine Strecke der Länge λ ab. Die Menge der so entstehenden Punkte bildet eine Konchoide (Abb. 1).

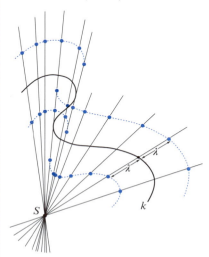

Konchoide (Abb. 1): zur Definition der Konchoide

komplexe Zahlen

Der Rechenbereich der komplexen Zahlen umfasst den Bereich der reellen Zahlen und bietet den Vorteil, dass in ihm jede algebraische Gleichung (Polynomgleichung) eine Lösung besitzt. Komplexe Zahlen haben die Form $a + \mathrm{i}b$, wobei a, b reelle Zahlen sind und i ein Symbol ist, für das $\mathrm{i}^2 = -1$ gilt. Mit den Termen $a + \mathrm{i}b$ wird unter Beachtung der Rechenregeln für reelle Zahlen gerechnet:

$$(a + \mathrm{i}b) + (c + \mathrm{i}d)$$
$$= (a + b) + \mathrm{i}(c + d),$$
$$(a + \mathrm{i}b) \cdot (c + \mathrm{i}d)$$
$$= ac + \mathrm{i}ad + \mathrm{i}bc + \mathrm{i}^2 bd$$
$$= (ac - bd) + \mathrm{i}(ad + bc).$$

Die algebraische Gleichung $x^2 + 1 = 0$ hat keine reelle Lösung, weil das Quadrat einer reellen Zahl nicht negativ sein kann. Sie hat aber die komplexen Lösungen i und $-\mathrm{i}$, denn $(\pm\mathrm{i})^2 = -1$. Mithilfe komplexer Zahlen können also Quadratwurzeln aus negativen reellen Zahlen angegeben werden: Wegen $(\mathrm{i}a)^2 = -a^2$ ist $\sqrt{-a^2} = \mathrm{i}a$, insbesondere also $\sqrt{-1} = \mathrm{i}$. Damit hat jede quadratische Gleichung eine Lösung, z. B. $x^2 - 2x + 3 = 0$ mit

$$x_{1/2} = 1 \pm \sqrt{-4} = 1 \pm 2\mathrm{i}$$

(2i und i2 sind gleichwertige Schreibweisen). Weil so etwas im Bereich der reellen (»wirklich existierenden«) Zahlen nicht möglich ist, nannte man die neu hinzugekommenen Zahlen ix **imaginär** und i heißt die **imaginäre Einheit**. In der komplexen Zahl $a + \mathrm{i}b$ ist a der **Realteil** und b der **Imaginärteil**. Die reellen Zahlen sind dann diejenigen komplexen Zahlen mit dem Imaginärteil 0.

■ Komplexe Zahlen als Paare reeller Zahlen

C. F. GAUSS fand die obige Erklärung der komplexen Zahlen mithilfe des geheimnisvollen Symbols i nicht sehr befriedigend und schlug vor, komplexe Zahlen als Paare reeller Zahlen einzuführen, mit denen nach folgender Vorschrift zu rechnen ist:

$$(a,b) + (c,d) = (a+c, b+d)$$
$$(a,b) \cdot (c,d) = (ac - bd, ad + bc)$$

Es gilt dann

$$(a,b) = (a,0) + (0,1) \cdot (b,0) \quad \text{und}$$
$$(0,1)^2 = (-1,0).$$

Ersetzt man jetzt *zur Abkürzung* $(x, 0)$ durch x und $(0, 1)$ durch i, erhält man die eingangs angegebene Rechenvorschrift. Man weiß jetzt aber wenigstens, womit man rechnet, nämlich mit Paaren reeller Zahlen.

■ Der Körper der komplexen Zahlen

Die komplexen Zahlen bilden den ↑ Körper ℂ. Sie besitzen keine Anordnung wie die reellen Zahlen, d. h., es gibt keine »Kleiner-Relation«, für die die Monotoniegesetze der Addition und Multiplikation gelten.
Die komplexen Zahlen

$$z := a + \mathrm{i}b \quad \text{und} \quad \bar{z} := a - \mathrm{i}b$$

heißen **konjugiert** zueinander. Es gilt

$$z \cdot \bar{z} = a^2 + b^2.$$

Die Zahl $|z| := \sqrt{a^2 + b^2}$ heißt der **Betrag** von z mit den Eigenschaften:

$$z \cdot \bar{z} = |z|^2$$

$$z^{-1} = \frac{\bar{z}}{|z|^2}, \quad \text{falls} \quad z \neq 0.$$

■ Die gaußsche Zahlenebene

Zahlenpaare lassen sich in einem kartesischen Koordinatensystem darstellen. Angewendet auf die komplexen Zahlen spricht man von der **gaußschen Zahlenebene** sowie der **reellen** und der **imaginären Achse** (Abb. 1).
Die Addition komplexer Zahlen geschieht dann (wie die Addition von

Verschiebungsvektoren) nach der Parallelogrammregel (Abb. 2).
Eine von 0 verschiedene komplexe Zahl z hat vom Ursprung der gaußschen Zahlenebene die Entfernung $|z|$. Jede komplexe Zahl $z = a + ib$ ist durch ihren Betrag und den Winkel zwischen der positiven reellen Achse und der Verbindungsstrecke von 0 und z bestimmt (Abb. 3). Diesen Winkel nennt man das **Argument** von z und bezeichnet es mit $\arg z$. Betrag und Argument zusammen sind die Polarkoordinaten von z.
Eine komplexe Zahl mit dem Betrag r und dem Argument α besitzt den Realteil $r\cos\alpha$ und den Imaginärteil $r\sin\alpha$, lautet also $r(\cos\alpha + i\sin\alpha)$.
Auf das Produkt zweier derart dargestellter komplexer Zahlen lassen sich die trigonometrischen Additionstheoreme anwenden:

$$r(\cos\alpha + i\sin\alpha) \cdot s(\cos\beta + i\sin\beta)$$
$$= rs[(\cos\alpha\cos\beta - \sin\alpha\sin\beta)$$
$$+ i(\cos\alpha\sin\beta + \sin\alpha\cos\beta)]$$
$$= rs[\cos(\alpha+\beta) + i\sin(\alpha+\beta)]$$

Komplexe Zahlen werden also multipliziert, indem man die Beträge multipliziert und die Argumente addiert.

■ Komplexe Zahlen als Matrizen

Eine weniger eigenartige Einführung der komplexen Zahlen als über Zahlenpaare, bei denen die Multiplikation zunächst sehr willkürlich aussah, ist folgende: Eine komplexe Zahl ist eine Matrix der Form

$$\begin{pmatrix} a & -b \\ b & a \end{pmatrix} \quad (a, b \in \mathbb{R}).$$

Addition und Multiplikation erfolgen genau wie bei Matrizen, insbesondere ist keine neue Art der Multiplikation zu erfinden. Das Produkt der Matrizen mit den Zahlen a, b bzw. c, d ergibt

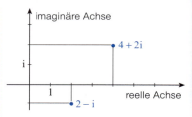

(Abb. 1) gaußsche Zahlenebene

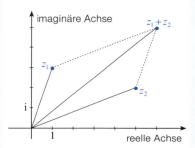

(Abb. 2) Addition komplexer Zahlen

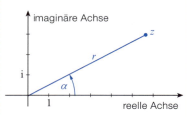

(Abb. 3) Darstellung einer komplexen Zahl in Polarkoordinaten

eine Matrix derselben Form mit den Zahlen e, f, wobei

$$e = ac - bd, \quad f = ad + bc.$$

Zu der üblichen Schreibweise kommt man zurück, wenn man

$$\begin{pmatrix} a & -b \\ b & a \end{pmatrix} = a\begin{pmatrix} 1 & 0 \\ 0 & 1 \end{pmatrix} + b\begin{pmatrix} 0 & -1 \\ 1 & 0 \end{pmatrix}$$

beachtet und $\begin{pmatrix} 1 & 0 \\ 0 & 1 \end{pmatrix}$ mit 1 sowie $\begin{pmatrix} 0 & -1 \\ 1 & 0 \end{pmatrix}$ mit i abkürzt.

■ Die Formel von de Moivre

Für jeden Winkel α und jedes $n \in \mathbb{N}$ gilt gemäß Multiplikationsregeln

$$(\cos\alpha + i\sin\alpha)^n = \cos n\alpha + i\sin n\alpha.$$

Dies ist die ↑moivresche Formel. Zerlegt man diese Gleichung in Real- und Imaginärteil, ergeben sich die Formeln für die Darstellung von $\cos n\alpha$ und $\sin n\alpha$ durch $\cos\alpha$ und $\sin\alpha$, z. B.

$$\cos 2\alpha = \cos^2\alpha - \sin^2\alpha$$
$$\sin 2\alpha = 2\cos\alpha\sin\alpha.$$

■ Einheitswurzeln

Die komplexen Zahlen

$$\varepsilon_k^{(n)} := \cos k\frac{2\pi}{n} + i\sin k\frac{2\pi}{n}$$

$(k = 0, 1, 2, \ldots, n-1)$

liegen auf dem Einheitskreis und haben die besondere Eigenschaft $(\varepsilon_k^{(n)})^n = 1$. Dabei handelt es sich um alle Lösungen der Gleichung $z^n = 1$ in $\mathbb{C}$. Man nennt die $\varepsilon_k^{(n)}$ die n-ten **Einheitswurzeln** (Abb. 4).

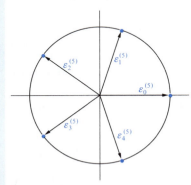

(Abb. 4) Die fünften Einheitswurzeln sind die Lösungen der Gleichung $z^5 = 1$.

■ Komplexe Funktionen

Würde man in der moivreschen Formel $\cos\alpha + i\sin\alpha$ mit $e^{i\alpha}$ abkürzen, dann hätte sie die Form $(e^{i\alpha})^n = e^{in\alpha}$ und wäre eine vertraute Regel der Potenzrechnung. Diese Ersetzung heißt **eulersche Formel** und erlaubt eine besonders einfache Polarkoordinatendarstellung einer komplexen Zahl:

$$r e^{i\alpha} = r(\cos\alpha + i\sin\alpha).$$

V. a. die Multiplikation lässt sich in dieser Darstellung leicht ausführen.

Aus der eulerschen Gleichung ergibt sich für $r = 1$ und $\alpha = \pi$ die Gleichung

$$e^{i\pi} + 1 = 0.$$

Diese Gleichung verknüpft die wichtigsten Zahlen der Mathematik, nämlich 0, 1, e, π und i. ■

Allgemein ist die **komplexe Exponentialfunktion** definiert durch

$$z \mapsto e^z \ (z \in \mathbb{C}) \text{ mit}$$
$$e^z = e^{x+iy} := e^x(\cos y + i\sin y).$$

Funktionen, deren Definitionsmengen aus komplexen Zahlen bestehen, lassen sich nicht wie im Reellen durch einen Funktionsgraph veranschaulichen. Die Analysis dieser komplexen Funktionen heißt ↑Funktionentheorie und hat sich als äußerst nützlich für die technischen und naturwissenschaftlichen Anwendungsgebiete der Mathematik erwiesen. ■

❧ CONWAY, JOHN H., und GUY, RICHARD K.: *Zahlenzauber. Von natürlichen, imaginären und anderen Zahlen.* Basel (Birkhäuser) 1997. ■
SCHEID, HARALD: *Grundlagen der Mathematik für Studium und Lehramt,* Band 2. Wiesbaden (AULA-Verlag) 1997.

In Abb. 2 ist die Konchoide dargestellt für den Fall, dass k eine Gerade ist (hier die y-Achse) und der Abstand d von S zu dieser Geraden kleiner als λ ist. Diese Kurve lässt sich durch folgende Gleichung beschreiben:

$$x^2 y^2 = (x-d)^2(\lambda^2 - x^2).$$

Ist k ein Kreis und S ein Punkt des Kreises, dann entsteht eine ↑ pascalsche Schnecke.

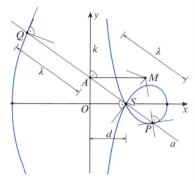

Konchoide (Abb. 2): Konchoide mit der Gleichung $x^2 y^2 = (x-d)^2(\lambda^2 - x^2)$

Konditionsproblem: Sind die Anfangsdaten einer numerischen Aufgabe (z. B. die Koeffizienten in einem Gleichungsterm) fehlerhaft gegeben, dann wird auch das Ergebnis fehlerhaft sein. Das Problem der Fortpflanzung der Datenfehler in die Lösung der Aufgabe bezeichnet man als Konditionsproblem dieser Aufgabe.

Man nennt eine Aufgabe gut konditioniert, wenn »kleine« Datenfehler auch nur zu »kleinen« Fehlern im Ergebnis führen. Lineare Gleichungssysteme sind i. A. schlecht konditioniert, d. h., »kleine« Fehler in den Koeffizienten bewirken in der Regel »große« Fehler im Ergebnis. Die Nullstellenbestimmung bei Polynomen ist meistens auch schlecht konditioniert.

Beispiel 1: Die Gleichung

$$x^2 - 4x + 4 = 0$$

hat die (doppelte) Lösung 2. Die Gleichung

$$x^2 - 4x + 3{,}9999999 = 0$$

hat die Lösungen 1,9996837 und 2,0003162. Hier ist die Änderung der Lösungen also 3162-mal so groß wie die Änderung des Koeffizienten in der Gleichung.

Beispiel 2: Das Polynom

$$(x-1)(x-2)(x-3)\ldots(x-20)$$
$$= x^{20} - 210 x^{19} + \ldots$$

hat die 20 reellen Nullstellen

1, 2, 3, ..., 20.

Ersetzt man lediglich den Koeffizienten -210 von x^{19} durch $-210 - 2^{-23}$ ($= -210{,}000000119\ldots$), dann sind 10 der 20 Nullstellen nicht mehr reell; zwei von ihnen haben sogar einen Imaginärteil, der größer als 2,8 ist (↑ komplexe Zahlen).

Konfidenzintervall: in der Wahrscheinlichkeitsrechnung das ↑ Vertrauensintervall.

Kongruenz [lateinisch »Übereinstimmung«]:

◆ *Geometrie:* Deckungsgleichheit geometrischer Figuren (vgl. Band I).

◆ *Arithmetik:* Restegleichheit bezüglich Division mit Rest. Genauer sagt man, zwei ganze Zahlen a, b seien **kongruent modulo** m, wenn ihre Differenz durch m teilbar ist. Dabei ist m eine natürliche Zahl. Man schreibt $a \equiv b \mod m$ (vgl. Band I).

Kongruenzabbildung: eine ↑ affine Abbildung, bei der alle Längen erhalten bleiben (vgl. Band I).

konjugiert [zu lateinisch coniungere »verbinden«]:

konkav

♦ Bei *Ellipsen:* Zwei Ellipsendurchmesser heißen konjugiert, wenn sie aus zwei orthogonalen Durchmessern eines Kreises entstehen, falls dieser bei einer affinen Abbildung auf die Ellipse abgebildet wird.

♦ Bei *komplexen Zahlen:* Zwei ↑ komplexe Zahlen heißen konjugiert, wenn sie sich nur im Vorzeichen des Imaginärteils unterscheiden.

konkav: nach innen gewölbt, Gegenteil von ↑ konvex.

Kontingenztafel: Verallgemeinerung einer ↑ Vierfelder-Tafel.

Kontinuum [von lateinisch continuus »zusammenhängend«]: die Menge $\mathbb{R}$ der reellen Zahlen, jedes nichtleere Intervall reeller Zahlen sowie jede geordnete Menge, die sich ↑ umkehrbar auf $\mathbb{R}$ abbilden lässt.

Kontinuumshypothese: die Vermutung von G. ↑ CANTOR, dass es keine Menge mit einer Mächtigkeit über der von $\mathbb{N}$ und unter der von $\mathbb{R}$ gibt.

konvergent [von lateinisch convergere »sich hinneigen«]: bezeichnet die Eigenschaft einer ↑ Folge von Zahlen $\langle a_n \rangle$, wenn es eine Zahl a mit folgender Eigenschaft gibt:
Zu jedem $\varepsilon > 0$ gibt es ein $N_\varepsilon \in \mathbb{N}$, sodass $|a_n - a| < \varepsilon$ für alle n mit $n > N_\varepsilon$.
Man sagt dann, $\langle a_n \rangle$ sei konvergent zum ↑ Grenzwert a und schreibt

$$\lim_{n \to \infty} a_n = a.$$

Die Konvergenz der Folge $\langle a_n \rangle$ gegen den Grenzwert a kann man etwas ungenau folgendermaßen umschreiben: Für hinreichend große Indizes n liegen die Zahlen a_n beliebig nahe bei a.
Eine ↑ Reihe ist eine spezielle Form einer Folge, sodass der Begriff der Konvergenz auch auf Reihen anwendbar ist. Eine Reihe $\left\langle \sum_{i=1}^{n} a_i \right\rangle$ heißt konvergent, wenn eine Zahl s mit folgender Eigenschaft existiert:
Zu jedem $\varepsilon > 0$ gibt es ein $N_\varepsilon \in \mathbb{N}$ derart, dass $\left| s - \sum_{i=1}^{n} a_i \right| < \varepsilon$ für alle n mit $n > N_\varepsilon$.
Man sagt dann, die Reihe sei konvergent zur *Summe s* und schreibt

$$\sum_{i=1}^{\infty} a_i = s.$$

(Dieses Symbol benutzt man häufig nicht nur für die Summe, sondern statt des korrekten Symbols $\left\langle \sum_{i=1}^{n} a_i \right\rangle$ auch zur Bezeichnung der Reihe.) Für Folgen und Reihen, deren Glieder Funktionen sind, ist über die hier definierte so genannte **punktweise Konvergenz** auch der Begriff der ↑ gleichmäßigen Konvergenz von Interesse.
Durch die ↑ Konvergenzkriterien werden Bedingungen für die Konvergenz einer Folge angegeben. Ist eine Folge oder Reihe nicht konvergent, dann heißt sie **divergent**. Beispiele für divergente Folgen sind $\langle (-1)^n \rangle$ und $\langle n^2 \rangle$.

konvergent nach Wahrscheinlichkeit: bezeichnet eine Folge $\langle X_n \rangle$ von ↑ Zufallsgrößen mit diskreter ↑ Wahrscheinlichkeitsverteilung, wenn eine Zufallsgröße X mit folgender Eigenschaft existiert: Zu jedem $\varepsilon > 0$ und jedem $\delta > 0$ existiert ein $n_0(\varepsilon, \delta) \in \mathbb{N}$, sodass

$$P(|X_n - X| > \varepsilon) < \delta$$

für alle $n \geq n_0(\varepsilon, \delta)$ gilt. Es ist also $\lim_{n \to \infty} P(|X_n - X| > \varepsilon) = 0$; man schreibt dann $X_n \xrightarrow{P} X$ (↑ Gesetz der großen Zahlen).

Konvergenzkriterien: Bedingungen für die Konvergenz einer ↑ Folge bzw. ↑ Reihe (↑ konvergent).

■ **Notwendige und hinreichende Konvergenzkriterien**

Ein Konvergenzkriterium heißt **notwendig**, wenn es von *jeder* kon-

Konvergenzkriterien

vergenten Folge bzw. Reihe erfüllt wird. Notwendig für die Konvergenz der Folge $\langle a_n \rangle$ bzw. der Reihe $\left\langle \sum_{i=1}^{n} a_i \right\rangle$ ist $\lim_{n \to \infty}(a_{n+1} - a_n) = 0$ bzw. $\lim_{n \to \infty} a_n = 0$.

Ein Konvergenzkriterium heißt **hinreichend**, wenn aus ihm die Konvergenz einer Folge bzw. Reihe hergeleitet werden kann.

Ein notwendiges und hinreichendes Konvergenzkriterium für Folgen reeller Zahlen ist das **Cauchy-Kriterium** (nach A.L. ↑Cauchy): Die Folge $\langle a_n \rangle$ ist genau dann konvergent, wenn für jedes $\varepsilon > 0$ ein $N_\varepsilon \in \mathbb{N}$ derart existiert, dass

$$|a_n - a_m| < \varepsilon \quad \text{für alle } m, n > N_\varepsilon$$

gilt. Erfüllt $\langle a_n \rangle$ das Cauchy-Kriterium, dann spricht man von einer ↑Cauchy-Folge. Für Folgen reeller Zahlen gilt also: Genau dann ist eine Folge konvergent, wenn sie eine Cauchy-Folge ist (↑Vollständigkeit).

Formuliert man das Cauchy-Kriterium für Reihen reeller Zahlen, so lautet es: Die Reihe $\left\langle \sum_{i=1}^{n} a_i \right\rangle$ ist genau dann konvergent, wenn für jedes $\varepsilon > 0$ ein $N_\varepsilon \in \mathbb{N}$ derart existiert, dass

$$\left| \sum_{i=n}^{m} a_i \right| < \varepsilon$$

für alle $m, n \in \mathbb{N}$ mit $m > n > N_\varepsilon$ gilt.

Beispiel 1: Die ↑harmonische Reihe $1 + \frac{1}{2} + \frac{1}{3} + \ldots$ ist nicht konvergent, denn für $n \in \mathbb{N}$ gilt

$$\frac{1}{n+1} + \frac{1}{n+2} + \ldots + \frac{1}{2n} > \frac{n}{2n} = \frac{1}{2}.$$

Beispiel 2: Die Folge $\langle a_n \rangle$ mit

$$a_1 := 1, \quad a_{n+1} := \frac{1}{2} a_n + \frac{1}{a_n} \quad (n \geq 1)$$

ist eine Cauchy-Folge, denn für alle $n \geq 2$ gilt

$$2 \leq a_n^2 \leq 2 + \frac{1}{2^n}$$

(Beweis mit ↑vollständiger Induktion), also $\lim_{n \to \infty} a_n^2 = 2$. Nun ist

$$|a_m - a_n| \leq 2 \cdot |a_m - a_n|$$
$$\leq (a_m + a_n)|a_m - a_n|$$
$$= |(a_m + a_n)(a_m - a_n)|$$
$$= |a_m^2 - a_n^2|.$$

Weil $\langle a_n^2 \rangle$ konvergiert, ist $\langle a_n^2 \rangle$ eine Cauchy-Folge; gemäß dieser Abschätzung ist dann auch $\langle a_n \rangle$ eine Cauchy-Folge und mithin konvergent.

Diese Beispiele zeigen, wie man mithilfe des Cauchy-Kriteriums über die Konvergenz entscheiden kann, ohne den Grenzwert zu kennen.

■ Hinreichende Konvergenzkriterien für Folgen

Bei den zwei folgenden Konvergenzkriterien handelt es sich um *hinreichende* Konvergenzkriterien für Folgen:

Einschließungskriterium: Gilt

$$a_n \leq b_n \leq c_n \quad \text{für alle } n \in \mathbb{N}$$

und

$$\lim_{n \to \infty} a_n = \lim_{n \to \infty} c_n = a,$$

dann ist auch

$$\lim_{n \to \infty} b_n = a.$$

Monotoniekriterium (Hauptsatz über monotone Folgen): Ist die Folge $\langle a_n \rangle$

- nach oben beschränkt und monoton wachsend oder
- nach unten beschränkt und monoton fallend,

dann ist sie konvergent.

Das Monotoniekriterium liefert für Reihen mit positiven Summanden die

Konvergenzkriterien

Konvergenz, sobald man die Beschränktheit nachgewiesen hat.

■ Hinreichende Konvergenzkriterien für Reihen

Durch Vergleich mit der geometrischen Reihe erhält man die folgenden hinreichenden Konvergenzkriterien für Reihen:

Quotientenkriterium: Gibt es eine Zahl q mit $0 < q < 1$ und

$$\left|\frac{a_{n+1}}{a_n}\right| \leq q \quad \text{für alle } n \in \mathbb{N},$$

dann ist die Reihe $\sum_{n=1}^{\infty} a_n$ konvergent.

Wurzelkriterium: Gibt es eine Zahl q mit $0 < q < 1$ und

$$\sqrt[n]{|a_n|} \leq q \quad \text{für alle } n \in \mathbb{N},$$

dann ist die Reihe $\sum_{n=1}^{\infty} a_n$ konvergent.

Dass das Quotienten- und das Wurzelkriterium keine notwendigen Kriterien sind, erkennt man an der Reihe

$$\sum_{n=1}^{\infty} \frac{1}{n^2}.$$

Sie ist konvergent, obwohl keine Zahl q mit den in den beiden Kriterien geforderten Eigenschaften existiert: Es ist

$$\lim_{n \to \infty} \left|\frac{a_{n+1}}{a_n}\right| = \lim_{n \to \infty} \left(\frac{n}{n+1}\right)^2 = 1$$

und

$$\lim_{n \to \infty} \sqrt[n]{|a_n|} = \lim_{n \to \infty} \left(\frac{1}{\sqrt[n]{n}}\right)^2 = 1.$$

Leibniz-Kriterium (nach G. W. ↑ LEIBNIZ): Ist $\langle a_n \rangle$ eine monotone Nullfolge mit positiven Gliedern, dann ist die alternierende Reihe

$$\sum_{n=1}^{\infty} (-1)^{n-1} a_n$$

(also $a_1 - a_2 + a_3 - a_4 + \ldots$) konvergent.

Beispiel 3: Die Reihe $\sum_{i=0}^{\infty} \frac{1}{i!}$ ist konvergent nach dem Cauchy-Kriterium:

$$\sum_{i=n+1}^{m} \frac{1}{i!} < \frac{1}{(n+1)!} \sum_{i=0}^{m-n-1} \frac{1}{(n+2)^i}$$

$$< \frac{1}{(n+1)!} \cdot \frac{1}{1 - \frac{1}{n+2}}$$

$$= \frac{n+2}{(n+1)!(n+1)},$$

und $\left\langle \frac{n+2}{(n+1)!(n+1)} \right\rangle$ ist eine Nullfolge.

Man kann auch eine Aussage über den Grenzwert dieser Reihe machen:

$$\sum_{i=0}^{\infty} \frac{1}{i!} = \lim_{n \to \infty} \left(1 + \frac{1}{n}\right)^n.$$

Dies folgt nach dem Einschließungskriterium aus

$$1 + \sum_{i=1}^{k} \frac{1}{i!} \prod_{m=0}^{i-1} \left(1 - \frac{m}{n}\right)$$

$$\leq \left(1 + \frac{1}{n}\right)^n \leq \sum_{i=0}^{k} \frac{1}{i!}$$

mit beliebigem $k \in \mathbb{N}$ (↑ eulersche Zahl).

Integralkriterium: Eine Reihe mit dem allgemeinen Glied $a_n = f(n)$ ist konvergent, wenn $f(x)$ eine monoton fallende Funktion ist und das ↑ uneigentliche Integral $\int_a^{\infty} f(x) \mathrm{d}x$ konvergiert.

Beispiel 4: Die Reihe

$$\sum_{i=1}^{\infty} \frac{1}{i^\alpha}$$

ist konvergent für $\alpha > 1$ und divergent für $\alpha \leq 1$. Wegen

$$\lim_{i \to \infty} \frac{i^\alpha}{(i+1)^\alpha} = 1 \quad \text{und} \quad \lim_{i \to \infty} \sqrt[i]{\frac{1}{i^\alpha}} = 1$$

kann man bei dieser Reihe weder das Quotientenkriterium noch das Wurzelkriterium anwenden. Es gilt aber für $\alpha > 0$

$$\frac{1}{(i+1)^\alpha} < \int_i^{i+1} \frac{1}{x^\alpha}\,dx < \frac{1}{i^\alpha}$$

(Abb. 1).

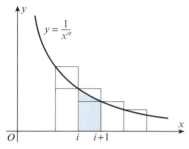

Konvergenzkriterien (Abb. 1):
Vergleich von Reihe und Integral

Für $\alpha > 1$ ist das uneigentliche Integral $\int_1^\infty \frac{1}{x^\alpha}\,dx$ konvergent, also ist auch die entsprechende Reihe konvergent. Für $\alpha \leq 1$ ist das uneigentliche Integral und damit auch die zugehörige Reihe divergent.

Konvergenzradius: eine Zahl, die den Bereich beschreibt, in dem eine ↑ Potenzreihe konvergiert. Für jede (reelle) Potenzreihe $\sum_{n=0}^\infty a_n x^n$, die nicht für *alle* $x \in \mathbb{R}$ konvergiert, gibt es eine Zahl $r \geq 0$ derart, dass die Reihe für $|x| < r$ konvergiert und für $|x| > r$ divergiert. Der Konvergenzbereich ist also das Intervall $]-r; r[$. Das Verhalten der Potenzreihe für $x = -r$ oder $x = +r$ muss gesondert untersucht werden.
Komplexe Potenzreihen (↑ komplexe Zahlen) verhalten sich analog. Hier hat der Konvergenzbereich in der gaußschen Zahlenebene die Gestalt eines Kreises mit dem Radius r.

konvex: [lateinisch »nach außen gewölbt«]:
◆ *Punktmengen:* Eine ebene oder räumliche Punktmenge heißt konvex, wenn sie zu je zwei Punkten auch deren Verbindungsstrecke enthält. Sind die Punkte X, Y, ... durch ihre Ortsvektoren $\vec{x}, \vec{y}, \ldots$ bezüglich eines Koordinatensystems beschrieben, dann kann man die Konvexität auch vektoriell beschreiben: Es sei die Menge aller Ortsvektoren einer Punktmenge M. M ist genau dann konvex, wenn gilt:

$$\vec{x}, \vec{y} \in \mathbb{R} \Rightarrow \alpha \vec{x} + \beta \vec{y} \in \mathbb{R}$$

für alle $\alpha, \beta \in \mathbb{R}$ mit $0 \leq \alpha, \beta \leq 1$ und $\alpha + \beta = 1$ (Abb. 1).

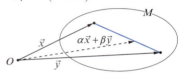

konvex (Abb. 1): zur Definition

Die **konvexe Hülle** einer Punktmenge M ist die kleinste konvexe Punktmenge, welche M umfasst. Die konvexe Hülle von $\{A, B, C\}$ ist

$\{X \mid \vec{x} = \alpha \vec{a} + \beta \vec{b} + \gamma \vec{c}$
mit $\alpha, \beta, \gamma \in [0; 1]$
und $\alpha + \beta + \gamma = 1\}$.

Dies ist eine Dreiecksfläche. Die konvexe Hülle von n Punkten $A_1, A_2, \ldots, A_n$ im Raum ist ein Polyeder, vektoriell beschrieben durch

$$\vec{x} = \sum_{i=1}^n \alpha_i \vec{a}_i$$

mit $\alpha_1, \alpha_2, \ldots, \alpha_n \in [0; 1]$ und

$$\sum_{i=1}^n \alpha_i = 1.$$

Koordinatensystem

◆ Eine *Funktion f* heißt konvex auf dem Intervall *I*, wenn

$$f\left(\frac{x_1+x_2}{2}\right) \geq \frac{f(x_1)+f(x_2)}{2}$$

für alle $x_1, x_2 \in I$. Gilt dagegen

$$f\left(\frac{x_1+x_2}{2}\right) \leq \frac{f(x_1)+f(x_2)}{2}$$

für alle $x_1, x_2 \in I$, dann heißt *f* **konkav** (lateinisch »nach innen gewölbt«) auf *I*. Die Funktion *f* heißt *streng* konvex bzw. konkav, wenn die Gleichheit jeweils ausgeschlossen ist. Beispielsweise ist die Sinusfunktion auf $[0; \pi]$ streng konvex und auf $[\pi; 2\pi]$ streng konkav (Abb. 2).

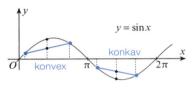

konvex (Abb. 2): konvexe und konkave Kurve

Ist *f* auf *I* zweimal differenzierbar, so ist *f* genau dann auf *I* konvex bzw. konkav, wenn

$$f''(x) \leq 0 \quad \text{bzw.} \quad f''(x) \geq 0$$

für alle $x \in I$ gilt.

Koordinatensystem: eine umkehrbar eindeutige Abbildung, die jedem Punkt in der Ebene oder im Raum (allgemein: im *n*-dimensionalen Punktraum $\mathbb{R}^n$) ein Paar bzw. Tripel (allgemein: *n*-Tupel) von Zahlen zuordnet. Diese Zahlen heißen **Koordinaten**.

Ein Koordinatensystem im Punktraum $\mathbb{R}^n$ ist z.B. durch einen Ursprung *O* und eine ↑ Basis im ↑ Vektorraum $\mathbb{R}^n$ eindeutig festgelegt; die Koordinaten eines Punktes *P* sind dann die Koeffizienten der Darstellung von $\overrightarrow{OP}$ als Linearkombination der Basisvektoren. Stehen die Basisvektoren paarweise senkrecht aufeinander und haben sie alle den Betrag 1, so liegt ein rechtwinkliges Koordinatensystem (Orthogonalsystem) vor. Bilden dessen Achsen ein Rechtssystem, spricht man von einem positiv orientierten oder **kartesischen Koordinatensystem**.

Ein **schiefwinkliges Koordinatensystem** in $\mathbb{R}^2$ wird durch zwei nicht orthogonale Basisvektoren festgelegt, z.B. durch die Basis

$$\left(\begin{pmatrix}1\\2\end{pmatrix}, \begin{pmatrix}-1\\4\end{pmatrix}\right).$$

Der Punkt *P* mit $P = (\frac{7}{2}; 4)$ bezüglich des kartesischen Koordinatensystems zur Basis $\left(\begin{pmatrix}1\\0\end{pmatrix}, \begin{pmatrix}0\\1\end{pmatrix}\right)$ hat in diesem schiefwinkligen Koordinatensystem die Darstellung $P = (3; -\frac{1}{2})$.

Für manche Anwendungen ist es vorteilhaft, krummlinige Koordinatensysteme, z.B. ↑ Polarkoordinaten, zu verwenden (vgl. Band I).

Koordinatentransformation: der Übergang von einem Koordinatensystem in der Ebene oder im Raum zu einem anderen. Der Zusammenhang zwischen den Koordinaten eines beliebigen Punktes *P* bezüglich der beiden Koordinatensysteme lässt sich durch Transformationsgleichungen oder mithilfe von ↑ Matrizen beschreiben. Die Umrechnung von kartesischen in krummlinige Koordinaten wird bei ↑ Polarkoordinaten behandelt. Wir betrachten hier nur Bewegungen des Koordinatensystems.

■ Verschiebung (Translation) eines kartesischen Koordinatensystems

Geht ein ebenes kartesisches Koordinatensystem $(O'; x'; y')$ aus einem System $(O; x; y)$ durch eine Verschiebung mit dem Verschiebungsvektor

Koordinatentransformation

$\begin{pmatrix} x_0 \\ y_0 \end{pmatrix}$ hervor, so gelten die Transformationsgleichungen

$$x' = x - x_0,$$
$$y' = y - y_0.$$

Beispiel: Die Ellipse mit der Gleichung

$$\frac{(x-x_0)^2}{a^2} + \frac{(y-y_0)^2}{b^2} = 1$$

besitzt bezüglich des um $\begin{pmatrix} x_0 \\ y_0 \end{pmatrix}$ verschobenen Koordinatensystems (Abb. 1) die Gleichung

$$\frac{x'^2}{a^2} + \frac{y'^2}{b^2} = 1.$$

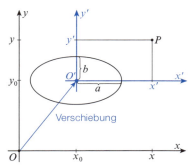

Koordinatentransformation (Abb. 1):
Verschiebung eines kartesischen Koordinatensystems

Für die Verschiebung eines räumlichen kartesischen Koordinatensystems mit dem Verschiebungsvektor $\begin{pmatrix} x_0 \\ y_0 \\ z_0 \end{pmatrix}$ gelten analoge Transformationsgleichungen:

$$x' = x - x_0,$$
$$y' = y - y_0,$$
$$z' = z - z_0.$$

■ **Drehung eines kartesischen Koordinatensystems um den Ursprung**

Geht das ebene kartesische Koordinatensystem $(O'; x'; y')$ aus $(O; x; y)$ durch eine Drehung um O um den Winkel δ hervor (Abb. 2), so gelten die Transformationsgleichungen

$$x' = x \cos\delta + y \sin\delta,$$
$$y' = -x \sin\delta + y \cos\delta$$

bzw. (aufgelöst nach x und y)

$$x = x'\cos\delta - y'\sin\delta,$$
$$y = x'\sin\delta + y'\cos\delta.$$

In Matrizenschreibweise lauten sie

$$\begin{pmatrix} x' \\ y' \end{pmatrix} = \begin{pmatrix} \cos\delta & \sin\delta \\ -\sin\delta & \cos\delta \end{pmatrix} \begin{pmatrix} x \\ y \end{pmatrix}$$

bzw.

$$\begin{pmatrix} x \\ y \end{pmatrix} = \begin{pmatrix} \cos\delta & -\sin\delta \\ \sin\delta & \cos\delta \end{pmatrix} \begin{pmatrix} x' \\ y' \end{pmatrix}.$$

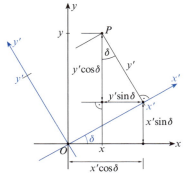

Koordinatentransformation (Abb. 2):
Drehung eines Koordinatensystems

Beispiel: Für die Hyperbel mit der Gleichung

$$2xy = 1$$

Koordinatenvektor

erhält man nach Drehung des Koordinatensystems um $\delta = 45°$ durch Einsetzen von

$$x = \tfrac{1}{2}\sqrt{2}(x' - y'),$$
$$y = \tfrac{1}{2}\sqrt{2}(x' + y')$$

die transformierte Hyperbelgleichung

$$x'^2 - y'^2 = 1.$$

Eine Drehung eines räumlichen kartesischen Koordinatensystems $(O; x; y; z)$ um O lässt sich durch Transformationsgleichungen

$$\begin{pmatrix} x \\ y \\ z \end{pmatrix} = A \begin{pmatrix} x' \\ y' \\ z' \end{pmatrix}$$

bzw.

$$\begin{pmatrix} x' \\ y' \\ z' \end{pmatrix} = A^{-1} \begin{pmatrix} x \\ y \\ z \end{pmatrix}$$

beschreiben. Dabei ist A eine ↑ orthogonale $(3, 3)$-Matrix, deren Determinante gleich 1 ist; A^{-1} ist die Inverse von A.
Die bei einer Verschiebung oder Drehung eines kartesischen Koordinatensystems definierten Abbildungen der Ebene auf sich bzw. des Raumes auf sich sind (eigentliche) ↑ Kongruenzabbildungen (vgl. Band I). Die zugehörigen Transformationsmatrizen sind ↑ orthogonal, und ihre ↑ Determinanten haben den Wert 1.
Die Spiegelungen gehören auch zu den orthogonalen Transformationen. Die Determinante der zugehörigen Transformationsmatrizen ist hierbei -1.
Zur Klassifikation von Kurven und Flächen zweiter Ordnung benutzt man ↑ Hauptachsentransformationen, die sich als Drehungen des Koordinatensystems auffassen lassen.

■ **Affine Abbildungen**

Einer ↑ affinen Abbildung der Ebene oder des Raumes auf sich entspricht eine affine Koordinatentransformation

$$\vec{x}' = A\vec{x} + \vec{b},$$

wobei A eine nichtsinguläre Matrix ist. Aus einem kartesischen Koordinatensystem wird auf diese Weise im Allgemeinen ein schiefwinkliges Koordinatensystem.
Koordinatenvektor: Es sei V ein ↑ Vektorraum der ↑ Dimension n und $B = (\vec{v}_1, \ldots, \vec{v}_n)$ eine ↑ Basis von V. Dann besitzt jeder Vektor $\vec{v} \in V$ eine Basisdarstellung

$$\vec{v} = \sum_{i=1}^{n} \alpha_i \vec{v}_i$$

mit eindeutig bestimmten Koeffizienten $\alpha_i \in \mathbb{R}$ $(i = 1, \ldots, n)$. Das n-Tupel

$$\begin{pmatrix} \alpha_1 \\ \alpha_2 \\ \vdots \\ \alpha_n \end{pmatrix} \in \mathbb{R}^n$$

heißt der Koordinatenvektor von $\vec{v}$ bezüglich der Basis B. Bezüglich einer fest gewählten Basis B von V ist

$$A: V \to \mathbb{R}^n \quad \text{mit } A: \vec{v} \mapsto \begin{pmatrix} \alpha_1 \\ \alpha_2 \\ \vdots \\ \alpha_n \end{pmatrix}$$

ein Isomorphismus (↑ lineare Abbildung) von V auf $\mathbb{R}^n$.
Die Einführung von Koordinatenvektoren ermöglicht die Beschreibung von linearen Abbildungen durch ↑ Matrizen (↑ Darstellungsmatrix).
Körper:
◆ *Geometrie:* eine Teilmenge des Raumes, der man ein von 0 verschiedenes Volumen zuordnen kann (vgl. Band I).

Körper

◆ *Algebra:* eine algebraische Struktur mit zwei Verknüpfungen $(K, +, \cdot)$ und folgenden Eigenschaften:

- $(K, +)$ ist eine kommutative Gruppe, d.h.:
  (1) $(a+b)+c = a+(b+c)$ für alle $a, b, c \in K$;
  (2) $a+b = b+a$ für alle $a, b \in K$;
  (3) es gibt ein Element $0 \in K$ derart, dass $a+0 = 0+a = a$ für alle $a \in K$;
  (4) für jedes $a \in K$ gibt es ein $\bar{a} \in K$ mit $a + \bar{a} = \bar{a} + a = 0$.

- $(K \setminus \{0\}, \cdot)$ ist eine kommutative Gruppe, d.h.:
  (5) $(a \cdot b) \cdot c = (a \cdot b) \cdot c$ für alle $a, b, c \in K \setminus \{0\}$;
  (6) $a \cdot b = b \cdot a$ für alle $a, b \in K \setminus \{0\}$;
  (7) es gibt ein Element $1 \in K \setminus \{0\}$ derart, dass $a \cdot 1 = 1 \cdot a = a$ für alle $a \in K \setminus \{0\}$;
  (8) für jedes $a \in K \setminus \{0\}$ gibt es ein $a' \in K \setminus \{0\}$ mit $a \cdot a' = a' \cdot a = 1$.

- Zwischen den beiden Verknüpfungen »+« und »·« bestehen folgende Beziehungen:
  (9) $a \cdot (b+c) = a \cdot b + a \cdot c$ für alle $a, b, c \in K$;
  (10) $(a+b) \cdot c = a \cdot c + b \cdot c$ für alle $a, b, c \in K$.

Da die rationalen Zahlen und die reellen Zahlen bezüglich der Addition und der Multiplikation einen Körper bilden, pflegt man bei den Verknüpfungen »+« und »·« auch im allgemeinen Fall von Addition und Multiplikation zu sprechen.

(1) und (5) bedeuten, dass die Verknüpfungen assoziativ sind. Es gilt das Assoziativgesetz der Addition und der Multiplikation.

(2) und (6) bedeuten, dass die Verknüpfungen kommutativ sind. Es gilt das Kommutativgesetz der Addition und der Multiplikation.

(3) und (7) sichern die Existenz eines neutralen Elements bezüglich der Addition und eines neutralen Elements bezüglich der Multiplikation.

(4) und (8) besagen, dass jedes Element aus K bezüglich der Addition und jedes Element aus $K \setminus \{0\}$ bezüglich der Multiplikation ein inverses Element besitzt.

(9) und (10) bedeuten, dass die Multiplikation distributiv bezüglich der Addition ist. Es gilt das rechts- und linksseitige Distributivgesetz.

Verzichtet man auf (6), also auf die Kommutativität der Multiplikation, dann erhält man einen **Schiefkörper**. Zuweilen nennt man einen Schiefkörper auch Körper und spricht bei einem Körper im hier definierten Sinn von einem kommutativen Körper.

Beispiele für Körper sind der Körper der rationalen Zahlen, der Körper der reellen Zahlen, der Körper der komplexen Zahlen, der Körper der rationalen Funktionen.

Bildet eine Teilmenge von K selbst wieder einen Körper bezüglich der in K definierten Verknüpfungen, so spricht man von einem **Unterkörper**. Der Körper der rationalen Zahlen ist ein Unterkörper des Körpers der reellen Zahlen. Der Körper $(K, +, \cdot)$ heißt **angeordnet**, wenn eine Relation »<« in K mit folgenden Eigenschaften definiert ist: Es sei $a, b, c \in K$.

(I) Es gilt genau eine der Beziehungen $a < b$, $a = b$, $b < a$,
(II) $a < b$ und $b < c \Rightarrow a < c$,
(III) $a < b \Rightarrow a + c < b + c$,
(IV) $a < b$ und $0 < c \Rightarrow a \cdot c < b \cdot c$.

(I) heißt **Trichotomiegesetz**. (II) heißt **Transitivgesetz**. (III) und (IV) sind die **Monotoniegesetze** der Addition bzw. der Multiplikation.

Der Körper der reellen Zahlen und der Körper der rationalen Zahlen sind angeordnet bezüglich der Relation »ist kleiner als«. Für den Körper der rationalen Funktionen kann man ebenfalls eine Anordnung definieren. Der Kör-

Korrelation

per der komplexen Zahlen kann nicht angeordnet werden.

Ein **endlicher Körper** ist der **Restklassenkörper** modulo p, wobei p eine Primzahl ist. Er besteht aus den p Restklassen mod p, die wir hier mit

$$\bar{0}, \bar{1}, \bar{2}, \ldots, \overline{p-1}$$

bezeichnen (vgl. Band I). Addition und Multiplikation geschehen »modulo p«:

$$\bar{a} + \bar{b} = \bar{r}, \quad \bar{a} \cdot \bar{b} = \bar{s},$$

wenn r bzw. s der Rest von $a+b$ bzw. $a \cdot b$ bei Division durch p ist.

Endliche Körper benötigt man bei Fragen der ↑ Codierung; beispielsweise wird beim ISBN-Code der Restklassenkörper mod 11 verwendet. Endliche Körper können nicht angeordnet werden.

Korrelation [lateinisch »Wechselbeziehung«]: die Abhängigkeit zweier Zufallsgrößen voneinander (↑ Unabhängigkeit von Zufallsgrößen). Als Maß für die Korrelation dient der **Korrelationskoeffizient**

$$\rho(X, Y) := \frac{E(XY) - E(X)E(Y)}{\sqrt{V(X)V(Y)}},$$

wobei $E(U)$ der ↑ Erwartungswert und $V(U)$ die ↑ Varianz der Zufallsgröße U ist. Dabei muss $V(X)V(Y) \neq 0$ sein, keine der beiden Zufallsgrößen X, Y darf also konstant sein. Die im Zähler stehende Zahl $E(XY) - E(X)E(Y)$ ist die ↑ Kovarianz der Zufallsgrößen X, Y. Der Korrelationskoeffizient ist unabhängig von der Einheit der Merkmale, und es gilt

$$-1 \leq \rho(X, Y) \leq 1.$$

Für $\rho(X, Y) = \pm 1$ gibt es einen direkten bzw. indirekten linearen Zusammenhang der Zufallsgrößen. Gibt es keinen Zusammenhang ($\rho(X, Y) = 0$), heißen sie **unkorreliert**; insbesondere sind unabhängige Zufallsgrößen unkorreliert. Jedoch müssen unkorrelierte Zufallsgrößen nicht unabhängig sein. In der Praxis schließt man auf einen kausalen Zusammenhang, wenn mit statistischen Methoden ein hoher Korrelationskoeffizient ermittelt worden ist (↑ Regression).

In den 1970er-Jahren stellte man bei einer Untersuchung in Südschweden eine hohe Korrelation zwischen dem Rückgang der Geburtenrate und dem Rückgang der Population an Störchen fest. Ein kausaler Zusammenhang kann aber ausgeschlossen werden. ∎

Beispiel: Anhand der Zeugnisnoten von Schülern in den Fächern Mathematik und Latein soll ermittelt werden, wie stark der Zusammenhang zwischen den Leistungen in diesen Fächern ist. Wir nehmen an, es hätten sich die Zahlen aus Abb. 1 ergeben:

M \ L	1	2	3	4	5	6	Σ
1	2	5	3	1	0	0	11
2	3	16	23	12	4	0	58
3	4	19	36	30	17	2	108
4	0	3	28	48	35	13	127
5	0	0	7	32	32	10	81
6	0	0	0	4	11	7	22
Σ	9	43	97	127	99	32	407

Korrelation (Abb. 1): Beispiel zur Korrelation zwischen den Noten in Mathematik (M) und Latein (L). Unterlegt sind als Beispiel die Felder, für die $L \cdot M$ den Wert 6 (grau) bzw. 12 (blau) annimmt.

Aus dieser Tafel kann man z. B. ablesen, dass genau 17 der 407 Schüler in Latein eine 3 und in Mathematik eine

5 haben, oder dass insgesamt 108 Schüler in Latein die Note 3 haben usw. Zur Berechnung von $\rho(L,M)$ benötigen wir die Erwartungswerte $E(L), E(M), E(LM)$ und die Varianzen $V(L), V(M)$.

$$E(L) = \tfrac{1}{407}(11 \cdot 1 + 58 \cdot 2 + 108 \cdot 3 \\ + 127 \cdot 4 + 81 \cdot 5 + 22 \cdot 6) \\ = 3{,}68 \text{ (Latein – Durchschnitt);}$$

$$E(M) = \tfrac{1}{407}(9 \cdot 1 + 43 \cdot 2 + 97 \cdot 3 \\ + 127 \cdot 4 + 99 \cdot 5 + 32 \cdot 6) \\ = 3{,}88 \text{ (Mathematik – Durchschnitt);}$$

$$E(LM) = \tfrac{1}{407}(2 \cdot 1 + 8 \cdot 2 + 7 \cdot 3 + 17 \cdot 4 \\ + 42 \cdot 6 + 15 \cdot 8 + 36 \cdot 9 + 4 \cdot 10 \\ + 58 \cdot 12 + 24 \cdot 15 + 48 \cdot 16 \\ + 2 \cdot 18 + 67 \cdot 20 + 17 \cdot 24 \\ + 32 \cdot 25 + 21 \cdot 30 + 7 \cdot 36) \\ = 15{,}07;$$

$$V(L) = \tfrac{1}{407}(11 \cdot (2{,}68)^2 + 58 \cdot (1{,}68)^2 \\ + 108 \cdot (0{,}68)^2 + 127 \cdot (0{,}32)^2 \\ + 81 \cdot (1{,}32)^2 + 22 \cdot (2{,}32)^2) \\ = 1{,}39;$$

$$V(M) = \tfrac{1}{407}(9 \cdot (2{,}88)^2 + 43 \cdot (1{,}88)^2 \\ + 97 \cdot (0{,}88)^2 + 127 \cdot (0{,}12)^2 \\ + 99 \cdot (1{,}12)^2 + 32 \cdot (2{,}12)^2) \\ = 1{,}40.$$

Mit diesen Werten ergibt sich

$$\rho(L,M) = \frac{15{,}07 - 3{,}68 \cdot 3{,}66}{1{,}39 \cdot 1{,}40} = 0{,}82.$$

Zumindest in unserem Beispiel besteht also eine recht hohe Korrelation zwischen der Latein- und der Mathematiknote.

Korrelationskoeffizient: ein Maß für die ↑ Korrelation zweier Zufallsgrößen.

Kosinusfunktion: die ↑ trigonometrische Funktion mit dem Funktionszeichen cos.

Kotangensfunktion: die Kehrfunktion der ↑ Tangensfunktion; es ist also

$$\cot x = \frac{1}{\tan x} = \frac{\cos x}{\sin x}.$$

Die Kotangensfunktion spielt keine große Rolle, da sie sich sehr einfach durch die Tangensfunktion ausdrücken lässt.

Kovarianz: für zwei ↑ Zufallsgrößen X, Y die Zahl

$$\mathrm{Cov}(X,Y) \\ := E((X - E(X))(Y - E(Y))) \\ = E(XY) - E(X)\,E(Y),$$

wobei $E(U)$ der ↑ Erwartungswert der Zufallsgröße U ist. Es gilt die Beziehung $\mathrm{Cov}(X,X) = V(X)$ (↑ Varianz).
Sind die Zufallsgrößen X, Y unabhängig (↑ Unabhängigkeit von Zufallsgrößen), so ist $\mathrm{Cov}(X,Y) = 0$. Andererseits folgt aus $\mathrm{Cov}(X,Y) = 0$ zwar nicht die Unabhängigkeit von X, Y, trotzdem dient $\mathrm{Cov}(X,Y)$ als Maß für die Abhängigkeit dieser Zufallsgrößen (↑ Korrelation).

Kreis: der geometrische Ort aller Punkte der Ebene, die von einem festen Punkt M den gleichen Abstand r haben (vgl. Band I). Man nennt M den Mittelpunkt und r den Radius des Kreises k. Falls bezüglich eines kartesischen Koordinatensystems $(O; x; y)$ der Mittelpunkt M in O liegt (Abb. 1, S. 226), hat k die Gleichung

$$k: \vec{x} \cdot \vec{x} = \vec{x}^2 = r^2 \qquad (1)$$

(**Mittelpunktsform der Kreisgleichung** in vektorieller Darstellung). Dabei steht $\vec{x} \cdot \vec{x}$ für das ↑ Skalarprodukt des Vektors $\vec{x}$ mit sich selbst. Der Übergang zu den Koordinaten von $\vec{x}$ bezüglich $(O; x; y)$ führt zu der Kreisgleichung

$$x^2 + y^2 = r^2.$$

Hat der Mittelpunkt M den Ortsvektor $\vec{m}$, so hat ein Kreis k mit dem Radius r die Gleichung (Abb. 2, S. 226)

$$k: (\vec{x} - \vec{m}) \cdot (\vec{x} - \vec{m}) = (\vec{x} - \vec{m})^2 = r^2 \quad (2)$$

(**Verschiebungsform der Kreisgleichung** in vektorieller Darstellung).

Kreis

Sie nimmt beim Übergang zu den Koordinaten von $\vec{x}$ und $\vec{m}$ die Gestalt

$$(x - x_M)^2 + (y - y_M)^2 = r^2$$

an.

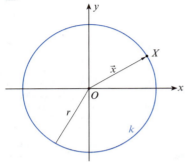

Kreis (Abb. 1): Kreis mit Mittelpunkt M im Ursprung eines kartesischen Koordinatensystems

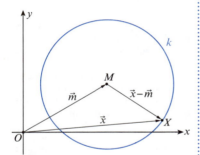

Kreis (Abb. 2): Kreis mit Mittelpunkt M außerhalb des Ursprungs

Fasst man (1) und (2) als Gleichungen im Anschauungsraum auf, so werden durch sie ↑ Kugeln mit dem Radius r und einer entsprechenden Lage bezüglich eines räumlichen Koordinatensystems beschrieben.

■ Kreis und Gerade

Ein Kreis k und eine Gerade g in der Ebene haben entweder

- zwei Schnittpunkte (g ist Sekante) oder
- einen Berührpunkt (g ist Tangente) oder
- keinen gemeinsamen Punkt (g ist Passante).

Es seien ein Kreis und eine Gerade gegeben durch k: $\vec{x}^2 = r^2$ und die Parametergleichung g: $\vec{x} = \vec{a} + \mu\vec{b}$. Der Ansatz

$$(\vec{a} + \mu_S \vec{b})^2 = r^2 \qquad (3)$$

für die Parameterwerte μ_S möglicher Schnittpunkte von k und g führt zu einer quadratischen Gleichung für μ_S. Das Auflösen dieser Gleichung nach μ_S ergibt

$$\mu_S = -\frac{\vec{a} \cdot \vec{b}}{\vec{b}^2} \pm \frac{1}{\vec{b}^2}\sqrt{(\vec{a} \cdot \vec{b})^2 - \vec{a}^2\vec{b}^2 + r^2\vec{b}^2}.$$

Die Diskriminante

$$D = (\vec{a} \cdot \vec{b})^2 - \vec{a}^2\vec{b}^2 + r^2\vec{b}^2$$

entscheidet über die Lösungen von (3): Je nachdem, ob

$$D > 0, \; D = 0, \; D < 0$$

gilt, liegt eine Sekante, eine Tangente oder eine Passante vor. Da g genau dann Tangente an k ist, wenn

$$D = (\vec{a} \cdot \vec{b})^2 - \vec{a}^2\vec{b}^2 + r^2\vec{b}^2 = 0 \qquad (4)$$

gilt, bezeichnet man (4) als **Tangentenbedingung** für den Kreis k.

Beispiel: Wir bestimmen mögliche Schnittpunkte des Kreises

$$k: \vec{x}^2 = 25$$

mit den Geraden

$$g_1: \vec{x} = \begin{pmatrix} -11 \\ 2 \end{pmatrix} + \mu \begin{pmatrix} 7 \\ 1 \end{pmatrix},$$

$$g_2: \vec{x} = \begin{pmatrix} 1 \\ -7 \end{pmatrix} + \mu \begin{pmatrix} 4 \\ -3 \end{pmatrix}.$$

Aus

$$\left(\begin{pmatrix} -11 \\ 2 \end{pmatrix} + \mu_S \begin{pmatrix} 7 \\ 1 \end{pmatrix}\right)^2 = 25$$

folgt im ersten Falle

$$\mu_S = -\frac{-75}{50} \pm \frac{1}{50}\sqrt{625} = \frac{3}{2} \pm \frac{1}{2}.$$

Also ist $\mu_S = 1$ oder $\mu_S = 2$, und k schneidet g_1 in den Punkten $S_1(-4|3), S_2(3|4)$. Beim Ansatz für Schnittpunkte von k und g_2 erhält man

$$D = 0 \quad \text{und} \quad \mu_S = -1,$$

sodass g_2 Tangente an k im Punkt $P(-3|-4)$ ist.

Entsprechend werden Schnittpunkte bestimmt, falls die Kreisgleichung in der Verschiebungsform vorliegt. Ist eine Gerade g durch ihre ↑ Hesse-Normalenform gegeben, so kann man durch Einsetzen der Koordinaten des Kreismittelpunktes M den Abstand des Punktes M von g errechnen und damit feststellen, ob g Sekante, Tangente oder Passante ist.

■ Tangente und Polare

Die Tangente t an den Kreis

$$k: (\vec{x} - \vec{m}) \cdot (\vec{x} - \vec{m}) = r^2$$

im Punkt P_0 hat die Gleichung

$$t: (\vec{p}_0 - \vec{m}) \cdot (\vec{x} - \vec{m}) = r^2.$$

$\vec{p}_0$ ist dabei der Ortsvektor des Berührpunktes P_0 (Abb. 3).

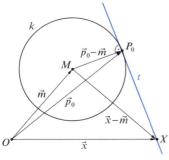

Kreis (Abb. 3): Tangente im Kreispunkt P_0

Ist P ein beliebiger Punkt mit dem Ortsvektor $\vec{p}$, so ist die Gerade g mit der Gleichung

$$g: (\vec{p} - \vec{m}) \cdot (\vec{x} - \vec{m}) = r^2$$

die ↑ Polare zum Pol P bezüglich des Kreises k. Liegt P *innerhalb* des Kreises k, so ist g eine Passante (Abb. 4, S. 228). Bei Lage des Punktes P_0 *außerhalb* von k ist g eine Sekante (Abb. 5, S. 228). g ist stets rechtwinklig zur Verbindungsgeraden von P und M.

Bildet man zu verschiedenen Punkten, die auf einer Geraden g liegen, die Polaren, so schneiden sie sich alle im Pol zu g. Umgekehrt liegen die Pole zu den Geraden durch einen Punkt P alle auf der Polaren zu P (Abb. 6, S. 228).

Beispiel: Die Gerade

$$g: \left(\begin{pmatrix}8\\2\end{pmatrix} - \begin{pmatrix}1\\1\end{pmatrix}\right) \cdot \left(\vec{x} - \begin{pmatrix}1\\1\end{pmatrix}\right) = 25$$

bzw. $g: \begin{pmatrix}7\\1\end{pmatrix} \cdot \vec{x} = 33$

ist die Polare zum Pol $P_0(8|2)$ an den Kreis

$$k_1: \left(\vec{x} - \begin{pmatrix}1\\1\end{pmatrix}\right)^2 = 25.$$

Die Polare g schneidet k_1 in den Punkten $S_1(4|5)$ und $S_2(5|-2)$. Zugleich ist g auch Polare zum Pol $Q_0(1|1)$ an den Kreis

$$k_2: \left(\vec{x} - \begin{pmatrix}8\\2\end{pmatrix}\right)^2 = 25.$$

Durch Einsetzen der Koordinaten von S_1, S_2 in die Gleichung von k_2 zeigt man, dass g und k_2 sich ebenfalls in S_1 und S_2 schneiden. S_1, S_2 sind also die Schnittpunkte von k_1 mit k_2. Die Gerade g heißt die **Potenzgerade** (vgl. Chordale, Band I) der Kreise. Allgemein erhält man die Gleichung der Potenzgeraden g zweier Kreise

$$k_1: \vec{x}^2 + \vec{p}_1 \cdot \vec{x} + q_1 = 0,$$
$$k_2: \vec{x}^2 + \vec{p}_2 \cdot \vec{x} + q_2 = 0$$

Kreiszahl

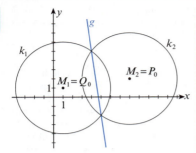

Kreis (Abb. 7): Kreis und Potenzgerade (Chordale)

aus der Differenz der Kreisgleichungen:

$$g:\ (\vec{p}_1 - \vec{p}_2) \cdot \vec{x} + (q_1 - q_2) = 0.$$

Bei sich schneidenden Kreisen verläuft die Potenzgerade durch die gemeinsamen Schnittpunkte (Abb. 7).

Kreiszahl: die Zahl $\pi = 3{,}1415\ldots$, die den Flächeninhalt eines Kreises mit dem Radius 1 angibt (vgl. Band I).

Kreuzprodukt: andere Bezeichnung für das ↑ Vektorprodukt.

kritische Region: andere Bezeichnung für Ablehnungsbereich; ↑ Testen von Hypothesen.

Krümmung: die Änderungsrate der Steigung eines Funktionsgraphen.

Die Krümmung eines Funktionsgraphen hängt von der zweiten Ableitung der Funktion ab: Ist f zweimal differenzierbar, so hängt es von $f''(x_0)$ ab, wie stark sich die Ableitungsfunktion $f'(x)$ in der Umgebung von x_0 ändert.

Ist $f''(x) < 0$ für alle $x \in [a; b]$, dann ist der Graph von f über $[a; b]$ ↑ konvex oder rechtsgekrümmt (**Rechtskurve**).

Ist $f''(x) > 0$ für alle $x \in [a; b]$, dann ist der Graph von f über $[a; b]$ konkav oder linksgekrümmt (**Linkskurve**).

Ist $f''(x_0) = 0$, und hat $f''(x)$ verschiedene Vorzeichen für $x < x_0$ und $x > x_0$ in einer Umgebung von x_0, dann geht

Kreis und Polare

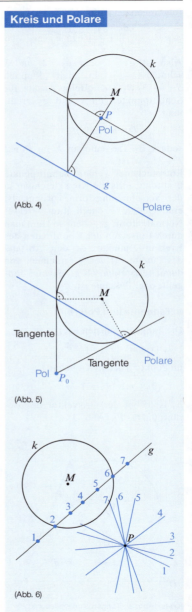

(Abb. 4)

(Abb. 5)

(Abb. 6)

Krümmungskreis

an der Stelle x_0 eine Linkskurve in eine Rechtskurve über oder umgekehrt. Es handelt sich also um einen ↑ Wendepunkt (Abb. 1).

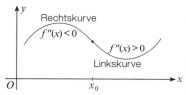

Krümmung (Abb. 1): Rechtskurve und Linkskurve

Um ein Maß für die Krümmung einer Kurve zu erhalten, betrachten wir in einem Kurvenpunkt $(x_0|y_0)$ denjenigen Kreis, der die Kurve dort berührt und – wenn man die Kurven als Funktionsgraphen auffasst – in der zweiten Ableitung mit der Kurve übereinstimmt (↑ Krümmungskreis). Hat der Kreis den Radius r, so nennt man $\frac{1}{r}$ die Krümmung der Kurve an der Stelle x_0.

Krümmungskreis: der Kreis, der sich einer Kurve in einem gegebenen Kurvenpunkt möglichst gut anschmiegt, der dort also dieselbe ↑ Steigung und Krümmung wie die Kurve hat.

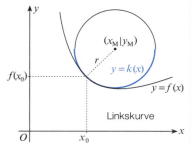

Krümmungskreis (Abb. 1): zur Definition des Krümmungskreises

Es sei $P_0(x_0|y_0)$ ein Punkt des Graphen der zweimal differenzierbaren Funktion f, und es sei $f''(x_0) \neq 0$. Wir betrachten den Fall $f''(x_0) > 0$. An der Stelle x_0 liegt also eine Linkskurve vor. Der Krümmungshalbkreis hat dann die Gleichung

$$y = k(x) = y_M - \sqrt{r^2 - (x - x_M)^2},$$

wobei $M(x_M|y_M)$ der **Krümmungsmittelpunkt** und r der **Krümmungsradius** ist. Es muss dann gelten:

$$k(x_0) = f(x_0)$$
$$k'(x_0) = f'(x_0)$$
$$k''(x_0) = f''(x_0)$$

Nun betrachten wir die Kreisgleichung $(x - x_M)^2 + (y - y_M)^2 = r^2$ mit $y = k(x)$ und differenzieren sie zweimal nach x:

$$(x - x_M)^2 + (k(x) - y_M)^2 = r^2$$
$$(x - x_M) + (k(x) - y_M) k'(x) = 0$$
$$1 + (k'(x))^2 + (k(x) - y_M) k''(x) = 0$$

Betrachtet man die Stelle x_0 und ersetzt k, k', k'' durch f, f', f'', dann ergeben sich die Gleichungen

$$(x_0 - x_M)^2 + (f(x_0) - y_M)^2 = r^2$$
$$(x_0 - x_M) + (f(x_0) - y_M) f'(x_0) = 0$$
$$1 + (f'(x_0))^2 + (f(x_0) - y_M) f''(x_0) = 0$$

Aus diesen Gleichungen gewinnt man der Reihe nach y_M, x_M und r:

$$r = \frac{(1 + (f'(x_0))^2)^{\frac{3}{2}}}{|f''(x_0)|}$$

$$x_M = x_0 - f'(x_0) \frac{1 + (f'(x_0))^2}{f''(x_0)}$$

$$y_M = y_0 + \frac{1 + (f'(x_0))^2}{f''(x_0)}$$

Dabei muss $f''(x_0) \neq 0$ sein: In einem ↑ Wendepunkt ist der Krümmungskreis nicht definiert, der Krümmungs-

Krümmungskreis

radius ist dort »unendlich«. Der Fall $f'' < 0$ ist in entsprechender Weise zu behandeln.
Bei einer ↑ Kurvendiskussion ist es nützlich, die Krümmungskreise in den Extremalpunkten zu bestimmen. Ist $f'(x_0) = 0$, dann ergibt sich

$$r = \frac{1}{|f''(x_0)|}.$$

Beispiel 1: Die Funktion $f: x \mapsto x^3 - x$ hat relative Extrema an den Stellen $\pm\frac{1}{3}\sqrt{3}$ (Abb. 2). Die zweite Ableitung hat dort den Wert $\pm 2\sqrt{3}$, der Krümmungsradius beträgt dort also

$$r = \frac{1}{2\sqrt{3}} = \frac{1}{6}\sqrt{3}.$$

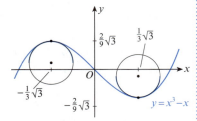

Krümmungskreis (Abb. 2): zu Beispiel 1

Beispiel 2: Für die Parabel mit der Gleichung $y = \frac{1}{2}x^2$ ergibt sich

$$r = \sqrt{(1+x_0^2)^3},$$
$$x_M = x_0 - x_0(1+x_0^2) = -x_0^3,$$
$$y_M = \frac{1}{2}x_0^2 + (1+x_0^2) = 1 + \frac{3}{2}x_0^2.$$

In Abb. 3 sind für $x_0 = 0$ und $x_0 = \pm 1$ die Krümmungskreise gezeichnet, mit denen sich die Parabel sehr gut approximieren lässt.

Beispiel 3: Die Sinuskurve ($x \mapsto \sin x$) hat in ihren Extremalstellen den Krümmungsradius 1. Damit kann man eine solche Kurve recht gut skizzieren.

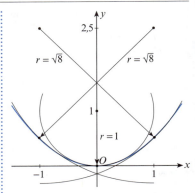

Krümmungskreis (Abb. 3): Approximation einer Parabel durch Krümmungskreise

■ Parameterdarstellung

Ist eine Kurve in ↑ Parameterdarstellung

$$x = \varphi(t), \quad y = \psi(t)$$

gegeben, so gilt für den Krümmungsradius an der Stelle t_0

$$r = \frac{(\varphi'^2 + \psi'^2)^{\frac{3}{2}}}{\varphi'\psi'' - \psi'\varphi''}(t_0)$$

und für den Krümmungsmittelpunkt an der Stelle t_0

$$x_M = \left(\varphi - \frac{r\psi'}{\sqrt{\varphi'^2 + \psi'^2}}\right)(t_0),$$

$$y_M = \left(\psi + \frac{r\varphi'}{\sqrt{\varphi'^2 + \psi'^2}}\right)(t_0).$$

Beispiel 4: Für die ↑ Ellipse mit

$$x = a\cos t, \quad y = b\sin t$$

$(a, b > 0, t \in [0; 2\pi])$

ergibt sich

$$r = \frac{(a^2\sin^2 t + b^2\cos^2 t)^{\frac{3}{2}}}{ab},$$

also für die Krümmungsradien in den Scheiteln

$$r_A = \frac{b^2}{a}, \quad r_B = \frac{a^2}{b}.$$

Kugel

Diese Tatsache kann man für die Näherungskonstruktion einer Ellipse mithilfe ihrer Hauptscheitelkreise benutzen (Abb. 4).

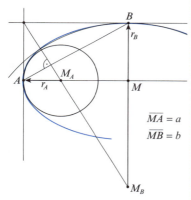

Krümmungskreis (Abb. 4): Näherungskonstruktion einer Ellipse mithilfe ihrer Hauptscheitelkreise

Die Krümmungsmittelpunkte der Punkte einer Kurve bilden die ↑ Evolute dieser Kurve.

Kryptographie: ↑ Codierung.

Kugel: Die Kugel κ mit dem Radius r und dem Mittelpunkt M ist die Menge aller Punkte im Anschauungsraum, die von M denselben Abstand r haben (vgl. Band I). Kugel und ↑ Kreis sind durch dieselbe vektorielle Gleichung, lediglich bezüglich verschiedener Grundmengen (Punkte des Raumes bzw. der Ebene), definiert. Daher lassen sich Aussagen, die für den Kreis gelten, entsprechend auf die Kugel übertragen. Insbesondere stellen die Vektorgleichungen eines Kreises, einer Kreistangente oder einer Kreispolare, wenn man sie als Gleichungen im Raum auffasst, eine Kugel bzw. die Tangentialebene einer Kugel bzw. die Polarebene einer Kugel dar.

■ **Formen der Kugelgleichung**

Eine Kugel κ mit dem Radius r und dem Mittelpunkt im Ursprung eines kartesischen Koordinatensystems $(O; x; y; z)$ hat die Gleichung

$$\kappa: \ \vec{x} \cdot \vec{x} = \vec{x}^2 = r^2 \qquad (1)$$

(**Mittelpunktsform der Kugelgleichung** in vektorieller Darstellung). Dabei ist $\vec{x}^2$ das übliche ↑ Skalarprodukt von $\vec{x}$ mit sich selbst. Bei Übergang zu den Koordinaten von $\vec{x}$ bezüglich $(O; x; y; z)$ erhält man aus (1)

$$x^2 + y^2 + z^2 = r^2$$

(vgl. Band I). Hat die Kugel κ mit dem Radius r den Mittelpunkt M (mit dem ↑ Ortsvektor $\vec{m}$), so lautet ihre Gleichung

$$\kappa: \ (\vec{x} - \vec{m}) \cdot (\vec{x} - \vec{m}) = r^2. \qquad (2)$$

Diese **Verschiebungsform der Kugelgleichung** hat bezüglich der Koordinaten von $\vec{x}$ die Gestalt

$$\kappa: \ (x - x_M)^2 + (y - y_M)^2 + (z - z_M)^2 = r^2.$$

Beispiel: Eine Kugel κ habe die Gleichung $\vec{x}^2 = r^2$, und es sei P ein fester Punkt der Kugel. Wir untersuchen, wo die Mittelpunkte aller von P ausgehenden Sehnen der Kugel liegen (Abb. 1, S. 232).

Ist A (mit ↑ Ortsvektor $\vec{a}$) ein beliebiger Kugelpunkt und B (mit Ortsvektor $\vec{b}$) der Mittelpunkt der Sehne AP (Abb. 1), so gilt einerseits

$$\vec{a}^2 = r^2$$

und andererseits

$$\vec{b} = \tfrac{1}{2}(\vec{a} + \vec{p}) \ \text{ bzw. } \ \vec{a} = 2\vec{b} - \vec{p}.$$

Also ist

$$(2\vec{b} - \vec{p})^2 = r^2 \ \text{ bzw. } \ \left(\vec{b} - \frac{\vec{p}}{2}\right)^2 = \frac{r^2}{4}.$$

Kugel

Dies ist die Gleichung einer Kugel κ' mit dem Radius $\frac{r}{2}$ und dem Mittelpunkt $M\left(\frac{x_P}{2}\bigg|\frac{y_P}{2}\bigg|\frac{z_P}{2}\right)$. Jeder Mittelpunkt B einer von P ausgehenden Sehne der Kugel κ liegt demnach auf κ'. Umgekehrt ist auch jeder Punkt von κ' Mittelpunkt einer von P ausgehenden Sehne.

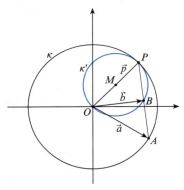

Kugel (Abb. 1): Die Mittelpunkte der Sehnen durch P liegen auf einer Kugel.

■ Kugel und Gerade

Für die Lage einer Kugel $\kappa: \vec{x}^{\,2} = r^2$ bezüglich einer Geraden $g: \vec{x} = \vec{a} + \mu\vec{b}$ gilt das Gleiche wie für Kreis und Gerade. Es sei

$$D = (\vec{a}\cdot\vec{b})^2 - \vec{a}^{\,2}\cdot\vec{b}^{\,2} + r^2\vec{b}^{\,2}.$$

Dann besitzen g und κ für

- $D > 0$ zwei Schnittpunkte,
- $D = 0$ einen Berührpunkt,
- $D < 0$ keinen gemeinsamen Punkt.

■ Kugel und Ebene

Die Ebene $E: (\vec{x} - \vec{p})\cdot\vec{n} = 0$ schneidet die Kugel $\kappa: (\vec{x} - \vec{m})^2 = r^2$ in einem Kreis, wenn der Abstand d von M zu E kleiner als r ist. Der Schnittkreis hat dann den Radius $r' = \sqrt{r^2 - d^2}$. Der Mittelpunkt M' des Schnittkreises hat den Ortsvektor $\vec{m}' = \vec{m} + d\frac{\vec{n}}{|\vec{n}|}$. Dabei ist d positiv oder negativ zu wählen, je nachdem ob die Ebenennormale $\vec{n}$ vom Kugelmittelpunkt M fortweist oder auf ihn hinweist.

Man findet M' auch als Schnittpunkt von E mit der Geraden $g: \vec{x} = \vec{m} + t\vec{n}$.

■ Tangentialebene und Polarebene

Die **Tangentialebene** τ an die Kugel

$$\kappa: (\vec{x} - \vec{m})\cdot(\vec{x} - \vec{m}) = r^2$$

im Punkt P_0 (mit dem Ortsvektor $\vec{p}_0$) hat die Gleichung (Abb. 2)

$$\tau: (\vec{p}_0 - \vec{m})\cdot(\vec{x} - \vec{m}) = r^2. \qquad (3)$$

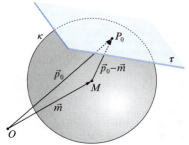

Kugel (Abb. 2): Tangentialebene τ an eine Kugel

Beispiel: Die Tangentialebene im Punkt $P_0(3|-1|2)$ an die Kugel κ mit dem Mittelpunkt $M(-2|3|4)$ soll bestimmt werden. Für den Kugelradius r gilt

$$r^2 = (\vec{p}_0 - \vec{m})^2 = 25 + 16 + 4 = 45.$$

Es ist dann

$$\tau: \left(\begin{pmatrix}3\\-1\\2\end{pmatrix} - \begin{pmatrix}-2\\3\\4\end{pmatrix}\right)$$
$$\cdot\left(\vec{x} - \begin{pmatrix}-2\\3\\4\end{pmatrix}\right) = 45$$

bzw.

$$\tau: \begin{pmatrix} 5 \\ -4 \\ -2 \end{pmatrix} \cdot \vec{x} = 15$$

die gesuchte Tangentialebene.
Für einen von M verschiedenen, sonst beliebigen Punkt P_0 des Raumes heißt die Ebene π mit der Gleichung (3) **Polarebene** zum Pol P_0 bezüglich κ.

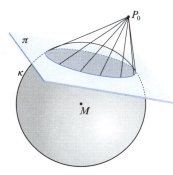

Kugel (Abb. 3): Polarebene π zum Pol P_0

Liegt P_0 innerhalb der Kugel κ, so haben die Polarebene und κ keinen Punkt gemeinsam. Wenn P_0 außerhalb von κ liegt, schneiden sich κ und π in einem Kreis, und in π liegen die Berührpunkte aller Tangentialebenen vom Pol P_0 an die Kugel κ (Abb. 3). Eine Polarebene ist stets rechtwinklig zur Verbindungsgeraden von M und P_0.

■ Tangentialkegel

Ist S ein Punkt außerhalb der Kugel κ, dann bilden die Kugeltangenten durch S den **Tangentialkegel** von κ mit der Spitze S. Die Berührpunkte liegen auf dem Schnittkreis der Polarebene zum Pol S mit der Kugel.

Kugelgeometrie: ↑ sphärische Trigonometrie.

Kugelkoordinaten: ↑ Polarkoordinaten für den dreidimensionalen Raum.

Kurve: in der Analysis eine stetige Abbildung eines (endlichen oder unendlichen) Intervalls in die Ebene oder in den Raum. Eine *ebene* Kurve ist durch folgende ↑ Parameterdarstellung gegeben:

$$\begin{pmatrix} x \\ y \end{pmatrix} = \begin{pmatrix} \varphi(t) \\ \psi(t) \end{pmatrix}, \ t \in [a;b]$$

mit stetigen Funktionen φ und ψ. Eine *räumliche* Kurve hat die Parameterdarstellung

$$\begin{pmatrix} x \\ y \\ z \end{pmatrix} = \begin{pmatrix} \varphi(t) \\ \psi(t) \\ \chi(t) \end{pmatrix}, \ t \in [a;b]$$

mit stetigen Funktionen φ, ψ und χ (Abb. 1).

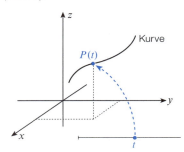

Kurve (Abb. 1): räumliche Kurve

Der Graph einer stetigen Funktion $f:[a;b] \to \mathbb{R}$ ist eine ebene Kurve; in obiger Darstellung setze man $\varphi = \text{id}$ (identische Abbildung) und $\psi = f$:

$$\begin{pmatrix} x \\ y \end{pmatrix} = \begin{pmatrix} x \\ f(x) \end{pmatrix}, \ x \in [a;b].$$

Ist eine ebene Kurve in ↑ Polarkoordinaten gegeben, also

$r = F(\tau), \ \tau \in [\alpha; \beta],$

so erhält man ihre Parameterdarstellung in der Form

$$\begin{pmatrix} x \\ y \end{pmatrix} = \begin{pmatrix} F(\tau) \cos \tau \\ F(\tau) \sin \tau \end{pmatrix}, \ \tau \in [\alpha; \beta].$$

Kurve

Beispiel 1: Durch
$$\begin{pmatrix} x \\ y \end{pmatrix} = \begin{pmatrix} a\cos t \\ b\sin t \end{pmatrix}, \quad t \in [0; 2\pi]$$
wird eine Ellipse mit den Halbachsen a und b in Parameterdarstellung gegeben (Abb. 2). Die übliche Ellipsengleichung erhält man durch Eliminieren des Parameters t:
$$\frac{x^2}{a^2} + \frac{y^2}{b^2} = \cos^2 t + \sin^2 t = 1.$$

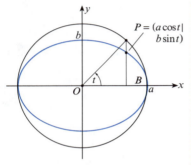

Kurve (Abb. 2): Ellipse mit den Halbachsen *a* und *b*

Beispiel 2: Durch
$$r = 2^\tau, \quad \tau \in \mathbb{R}$$
wird eine ↑ logarithmische Spirale in Polarkoordinaten dargestellt (Abb. 3). Eine Parameterdarstellung ist
$$\begin{pmatrix} x \\ y \end{pmatrix} = \left(\sqrt{2}\right)^t \begin{pmatrix} \cos t \\ \sin t \end{pmatrix}.$$

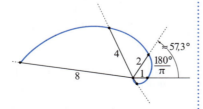

Kurve (Abb. 3): logarithmische Spirale

Beispiel 3: Die Punktmenge
$$\{(x,y) \mid (x^2+y^2)^2 - 2a^2(x^2-y^2) = 0\}$$
ist eine ↑ Lemniskate (Abb. 4). Man kann sie durch zwei Äste mit den Funktionsgleichungen
$$y = \pm\sqrt{a\sqrt{4x^2+a^2} - (x^2+a^2)}$$
darstellen.

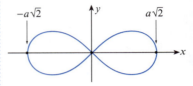

Kurve (Abb. 4): Lemniskate

Beispiel 4: Die Raumkurve
$$\begin{pmatrix} x \\ y \\ z \end{pmatrix} = \begin{pmatrix} a+ut \\ b+vt \\ c+wt \end{pmatrix} = \begin{pmatrix} a \\ b \\ c \end{pmatrix} + t \begin{pmatrix} u \\ v \\ w \end{pmatrix} \ (t \in \mathbb{R})$$
ist die ↑ Gerade mit dem Stützvektor $\begin{pmatrix} a \\ b \\ c \end{pmatrix}$ und dem Richtungsvektor $\begin{pmatrix} u \\ v \\ w \end{pmatrix}$.

Beispiel 5: Die Raumkurve
$$\begin{pmatrix} x \\ y \\ z \end{pmatrix} = \begin{pmatrix} a\cos t \\ a\sin t \\ bt \end{pmatrix} \ (t \in [0; 2\pi])$$
ist eine Schraubenlinie (Abb. 5).
Die Tangente an eine Kurve im Punkt $(x_0|y_0)$ bzw. $(x_0|y_0|z_0)$ lässt sich aus der Parameterdarstellung berechnen, wobei die Funktionen φ und ψ bzw. φ, ψ und χ als differenzierbar voraus-

Kurvendiskussion

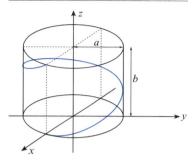

Kurve (Abb. 5): Schraubenlinie

gesetzt sind. Ihre Gleichung in Parameterform lautet

$$\begin{pmatrix} x \\ y \end{pmatrix} = \begin{pmatrix} \varphi(t_0) + \varphi'(t_0)t \\ \psi(t_0) + \psi'(t_0)t \end{pmatrix}$$
$$= \begin{pmatrix} \varphi(t_0) \\ \psi(t_0) \end{pmatrix} + t \begin{pmatrix} \varphi'(t_0) \\ \psi'(t_0) \end{pmatrix}$$
$$(t \in \mathbb{R}).$$

Analoges gilt für Raumkurven.

Kurvendiskussion: die Untersuchung von Funktionsgraphen mit dem Ziel, die wesentlichen Eigenschaften und besondere Punkte des Graphen zu bestimmen. Eine vollständige Kurvendiskussion umfasst die Untersuchung bzw. Bestimmung folgender Gegenstände:

- maximaler Definitionsbereich,
- Stetigkeit und Differenzierbarkeit,
- Symmetrieeigenschaften,
- Nullstellen,
- Monotonie und Steigungsverhalten,
- Extremalpunkte (Maxima und Minima)
- Krümmungsverhalten,
- Wende- und Sattelpunkte,
- Definitionslücken,
- asymptotisches Verhalten,
- Zeichnen des Funktionsgraphen.

Im Folgenden werden die Punkte dargelegt, die sich mithilfe der Differenzialrechnung behandeln lassen.

■ **Symmetrieeigenschaften**

(1) Der Graph von f ist genau dann **achsensymmetrisch** zur y-Achse, wenn

$$f(-x) = f(x) \quad \text{für alle } x \in D(f).$$

Allgemeiner gilt: Der Graph von f ist genau dann achsensymmetrisch zu der Geraden mit der Gleichung $x = a$, wenn

$$f(2a - x) = f(x) \quad \text{für alle } x \in D(f).$$

Bei der Diskussion einer achsensymmetrischen Kurve mit der Symmetrieachse $x = a$ ist es zweckmäßig, zuerst die Koordinatentransformation

$$\bar{x} = x - a, \quad \bar{y} = y$$

vorzunehmen. Dann ist die $\bar{y}$-Achse die Symmetrieachse (Abb. 1).

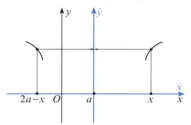

Kurvendiskussion (Abb. 1): achsensymmetrische Kurve

Beispiel: Die Funktion f mit

$$f(x) = (x+2)^2(x^2 + 4x)$$

hat einen zu $x = -2$ achsensymmetrischen Graphen, denn es gilt $f(-4 - x) = f(x)$ für alle $x \in \mathbb{R}$. Die Transformation

$$\bar{x} = x + 2, \quad \bar{y} = y$$

liefert aus $y = f(x)$ die Funktionsgleichung

$$\bar{y} = \bar{x}^2(\bar{x}^2 - 4),$$

Kurvendiskussion

die einfacher zu diskutieren ist als die ursprüngliche Gleichung.

(2) Der Graph von f ist genau dann **punktsymmetrisch** zum Ursprung, wenn

$$f(-x) = -f(x) \quad \text{für alle } x \in D(f).$$

Allgemeiner gilt: Der Graph von f ist genau dann punktsymmetrisch zum Punkt $(u|v)$, wenn

$f(2u - x) = 2v - f(x)$
für alle $x \in D(f)$.

Die Koordinatentransformation

$$\bar{x} = x - u, \quad \bar{y} = y - v$$

führt zu einer Kurve, die zum Ursprung punktsymmetrisch ist (Abb. 2).

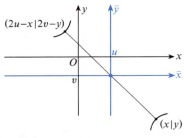

Kurvendiskussion (Abb. 2): punktsymmetrische Kurve

Beispiel: Der Graph von

$$f: x \mapsto (x-2)^3 + 5$$

ist punktsymmetrisch zu seinem Wendepunkt $(2|5)$, denn

$$f(4-x) = (2-x)^3 - 5 + 10$$
$$= 10 - f(x).$$

Man erhält den Graphen von f, indem man den Funktionsgraphen von $x \mapsto x^3$ mit dem Vektor $\begin{pmatrix} 2 \\ 5 \end{pmatrix}$ verschiebt.

Führt man die Koordinaten

$$\bar{x} = x - 2, \quad \bar{y} = y - 5$$

ein, so hat der Graph von f die Gleichung $\bar{y} = \bar{x}^3$.

In Verallgemeinerung dieses Beispiels kann man zeigen, dass *jede* Polynomfunktion 3. Grades

$$f: x \mapsto ax^3 + bx^2 + cx + d$$

zu ihrem Wendepunkt punktsymmetrisch ist.

■ Nullstellen

Kann man die Nullstellen anhand des Funktionsterms nicht algebraisch berechnen, dann versucht man es mit der ↑ Regula Falsi oder mit dem ↑ newtonschen Verfahren.

■ Monotonie und Steigungsverhalten

Mithilfe der ↑ Ableitungsfunktion f' kann man die Steigung des Graphen von f untersuchen. Dazu sei im Folgenden f als stetig differenzierbar vorausgesetzt.

- Ist $f'(x_0) > 0$, dann ist f in einer Umgebung der Stelle x_0 streng monoton steigend.
- Ist $f'(x_0) < 0$, dann ist f in einer Umgebung von x_0 streng monoton fallend.
- Ist $f'(x_0) = 0$, dann hat f an der Stelle x_0 eine zur x-Achse parallele Tangente (»waagerechte« Tangente).

Ist $f'(x_0) = 0$, dann kann f in einer Umgebung von x_0 durchaus monoton steigend oder monoton fallend sein, es ist aber auch möglich, dass die Steigung ihr Vorzeichen ändert (Abb. 3).

■ Extremalpunkte des Funktionsgraphen

Die relativen ↑ Extremwerte im Innern des Definitionsbereichs einer differenzierbaren Funktion f gehören

Kurvendiskussion

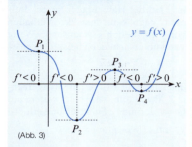

(Abb. 3)

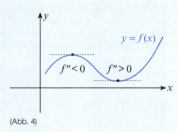

(Abb. 4)

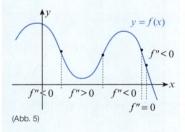

(Abb. 5)

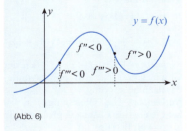

(Abb. 6)

zu Punkten mit waagerechten Tangenten. Die Bedingung

$f'(x_0) = 0$

ist also notwendig dafür, dass x_0 eine Extremalstelle ist. Diese Bedingung ist aber nicht hinreichend, d.h., es gibt Punkte mit waagerechter Tangente, die nicht Extremalpunkte sind (z.B. P_1 in Abb. 3). Eine Extremalstelle liegt vor, wenn f' an der Stelle x_0 das Vorzeichen wechselt. Es sei im Folgenden f zweimal stetig differenzierbar.

- Ist $f'(x_0) = 0$ und $f''(x_0) < 0$, dann ist f' an der Stelle x_0 streng monoton fallend, es liegt also eine Maximalstelle vor.
- Ist $f'(x_0) = 0$ und $f''(x_0) > 0$, dann ist f' an der Stelle x_0 streng monoton steigend, es liegt also eine Minimalstelle vor (Abb. 4).
- Für $f'(x_0) = f''(x_0) = 0$ kann ein Extremum oder ein Wendepunkt mit waagerechter Tangente vorliegen (↑ Extremwert).

■ Krümmungsverhalten

Ist $f''(x_0) > 0$, dann ist f in einer Umgebung von x_0 linksgekrümmt oder eine Linkskurve. Ist $f''(x_0) < 0$, dann ist f in einer Umgebung von x_0 rechtsgekrümmt oder eine Rechtskurve. Ist $f''(x_0) = 0$, dann kann ein Wendepunkt vorliegen, es kann aber die Kurve auch ihren Krümmungssinn behalten (Abb. 5).

Eine genaue Beschreibung der ↑ Krümmung erhält man, wenn man den ↑ Krümmungskreis berechnet.

■ Wende- und Sattelpunkte

In einem ↑ Wendepunkt geht eine Linkskurve in eine Rechtskurve über oder umgekehrt, die zweite Ableitungsfunktion $f''(x)$ ändert also ihr Vorzeichen. Die Überlegungen zu den

Kurvendiskussion

Extremalpunkten lassen sich von f' auf f'' übertragen, denn die Wendepunkte von f sind die Extremalpunkte von f'. Ist x_0 Wendestelle, so ist

$$f''(x_0) = 0.$$

Ist $f'''(x_0) < 0$, dann geht eine Linkskurve in eine Rechtskurve über; bei $f'''(x_0) > 0$ ist es umgekehrt (Abb. 6, S. 237). Für $f''(x_0) = f'''(x_0) = 0$ kann ein Wendepunkt von f vorliegen, es kann sich jedoch auch um einen Wendepunkt von f' handeln.

Einen Wendepunkt mit horizontaler Tangente (z.B. P_1 in Abb. 3) bezeichnet man als Sattelpunkt.

■ **Definitionslücken**

Ist f in einer Umgebung von x_0 mit Ausnahme der Stelle x_0 definiert, dann bezeichnet man die Stelle x_0 als Definitionslücke. Wenn eine ↑ Polstelle vorliegt (vgl. ↑ rationale Funktionen), spricht man von einer *unhebbaren* Definitionslücke. Wenn

$$\lim_{x \to x_0} f(x) = c$$

existiert, dann kann man f zu einer an der Stelle x_0 stetigen Funktion ergänzen, indem man $f(x_0) := c$ definiert. Man spricht dann von einer (stetig) *hebbaren* Definitionslücke und sagt, f sei an der Stelle x_0 stetig ergänzbar (Abb. 7).

■ **Asymptotisches Verhalten**

Ist f auf der Halbgeraden $[a; \infty[$ definiert, dann kann man das Verhalten von f für beliebig wachsende Werte von x untersuchen. Ist beispielsweise

$$\lim_{x \to \infty} f(x) = c,$$

dann hat f für $x \to \infty$ eine waagerechte ↑ Asymptote. Ist g eine weitere auf $[a; \infty[$ definierte Funktion und gilt

$$\lim_{x \to \infty} (f(x) - g(x)) = 0,$$

dann schmiegt sich der Graph von f dem Graph von g an, wenn die Werte von x beliebig wachsen (Abb. 8). Analog kann man das asymptotische Verhalten einer Funktion für $x \to -\infty$ untersuchen.

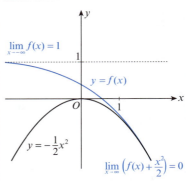

Kurvendiskussion (Abb. 8): asymptotisches Verhalten

■ **Beispiele**

Beispiel 1 (vgl. Abb. 9):

$$f: x \mapsto \frac{x^3}{x^2 - 1}; \quad D(f) = \mathbb{R} \setminus \{1, -1\}.$$

Symmetrie: Es ist $f(-x) = -f(x)$, der Graph von f ist also punktsymmetrisch zum Ursprung.

Nullstellen: Die Gleichung $f(x) = 0$ hat die einzige Lösung 0, also ist 0 die einzige Nullstelle.

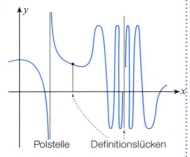

Kurvendiskussion (Abb. 7): Definitionslücken

Kurvendiskussion

Steigungsverhalten: Die Ableitungsfunktion gewinnt man mithilfe der Quotientenregel:

$$f'(x) = \frac{x^4 - 3x^2}{(x^2-1)^2} = \frac{x^2(x^2-3)}{(x^2-1)^2}.$$

Es ist $f'(x) > 0$ für $x^2 > 3$, also für $x < -\sqrt{3}$ und für $x > \sqrt{3}$.
Es ist $f'(x) < 0$ für $x^2 < 3$, also für $-\sqrt{3} < x < \sqrt{3}$.

Extremalstellen: Es ist $f'(x) = 0$ für $x = -\sqrt{3}$ und für $x = \sqrt{3}$, ferner für $x = 0$. Zur Entscheidung, ob Extremwerte vorliegen, benötigt man die zweite Ableitungsfunktion, die man wiederum mithilfe der Quotientenregel berechnet:

$$f''(x) = \frac{2x^3 + 6x}{(x^2-1)^3} = \frac{2x(x^2+3)}{(x^2-1)^3}.$$

Es ist $f''(-\sqrt{3}) = -\frac{3}{2}\sqrt{3}$, also ist $(-\sqrt{3} \mid -\frac{3}{2}\sqrt{3})$ ein Maximalpunkt.
Es ist $f''(\sqrt{3}) = +\frac{3}{2}\sqrt{3}$, also ist $(\sqrt{3} \mid \frac{3}{2}\sqrt{3})$ ein Minimalpunkt.
Die Stelle 0 ist ein Wendepunkt.

Krümmung: Beim Betrachten des Terms für $f''(x)$ sieht man, dass der Bruch nur dann positiv sein kann, wenn x und (x^2-1) beide positiv oder beide negativ sind, also für $x(x^2-1) > 0$. Dies ist der Fall für $x > 1$ und für $-1 < x < 0$; dort liegt eine Linkskurve vor.
Es ist $f''(x) < 0$ für $x(x^2-1) < 0$, also für $0 < x < 1$ und für $x < -1$; dort liegt eine Rechtskurve vor.

Wendepunkte: Die Gleichung $f''(x) = 0$ hat die einzige Lösung 0; wie gesehen, ändert f'' dort das Vorzeichen, 0 ist aber keine Extremalstelle. Es liegt also ein Sattelpunkt vor.

Definitionslücken: An den Definitionslücken 1 und -1 liegen Pole vor, und zwar ist

$$\lim_{x \to 1^+} f(x) = \lim_{x \to -1^+} f(x) = +\infty$$

und

$$\lim_{x \to 1^-} f(x) = \lim_{x \to -1^-} f(x) = -\infty$$

(↑ einseitige Grenzwerte).

Asymptotisches Verhalten: Durch ↑ Polynomdivision erhält man

$$\frac{x^3}{x^2-1} = x + \frac{x}{x^2-1}.$$

Es ist also

$$\lim_{x \to \infty} (f(x) - x) = 0$$

und $\lim_{x \to -\infty} (f(x) - x) = 0$.

Der Graph von f schmiegt sich also asymptotisch der Geraden mit der Gleichung $y = x$ an, und zwar für $x \to +\infty$ von oben und für $x \to -\infty$ von unten.

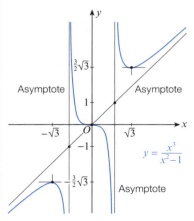

Kurvendiskussion (Abb. 9): Graph zu Beispiel 1

Beispiel 2 (vgl. Abb. 10, S. 240):

$$f: x \mapsto \frac{x^2 - 2x + 1}{x^2 + 1}$$
$$= 1 - \frac{2x}{x^2+1}; \quad D(f) = \mathbb{R}.$$

Kurvendiskussion

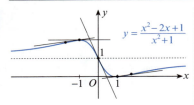

Kurvendiskussion (Abb. 10): Graph zu Beispiel 2

Symmetrie: Der Graph von f ist punktsymmetrisch zu $(0|1)$, denn

$$f(-x) = \frac{x^2 - 2x + 1}{x^2 + 1}$$
$$= 2 - \frac{x^2 - 2x + 1}{x^2 + 1} = 2 - f(x).$$

Nullstellen: Die einzige Nullstelle ist 1.
Steigungsverhalten: Es ist

$$f'(x) = \frac{2(x^2 - 1)}{(x^2 + 1)^2}.$$

Also ist f streng monoton steigend für $x < -1$ und für $x > 1$, streng monoton fallend für $-1 < x < 1$.
Extremalwerte: Waagerechte Tangenten erhält man an den Stellen -1 und 1. Es ist

$$f''(x) = \frac{-4x^3 + 12x}{(x^2 + 1)^3},$$

also $f''(-1) = -1$ und $f''(1) = 1$. Folglich ist $(-1|2)$ ein Maximalpunkt und $(1|0)$ ein Minimalpunkt.
Krümmung: Es ist $f''(x) > 0$ für $x > 0$ und $x^2 < 3$ sowie für $x < 0$ und $x^2 > 3$. Es ist $f''(x) < 0$ für $x > 0$ und $x^2 > 3$ sowie für $x < 0$ und $x^2 < 3$.
Wendepunkte: Wendepunkte sind $(-\sqrt{3}|\frac{1}{4}(\sqrt{3}+1)^2)$, $(0|1)$ und $(\sqrt{3}|\frac{1}{4}(\sqrt{3}-1)^2)$. Die Steigung in den Wendepunkten beträgt der Reihe nach $\frac{1}{4}$, -2, $\frac{1}{4}$.

Definitionslücken: Die Funktion f hat keine Definitionslücken.
Asymptotisches Verhalten: Es ist

$$\lim_{x \to \infty} f(x) = \lim_{x \to -\infty} f(x) = 1.$$

Also ist die Gerade $y = 1$ Asymptote.
Beispiel 3 (vgl. Abb. 11):

$$f: x \mapsto e^{1/x}; \quad D(f) = \mathbb{R} \setminus \{0\}.$$

Es ist

$$f'(x) = -\frac{1}{x^2} \cdot e^{1/x},$$
$$f''(x) = \left(\frac{2}{x^3} + \frac{1}{x^4}\right) \cdot e^{1/x}.$$

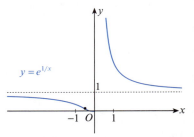

Kurvendiskussion (Abb. 11): Graph zu Beispiel 3

In $D(f)$ gibt es keine Nullstellen und keine Extremalstellen. Einziger Wendepunkt ist $(-\frac{1}{2}|e^{-2})$. Die Definitionslücke bei 0 ist nicht stetig hebbar, denn

$$\lim_{x \to 0^+} f(x) = +\infty \quad \text{und} \quad \lim_{x \to 0^-} f(x) = 0.$$

Ferner ist

$$\lim_{x \to \infty} f(x) = \lim_{x \to -\infty} f(x) = 1.$$

Beispiel 4 (vgl. Abb. 12):

$$f: x \mapsto \exp\left(-\frac{x^2}{2}\right); \quad D(f) = \mathbb{R}.$$

Dabei ist $\exp(x) = e^x$. Diese Funktion ist in der Statistik von großem Interesse (↑ Normalverteilung). Der

Graph von f ist symmetrisch zur y-Achse und besitzt keine Nullstellen. Es ist

$$f'(x) = -x \exp\left(-\frac{x^2}{2}\right)$$

$$f''(x) = (x^2 - 1)\exp\left(-\frac{x^2}{2}\right)$$

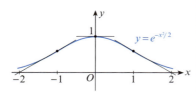

Kurvendiskussion (Abb. 12): Graph zu Beispiel 4

Daraus liest man ab, dass $(0|1)$ ein Maximalpunkt ist und dass $\left(-1\Big|\sqrt{\frac{1}{e}}\right)$ und $\left(1\Big|\sqrt{\frac{1}{e}}\right)$ Wendepunkte sind. Die Steigung in den Wendepunkten ist $\sqrt{\frac{1}{e}}$ bzw. $-\sqrt{\frac{1}{e}}$; daher gehen die Wendetangenten durch die Punkte $(-2|0)$ bzw. $(2|0)$. Für $x \to \infty$ und für $x \to -\infty$ schmiegt sich der Graph von f von oben der x-Achse an.

Kurvenintegral: Es sei γ eine glatte Kurve mit der Parameterdarstellung

$$\begin{pmatrix} x \\ y \end{pmatrix} = \begin{pmatrix} \varphi(t) \\ \psi(t) \end{pmatrix} \quad (t \in [a; b]).$$

(Dabei bedeutet »glatt«, dass die Funktionen φ und ψ stetig differenzierbar sind.) Ferner sei f eine Funktion zweier Variablen, die in einem ↑ Gebiet G stetig ist. Die Kurve γ möge ganz in G verlaufen. Dann nennt man das Integral

$$\int_a^b f(\varphi(t), \psi(t))$$
$$\cdot \sqrt{(\varphi'(t))^2 + (\psi'(t))^2}\,\mathrm{d}t$$

das Kurvenintegral von f über die Kurve γ. Da es von der speziell gewählten Parameterdarstellung von γ nicht abhängt, bezeichnet man es auch kurz mit

$$\int_\gamma f \quad \text{oder mit} \quad \int_\gamma f(x,y)\,\mathrm{d}s,$$

wobei »s« an die ↑ Bogenlänge erinnern soll.

Kurvenschar: eine Menge von ebenen Kurven, wenn es eine Gleichung

$$F(x,y,c) = 0$$

gibt, welche bei festem c die Gleichung einer dieser Kurven ist. c heißt Parameter der Kurvenschar. Dabei soll c ein (beschränktes oder unbeschränktes) Intervall durchlaufen. Jedem c soll genau eine der Kurven entsprechen und jeder Kurve genau ein Parameterwert c.

Beispiel 1: Durch

$$(x-c)^2 + y^2 = 4, \quad c \in \mathbb{R}$$

ist eine Schar von Kreisen beschrieben (Abb. 1).

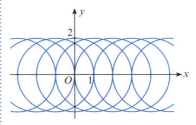

Kurvenschar (Abb. 1): Schar von Kreisen

Beispiel 2: Durch

$$c(x-1) + (y-2) = 0, \quad c \in \mathbb{R}$$

ist die Schar aller Geraden durch den Punkt $(1|2)$ mit Ausnahme der Parallelen zur y-Achse beschrieben (Abb. 2, S. 242).

Kurven zweiter Ordnung

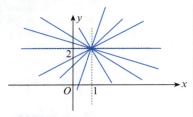

Kurvenschar (Abb. 2): Schar von Geraden durch (1|2)

Beispiel 3: Die Geradenschar

$$y = 2cx - c^2, \quad c \in \mathbb{R}$$

besteht aus allen Tangenten der Normalparabel ($y = x^2$). Die Parabel ist die ↑ Enveloppe dieser Kurvenschar.

Beispiel 4: In Abb. 3 ist die durch

$$x^c y - 1 = 0, \quad c \in \mathbb{R}^+$$

gegebene Kurvenschar veranschaulicht.

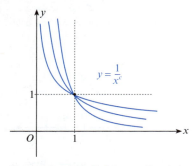

Kurvenschar (Abb. 3): Schar von Hyperbeln

Kurven zweiter Ordnung: Kurven in der Ebene, die einer Gleichung der Form

$$a_{11}x^2 + 2a_{12}xy + a_{22}y^2 + 2a_{13}x + 2a_{23}y + a_{33} = 0 \quad (1)$$

genügen. Die Koeffizienten sind reelle Zahlen, wobei mindestens einer der Koeffizienten a_{11}, a_{12}, a_{22} von 0 verschieden sein soll. Die Kurven zweiter Ordnung sind identisch mit den ↑ Kegelschnitten. Durch eine ↑ Hauptachsentransformation (also eine Drehung des Koordinatensystems) und eine anschließende Verschiebung des Koordinatensystems kann man jede Gleichung (1) in einen der folgenden Gleichungstypen transformieren:

(a) $\dfrac{x^2}{a^2} + \dfrac{y^2}{b^2} = 1$ (↑ Ellipse);

(b) $\dfrac{x^2}{a^2} + \dfrac{y^2}{b^2} = -1$ (imaginäre Ellipse);

(c) $x^2 + y^2 = 0$ (Koordinatenursprung);

(d) $\dfrac{x^2}{a^2} - \dfrac{y^2}{b^2} = 1$ (↑ Hyperbel);

(e) $\dfrac{x^2}{a^2} - \dfrac{y^2}{b^2} = 0$ (zwei sich schneidende Geraden)

(f) $y^2 - 2px = 0$ (↑ Parabel);

(g) $\dfrac{y^2}{a^2} = 1$ (zwei parallele Geraden);

(h) $y^2 = 0$ (zwei zusammenfallende Geraden);

(i) $\dfrac{y^2}{a^2} = -1$ (zwei parallele imaginäre Geraden).

Am Vorzeichen von

$$D := a_{12}^2 - 4a_{11}a_{22}$$

lässt sich bei einer allgemeinen Gleichung (1) einer Kurve zweiter Ordnung feststellen, welcher der Typen vorliegt: Es handelt sich bei

- $D < 0$ um den Ellipsentyp ((a), (b), (c));
- $D > 0$ um den Hyperbeltyp ((d), (e));
- $D = 0$ um den Parabeltyp ((f), (g), (h), (i)).

Lagrange [laˈgrãʒ], Joseph Louis de, französischer Mathematiker, Physiker und Astronom, *Turin 25. 1. 1736, †Paris 10. 4. 1813: LAGRANGE wurde als GIUSEPPE LUDOVICO LAGRANGIA in eine französisch-italienische Familie geboren und studierte anfangs Philosopie, dann Mathematik. Schon in jungen Jahren löste er die von L. ↑ EULER gestellten isoperimetrischen Aufgaben und wurde bereits 1755 Professor der Mathematik an der Artillerieschule in Turin. 1766–86 leitete er als Nachfolger EULERS die mathematisch-physikalische Klasse der Preußischen Akademie der Wissenschaften in Berlin. Nach dem Tod FRIEDRICHS II. im Jahr 1786 übersiedelte er nach Paris und wurde dort Mitglied der Akademie. Er arbeitete u.a. im Komitee für Erfindungen und deren Anwendungen und leitete die Kommission für das Münzwesen. 1794 wurde er Professor zunächst an der École Normale, 1795 an der neu gegründeten École Polytechnique sowie Mitglied im Bureau des Longitudes, wo er an der Entwicklung des metrischen Einheitensystems mitwirkte. Von NAPOLEON wurde er zum Mitglied des Senats ernannt und zuletzt in den Grafenstand erhoben.

Als einer der herausragenden Gelehrten des 18. Jahrhunderts beeinflusste LAGRANGE die Entwicklung der theoretischen Physik wesentlich, insbesondere die analytische Mechanik und deren Anwendung auf die Himmelsmechanik. Seine mathematischen Arbeiten behandeln Themen der Analysis, der Zahlentheorie und der Wahrscheinlichkeitsrechnung. Ferner war er bahnbrechend auf dem Gebiet der Differenzialgleichungen.

Lagrange (Abb. 1): Joseph Louis de Lagrange

Lagrange-Identität [laˈgrãʒ-; nach J.L. DE ↑ LAGRANGE]: für Vektoren des Raumes die Identität

$$(\vec{a} \times \vec{b}) \cdot (\vec{c} \times \vec{d}) = (\vec{a} \cdot \vec{c})(\vec{b} \cdot \vec{d}) - (\vec{a} \cdot \vec{d})(\vec{b} \cdot \vec{c})$$

(↑ Skalarprodukt, ↑ Vektorprodukt). *Beweis* mithilfe der ↑ Grassmann-Identität und der Eigenschaften des ↑ Spatprodukts:

$$(\vec{a} \times \vec{b}) \cdot (\vec{c} \times \vec{d})$$
$$= \det(\vec{a}, \vec{b}, \vec{c} \times \vec{d})$$
$$= \vec{a} \cdot (\vec{b} \times (\vec{c} \times \vec{d}))$$
$$= \vec{a} \cdot ((\vec{b} \cdot \vec{d})\vec{c} - (\vec{b} \cdot \vec{c})\vec{d})$$
$$= (\vec{a} \cdot \vec{c})(\vec{b} \cdot \vec{d}) - (\vec{a} \cdot \vec{d})(\vec{b} \cdot \vec{c}).$$

lagrangesches Restglied [laˈgrãʒ-; nach J.L. DE ↑ LAGRANGE]: eine Form des Restglieds bei der Entwicklung einer Funktion in eine ↑ Taylor-Reihe.

Landau-Symbole [nach EDMUND LANDAU; *1877, †1938]: eine Schreibweise, mit der man die Größenordnung des Wachstums einer Funktion f durch das Wachstum einer (i. d. R. einfacheren) Funktion g abschätzt. Die Landau-Symbole »Groß-O« und »Klein-o« werden v. a. bei der

Laplace

Untersuchung des ↑asymptotischen Verhaltens von Funktionen verwendet. $f(x) = O(g(x))$ bedeutet

$\left|\dfrac{f(x)}{g(x)}\right|$ beschränkt für $x \to \infty$;

$f(x) = o(g(x))$ bedeutet

$\lim\limits_{x\to\infty} \dfrac{f(x)}{g(x)} = 0$.

Laplace (Abb. 1): Pierre Simon Marquis de Laplace

Laplace [la'plas], Pierre Simon Marquis de, französischer Mathematiker und Astronom, *Beaumont-en-Auge (Département Calvados) 28. 3. 1749, †Paris 5. 3. 1827: LAPLACE war Lehrer der Mathematik zuerst an der Militärschule seiner Heimatstadt, dann beim königlichen Artilleriekorps in Paris. 1773 wurde er Mitglied der Akademie und später Mitglied des Bureau des Longitudes und der Kommission für Maße und Gewichte, 1799 Innenminister. Mit Errichtung des Kaiserreichs ernannte ihn NAPOLEON 1804 zum Grafen. 1805 schaffte LAPLACE den Revolutionskalender ab und führte den gregorianischen Kalender wieder ein. Nach der Wiedereinsetzung der Bourbonen 1814 und der Verbannung NAPOLEONS ernannte ihn LUDWIG XVIII. zum Pair, 1817 zum Marquis.

LAPLACE zählt zu den größten Mathematikern und Astronomen seiner Zeit. In seinem fünfbändigen Hauptwerk zur Himmelsmechanik (1799–1825) brachte er die Theorie der Differenzialgleichungen wesentlich voran. LAPLACE behandelte erstmals Probleme der Wahrscheinlichkeitsrechnung systematisch mit mathematischen Methoden.

LAPLACE war der Überzeugung, alles Naturgeschehen sei streng determiniert (vorbestimmt) und der ↑Zufall sei nur als Modellvorstellung unseres Denkens nützlich. Er drückte dies folgendermaßen aus: »Es lässt sich eine Stufe der Naturerkenntnis denken, auf welcher alles Weltgeschehen durch *eine* mathematische Formel vorgestellt würde, durch *ein* unermessliches System simultaner Differenzialgleichungen, aus dem sich Ort, Bewegungsrichtung und Geschwindigkeit jedes Atoms im Weltall zu jeder Zeit ergäbe.« Diese Ansicht wurde mit der Entdeckung der echten Zufallsprozesse beim radioaktiven Zerfall und später durch die Behandlung des mathematischen Chaos infrage gestellt. ∎

Laplace-Versuch [la'plas-; nach P. S. DE ↑LAPLACE]: ein ↑Zufallsversuch mit endlich vielen Ausfällen, die alle gleich wahrscheinlich sind.
Beispiel 1: Beim einmaligen Würfeln mit einem idealen Würfel haben die 6 Ausfälle alle die Wahrscheinlichkeit $\frac{1}{6}$.
Beispiel 2: Beim zweimaligen Würfeln mit Notieren des Augenpaares (1. Wurf, 2. Wurf) haben die 36 Ausfälle alle die Wahrscheinlichkeit $\frac{1}{36}$.
Beispiel 3: Beim einmaligen Werfen einer idealen Münze haben die beiden Ausfälle jeweils die Wahrscheinlichkeit $\frac{1}{2}$.
Gibt es genau n verschiedene Ausfälle, so hat jeder die Wahrscheinlichkeit $\frac{1}{n}$. Ist E ein ↑Ereignis bei einem

Laplace-Versuch, so ist die Wahrscheinlichkeit von E gleich

$$\frac{|E|}{|\Omega|} = \frac{\text{Anzahl der günstigen Ausfälle}}{\text{Anzahl der möglichen Ausfälle}}.$$

Liegt ein Laplace-Versuch mit der Menge Ω der möglichen Ausfälle vor, so heißt der Wahrscheinlichkeitsraum $(\Omega, \mathcal{P}(\Omega), P)$ mit $P(E) = \frac{|E|}{|\Omega|}$ für $E \in \mathcal{P}(\Omega)$ ein laplacescher Wahrscheinlichkeitsraum. Dabei bedeutet $\mathcal{P}(\Omega)$ die Menge aller Teilmengen von Ω (Potenzmenge von Ω).

lateinisches Quadrat: eine quadratische ↑ Matrix der Ordnung n, deren Zeilen und Spalten jeweils alle Elemente aus $\{1, 2, ..., n\}$ (früher mit den großen lateinischen Buchstaben A, B, C, D, ... bezeichnet) enthalten.

Beispiel für ein lateinisches Quadrat der Ordnung 4:

1	2	3	4
2	3	4	1
3	4	1	2
4	1	2	3

Zwei lateinische Quadrate $(a_{ij}), (b_{ij})$ der Ordnung n heißen **orthogonal**, wenn die n^2 Paare (a_{ij}, b_{ij}) alle verschieden sind. Es gibt kein Paar orthogonaler lateinischer Quadrate der Ordnung 2.

Beispiel für ein Paar orthogonaler lateinischer Quadrate der Ordnung 3:

1	2	3		1	2	3
2	3	1		3	1	2
3	1	2		2	3	1

Im Jahr 1960 wurde bewiesen, dass kein Paar orthogonaler lateinischer Quadrate der Ordnung 6 existiert, dass es aber für jede andere Ordnung $n > 2$ ein solches Paar gibt.

Paare orthogonaler lateinischer Quadrate spielen z. B. bei landwirtschaftlichen Experimenten eine Rolle (Wirkung verschiedener Düngemethoden auf verschiedenen Bodensorten).

L. ↑ EULER stellte im Jahr 1779 folgende Frage, die als eulersches **Offiziersproblem** berühmt wurde: »Kann man 36 Offiziere aus 6 Regimentern und jeweils 6 verschiedenen Chargen (Diensträngen) so in einem Quadrat aufstellen, dass keine Zeile und keine Spalte zwei Offiziere des gleichen Regiments und der gleichen Charge enthalten?« Die Antwort ist »Nein«, den Grund dafür kennt man aber erst seit 1960. ■

Lebenserwartung: das Alter, das ein Individuum von vorgegebenem Lebensalter aufgrund des bekannten statistischen Materials über die Population »im Schnitt« erwarten kann. Hat die ↑ Bevölkerungsstatistik für den Altersaufbau der Bevölkerung die Kurve $f(t)$ in Abb. 1 ergeben, so errechnet sich die Lebenserwartung eines Individuums vom Alter n zu

$$n + \int_n^\infty f(t)\,dt.$$

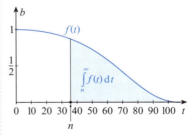

Lebenserwartung (Abb. 1): $b = f(t) = $ Anteil der zum Zeitpunkt t nach der Geburt noch lebenden Individuen

Die mittlere Lebensdauer eines Individuums ist $\int_0^\infty f(t)\,dt$.

Lebesgue [lə'bɛg], Henri Léon, französischer Mathematiker, *Beauvais 28. 6. 1875, †Paris 26. 7. 1941: LEBESGUE entstammte aus bescheidenen Verhältnissen, konnte aber trotz des frühen Tods seines Vaters studieren. 1897 diplomierte er an der École Normale und wurde Lehrer. In seiner Doktorarbeit begründete er die nach ihm benannte Theorie der Maße und verallgemeinerte den riemannschen Integralbegriff (**Lebesgue-Integral**). Dieser ermöglicht es, auch Funktionen mit extrem unstetigem Verhalten ein Integral zuzuordnen. Seit 1910 lehrte er an der Sorbonne (seit 1919 als Professor) und ab 1921 am renommierten Collège de France in Paris.
LEBESGUE ist einer der Begründer der modernen Theorie der reellen Funktionen. Er arbeitete auch über Fourier-Reihen und die Potenzialtheorie. Bei seinen Untersuchungen analytisch darstellbarer Funktionen leitete er auch geometrische und topologische Ergebnisse her. In den letzten 20 Jahren seines Lebens beschäftigte er sich v.a. mit pädagogischen Fragen und der Wissenschaftsgeschichte.

Leibniz: siehe S. 248.

Leibniz-Kriterium [nach G.W. ↑ LEIBNIZ]: das folgende ↑ Konvergenzkriterium für ↑ Reihen: Eine alternierende Reihe (abwechselnd positive und negative Summanden), bei der die Summanden eine monotone ↑ Nullfolge bilden, ist konvergent. Ein Beispiel hierfür ist die ↑ leibnizsche Reihe.

leibnizsche Reihe [nach G.W. ↑ LEIBNIZ]: die ↑ Reihe

$$\sum_{n=0}^{\infty} \frac{(-1)^n}{2n+1} = 1 - \frac{1}{3} + \frac{1}{5} - \ldots$$

Diese Reihe konvergiert und hat den Grenzwert $\frac{\pi}{4}$.

Lemniskate [zu lateinisch lemniscatus »mit Bändern geschmückt«]: der geometrische Ort aller Punkte, für die das Produkt der Abstände von zwei gegebenen Punkten F_1 und F_2 den konstanten Wert $(\frac{1}{2}\overline{F_1F_2})^2$ besitzt. Wählt man ein kartesisches Koordinatensystem so, dass

$F_1 = (a|0)$ und $F_2 = (-a|0)$

gilt, dann ist (vgl. Abb. 1)

$\overline{PF_1}^2 = (x-a)^2 + y^2$,
$\overline{PF_2}^2 = (x+a)^2 + y^2$.

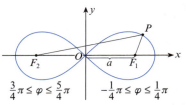

Lemniskate (Abb. 1): Für eine Lemniskate ist das Produkt aus $\overline{PF_1}$ und $\overline{PF_2}$ konstant.

Aus der Definition der Lemniskate

$\overline{PF_1} \cdot \overline{PF_2} = a^2$

erhält man nach algebraischen Umformungen die Lemniskatengleichung

$(x^2 + y^2)^2 - 2a^2(x^2 - y^2) = 0.$

Führt man ↑ Polarkoordinaten ein, dann erhält man daraus die Lemniskatengleichung

$r = a\sqrt{2\cos 2\varphi}.$

Für $-\frac{\pi}{4} \leq \varphi \leq \frac{\pi}{4}$ erhält man den rechten Teil, für $\frac{3}{4}\pi \leq \varphi \leq \frac{5}{4}\pi$ den linken Teil der Kurve.

lg: Funktionszeichen für die ↑ Logarithmusfunktion zur Basis 10.

L'Hospital-Regeln

L'Hospital-Regeln (l'hospitalsche Regeln) [lopi'tal-; nach GUILLAUME FRANÇOIS ANTOINE Marquis DE L'HOSPITAL; *1661, †1704): Regeln zur Berechnung von Grenzwerten der Form

$$\lim_{x \to x_0} \frac{f(x)}{g(x)} \quad \text{mit } f(x_0) = g(x_0) = 0.$$

L'HOSPITAL hatte diese Regeln bei JOHANN ↑ BERNOULLI kennen gelernt und veröffentlichte sie 1696, als er das erste Lehrbuch der Infinitesimalrechnung herausbrachte.

■ Erste Regel von de L'Hospital:

Die Funktionen f und g seien auf $[a; b]$ stetig und auf $]a; b[$ differenzierbar, und es sei $g'(x) \neq 0$ für alle $x \in]a; b[$. Ist $f(b) = g(b) = 0$ und existiert der ↑ einseitige Grenzwert $\lim_{x \to b^-} \frac{f'(x)}{g'(x)}$, dann ist

$$\lim_{x \to b^-} \frac{f(x)}{g(x)} = \lim_{x \to b^-} \frac{f'(x)}{g'(x)}.$$

Die entsprechende Aussage gilt auch für rechtsseitige Grenzwerte und für beidseitige Grenzwerte.

Der *Beweis* ergibt sich aus dem zweiten ↑ Mittelwertsatz, nach dem es stets ein $\xi \in]x; b[$ gibt mit

$$\frac{f(x)}{g(x)} = \frac{f(x) - f(b)}{g(x) - g(b)} = \frac{f'(\xi)}{g'(\xi)}.$$

Beispiele:

(1) $\lim_{x \to 0} \frac{\ln(1+x)}{x} = \lim_{x \to 0} \frac{\frac{1}{1+x}}{1} = 1.$

(2) $\lim_{x \to 0} \frac{u^x - v^x}{x}$
$= \lim_{x \to 0} \frac{u^x \cdot \ln u - v^x \cdot \ln v}{1}$
$= \ln u - \ln v = \ln \frac{u}{v}$

mit $u, v > 0$.

(3) $\lim_{x \to 0} \frac{e^x - x - 1}{x^2} = \lim_{x \to 0} \frac{e^x - 1}{2x}$
$= \lim_{x \to 0} \frac{e^x}{2} = \frac{1}{2}.$

Hier musste die L'Hospital-Regel zweimal angewandt werden.

(4) $\lim_{x \to 0} \left(\frac{1}{x} - \frac{1}{e^x - 1} \right) = \lim_{x \to 0} \frac{e^x - 1 - x}{x(e^x - 1)}$
$= \lim_{x \to 0} \frac{e^x - 1}{e^x - 1 + x e^x} = \lim_{x \to 0} \frac{e^x}{e^x(2 + x)} = \frac{1}{2};$

auch hier wurde die L'Hospital-Regel zweimal angewendet.

(5) $\lim_{x \to 0^+} \frac{\ln(1 - x^2)}{x^r} = \lim_{x \to 0^+} \frac{-2x^{2-r}}{r(1 - x^2)}$
$= 0$, falls $0 < r < 2$.

Folgerung: Aus der ersten L'Hospital-Regel ergibt sich unmittelbar die folgende Regel: Die Funktionen f und g seien differenzierbar auf $[a; \infty[$, und es sei dort $g'(x) \neq 0$. Ist $\lim_{x \to \infty} f(x) = \lim_{x \to \infty} g(x) = 0$ und existiert der Grenzwert $\lim_{x \to \infty} \frac{f'(x)}{g'(x)}$, dann ist

$$\lim_{x \to \infty} \frac{f(x)}{g(x)} = \lim_{x \to \infty} \frac{f'(x)}{g'(x)}.$$

Denn

$$\lim_{x \to \infty} \frac{f(x)}{g(x)} = \lim_{t \to 0^+} \frac{f\left(\frac{1}{t}\right)}{g\left(\frac{1}{t}\right)}$$

$$= \lim_{t \to 0^+} \frac{-\frac{1}{t^2} f'\left(\frac{1}{t}\right)}{-\frac{1}{t^2} g'\left(\frac{1}{t}\right)}$$

$$= \lim_{t \to 0^+} \frac{f'\left(\frac{1}{t}\right)}{g'\left(\frac{1}{t}\right)} = \lim_{x \to \infty} \frac{f'(x)}{g'(x)}.$$

Eine entsprechende Regel gilt natürlich auch für den Grenzübergang »$x \to -\infty$«.

Leibniz

GOTTFRIED WILHELM LEIBNIZ, geboren in Leipzig am 1.7.1646, gestorben in Hannover 14.11.1716, gilt als letzter Universalgelehrter. In seinem Denken vereinte er heute getrennte Gebiete wie Mathematik und Philosophie, Naturwissenschaften und Theologie, Technik und Geschichtsschreibung auf einzigartige Weise. Im Folgenden sollen jedoch seine mathematischen Leistungen im Vordergrund stehen.

■ Der Lebensweg

Als Sohn eines Leipziger Universitätsprofessors erwarb LEIBNIZ schon als Kind weit reichende Sprach- und Literaturkenntnisse in der väterlichen Bibliothek. Er studierte in Leipzig und Jena und promovierte als Zwanzigjähriger in Altdorf bei Nürnberg zum Dr. jur. Im Auftrag des Mainzer Kurfürsten reiste er 1672–76 in diplomatischer Mission nach Paris. Während dieser Zeit drang er sehr schnell in die Wissenschaften ein, vor allem in die Mathematik. Dabei spielte seine Bekanntschaft mit dem niederländischen Wissenschaftler CHRISTIAAN HUYGENS (*1629, †1695) eine große Rolle.

Da er keine Universitätskarriere anstrebte, trat LEIBNIZ 1676 in den Dienst des Herzogs von Hannover. Unter den Nachfolgern des Herzogs fand er jedoch keine große Anerkennung mehr und wurde mit banalen juristischen Problemen und Verwaltungsarbeit beschäftigt. Im damals provinziellen Hannover fand er auch keine angemessenen Gesprächspartner, sodass er ausgedehnte Briefwechsel mit den führenden Wissenschaftlern Europas führte. Als 1700 in Berlin die Akademie der Wissenschaften gegründet wurde, wurde LEIBNIZ auf Lebenszeit deren erster Präsident. In Hannover immer noch

(Abb. 1) Gottfried Wilhelm Leibniz (Lithographie)

verkannt, starb er als einsamer und verbitterter Mann.

Die Zeitgenossen von LEIBNIZ sprachen von seiner ungeheuren geistigen Beweglichkeit und Auffassungsgabe. Gleichzeitig war er aber sehr vergesslich und notierte sich ständig etwas auf kleinen Zetteln. Da diese teils noch erhalten sind, liefern sie eine gute Quelle, um LEIBNIZ' Gedankengänge auf dem Weg zu seinen großen mathematischen und philosophischen Theorien zu rekonstruieren. ■

■ »Calculus«

1675 entstanden die Grundgedanken seiner Infinitesimalmathematik. LEIBNIZ nannte sie »Calculus differentialis« (Differenzialrechnung) und »Calculus summatoris« (Integralrechnung) – noch heute heißt die Infinitesimalrechnung im Englischen »calculus«. Dabei erkannte er den Zusammenhang zwischen dem Quadraturproblem (Integration) und dem Tangentenproblem (Differenziation). Aber erst ab 1682 begann er, seine Erkenntnisse zur Analysis zu publizieren: Konvergenzkriterien für alternierende Reihen, die Darstellung von π durch die leibnizsche Reihe

$$\frac{\pi}{4} = 1 - \frac{1}{3} + \frac{1}{5} - \frac{1}{7} + \ldots,$$

die Grundlagen der Differenzialrechnung, Differenziationsregeln bis hin zur Kettenregel usw. Wichtig war ihm dabei vor allem die Anwendung seines Calculus auf Kurvenuntersuchungen und auf Probleme der Physik.

■ Das leibnizsche Dreieck

Zur Berechnung von Reihensummen benutzte LEIBNIZ das harmonische Dreieck (auch **leibnizsches Dreieck** genannt, Abb. 2). Der Aufbau dieses Dreiecks wird wie der des pascalschen Dreiecks rekursiv erklärt: In der ersten Zeile und ersten Spalte steht die harmonische Folge (Folge der Stammbrüche). Jede weitere Zahl ist die Differenz der über ihr und der schräg rechts über ihr stehenden Zahl; z. B. ergibt sich so die Zahl $\frac{1}{6}$ als $\frac{1}{2} - \frac{1}{3}$. Bildet man nun in einer Zeile – irgendwo beginnend – die Summe aufeinander folgender Glieder und addiert dazu die Zahl schräg rechts über der letzten Zahl, so erhält man die Zahl, die über der ersten steht:

$$\left(\frac{1}{12} + \frac{1}{20} + \frac{1}{30} + \frac{1}{42}\right) + \frac{1}{7} = \frac{1}{3}.$$

LEIBNIZ benutzte das harmonische Dreieck als Instrument zur Summierung gewisser Folgen. Beispielsweise ergibt sich daraus

$$\frac{1}{2} + \frac{1}{6} + \frac{1}{12} + \frac{1}{20} + \ldots = 1,$$
$$\frac{1}{3} + \frac{1}{12} + \frac{1}{30} + \frac{1}{60} + \ldots = \frac{1}{2}.$$

Er berechnet hier also Grenzwerte, ohne jedoch einen Konvergenzbegriff zu formulieren.

Kritikern seiner Differenzialrechnung hielt LEIBNIZ oft vor, sie argumentierten zu streng logisch und zu wenig intuitiv. Dahinter verbirgt sich die Auffassung, dass sich auch das Formale in der Mathematik intuitiv entwickelt und dass strenge Logik noch nie eine neue mathematische Theorie geschaffen hat. ■

$\frac{1}{1}$	$\frac{1}{2}$	$\frac{1}{3}$	$\frac{1}{4}$	$\frac{1}{5}$	$\frac{1}{6}$	$\frac{1}{7}$	...
$\frac{1}{2}$	$\frac{1}{6}$	$\frac{1}{12}$	$\frac{1}{20}$	$\frac{1}{30}$	$\frac{1}{42}$	...	
$\frac{1}{3}$	$\frac{1}{12}$	$\frac{1}{30}$	$\frac{1}{60}$	$\frac{1}{105}$	...		
$\frac{1}{4}$	$\frac{1}{20}$	$\frac{1}{60}$	$\frac{1}{140}$	...			
$\frac{1}{5}$	$\frac{1}{30}$	$\frac{1}{105}$	...				
$\frac{1}{6}$	$\frac{1}{42}$	...					
$\frac{1}{7}$	...						
...							

(Abb. 2) Jede Zahl des leibnizschen Dreiecks ergibt sich aus der Differenz der darüber stehenden und der schräg rechts darüber stehenden Zahl, z. B. $\frac{1}{6} = \frac{1}{2} - \frac{1}{3}$.

■ Prioritätenstreit mit Newton

Kurz vor LEIBNIZ' Tod entstand unter Wissenschaftlern ein Streit darüber, ob I. ↑ NEWTON oder LEIBNIZ als Erfinder der Differenzialrechnung zu gelten hat. Streitbare Anhänger von LEIBNIZ waren dabei die Brüder JAKOB und JOHANN ↑ BERNOULLI. In ausgedehnten Briefwechseln zwischen LEIBNIZ und den BERNOULLIS dehnten diese die Differenzial- und Integralrechnung beträchtlich aus. Heute steht fest, dass NEWTON und LEIBNIZ unabhängig voneinander ihre Ideen entwickelt haben und dass die Erfindung der Differenzialrechnung zu jener Zeit »in der Luft lag«.

Begriffe, Symbole, Schreibweisen

Auch hinsichtlich der »mathematischen Sprache« wirkte LEIBNIZ bis in die heutige Zeit prägend. So benutzte er als Erster die Bezeichnung »Funktion« und formulierte den Begriff der Stetigkeit. In den Briefwechseln mit den Brüdern BERNOULLI entwickelten sich Bezeichnungen wie Konstante, Variable, Koordinate, Parameter u. a. Ebenfalls von LEIBNIZ stammen das Differenzialzeichen »dx«, das Integralsymbol »$\int$« sowie die Verwendung von Indizes und Doppelindizes.

Er erkannte damit die Notwendigkeit, sich in einer klaren und knappen Symbolsprache auszudrücken, die die Leistungsfähigkeit seines Calculus erst zur Wirkung brachte. Diese Forderung erfüllte er auch bei seinen Arbeiten zur Kombinatorik. Die Bezeichnung dieses mathematischen Gebiets geht auf sein Werk »Dissertatio de arte combinatoria« (1666) zurück.

Logik und Technik

Dass LEIBNIZ einer Symbolsprache für die Mathematik einen hohen Wert zumaß, entspringt sicher seiner intensiven Beschäftigung mit der Erkenntnistheorie. Er verfolgte die Idee einer Begriffsschrift (»arithmetica universalis«), in der durch Kombination von Variablen für Begriffe alle wahren Aussagen auf algebraischem Wege zu finden sind.

Damit hatte er die Idee der heutigen »formalen Logik« vorweggenommen, die wichtig für die Informatik ist. Er wies außerdem auf die Bedeutung des binären Zahlensystems hin. Schließlich konstruierte er 1672–74 eine Rechenmaschine, die Multiplikationen und Divisionen ausführen konnte. Dazu erfand er die Staffelwalze, die die automatische Übertragung von Zahlenwerten in andere Dezimalstellen erlaubte. Dieses Prinzip entwickelte sich zum technischen Standard für mechanische Rechenmaschinen.

Trotz seiner Vorliebe für die Theorie befasste sich LEIBNIZ auch mit sehr konkreten Problemen, z. B. der Seidenraupenzucht und der Grubenentwässerung im Bergbau. Für Letztere entwarf er eine neuartige Windmühle, die aufgrund der technischen Möglichkeiten der damaligen Zeit aber nur bedingt realisierbar war.

Heute ist LEIBNIZ ein Aushängeschild für Hannover. Das 1943 zerstörte Leibniz-Haus in der Schmiedestraße wurde 1983 am Holzmarkt rekonstruiert und dient als Gästehaus der hannoverschen Hochschulen. Die Niedersächsische Landesbibliothek beheimatet das umfangreiche Leibniz-Archiv und LEIBNIZ' Grabplatte findet sich in der Neustädter Kirche.

AITON, ERIC J.: *Gottfried Wilhelm Leibniz*. Frankfurt am Main (Insel) 1991. ■ HOLZ, HANS H.: *Gottfried Wilhelm Leibniz*. Frankfurt am Main (Campus) 1992. ■ FINSTER, REINHARD, und HEUVEL, GERD VAN DEN: *Gottfried Wilhelm Leibniz*. Reinbek (Rowohlt) 12.–13. Tsd. 1997. ■ LEIBNIZ, GOTTFRIED WILHELM: *Leibniz,* ausgewählt u. vorgestellt von THOMAS LEINKAUF. München (dtv) 2000.

■ Zweite Regel von de L'Hospital

Die Funktionen f und g seien auf $]a;b[$ differenzierbar, und es sei $f(x), g(x), g'(x) \neq 0$ für alle $x \in \,]a;b[$. Ist

$$\lim_{x \to b^-} f(x) = \lim_{x \to b^-} g(x) = +\infty$$

und existiert $\lim\limits_{x \to b^-} \dfrac{f'(x)}{g'(x)}$, dann ist

$$\lim_{x \to b^-} \frac{f(x)}{g(x)} = \lim_{x \to b^-} \frac{f'(x)}{g'(x)}.$$

Auch diese Regel lässt sich mit dem zweiten Mittelwertsatz beweisen.

Weitere Beispiele:

(6) $\lim\limits_{x \to \infty} \dfrac{x^n}{e^x} = \lim\limits_{x \to \infty} \dfrac{n x^{n-1}}{e^x}$
$= \lim\limits_{x \to \infty} \dfrac{n(n-1) x^{n-2}}{e^x} = \ldots$
$= \lim\limits_{x \to \infty} \dfrac{n!}{e^x} = 0$

für $n \in \mathbb{N}$; hier muss die l'hospitalsche Regel n-mal angewandt werden. Das Ergebnis bedeutet, dass die Exponentialfunktion stärker wächst als *jede* Potenzfunktion x^n.

(7) $\lim\limits_{x \to \infty} \dfrac{\ln x}{x^r} = \lim\limits_{x \to \infty} \dfrac{1/x}{r x^{r-1}}$
$= \lim\limits_{x \to \infty} \dfrac{1}{r x^r} = 0$ für $r > 0$.

Das Ergebnis zeigt, dass die Umkehrfunktion zur Exponentialfunktion, die Logarithmusfunktion $\ln x$, schwächer wächst als *jede* Potenzfunktion x^r.

■ Erweiterung der l'hospitalschen Regeln

Außer Grenzwerten vom »Typ« $\frac{0}{0}$ und $\frac{\infty}{\infty}$ kann man auch solche vom Typ $0 \cdot \infty$, vom Typ $\infty - \infty$ und von den Typen $0^0, 1^\infty, \infty^0$ betrachten, wenn man eine der folgenden Umformungen vornimmt:

$$f(x) g(x) = \frac{f(x)}{\dfrac{1}{g(x)}},$$

$$f(x) - g(x) = \frac{\dfrac{1}{g(x)} - \dfrac{1}{f(x)}}{\dfrac{1}{g(x)} \cdot \dfrac{1}{f(x)}},$$

$$f(x)^{g(x)} = e^{g(x) \cdot \ln f(x)}.$$

Beispiele:

(8) $\lim\limits_{x \to 0^+} x \cdot \ln x = \lim\limits_{x \to 0^+} \dfrac{\ln x}{\frac{1}{x}}$
$= \lim\limits_{x \to 0^+} \dfrac{-\frac{1}{x}}{-\frac{1}{x^2}} = \lim\limits_{x \to 0^+} x = 0.$

(9) $\lim\limits_{x \to 0^+} x^x = \lim\limits_{x \to 0^+} e^{x \cdot \ln x}$
$= \exp\left(\lim\limits_{x \to 0^+} (x \cdot \ln x)\right) \stackrel{*}{=} e^0 = 1.$

Das Gleichheitszeichen (*) gilt wegen Beispiel 8. Die Vertauschung von Grenzwertbildung und Potenzierung ist zulässig, weil die Exponentialfunktion ↑ stetig ist.

Limes (Funktionszeichen lim) [lateinisch »Grenzweg«, »Grenze«]: Bezeichnung für den ↑ Grenzwert einer Folge oder einer Funktion. Den kleinsten ↑ Häufungspunkt einer Menge M reeller Zahlen (sofern er existiert) nennt man den **Limes inferior** von M und bezeichnet ihn mit

$$\liminf M \quad \text{oder} \quad \underline{\lim} \, M.$$

Den größten ↑ Häufungspunkt einer Menge M reeller Zahlen (sofern er existiert) nennt man den **Limes superior** von M und bezeichnet ihn mit

$$\limsup M \quad \text{oder} \quad \overline{\lim} \, M.$$

Ist M die Menge der Glieder einer Zahlenfolge $\langle a_n \rangle$, dann schreibt man auch

$$\lim_{n \to \infty} \inf a_n \quad \text{bzw.} \quad \underline{\lim_{n \to \infty}} \, a_n,$$

$$\lim_{n \to \infty} \sup a_n \quad \text{bzw.} \quad \overline{\lim_{n \to \infty}} \, a_n.$$

linear abhängig

linear abhängig: bezeichnet die Eigenschaft einer Vektormenge $\{\vec{v}_1, \ldots, \vec{v}_n\}$ aus einem ↑ Vektorraum V, die nicht ↑ linear unabhängig ist. Man sagt dann auch kürzer, die Vektoren $\vec{v}_1, \ldots, \vec{v}_n$ seien linear abhängig. Dies ist genau dann der Fall, wenn es reelle Zahlen $\mu_1, \ldots, \mu_n$ gibt, die *nicht alle* gleich null sind und für die

$$\mu_1 \vec{v}_1 + \mu_2 \vec{v}_2 + \ldots + \mu_n \vec{v}_n = \vec{o}$$

gilt. Man spricht auch von einer nichttrivialen ↑ Linearkombination des Nullvektors.
Die Begriffe linear abhängig, linear unabhängig, ↑ Linearkombination und ↑ Erzeugnis hängen eng zusammen: Genau dann sind die Vektoren $\vec{v}_1, \ldots, \vec{v}_n$ linear abhängig, wenn mindestens ein $\vec{v}_i$ Linearkombination der restlichen Vektoren ist. Sind die Vektoren $\vec{v}_1, \ldots, \vec{v}_n$ linear abhängig und ist $\vec{v}_1$ Linearkombination von $\vec{v}_2, \ldots, \vec{v}_n$, so ist

$$\langle \vec{v}_1, \vec{v}_2, \ldots, \vec{v}_n \rangle = \langle \vec{v}_2, \ldots, \vec{v}_n \rangle.$$

Beispiel 1: In $\mathbb{R}^3$ sind die Vektoren

$$\begin{pmatrix} 1 \\ -2 \\ 1 \end{pmatrix}, \begin{pmatrix} 0 \\ 1 \\ 3 \end{pmatrix}, \begin{pmatrix} 2 \\ -5 \\ -1 \end{pmatrix}$$

linear abhängig, denn es gilt

$$2 \begin{pmatrix} 1 \\ -2 \\ 1 \end{pmatrix} - \begin{pmatrix} 0 \\ 1 \\ 3 \end{pmatrix} - \begin{pmatrix} 2 \\ -5 \\ -1 \end{pmatrix} = \begin{pmatrix} 0 \\ 0 \\ 0 \end{pmatrix}.$$

Je vier beliebige Vektoren von $\mathbb{R}^3$ sind immer linear abhängig, da die maximale Anzahl linear unabhängiger Vektoren in $\mathbb{R}^3$ gleich drei ist (↑ Dimension, ↑ Basis).
Beispiel 2: Enthält $\{\vec{v}_1, \ldots, \vec{v}_n\}$ den Nullvektor, so sind $\vec{v}_1, \ldots, \vec{v}_n$ stets linear abhängig. Für $\vec{v}_1 = \vec{o}$ ist beispielsweise

$$3\vec{o} + 0\vec{v}_2 + \ldots + 0\vec{v}_n = \vec{o}$$

eine nichttriviale Linearkombination des Nullvektors.

■ **Vektoren im Anschauungsraum**

Wir betrachten linear abhängige Vektoren im Anschauungsraum (↑ Translation), wie sie in der ↑ Vektorrechnung behandelt werden. Bei *einem* linear abhängigen Vektor kann es sich nur um den Nullvektor $\vec{o}$ handeln.
Sind die *zwei* Vektoren $\vec{u}$ und $\vec{v}$ linear abhängig, so ist entweder einer der Nullvektor, oder es gilt

$$\mu_1 \vec{u} + \mu_2 \vec{v} = \vec{o} \text{ mit } \mu_1 \neq 0, \mu_2 \neq 0.$$

Wegen $\mu_2 \neq 0$ kann man nach $\vec{v}$ auflösen, $\vec{v}$ ist also ein Vielfaches von $\vec{u}$. Die Vektoren $\vec{u}, \vec{v}$ sind demnach ↑ kollinear.
Sind *drei* Vektoren $\vec{u}, \vec{v}, \vec{w}$ linear abhängig und ist keiner von ihnen der Nullvektor, so kann man zwei Fälle unterscheiden: Sind je zwei der Vektoren kollinear, dann gibt es zwei Zahlen $\mu_1, \mu_2 \in \mathbb{R}$ mit

$$\vec{u} = \mu_1 \vec{v} = \mu_2 \vec{w}.$$

Sind zwei der Vektoren (etwa $\vec{u}, \vec{v}$) linear unabhängig, dann erzeugen sie eine ↑ Ebene mit der Gleichung

$$\vec{x} = \langle \vec{u}, \vec{v} \rangle.$$

Der Vektor $\vec{w}$ ist dann eine Linearkombination von $\vec{u}$ und $\vec{v}$, d. h., es gibt zwei Zahlen $\mu_1, \mu_2 \in \mathbb{R}$ mit

$$\vec{w} = \mu_1 \vec{u} + \mu_2 \vec{v}.$$

Die Vektoren $\vec{u}, \vec{v}$ und $\vec{w}$ sind in diesem Fall ↑ komplanar.
Mehr als drei Vektoren im Anschauungsraum sind stets linear abhängig. Denn sind $\vec{v}_1, \vec{v}_2, \vec{v}_3$ linear unabhängig und $\vec{v}_4$ ein beliebiger Vektor, so gibt es drei Zahlen $\mu_1, \mu_2, \mu_3 \in \mathbb{R}$ mit

$$\vec{v}_4 = \mu_1 \vec{v}_1 + \mu_2 \vec{v}_2 + \mu_3 \vec{v}_3.$$

Dies ist gleichbedeutend mit

$$\vec{o} = -1\vec{v}_4 + \mu_1 \vec{v}_1 + \mu_2 \vec{v}_2 + \mu_3 \vec{v}_3.$$

lineare Abbildung

lineare Abbildung: eine Abbildung A eines ↑ Vektorraums V in einen Vektorraum W, für die gilt:

(1) $A(\vec{v}_1 + \vec{v}_2) = A\vec{v}_1 + A\vec{v}_2$
für alle $\vec{v}_1, \vec{v}_2 \in V$,
(2) $A(t\vec{v}) = t(A\vec{v})$
für alle $t \in \mathbb{R}$ und alle $\vec{v} \in V$.

Man benutzt solche Abbildungen in der ↑ linearen Algebra, um Vektorräume und ihre Eigenschaften zu untersuchen.

■ **Bezeichnungen**

Eine lineare Abbildung von V in W nennt man auch einen **Vektorraum-Homomorphismus** oder kurz **Homomorphismus**. Die Menge aller linearen Abbildungen von V in W bezeichnet man mit $\mathrm{Hom}(V, W)$. Ein $A \in \mathrm{Hom}(V, W)$ heißt

- Monomorphismus, falls A ↑ injektiv;
- Epimorphismus, falls A ↑ surjektiv;
- Isomorphismus, falls A ↑ bijektiv;
- Endomorphismus, falls $W = V$;
- Automorphismus, falls A Iso- *und* Endomorphismus.

■ **Bild und Kern**

Für $A \in \mathrm{Hom}(V, W)$ nennt man

$$\mathrm{Bild}\,A := \{A\vec{v} \mid \vec{v} \in V\}$$

das **Bild** von A. Es ist ein Unterraum von W. Ist $\{\vec{v}_1, \ldots, \vec{v}_n\}$ eine Basis von V, dann wird Bild A von $A\vec{v}_1, \ldots, A\vec{v}_n$ erzeugt, also

$$\mathrm{Bild}\,A = \langle A\vec{v}_1, \ldots, A\vec{v}_n \rangle.$$

Die ↑ Dimension von Bild A nennt man den **Rang** von A:

$$\mathrm{Rang}\,A := \dim \mathrm{Bild}\,A.$$

Man nennt weiterhin

$$\mathrm{Kern}\,A := \{\vec{v} \in V \mid A\vec{v} = \vec{o}\}$$

den **Kern** von A. Dieser ist ein Unterraum von V. Seine Dimension nennt man den **Defekt** von A:

Defekt $A := \dim \mathrm{Kern}\,A$.

Für den Zusammenhang von Rang und Defekt linearer Abbildungen gilt:

$\mathrm{Rang}\,A + \mathrm{Defekt}\,A = \dim A$.

■ **Charakterisierung linearer Abbildungen**

- Genau dann ist $A \in \mathrm{Hom}(V, W)$ ein Monomorphismus, wenn eine der folgenden Aussagen gilt:
  (1) $\mathrm{Kern}\,A = \{\vec{o}\}$;
  (2) $\mathrm{Rang}\,A = \dim V$;
  (3) ist $\{\vec{v}_1, \ldots, \vec{v}_n\}$ eine Basis von V, so ist $\{A\vec{v}_1, \ldots, A\vec{v}_n\}$ linear unabhängig.

- Genau dann ist $A \in \mathrm{Hom}(V, W)$ ein Epimorphismus, wenn eine der folgenden Aussagen gilt:
  (1) $\mathrm{Bild}\,A = W$;
  (2) $\mathrm{Rang}\,A = \dim W$;
  (3) ist $\{\vec{v}_1, \ldots, \vec{v}_n\}$ eine Basis von V, so ist $\{A\vec{v}_1, \ldots, A\vec{v}_n\}$ ein ↑ Erzeugendensystem von W.

- Genau dann ist $A \in \mathrm{Hom}(V, W)$ ein Isomorphismus, wenn eine der folgenden Aussagen gilt:
  (1) $\mathrm{Kern}\,A = \{\vec{o}\}$ und $\mathrm{Bild}\,A = W$;
  (2) $\mathrm{Rang}\,A = \dim V = \dim W$;
  (3) ist $\{\vec{v}_1, \ldots, \vec{v}_n\}$ eine Basis von V, so ist $\{A\vec{v}_1, \ldots, A\vec{v}_n\}$ eine Basis von W.

■ **Beispiel einer linearen Abbildung**

Es sei A eine lineare Abbildung von $\mathbb{R}^5$ in $\mathbb{R}^3$ mit folgender ↑ Darstellungsmatrix:

$$A := \begin{pmatrix} 1 & 1 & 0 & 1 & 2 \\ 0 & 0 & 1 & 2 & 0 \\ 1 & 1 & 1 & 3 & 2 \end{pmatrix}$$

Die ↑ Standardbasis von $\mathbb{R}^5$ wird auf die fünf Spaltenvektoren von A abge-

lineare Algebra

bildet. Der erste und dritte Spaltenvektor sind linear unabhängig, die übrigen lassen sich als Linearkombination dieser beiden darstellen. Also ist Rang $A = 2$. Der Defekt ist die Dimension des Lösungsraums des homogenen linearen Gleichungssystems

$$\begin{pmatrix} 1 & 1 & 0 & 1 & 2 \\ 0 & 0 & 1 & 2 & 0 \\ 1 & 1 & 1 & 3 & 2 \end{pmatrix} \begin{pmatrix} x_1 \\ x_2 \\ x_3 \\ x_4 \\ x_5 \end{pmatrix} = \begin{pmatrix} 0 \\ 0 \\ 0 \end{pmatrix}.$$

Die dritte Gleichung ist eine Linearkombination der beiden ersten; der Lösungsraum hat daher die Dimension 3, also ist Defekt $A = 3$.

■ Lineare Abbildungen und lineare Gleichungssysteme

Ein ↑ lineares Gleichungssystem mit n Gleichungen und m Variablen lässt sich in der Form

$$A\vec{x} = \vec{b} \quad (\vec{x} \in \mathbb{R}^m, \vec{b} \in \mathbb{R}^n)$$

mit einer (n, m)-Matrix A schreiben; A hat also n Zeilen und m Spalten. Durch A wird eine lineare Abbildung von $\mathbb{R}^m$ in $\mathbb{R}^n$ beschrieben. Die Lösungen des Gleichungssystems bestehen also genau aus denjenigen Vektoren aus $\mathbb{R}^m$, die durch A auf den Vektor $\vec{b} \in \mathbb{R}^n$ abgebildet werden. Für $\vec{b} = \vec{o}$ ist dies der Kern von A.

■ Rechenoperationen für lineare Abbildungen

Für $A, B \in \text{Hom}(V, W)$ definiert man die Summe $A + B$ durch

$$(A + B)\vec{v} := A\vec{v} + B\vec{v} \quad (\vec{v} \in V)$$

und die Vervielfachung durch

$$(tA)\vec{v} := t(A\vec{v}) \quad (t \in \mathbb{R}, \vec{v} \in V).$$

Damit ist $\text{Hom}(V, W)$ selbst wieder ein Vektorraum; seine Dimension ist $(\dim V) \cdot (\dim W)$.

Für $A \in \text{Hom}(V, W)$, $B \in \text{Hom}(U, V)$ ist die Verkettung $A \circ B$ (A nach B) definiert durch

$$(A \circ B)\vec{u} := A(B\vec{u}) \quad \text{für } \vec{u} \in U.$$

Die Verkettung der Abbildungen entspricht der Multiplikation ihrer Darstellungsmatrizen; die Verkettung $A \circ B$ wird also durch die Matrix AB beschrieben. Man beachte, dass ein Matrizenprodukt AB nur dann definiert ist, wenn die Anzahl der Spalten von A gleich der Anzahl der Zeilen von B ist.

lineare Algebra: das Teilgebiet der Mathematik, das sich mit den Eigenschaften der ↑ Vektorräume beschäftigt. Die Bedeutung der linearen Algebra besteht darin, dass sich viele konkrete Strukturen, beispielsweise in der Physik, mithilfe von Vektorräumen beschreiben lassen. Für den Vergleich von Vektorräumen und deren Eigenschaften nützt man ↑ lineare Abbildungen. Die Methoden und Ergebnisse der linearen Algebra werden u. a. in der analytischen Geometrie, bei der Behandlung von ↑ linearen Gleichungssystemen und der linearen Optimierung (vgl. Band I) angewandt.

lineare Differenzialgleichung erster Ordnung: die ↑ Differenzialgleichung $y' = f(x)y + g(x)$. Hierbei sind f und g auf einem gemeinsamen Intervall I definierte, stetige, reellwertige Funktionen. Ist $g(x) = 0$ für alle $x \in I$, so heißt die Differenzialgleichung homogen, andernfalls inhomogen.

Die homogene Differenzialgleichung lässt sich in eine ↑ Differenzialgleichung mit getrennten Variablen umformen:

$$\frac{1}{y} \cdot y' = f(x).$$

Ihre Lösungsfunktion durch den Punkt $(x_0|y_0)$ ist

$$y = y_0 \exp\left(\int_{x_0}^{x} f(t)\,dt\right).$$

Für die inhomogene Differenzialgleichung macht man nun folgenden Ansatz: Die Konstante y_0 wird durch eine noch zu bestimmende Funktion $c(x)$ ersetzt **(Variation der Konstanten)**. Einsetzen in die ursprüngliche inhomogene Differenzialgleichung führt nach einigen Umformungen auf:

$$c'(x) = g(x) \cdot \exp\left(-\int_{x_0}^{x} f(t)\,dt\right).$$

Durch Integration erhält man (mit $c(x_0) = y_0$):

$$c(x) = \int_{x_0}^{x} g(t) \cdot \exp\left(-\int_{x_0}^{t} f(\tau)\,d\tau\right) dt + y_0.$$

Die Lösung der inhomogenen Differenzialgleichung auf I ist demnach die Funktion h auf dem Intervall I mit $h(x_0) = y_0$, wobei

$$h(x) = \exp\left(\int_{x_0}^{x} f(t)\,dt\right)$$

$$\cdot \left\{y_0 + \int_{x_0}^{x} g(t) \cdot \exp\left(-\int_{x_0}^{t} f(\tau)\,d\tau\right) dt\right\}.$$

lineare Hülle: ↑ Erzeugnis.

linearer Code [- ko:t]: ein spezieller systematischer Code, der in der ↑ Codierung eine besondere Rolle spielt.

lineares Gleichungssystem: die Zusammenstellung mehrerer linearer Gleichungen, die gleichzeitig erfüllt werden sollen.

Für jede natürliche Zahl m ist

$$a_1 x_1 + a_2 x_2 + \ldots + a_m x_m = a_0 \quad (1)$$

mit $a_0, a_1, a_2, \ldots, a_m \in \mathbb{R}$ eine lineare Gleichung (Gleichung ersten Grades) mit m Variablen (Unbekannten) über die Menge der reellen Zahlen. Dabei heißen $a_0, a_1, a_2, \ldots, a_m$ die Koeffizienten der Gleichung. Man nennt (1) die **Normalform der linearen Gleichung.**

Unter einem System von n linearen Gleichungen mit m Variablen (kurz: (n,m)-System) versteht man die Aussageform (S):

$$a_{11} x_1 + a_{12} x_2 + \ldots + a_{1m} x_m = b_1$$
und $\;a_{21} x_1 + a_{22} x_2 + \ldots + a_{2m} x_m = b_2$
und ...
und $\;a_{n1} x_1 + a_{n2} x_2 + \ldots + a_{nm} x_m = b_n$

Dabei sind die Koeffizienten a_{ij} und b_i ($i \in \{1, \ldots, n\}$ und $j \in \{1, \ldots, m\}$) Elemente eines ↑ Körpers K. Im Folgenden seien die Koeffizienten *reelle* Zahlen. Man spricht in diesem Fall auch von einem (n,m)-*System* über $\mathbb{R}$. Es ist üblich, bei der Darstellung von derartigen Gleichungssystemen das »und« wegzulassen.

Beachte: m und n müssen nicht gleich sein, d.h., die Zahl der Gleichungen n und die Zahl der Variablen m müssen nicht übereinstimmen. ∎

■ **Homogene und inhomogene lineare Gleichungssysteme**

Ein System (S), bei dem

$$b_i = 0 \quad \text{für alle} \quad i \in \{1, \ldots, n\}$$

ist, heißt ein **homogenes** System. Ist

$$b_i \neq 0$$

für mindestens ein $i \in \{1, \ldots, n\}$, so heißt (S) ein **inhomogenes** System.

Je m reelle Zahlen $\alpha_1, \ldots, \alpha_m$ mit der Eigenschaft

$$a_{11} \alpha_1 + a_{12} \alpha_2 + \ldots + a_{1m} \alpha_m = b_1$$
$$a_{21} \alpha_1 + a_{22} \alpha_2 + \ldots + a_{2m} \alpha_m = b_2$$
$$\vdots \quad \vdots \quad \vdots \quad \vdots$$
$$a_{n1} \alpha_1 + a_{n2} \alpha_2 + \ldots + a_{nm} \alpha_m = b_n$$

lineares Gleichungssystem

bilden eine **Lösung** des Systems (S). Da man lineare Gleichungssysteme häufig durch Matrizen darstellt (↑ Matrix), ist es zweckmäßig, Lösungen als m-Tupel, d. h. als Elemente von $\mathbb{R}^m = \mathbb{R} \times \mathbb{R} \times \ldots \times \mathbb{R}$ (kartesisches Produkt) zu verstehen und in Spaltenform $\begin{pmatrix} \alpha_1 \\ \alpha_2 \\ \vdots \\ \alpha_m \end{pmatrix}$ zu schreiben.

Die **Lösungsmenge** des Systems (S) ist die Menge aller Lösungen von (S). Gibt es mindestens eine Lösung, so heißt das System (S) lösbar, gibt es genau eine Lösung, ist (S) *eindeutig* lösbar. Falls keine Lösung existiert, spricht man von einem unlösbaren System.

Beispiel 1: Das (4, 4)-System

$$\begin{aligned} x_1 + 2x_2 - 2x_3 + x_4 &= 0 \\ x_2 \quad\quad\quad - x_4 &= 2 \\ 2x_1 + 3x_2 - 3x_3 + 5x_4 &= -3 \\ -x_1 + x_2 + 4x_3 \quad\quad &= 4 \end{aligned} \quad (2)$$

ist inhomogen. Das System hat unendlich viele Lösungen. Eine Lösung ist beispielsweise $\begin{pmatrix} -6 \\ 2 \\ -1 \\ 0 \end{pmatrix}$.

Die Lösungsmenge L ist

$$L = \left\{ \begin{pmatrix} -6 - 7\alpha \\ 2 + \alpha \\ -1 - 2\alpha \\ \alpha \end{pmatrix} \,\middle|\, \alpha \in \mathbb{R} \right\}.$$

Diese Schreibweise bedeutet: Man erhält alle Lösungen, indem man α alle reellen Zahlen durchlaufen lässt.

Beispiel 2: Das homogene (4, 4)-System

$$\begin{aligned} x_1 + 2x_2 - 2x_3 + x_4 &= 0 \\ x_2 \quad\quad\quad - x_4 &= 0 \\ 2x_1 + 3x_2 - 3x_3 + 5x_4 &= 0 \\ -x_1 + x_2 + 4x_3 \quad\quad &= 0 \end{aligned} \quad (3)$$

geht aus dem System (2) hervor, indem man alle b_i null setzt. Deshalb heißt (3) das zu dem System (2) gehörige homogene System. Ein homogenes (n, m)-System ist stets lösbar, denn das m-Tupel $\begin{pmatrix} 0 \\ 0 \\ \vdots \\ 0 \end{pmatrix}$ ist auf jeden Fall eine Lösung, die so genannte **triviale Lösung** des Systems. Das System (3) hat unendlich viele Lösungen, nämlich alle Elemente der Menge

$$L = \left\{ \begin{pmatrix} -7\alpha \\ \alpha \\ -2\alpha \\ \alpha \end{pmatrix} \,\middle|\, \alpha \in \mathbb{R} \right\}.$$

Beispiel 3: Das inhomogene (4, 4)-System

$$\begin{aligned} x_1 - x_2 + x_3 - x_4 &= 1 \\ 2x_1 \quad\quad + 3x_3 \quad\quad &= -6 \\ 2x_2 + x_3 - 2x_4 &= -2 \\ -4x_2 - 2x_3 + 4x_4 &= 3 \end{aligned} \quad (4)$$

ist unlösbar, denn Addition der verdoppelten dritten Gleichung und der vierten Gleichung ergibt den Widerspruch $0 = -1$.

Beispiel 4: Das inhomogene (4, 4)-System

$$\begin{aligned} -x_1 + 2x_2 - 2x_3 + x_4 &= 5 \\ 2x_2 + x_3 + x_4 &= 4 \\ -x_1 + x_2 - 2x_3 + x_4 &= 4 \\ -x_1 \quad\quad - 3x_3 + x_4 &= 4 \end{aligned} \quad (5)$$

hat genau eine Lösung:

$x_1 = 2, x_2 = 1, x_3 = -1, x_4 = 3$,

also $\begin{pmatrix} 2 \\ 1 \\ -1 \\ 3 \end{pmatrix}$.

Behandlung linearer Gleichungssysteme

Die Beispiele zeigen, dass drei Fragen zu klären sind:

- Wann ist ein System linearer Gleichungen lösbar? Gesucht sind Lösbarkeitskriterien.
- Wie ist die Lösungsmenge eines Systems linearer Gleichungen aufgebaut?
- Wie bestimmt man die Lösungsmenge eines Systems linearer Gleichungen?

Durch die Einführung von Matrizen wird die Behandlung linearer Gleichungssysteme erleichtert. Ist ein (n, m)-System in der Normalform (S) gegeben, so heißt

$$A = \begin{pmatrix} a_{11} & a_{12} & \ldots & a_{1m} \\ a_{21} & a_{22} & \ldots & a_{2m} \\ \vdots & \vdots & & \vdots \\ a_{n1} & a_{n2} & \ldots & a_{nm} \end{pmatrix}$$

die **Koeffizientenmatrix** und

$$A_e = \begin{pmatrix} a_{11} & a_{12} & \ldots & a_{1m} & b_1 \\ a_{21} & a_{22} & \ldots & a_{2m} & b_2 \\ \vdots & \vdots & & \vdots & \vdots \\ a_{n1} & a_{n2} & \ldots & a_{nm} & b_n \end{pmatrix}$$

die **erweiterte Koeffizientenmatrix** des Systems. Es ist A eine (n, m)-Matrix und A_e eine $(n, m+1)$-Matrix. Beispielsweise ist

$$A = \begin{pmatrix} 1 & -1 & 1 & -1 \\ 2 & 0 & 3 & 0 \\ 0 & 2 & 1 & -2 \\ 0 & -4 & -2 & 4 \end{pmatrix}$$

die Koeffizientenmatrix des Systems (4) in Beispiel 3 und

$$A_e = \left(\underbrace{\begin{matrix} 1 & -1 & 1 & -1 \\ 2 & 0 & 3 & 0 \\ 0 & 2 & 1 & -2 \\ 0 & -4 & -2 & 4 \end{matrix}}_{A} \middle| \begin{matrix} 1 \\ -6 \\ -2 \\ 3 \end{matrix}\right)$$

die erweiterte Koeffizientenmatrix dieses Systems. Der senkrechte Strich zwischen der vorletzten und der letzten Spalte von A_e deutet die Trennung der Koeffizienten a_{ij} und b_i an.

Lösbarkeitskriterien für lineare Gleichungssysteme

Ein lineares Gleichungssystem (S) von n Gleichungen mit m Variablen ist genau dann lösbar, wenn der Rang der Koeffizientenmatrix A (also die Zahl der linear unabhängigen Zeilen bzw. Spaltenvektoren; ↑Rang einer Matrix) gleich dem Rang der erweiterten Koeffizientenmatrix A_e ist:

$$\text{Rang } A = \text{Rang } A_e.$$

Das System (S) ist genau dann *eindeutig* lösbar, wenn der Rang von A und der Rang von A_e gleich m ist, also gleich der Anzahl der Variablen:

$$\text{Rang } A = \text{Rang } A_e = m.$$

Speziell für *homogene* Gleichungssysteme bedeutet dieser Satz: Genau dann hat ein homogenes (n,m)-System nur die triviale Lösung (vgl. Beispiel 2), wenn der Rang der Koeffizientenmatrix A gleich der Anzahl m der Variablen ist.
Um diese Lösbarkeitskriterien anwenden zu können, hat man die Ränge der Matrizen A und A_e zu bestimmen. Dies kann in *einem* Arbeitsgang geschehen, indem man A_e durch ↑elementare Umformungen in eine Gestalt bringt, aus der sich die Ränge von A und A_e direkt ablesen lassen. Zweckmäßigerweise führt man ausschließlich elementare *Zeilen*umformungen durch, denn dann lässt sich die für die Rangbestimmung umgeformte Matrix auch verwenden, um die Lösungsmenge zu berechnen.

Beispiel 5: Das System (5) in Beispiel 4 hat die erweiterte Koeffizientenmatrix

lineares Gleichungssystem

$$A_e = \begin{pmatrix} -1 & 2 & -2 & 1 & | & 5 \\ 0 & 2 & 1 & 1 & | & 4 \\ -1 & 1 & -2 & 1 & | & 4 \\ -1 & 0 & -3 & 1 & | & 4 \end{pmatrix}.$$

$\underbrace{}_{A}$

Rangbestimmung:
1. und 2. Zeile bleiben unverändert. Von der 3. Zeile wird die 1. Zeile subtrahiert, ebenso von der 4. Zeile:

$$A'_e = \begin{pmatrix} -1 & 2 & -2 & 1 & | & 5 \\ 0 & 2 & 1 & 1 & | & 4 \\ 0 & -1 & 0 & 0 & | & -1 \\ 0 & -2 & -1 & 0 & | & -1 \end{pmatrix}.$$

$\underbrace{}_{A'}$

1. und 2. Zeile bleiben unverändert. Die 2. Zeile wird zur verdoppelten 3. Zeile addiert; die 2. Zeile wird zur 4. Zeile addiert:

$$A''_e = \begin{pmatrix} -1 & 2 & -2 & 1 & | & 5 \\ 0 & 2 & 1 & 1 & | & 4 \\ 0 & 0 & 1 & 1 & | & 2 \\ 0 & 0 & 0 & 1 & | & 3 \end{pmatrix}.$$

$\underbrace{}_{A''}$

An dieser Matrix kann man ablesen:

Rang $A'' =$ Rang $A = 4$,
Rang $A''_e =$ Rang $A_e = 4$.

Somit ist das System (5) nach dem Lösbarkeitskriterium eindeutig lösbar.

■ Die Struktur der Lösungsmenge linearer Gleichungssysteme

Die Lösungsmenge L eines *homogenen* linearen Gleichungssystems ist stets ein ↑ Vektorraum. Man bezeichnet L daher auch als den **Lösungsraum** des Systems. Die ↑ Dimension des Lösungsraumes L eines homogenen (n, m)-Systems ist $m -$ Rang A. Dabei ist A die Koeffizientenmatrix und m die Anzahl der Variablen des Systems. Dies bedeutet v. a., dass man aus Lösungen $\begin{pmatrix} \alpha_1 \\ \vdots \\ \alpha_m \end{pmatrix}$ und $\begin{pmatrix} \beta_1 \\ \vdots \\ \beta_m \end{pmatrix}$ eines homogenen Systems weitere Lösungen erhalten kann, indem man ↑ Linearkombinationen der gegebenen Lösungen bildet.

Beispiel 6: Bei dem homogenen $(4, 4)$-System (3) in Beispiel 2 hat die Koeffizientenmatrix A den Rang 3. Daher ist die Lösungsmenge

$$L = \left\{ \begin{pmatrix} -7\alpha \\ \alpha \\ -2\alpha \\ \alpha \end{pmatrix} \middle| \alpha \in \mathbb{R} \right\}$$

ein *eindimensionaler* Vektorraum. Man erhält L als das ↑ Erzeugnis *einer* nichttrivialen Lösung von (3), beispielsweise

$$L = \left\langle \begin{pmatrix} 14 \\ -2 \\ 4 \\ -2 \end{pmatrix} \right\rangle \quad (\alpha = -2).$$

Nun sei (S) ein *inhomogenes* System linearer Gleichungen und (H) das zugehörige homogene System (vgl. Beispiel 2). *Alle* Lösungen von (S) erhält man, indem man zu *einer* speziellen Lösung von (S) *sämtliche* Lösungen von (H) addiert. Ist L_S die Lösungsmenge von (S), L_H der Lösungsraum von (H) und $\begin{pmatrix} \alpha_1 \\ \vdots \\ \alpha_m \end{pmatrix}$ eine spezielle Lösung von (S), so schreibt man dies:

$$L_S = \begin{pmatrix} \alpha_1 \\ \vdots \\ \alpha_m \end{pmatrix} + L_H$$

$$:= \left\{ \begin{pmatrix} \alpha_1 \\ \vdots \\ \alpha_m \end{pmatrix} + \begin{pmatrix} \beta_1 \\ \vdots \\ \beta_m \end{pmatrix} \middle| \begin{pmatrix} \beta_1 \\ \vdots \\ \beta_m \end{pmatrix} \in L_H \right\}.$$

Ein lineares Gleichungssystem kann man also dadurch lösen, dass man den Lösungsraum des zugehörigen homogenen Systems und eine spezielle Lösung des inhomogenen Systems (etwa mit einem der unten beschriebenen Verfahren) bestimmt. Im Unterschied zu homogenen Systemen ist die Lösungsmenge inhomogener linearer Gleichungssysteme kein Vektorraum.

Beispiel 7: Die Lösungsmenge L des Systems (2) in Beispiel 1 setzt sich zusammen aus einer speziellen Lösung von (2) und dem Lösungsraum L_H des zugehörigen homogenen Systems. Demnach ist

$$L = \begin{pmatrix} -6 \\ 2 \\ -1 \\ 0 \end{pmatrix} + \left\{ \alpha \begin{pmatrix} -7 \\ 1 \\ -2 \\ 1 \end{pmatrix} \middle| \alpha \in \mathbb{R} \right\}$$

die Lösungsmenge von (2).

■ Lösungsverfahren für lineare Gleichungssysteme

Es gibt lineare Gleichungssysteme, deren Lösungsmenge besonders leicht zu bestimmen ist:

Beispiel 8: Das System

$$\begin{aligned} 4x_1 - 8x_2 + 5x_4 &= 0 \\ x_2 + 5x_3 + 2x_4 &= -4 \\ x_3 - x_4 &= 5 \\ 3x_4 &= -12 \end{aligned} \quad (6)$$

besitzt **Dreiecksgestalt**. Aus der letzten Gleichung folgt $x_4 = -4$. Eingesetzt in die dritte Gleichung erhält man $x_3 = 1$. Mit diesen beiden Werten liefert die zweite Gleichung $x_2 = -1$. Schließlich berechnet man x_1 durch Einsetzen der zuvor erhaltenen Werte in die erste Gleichung. In diesem Fall ist $x_1 = 3$, sodass die Lösung des Systems (6) eindeutig bestimmt ist.

Ein Spezialfall der Dreiecksgestalt ist die **Diagonalgestalt** eines Gleichungssystems. Hierbei kann man die Lösung direkt ablesen, etwa

$$\begin{aligned} 3x_1 &= 2 \\ 2x_2 &= -4 \\ -4x_3 &= 16 \end{aligned} \quad (7)$$

Beispiel 9: Bei dem System

$$\begin{aligned} x_1 + 2x_2 - x_3 + 2x_4 + 3x_5 &= 9 \\ x_2 + 4x_3 + 2x_5 &= -2 \\ x_3 - 2x_4 + x_5 &= 1 \end{aligned} \quad (8)$$

spricht man von einer **Staffelgestalt (Stufenform)**. Hier kann man ähnlich wie in Beispiel 8 die Lösungsmenge bestimmen. Der Unterschied ist, dass das System nicht eindeutig lösbar ist. Für x_4 und x_5 setzt man beliebige reelle Zahlen α und β ein (man spricht von freien Parametern),

$$x_4 = \alpha, \ x_5 = \beta,$$

und erhält das System (8) in der Form

$$\begin{aligned} x_1 + 2x_2 - x_3 &= 9 - 2\alpha - 3\beta \\ x_2 + 4x_3 &= -2 - 2\beta \\ x_3 &= 1 + 2\alpha - \beta \end{aligned} \quad (9)$$

Setzt man hier konkrete reelle Zahlen α, β ein, handelt es sich um ein System in Dreiecksgestalt wie bei Beispiel 8. Man löst es dementsprechend auf. Die dritte Gleichung besagt:

$$x_3 = 1 + 2\alpha - \beta.$$

Hiermit erhält man aus der zweiten Gleichung

$$x_2 = -6 - 8\alpha + 2\beta.$$

Setzt man beide Werte in die erste Gleichung ein, so folgt

$$x_1 = 22 + 16\alpha - 8\beta.$$

Also ist

$$L = \left\{ \begin{pmatrix} 22 + 16\alpha - 8\beta \\ -6 - 8\alpha + 2\beta \\ 1 + 2\alpha - \beta \\ \alpha \\ \beta \end{pmatrix} \middle| \alpha, \beta \in \mathbb{R} \right\}$$

die Lösungsmenge des Systems (8).

lineares Gleichungssystem

Bei einem System in Staffelgestalt wie im vorliegenden Beispiel ist die Anzahl der freien Parameter in der Lösungsmenge L gleich der Zahl der Variablen, vermindert um die Zahl der Gleichungen.

■ Der Gauß-Algorithmus

Zur Lösung linearer Gleichungssysteme verwendet man meist ein nach C.F. ↑GAUSS benanntes Verfahren. Dabei bringt man das System (S) durch eine Reihe von Äquivalenzumformungen (d.h. Umformungen, bei denen sich die Lösungsmenge nicht ändert) in ein **äquivalentes System** (S′) mit Dreiecks- oder Staffelgestalt. Grundlage des Gauß-Algorithmus ist der folgende Satz: Es sei

$$\begin{aligned} a_{11}x_1 + a_{12}x_2 + \ldots + a_{1m}x_m &= b_1 \\ a_{21}x_1 + a_{22}x_2 + \ldots + a_{2m}x_m &= b_2 \\ &\vdots \\ a_{n1}x_1 + a_{n2}x_2 + \ldots + a_{nm}x_m &= b_n \end{aligned} \quad (S)$$

ein (n, m)-System linearer Gleichungen. Für die Koeffizientenmatrizen A und A_e von (S) gelte

$$\text{Rang } A = \text{Rang } A_e = r.$$

Dann gibt es ein (r, m)-System (S′) linearer Gleichungen, das zu (S) äquivalent ist und Staffelgestalt hat:

$$\begin{aligned} a'_{11}x_1 + a'_{12}x_2 + & + a'_{1m}x_m = b'_1 \\ a'_{22}x_2 + & + a'_{2m}x_m = b'_2 \\ &\ddots \qquad \vdots \\ &a'_{rr}x_r + \ldots + a'_{rm}x_m = b'_r \end{aligned} \quad (S')$$

Von einem vorgelegten System (S) gelangt man zum System (S′), indem man die folgenden Umformungen (mehrfach) anwendet. Diese Umformungen bezeichnet man als äquivalente Umformungen des Systems.
(U1) Vertauschen zweier Gleichungen des Systems.
(U2) Multiplikation einer Gleichung mit einer reellen Zahl $k \neq 0$.
(U3) Addition einer Gleichung zu einer anderen Gleichung des Systems.
In manchen Fällen ist es darüber hinaus notwendig, die Unbekannten umzunummerieren, damit man die Gestalt von (S′) erreicht.
Um die Darstellung in den folgenden Beispielen zu vereinfachen, vereinbaren wir die folgenden Schreibweisen:

- $(i) \leftrightarrow (j)$:
  Die Gleichungen (i) und (j) werden vertauscht.
- $(i) \to k(i)$:
  Die Gleichung (i) wird mit $k \in \mathbb{R}$, $k \neq 0$ multipliziert.
- $(i) \to (i) + k(j)$:
  Zur Gleichung (i) wird das k-fache der Gleichung (j) addiert.

Beispiel 10: Gesucht ist die Lösungsmenge des Gleichungssystems

$$\begin{aligned} x_2 + 5x_3 - 2x_4 + 3x_5 &= -1 \\ x_1 + 4x_2 + 8x_3 + 8x_5 &= 6 \\ -4x_1 - 8x_2 + 5x_3 - 10x_4 - 11x_5 &= -35 \\ x_1 + 3x_2 + 4x_3 + 6x_5 &= 8 \\ x_1 + 3x_2 + 3x_3 + 2x_4 + 5x_5 &= 7 \end{aligned}$$
(10)

$(1) \leftrightarrow (5)$:

$$\begin{aligned} x_1 + 3x_2 + 3x_3 + 2x_4 + 5x_5 &= 7 \\ x_1 + 4x_2 + 8x_3 + 8x_5 &= 6 \\ -4x_1 - 8x_2 + 5x_3 - 10x_4 - 11x_5 &= -35 \\ x_1 + 3x_2 + 4x_3 + 6x_5 &= 8 \\ x_2 + 5x_3 - 2x_4 + 3x_5 &= -1 \end{aligned}$$

$(2) \to (2) - (1),\ (3) \to (3) + 4 \cdot (1),\ (4) \to (4) - (1)$:

$$\begin{aligned} x_1 + 3x_2 + 3x_3 + 2x_4 + 5x_5 &= 7 \\ x_2 + 5x_3 - 2x_4 + 3x_5 &= -1 \\ 4x_2 + 17x_3 - 2x_4 + 9x_5 &= -7 \\ x_3 - 2x_4 + x_5 &= 1 \\ x_2 + 5x_3 - 2x_4 + 3x_5 &= -1 \end{aligned}$$

$(3) \to (3) - 4 \cdot (2),\ (5) \to (5) - (2)$:

$$\begin{aligned} x_1 + 3x_2 + 3x_3 + 2x_4 + 5x_5 &= 7 \\ x_2 + 5x_3 - 2x_4 + 3x_5 &= -1 \\ -3x_3 + 6x_4 - 3x_5 &= -3 \\ x_3 - 2x_4 + x_5 &= 1 \end{aligned}$$

$(4) \to (4) + \frac{1}{3}(3)$, $(3) \to -\frac{1}{3}(3)$:

$$\begin{aligned} x_1 + 3x_2 + 3x_3 + 2x_4 + 5x_5 &= 7 \\ x_2 + 5x_3 - 2x_4 + 3x_5 &= -1 \\ x_3 - 2x_4 + x_5 &= 1 \end{aligned}$$

Die angestrebte Staffelgestalt ist damit erreicht, und man kann gemäß Beispiel 9 die Lösungsmenge (mit zwei freien Parametern) bestimmen. Wir führen noch zwei weitere Umformungen durch, zunächst

$(2) \to (2) - (3)$:

$$\begin{aligned} x_1 + 3x_2 + 3x_3 + 2x_4 + 5x_5 &= 7 \\ x_2 + 4x_3 \qquad\quad + 2x_5 &= -2 \\ x_3 - 2x_4 + x_5 &= 1 \end{aligned}$$

$(1) \to (1) - (2)$:

$$\begin{aligned} x_1 + 2x_2 - x_3 + 2x_4 + 3x_5 &= 9 \\ x_2 + 4x_3 \qquad\quad + 2x_5 &= -2 \quad (11)\\ x_3 - 2x_4 + x_5 &= 1 \end{aligned}$$

Das so gewonnene System (11) ist identisch mit dem System (8) aus Beispiel 9.

Äquivalente Umformungen eines linearen Gleichungssystems entsprechen elementaren Zeilenumformungen bei der erweiterten Koeffizientenmatrix A_e des Systems (↑ elementare Umformungen).

Um den Schreibaufwand zu verringern, führt man den Gauß-Algorithmus meistens durch, indem man die erweiterte Koeffizientenmatrix A_e durch elementare Zeilenumformungen auf Dreiecksgestalt oder allgemeiner auf Staffelgestalt

$$\begin{pmatrix} a'_{11} & a'_{12} & \cdots\cdots\cdots & a'_{1m} & | & b'_1 \\ 0 & a'_{22} & \cdots\cdots\cdots & a'_{2m} & | & b'_2 \\ \vdots & \ddots & \ddots & \vdots & | & \vdots \\ 0 & \cdots & 0 & a'_{rr} \cdots a'_{rm} & | & b'_r \\ 0 & \cdots\cdots\cdots & 0 & | & 0 \\ \vdots & & & \vdots & | & \vdots \\ 0 & \cdots\cdots\cdots\cdots & 0 & | & 0 \end{pmatrix}$$

bringt und anschließend wie in den Beispielen 8 und 9 die Lösungsmenge bestimmt. Zuvor kann man bei dieser Durchführung des Algorithmus an der Matrix A_e ablesen, ob das vorliegende System lösbar ($\operatorname{Rang} A = \operatorname{Rang} A_e$), eindeutig lösbar ($\operatorname{Rang} A = \operatorname{Rang} A_e =$ Anzahl der Variablen) oder unlösbar ($\operatorname{Rang} A < \operatorname{Rang} A_e$) ist. Ist in der Staffelgestalt $a'_{ii} = 0$, dann wird die Variable x_i zu einem freien Parameter.

■ Der Gauß-Jordan-Algorithmus

Dieses nach GAUSS und dem französischen Mathematiker CAMILLE JORDAN (*1838, †1922) benannte Verfahren ist eine Erweiterung des Gauß-Algorithmus. Man nimmt hier weitere elementare Zeilen- und Spaltenumformungen an A_e vor, um die Lösungsmenge einfacher bestimmen zu können. Es gilt der folgende Satz:
Wenn

$$\begin{aligned} a_{11}x_1 + a_{12}x_2 + \ldots + a_{1m}x_m &= b_1 \\ a_{21}x_1 + a_{22}x_2 + \ldots + a_{2m}x_m &= b_2 \\ &\cdots \quad (S) \\ a_{n1}x_1 + a_{n2}x_2 + \ldots + a_{nm}x_m &= b_n \end{aligned}$$

ein (n, m)-System linearer Gleichungen ist und für die Koeffizientenmatrizen A und A_e

$\operatorname{Rang} A = \operatorname{Rang} A_e = r$

gilt, dann gibt es (eventuell nach Umnummerierung der Variablen) ein (r, m)-System (S'), das zu (S) äquivalent ist und dessen erweiterte Koeffizientenmatrix folgende Staffelgestalt hat:

$$\begin{aligned} x_1 \qquad\quad + a'_{1\,r+1}x_{r+1} + \ldots + a'_{1m}x_m &= b'_1 \\ x_2 \quad + a'_{2\,r+1}x_{r+1} + \ldots + a'_{2m}x_m &= b'_2 \\ \vdots \qquad\qquad \vdots \qquad\qquad \vdots & \\ x_r + a'_{r\,r+1}x_{r+1} + \ldots + a'_{rm}x_m &= b'_r \end{aligned}$$
$$(S')$$

Der Unterschied dieser Staffelgestalt zu der des Gauß-Algorithmus ist, dass

lineares Gleichungssystem

x_1 bis x_r jeweils nur in einer einzigen Zeile vorkommen.

Wie man im konkreten Fall von (S) zu (S′) gelangt und aus (S′) die Lösungsmenge ablesen kann, wird im Folgenden am System (10) aus Beispiel 10 erläutert. Dabei werden die elementaren Zeilenumformungen an der erweiterten Koeffizientenmatrix A_e beschrieben durch:

- $(z_i) \leftrightarrow (z_j)$:
  Die i-te und j-te Zeile werden vertauscht.
- $(z_i) \to k \cdot (z_i)$:
  Die i-te Zeile wird mit $k \in \mathbb{R}, k \neq 0$ multipliziert.
- $(z_i) \to (z_i) + k \cdot (z_j)$:
  Zur i-ten Zeile wird das k-fache der j-ten Zeile addiert.

Beispiel 11:

$$\begin{aligned} x_2 + 5x_3 - 2x_4 + 3x_5 &= -1 \\ x_1 + 4x_2 + 8x_3 \quad\quad + 8x_5 &= 6 \\ -4x_1 - 8x_2 + 5x_3 - 10x_4 - 11x_5 &= -35 \\ x_1 + 3x_2 + 4x_3 \quad\quad + 6x_5 &= 8 \\ x_1 + 3x_2 + 3x_3 + 2x_4 + 5x_5 &= 7 \end{aligned}$$

Nachdem der Gauß-Algorithmus, wie in Beispiel 10 durchgeführt,

$$A'_e = \begin{pmatrix} 1 & 3 & 3 & 2 & 5 & | & 7 \\ 0 & 1 & 5 & -2 & 3 & | & -1 \\ 0 & 0 & 1 & -2 & 1 & | & 1 \\ 0 & 0 & 0 & 0 & 0 & | & 0 \\ 0 & 0 & 0 & 0 & 0 & | & 0 \end{pmatrix}$$

liefert, werden weitere Zeilenumformungen vorgenommen:

$(z_1) \to (z_1) - 3(z_2)$:

$$\begin{pmatrix} 1 & 0 & -12 & 8 & -4 & | & 10 \\ 0 & 1 & 5 & -2 & 3 & | & -1 \\ 0 & 0 & 1 & -2 & 1 & | & 1 \\ 0 & 0 & 0 & 0 & 0 & | & 0 \\ 0 & 0 & 0 & 0 & 0 & | & 0 \end{pmatrix}$$

$(z_1) \to (z_1) + 12(z_3)$,
$(z_2) \to (z_2) - 5(z_3)$:

$$\begin{pmatrix} 1 & 0 & 0 & -16 & 8 & | & 22 \\ 0 & 1 & 0 & 8 & -2 & | & -6 \\ 0 & 0 & 1 & -2 & 1 & | & 1 \\ 0 & 0 & 0 & 0 & 0 & | & 0 \\ 0 & 0 & 0 & 0 & 0 & | & 0 \end{pmatrix}.$$

Diese Matrix gehört zum System

$$\begin{aligned} x_1 \quad\quad - 16x_4 + 8x_5 &= 22 \\ x_2 \quad + 8x_4 - 2x_5 &= -6 \\ x_3 - 2x_4 + x_5 &= 1 \end{aligned}$$

Setzt man $x_4 = \alpha, x_5 = \beta$, so erhält man unmittelbar

$$\begin{aligned} x_1 &= 22 + 16\alpha - 8\beta, \\ x_2 &= -6 - 8\alpha + 2\beta, \\ x_3 &= 1 + 2\alpha - \beta. \end{aligned}$$

Damit ist

$$L = \left\{ \begin{pmatrix} 22 + 16\alpha - 8\beta \\ -6 - 8\alpha + 2\beta \\ 1 + 2\alpha - \beta \\ \alpha \\ \beta \end{pmatrix} \middle| \alpha, \beta \in \mathbb{R} \right\}.$$

Führt der Gauß-Algorithmus bei einem linearen Gleichungssystem auf eine Dreiecksgestalt, so liefert der Gauß-Jordan-Algorithmus ein System in Diagonalgestalt (vgl. Beispiel 8).

Der Gauß-Jordan-Algorithmus arbeitet im Vergleich zum Gauß-Algorithmus mit zusätzlichen Umnummerierungen der Zeilen und Spalten. Auf diese Weise kann man es erreichen, dass in der Koeffizientenmatrix außerhalb der Diagonalen betragsmäßig besonders große Elemente stehen. Dies erhöht bei schlecht konditionierten Aufgaben (↑ Konditionierungsprobleme) die Stabilität der numerischen Lösung. ∎

Eindeutig lösbare (n, m)-Systeme kann man auch mit der ↑ cramerschen Regel lösen.

lineare Transformation:
- *lineare Algebra:* eine andere Bezeichnung für ↑ lineare Abbildung.
- *Funktionentheorie:* die Funktion

$$f: z \mapsto \frac{az+b}{cz+d}$$

mit $a,b,c,d \in \mathbb{C}, ad-bc \neq 0$ (↑ komplexe Zahlen) sowie ihre Verkettung mit $z \mapsto \bar{z}$.
Diese Abbildungen bilden Geraden und Kreise der ↑ gaußschen Zahlenebene wieder auf Geraden und Kreise ab. Beispielsweise ist $f: z \mapsto \bar{z}$ die Spiegelung an der reellen Achse und $f: z \mapsto \frac{1}{\bar{z}}$ die Verkettung dieser Spiegelung mit der Inversion am Einheitskreis (vgl. Band I).

Linearform (Linearfunktion, lineares Funktional): eine ↑ lineare Abbildung eines Vektorraums V über $\mathbb{R}$ in den Körper $\mathbb{R}$. Ist V ein Vektorraum über einem beliebigen Körper K, so heißt jede lineare Abbildung von V in K Linearform.
Beispiel: Ist in V ein ↑ Skalarprodukt »·« definiert, dann ist für einen festen Vektor $\vec{a} \in V$ die Abbildung $\vec{v} \mapsto \vec{a} \cdot \vec{v}$ eine Linearform.

Linearkombination: eine Vielfachensumme von ↑ Vektoren; für die Vektoren $\vec{v}_1, \ldots, \vec{v}_m$ eines ↑ Vektorraumes V ist eine Linearkombination jede Summe

$$\mu_1 \vec{v}_1 + \mu_2 \vec{v}_2 + \ldots + \mu_m \vec{v}_m$$

mit Zahlen $\mu_1, \ldots, \mu_m \in \mathbb{R}$.

In der linearen Algebra und der analytischen Geometrie ist häufig die Frage zu klären, ob ein Vektor $\vec{v}$ eines Vektorraumes V Linearkombination der Vektoren $\vec{v}_1, \ldots, \vec{v}_m$ aus V ist. Man hat dann herauszufinden, ob es reelle Zahlen $\mu_1, \ldots, \mu_m$ mit der Eigenschaft

$$\vec{v} = \sum_{i=1}^{m} \mu_i \vec{v}_i$$

gibt. Da die Menge aller Linearkombinationen von $\vec{v}_1, \ldots, \vec{v}_n$ das ↑ Erzeugnis $\langle \vec{v}_1, \ldots, \vec{v}_n \rangle$ ist, ist dies gleichbedeutend mit

$$\vec{v} \in \langle \vec{v}_1, \ldots, \vec{v}_n \rangle.$$

Im Falle der Vektorräume $\mathbb{R}^n$ ($n \in \mathbb{N}$) lässt sich diese Frage durch Lösen eines ↑ linearen Gleichungssystems beantworten.
Beispiel 1: Zwei nichtkollineare Vektoren $\vec{u}, \vec{v}$ im Anschauungsraum spannen eine Ebene auf (Abb. 1). Verläuft diese Ebene durch den Ursprung des zugrunde liegenden Koordinatensystems, so hat sie die Gleichung $\vec{x} = \langle \vec{u}, \vec{v} \rangle$. Ein Punkt liegt genau dann in dieser Ebene, wenn sein Ortsvektor Linearkombination der Vektoren $\vec{u}$ und $\vec{v}$ ist.

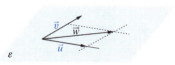

Linearkombination (Abb. 1): Ebene, aufgespannt durch zwei nichtkollineare Vektoren

Beispiel 2: Um zu entscheiden, ob

$$\vec{v} = \begin{pmatrix} 5 \\ -13 \\ -4 \end{pmatrix} \in \mathbb{R}^3$$

eine Linearkombination von

$$\vec{v}_1 = \begin{pmatrix} 1 \\ -2 \\ 1 \end{pmatrix},$$

$$\vec{v}_2 = \begin{pmatrix} 0 \\ 1 \\ 3 \end{pmatrix},$$

$$\vec{v}_3 = \begin{pmatrix} 2 \\ -5 \\ -1 \end{pmatrix}$$

linear unabhängig

ist, nimmt man an, es gäbe drei Zahlen $\mu_1, \mu_2, \mu_3 \in \mathbb{R}$ mit

$$\vec{v} = \mu_1 \vec{v}_1 + \mu_2 \vec{v}_2 + \mu_3 \vec{v}_3. \quad (1)$$

Hieraus folgt

$$\begin{pmatrix} 5 \\ -13 \\ -4 \end{pmatrix} = \begin{pmatrix} \mu_1 + 2\mu_3 \\ -2\mu_1 + \mu_2 - 5\mu_3 \\ \mu_1 + 3\mu_2 - \mu_3 \end{pmatrix}.$$

Die Annahme (1) ist richtig, wenn das lineare Gleichungssystem

$$\begin{array}{rcl} \mu_1 + 2\mu_3 &=& 5 \\ -2\mu_1 + \mu_2 - 5\mu_3 &=& -13 \\ \mu_1 + 3\mu_2 - \mu_3 &=& -4 \end{array} \quad (S)$$

lösbar ist. Eine Lösung von (S) ist $\mu_1 = 3, \mu_2 = -2, \mu_3 = 1$, sodass

$$\vec{v} = 3\vec{v}_1 - 2\vec{v}_2 + \vec{v}_3$$

folgt. Aber es gilt auch

$$\vec{v} = 5\vec{v}_1 - 3\vec{v}_2,$$

denn $\mu_1 = 5, \mu_2 = -3, \mu_3 = 0$ ist ebenfalls eine Lösung von (S). $\vec{v}$ ist also auf unterschiedliche Arten als eine Linearkombination der drei Vektoren $\vec{v}_1, \vec{v}_2, \vec{v}_3$ darstellbar.

Allgemein gilt: Ist $\vec{v}$ Linearkombination von $\vec{v}_1, \ldots, \vec{v}_n$, und gibt es *verschiedene* Darstellungen

$$\vec{v} = \sum_{i=1}^{n} \mu_i \vec{v}_i,$$

dann sind die Vektoren $\vec{v}_1, \ldots, \vec{v}_n$ ↑ linear abhängig. Gibt es aber *höchstens eine* solche Darstellung, dann sind die Vektoren $\vec{v}_1, \ldots, \vec{v}_n$ ↑ linear unabhängig.

Dies ist beispielsweise für beliebige Vektoren $\vec{v}$ eines Vektorraumes V der Fall, wenn $(\vec{v}_1, \ldots, \vec{v}_n)$ eine ↑ Basis von V ist.

linear unabhängig: bezeichnet die Eigenschaft einer Vektormenge $\{\vec{v}_1, \ldots, \vec{v}_n\}$ aus einem ↑ Vektorraum V, wenn sich der Nullvektor $\vec{o} \in V$ nur in der Form

$$\vec{o} = 0\vec{v}_1 + 0\vec{v}_2 + \ldots + 0\vec{v}_n$$

als ↑ Linearkombination von $\vec{v}_1, \ldots, \vec{v}_n$ darstellen lässt (**triviale Linearkombination** des Nullvektors). Dies bedeutet: Aus

$$\vec{o} = \sum_{i=1}^{n} \mu_i \vec{v}_i \quad (\mu_i \in \mathbb{R})$$

folgt

$$\mu_1 = \mu_2 = \ldots = \ldots = \mu_n = 0.$$

Man sagt dann auch kurz, die Vektoren $\vec{v}_1, \ldots, \vec{v}_n$ sind linear unabhängig. Vektoren, die nicht linear unabhängig sind, heißen ↑ linear abhängig. In den Vektorräumen $\mathbb{R}^n$ (insbesondere $\mathbb{R}^2$, $\mathbb{R}^3$ in der analytischen Geometrie) untersucht man Vektoren auf lineare Unabhängigkeit durch das Lösen homogener ↑ linearer Gleichungssysteme.

Beispiel 1: Die Vektoren

$$\begin{pmatrix} 1 \\ 2 \\ 3 \end{pmatrix}, \begin{pmatrix} 1 \\ 2 \\ 0 \end{pmatrix}, \begin{pmatrix} 1 \\ 0 \\ 0 \end{pmatrix}$$

sind in $\mathbb{R}^3$ linear unabhängig. Der Ansatz

$$\begin{pmatrix} 0 \\ 0 \\ 0 \end{pmatrix} = \mu_1 \begin{pmatrix} 1 \\ 2 \\ 3 \end{pmatrix} + \mu_2 \begin{pmatrix} 1 \\ 2 \\ 0 \end{pmatrix} + \mu_3 \begin{pmatrix} 1 \\ 0 \\ 0 \end{pmatrix}$$

mit $\mu_1, \mu_2, \mu_3 \in \mathbb{R}$ liefert das homogene Gleichungssystem

$$\begin{array}{rcl} 0 &=& \mu_1 + \mu_2 + \mu_3 \\ 0 &=& 2\mu_1 + 2\mu_2 \\ 0 &=& 3\mu_1 \end{array}$$

mit der einzigen Lösung

$$\mu_1 = \mu_2 = \mu_3 = 0.$$

Dagegen sind die Vektoren

$$\begin{pmatrix} 1 \\ -2 \\ 1 \end{pmatrix}, \begin{pmatrix} 0 \\ 1 \\ 3 \end{pmatrix}, \begin{pmatrix} 2 \\ -5 \\ -1 \end{pmatrix}$$

linear abhängig, denn das entsprechende homogene Gleichungssystem

linear unabhängig

$0 = \mu_1 + 2\mu_3$
$0 = -2\mu_1 + \mu_2 - 5\mu_3$
$0 = \mu_1 + 3\mu_2 - \mu_3$

hat außer $\mu_1 = \mu_2 = \mu_3 = 0$ weitere Lösungen, beispielsweise

$\mu_1 = 2, \quad \mu_2 = -1, \quad \mu_3 = -1.$

Beispiel 2: Mithilfe der linearen Unabhängigkeit lassen sich elementargeometrische Aussagen beweisen, z. B. die folgende:
In einem Parallelogramm halbieren sich die Diagonalen (Abb. 1).

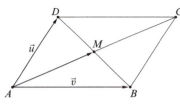

linear unabhängig (Abb. 1): In einem Parallelogramm halbieren sich die Diagonalen.

Beweis: Es sei

$\overrightarrow{AM} = \mu_1 (\vec{u} + \vec{v})$

und

$\overrightarrow{MB} = \mu_2 (-\vec{u} + \vec{v}).$

Dann ist

$\vec{o} = \overrightarrow{AM} + \overrightarrow{MB} + \overrightarrow{BA}$
$= \mu_1(\vec{u}+\vec{v}) + \mu_2(-\vec{u}+\vec{v}) - \vec{v}$
$= (\mu_1 - \mu_2)\vec{u} + (\mu_1 + \mu_2 - 1)\vec{v}.$

Da $\vec{u}, \vec{v}$ linear unabhängig sind, folgt

$\mu_1 - \mu_2 = 0,$
$\mu_1 + \mu_2 - 1 = 0$

und hieraus $\mu_1 = \mu_2 = \frac{1}{2}$. Also ist

$\overrightarrow{AM} = \frac{1}{2}(\vec{u}+\vec{v}) = \frac{1}{2}\overrightarrow{AC},$
$\overrightarrow{MB} = \frac{1}{2}(-\vec{u}+\vec{v}) = \frac{1}{2}\overrightarrow{DB}.$

Bezüglich der linearen (Un-)Abhängigkeit von Vektoren gelten die folgenden Sätze:
(1) Durch ↑ elementare Umformungen wird die Eigenschaft einer Menge von Vektoren, linear abhängig oder linear unabhängig zu sein, nicht verändert.
(2) Ist die Vektormenge $\{\vec{v}_1, \ldots, \vec{v}_n\}$ linear unabhängig, so ist jede Teilmenge dieser Vektormenge ebenfalls linear unabhängig. Ist die Vektormenge $\{\vec{v}_1, \ldots, \vec{v}_n\}$ linear abhängig, so ist jede diese Vektormenge umfassende Menge von Vektoren ebenfalls linear abhängig.
(3) Genau dann sind in der ↑ Linearkombination

$$\vec{v} = \sum_{i=1}^{n} \mu_i \vec{v}_i$$

die Koeffizienten *eindeutig bestimmt*, wenn die Vektoren $\vec{v}, \vec{v}_1, \ldots, \vec{v}_n$ linear abhängig, die Vektoren $\vec{v}_1, \ldots, \vec{v}_n$ jedoch linear unabhängig sind (↑ Basis).
So wie sich mithilfe ↑ linearer Gleichungssysteme Vektoren des $\mathbb{R}^n$ auf lineare Unabhängigkeit untersuchen lassen, kann man umgekehrt aufgrund der Sätze über lineare Unabhängigkeit Aussagen über Lösbarkeit von Gleichungssystemen machen.
Schreibt man das (n, m)-System

$\alpha_{11}x_1 + \alpha_{12}x_2 + \ldots + \alpha_{1m}x_m = \beta_1$
$\alpha_{21}x_1 + \alpha_{22}x_2 + \ldots + \alpha_{2m}x_m = \beta_2$
$\vdots \qquad \vdots \qquad \qquad \vdots \qquad \vdots$
$\alpha_{n1}x_1 + \alpha_{n2}x_2 + \ldots + \alpha_{nm}x_n = \beta_n$

in der Form   (S)

$x_1 \underbrace{\begin{pmatrix} \alpha_{11} \\ \alpha_{21} \\ \vdots \\ \alpha_{n1} \end{pmatrix}}_{\vec{v}_1} + x_2 \underbrace{\begin{pmatrix} \alpha_{12} \\ \alpha_{22} \\ \vdots \\ \alpha_{n2} \end{pmatrix}}_{\vec{v}_2}$

Linkskurve

$$+\ldots+x_m \underbrace{\begin{pmatrix} \alpha_{1m} \\ \alpha_{2m} \\ \vdots \\ \alpha_{nm} \end{pmatrix}}_{\vec{v}_m} = \underbrace{\begin{pmatrix} \beta_1 \\ \beta_2 \\ \vdots \\ \beta_n \end{pmatrix}}_{\vec{v}},$$

so folgt mit Satz (3): Genau dann ist (S) eindeutig lösbar, wenn im Vektorraum $\mathbb{R}^n$ die Vektoren $\vec{v}_1, \ldots, \vec{v}_m$ linear unabhängig sind und die Vektoren $\vec{v}, \vec{v}_1, \ldots, \vec{v}_m$ linear abhängig sind.

Linkskurve: Kurvenstück als Teil des Graphen einer Funktion f, wobei die zweite Ableitung von f in dem betreffenden Bereich positiv ist.

Lipschitz-Stetigkeit [nach RUDOLF OTTO SIGISMUND LIPSCHITZ; *1832, †1903]: eine Spezialisierung des allgemeinen Begriffs der ↑ Stetigkeit. Eine Funktion $f: [a;b] \to \mathbb{R}$ heißt Lipschitz-stetig auf dem Intervall $[a;b]$, wenn eine Konstante L existiert mit

$$|f(x_1) - f(x_2)| \leq L|x_1 - x_2|$$

für alle $x_1, x_2 \in [a;b]$.

Eine auf $[a;b]$ Lipschitz-stetige Funktion ist auf $[a;b]$ auch stetig, die Umkehrung gilt aber nicht: Die Funktion $x \mapsto \sqrt{x}$ ist auf $[0;1]$ stetig, nicht aber lipschitz-stetig.

Analog zur Lipschitz-Stetigkeit kann man die **Lipschitz-Differenzierbarkeit** als Spezialisierung der üblichen Differenzierbarkeit (↑ Ableitung) definieren: Eine Funktion $f: [a;b] \to \mathbb{R}$ heißt Lipschitz-differenzierbar auf $[a;b]$, wenn es eine Konstante K und für jedes $x_1 \in [a;b]$ eine Zahl $m(x_1)$ gibt mit

$$|f(x_1) - f(x_2) - m(x_1)(x_1 - x_2)|$$
$$\leq K(x_1 - x_2)^2.$$

Eine Verallgemeinerung der Lipschitz-Stetigkeit ist die α-Lipschitz-Stetigkeit, wobei α eine reelle Zahl zwischen 0 und 1 ist. Hier muss die Konstante L die Bedingung

$$|f(x_1) - f(x_2)| \leq L|x_1 - x_2|^\alpha$$

für alle $x_1, x_2 \in [a;b]$ erfüllen. 1-Lipschitz-Stetigkeit ist die gewöhnliche Lipschitz-Stetigkeit, eine 0-Lipschitz-stetige Funktion ist beschränkt. Die Funktion $x \mapsto \sqrt{x}$ ist auf $[0;1]$ $\frac{1}{2}$-Lipschitz-stetig.

ln: Funktionszeichen für die ↑ Logarithmusfunktion zur Basis e (↑ eulersche Zahl), die so genannte **natürliche Logarithmusfunktion** (logarithmus **n**aturalis).

log: Funktionszeichen für die ↑ Logarithmusfunktion. Ist keine Basis angegeben, so meint man meistens die natürliche Logarithmusfunktion ln.

logarithmische Ableitung (logarithmische Differenziation): Verfahren zur Berechnung der ↑ Ableitung einer Funktion der Form

$$F: x \mapsto f(x)^{g(x)},$$

wobei f, g differenzierbare Funktionen sind und f nur positive Werte annimmt: Man gehe von

$$F(x) = f(x)^{g(x)}$$

durch Logarithmieren zu der Gleichung

$$\ln F(x) = g(x) \cdot \ln f(x)$$

über und differenziere auf beiden Seiten:

$$\frac{F'(x)}{F(x)} = g(x) \cdot \frac{f'(x)}{f(x)} + g'(x) \cdot \ln f(x),$$

also

$$F'(x) = f(x)^{g(x)}$$
$$\cdot \left(g(x) \cdot \frac{f'(x)}{f(x)} + g'(x) \cdot \ln f(x) \right).$$

Dabei wurden die Kettenregel und die Produktregel (↑ Ableitungsregeln) benutzt. Man bezeichnet $(\ln F)' = \dfrac{F'}{F}$ als logarithmische Ableitung von F.

Beispiel: Für $F(x) = (x^2+1)^{\sin x}$ ergibt sich

$$F'(x) = F(x) \cdot \left(\frac{2x \cdot \sin x}{x^2+1} + \cos x \cdot \ln(x^2+1) \right).$$

logarithmische Spirale: die Kurve, deren Gleichung in Polarkoordinaten

$$r = a^\varphi \quad (a > 0)$$

lautet. Für ganzzahlige Werte von φ (im Bogenmaß!) kann man die Radien sehr einfach gemäß Abb. 1 konstruieren ($a = 1{,}2$). Mit den so gefundenen Werten ist die logarithmische Spirale in Abb. 2 gezeichnet.

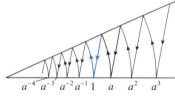

logarithmische Spirale (Abb. 1): Konstruktion der Radien einer logarithmischen Spirale für ganzzahlige Werte

Der Winkel α zwischen Ortsvektor und Tangentialvektor berechnet sich für eine in Polarkoordinaten gegebene Kurve allgemein aus

$$\cos \alpha = \frac{r'}{\sqrt{r'^2 + r^2}}$$

mit $r' = \dfrac{\mathrm{d}r}{\mathrm{d}\varphi}$. Für die logarithmische Spirale ergibt sich

$$\cos \alpha = \frac{\ln a}{\sqrt{1 + \ln^2 a}}$$

oder $\tan \alpha = \dfrac{1}{\ln a}$.

Der Winkel zwischen Ortsvektor und Tangentialvektor ist also für alle Punkte der Kurve gleich. Für $a = 1{,}2$ ergibt sich $\alpha = 79{,}67$ (vgl. Abb. 2). Mit diesem Winkel α ergibt sich die ↑ Bogenlänge zu

$$s = \frac{r_2 - r_1}{\cos \alpha},$$

der Radius des ↑ Krümmungskreises zu

$$\rho = \frac{r}{\sin \alpha}.$$

Logarithmusfunktion [zu griechisch *lógos* »Vernunft«, »Verhältnis« und *arithmós* »Zahl«]: die ↑ Umkehrfunktion der ↑ Exponentialfunktion. Genauer heißt die Umkehrfunktion der Exponentialfunktion zur Basis b die Logarithmusfunktion zur Basis b, wobei $b > 1$ sein soll:

$$y = {}_b\!\log x \Leftrightarrow b^y = x.$$

Statt ${}_b\!\log x$ schreibt man auch $\log_b x$. Für $b = 10$ schreibt man lg statt ${}_{10}\!\log$ und verwendet die Bezeichnungen Zehnerlogarithmus, gewöhnlicher Logarithmus oder dekadischer Logarithmus. Für $b = 2$ schreibt man ld (**l**ogarithmus **d**ualis) statt ${}_2\!\log$ und verwendet die Bezeichnungen Zweierlogarithmus oder Duallogarithmus.

logarithmische Spirale (Abb. 2): ein Beispiel

Logarithmusfunktion

Für $b = e$ († eulersche Zahl) erhält man den natürlichen Logarithmus; man schreibt ln (**l**ogarithmus **n**aturalis) statt $_e\log$. Für den Logarithmus zur Basis e findet man auch häufig das Funktionszeichen log. Zwischen den Funktionen $_a\log$ und $_b\log$ besteht die Beziehung

$$_b\log x = {_b\log a} \cdot {_a\log x}.$$

Insbesondere gilt also

$$_b\log x = {_b\log e} \cdot \ln x,$$
$$\ln x = \ln b \cdot {_b\log x}.$$

Zwei Logarithmusfunktionen unterscheiden sich also nur durch einen konstanten Faktor; zur Untersuchung der Eigenschaften genügt es daher, die natürliche Logarithmusfunktion ln zu betrachten (Abb. 1).

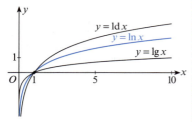

Logarithmusfunktion (Abb. 1): Zehner- und Zweierlogarithmus

■ Eigenschaften der Logarithmusfunktion

Die Exponentialfunktion $x \mapsto e^x$ stimmt mit ihrer Ableitungsfunktion überein. Nach der Regel für die Differenziation der † Umkehrfunktion ergibt sich als Ableitung

$$(\ln x)' = \frac{1}{e^{\ln x}} = \frac{1}{x}.$$

Für die Logarithmusfunktion zur Basis b ist also

$$(_b\log x)' = {_b\log e} \cdot \frac{1}{x}.$$

Die Beziehung $(\ln x)' = \frac{1}{x}$ legt es nahe, die natürliche Logarithmusfunktion mithilfe des Integrals zu definieren (Abb. 2):

$$\ln x := \int_1^x \frac{1}{t}\, dt.$$

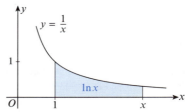

Logarithmusfunktion (Abb. 2): Definition des Logarithmus mithilfe des Integrals

Eine Stammfunktion von ln gewinnt man mithilfe partieller Integration:

$$\int \ln x\, dx = x \ln x - \int x \frac{1}{x}\, dx,$$

also

$$\int \ln x\, dx = x \ln x - x + \text{const.}$$

Die Taylor-Entwicklung († Taylor-Reihe) der Funktion $x \mapsto \ln(1+x)$ an der Stelle 0 lautet

$$\ln(1+x) = \sum_{n=1}^{\infty} (-1)^{n+1} \frac{x^n}{n},$$

also

$$\ln(1+x) = x - \frac{x^2}{2} + \frac{x^3}{3} - \frac{x^4}{4} + \ldots$$

für $-1 < x \leq 1$. Speziell an der Stelle 1 ergibt sich

$$\ln 2 = 1 - \tfrac{1}{2} + \tfrac{1}{3} - \tfrac{1}{4} + \ldots$$

Ersetzt man in obiger Entwicklung x durch $-x$, dann ergibt sich für $-1 \leq x < 1$:

$$\ln\left(\frac{1}{1-x}\right) = \sum_{n=1}^{\infty} \frac{x^n}{n}.$$

Mandelbrot-Menge

Damit lassen sich alle Werte der Logarithmusfunktion für Argumente $\geq \frac{1}{2}$ als Reihe schreiben.

Die Logarithmusfunktion wächst schwächer als jede Potenzfunktion mit positivem Exponent, d. h.

$$\lim_{x \to \infty} \frac{\ln x}{x^\alpha} = 0$$

für jedes $\alpha > 0$. Dies erkennt man mithilfe der ↑ L'Hospital-Regeln:

$$\lim_{x \to \infty} \frac{\ln x}{x^\alpha} = \lim_{x \to \infty} \frac{\frac{1}{x}}{\alpha x^{\alpha-1}}$$
$$= \lim_{x \to \infty} \frac{1}{\alpha x^\alpha} = 0.$$

lokal: nur eine Stelle des betrachteten Bereichs betreffend, Gegenteil von ↑ global. Ein lokales Maximum (relatives Maximum) einer Funktion ist ihr größter Wert auf einem Teil der gesamten Definitionsmenge, ein globales Maximum (absolutes Maximum) jedoch der größte Wert innerhalb der gesamten Definitionsmenge.

lokale Änderungsrate: die Änderungsgeschwindigkeit oder Änderungsrate einer Funktion an einer bestimmten Stelle. Ist eine Funktion der Zeit gegeben, dann ist ihre lokale Änderungsrate die Änderungsgeschwindigkeit zu einem bestimmten Zeitpunkt. Die lokale Änderungsrate wird mathematisch durch die ↑ Ableitung bestimmt.

Lösungsraum: der ↑ Vektorraum der Lösungen eines homogenen ↑ linearen Gleichungssystems.

Lotto: ↑ Glücksspiel.

Mandelbrot-Menge [nach BENOÎT MANDELBROT, *1924]: eine durch Iteration in der komplexen Zahlenebene entstehende Menge. Sie ist die Menge aller Punkte c, für die die Zahlenfolge

$$z_{n+1} = z_n^2 + c \quad (z_i, c \in \mathbb{C}, z_0 = 0)$$

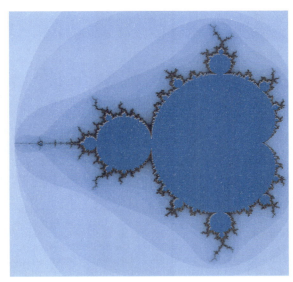

Mandelbrot-Menge (Abb. 1): Die Struktur des »Apfelmännchens« zeigt die für Fraktale typische Selbstähnlichkeit und wiederholt sich am Rand des Gebiets auf immer kleineren Skalen.

Markow-Kette

auch nach beliebig vielen Iterationsschritten beschränkt bleibt. Die grafische Darstellung des so definierten Gebiets der komplexen Ebene (Abb. 1, S. 269) wird auch »Apfelmännchen« genannt. Die Mandelbrot-Menge ist eines der bekanntesten Beispiele für ein komplexes Fraktal (↑ fraktale Geometrie).

Markow-Kette: siehe S. 272.

Maß: eine Verallgemeinerung der elementargeometrischen Begriffe Länge, Flächeninhalt und Rauminhalt sowie des Begriffs der Wahrscheinlichkeit.

Es sei Ω eine nichtleere Menge und $\mathcal{A}$ eine Teilmenge der Potenzmenge $\mathcal{P}(\Omega)$, also eine Menge von Teilmengen von Ω. Dabei soll $\mathcal{A}$ folgende Eigenschaften haben:

$A \in \mathcal{A} \Rightarrow \Omega \setminus A \in \mathcal{A}$ (1)
$A_1, A_2 \in \mathcal{A} \Rightarrow A_1 \cap A_2 \in \mathcal{A}$ (2)
$A_1, A_2 \in \mathcal{A} \Rightarrow A_1 \cup A_2 \in \mathcal{A}$ (3)

Eine Funktion $\mu: \mathcal{A} \to \mathbb{R}$ heißt **Inhaltsfunktion** oder kurz **Inhalt** auf $\mathcal{A}$, wenn gilt:

(1) $\mu(\emptyset) = 0$,
$\mu(A) \geq 0$ für alle $A \in \mathcal{A}$;
(2) ist $A_1 \cap A_2 = \emptyset$, dann ist
$\mu(A_1 \cup A_2) = \mu(A_1) + \mu(A_2)$.

Nach Eigenschaft (2) ist μ additiv. Hat $\mathcal{A}$ die Eigenschaft, dass für jede Folge $A_1, A_2, A_3, \ldots$ aus $\mathcal{A}$ auch die Vereinigung $A_1 \cup A_2 \cup A_3 \cup \ldots$ zu $\mathcal{A}$ gehört, dann heißt $\mathcal{A}$ σ-Algebra (**Sigma-Algebra**). Gilt in diesem Fall für jede Folge $A_1, A_2, A_3, \ldots$ paarweise disjunkter Mengen aus $\mathcal{A}$

$$\mu\left(\bigcup_{i=1}^{\infty} A_i\right) = \sum_{i=1}^{\infty} \mu(A_i),$$

dann heißt μ eine **Maßfunktion** oder kurz ein Maß auf $\mathcal{A}$.
Ist $\mu(\Omega) = 1$, dann heißt μ ein **Wahrscheinlichkeitsmaß** auf $\mathcal{A}$; das Tripel $(\Omega, \mathcal{A}, \mu)$ heißt ein **Wahrscheinlichkeitsraum** (↑ Kolmogorow-Axiome).

mathematische Zeichen: siehe Übersicht im Anhang.

Matrix [lateinisch »öffentliches Verzeichnis«, »Stammrolle«, eigentlich »Gebärmutter«]: (Plural Matrizen): eine rechteckige Anordnung von Elementen aus einer Menge M in n Zeilen und m Spalten. Dabei ist M meist ein ↑ Körper. Hier beschränken wir uns darauf, dass die Elemente reelle Zahlen sind, und sprechen von *reellen* Matrizen.

Matrizen werden u.a. bei der Behandlung linearer Gleichungssysteme oder zur Beschreibung von linearen Abbildungen verwendet.

■ **Reelle Matrizen**

Eine reelle (n, m)-Matrix A ist ein System von $n \cdot m$ reellen Zahlen a_{ij} ($i \in \{1, \ldots, n\}$, $j \in \{1, \ldots, m\}$), die in einem Schema aus n Zeilen und m Spalten folgendermaßen angeordnet sind:

$$A = \begin{pmatrix} a_{11} & a_{12} \ldots a_{1j} \ldots a_{1m} \\ a_{21} & a_{22} \ldots a_{2j} \ldots a_{2m} \\ \vdots & \vdots \quad \vdots \quad \vdots \\ a_{i1} & a_{i2} \ldots a_{ij} \ldots a_{im} \\ \vdots & \vdots \quad \vdots \quad \vdots \\ a_{n1} & a_{n2} \ldots a_{nj} \ldots a_{nm} \end{pmatrix} \leftarrow i\text{-te Zeile}$$

$\uparrow$
j-te Spalte

Abkürzend schreibt man für die Matrix A auch (a_{ij}) bzw. $(a_{ij})_{\substack{i=1,\ldots,n \\ j=1,\ldots,m}}$. Die reellen Zahlen a_{ij} sind die Elemente oder Einträge der Matrix. Zwei Matrizen heißen vom gleichen **Typ**, wenn sie die gleiche Zeilen- und Spaltenzahl haben. Die beiden Matrizen (a_{ij}) und (b_{ij}) sind genau dann gleich, wenn sie von gleichem Typ sind und alle entsprechenden Elemente übereinstimmen, d.h., wenn

$a_{ij} = b_{ij}$ für alle i, j

gilt. Die Menge aller reellen (n, m)-Matrizen bezeichnet man mit $\mathbb{R}_{n,m}$. So ist beispielsweise

$\begin{pmatrix} 1 & 2 \\ 3 & 4 \end{pmatrix} \in \mathbb{R}_{2,2}$, $\begin{pmatrix} 0 & 0 & 0 \\ 1 & 0 & -1 \end{pmatrix} \in \mathbb{R}_{2,3}$,

$\begin{pmatrix} 0 & 1 \\ 0 & 0 \\ 0 & -1 \end{pmatrix} \in \mathbb{R}_{3,2}$, $\begin{pmatrix} 1 \\ 2 \\ 3 \\ 0 \end{pmatrix} \in \mathbb{R}_{4,1}$,

$(1\ 2\ 3\ 0) \in \mathbb{R}_{1,4}$.

■ Spezielle Matrizen

Sind die ↑Vektoren der Ebene bzw. des Raumes als Paare bzw. als Tripel reeller Zahlen gegeben, so entsprechen die $(2, 1)$-Matrizen den Vektoren der Ebene und die $(3, 1)$-Matrizen den Vektoren des Raumes. Die $(1, 1)$-Matrizen entsprechen den reellen Zahlen.

Eine Matrix, bei der Zeilen- und Spaltenzahl gleich sind, heißt **quadratisch**. $\mathbb{R}_{n,n}$ ist die Menge aller quadratischen (n, n)-Matrizen. Die Elemente $a_{11}, a_{22}, a_{33}, \ldots, a_{nn}$ bilden die **Hauptdiagonale** der quadratischen Matrix (a_{ij}):

$\begin{pmatrix} a_{11} & \cdots & \cdots & a_{1n} \\ \vdots & a_{22} & & \vdots \\ \vdots & & a_{33} & \vdots \\ \vdots & & & \ddots & \vdots \\ a_{n1} & \cdots & \cdots & a_{nn} \end{pmatrix}$

Eine quadratische Matrix (a_{ij}) heißt
- **obere Dreiecksmatrix**, wenn gilt

  $a_{ij} = 0$ für alle $j < i$,

- **untere Dreiecksmatrix**, falls

  $a_{ij} = 0$ für alle $i < j$

ist. Eine Dreiecksmatrix hat demnach unterhalb bzw. oberhalb der Hauptdiagonalen nur Nullen als Elemente. Beispielsweise ist

$\begin{pmatrix} 1 & 2 & 0 & 3 & 4 \\ 0 & 0 & -1 & -1 & -1 \\ 0 & 0 & 1 & 0 & 0 \\ 0 & 0 & 0 & 4 & 7 \\ 0 & 0 & 0 & 0 & 3 \end{pmatrix} \in \mathbb{R}_{5,5}$

eine obere und

$\begin{pmatrix} 6 & 0 & 0 & 0 & 0 \\ 2 & 1 & 0 & 0 & 0 \\ 1 & 2 & -3 & 0 & 0 \\ 4 & -1 & -2 & 0 & 0 \\ 3 & 1 & 4 & 0 & 1 \end{pmatrix} \in \mathbb{R}_{5,5}$

eine untere Dreiecksmatrix. Sind alle Elemente einer quadratischen Matrix außerhalb der Hauptdiagonalen null, so handelt es sich um eine **Diagonalmatrix**. Beispielsweise ist

$\begin{pmatrix} 1 & 0 & 0 & 0 \\ 0 & 2 & 0 & 0 \\ 0 & 0 & 0 & 0 \\ 0 & 0 & 0 & 3 \end{pmatrix} \in \mathbb{R}_{4,4}$

eine Diagonalmatrix (die Diagonalelemente können beliebig sein).

Die quadratische (n, n)-Matrix E_n, bei der sämtliche Hauptdiagonalelemente 1 und alle anderen Elemente 0 sind, heißt **Einheitsmatrix** von $\mathbb{R}_{n,n}$. Beispielsweise ist

$\begin{pmatrix} 1 & 0 & 0 & 0 \\ 0 & 1 & 0 & 0 \\ 0 & 0 & 1 & 0 \\ 0 & 0 & 0 & 1 \end{pmatrix}$

die Einheitsmatrix von $\mathbb{R}_{4,4}$. Die **Nullmatrix** $\mathbf{0} \in \mathbb{R}_{n,m}$ ist diejenige Matrix, bei der sämtliche Elemente null sind. Eine quadratische Matrix (a_{ij}) heißt

- **symmetrisch**, falls gilt

  $a_{ij} = a_{ji}$ für alle i, j,

- **schiefsymmetrisch** (antisymmetrisch), wenn

  $a_{ij} = -a_{ji}$ für alle i, j.

Markow-Kette

Unter einer Markow-Kette – benannt nach dem russischen Mathematiker ANDREJ ANDREJEWITSCH MARKOW (*1856, †1922) – wird ein spezieller ↑ stochastischer Prozess verstanden, bei dem die Wahrscheinlichkeit p_{ji} für den Übergang aus einem Zustand Z_i in den Zustand Z_j nicht davon abhängt, wie das System in den Zustand Z_i gelangt ist. Dem Prozess fehlt sozusagen das »Gedächtnis«.

■ Mit dem Taxi unterwegs

Ein einfaches Beispiel sind die Fahrten eines Taxis zwischen drei Stadtteilen Z_1, Z_2, Z_3. In Abb. 1 ist eine entsprechende Markow-Kette durch einen gerichteten Graphen dargestellt. Der Pfeil von Z_3 nach Z_1 mit der Zahl p_{13} bedeutet, dass der Taxifahrer vom Stadtteil Z_3 aus mit der Wahrscheinlichkeit p_{13} eine Fahrt in den Stadtteil Z_1 erhält, wobei es unerheblich ist, von wo er zuvor nach Z_3 gekommen ist.

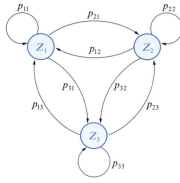

(Abb. 1) gerichteter Graph der Markow-Kette im Taxibeispiel

Die **Übergangswahrscheinlichkeiten** p_{ji} werden in einer **Übergangsmatrix** P zusammengefasst (Tab. 1). Dies ist eine stochastische Matrix, d. h., alle Spaltensummen sind 1.

	Z_1	Z_2	Z_3
Z_1	p_{11}	p_{12}	p_{13}
Z_2	p_{21}	p_{22}	p_{23}
Z_3	p_{31}	p_{32}	p_{33}

(Tab. 1) Übergangsmatrix P zu Abb. 1

Die Anfangsverteilung gibt an, mit welcher Wahrscheinlichkeit der Prozess in den einzelnen Zuständen startet. Man schreibt diese in Gestalt eines Vektors $\vec{p}^{(0)}$ und spricht vom **Anlaufvektor**. Hat in Abb. 1 der Anlaufvektor die Koordinaten a, b, c (Wahrscheinlichkeiten mit $a+b+c=1$), dann befindet sich der Prozess nach dem ersten Schritt in den Zuständen (d. h. das Taxi nach der ersten Fahrt in den Stadtteilen) Z_1, Z_2, Z_3 mit den Wahrscheinlichkeiten

$p_1 = p_{11}a + p_{12}b + p_{13}c,$
$p_2 = p_{21}a + p_{22}b + p_{23}c,$
$p_3 = p_{31}a + p_{32}b + p_{33}c.$

Der Zustandsvektor (Vektor der Wahrscheinlichkeiten der einzelnen Zustände) ist also nach dem ersten Schritt $\vec{p}^{(1)} = P\vec{p}^{(0)}$. Nach n Schritten lautet der Zustandsvektor

$\vec{p}^{(n)} = P^n \vec{p}^{(0)}.$

■ Grenzvektor und absorbierende Zustände

Eine wichtige Frage ist nun, ob der Prozess einer festen Verteilung der Zustände zustrebt, ob sich also die Folge der Zustandsvektoren einem »Grenzvektor« $\vec{p}$ annähert, für welchen $P\vec{p} = \vec{p}$ gilt. Der Grenzvektor muss also ein Fixvektor der durch die Matrix P gegebenen linearen Abbildung sein, der genau dann existiert, wenn die Grenzmatrix $G := \lim_{n \to \infty} P^n$ existiert (Grenzübergänge von Vektoren und Matrizen sind stets koordinatenweise zu verstehen); in diesem Fall ist $\vec{p} = G\vec{p}^{(0)}$ der Grenzvektor. Manchmal lässt sich $\vec{p}$ direkt aus der Gleichung $P\vec{p} = \vec{p}$ bestimmen, meistens benötigt man aber die Grenzmatrix. In unserem Beispiel würde $\vec{p}$ die Wahrscheinlichkeiten angeben, mit denen das Taxi in den drei Stadtteilen anzutreffen ist.

Ist $p_{ii} = 1$, heißt der Zustand Z_i **absorbierend**; hat der Prozess nämlich einen solchen Zustand erreicht, kann er ihn nicht mehr verlassen (das Taxi würde nur noch Fahrten innerhalb dieses Stadtteils erhalten). Eine Markow-Kette heißt absorbierend, wenn sie absorbierende Zustände besitzt und von jedem Zustand aus einer der absorbierenden Zustände (über eine Folge von Zuständen) erreichbar ist. Ein Zustand, der nicht absorbierend ist, heißt ein innerer Zustand der Markow-Kette.

■ **Kopf oder Zahl?**

Ein Spieler setzt einen Geldbetrag und wirft dann eine Münze; bei »Kopf« verliert er seinen Einsatz, bei »Zahl« gewinnt er einen Betrag in Höhe seines Einsatzes hinzu. Nun möchte er mit einem Anfangskapital von 1 € möglichst schnell in den Besitz von 5 € kommen. Er setzt stets so viel, dass er dem Ziel im Falle eines Gewinns möglichst nahe kommt (Abb. 2). Anlaufvektor und Übergangsmatrix sind

$$\begin{pmatrix} 0 \\ 1 \\ 0 \\ 0 \\ 0 \\ 0 \end{pmatrix} \text{ bzw. } \begin{pmatrix} 1 & \frac{1}{2} & \frac{1}{2} & 0 & 0 & 0 \\ 0 & 0 & 0 & \frac{1}{2} & 0 & 0 \\ 0 & \frac{1}{2} & 0 & 0 & 0 & 0 \\ 0 & 0 & 0 & 0 & \frac{1}{2} & 0 \\ 0 & 0 & \frac{1}{2} & 0 & 0 & 0 \\ 0 & 0 & 0 & \frac{1}{2} & \frac{1}{2} & 1 \end{pmatrix}.$$

Die Wahrscheinlichkeit, nach drei Schritten in Zustand 5 absorbiert zu werden, ist $\frac{1}{8}$; nach fünf Schritten landet man dort mit der Wahrscheinlich-

(Abb. 2) Markow-Kette eines Glücksspiels. Die Schleifen an den absorbierenden Zuständen sind weggelassen, die Übergangswahrscheinlichkeiten ausgehend von inneren Zuständen betragen stets $\frac{1}{2}$.

keit $\frac{1}{16}$, spätestens nach fünf Schritten also mit der Wahrscheinlichkeit $\frac{3}{16}$. Legt man eine Runde $2-4-3-1$ ein, so multipliziert sich diese Wahrscheinlichkeit mit $\frac{1}{16}$. Die Wahrscheinlichkeit, überhaupt jemals in Zustand 5 absorbiert zu werden, ist also

$$p = \frac{3}{16} \cdot \sum_{i=0}^{\infty} \left(\frac{1}{16}\right)^i = \frac{3}{16} \cdot \frac{16}{15} = \frac{1}{5}.$$

Der absorbierende Zustand 0 wird dagegen mit der Wahrscheinlichkeit $\frac{4}{5}$ erreicht. Der Fixvektor hat damit die Koordinaten $\left(\frac{4}{5}, 0, 0, 0, \frac{1}{5}\right)$.

■ **Spielglück beim Craps**

Das Craps-Spiel ist ein in angelsächsischen Ländern beliebtes Würfelspiel. Der Spieler wirft zwei Würfel und bestimmt die Augensumme S. Bei $S \in \{7, 11\}$ gewinnt er sofort, bei $S \in \{2, 3, 12\}$ verliert er sofort. In den übrigen Fällen wirft er so lange weiter, bis entweder die Augensumme 7 kommt (dann hat er verloren) oder wieder die Augensumme S erscheint (dann hat er gewonnen). Abb. 3 (S. 274) zeigt ein Diagramm für diese Markow-Kette, wobei die Wahrscheinlichkeitsverteilung der Augen-

Markow-Kette

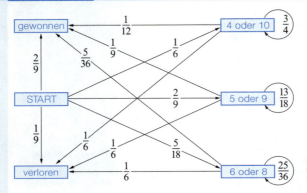

(Abb. 3) Würfelspiel Craps als Markow-Kette

summe beim zweimaligen Würfeln eingeht. Die Übergangsmatrix ist

$$P = \frac{1}{36}\begin{pmatrix} 36 & 6 & 6 & 6 & 0 \\ 0 & 27 & 0 & 0 & 0 \\ 0 & 0 & 26 & 0 & 0 \\ 0 & 0 & 0 & 25 & 0 \\ 0 & 3 & 4 & 5 & 36 \end{pmatrix}.$$

Als Grenzmatrix findet man nach einigen mühsamen Rechnungen mit geometrischen Reihen

$$G = \frac{1}{165}\begin{pmatrix} 165 & 110 & 99 & 90 & 0 \\ 0 & 0 & 0 & 0 & 0 \\ 0 & 0 & 0 & 0 & 0 \\ 0 & 0 & 0 & 0 & 0 \\ 0 & 55 & 66 & 75 & 165 \end{pmatrix}.$$

Der Anlaufvektor $\vec{p}^{(0)}$ hat die Koordinaten $(\frac{1}{9}, \frac{1}{6}, \frac{2}{9}, \frac{5}{18}, \frac{2}{9}.)$ und der Fixvektor $G\vec{p}^{(0)}$ lautet

$$\left(\frac{251}{495}, 0, 0, 0, \frac{244}{495}\right).$$

Man gewinnt also mit der Wahrscheinlichkeit $\frac{244}{495} \approx 49{,}3\%$. ∎

Viele reale Vorgänge lassen sich (näherungsweise) als Markow-Prozess behandeln, etwa in der Warteschlangentheorie. Dabei geht es um die Beschreibung von Abfertigungs- und Bedienvorgängen, z.B. an Supermarktkassen, Flughäfen und in der industriellen Fertigung. Die eintreffenden Kunden (Flugzeuge, Aufträge) und die anfallenden Bedienzeiten bilden dann die Elemente einer Markow-Kette.

HEYER, HERBERT: *Einführung in die Theorie Markoffscher Prozesse.* Mannheim (BI-Wissenschaftsverlag) 1979. ∎ ENGEL, ARTHUR: *Wahrscheinlichkeitsrechnung und Statistik,* Band 2. Neuausgabe Stuttgart (Klett) 1992. ∎ MEYER, MANFRED: *Operations Research. Systemforschung.* Stuttgart (Fischer) 1996.

Bei einer symmetrischen Matrix sind die Elemente symmetrisch zur Hauptdiagonalen angeordnet. Bei einer schiefsymmetrischen Matrix sind die Elemente der Hauptdiagonalen stets 0.

$$A = \begin{pmatrix} 1 & 0 & -1 & 6 \\ 0 & 2 & 1 & 3 \\ -1 & 1 & 3 & 2 \\ 6 & 3 & 2 & 4 \end{pmatrix} \in \mathbb{R}_{4,4}$$

ist eine symmetrische und

$$B = \begin{pmatrix} 0 & -2 & -3 \\ 2 & 0 & -1 \\ 3 & 1 & 0 \end{pmatrix} \in \mathbb{R}_{3,3}$$

eine schiefsymmetrische Matrix.
Zu der (nicht notwendig quadratischen) Matrix

$$A = (a_{ik}) = \begin{pmatrix} a_{11} & a_{12} \ldots a_{1m} \\ a_{21} & a_{22} \ldots a_{2m} \\ \vdots & \vdots & \vdots \\ a_{n1} & a_{n2} \ldots a_{nm} \end{pmatrix} \in \mathbb{R}_{n,m}$$

heißt

$$A^T = (a_{ki}) = \begin{pmatrix} a_{11} & a_{21} \ldots a_{n1} \\ a_{12} & a_{22} \ldots a_{n2} \\ \vdots & \vdots & \vdots \\ a_{1m} & a_{2m} \ldots a_{nm} \end{pmatrix} \in \mathbb{R}_{m,n}$$

die zu A **transponierte Matrix** (Transponierte). A^T entsteht aus A, indem man die Zeilen von A als Spalten von A^T schreibt. Für beispielsweise

$$A = \begin{pmatrix} 1 & 0 & 2 & 4 \\ 3 & -1 & 1 & 2 \\ 0 & 1 & 0 & 6 \end{pmatrix} \in \mathbb{R}_{3,4}$$

ist

$$A^T = \begin{pmatrix} 1 & 3 & 0 \\ 0 & -1 & 1 \\ 2 & 1 & 0 \\ 4 & 2 & 6 \end{pmatrix} \in \mathbb{R}_{4,3}.$$

Es gilt stets: $(A^T)^T = A$.
Jeder quadratischen Matrix (a_{ij}) kann man eine reelle Zahl zuordnen, ihre ↑ Determinante $\det(a_{ij})$. Eine quadratische Matrix mit $\det(a_{ij}) \neq 0$ heißt **regulär**; ist dagegen $\det(a_{ij}) = 0$, so heißt (a_{ij}) **singulär**.
Neben ihrer Verwendung zur Lösung linearer Gleichungssysteme dienen Matrizen in der ↑ linearen Algebra unter anderem auch zur Beschreibung ↑ linearer Abbildungen von ↑ Vektorräumen. Dabei beschreiben die regulären Matrizen genau die bijektiven linearen Abbildungen (↑ Isomorphismus eines Vektorraumes V auf einen Vektorraum W).
Im Folgenden betrachten wir Rechenoperationen für Matrizen.

■ **Addition von Matrizen**

Für Matrizen vom gleichen Typ ist eine Addition »+« erklärt durch die Vorschrift

$$\begin{pmatrix} a_{11} & a_{12} \ldots a_{1m} \\ a_{21} & a_{22} \ldots a_{2m} \\ \vdots & \vdots & \vdots \\ a_{n1} & a_{n2} \ldots a_{nm} \end{pmatrix} + \begin{pmatrix} b_{11} & b_{12} \ldots b_{1m} \\ b_{21} & b_{22} \ldots b_{2m} \\ \vdots & \vdots & \vdots \\ b_{n1} & b_{n2} \ldots b_{nm} \end{pmatrix}$$

$$= \begin{pmatrix} a_{11}+b_{11} & a_{12}+b_{12} \ldots a_{1m}+b_{1m} \\ a_{21}+b_{21} & a_{22}+b_{22} \ldots a_{2m}+b_{2m} \\ \vdots & \vdots & \vdots \\ a_{n1}+b_{n1} & a_{n2}+b_{n2} \ldots a_{nm}+b_{nm} \end{pmatrix}$$

oder kurz

$$(a_{ij}) + (b_{ij}) = (a_{ij} + b_{ij}).$$

Für die so definierte Matrizenaddition gelten das Kommutativgesetz

$$(a_{ij}) + (b_{ij}) = (b_{ij}) + (a_{ij})$$

und das Assoziativgesetz

$$((a_{ij}) + (b_{ij})) + (c_{ij}) = (a_{ij}) + ((b_{ij}) + (c_{ij})).$$

Neutrales Element ist die Nullmatrix **0**:

$$(a_{ij}) + \mathbf{0} = \mathbf{0} + (a_{ij}) = (a_{ij})$$

für alle (a_{ij}).

Matrix

Alle Matrizen (a_{ij}) sind bezüglich » + « invertierbar. Das Inverse zu (a_{ij}) ist $(-a_{ij})$:

$$(a_{ij}) + (-a_{ij}) = (a_{ij} - a_{ij}) = \mathbf{0}.$$

Die Menge $\mathbb{R}_{n,m}$ aller (n, m)-Matrizen ist also bezüglich der Addition eine kommutative ↑ Gruppe.

■ Multiplikation von Matrizen

Das Produkt $A \cdot B$ ist für Matrizen A, B genau dann definiert, wenn die *Spalten*zahl von A gleich der *Zeilen*zahl von B ist. Für Matrizen $(a_{ij}) \in \mathbb{R}_{n,m}$, $(b_{jk}) \in \mathbb{R}_{m,r}$ berechnet man das Element c_{ik}, das in der i-ten Zeile und der k-ten Spalte der Produktmatrix steht, durch

$$c_{ik} = \sum_{l=1}^{m} a_{il} \cdot b_{lk}.$$

Das Produkt einer (n, m)-Matrix mit einer (m, r)-Matrix ist eine (n, r)-Matrix. Dies erklärt die besondere Bedeutung der quadratischen Matrizen, da ihr Produkt wieder eine quadratische Matrix ist. In $\mathbb{R}_{n,n}$ ist die Multiplikation also eine ↑ Verknüpfung.

Merkhilfe für die Multiplikation $(a_{ij}) \cdot (b_{jk}) = (c_{ik})$: Jede *Zeile* von (a_{ij}) wird mit jeder *Spalte* von (b_{jk}) so multipliziert, wie es dem ↑ Skalarprodukt der entsprechenden Vektoren aus $\mathbb{R}^m$ entspricht. Das Ergebnis steht an der Stelle (i, k) der Produktmatrix (Abb. 1). ■

Beispiel 1:

$$\begin{pmatrix} 1 & -2 \\ 3 & 4 \end{pmatrix} \cdot \begin{pmatrix} 0 & -1 \\ -3 & 2 \end{pmatrix} =$$

$$\begin{pmatrix} 1 \cdot 0 + (-2) \cdot (-3) & 1 \cdot (-1) + (-2) \cdot 2 \\ 3 \cdot 0 + 4 \cdot (-3) & 3 \cdot (-1) + 4 \cdot 2 \end{pmatrix}$$

$$= \begin{pmatrix} 6 & -5 \\ -12 & 5 \end{pmatrix}.$$

Dagegen ist

$$\begin{pmatrix} 0 & -1 \\ -3 & 2 \end{pmatrix} \cdot \begin{pmatrix} 1 & -2 \\ 3 & 4 \end{pmatrix}$$

$$= \begin{pmatrix} -3 & -4 \\ 3 & 14 \end{pmatrix}.$$

Beispiel 2:

$$A \cdot B := \begin{pmatrix} 2 & 4 & -3 \\ 1 & 0 & 6 \end{pmatrix} \cdot \begin{pmatrix} 1 \\ 2 \\ 6 \end{pmatrix}$$

$$= \begin{pmatrix} 2 \cdot 1 + 4 \cdot 2 + (-3) \cdot 6 \\ 1 \cdot 1 + 0 \cdot 2 + 6 \cdot 6 \end{pmatrix} = \begin{pmatrix} -8 \\ 37 \end{pmatrix}.$$

In diesem Falle ist $B \cdot A$ nicht definiert.

Beispiel 3:

$$(2\ 0\ 4) \cdot \begin{pmatrix} 3 \\ 1 \\ -1 \end{pmatrix} = (2).$$

Beachte, dass sich bei der Multiplikation von Matrizen die Nullmatrix ergeben kann, obwohl beide Matrizen von der Nullmatrix verschieden sind. Beispielsweise ist

$$\begin{pmatrix} 1 & 0 \\ 0 & 0 \end{pmatrix} \cdot \begin{pmatrix} 0 & 0 \\ 0 & 1 \end{pmatrix} = \begin{pmatrix} 0 & 0 \\ 0 & 0 \end{pmatrix}.$$
■

Das Matrizenprodukt in Beispiel 3 wird genauso gebildet wie das Skalarprodukt der Vektoren

$$\vec{a} = \begin{pmatrix} 2 \\ 0 \\ 4 \end{pmatrix} \text{ und } \vec{b} = \begin{pmatrix} 3 \\ 1 \\ -1 \end{pmatrix}.$$

Daher lässt sich dieses Skalarprodukt mithilfe der Matrizenmultiplikation ausdrücken, wenn man zwischen der reellen Zahl α und der Matrix (α) nicht unterscheidet:

$$(\vec{a} \cdot \vec{b}) = \vec{a}^T \cdot \vec{b}.$$

$\vec{a}^T$ ist dabei die transponierte Matrix von $\vec{a}$.

Zur Berechnung des Matrizenproduktes eignet sich das Schema aus Abb. 1.

Matrix (Abb. 1): Bei der Multiplikation zweier Matrizen ergibt sich das Element in der *i*-ten Zeile und *k*-ten Spalte durch Multiplikation der entsprechenden Zeilen- bzw. Spaltenvektoren.

Die Matrizenmultiplikation ist nicht kommutativ (siehe Beispiel 1). Sie ist jedoch assoziativ:

$$((a_{ij}) \cdot (b_{jk})) \cdot (c_{kl}) = (a_{ij}) \cdot ((b_{jk}) \cdot (c_{kl})).$$

Neutrales Element in $\mathbb{R}_{n,n}$, der Menge der quadratischen (n, n)-Matrizen, ist die Einheitsmatrix E_n:

$$A \cdot E_n = E_n \cdot A = A \text{ für alle } A \in \mathbb{R}_{n,n}.$$

Gibt es bezüglich der Multiplikation zu einer Matrix A eine **inverse Matrix** A^{-1} (also eine Matrix mit $A \cdot A^{-1} = A^{-1} \cdot A = E_n$), so nennt man die Matrix A invertierbar. Eine Matrix ist bezüglich der Multiplikation in $\mathbb{R}_{n,n}$ genau dann invertierbar, wenn sie regulär ist. Beispielsweise ist

$$A = \begin{pmatrix} 1 & 0 \\ 1 & 2 \end{pmatrix} \in \mathbb{R}_{2,2}$$

wegen $\det A = 2 \neq 0$ regulär und somit invertierbar.

$$A^{-1} = \begin{pmatrix} 1 & 0 \\ -\frac{1}{2} & \frac{1}{2} \end{pmatrix}$$

ist die zu A inverse Matrix:

$$A \cdot A^{-1} = A^{-1} \cdot A = E_2.$$

Eine besondere Rolle spielen die **orthogonalen Matrizen**. Hier ist die Transponierte zugleich die Inverse:

$$A^T = A^{-1}.$$

Der Name rührt daher, dass die Zeilen- und Spaltenvektoren paarweise orthogonal sind und den Betrag 1 haben. Genauer spricht man wegen der letzteren Eigenschaft auch von einer **orthonormalen Matrix**. Eine affine Abbildung, deren Darstellungsmatrix orthogonal ist, ist eine Kongruenzabbildung.

Bezüglich der Multiplikation ist $\mathbb{R}_{n,n}$ keine Gruppe, wohl aber die Menge aller *regulären* (n, n)-Matrizen. Die algebraische Struktur $(\mathbb{R}_{n,n}, +, \cdot)$ ist ein ↑ Ring. Denn neben den bisher genannten algebraischen Eigenschaften gelten auch die Distributivgesetze:

$$A \cdot (B + C) = A \cdot B + A \cdot C,$$
$$(A + B) \cdot C = A \cdot C + B \cdot C.$$

Mithilfe der Matrizenmultiplikation lassen sich lineare Gleichungssysteme einfacher darstellen. Es sei

$$\begin{matrix} a_{11}x_1 + a_{12}x_2 + \ldots + a_{1m}x_m = b_1 \\ a_{21}x_1 + a_{22}x_2 + \ldots + a_{2m}x_m = b_2 \\ \vdots \qquad \vdots \qquad \qquad \vdots \qquad \vdots \\ a_{n1}x_1 + a_{n2}x_2 + \ldots + a_{nm}x_m = b_n \end{matrix} \quad (S)$$

ein (n, m)-System mit der Koeffizientenmatrix

$$A = \begin{pmatrix} a_{11} & a_{12} & \ldots & a_{1m} \\ a_{21} & a_{22} & \ldots & a_{2m} \\ \vdots & \vdots & & \vdots \\ a_{n1} & a_{n2} & \ldots & a_{nm} \end{pmatrix}.$$

max

Fasst man die Unbekannten $x_1, \ldots, x_m$ zu einer $(m, 1)$-Matrix und die Koeffizienten b_i der rechten Seite zu einer $(n, 1)$-Matrix zusammen, also

$$x = \begin{pmatrix} x_1 \\ \vdots \\ x_m \end{pmatrix}, \quad b = \begin{pmatrix} b_1 \\ \vdots \\ b_n \end{pmatrix},$$

so ist (S) in Matrizenschreibweise durch

$$A \cdot x = b \qquad \text{(S)}$$

darstellbar.

■ **Multiplikation mit Zahlen**

Die Multiplikation einer Matrix mit einer reellen Zahl k (Vervielfachung) ist so definiert, dass jedes Element der Matrix mit k zu multiplizieren ist, etwa

$$3 \begin{pmatrix} 1 & 0 & 2 \\ -1 & 4 & 7 \\ 0 & 0 & 2 \end{pmatrix} = \begin{pmatrix} 3 & 0 & 6 \\ -3 & 12 & 21 \\ 0 & 0 & 6 \end{pmatrix}.$$

Die Menge $\mathbb{R}_{n,m}$ bildet bezüglich der Addition und dieser Multiplikation mit reellen Zahlen einen ↑ Vektorraum der ↑ Dimension $n \cdot m$.

max: Funktionszeichen für das Maximum zweier oder mehrerer reeller Zahlen. Es ist

$$\max(a, b, c, \ldots) \geq a, b, c, \ldots.$$

Maximum [lateinisch »das Größte«]: die größte Zahl in einer Menge reeller Zahlen; das Funktionszeichen ist max. Das Maximum einer Funktion in einer Teilmenge T ihrer Definitionsmenge ist der größte Wert, den sie auf T annimmt (↑ Extremwert).

Maximum-Likelihood-Methode ['mæksɪməm 'laɪklɪhʊd-; englisch etwa »Methode der maximalen Plausibilität«]: ein allgemeines Prinzip zur Schätzung von Wahrscheinlichkeiten: Diejenige Wahrscheinlichkeit wird vermutet, unter welcher das vorliegende Resultat am ehesten zustande kommt.

Beispiel 1: Ein ↑ Bernoulli-Versuch mit der unbekannten Trefferwahrscheinlichkeit p werde n-mal wiederholt. Es werden t Treffer (also $n-t$ Fehlschläge) beobachtet. Die Wahrscheinlichkeit dafür ist

$$f(p) = \binom{n}{t} p^t (1-p)^{n-t}$$

(↑ Binomialverteilung). Die Ableitung $f'(p)$ hat für $p = \dfrac{t}{n}$ den Wert 0; dort liegt ein Maximum von f vor. Man schätzt also die unbekannte Wahrscheinlichkeit am besten mit $\dfrac{t}{n}$.

Beispiel 2: Es soll die Anzahl N der Fische in einem Teich geschätzt werden; dazu fängt man r Fische, markiert sie und lässt sie wieder frei. Dann werden wieder n Fische gefangen, darunter x markierte. Die Wahrscheinlichkeit dafür ist

$$f(N) = \dfrac{\binom{r}{x}\binom{N-r}{n-x}}{\binom{N}{n}}$$

(↑ hypergeometrische Verteilung). Es ist

$$\dfrac{f(N)}{f(N-1)} = \dfrac{(N-r)(N-n)}{(N-n-r+x)N}$$

$$\begin{cases} > 1, & \text{falls } N < \dfrac{rn}{x}, \\ = 1, & \text{falls } N = \dfrac{rn}{x}, \\ < 1, & \text{falls } N > \dfrac{rn}{x}. \end{cases}$$

Man wird also die nächste ganze Zahl bei $\dfrac{rn}{x}$ als beste Schätzung für N ansehen. Die geschilderte Methode heißt **Rückfangmethode** (Capture-recapture-Methode) und wird in den Naturwissenschaften häufig verwendet.

Maxwell-Boltzmann-Modell
['mækswəl-; nach JAMES CLERK MAXWELL; *1831, †1879; und LUDWIG BOLTZMANN; *1844, †1906]: in der Physik ein Modell zur Verteilung von Elementarteilchen auf die Zellen des Phasenraums. Dabei nimmt man an, dass die Elementarteilchen (z. B. die Moleküle eines Gases) prinzipiell unterscheidbar sind und in unbeschränkter Anzahl pro Zelle des Phasenraums auftreten können. Für k Teilchen und n Zellen gibt es also n^k gleichmögliche Fälle (↑ Auswahlen). Andere Verteilungsmodelle in der Physik, die von anderen Voraussetzungen ausgehen, sind das ↑ Bose-Einstein-Modell und das ↑ Fermi-Dirac-Modell.

Median: andere Bezeichnung des ↑ Zentralwerts.

mehrstufiger Zufallsversuch: ein ↑ Zufallsversuch, der aus mehreren anderen Zufallsversuchen zusammengesetzt ist. Sind n Zufallsversuche gegeben und sind $\Omega_1, \ldots, \Omega_n$ die Mengen der möglichen Ausfälle, dann bilde man die n-Tupel $(\alpha_1, \ldots, \alpha_n)$ mit $\alpha_1 \in \Omega_1, \ldots, \alpha_n \in \Omega_n$.
Durch die Menge dieser n-Tupel ist die Menge der möglichen Ausfälle des n-stufigen Versuchs gegeben. Mehrstufige Versuche stellt man durch ein **Baumdiagramm** (kurz Baum) dar, einem Ausfall entspricht dann ein **Pfad** in diesem Baum.
Beispiel 1: Eine Partei lässt eine Wählerbefragung durchführen, und zwar mit den Merkmalen Geschlecht, Alter und Einstellung zur Partei. Die Merkmalsausprägungen sollen sein:
- ♀ und ♂;
- a_1 (18–25 Jahre), a_2 (26–40 Jahre), a_3 (41–60 Jahre), a_4 (über 60 Jahre);
- + (favorisiert die Partei), 0 (ist unentschieden), − (lehnt die Partei ab).

Die möglichen Ausfälle sind Tripel der Form $(\male, a_2, +)$. Alle Möglichkeiten sind dem Baum in Abb. 1 (Abb. S. 280) zu entnehmen. Jeder Pfad in diesem Baum entspricht einem Ausfall dieses dreistufigen Zufallsversuchs.
An die einzelnen Wegstücke im Baum schreibt man die Wahrscheinlichkeit, dass der betreffende Ausfall auf diesem Weg auftritt. In Abb. 2 ist p die Wahrscheinlichkeit, dass in der i-ten Stufe α_i auftritt, falls in den vorangegangenen Stufen der Reihe nach $\alpha_1, \alpha_2, \ldots, \alpha_{i-1}$ aufgetreten sind.
Beispiel 2: Aus Urne I in Abb. 4 ziehe man eine Kugel, lege diese in Urne II, ziehe dann eine Kugel aus II und lege diese in Urne III, schließlich ziehe man eine Kugel aus III. Die Ausfälle dieses dreistufigen Versuchs sind Tripel (etwa (b, w, w)), jeder Ausfall wird durch einen Pfad in dem Baumdiagramm in Abb. 3 dargestellt.
Beispiel 3: Aus der Urne in Abb. 5 ziehen wir nacheinander drei Kugeln ohne Zurücklegen. Das Baumdiagramm zeigt alle Ausfälle dieses dreistufigen Versuchs und die Wahrscheinlichkeiten in den einzelnen Stufen.
In einer langen Zufallsversuchsreihe (z. B. 10 000-mal drei Kugeln ziehen) wird man den Ausfall $(1, 0, 1)$ etwa in $\frac{7}{10} \cdot \frac{2}{9} \cdot \frac{6}{8} \left(= \frac{84}{720} = \frac{7}{60}\right)$ aller Fälle erwarten. Der Ausfall $(1, 0, 1)$ entspricht dem blau gezeichneten Pfad in Abb. 5; seine Wahrscheinlichkeit ist das Produkt der Einzelwahrscheinlichkeiten längs dieses Pfades.

■ **Pfade und Wahrscheinlichkeiten**

Nach dieser **Pfadregel** ist die Wahrscheinlichkeit eines Ausfalls $(\alpha_1, \alpha_2, \ldots, \alpha_n)$ gleich dem Produkt der Wahrscheinlichkeiten längs des zugehörigen Pfades.
Ein ↑ Ereignis in einem mehrstufigen Zufallsversuch wird durch eine Men-

mehrstufige Zufallsversuche

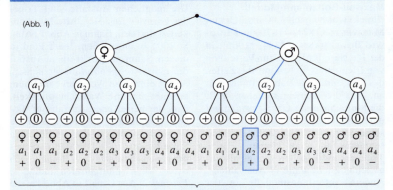

(Abb. 1)

24 Ausfälle

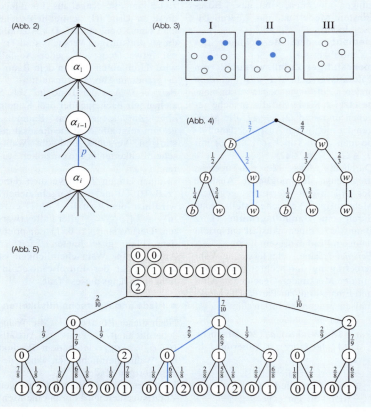

ge von Pfaden beschrieben. Seine Wahrscheinlichkeit ist die Summe der Wahrscheinlichkeiten der zugehörigen Pfade. Ein mehrstufiger Versuch ist ein ↑ stochastischer Prozess. Eine exakte Formulierung benötigt den Begriff der ↑ bedingten Wahrscheinlichkeit. Die Pfadregel entspricht dem ↑ Multiplikationssatz für bedingte Wahrscheinlichkeiten.

Meinungsumfrage: die Befragung einer Bevölkerungsgruppe zu aktuellen, meist politischen Themen. Man nutzt dabei aus, dass die Antworten einer (genügend großen) Stichprobe nicht wesentlich von den Ergebnissen einer Gesamtbefragung abweichen.

Möchte man eine Meinungsumfrage bezüglich eines Merkmals A unabhängig von einem Merkmal B gestalten, so muss man die Stichprobe der Befragten gemäß der Verteilung von B gliedern. Haben die Ausprägungen $\beta_1, \beta_2, \ldots, \beta_n$ die Anteile $b_1, b_2, \ldots, b_n$ in der Population (Gesamtheit), so wird man bei der Erhebung des Merkmals A eine Stichprobe so auswählen, dass in ihr die Ausprägungen des Merkmals B ebenfalls die Anteile $b_1, b_2, \ldots, b_n$ haben. Die Qualität einer sog. **Repräsentativumfrage** hängt davon ab, welche Merkmale B in der geschilderten Weise berücksichtigt worden sind.

Die bei Wahlprognosen tatsächlich verwendeten »repräsentativen Stichproben« kommen nicht nach diesem Schema zustande, sondern werden im Prinzip ohne Berücksichtigung irgendwelcher Merkmale in der Population ausgelost. Die gängigen Stichprobenumfänge sind hier in der Größenordnung 1000.

Der König möchte wissen, wie viele seiner Untertanen ihm die Steuern vorenthalten. Jeder Bürger würfelt heimlich und beantwortet bei den Augenzahlen 1, 2, 3, 4 die Frage ehrlich, bei 5 und 6 wirft er eine Münze und antwortet beim Ausfall »Wappen« mit ja, sonst mit nein. Jeder Bürger gibt einen Zettel mit seinem Namen und seiner Antwort ab. Jetzt weiß der König Bescheid (er kann aber trotzdem die Steuerhinterzieher nicht bestrafen): Hinterziehen x der N Bürger die Steuern und antworten a der N Bürger mit ja, dann gilt

$$\frac{2}{3}x + \frac{1}{6}N = \frac{a}{N},$$

woraus man x berechnen kann. ∎

Merkmal: bei einer Erhebung in der ↑ Statistik die Eigenschaft, nach der die Population (Gesamtheit) untersucht werden soll. Mathematisch gesehen ist ein Merkmal eine Abbildung der Population in eine Menge, deren Elemente **Merkmalsausprägungen** heißen.

Methode der kleinsten Quadrate: eine auf den französischen Mathematiker ADRIEN-MARIE LEGENDRE (*1752, †1833) zurückgehende und auch von C. F. GAUSS angewandte Methode der Fehlerrechnung (↑ Ausgleichsrechnung). Für gegebene Messwerte $x_1, x_2, \ldots, x_n$ hat die Funktion

$$x \mapsto \sum_{i=1}^{n}(x - x_i)^2$$

ein Minimum an der Stelle

$$\bar{x} := \frac{1}{n}\sum_{i=1}^{n} x_i$$

(arithmetisches Mittel). Die Zahl

$$\tilde{\sigma} := \sqrt{\frac{1}{n-1}\sum_{i=1}^{n}(\bar{x} - x_i)^2}$$

dient als Maß für die Fehlerhaftigkeit der Messreihe (↑ Fehler, ↑ erwartungstreue Schätzgröße).

Metrik

Beispiel: Gegeben seien die Messwerte in Tab. 1. Man liest in der Tabelle ab:

$$\bar{x} = \frac{82}{10} = 8{,}2; \quad \tilde{\sigma} = \sqrt{\frac{15{,}6}{9}} = 1{,}32.$$

Bei ↑ normalverteilten Messreihen liegen etwa 68% der Messwerte im Intervall

$$\bar{x} \pm \tilde{\sigma} := [\bar{x} - \tilde{\sigma}; \bar{x} + \tilde{\sigma}].$$

x_i	$|\bar{x} - x_i|$	$(x - x_i)^2$
7	1,2	1,44
8	0,2	0,04
9	0,8	0,64
10	1,8	3,24
6	2,2	4,84
7	1,2	1,44
8	0,2	0,04
9	0,8	0,64
10	1,8	3,24
8	0,2	0,04
$\sum$ 82	10,4	15,60

Methode der kleinsten Quadrate (Tab. 1)

Metrik [von griechisch »Kunst des Messens«]: die Abstandsfunktion in einem ↑ metrischen Raum.

metrischer Raum: eine Menge M, in der für jedes Paar $(x, y) \in M \times M$ eine nichtnegative reelle Zahl $d(x, y)$ – der Abstand oder die Entfernung der Punkte – definiert ist mit folgenden Eigenschaften:

(1) $d(x, y) = 0 \Leftrightarrow x = y$
  (Identitätsaxiom); der Abstand eines Punktes von sich selbst ist null.
(2) $d(x, y) = d(y, x)$ für alle $x, y \in M$ (Symmetrieaxiom); der Abstand zweier Punkte ist unabhängig von der »Richtung der Messung«.
(3) $d(x, y) \leq d(x, z) + d(z, y)$ für alle $x, y, z \in M$ (Dreiecksungleichung); der Abstand ist die kürzeste Verbindung zwischen zwei Punkten.

Die Funktion

$$d: M \times M \to \mathbb{R}_0^+$$

heißt **Metrik** auf M. Da auf einer Menge verschiedene Metriken definiert werden können, ist der metrische Raum erst durch Angabe des Paares (M, d) eindeutig beschrieben.

Beispiel 1: Die Menge $\mathbb{R}$ der reellen Zahlen bildet bezüglich

$$d(x, y) := |x - y|$$

(↑ Betrag) einen metrischen Raum. Für ein festes $a \in \mathbb{R}$ beschreibt

$$d(a, x) < r \quad \text{bzw.}$$
$$d(a, x) \leq r \; (r \in \mathbb{R}^+)$$

ein offenes bzw. abgeschlossenes Intervall mit dem Mittelpunkt a und dem Radius r (also der Länge $2r$).

Beispiel 2: In der Menge $\mathbb{R}^2 = \mathbb{R} \times \mathbb{R}$ wird durch

$$d((x_1|x_2), (y_1|y_2)) := |x_1 - y_1| + |x_2 - y_2|$$

eine Metrik definiert. Sie heißt **Taximetrik** (weil in einem gitterförmigen Straßennetz wie im Zentrum von New York oder Mannheim die von einem Taxi zurückgelegte Fahrstrecke zwischen zwei Punkten dieser Metrik entspricht). Die Entfernung zweier Punkte ist also die Summe der Beträge der Koordinatendifferenzen. Für einen festen Punkt $A \in \mathbb{R}^2$ beschreibt

$$d(A, X) < r \quad \text{bzw.}$$
$$d(A, X) \leq r \; (r \in \mathbb{R}^+)$$

ein offenes bzw. abgeschlossenes Quadrat mit dem Mittelpunkt A und der Seitenlänge $r\sqrt{2}$ (Abb. 1).

Beispiel 3: In $\mathbb{R}^2$ wird durch

$$d((x_1|x_2),(y_1|y_2))$$
$$:= \sqrt{(x_1-y_1)^2+(x_2-y_2)^2}$$

eine Metrik definiert, die mit der anschaulichen Vorstellung von der Entfernung zweier Punkte in der Ebene übereinstimmt. Man nennt sie die **euklidische Metrik** in $\mathbb{R}^2$. Für einen festen Punkt $A \in \mathbb{R}^2$ beschreibt

$$d(A,X) < r \quad \text{bzw.}$$
$$d(A,X) \leq r \; (r \in \mathbb{R}^+)$$

eine offene bzw. abgeschlossene Kreisscheibe mit dem Mittelpunkt A und dem Radius r (Abb. 2).

Beispiel 4: In $\mathbb{R}^2$ wird durch

$$d((x_1|x_2),(y_1|y_2))$$
$$:= \max(|x_1-y_1|, |x_2-y_2|)$$

eine Metrik definiert; man nennt sie die **Maximum-Metrik** in $\mathbb{R}^2$. Durch

$$d(A,X) < r \quad \text{bzw.}$$
$$d(A,X) \leq r \; (A \in \mathbb{R}^2, r \in \mathbb{R}^+)$$

wird wie bei der Taximetrik (vgl. Beispiel 2) ein offenes bzw. abgeschlossenes Quadrat beschrieben; seine Lage bezüglich der Koordinatenachsen ist jedoch anders als bei der Taximetrik (Abb. 3).

Man kann sich noch zahlreiche andere Metriken ausdenken. Beispielsweise wird in der »Metrik des französischen Eisenbahnsystems« der Abstand zweier Punkte immer durch den Umweg über einen festen Punkt (»Paris«) bestimmt. Bei allen diesen Metriken ist der Abstand zweier Punkte größer als in der euklidischen Metrik. ∎

In Verallgemeinerung der Metriken in den Beispielen 2 und 3 definiert man für jedes $p \geq 1$ durch

$$d((x_1|x_2),(y_1|y_2))$$
$$:= (|x_1-x_2|^p + |y_1-y_2|^p)^{\frac{1}{p}}$$

eine Metrik auf $\mathbb{R}^2$.

■ **Metriken für Folgen und Funktionen**

Beispiel 5: Auf der Menge aller ↑ Folgen $\langle x_n \rangle$ reeller Zahlen, für welche die ↑ Reihe $\sum_{n=1}^{\infty} x_n^2$ konvergiert, ist durch

$$d(\langle x_n \rangle, \langle y_n \rangle) := \sqrt{\sum_{n=1}^{\infty}(x_n-y_n)^2}$$

eine Metrik definiert.

metrischer Raum

(Abb. 1)

(Abb. 2)

(Abb. 3)

min

Beispiel 6: Auf der Menge aller Funktionen $f:[a;b]\to\mathbb{R}$, für welche das ↑ Integral $\int_a^b f^2(x)\,dx$ existiert, ist durch

$$d(f,g):=\sqrt{\int_a^b (f-g)^2(x)\,dx}$$

eine Metrik definiert.

Die Beispiele 5 und 6 zeigen, dass der Begriff des metrischen Raumes für die Analysis von Bedeutung ist. Viele Begriffe der Analysis lassen sich auf metrische Räume übertragen. Beispielsweise definiert man die Konvergenz einer Folge $\langle X_n\rangle$ von Elementen eines metrischen Raumes $(M;d)$ folgendermaßen: Es existiert ein $X\in M$ derart, dass für jedes $\varepsilon\in\mathbb{R}^+$ ein $n_\varepsilon\in\mathbb{N}$ existiert mit folgender Eigenschaft:

$$d(X_n,X)<\varepsilon \text{ für alle } n>n_\varepsilon.$$

Ist in einem ↑ Vektorraum eine ↑ Norm $\|\ \|$ definiert, dann ist er bezüglich der durch die Norm induzierten Metrik

$$d(\vec{x},\vec{y}):=\|\vec{x}-\vec{y}\|$$

ein metrischer Raum.

min: Funktionszeichen für das Minimum zweier oder mehrerer reeller Zahlen. Es ist

$$\min(a,b,c,\ldots)\le a,b,c,\ldots.$$

Minimum [lateinisch »das Geringste«]: die kleinste Zahl in einer Menge reeller Zahlen (Funktionszeichen min). Das Minimum einer Funktion in einer Teilmenge T ihrer Definitionsmenge ist der kleinste Wert, den sie auf T annimmt (↑ Extremwert).

Mittelwert (Mittel): Bezeichnung für einen Wert $\bar{x}$, den man n gegebenen Werten $x_1,\ldots x_n$ nach einer bestimmten Vorschrift zuordnet und der immer zwischen dem größten und dem kleinsten dieser Werte liegt. Bei Zufallsgrößen spricht man vom ↑ Erwartungswert. Folgende Mittelwerte spielen eine besondere Rolle ($x_1,x_2,\ldots,x_n$ sind Variable für positive reelle Zahlen):

- das **arithmetische Mittel**:

$$\bar{x}=\frac{x_1+x_2+\ldots+x_n}{n};$$

- das **geometrische Mittel**:

$$\bar{x}=\sqrt[n]{x_1\cdot x_2\cdot\ldots\cdot x_n};$$

- das **harmonische Mittel**:

$$\bar{x}=\frac{n}{\dfrac{1}{x_1}+\dfrac{1}{x_2}+\ldots+\dfrac{1}{x_n}};$$

- das **quadratische Mittel**:

$$\bar{x}=\sqrt{\frac{1}{n}(x_1^2+x_2^2+\ldots+x_n^2)}.$$

Welche Mittelwertbildung angemessen ist, kommt jeweils auf den Sachzusammenhang an. Am häufigsten verwendet man den Begriff des Mittelwerts jedoch im Sinne des arithmetischen Mittels.

Die verschiedenen Mittelwerte hängen folgendermaßen zusammen: Bezeichnet man mit $A(x_1,x_2\ldots,x_n)$ das arithmetische Mittel für positive Werte $x_1,x_2,\ldots,x_n$ und mit f eine streng monotone (und daher umkehrbare) Funktion auf $\mathbb{R}^+$, dann ist

$$f^{-1}(A(f(x_1),f(x_2),\ldots,f(x_n)))$$

- das geometrische Mittel für $f(x)=\log x$,
- das harmonische Mittel für $f(x)=\dfrac{1}{x}$,
- das quadratische Mittel für $f(x)=x^2$.

Auf diese Art lassen sich beliebig viele Arten von Mittelwerten definieren.

Mittelwertsatz

Gewichtete Mittelwerte

Sind die Messwerte $x_1, x_2, \ldots, x_k$ mit den relativen Häufigkeiten $h_1, h_2, \ldots, h_k$ aufgetreten, dann ist ihr

- arithmetisches Mittel
  $$h_1 x_1 + h_2 x_2 + \ldots + h_k x_k,$$

- ihr geometrisches Mittel
  $$x_1^{h_1} \cdot x_2^{h_2} \cdot \ldots \cdot x_k^{h_k},$$

- ihr harmonisches Mittel
  $$\frac{1}{\dfrac{h_1}{x_1} + \dfrac{h_2}{x_2} + \ldots + \dfrac{h_n}{x_n}},$$

- ihr quadratisches Mittel
  $$\sqrt{h_1 x_1^2 + h_2 x_2^2 + \ldots + h_n x_n^2}.$$

Mittelwertsatz: eine Aussage über den Zusammenhang zwischen den Werten einer Funktion bzw. eines Integrals bezüglich den Rändern eines Intervalls und einer Zwischenstelle. Es gibt zwei Mittelwertsätze der Differenzialrechnung und zwei Mittelwertsätze der Integralrechnung.

■ 1. Mittelwertsatz der Differenzialrechnung

Die Funktion f sei stetig auf $[a; b]$ und differenzierbar auf $]a; b[$. Dann gibt es eine Stelle $\xi \in]a; b[$ mit

$$\frac{f(b) - f(a)}{b - a} = f'(\xi).$$

Dieser Satz besagt geometrisch, dass es in dem offenen Intervall $]a; b[$ mindestens eine Zahl ξ derart gibt, dass die Tangente in dem Kurvenpunkt $(\xi | f(\xi))$ parallel zu der Sekante durch die Punkte $(a | f(a))$ und $(b | f(b))$ verläuft (Abb. 1).

■ 2. Mittelwertsatz der Differenzialrechnung

Die Funktionen f und g seien stetig auf $[a; b]$ und differenzierbar auf $]a; b[$. Ist $g'(x) \neq 0$ für alle $x \in]a; b[$, dann ist $g(a) \neq g(b)$ und es gibt ein $\xi \in]a; b[$ mit

$$\frac{f(b) - f(a)}{g(b) - g(a)} = \frac{f'(\xi)}{g'(\xi)}.$$

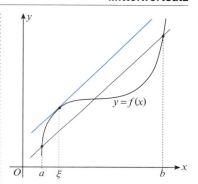

Mittelwertsatz (Abb. 1): geometrische Bedeutung des 1. Mittelwertsatzes der Differenzialrechnung

Dieser Satz lässt sich folgendermaßen anschaulich deuten: Durchläuft ein Punkt die Kurve mit der ↑ Parameterdarstellung

$$\begin{pmatrix} x \\ y \end{pmatrix} = \begin{pmatrix} f(t) \\ g(t) \end{pmatrix}, \; t \in [a; b],$$

dann wird der Geschwindigkeitsvektor durch

$$\begin{pmatrix} f'(t) \\ g'(t) \end{pmatrix}$$

beschrieben. Es gibt nun einen Zeitpunkt τ, zu welchem dieser Geschwindigkeitsvektor parallel zu dem Verbindungsvektor von Anfangs- und Endpunkt der Kurve ist, also

$$\begin{pmatrix} f'(\tau) \\ g'(\tau) \end{pmatrix} \Big\| \begin{pmatrix} f(b) - f(a) \\ g(b) - g(a) \end{pmatrix}$$

(Abb. 2, S. 286).

Mittelwertsatz

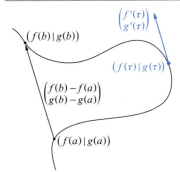

Mittelwertsatz (Abb. 2): geometrische Bedeutung des 2. Mittelwertsatzes der Differenzialrechnung

■ 1. Mittelwertsatz der Integralrechnung

Ist f stetig auf $[a;b]$, dann existiert ein $\xi \in \,]a;b[$ mit

$$\int_a^b f(x)\,\mathrm{d}x = f(\xi)(b-a).$$

Eine geometrische Interpretation dieses Satzes entnimmt man Abb. 3.

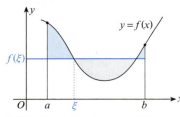

Mittelwertsatz (Abb. 3): geometrische Bedeutung des 1. Mittelwertsatzes der Integralrechnung

Der *erweiterte* 1. Mittelwertsatz der Integralrechnung besagt: Sind f und g stetig auf $[a;b]$ und ist $g(x) \geq 0$ für alle $x \in [a;b]$, dann gibt es ein $\xi \in \,]a;b[$ mit

$$\int_a^b f(x)\,g(x)\,\mathrm{d}x = f(\xi) \int_a^b g(x)\,\mathrm{d}x.$$

■ 2. Mittelwertsatz der Integralrechnung

Die Funktion f sei monoton auf $[a;b]$ und besitze dort eine stetige Ableitungsfunktion f'. Ferner sei g stetig auf $[a;b]$. Dann gibt es ein $\xi \in \,]a;b[$ mit

$$\int_a^b f(x)\,g(x)\,\mathrm{d}x$$
$$= f(a) \int_a^\xi g(x)\,\mathrm{d}x + f(b) \int_\xi^b g(x)\,\mathrm{d}x.$$

■ Beweis der Mittelwertsätze

Ist f an der Stelle $x_0 \in \,]a;b[$ differenzierbar und hat f dort ein relatives Extremum, dann ist $f'(x_0) = 0$. Liegt nämlich z. B. ein Maximum vor, dann ist

$f(x_0 - \delta) \leq f(x_0)$

und

$f(x_0 + \delta) \leq f(x_0)$

für alle hinreichend kleinen $\delta > 0$, also

$$f'(x_0) = \lim_{\delta \to 0} \frac{f(x_0 + \delta) - f(x_0)}{\delta} \leq 0$$

und

$$f'(x_0) = \lim_{\delta \to 0} \frac{f(x_0 - \delta) - f(x_0)}{-\delta} \geq 0.$$

Hieraus folgt der **Satz von Rolle**, ein Sonderfall des 1. Mittelwertsatzes der Differenzialrechnung: Ist f stetig auf $[a;b]$ und differenzierbar auf $]a;b[$ und gilt $f(a) = f(b)$, dann gibt es ein $\xi \in \,]a;b[$ mit $f'(\xi) = 0$. Ist nämlich $f(x) = f(a)$ für *alle* $x \in [a;b]$, dann ist $f'(\xi) = 0$ für jedes $\xi \in \,]a;b[$. Andernfalls gibt es eine Stelle $\xi \in \,]a;b[$, an der die Funktion f ihr absolutes Maximum oder ihr absolutes Minimum annimmt, an der also $f'(\xi) = 0$ gilt.

Wendet man den Satz von Rolle auf die Funktion $F: [a;b] \to \mathbb{R}$ mit

$$F(x) = f(x) - \frac{f(b)-f(a)}{b-a}(x-a)$$

an, so erhält man den 1. Mittelwertsatz der Differenzialrechnung. Den 2. Mittelwertsatz erhält man, wenn man den Satz von Rolle auf die Funktion $F: [a;b] \to \mathbb{R}$ mit

$$F(x) = f(x) - \frac{f(b)-f(a)}{g(b)-g(a)}(g(x)-g(a))$$

anwendet. Der 1. Mittelwertsatz der Integralrechnung folgt aus dem der Differenzialrechnung, wenn man ihn auf die Funktion $F: [a;b] \to \mathbb{R}$ mit

$$F(x) = \int_a^x f(t)\,dt$$

anwendet. Den 2. Mittelwertsatz der Integralrechnung beweist man mithilfe der Methode der partiellen Integration.

■ Anwendungen des 1. Mittelwertsatzes der Differenzialrechnung

Der wichtigste Mittelwertsatz ist der 1. Mittelwertsatz der Differenzialrechnung, der auch kurz »Mittelwertsatz« genannt wird. Mit seiner Hilfe beweist man z. B. folgende Sätze:

Schrankensatz: Ist f auf $[a;b]$ stetig und auf $]a;b[$ differenzierbar und gilt $m \leq f'(x) \leq M$ auf $]a;b[$, dann gilt auch

$$m \leq \frac{f(u)-f(v)}{u-v} \leq M \quad (u \neq v)$$

auf $[a;b]$.

Monotoniesatz: Ist f auf $[a;b]$ stetig und auf $]a;b[$ differenzierbar, dann ist f auf $[a;b]$ genau dann

- streng monoton wachsend, falls $f'(x) > 0$ für alle $x \in]a;b[$;
- streng monoton fallend, falls $f'(x) < 0$ für alle $x \in]a;b[$.

Konstantenregel: Ist f auf $[a;b]$ stetig und auf $]a;b[$ differenzierbar und ist $f'(x) = 0$ für alle $x \in]a;b[$, dann ist f auf $[a;b]$ konstant.

Der Mittelwertsatz eignet sich auch zur Herleitung von Abschätzungen von Funktionswerten.
Beispiel: Für alle $x \in \mathbb{R}^+$ gilt

$$\frac{x}{1+x} < \ln(1+x) < x.$$

Denn für $f(t) := \ln(1+t)$ auf dem Intervall $[0;x]$ liefert der Mittelwertsatz

$$\frac{\ln(1+x) - \ln 1}{x} = \frac{1}{1+\xi}$$

mit $\xi \in]0;x[$. Zusammen mit

$$\frac{1}{1+x} < \frac{1}{1+\xi} < 1$$

ergibt sich die Behauptung.

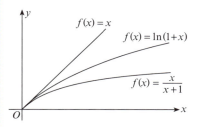

Mittelwertsatz (Abb. 4): Abschätzen von Funktionswerten

mittlerer Fehler: Hat man für die Messwerte $x_1, x_2, \ldots, x_n$ einen ↑Mittelwert $\bar{x}$ berechnet, so heißt der Mittelwert der Abweichungen $\bar{x} - x_i$ der mittlere Fehler. Da es verschiedene Arten der Mittelwertbildung gibt, muss man die Berechnungsweise des mittleren Fehlers an den Mittelwert der Messwerte anpassen. In der Regel wählt man eine Funktion

$$x \mapsto M(x-x_1, x-x_2, \ldots, x-x_n),$$

die an der Stelle $\bar{x}$ ein Minimum hat. Ist $\bar{x}$ der ↑Zentralwert, dann wählt

moivre-laplacescher Satz

man als mittleren Fehler bzw. mittlere Abweichung

$$\frac{1}{n}\sum_{i=1}^{n}|\bar{x}-x_i|;$$

ist $\bar{x}$ das arithmetische Mittel, dann wählt man die sog. ↑ Standardabweichung

$$\sqrt{\frac{1}{n}\sum_{i=1}^{n}(\bar{x}-x_i)^2}.$$

moivre-laplacescher Satz: ↑ Grenzwertsatz von Moivre-Laplace.
moivresche Formel ['mwa:vr-; nach ABRAHAM DE MOIVRE; *1667, †1754]: die Formel

$$(\cos\vartheta+\mathrm{i}\sin\vartheta)^n=\cos n\vartheta+\mathrm{i}\sin n\vartheta$$

für $n\in\mathbb{N}$ und $\vartheta\in\mathbb{R}$, wobei i die imaginäre Einheit ist (↑ komplexe Zahlen). Sie folgt aus der Beziehung

$$e^{\mathrm{i}\vartheta}=\cos\vartheta+\mathrm{i}\sin\vartheta$$

(↑ Exponentialfunktion). Zerlegt man die moivresche Formel in Realteil und Imaginärteil, so erhält man für $n=2,3,4$ der Reihe nach die folgenden Beziehungen für die trigonometrischen Funktionen:

$$\cos 2\vartheta=\cos^2\vartheta-\sin^2\vartheta;$$
$$\sin 2\vartheta=2\cos\vartheta\sin\vartheta;$$
$$\cos 3\vartheta=\cos^3\vartheta-3\cos\vartheta\sin^2\vartheta;$$
$$\sin 3\vartheta=3\cos^2\vartheta\sin\vartheta-\sin^3\vartheta;$$
$$\cos 4\vartheta=\cos^4\vartheta-6\cos^2\vartheta\sin^2\vartheta+\sin^4\vartheta;$$
$$\sin 4\vartheta=4\cos^3\vartheta\sin\vartheta-4\cos\vartheta\sin^3\vartheta.$$

Mithilfe der moivreschen Formeln lassen sich also $\cos n\vartheta$ und $\sin n\vartheta$ als Polynom in $\cos\vartheta$ und $\sin\vartheta$ darstellen.
Moment: [von lateinisch momentum »Bewegung«]: für eine ↑ Zufallsgröße X der ↑ Erwartungswert von X^k ($k\in\mathbb{N}$). Dieses Moment k-ter Ordnung bezeichnet man mit $m_k(X)$ und definiert

$$m_k(X):=\sum_{\omega\in\Omega}(X(\omega))^k P(\omega),$$

falls X eine Zufallsgröße auf einem Zufallsversuch mit einer endlichen Menge Ω von möglichen Ausfällen ist. Liegt eine beliebige diskrete Verteilung vor, so ist

$$m_k(X):=\sum_x x^k P(x),$$

wobei x die Werte von X durchläuft. Bei einer stetigen Verteilung (↑ Wahrscheinlichkeitsverteilung) mit der Wahrscheinlichkeitsdichte $f(x)$ ist

$$m_k(X):=\int_{-\infty}^{\infty}x^k f(x)\,\mathrm{d}x.$$

Der Erwartungswert $E(X)$ und die ↑ Varianz $V(X)$ lassen sich dann folgendermaßen schreiben:

$$E(X)=m_1(X),$$
$$V(X)=m_2(X-m_1(X)).$$

Monomorphismus: ein ↑ injektiver ↑ Homomorphismus.
monoton [griechisch »gleichförmig«]:

◆ *Zahlenmengen:* In einer angeordneten Zahlenmenge (vgl. Anordnung, Band I) mit Elementen a, b, c gelten die **Monotoniegesetze** der Addition bzw. der Multiplikation:

- $a<b\Rightarrow a+c<b+c$
- $a<b\Rightarrow a\cdot c<b\cdot c\quad(c>0)$

Beispiele für angeordnete Zahlenmengen sind die Mengen $\mathbb{N},\mathbb{Z},\mathbb{Q},\mathbb{R}$; nicht angeordnet sind beispielsweise die komplexen Zahlen $\mathbb{C}$.

◆ *Folgen:* Die ↑ Folge $\langle a_n\rangle$ heißt

- **monoton wachsend** (auch: monoton steigend), wenn

$$a_{n+1}\geq a_n\quad\text{für alle}\quad n\in\mathbb{N}\text{ gilt;}$$

monoton fallend, wenn

$a_{n+1} \leq a_n$ für alle $n \in \mathbb{N}$ gilt.

Die Folge heißt *streng* monoton wachsend bzw. fallend, wenn stets »>« bzw. »<« gilt. Für eine monoton wachsende Folge positiver Zahlen gilt

$\dfrac{a_{n+1}}{a_n} \geq 1$ für alle $n \in \mathbb{N}$,

für eine monoton fallende Folge positiver Zahlen gilt

$\dfrac{a_{n+1}}{a_n} \leq 1$ für alle $n \in \mathbb{N}$.

Nach dem ↑ Hauptsatz über monotone Folgen ist eine monoton wachsende nach oben beschränkte (bzw. monoton fallende nach unten beschränkte) Folge konvergent.

Beispiel 1: Die Folge $\left\langle \dfrac{1}{n} \right\rangle$ ist streng monoton fallend, denn der Quotient zweier aufeinander folgender Folgenglieder ist kleiner 1:

$\dfrac{\frac{1}{n+1}}{\frac{1}{n}} = \dfrac{n}{n+1} < 1$ für alle $n \in \mathbb{N}$.

Beispiel 2: Die Folge $\langle a_n \rangle$ mit

$a_1 := c > 0$,
$a_{n+1} := \sqrt{5 + a_n}$

ist monoton wachsend, falls $c \leq \dfrac{1+\sqrt{21}}{2}$ und monoton fallend, falls $c \geq \dfrac{1+\sqrt{21}}{2}$. Dies lässt sich mithilfe der ↑ vollständigen Induktion zeigen, indem man aus $a_n \geq a_{n-1}$ bzw. $a_n \leq a_{n-1}$ auf $a_{n+1} \geq a_n$ bzw. $a_{n+1} \leq a_n$ schließt. Der Grenzwert ist $\dfrac{1+\sqrt{21}}{2}$ (Abb. 1).

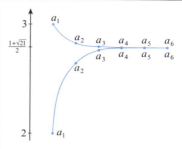

monoton (Abb. 1): Folgen aus Beispiel 2

◆ *Funktionen:* Die Funktion f heißt auf einem Intervall I

monoton wachsend (monoton steigend), wenn

$f(x_1) \leq f(x_2)$ gilt, falls $x_1 < x_2$ ist;

monoton fallend, wenn

$f(x_1) \geq f(x_2)$ gilt, falls $x_1 < x_2$ ist.

Dabei sind x_1, x_2 Zahlen aus dem Intervall I. Die Funktion heißt *streng* monoton wachsend bzw. fallend, wenn stets »<« bzw. »>« gilt.

Beispiel 1: Die Funktion $f: x \mapsto a^x$ ist monoton wachsend für $a \geq 1$ und monoton fallend für $0 < a \leq 1$. Für $a = 1$ erhält man die konstante Funktion $f: x \mapsto 1$, die sowohl monoton wachsend als auch monoton fallend ist.

Für monotone Funktionen gelten folgende Aussagen: Ist f auf dem Intervall streng monoton wachsend bzw. streng monoton fallend, dann besitzt f dort eine ↑ Umkehrfunktion.

Ist f auf dem Intervall I differenzierbar, dann kann man mithilfe der ↑ Ableitung feststellen, auf welchen Teilintervallen von I sie monoton wächst oder fällt. Es gilt nämlich der **Monotoniesatz** (Abb. 2):

Ist $f'(x) \geq 0$ für alle $x \in [a; b]$, dann ist f auf $[a; b]$ monoton wachsend;

ist $f'(x) \leq 0$ für alle $x \in [a; b]$, dann ist f auf $[a; b]$ monoton fallend.

Monte-Carlo-Methode

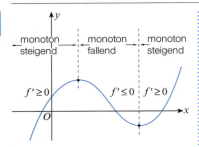

monoton (Abb. 2): Monotonieverhalten einer differenzierbaren Funktion

Falls »>« bzw. »<« gilt, ist f streng monoton wachsend bzw. fallend.

Beispiel 2: Die Funktion $f: x \mapsto \dfrac{1}{x^2+1}$ hat die Ableitungsfunktion

$$f': x \mapsto \frac{-2x}{(x^2+1)^2}.$$

Offensichtlich ist $f'(x) > 0$ für $x < 0$ und $f'(x) < 0$ für $x > 0$. Also ist f streng monoton wachsend für $x < 0$ und streng monoton fallend für $x > 0$.

Beispiel 3: Die Funktion $f: x \mapsto \sqrt[x]{x}$ hat die Ableitungsfunktion

$$f': x \mapsto \sqrt[x]{x} \cdot \frac{1-\ln x}{x^2}.$$

Auf dem offenen Intervall $]0; e[$ ist f streng monoton wachsend, auf der offenen Halbgeraden $]e; \infty[$ streng monoton fallend.

Entsprechend dem Hauptsatz über monotone Folgen kann man folgenden **Satz über monotone Funktionen** formulieren: Für eine monoton wachsende nach oben beschränkte Funktion f existiert der Grenzwert $\lim\limits_{x \to \infty} f(x)$; für eine monoton fallende nach unten beschränkte Funktion existiert dieser Grenzwert ebenfalls.

Monte-Carlo-Methode: siehe S. 292.

Morphismus: kürzere Bezeichnung für ↑ Homomorphismus.

Multinomialsatz (Polynomialsatz): in Verallgemeinerung des ↑ binomischen Lehrsatzes eine Formel zur Berechnung der Potenz einer Summe:

$$(x_1 + x_2 + \ldots + x_r)^n = \sum_{\substack{(k_1, k_2, \ldots, k_r) \\ \text{mit} \\ k_1 + k_2 + \ldots + k_r = n}} \binom{n}{k_1 k_2 \ldots k_r} x_1^{k_1} x_2^{k_2} \ldots x_r^{k_r}$$

mit $x_1, \ldots, x_n \in \mathbb{R}$ und den Multinomialkoeffizienten (Polynomialkoeffizienten)

$$\binom{n}{k_1 k_2 \ldots k_r} := \frac{n!}{k_1! k_2! \ldots k_r!}.$$

Dabei wird über alle r-Tupel $(k_1, \ldots, k_r)$ nichtnegativer ganzer Zahlen mit $k_1 + \ldots + k_r = n$ summiert. Der Sonderfall $r = 2$ liefert den binomischen Lehrsatz. Es ist

$$\binom{n}{k_1 k_2 \ldots k_r}$$
$$= \binom{n}{k_1} \binom{n-k_1}{k_2} \binom{n-k_1-k_2}{k_3}$$
$$\ldots \binom{n-k_1-k_2-\ldots-k_{r-1}}{k_r},$$

wobei $\binom{n}{k_1}$ usw. ↑ Binomialkoeffizienten sind.

Beispiel:

$$(x+y+z)^3$$
$$= \binom{3}{3\,0\,0} x^3$$
$$+ \binom{3}{2\,1\,0} x^2 y + \binom{3}{2\,0\,1} x^2 z$$
$$+ \binom{3}{1\,2\,0} xy^2 + \binom{3}{1\,1\,1} xyz$$
$$+ \binom{3}{1\,0\,2} xz^2 + \binom{3}{0\,3\,0} y^3$$
$$+ \binom{3}{0\,2\,1} y^2 z + \binom{3}{0\,1\,2} yz^2$$
$$+ \binom{3}{0\,0\,3} z^3$$

$$= x^3 + y^3 + z^3$$
$$+ 3(x^2y + x^2z + xy^2 + xz^2$$
$$\qquad\qquad + y^2z + yz^2)$$
$$+ 6xyz.$$

Die Multinomialkoeffizienten haben folgende kombinatorische Bedeutung: Sie geben die Anzahl der verschiedenen Möglichkeiten an, eine n-elementige Menge in r Teilmengen $M_1, M_2, \ldots, M_r$ zu zerlegen, wobei $|M_i| = k_i$ ist $(i = 1, 2, \ldots, r)$ und die Reihenfolge der Komponenten M_i zu beachten ist. Beispielsweise ist

$$\binom{32}{10\ 10\ 10\ 2} = \frac{32!}{10!\ 10!\ 10!\ 2!}$$

die Anzahl der Möglichkeiten, die Karten eines Skatspiels an die drei Spieler A, B, C und den »Skat« zu verteilen.

Multinomialverteilung (Polynomialverteilung): eine Verallgemeinerung der ↑ Binomialverteilung. Statt einer ↑ Bernoulli-Kette betrachtet man die n-malige Wiederholung eines Grundversuchs mit m Ausfällen $\omega_1, \omega_2, \ldots, \omega_m$ (sog. n-Kette). Dabei sei $P(\omega_i) =: p_i$. Das Ereignis, das aus allen n-Tupeln mit genau k_i Ausfällen ω_i besteht $(i = 1, 2, \ldots, m;\ k_1 + k_2 + \ldots + k_m = n)$, hat nach dem ↑ Multinomialsatz die Wahrscheinlichkeit

$$\binom{n}{k_1 k_2 \ldots k_m} p_1^{k_1} p_2^{k_2} \ldots p_m^{k_m}.$$

Die Multinomialverteilung ist die Wahrscheinlichkeitsverteilung für ein m-Tupel $(X_1, X_2, \ldots, X_m)$ von Zufallsgrößen, wenn X_i die Anzahl der Ausfälle ω_i in einem Ausfall der n-Kette wiedergibt.

Multiplikationssatz: der Satz, nach dem sich die Wahrscheinlichkeit des gleichzeitigen Auftretens zweier ↑ Ereignisse A, B in einem Zufallsversuch aus der Wahrscheinlichkeit $P(A)$ und der ↑ bedingten Wahrscheinlichkeit $P(B|A)$ ergibt:

$$P(A \cap B) = P(A)P(B|A).$$

Diese Formel dient häufig auch zur Definition der bedingten Wahrscheinlichkeit. Für drei Ereignisse A, B, C gilt (vgl. Abb. 1)

$$P(A \cap B \cap C)$$
$$= P(A)P(B|A)P(C|A \cap B).$$

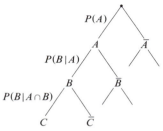

Multiplikationssatz (Abb. 1): grafische Veranschaulichung des Multiplikationssatzes für drei Ereignisse

Allgemein gilt für n Ereignisse $A_1, A_2, \ldots, A_n$

$$P(A_1 \cap A_2 \cap \ldots \cap A_n)$$
$$= P(A_1)P(A_2|A_1)P(A_3|A_1 \cap A_2) \cdot \ldots$$
$$\cdot P(A_n|A_1 \cap A_2 \cap \ldots \cap A_{n-1}),$$

also

$$P\left(\bigcap_{i=1}^{n} A_i\right) = \prod_{i=1}^{n} P\left(A_i \bigg| \bigcap_{j=1}^{i-1} A_j\right).$$

Der Multiplikationssatz wird in elementaren Zusammenhängen auch Pfadregel genannt (↑ mehrstufiger Zufallsversuch).

Monte-Carlo-Methode

Auf den ersten Blick überraschend ist die Möglichkeit, durch die Simulation (das »Nachspielen«) eines Zufallsversuchs Problemstellungen verschiedenster Art untersuchen zu können. Dabei lassen sich nicht nur Probleme, bei denen der Zufall eine Rolle spielt (stochastische Probleme), sondern auch Fragen wie etwa die Berechnung eines Flächeninhalts (deterministische Probleme) behandeln. Dieses Verfahren ist als Monte-Carlo-Methode bekannt – in Anspielung auf das in dieser Stadt ansässige weltberühmte Spielkasino. Im Folgenden soll die Monte-Carlo-Methode anhand sehr unterschiedlicher Beispiele veranschaulicht werden.

■ Einsatz von Zufallsziffern

Um einen Zufallsversuch zu simulieren, gilt es zunächst, den Ausfällen des Zufallsversuchs Ziffern oder Ziffernblöcke derart zuzuordnen, dass die Wahrscheinlichkeiten der Ausfälle mit den relativen Häufigkeiten der Ziffern bzw. Ziffernblöcke übereinstimmen. Dann kann man die Wahrscheinlichkeit eines Ereignisses näherungsweise bestimmen, indem man das Auftreten der zu diesem Ereignis gehörenden Ausfälle zählt.

Beispiel 1: Der Zufallsversuch bestehe im dreimaligen Würfeln und Notieren der Augensumme, habe also die möglichen Ausfälle 3, 4, 5, ..., 18. Die Wahrscheinlichkeiten dieser Ausfälle sollen näherungsweise bestimmt werden. In einer Zufallsziffern-Tafel streiche man alle Ziffern 0, 7, 8, 9, fasse die verbliebenen Ziffern zu 3er-Blöcken zusammen und berechne die Summe dieser drei Ziffern:

$$\underline{\frac{3\ \not{7}\ \not{9}\ \not{0}\ 2\ \not{8}\ 4}{9}}\ \underline{\frac{2\ 1\ \not{8}\ 2\ 1}{5}}\ \underline{\frac{1\ \not{0}\ 3\ 6}{10}}$$
$$\underline{\frac{\not{7}\ 5\ \not{9}\ 5\ 2\ 6\ ...}{12}}$$

Dies ergibt relative Häufigkeiten für die Augensummen, die sich bei einer sehr großen Anzahl von Wiederholungen im Sinne des ↑ Gesetzes der großen Zahlen den Wahrscheinlichkeiten der Ausfälle annähern.

Hat man keine Zufallsziffern-Tabelle zur Hand, so tut es auch die Abfolge von Rufnummern im Telefonbuch. Der bequemste Weg zum Erzeugen von Zufallsziffern ist jedoch der Zufallsziffergenerator des Computers. ■

■ Schokoladenriegel und Rosinenbrötchen

Beispiel 2: Bei dem **Problem der vollständigen Serie** ist es zwar möglich, eine geschlossene mathematische Lösung anzugeben, man kann die Aufgabe aber auch mit der Monte-Carlo-Methode lösen: Bei bestimmten Schokoladenriegeln finde man als Zugabe je ein Fußballbild aus einer Serie von 36 Bildern. Jedes Bild wird gleich oft einem Riegel beigelegt. Wie viele Riegel muss man *durchschnittlich* kaufen, um die Serie komplett zu haben? Eine etwas komplizierte mathematische Überlegung liefert hierfür die Anzahl

$$36 \cdot \left(1 + \frac{1}{2} + \frac{1}{3} + \frac{1}{4} + \frac{1}{5} + \ldots + \frac{1}{36}\right)$$
$$\approx 150{,}3.$$

Der engagierte Sammler muss also im Durchschnitt mindestens 151 Riegel kaufen. Dies soll uns nun eine Monte-Carlo-Simulation bestätigen. Dazu lassen wir den Computer aus Zufallsziffern zweistellige ganze Zahlen bilden (wobei die erste Ziffer auch 0 sein darf) und geben ihm den folgenden Auftrag:

- Ergibt sich keine der Zahlen 01, 02, 03, 04, ..., 36, dann ignoriere sie und betrachte die nächste Zahl;

- ergibt sich eine der Zahlen von 01 bis 36, dann setze den Zähler *A* (Zahl der gekauften Riegel) um 1 herauf; ist in diesem Fall die Zahl noch nicht zuvor aufgetreten, dann setze den Zähler *B* (Zahl der gesammelten Bilder) um 1 herauf;
- steht der Zähler *B* auf 36, dann drucke den Zählerstand von *A* aus; andernfalls betrachte die nächste Zahl.

Diese Arbeit lässt man den Computer nicht nur einmal, sondern vielleicht 1000 Mal durchführen, erhält eine Folge von Zahlen (Zählerstände von *A*), z. B. 168, 137, 201, 153, 108, ... und berechnet den Mittelwert (das arithmetische Mittel). Mit großer Sicherheit wird dieser sehr dicht bei 150,3 liegen.

Wir haben in Beispiel 2 eine mathematische Überlegung, die zu einer Formel geführt hat, durch ein Spiel mit dem Zufallsziffergenerator des Computers ersetzt. Wird dadurch die Mathematik überflüssig? Keineswegs! Das Ergebnis, das der Zufall liefert, ist immer mit einem Risiko behaftet. Es ist zwar sehr unwahrscheinlich, aber doch nicht prinzipiell ausgeschlossen, dass der Computer 1 Million Mal hintereinander die Zufallszahl 13 »ausspielt« und damit ein völlig unbrauchbares Resultat liefert. Wie klein dieses Risiko ist, das wiederum kann man nur mit einer mathematischen Analyse herausbekommen. ∎

Beispiel 3: Bei der Rosinenbrötchenaufgabe steht der Bäckermeister vor folgendem Problem: In den Teig für 1000 Brötchen gibt er 5000 Rosinen, mischt ihn gründlich durch und formt dann die Brötchen. Jede Rosine hat die gleiche Chance, in ein bestimmtes dieser Brötchen zu geraten; im Mittel wird man mit 5 Rosinen pro Brötchen rechnen. Nun soll man abschätzen, wie viele Brötchen 0, 1, 2, 3, 4, 5, 6, ... Rosinen enthalten. Dazu lässt man den Computer eine Folge von 15 000 Zufallsziffern erstellen, welche er in 3er-Blöcke einteilt, sodass sich eine Folge von 5000 höchstens dreistelligen Zahlen ergibt, z. B.

723 169 025 119 ...

Die Chance eines Brötchens, genau 7 Rosinen zu enthalten, ist gleich der Chance einer Zahl unter 1000, in dieser Folge genau 7-mal vorzukommen. Der Computer zählt nun, wie viele Zahlen 0-mal, 1-mal, 2-mal, 3-mal usw. vorkommen und hat damit das Problem des Bäckermeisters gelöst. Diese Prozedur kann der Computer natürlich sehr oft wiederholen, wobei sich jedes Mal leicht abweichende Verteilungen ergeben werden.

■ Auf Ameisenfang

Im Weiteren benutzen wir Zufalls*zahlen* statt Zufalls*ziffern*. Zufallszahlen sind zufällig gewählte Dezimalzahlen (i. d. R. 8 Nachkommastellen) zwischen 0 und 1, die im Intervall [0;1] gleichverteilt sind, was bedeutet, dass jede solche Zahl die gleiche Chance hat, gewählt zu werden. Solche Zahlen erzeugt der Zufalls*zahlen*generator des Computers.

Beispiel 4 (Überprüfung der **Capture-Recapture-Methode**, Rückfangmethode): Möchte man die unbekannte Zahl *N* der Ameisen in einer Ameisenkolonie feststellen, fängt man z. B. 500 Ameisen ein, markiert diese (mithilfe des radioaktiven Phosphorisotops P_{15}^{32}) und setzt sie wieder aus. Nach einiger Zeit fängt man wieder Ameisen ein und zählt die markierten darunter. Sind z. B. unter 837 eingefangenen Ameisen

Monte-Carlo-Methode

genau 32 markiert, schätzt man für die Größe der Kolonie

$$\frac{500}{N} \approx \frac{32}{837} \text{ bzw.}$$

$$N \approx \frac{500 \cdot 837}{32} \approx 13\,000.$$

Anschließend lässt sich mit Mitteln der beurteilenden Statistik untersuchen, wie zuverlässig diese Aussage ist. Man kann sich aber auch mittels Monte-Carlo-Simulation ein Bild davon machen: Man nimmt an, die Zahl der Ameisen sei tatsächlich 13 000. Dann ist der Anteil der markierten Ameisen

$$\frac{500}{13\,000} = \frac{1}{26} \approx 0{,}0385.$$

Nun setzt man den Zufallszahlengenerator in Betrieb und lässt vom Computer immer dann einen »Treffer« notieren, wenn eine Zufallszahl $< \frac{1}{26}$ erscheint. Nach 837 Läufen notiert man die Zahl der Treffer und beginnt von vorne. Man wird sich wundern, wie weit die gefundenen Werte um 32 streuen; kaum jeder dritte Wert ist 30, 31, 32, 33 oder 34, die meisten sind kleiner als 30 oder größer als 34. Die Simulation lehrt also, dass im Ameisenbeispiel für die Capture-Recapture-Methode die Zahl N bestenfalls als »zwischen 10 000 und 20 000« angegeben werden kann.

■ Zur Qualität von Wahlprognosen

Beispiel 5: Mit derselben Idee wie in Beispiel 4 wollen wir überprüfen, mit welcher Genauigkeit man bei einer Wahlprognose rechnen kann, wenn 1000 Wähler befragt werden: Nehmen wir für vier Parteien A, B, C und D tatsächliche Prozentzahlen von 43 %, 39 %, 11 % und 7 % an, so lässt man den Computer beim Ausspielen einer Zufallszahl z folgendermaßen zählen:

$0{,}00 < z \leq 0{,}43$:	eine Stimme für A
$0{,}43 < z \leq 0{,}82$:	eine Stimme für B
$0{,}82 < z \leq 0{,}93$:	eine Stimme für C
$0{,}93 < z \leq 1{,}00$:	eine Stimme für D

Nach 1000 Läufen soll der Computer die gefundenen Prozentzahlen ausdrucken. Man wird sich über die enormen Abweichungen von den tatsächlichen Prozentzahlen wundern. Wiederholt man diese Meinungsumfrage 100 000-mal oder noch öfter (was natürlich nur der Computer und nicht das Meinungsforschungsinstitut kann), so ergibt sich, dass in kaum 20 % aller Fälle die korrekten Zahlen mit einer maximalen Abweichung von einem Prozentpunkt geliefert werden. Möchte man diesen Prozentsatz erhöhen, müssen größere Abweichungen zugelassen werden. Will man z. B. in mehr als der Hälfte aller Fälle »richtig liegen«, darf man als Wahlprognose nur verkünden:

A	41 % – 45 %,
B	37 % – 41 %,
C	9 % – 13 %,
D	5 % – 9 %.

Dabei besteht immer noch ein großes Risiko, sich zu irren! Um dieses Risiko weiter zu verkleinern, kann man nur Zahlen bekannt geben, die wegen ihrer Bandbreite wenig aussagekräftig sind. ■

■ Flächenberechnung per Zufall

Beispiel 6: Nun wollen wir mithilfe von Zufallszahlen einen möglichst genauen Wert für die Kreiszahl π bestimmen, der gleich dem Flächeninhalt eines Kreises mit dem Radius 1 ist. Dabei reicht es, statt π nur $\frac{1}{4}\pi$ zu betrachten, also den Flächeninhalt eines Viertelkreises mit dem Radius 1. Dazu lassen wir auf das Quadrat mit den Ecken $(0\,|\,0)$, $(1\,|\,0)$, $(0\,|\,1)$, $(1\,|\,1)$ in einem kartesischen Koordinatensystem einen »Zufallsregen« von Punkten $(a\,|\,b)$ niedergehen, wobei die x-Koordinate a und die y-Koordinate b Dezimalzahlen zwischen 0 und 1 sind, die von einem Zufallszahlengenerator erzeugt werden. Wenn für ein solches Paar $a^2 + b^2 < 1$ gilt, liegt der Punkt im Viertelkreis um $(0\,|\,0)$ mit dem Radius 1 und der Computer zählt einen »Treffer«. Gilt jedoch $a^2 + b^2 > 1$, liegt der Punkt zwar im Quadrat, aber außerhalb des Viertelkreises.

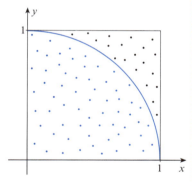

(Abb. 1) Bestimmung der Kreiszahl π mithilfe einer Monte-Carlo-Simulation

Da das Quadrat den Flächeninhalt 1 besitzt, ist der Anteil der Viertelkreisfläche an der gesamten Quadratfläche gleich $\frac{1}{4}\pi$. Dies wird daher auch als Anteil der Treffer an der Gesamtzahl der niedergegangenen Punkte erwartet. Sind z. B. 1 Billion (10^{12}) Punkte »niedergeregnet« und hat der Computer dabei 785 398 201 374 Treffer gezählt, dann gilt

$$\frac{1}{4}\pi \approx 0{,}785\,398\,201\,374.$$

Es ist eine Aufgabe der beurteilenden Statistik, die Genauigkeit dieser Näherung abzuschätzen. Erweist es sich, dass man die ersten sechs Nachkommastellen ernst nehmen darf, ergibt sich

$$\frac{1}{4}\pi \approx 0{,}785\,398 \quad \text{bzw.} \quad \pi \approx 3{,}14159.$$

Auf ähnliche Weise lässt sich auch die Fläche unter einem Funktionsgraphen, also ein Integral, bestimmen. Diese Anwendung der Monte-Carlo-Methode ist vor allem für die näherungsweise Berechnung sehr komplizierter Integrale beliebt. ∎

Für findige Programmierer ist es sicherlich einen Versuch wert, selbst einmal eine einfache Monte-Carlo-Simulation – z. B. diejenige für die Kreiszahl π – zu programmieren. Eine schlichtere, aber prinzipiell gleichwertige Methode ist die »manuelle« Simulation: die Figur aus Abb. 1 stark vergrößert aufzeichnen, eine Hand voll Reis darauf niederregnen lassen und das Verhältnis der Körnerzahlen innerhalb des Viertelkreises und des Quadrats bestimmen.

SOBOL, ILJA M.: *Die Monte-Carlo-Methode*. Berlin (Deutscher Verlag der Wissenschaften) [4]1991. ∎ SCHEID, HARALD: *Zufall. Kausalität und Chaos in Alltag und Wissenschaft*. Mannheim (BI-Taschenbuchverlag) 1996.

N

Näherungsverfahren: Verfahren zur näherungsweisen ↑ Nullstellenberechnung oder allgemeiner zum näherungsweisen Lösen einer Gleichung. Dabei handelt es sich häufig um Iterationsverfahren (↑ Iteration).

natürlicher Logarithmus: Logarithmus zur Basis e (↑ eulersche Zahl). Den natürlichen Logarithmus von $a > 0$ bezeichnet man mit $\ln a$. Es gilt

$y = \ln x \Leftrightarrow x = e^y$.

Nebenbedingung: eine Gleichung zwischen zwei Variablen x, y, von welchen eine Größe G abhängt. Mithilfe der Nebenbedingung kann man i.d.R. eine der Variablen aus dem Term $G(x, y)$ eliminieren, sodass G nur noch von einer Variablen abhängt. *Beispiel:* Der Flächeninhalt eines Rechtecks mit den Seitenlängen x, y ist $A = xy$. Soll das Rechteck den Umfang 10 haben, gilt also die Nebenbedingung $x + y = 5$, dann ist der Inhalt des Rechtecks $A = x(5 - x)$.

neilsche Parabel ['niːl-; nach WILLIAM NEIL; *1637, †1670] (semikubische Parabel): der Graph der Kurve dritter Ordnung mit der Gleichung

$ax^3 - y^2 = 0$

mit $a > 0$ (Abb. 1). Die beiden Äste dieser Kurve sind die Graphen der Funktionen

$x \mapsto +\sqrt{ax^3}$ und $x \mapsto -\sqrt{ax^3}$.

Im Ursprung liegt ein Rückkehrpunkt, Asymptoten gibt es nicht. Die ↑ Evolute einer Parabel ist eine neilsche Parabel.

neutrales Element: ein Element n einer ↑ algebraischen Struktur $(M, *)$, für das gilt:

$a * n = n * a = a$ für alle $a \in M$.

Ist $(M, *)$ ↑ assoziativ, dann gibt es höchstens *ein* neutrales Element. In Zahlenbereichen ist 0 das neutrale Element der Addition und 1 das neutrale Element der Multiplikation.

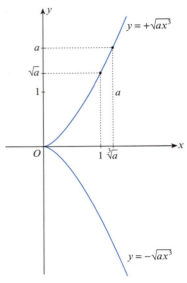

neilsche Parabel (Abb. 1): Graph im Koordinatensystem

Newton ['njuːtn], Isaac, englischer Mathematiker, Physiker und Astronom, * Woolsthorpe (bei Grantham) 4. 1. 1643 (nach julianischem Kalender am 25. 12. 1642), † Kensington (heute zu London) 31. 3. 1727 (bzw. 20. 3. 1727): NEWTON war Kind eines Landwirts und fiel schon in der Kindheit durch Wissbegier auf. Ab 1661 studierte er am Trinity College der Universität Cambridge. 1664 wurde NEWTON an seinem College zum Lehrer gewählt; im Pestjahr 1665 wurde das College jedoch geschlossen. Er ging nach Woolsthorpe zurück und betrieb zwei Jahre lang Studien zur theoretischen Physik, in denen er die Grundlagen der Mechanik erarbeitete. In dieser Zeit entdeckte er das Gravitationsgesetz, auf das er – gemäß der berühmten Legende – durch einen vom Baum fallenden Apfel gebracht worden sein soll.

Bei diesen Arbeiten entwickelte er auch die Grundlagen der Infinitesimalrechnung (er nannte sie »Fluxionsrechnung«), die etwa gleichzeitig und mit einem anderen Ansatz auch von G. W. ↑ LEIBNIZ geschaffen wurde. Zwischen ihm und LEIBNIZ entspann sich später ein heftiger Streit über die Priorität. Heute ist jedoch klar, dass beide unabhängig voneinander die Differenzial- und Integralrechnung begründet haben.

1667 kehrte NEWTON an das Trinity College zurück und wurde dort 1669 Professor der Mathematik. Er beschäftigte sich v. a. mit Physik und Astronomie: Das von ihm konstruierte Spiegelteleskop trug ihm die Mitgliedschaft der Royal Society ein, aus der er sich beleidigt zurückzog, als deren Sekretär ROBERT HOOKE (*1635, †1703) seine Theorie des Lichts angriff. In den Folgejahren arbeitete er sehr zurückgezogen und blieb unverheiratet und ohne intime Freundschaften. 1684 untersuchte er die Planetenbewegung und konnte mit der Fluxionsrechnung die von JOHANNES KEPLER (*1571, †1630) formulierten Gesetze über die Bahnkurven von Himmelskörpern aus seinen Bewegungsaxiomen herleiten. Er veröffentlichte seine Erkenntnisse in seinem Werk »Philosophiae naturalis principia mathematica« (kurz »Principia«), das eines der einflussreichsten Bücher in der Geschichte der Wissenschaft wurde.

Nach der »Glorious Revolution« von 1688 entsandte ihn die Universität Cambridge 1689 als ihren Vertreter in das englische Parlament. 1699 wurde

Newton (Abb 1): Sir Isaac Newton

er Vorsteher der königlichen Münze. 1703 – nach HOOKES Tod – wählte ihn die Royal Society zu ihrem Präsidenten. 1704 erschien sein Buch »Opticks« mit Abhandlungen über das Licht. 1705 schlug ihn Königin ANNE als ersten Wissenschaftler zum Ritter. NEWTONS Ruhm gründet sich v. a. auf seine Leistungen als Begründer der klassischen theoretischen Physik und (neben GALILEO GALILEI) der exakten Naturwissenschaften überhaupt. In der Mathematik beschäftigte er sich mit der Reihenlehre (z. B. 1669 mit der binomischen Reihe), mit der Interpolationstheorie, mit Näherungsverfahren (↑ Newton-Verfahren) und mit der Klassifizierung kubischer Kurven und der Kegelschnitte.

Newton-Verfahren (newtonsches Verfahren) ['nju:tn-; nach I. ↑ NEWTON]: ein Näherungsverfahren zur Nullstellenberechnung einer Funktion.

Gesucht ist die Nullstelle einer stetigen Funktion f im Intervall $[a; b]$, wobei f auf $]a; b[$ stetig differenzierbar sein soll und der Bedingung $f'(x) \neq 0$ genügen soll. Dann ist f auf $[a; b]$

Newton-Verfahren

streng ↑ monoton. Es gibt also genau eine Nullstelle in $[a; b]$, wenn $f(a)$ und $f(b)$ verschiedene Vorzeichen haben, wenn also $f(a)f(b)<0$ ist. Wir setzen

$x_1 := a,$
$x_2 := x_1 - \dfrac{f(x_1)}{f'(x_1)},$
$x_3 := x_2 - \dfrac{f(x_2)}{f'(x_2)}$

usw., also allgemein

$x_{n+1} := x_n - \dfrac{f(x_n)}{f'(x_n)} \quad (n \in \mathbb{N}).$

Diese Rekursionsformel ist am Graphen von f folgendermaßen zu deuten: Die Tangente im Punkt $(x_n|f(x_n))$ hat die Gleichung

$y = f(x_n) + f'(x_n)(x - x_n).$

Sie schneidet die x-Achse an der Stelle

$x = x_n - \dfrac{f(x_n)}{f'(x_n)},$

und diese Stelle wähle man als nächsten Näherungswert (Abb. 1). Man bezeichnet das Newton-Verfahren deshalb auch als **Tangentenverfahren**.

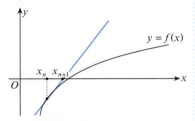

Newton-Verfahren (Abb. 1): Schema des Verfahrens

Beispiel 1: Zur näherungsweisen Berechnung von $\sqrt{2}$ suchen wir in $[1; 2]$ die Nullstelle von $f: x \mapsto x^2 - 2$. Wegen $f'(x) = 2x$ erhalten wir die Rekursionsformel

$x_{n+1} = x_n - \dfrac{x_n^2 - 2}{2x_n},$

also

$x_{n+1} = \dfrac{1}{2}\left(x_n + \dfrac{2}{x_n}\right).$

Mit dem Anfangswert $x_1 = 1$ erhalten wir

$x_2 = \tfrac{3}{2} \quad = 1{,}5,$
$x_3 = \tfrac{17}{12} \quad = 1{,}41666666...,$
$x_4 = \tfrac{577}{408} \quad = 1{,}4142568...,$
$x_5 = \tfrac{665857}{470832} = 1{,}41421356...$

Bereits x_5 liefert den Wert von $\sqrt{2}$ auf 8 Stellen genau.

Beispiel 2: Es soll der Schnittpunkt der Graphen von $y = \sin x$ und $y = \tfrac{1}{4}x^2$ in $[1; 2]$ bestimmt werden (Abb. 2).

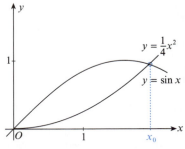

Newton-Verfahren (Abb. 2): Bestimmung des Schnittpunkts zweier Kurven

Dazu berechnen wir in $[1; 2]$ die Nullstellen der Funktion

$f: x \mapsto \sin x - \tfrac{1}{4}x^2.$

Die Rekursionsformel lautet

$x_{n+1} = x_n - \dfrac{\sin x_n - \tfrac{1}{4}x_n^2}{\cos x_n - \tfrac{1}{2}x_n}.$

Mit dem Anfangswert $x_1 = 1{,}5$ ergibt sich

$x_2 = 2{,}14039$,
$x_3 = 1{,}95201$,
$x_4 = 1{,}93393$,
$x_5 = 1{,}93375$.

x_5 liefert den Wert der Nullstelle auf 5 Stellen genau.

Die im Newton-Verfahren definierte Folge $\langle x_n \rangle$ konvergiert nicht in jedem Fall gegen die Nullstelle von f. Folgende Bedingung für die Konvergenz des Newton-Verfahrens ist aber hinreichend: Ist f zweimal stetig differenzierbar auf $]a;b[$ und $x_n \in [a;b]$ für alle $n \in \mathbb{N}$, dann konvergiert $\langle x_n \rangle$ gegen die Nullstelle von f in $[a;b]$, wenn es eine Schranke L gibt mit

$$\max_{[a;b]} \left| \frac{f(x)f''(x)}{(f'(x))^2} \right| \leq L < 1.$$

Beispiel 3: Für die Funktion $x \mapsto \arctan x$ konvergiert das Newton-Verfahren nicht gegen die Nullstelle 0, wenn man den Anfangswert x_1 zu weit von 0 entfernt wählt (Abb. 3).

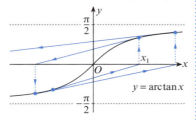

Newton-Verfahren (Abb. 3): Bei ungünstiger Wahl des Anfangswerts x_1 divergiert das Verfahren.

Norm: Verallgemeinerung des ↑ Betrags in einem ↑ Vektorraum. Ist V ein ↑ Vektorraum und $\| \ \|$ eine Abbildung von V in $\mathbb{R}$, dann bezeichnet man $\| \ \|$ als Norm auf V, wenn gilt:
(1) $\|\vec{x}\| \geq 0$ für alle $\vec{x} \in V$;
(2) $\|\vec{x}\| = 0 \Leftrightarrow \vec{x} = \vec{o}$;
(3) $\|\alpha \vec{x}\| = |\alpha| \, \|x\|$ für alle $\alpha \in \mathbb{R}$ und alle $\vec{x} \in V$;
(4) $\|\vec{x} + \vec{y}\| \leq \|\vec{x}\| + \|\vec{y}\|$ für alle $\vec{x}, \vec{y} \in V$ (Dreiecksungleichung).

Das Paar $(V, \| \ \|)$ heißt dann **normierter Vektorraum**.

Statt von der Norm spricht man oft auch vom Betrag eines Vektors. Veranschaulicht man Vektoren im Vektorraum $\mathbb{R}^2$ oder $\mathbb{R}^3$ durch Klassen gerichteter Pfeile, dann ist durch die Länge der Pfeile eine Norm definiert. Im Vektorraum $\mathbb{R}^n$ ist z. B. für jedes $p \geq 1$ eine Norm durch

$$\|\vec{x}\| := \sqrt[p]{|x_1|^p + |x_2|^p + \ldots + |x_n|^p}$$

definiert. Für $p = 2$ erhält man die **euklidische Norm**.

Ist in V eine Norm $\| \ \|$ definiert, so ist durch

$$d(x, y) := \|x - y\|$$

eine Metrik auf V gegeben. Ein normierter Raum ist damit auch ein ↑ metrischer Raum.

Ist in V ein ↑ Skalarprodukt $\vec{x} \cdot \vec{y}$ definiert, dann ist auch durch

$$\|\vec{x}\| := \sqrt{\vec{x} \cdot \vec{x}}$$

eine Norm in V erklärt. Das übliche Skalarprodukt in $\mathbb{R}^n$ liefert die euklidische Norm.

Normale: eine Gerade, die rechtwinklig zu einer gegebenen Kurve oder Fläche in einem Punkt dieser Kurve bzw. Fläche ist. Eine Normale ist also rechtwinklig zur ↑ Tangente an die Kurve bzw. zur ↑ Tangentialebene an die Fläche.

■ Normale einer Geraden in der Ebene

Hat eine Gerade g den Richtungsvektor $\vec{u}$ (↑ Geradengleichung), dann hat eine Normale zu g einen Richtungsvektor $\vec{n}$ mit $\vec{u} \cdot \vec{n} = 0$ (↑ Skalarpro-

Normalenvektor

dukt). Ein Normalenvektor ergibt sich also aus der linearen Gleichung

$$u_1 x_1 + u_2 x_2 = 0.$$

■ Normale einer Kurve in der Ebene

Gibt es in einem Punkt P einer Kurve eine Tangente t, dann ist die zu t rechtwinklige Gerade durch P die Normale der Kurve im Punkt P (Abb. 1).

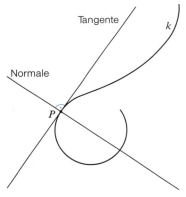

Normale (Abb. 1): Normale einer Kurve in der Ebene

Ist die Kurve der Graph einer differenzierbaren Funktion f, dann hat die Tangente im Kurvenpunkt P_0 die Steigung $f'(x_0)$. Ein Richtungsvektor der Tangente ist also $\begin{pmatrix} 1 \\ f'(x_0) \end{pmatrix}$. Daraus ergibt sich ein Normalenvektor zu $\begin{pmatrix} f'(x_0) \\ -1 \end{pmatrix}$. Ist die Kurve in ↑ Parameterdarstellung gegeben, also

$$k: \begin{pmatrix} x_1 \\ x_2 \end{pmatrix} = \begin{pmatrix} \alpha(t) \\ \beta(t) \end{pmatrix} \quad (t \in [a;b]),$$

dann ist $\begin{pmatrix} \alpha'(t_0) \\ \beta'(t_0) \end{pmatrix}$ ein Tangentenvektor und daher $\begin{pmatrix} \beta'(t_0) \\ -\alpha'(t_0) \end{pmatrix}$ ein Normalenvektor in dem Punkt zum Parameterwert t_0.

■ Normale einer Ebene

Eine Ebene mit den Spannvektoren $\vec{u}, \vec{v}$ (↑ Ebenengleichung) hat den Normalenvektor $\vec{u} \times \vec{v}$ (↑ Vektorprodukt). Ein Normalenvektor ergibt sich also aus dem linearen Gleichungssystem

$$u_1 x_1 + u_2 x_2 + u_3 x_3 = 0$$
$$v_1 x_1 + v_2 x_2 + v_3 x_3 = 0.$$

■ Normale einer Fläche im Raum

Eine Fläche im Raum kann durch eine ↑ Funktion f mit zwei Variablen gegeben sein, also in der Form $x_3 = f(x_1, x_2)$. Spannvektoren der Tangentialebene im Punkt $P(x_1^0 | x_2^0 | x_3^0)$ sind

$$\begin{pmatrix} 1 \\ 0 \\ \frac{\partial f}{\partial x_1}(x_1^0, x_2^0) \end{pmatrix}, \begin{pmatrix} 0 \\ 1 \\ \frac{\partial f}{\partial x_2}(x_1^0, x_2^0) \end{pmatrix}.$$

Daraus ergibt sich der Normalenvektor

$$\begin{pmatrix} -\frac{\partial f}{\partial x_1}(x_1^0, x_2^0) \\ -\frac{\partial f}{\partial x_2}(x_1^0, x_2^0) \\ 1 \end{pmatrix}$$

(↑ partielle Ableitung). Bei einer in Parameterdarstellung gegebenen Fläche erhält man ebenfalls einen Normalenvektor als einen zu den Spannvektoren der Tangentialebene orthogonalen Vektor.

Normalenvektor: ein Richtungsvektor einer ↑ Normalen zu einer Geraden, Kurve, Ebene oder Fläche.

Normalform: allgemein Bezeichnung für die übliche (»normale«) Form einer Gleichung. Beispielsweise ist $x^2 + px + q = 0$ die Normalform einer quadratischen Gleichung, $x(x+p) = -q$ ist dagegen nicht die

Normalform. Als Normalform der Ebenengleichung bezeichnet man eine Gleichung der Form $a_1x_1 + a_2x_2 + a_3x_3 = b$. Da hierbei die Koeffizienten a_1, a_2, a_3 die Koordinaten eines ↑ Normalenvektors der Ebene sind, findet man hierfür auch die Bezeichnung **Normalenform**. Eine besondere Rolle spielt die ↑ Hesse-Normalenform.

normalverteilt: bezeichnet die Eigenschaft einer Zufallsgröße, deren Wahrscheinlichkeitsverteilung eine ↑ Normalverteilung ist. Die ↑ Häufigkeitsverteilung eines Merkmals bei einer statistischen Erhebung kann nie genau normalverteilt sein, da sie nur endlich viele Werte enthält. Man nennt aber ein Merkmal bzw. eine Zufallsgröße auch dann normalverteilt, wenn die Häufigkeitsverteilung bzw. die Wahrscheinlichkeitsverteilung hinreichend gut mit einer Normalverteilung übereinstimmt. Charakteristisch für eine Normalverteilung ist die Glockenform ihrer Dichtefunktion (Häufigkeitsdichte, Wahrscheinlichkeitsdichte).

Normalverteilung (Gauß-Verteilung; nach C. F. GAUSS): die Wahrscheinlichkeitsverteilung einer ↑ Zufallsgröße X mit der Wahrscheinlichkeitsdichte

$$\varphi(x) = \frac{1}{\sigma\sqrt{2\pi}} \exp\left(-\frac{(x-\mu)^2}{2\sigma^2}\right).$$

Dabei ist $\mu = E(X)$ der ↑ Erwartungswert und $\sigma = \sigma(X)$ die ↑ Standardabweichung von X. Der Graph der Funktion φ (Abb. 1) wird auch **gaußsche Glockenkurve** genannt, da GAUSS die Verteilung zufälliger ↑ Fehler mit dieser Funktion beschrieben hat.

Die genaue Form der Glockenkurve hängt entscheidend von der Standardabweichung σ bzw. der Streuung σ^2 ab: Für ein großes σ^2 »zerläuft« die Kurve; für kleiner werdende Streuung

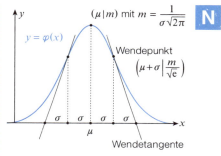

Normalverteilung (Abb. 1): gaußsche Glockenkurve

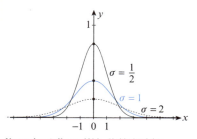

Normalverteilung (Abb. 2): Verlauf der gaußschen Glockenkurve für verschiedene Werte von σ

dagegen nimmt sie immer mehr die Form einer »Zacke« an (Abb. 2).

Die ↑ Wahrscheinlichkeitsfunktion

$$\Phi(x) := \int_{-\infty}^{x} \varphi(t)\,dt$$

gibt die Wahrscheinlichkeit des Ereignisses »$X \leq x$« an, also $P(X \leq x) = \Phi(x)$ (Abb. 3, S. 302).

Ist $\mu = 0$ und $\sigma = 1$, so heißt die zugehörige Normalverteilung standardisiert oder **Standardnormalverteilung**. Wahrscheinlichkeitsdichte und Wahrscheinlichkeitsfunktion der standardisierten Normalverteilung sind in Abb. 4 (S. 302) dargestellt.

Normalverteilung

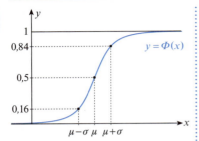

Normalverteilung (Abb. 3): Wahrscheinlichkeitsfunktion

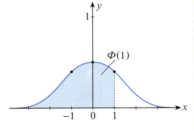

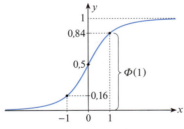

Normalverteilung (Abb. 4): Wahrscheinlichkeitsdichte und Wahrscheinlichkeitsfunktion der standardisierten Normalverteilung

k	a
0,2	15,9
0,6	45,1
1,0	68,3
2,0	95,5
2,2	97,2
2,4	98,4
2,6	99,1
2,8	99,5
3,0	99,7

Normalverteilung (Tab. 1): $a\%$ aller Werte liegen im Intervall $[\mu - k\sigma; \mu + k\sigma]$.

Für normalverteilte Zufallsgrößen liegen $a\%$ aller Werte im Intervall $[\mu - k\sigma; \mu + k\sigma]$, wobei a und k gemäß Tab. 1 zusammenhängen. Praktisch alle Werte liegen im Intervall $[\mu - 3\sigma; \mu + 3\sigma]$ (**3-σ-Regel**).
Die Werte μ und σ eines normalverteilten Merkmals lassen sich mithilfe eines geeigneten Computerprogramms oder grafisch mit ↑Wahrscheinlichkeitspapier ermitteln.

■ Bedeutung der Normalverteilung

Eine normalverteilte Zufallsgröße ist *stetig*, für jedes $x \in \mathbb{R}$ und $a > 0$ ist $P(x < X \leq a + x) \neq 0$. Die Bedeutung der Normalverteilung liegt darin, dass viele *endliche* Zufallsgrößen in guter Näherung normalverteilt sind. Man nennt diese endlichen Zufallsgrößen dann auch normalverteilt, obwohl dies streng genommen falsch ist.
Die Normalverteilung ist die in der Natur am häufigsten vorkommende Wahrscheinlichkeitsverteilung bzw. Häufigkeitsverteilung (Abb. 5). Dieses Phänomen wird mathematisch belegt durch den ↑zentralen Grenzwertsatz. Demnach ist die Wahrscheinlichkeitsverteilung einer Summe von n unabhängigen Zufallsgrößen mit wachsendem n immer weniger von der Normalverteilung zu unterscheiden. Da man die meisten in der Natur vorkommenden Zufallsgrößen als Summe von unabhängigen Zufallsgrößen auffassen kann,

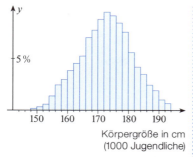

Normalverteilung (Abb. 5): Körpergröße als Beispiel für eine näherungsweise normalverteilte Zufallsgröße

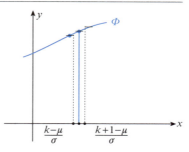

Normalverteilung (Abb. 6): Wahrscheinlichkeitsfunktion der standardisierten Binomialverteilung (schwarz) und der Standardnormalverteilung (blau)

tritt die Normalverteilung recht häufig auf.

■ Normalverteilung und Binomialverteilung

Sind $X_1, X_2, \ldots, X_n$ unabhängige Zufallsgrößen über einem ↑ Bernoulli-Versuch mit $P(\text{Treffer}) = p$ und

$X_i(\text{Treffer}) = 1$,
$X_i(\text{Fehlschlag}) = 0$
$(i = 1, 2, \ldots, n)$,

dann ist die Zufallsgröße

$$X := \sum_{i=1}^{n} X_i$$

binomialverteilt. Nach dem zentralen Grenzwertsatz lässt sich die ↑ Binomialverteilung durch eine Normalverteilung approximieren. Es gilt

$$\sum_{i=0}^{k} \binom{n}{i} p^i (1-p)^{n-1} \approx \Phi\left(\frac{k - \mu + 0{,}5}{\sigma}\right);$$

dabei gilt $\mu = np$ und $\sigma = \sqrt{np(1-p)}$,

$$\Phi(x) = \frac{1}{\sqrt{2\pi}} \int_{-\infty}^{x} e^{-\frac{1}{2} t^2} dt$$

ist die Wahrscheinlichkeitsfunktion der Standardnormalverteilung (Abb. 6).

Die Werte dieser Funktion Φ entnimmt man einer Tafel (Tab. 2, S. 304), die wegen

$\Phi(-x) = 1 - \Phi(x)$

und $\Phi(4) = 1{,}0000$ nur Werte für $0 \leq x < 4$ enthalten muss.

Beispiel: Es mögen 44,3% aller Wähler die Partei *ABC* gewählt haben. Wie groß ist die Wahrscheinlichkeit, unter 1000 willkürlich herausgegriffenen Wählern mindestens 420 und höchstens 466 *ABC*-Wähler zu finden?

Die gesuchte Wahrscheinlichkeit ist

$$\sum_{i=420}^{466} \binom{1000}{i} 0{,}443^i \cdot 0{,}557^{1000-i}$$
$$\approx \Phi\left(\frac{466 - 443 + 0{,}5}{1000 \cdot 0{,}443 \cdot 0{,}557}\right)$$
$$- \Phi\left(\frac{419 - 443 + 0{,}5}{1000 \cdot 0{,}443 \cdot 0{,}557}\right)$$
$$= \Phi(1{,}4960) - \Phi(-1{,}4960)$$
$$= 2\,\Phi(1{,}4960) - 1$$
$$= 2 \cdot 0{,}9326 - 1 = 86{,}5\%.$$

normiert:

◆ Ein *Vektor* heißt normiert, wenn er den Betrag 1 hat, also ein Einheitsvektor ist.

Normalverteilung

$$\Phi(x) = \frac{1}{\sqrt{2\pi}} \int_{-\infty}^{x} e^{-\frac{1}{2}t^2} dt$$

$\Phi(x) = 0, \ldots \quad \Phi(-x) = 1 - \Phi(x)$

x	0	1	2	3	4	5	6	7	8	9
0,0	5000	5040	5080	5120	5160	5199	5239	5279	5319	5359
0,1	5398	5438	5478	5517	5557	5596	5636	5675	5714	5753
0,2	5793	5832	5871	5910	5948	5987	6026	6064	6103	6141
0,3	6179	6217	6255	6293	6331	6368	6406	6443	6480	6517
0,4	6554	6591	6628	6664	6700	6736	6772	6808	6844	6879
0,5	6915	6950	6985	7019	7054	7088	7123	7157	7190	7224
0,6	7257	7291	7324	7357	7389	7422	7454	7486	7517	7549
0,7	7580	7611	7642	7673	7703	7734	7764	7794	7823	7852
0,8	7881	7910	7939	7967	7995	8023	8051	8078	8106	8133
0,9	8159	8186	8212	8238	8264	8289	8315	8340	8365	8389
1,0	8413	8438	8461	8485	8508	8531	8554	8577	8599	8621
1,1	8643	8665	8686	8708	8729	8749	8770	8790	8810	8830
1,2	8849	8869	8888	8907	8925	8944	8962	8980	8997	9015
1,3	9032	9049	9066	9082	9099	9115	9131	9147	9162	9177
1,4	9192	9207	9222	9236	9251	9265	9279	9292	9326	9319
1,5	9332	9345	9357	9370	9382	9394	9406	9418	9429	9441
1,6	9452	9463	9474	9484	9495	9505	9515	9525	9535	9545
1,7	9554	9564	9573	9582	9591	9599	9608	9616	9625	9633
1,8	9641	9649	9656	9664	9671	9678	9686	9693	9699	9706
1,9	9713	9719	9726	9732	9738	9744	9750	9756	9761	9767
2,0	9772	9778	9783	9788	9793	9798	9803	9808	9812	9817
2,1	9821	9826	9830	9834	9838	9842	9846	9850	9854	9857
2,2	9861	9864	9868	9871	9875	9878	9881	9884	9887	9890
2,3	9893	9896	9898	9901	9904	9906	9909	9911	9913	9916
2,4	9918	9920	9922	9925	9927	9929	9931	9932	9934	9936
2,5	9938	9940	9941	9943	9945	9946	9948	9949	9951	9952
2,6	9953	9955	9956	9957	9959	9960	9961	9962	9963	9964
2,7	9965	9966	9967	9968	9969	9970	9971	9972	9973	9974
2,8	9974	9975	9976	9977	9977	9978	9979	9979	9980	9981
2,9	9981	9982	9982	9983	9984	9984	9985	9985	9986	9986
3,0	9987	9987	9987	9988	9988	9989	9989	9989	9990	9990
3,1	9990	9991	9991	9991	9992	9992	9992	9992	9993	9993
3,2	9993	9993	9994	9994	9994	9994	9994	9995	9995	9995
3,3	9995	9995	9996	9996	9996	9996	9996	9996	9996	9997
3,4	9997	9997	9997	9997	9997	9997	9997	9997	9997	9998

Beispiele: $\Phi(1,62) = 0,9474$, $\Phi(-1,62) = 1 - 0,9474 = 0,0526$,
$\Phi(x) = 0,677 \rightarrow x = 0,46$, $\Phi(x) = 0,323 = 1 - 0,677 \rightarrow x = -0,46$

◆ Ein *Vektorraum* heißt normiert, wenn auf ihm eine ↑ Norm definiert ist.

◆ Ein *Polynom* heißt normiert, wenn der Koeffizient der höchsten Potenz 1 beträgt.

◆ Eine *Zufallsgröße* heißt normiert oder standardisiert (↑ Standardisierung), wenn sie den Erwartungswert 0 und die Standardabweichung 1 hat.

notwendig: bezeichnet eine Bedingung B, die aus einer Aussage A folgt: $A \Rightarrow B$. B ist also stets erfüllt, wenn A gilt, die Umkehrung gilt jedoch nicht unbedingt. Folgt umgekehrt aus einer Bedingung stets eine Aussage, dann nennt man die Bedingung **hinreichend**.

Nullelement: das ↑ neutrale Element einer ↑ algebraischen Struktur, wenn man die Verknüpfung als Addition schreibt.

Nullfolge: eine ↑ Folge mit dem ↑ Grenzwert 0.

Nullhypothese: beim ↑ Testen einer Hypothese diejenige Hypothese, die man aufgrund des Tests mit einer geringen Irrtumswahrscheinlichkeit verwerfen möchte.

Nullmatrix: eine ↑ Matrix, deren sämtliche Elemente 0 sind.

Nullstelle: zu einer Funktion f ein Wert x_0 aus der Definitionsmenge von f, für den $f(x_0) = 0$ gilt. Ist $f(x)$ ein Polynom, so kann man in manchen Fällen die Nullstellen von f durch Wurzeln ausdrücken. Daher spricht man bei den Nullstellen von f auch allgemein von den Wurzeln von f. Nullstellen von Polynomfunktionen von höherem als 4. Grad kann man aber im Allgemeinen nicht durch Wurzeln darstellen.

Nullstellenabschätzung: Abschätzung des Bereichs, in dem die Nullstellen einer ↑ Polynomfunktion liegen können. Es sei $p(x)$ ein Polynom mit reellen Koeffizienten, also $x \mapsto p(x)$ eine Polynomfunktion. Dabei sei $p(x)$ vom Grad n und habe den höchsten Koeffizient 1, also

$$p(x) = x^n + a_{n-1}x^{n-1} + \ldots + a_1 x + a_0$$

mit $a_0, a_1, \ldots, a_{n-1} \in \mathbb{R}$. Dann kann man die Lage möglicher Nullstellen von p mithilfe der Koeffizienten $a_0, a_1, \ldots, a_{n-1}$ auf verschiedene Arten abschätzen:

- Ist
$$M = \max(1, n|a_0|, n|a_1|, \ldots, n|a_{n-1}|),$$
dann liegen alle möglichen reellen Nullstellen von $p(x)$ in dem abgeschlossenen Intervall $[-M; M]$.

- Ist
$$M = \max(1, |a_0| + |a_1| + \ldots + |a_{n-1}|),$$
dann liegen alle Nullstellen von $p(x)$ in dem Intervall $[-M; M]$. Hieraus folgt die Abschätzung in (1).

- Ist
$$M = \max(|a_{n-1}|, \sqrt{|a_{n-2}|}, \sqrt[3]{|a_{n-3}|}, \ldots, \sqrt[n]{|a_0|}),$$
dann liegen alle Nullstellen von $p(x)$ in dem offenen Intervall $]-2M; 2M[$.

Nullstellenberechnung: die (näherungsweise) Bestimmung der Nullstellen einer Funktion $f(x)$. Ist diese nicht (wie etwa bei quadratischen Gleichungen) durch algebraische Umformungen der Gleichung $f(x) = 0$ zu berechnen, wendet man dabei Verfahren an wie die ↑ Regula Falsi oder das ↑ Newton-Verfahren.

Nullvektor: im ↑ Vektorraum $\mathbb{R}^n$ der Vektor $\vec{o}$, dessen sämtliche Koordinaten 0 sind. Der Nullvektor ist das ↑ neutrale Element der Vektoraddition.

Numerik (numerische Mathematik): derjenige Teil der Mathematik, der sich mit der Berechnung, d.h. mit der

numerische Integration

zahlenmäßigen Behandlung mathematischer Probleme befasst. Dazu werden Verfahren (Algorithmen) entwickelt, mit deren Hilfe man die Rechenarbeit einem Computer übertragen kann. Beispiele hierfür sind Verfahren zur Nullstellenbestimmung (↑ Newton-Verfahren, ↑ Regula Falsi), zum Lösen ↑ linearer Gleichungssysteme oder zur ↑ numerischen Integration. Von großer Bedeutung ist bei numerischen Verfahren die Fehlerabschätzung, da man in der Regel nur Näherungswerte für die gesuchten Zahlen erhält.

numerische Integration: Berechnung des Werts eines ↑ Integrals

$$\int_a^b f(x)\,dx,$$

ohne dessen ↑ Stammfunktion zu bestimmen. Dabei müssen Näherungsmethoden benutzt werden. Im Folgenden sei stets $f(x) \geq 0$ für $x \in [a;b]$.

■ Die Rechtecksregel

Es sei durch $\{x_0, x_1, x_2, \ldots, x_n\}$ eine äquidistante Zerlegung von $[a;b]$ gegeben, also

$$x_i = a + i \cdot \frac{b-a}{n} \quad (i = 0, 1, 2, \ldots, n).$$

Ersetzt man den Flächeninhalt über dem i-ten Intervall durch

$$\frac{b-a}{n} \cdot f(x_{i-1}) \quad (i = 1, 2, \ldots, n),$$

dann erhält man für das Integral den Näherungswert (vgl. Abb. 1)

$$\frac{b-a}{n} \cdot \sum_{i=1}^{n} f(x_{i-1}).$$

■ Die Trapezregel

Wie bei der Rechtecksregel geht man auch hier von einer äquidistanten Zerlegung von $[a;b]$ aus, ersetzt jetzt

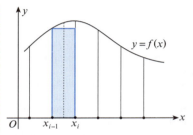

numerische Integration (Abb. 1): Rechtecksregel

aber den Flächeninhalt über dem i-ten Intervall durch den Trapezinhalt (vgl. Abb. 2)

$$\frac{b-a}{n} \cdot \frac{f(x_{i-1}) + f(x_i)}{2} \quad (i = 1, 2, \ldots, n).$$

Für das Integral ergibt sich dann der Näherungswert

$$\frac{b-a}{n} \cdot \sum_{i=1}^{n} \frac{f(x_{i-1}) + f(x_i)}{2}$$

$$= \frac{b-a}{n} \cdot \left(\frac{f(x_0) + f(x_n)}{2} + \sum_{i=1}^{n-1} f(x_i) \right).$$

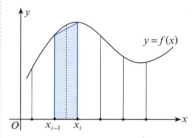

numerische Integration (Abb. 2): Trapezregel

■ Die Tangentenregel

Man geht wieder von einer äquidistanten Zerlegung von $[a;b]$ aus, wählt jetzt aber die Trapezflächen, die von der Tangente an die Kurve im Mittelpunkt des Intervalls begrenzt werden (Abb. 3). Dann ergibt sich für das Integral der Näherungswert

$$\frac{b-a}{n} \cdot \sum_{i=1}^{n} f\left(\frac{x_{i-1}+x_i}{2}\right).$$

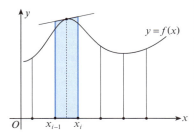

numerische Integration (Abb. 3): Tangentenregel

■ Die Simpson-Regel

Dieses nach T. ↑ SIMPSON benannte Verfahren wird auch ↑ keplersche Fassregel genannt. Anders als bei den ersten drei aufgeführten Regeln wird hier die gegebene Kurve nicht durch Strecken angenähert, sondern durch Parabelbögen. Bei einer solchen *quadratischen* Approximation ist der Fehler i. A. kleiner als bei der *linearen* Approximation durch Geradenstücke. Es sei eine äquidistante Einteilung von $[a; b]$ in $2\,m$ Intervalle gegeben, also

$$x_i = a + i \cdot \frac{b-a}{2\,m}$$
$$(i = 0, 1, 2, \ldots, 2\,m).$$

Die Parabel durch die Punkte $(x_i | f(x_i))$, $(x_{i+1} | f(x_{i+1}))$ und $(x_{i+2} | f(x_{i+2}))$ (vgl. Abb. 4) begrenzt über $[x_i; x_{i+2}]$ eine Fläche mit dem Inhalt

$$\frac{1}{3} \cdot \frac{b-a}{2\,m}$$
$$\cdot (f(x_i) + 4f(x_{i+1}) + f(x_{i+2})).$$

Für das Integral erhält man dann den Näherungswert

$$\frac{a-b}{6\,m} \cdot \sum_{i=0}^{m-1} (f(x_{2i}) + 4f(x_{2i+1})$$
$$+ f(x_{2i+2}))$$
$$= \frac{a-b}{6\,m} \cdot \left(4 \cdot \sum_{i=0}^{m-1} f(x_{2i+1}) \right.$$
$$\left. + 2 \cdot \sum_{i=1}^{m-1} f(x_{2i}) + (f(x_0) + f(x_{2m})) \right).$$

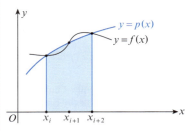

numerische Integration (Abb. 4): Simpson-Regel

■ Fehlerabschätzung

Bei jedem numerischen Verfahren ist es wichtig, eine Abschätzung der möglichen Fehler zu kennen. Aus den Abbildungen ist unmittelbar einsichtig, dass die Rechtecksregel eine schlechtere Näherung liefert als Trapez- und Tangentenregel. Bei der Trapezregel beträgt der Fehler höchstens

$$\frac{(b-a)^3}{12 \cdot n^2} \cdot \max_{[a;\,b]} f''(x).$$

Der Fehler bei der Simpson-Regel lässt sich durch

$$\frac{(b-a)^5}{180\,(2\,m)^4} \cdot \max_{[a;\,b]} f^{(4)}(x)$$

abschätzen. Vorausgesetzt ist jeweils, dass die betreffenden Ableitungen existieren und stetig sind.

obere Schranke: eine ↑ Schranke einer nach oben ↑ beschränkten Menge.
Oberfläche: die Menge der Randpunkte eines geometrischen Körpers.
Oberflächeninhalt: der Flächeninhalt der ↑ Oberfläche eines Körpers (oft auch einfach **Oberfläche** genannt). Zur Berechnung des Oberflächeninhalts einfacher Körper vgl. Band I. Den Inhalt O der Oberfläche eines ↑ Rotationskörpers berechnet man nach der Formel

$$O = 2\pi \int_a^b f(x)\sqrt{1+(f'(x))^2}\,dx,$$

wenn f die erzeugende Funktion ist (Abb. 1; vgl. ↑ guldinsche Regeln).

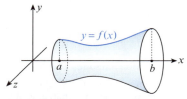

Oberflächeninhalt (Abb. 1): Oberfläche eines Rotationskörpers

Obersumme: ↑ Integral.
offen: bezeichnet die Eigenschaft einer Menge M von Punkten der Geraden ($\mathbb{R}^1$), der Ebene ($\mathbb{R}^2$) oder des Raumes ($\mathbb{R}^3$), die nur aus ↑ inneren Punkten besteht, d.h., bei der mit jedem Punkt P aus M auch eine Umgebung von P zu M gehört (Abb. 1). Die Menge der inneren Punkte von M heißt Inneres oder offener Kern von M und wird mit M^0 bezeichnet.
Beispiel 1: In $\mathbb{R}$ (reelle Zahlengerade) ist für $a, b \in \mathbb{R}$ mit $a < b$ das Intervall

$$]a;b[:= \{x \in \mathbb{R} | a < x < b\}$$

eine offene Menge (offenes Intervall). Auch

$$]a;\infty[:= \{x \in \mathbb{R} | a < x\} \quad \text{und}$$

$$]-\infty;b[:= \{x \in \mathbb{R} | x < b\}$$

sind offene Mengen (offene Halbgeraden). Die Menge $\mathbb{Q}$ der rationalen Zahlen ist nicht offen, denn in jeder Umgebung einer rationalen Zahl liegt eine irrationale Zahl. Der offene Kern von $\mathbb{Q}$ ist die leere Menge $\emptyset$.
Beispiel 2: In $\mathbb{R}^2$ (reelle Zahlenebene) ist für a, b, c, d mit $a < b$ und $c < d$ die Menge

$$\{(x,y) \in \mathbb{R}^2 \mid a < x < b, c < y < d\}$$

offen (offenes Rechteck).
Beispiel 3: In $\mathbb{R}^3$ (reeller Zahlenraum) ist

$$\{(x,y,z) \in \mathbb{R}^3 \mid x^2 + y^2 + z^2 < 1\}$$

eine offene Kugel, die Menge

$$\{(x,y,z) \in \mathbb{R}^3 \mid 2x - 3y + 5z < 7\}$$

ein offener Halbraum. Geraden und Ebenen sind keine offenen Teilmengen von $\mathbb{R}^3$ (sie sind ↑ abgeschlossen).

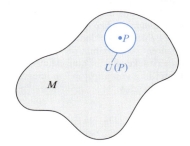

offen (Abb. 1): Ein Punkt P mit einer Umgebung $U(P)$ gehört zu M.

▪ Schnitt und Vereinigung offener Mengen

Die Schnittmenge zweier offener Mengen ist wieder offen. Denn ist $P \in M_1 \cap M_2$ und $U_1(P)$ eine Umgebung von P, die zu M_1 gehört, und $U_2(P)$ eine Umgebung von P, die zu M_2 gehört, dann ist $U_1(P) \cap U_2(P)$ eine Umgebung von P, die zu $M_1 \cap M_2$ gehört. Entsprechend kann man zeigen, dass die Schnittmenge *endlich* vieler offener Mengen wieder offen ist. Die Schnittmenge von *unendlich* vielen offenen Mengen muss aber nicht offen sein: Die Schnittmenge etwa der offenen Intervalle

$$\left]-\frac{1}{i};+\frac{1}{i}\right[\quad (i=1,2,3,\ldots)$$

ist eine einpunktige Menge $\{0\}$, und diese ist nicht offen.

Die Vereinigungsmenge von beliebig vielen (also auch unendlich vielen) offenen Mengen ist stets eine offene Menge.

offener Kern: zu einer Menge M reeller Zahlen die Menge der ↑ inneren Punkte von M (↑ offen).

Offiziersproblem: ↑ lateinisches Quadrat.

Operation: andere (aber unübliche) Bezeichnung für eine algebraische ↑ Verknüpfung.

Operator: andere Bezeichnung für ↑ Abbildung, vor allem in algebraischen Zusammenhängen (↑ Algebra).

Ordnung:

♦ Kurzbezeichnung für ↑ Ordnungsrelation.

♦ Kurzbezeichnung für ↑ Anordnung.

♦ Anzahl der Elemente einer ↑ Gruppe; hat diese unendlich viele Elemente, dann ist sie eine Gruppe von unendlicher Ordnung.

♦ zu einem Gruppenelement a (↑ Gruppe) die kleinste natürliche Zahl k, für die a^k das neutrale Element ist. Gibt es keine solche Zahl, dann ist die Ordnung von a unendlich.

♦ Eine Nullstelle x_0 einer ↑ Polynomfunktion f heißt von k-ter Ordnung, wenn ein Polynom g existiert mit $f(x) = (x - x_0)^k g(x)$ und $g(x_0) \neq 0$.

♦ allgemeine Verwendung zum Nummerieren: Ableitung n-ter Ordnung, Differenzialgleichung n-ter Ordnung usw.

Ordnungsrelation: eine ↑ Relation in einer Menge M, die ↑ reflexiv, ↑ antisymmetrisch und ↑ transitiv ist. Schreibt man die Relation mit dem Zeichen »⊑«, dann gilt also

(1) $x \sqsubseteq x$ für alle $x \in M$;

(2) aus $x \sqsubseteq y$ und $y \sqsubseteq x$ folgt $x = y$;

(3) aus $x \sqsubseteq y$ und $y \sqsubseteq z$ folgt $x \sqsubseteq z$.

Wichtige Beispiele sind die Kleineroder-gleich-Relation »≤« für reelle Zahlen, die Teilbarkeitsrelation »|« für natürliche Zahlen und die Inklusionsrelation »⊆« für Mengen (vgl. Band I).

orientiert:

♦ *Kurven:* Eine Gerade oder allgemein eine Kurve heißt orientiert, wenn sie mit einer Durchlaufungsrichtung versehen ist.

♦ *Winkel:* Ein orientierter Winkel ist ein Drehwinkel (↑ Drehung).

♦ *Ebenen:* Eine Ebene lässt sich mit einer Orientierung versehen, indem man einem festen Dreieck eine Umlaufrichtung zuordnet.

♦ *Flächen:* Ein begrenztes Flächenstück heißt orientiert, wenn seine Berandung orientiert ist. Das ↑ Integral einer stetigen Funktion kann als orientierter Flächeninhalt gedeutet werden.

♦ *Flächen im Raum:* Eine Ebene oder allgemein eine Fläche im Raum heißt orientiert, wenn man ihre beiden Seiten unterscheidet, also eine positive und eine negative Seite einführt. Es gibt Flächen, die nicht orientierbar sind, z.B. das Möbius-Band (vgl. Band I).

orthogonal: andere Bezeichnung für rechtwinklig.

Orthogonalbasis

♦ In der *Elementargeometrie* heißen zwei Geraden der Ebene orthogonal, wenn die eine bei Spiegelung an der anderen auf sich selbst abgebildet wird. Zwei Strecken sind orthogonal, wenn sie auf zueinander orthogonalen Geraden liegen. Die Orthogonalität von Geraden im Raum, die sich schneiden, ist wie in der Ebene definiert. Zwei sich schneidende Kurven sind orthogonal, wenn die Tangenten im Schnittpunkt orthogonal sind.

♦ Ein *Koordinatensystem* heißt orthogonal, wenn die Achsen zueinander orthogonal sind.

♦ In der *analytischen Geometrie* definiert man die Orthogonalität mithilfe orthogonaler Vektoren: Zwei Vektoren eines Vektorraums, in dem ein ↑ Skalarprodukt definiert ist, sind orthogonal, wenn ihr Skalarprodukt den Wert 0 hat. Zwei sich schneidende Geraden sind orthogonal, wenn ihre Richtungsvektoren orthogonal sind (↑ Geradengleichungen). Zwei Ebenen sind orthogonal, wenn ihre Normalenvektoren orthogonal sind (↑ Ebenengleichungen).

♦ Zwei ↑ lateinische Quadrate mit Elementen a_{ij}, b_{ij} heißen orthogonal, wenn alle Paare (a_{ij}, b_{ij}) verschieden sind.

Orthogonalbasis: eine ↑ Basis eines Vektorraums, in dem ein ↑ Skalarprodukt definiert ist, wenn die Basisvektoren paarweise orthogonal sind.

orthogonale Matrix: eine quadratische ↑ Matrix A, bei der die transponierte Matrix A^T gleich der inversen Matrix A^{-1} ist, für welche also $AA^T = E$ gilt (E Einheitsmatrix). Ist die Darstellungsmatrix einer ↑ affinen Abbildung orthogonal, dann liegt eine Kongruenzabbildung vor.

orthogonale Projektion:

♦ in der *darstellenden Geometrie* eine Parallelprojektion, bei der die Projektionsstrahlen rechtwinklig zur Bildebene sind (vgl. Band I).

♦ Begriff aus der *linearen Algebra*: Es sei V ein ↑ Vektorraum mit einem ↑ Skalarprodukt und U ein Unterraum von V. Dann lässt sich jeder Vektor $\vec{v} \in V$ eindeutig zerlegen in die Form

$$\vec{v} = \vec{v}_{\|} + \vec{v}_{\perp}$$

mit $\vec{v}_{\|} \in U$ und $\vec{v}_{\perp} \perp \vec{u}$ für alle $\vec{u} \in U$.
Man nennt $\vec{v}_{\|}$ die orthogonale Projektion von $\vec{v}$ auf U. Auch die Abbildung $V \to U$ mit $\vec{v} \mapsto \vec{v}_{\|}$ heißt orthogonale Projektion (von V auf U).
Ist $\{\vec{u}_1, \vec{u}_2, \ldots, \vec{u}_k\}$ eine ↑ Basis von U, dann erhält man die orthogonale Projektion von $\vec{v}$ auf U aus dem Ansatz

$$\vec{v} = \alpha_1 \vec{u}_1 + \alpha_2 \vec{u}_2 + \ldots + \alpha_k \vec{u}_k + \vec{v}_{\perp},$$

indem man skalar mit $\vec{u}_1, \vec{u}_2, \ldots, \vec{u}_k$ multipliziert und das entstehende (k, k)-Gleichungssystem nach den Variablen $\alpha_1, \alpha_2, \ldots, \alpha_k$ auflöst. Sind die Basisvektoren $\vec{u}_1, \vec{u}_2, \ldots, \vec{u}_k$ paarweise orthogonal und normiert, dann ergibt sich

$$\alpha_i = \vec{v} \cdot \vec{u}_i \quad (i = 1, 2, \ldots, k)$$

und

$$\vec{v}_{\perp} = \vec{v} - \sum_{i=1}^{k} (\vec{v} \cdot \vec{u}_i) \vec{u}_i.$$

Beispiel: Im Vektorraum $\mathbb{R}^3$ betrachten wir die orthogonale Projektion auf den Unterraum

$$U = \left\langle \begin{pmatrix} 1 \\ 2 \\ -1 \end{pmatrix}, \begin{pmatrix} -1 \\ 0 \\ -1 \end{pmatrix} \right\rangle.$$

Die angegebenen erzeugenden Vektoren von U sind orthogonal, aber nicht normiert. Aus

$$\vec{v} = \begin{pmatrix} x_1 \\ x_2 \\ x_3 \end{pmatrix}$$

$$= \alpha \begin{pmatrix} 1 \\ 2 \\ -1 \end{pmatrix} + \beta \begin{pmatrix} -1 \\ 0 \\ -1 \end{pmatrix} + \vec{v}_{\perp}$$

erhalten wir durch skalare Multiplikation mit den erzeugenden Vektoren von U

$$\alpha = \frac{x_1 + 2x_2 - x_3}{1+4+1},\ \beta = \frac{-x_1 - x_3}{1+0+1}.$$

Setzen wir $\vec{v}_{\|} = \begin{pmatrix} x'_1 \\ x'_2 \\ x'_3 \end{pmatrix}$, so erhalten wir für die orthogonale Projektion von $\mathbb{R}^3$ auf U die Abbildungsgleichungen

$x'_1 = \tfrac{2}{3}x_1 + \tfrac{1}{3}x_2 + \tfrac{1}{3}x_3,$
$x'_2 = \tfrac{1}{3}x_1 + \tfrac{2}{3}x_2 - \tfrac{1}{3}x_3,$
$x'_3 = \tfrac{1}{3}x_1 - \tfrac{1}{3}x_2 + \tfrac{2}{3}x_3.$

Der ↑ Rang der durch diese Abbildungsgleichungen beschriebenen ↑ linearen Abbildung ist 2. Dies entspricht der Tatsache, dass der 3-dimensionale Vektorraum $\mathbb{R}^3$ auf den 2-dimensionalen Vektorraum U abgebildet wird.

Orthonormalbasis: eine ↑ Basis eines Vektorraums, deren Elemente paarweise zueinander orthogonal sind und alle den Betrag 1 haben. In dem Vektorraum muss dabei ein ↑ Skalarprodukt gegeben sein, bezüglich dem die Orthogonalität und der Betrag definiert sind.

Orthonormierungsverfahren (schmidtsches Orthonormierungsverfahren; nach ERHARD SCHMIDT, *1876, †1959): ein Verfahren zur Konstruktion einer ↑ Orthonormalbasis. Es sei ein Vektorraum V mit der Basis $\{\vec{v}_1, \vec{v}_2, \ldots, \vec{v}_n\}$ gegeben, und in V sei ein Skalarprodukt »·« definiert. Man setze

$\vec{u}_1 := \vec{v}_1,\qquad \vec{w}_1 := \dfrac{\vec{u}_1}{|\vec{u}_1|},$

$\vec{u}_2 := \vec{v}_2 - (\vec{v}_2 \cdot \vec{w}_1)\,\vec{w}_1,\ \ \vec{w}_2 := \dfrac{\vec{u}_2}{|\vec{u}_2|},$

$\vec{u}_3 := \vec{v}_3 - (\vec{v}_3 \cdot \vec{w}_1)\,\vec{w}_1 - (\vec{v}_3 \cdot \vec{w}_2)\,\vec{w}_2,$

$\qquad\qquad\qquad\vec{w}_3 := \dfrac{\vec{u}_3}{|\vec{u}_3|}$

und allgemein für $k = 1, 2, \ldots, n$

$$\vec{u}_k := \vec{v}_k - \sum_{i=1}^{k}(\vec{v}_k \cdot \vec{w}_i)\,\vec{w}_i,\ \ \vec{w}_k := \frac{\vec{u}_k}{|\vec{u}_k|}.$$

Dann ist $\{\vec{w}_1, \vec{w}_2, \ldots, \vec{w}_n\}$ eine Orthonormalbasis von V.

Ortsvektor: der Vektor $\overrightarrow{OP}$, der den Ort des Punktes P bezüglich eines Bezugspunktes O (»Ursprung«) festlegt (Abb. 1). Ist im Raum ein Koordinatensystem festgelegt und hat P die Koordinaten $(p_1|p_2|p_3)$, so ist

$$\overrightarrow{OP} = \begin{pmatrix} p_1 \\ p_2 \\ p_3 \end{pmatrix}$$

(↑ Vektorrechnung).

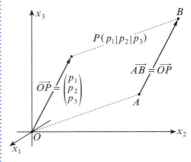

Ortsvektor (Abb. 1): Ortsvektor als Repräsentant eines Vektors

Einen Ortsvektor nennt man manchmal einen **Zeiger** oder einen **gebundenen Vektor,** weil man ihn durch einen an den Punkt O gebundenen Pfeil darstellt. Vektoren, die man dagegen durch Pfeilklassen darstellt, nennt man **freie Vektoren.**

paarweise: für je zwei Elemente einer Menge gültig. Beispielsweise sind in einem n-Tupel mit paarweise verschiedenen Elementen je zwei be-

Parabel

liebig gewählte Elemente unterschiedlich, in einem orthonormalen Koordinatensystem stehen die Basisvektoren paarweise rechtwinklig aufeinander usw.

Parabel: eine Kegelschnittskurve (↑ Kegelschnitte), eine spezielle ↑ Kurve zweiter Ordnung. Eine ausführliche Behandlung findet sich in Band I.

In einem kartesischen Koordinatensystem hat eine Parabel, deren Symmetrieachse parallel zur y-Achse ist, eine Gleichung der Form

$$y = ax^2 + bx + c.$$

Zuweilen nennt man auch allgemein die Graphen beliebiger ↑ Polynomfunktionen Parabeln; hat das Polynom den Grad n, so spricht man von einer Parabel n-ter Ordnung.

parabolisch: bezeichnet eine ↑ Fläche zweiter Ordnung, die von einer bestimmten Schar paralleler Ebenen in Parabeln geschnitten wird (z. B. parabolischer Zylinder).

Paraboloid: eine ↑ Fläche zweiter Ordnung, die von einer bestimmten Schar paralleler Ebenen in Parabeln geschnitten wird; man unterscheidet elliptische und hyperbolische Paraboloide.

Paradoxon: eine Aussage, die zwar nicht unbedingt falsch oder widersprüchlich ist, bei oberflächlicher Betrachtung aber so erscheint. Die scheinbare Widersprüchlichkeit kommt häufig durch eine unklare oder unvollständige Begriffserklärung zustande. Eine ausführliche Darstellung findet sich in Band I.

Parallelepiped (Spat): ein von sechs Parallelogrammen begrenzter Körper, wobei einander gegenüberliegende Flächen parallel und kongruent sind. Das von den linear unabhängigen Vektoren $\vec{a}, \vec{b}, \vec{c}$ aufgespannte Parallelepiped besteht aus den Punkten mit den Ortsvektoren

$$r\vec{a} + s\vec{b} + t\vec{c} \quad (0 \le r, s, t \le 1).$$

Parallelogrammidentität: die folgende Beziehung für die Beträge von ↑ Vektoren:

$$|\vec{x}+\vec{y}|^2 + |\vec{x}-\vec{y}|^2 = 2|\vec{x}|^2 + 2|\vec{y}|^2.$$

Sie gilt in allen Vektorräumen, in denen ein Skalarprodukt definiert ist, mit dessen Hilfe der Betrag eines Vektors durch $|\vec{x}| := \sqrt{\vec{x} \cdot \vec{x}}$ erklärt wird.

Anhand eines Parallelogramms kann man diese Regel anschaulich deuten: Die Quadrate über den Diagonalen haben zusammen den gleichen Flächeninhalt wie die Quadrate über den Seiten.

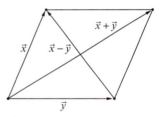

Parallelogrammidentität (Abb. 1): zur Veranschaulichung

Ist in einem Vektorraum eine ↑ Norm $\| \ \|$ definiert, dann wird durch

$$\vec{x} \cdot \vec{y} := \tfrac{1}{4}(\|\vec{x}+\vec{y}\|^2 - \|\vec{x}-\vec{y}\|^2)$$

genau dann ein Skalarprodukt definiert, wenn die Parallelogrammidentität gilt. Als Folgerung aus der Parallelogrammidentität ergeben sich dann folgende Charakterisierungen der Orthogonalität von Vektoren in einem Vektorraum mit Skalarprodukt:

$$\vec{x} \perp \vec{y} :\Leftrightarrow \|\vec{x}\|^2 + \|\vec{y}\|^2 = \|\vec{x}-\vec{y}\|^2,$$
$$\vec{x} \perp \vec{y} :\Leftrightarrow \|\vec{x}-\vec{y}\| \ = \|\vec{x}+\vec{y}\|.$$

Parameterdarstellung

Parallelogrammregel: eine grafische Veranschaulichung der Addition von Vektoren, die als Verschiebungsvektoren in der Ebene gedeutet werden (↑ Vektorrechnung).

Parallelstreckung: eine ↑ affine Abbildung, Verallgemeinerung der Spiegelung.

Parallelverschiebung (Verschiebung): eine Kongruenzabbildung, die man mithilfe eines Vektors darstellen kann (↑ Vektorrechnung).

Parameterdarstellung: die Darstellung von Kurven und Flächen mithilfe von Ortsvektoren, deren Koordinaten von einer oder von zwei reellen Variablen (den sog. **Parametern**) abhängen. In Parameterdarstellungen von Kurven bedeutet der Parameter oft die verflossene Zeit beim Durchlaufen der Kurve.

Es gibt beliebig viele Parameterdarstellungen einer Kurve bzw. einer Fläche. Diese gehen durch eine Parametertransformation auseinander hervor.

Beispiel 1: Wir betrachten die Funktion mit der Gleichung

$$y = \sqrt{1-x^2}, \quad |x| \leq 1.$$

Ihr Graph ist ein Halbkreis vom Radius 1. Setzt man $x = \sin t$, so wird

$$y = \sqrt{1-\sin^2 t} = \cos t.$$

Es ergibt sich die Parameterdarstellung

$$\begin{pmatrix} x \\ y \end{pmatrix} = \begin{pmatrix} \sin t \\ \cos t \end{pmatrix}, \quad 0 \leq t \leq \pi.$$

■ Formale Behandlung

Im Folgenden seien φ, ψ, χ stetige Funktionen in dem jeweils betrachteten Bereich I (beschränktes oder unbeschränktes Intervall aus $\mathbb{R}$ oder $\mathbb{R}^2$; ein Intervall aus $\mathbb{R}^2$ hat dabei die Form eines Rechtecks).

Die Menge aller Punkte $(x,y) \in \mathbb{R}^2$ mit

$$\begin{pmatrix} x \\ y \end{pmatrix} = \begin{pmatrix} \varphi(t) \\ \psi(t) \end{pmatrix} \quad (t \in I) \qquad (1)$$

ist eine ebene Kurve. Man nennt (1) eine **Parameterdarstellung der ebenen Kurve**.

Die Menge aller Punkte $(x,y,z) \in \mathbb{R}^3$ mit

$$\begin{pmatrix} x \\ y \\ z \end{pmatrix} = \begin{pmatrix} \varphi(t) \\ \psi(t) \\ \chi(t) \end{pmatrix} \quad (t \in I) \qquad (2)$$

ist eine Raumkurve. Man nennt (2) eine **Parameterdarstellung der Raumkurve**.

Die Menge aller Punkte $(x,y,z) \in \mathbb{R}^3$ mit

$$\begin{pmatrix} x \\ y \\ z \end{pmatrix} = \begin{pmatrix} \varphi(u,v) \\ \psi(u,v) \\ \chi(u,v) \end{pmatrix} \quad ((u,v) \in I) \qquad (3)$$

ist eine Fläche im Raum. Man nennt (3) eine **Parameterdarstellung der Fläche**.

Jedem Wert des Parameters $t \in I$ ist also genau ein Punkt der Kurve zugeordnet; jedem Parameterpaar $(u,v) \in I$ ist genau ein Punkt der Fläche zugeordnet.

Ist eine ebene Kurve als Graph einer Funktion f gegeben, so lässt sich eine Parameterdarstellung in folgender Form angeben:

$$\begin{pmatrix} x \\ y \end{pmatrix} = \begin{pmatrix} x \\ f(x) \end{pmatrix} \quad (x \in D(f)).$$

Entsprechend lässt sich eine Fläche, die als Graph einer Funktion f von zwei Veränderlichen gegeben ist, folgendermaßen in Parameterform darstellen:

$$\begin{pmatrix} x \\ y \\ z \end{pmatrix} = \begin{pmatrix} x \\ y \\ f(x,y) \end{pmatrix} \quad ((x,y) \in D(f)).$$

Um eine Kurve in der Ebene bzw. eine Fläche im Raum zu beschreiben, kann man neben der Parameterdarstellung und der Funktionsdarstellung noch

Parameterdarstellung

die implizite Darstellung (↑ implizite Funktionen) oder die Darstellung in ↑ Polarkoordinaten nutzen. Welche dieser Formen die günstigste ist, hängt natürlich von der Kurve bzw. Fläche ab, aber auch davon, welche Berechnungen durchgeführt werden.

■ Geraden und Ebenen

Beispiel 2: Wählt man in (1)

$$\varphi(t) = a + ct$$
$$\psi(t) = b + dt \quad (t \in \mathbb{R})$$

mit Koeffizienten $a, b, c, d \in \mathbb{R}$, dann erhält man die Parameterdarstellung einer Geraden in der Ebene (↑ Geradengleichungen).
Wählt man in (2)

$$\varphi(t) = a + dt$$
$$\psi(t) = b + et \quad (t \in \mathbb{R})$$
$$\chi(t) = c + ft$$

mit Koeffizienten $a, b, c, d, e, f \in \mathbb{R}$, dann erhält man die Parameterdarstellung einer Geraden im Raum.
Wählt man in (3)

$$\varphi(u, v) = a + du + gv$$
$$\psi(u, v) = b + eu + hv \quad ((u, v) \in \mathbb{R}^2)$$
$$\chi(u, v) = c + fu + iv$$

mit Koeffizienten $a, b, c, d, e, f, g, h, i \in \mathbb{R}$, dann erhält man die Parameterdarstellung einer Ebene im Raum (↑ Ebenengleichungen).
Dabei müssen die Richtungsvektoren der Geraden vom Nullvektor verschieden sein. Die Spannvektoren der Ebene müssen linear unabhängig sein.
Eine Gerade im Raum ist keine »echte« Raumkurve, da man sie in eine Ebene einbetten kann. Genau dann liegt die durch (2) gegebene Kurve auf einer Ebene, wenn es Zahlen A, B, C, D gibt mit

$$A\varphi(t) + B\psi(t) + C\chi(t) + D = 0$$

für alle $t \in I$; dabei dürfen die Zahlen A, B, C nicht alle gleich 0 sein.

■ Kurven und Flächen

Beispiel 3: Durch

$$\begin{pmatrix} x \\ y \end{pmatrix} = \begin{pmatrix} e^t + e^{-t} \\ e^t - e^{-t} \end{pmatrix} \quad (t \in \mathbb{R})$$

wird eine ↑ Hyperbel beschrieben, denn es gilt

$$x^2 - y^2 = (e^t + e^{-t})^2 - (e^t - e^{-t})^2 = 4.$$

Beispiel 4: Durch

$$\begin{pmatrix} x \\ y \end{pmatrix} = \begin{pmatrix} a\cos t \\ b\sin t \end{pmatrix} \quad (t \in [0; 2\pi[)$$

ist eine Ellipse mit den Halbachsen a und b gegeben (Abb. 1); den speziellen Fall $a = b = 1$ haben wir schon in Beispiel 1 behandelt. Es gilt

$$\left(\frac{x}{a}\right)^2 + \left(\frac{y}{b}\right)^2 = \cos^2 t + \sin^2 t = 1.$$

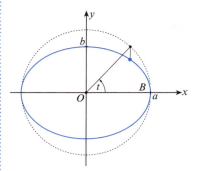

Parameterdarstellung (Abb. 1): Ellipse

Beispiel 5: Eine Parameterdarstellung des Ellipsoids mit den Halbachsen a, b, c lautet

$$\begin{pmatrix} x \\ y \\ z \end{pmatrix} = \begin{pmatrix} a\cos u \cos v \\ b\sin u \cos v \\ c\sin v \end{pmatrix}$$

Parameterdarstellung

mit $(u,v) \in [0; 2\pi[\times [0;\pi]$ (Abb. 2). Es gilt

$$\left(\frac{x}{a}\right)^2 + \left(\frac{y}{b}\right)^2 + \left(\frac{z}{c}\right)^2$$
$$= \cos^2 u \cos^2 v + \sin^2 u \cos^2 v + \sin^2 v$$
$$= \cos^2 v + \sin^2 v = 1.$$

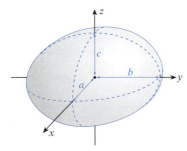

Parameterdarstellung (Abb. 2): Ellipsoid

Beispiel 6: Mit $t \in [0; 2\pi[$ wird durch

$$\begin{pmatrix} x \\ y \\ z \end{pmatrix} = \begin{pmatrix} 4 \\ -4 \\ 2 \end{pmatrix} + \cos t \begin{pmatrix} 1 \\ 2 \\ 2 \end{pmatrix} + \sin t \begin{pmatrix} 2 \\ 1 \\ -2 \end{pmatrix}$$

ein Kreis im Raum dargestellt. Er hat den Mittelpunkt $(4|-4|2)$ und den Radius $\sqrt{1^2+2^2+2^2} = 3$ (Abb. 3).

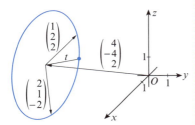

Parameterdarstellung (Abb. 3): Kreis im Raum

Beispiel 7: Durch

$$\begin{pmatrix} x \\ y \\ z \end{pmatrix} = \begin{pmatrix} 2t + \cos t + 2\sin t \\ -2t + 2\cos t + \sin t \\ t + 2\cos t - 2\sin t \end{pmatrix}$$
$$(t \in [0;\infty[)$$

wird eine Schraubenlinie definiert, die sich vom Punkt $(1|2|2)$ aus in Richtung des Vektors $\begin{pmatrix} 2 \\ -2 \\ 1 \end{pmatrix}$ auf einer Zylinderfläche vom Radius 3 ausbreitet. Diese Zylinderfläche ist durch den Kreis in Abb. 3 bestimmt.

■ Tangenten, Tangentialebenen

Interpretiert man den Kurvenparameter t in (1) bzw. (2) als Zeit, so kann man nach der Geschwindigkeit fragen, mit der ein Punkt die Kurve durchläuft. Die Geschwindigkeitskomponenten in Richtung der Koordinatenachsen sind für eine Kurve mit der Parameterdarstellung (2) zum Zeitpunkt $\bar{t}$ durch die ↑ Ableitungen

$$\varphi'(\bar{t}), \, \psi'(\bar{t}) \text{ und } \chi'(\bar{t})$$

gegeben. Dabei werden die Funktionen φ, ψ, und χ als differenzierbar vorausgesetzt. Der Geschwindigkeitsvektor

$$\begin{pmatrix} \varphi'(\bar{t}) \\ \psi'(\bar{t}) \\ \chi'(\bar{t}) \end{pmatrix}$$

gibt die Richtung der ↑ Tangente im Punkt zum Parameter $\bar{t}$ an. Diese Tangente hat also die Gleichung

$$\begin{pmatrix} x \\ y \\ z \end{pmatrix} = \begin{pmatrix} \varphi(\bar{t}) \\ \psi(\bar{t}) \\ \chi(\bar{t}) \end{pmatrix} + r \begin{pmatrix} \varphi'(\bar{t}) \\ \psi'(\bar{t}) \\ \chi'(\bar{t}) \end{pmatrix} \, (r \in \mathbb{R}).$$

Die ↑ Tangentialebene der durch (3) gegebenen Fläche in dem Punkt mit

Partialbruchzerlegung

den Parameterwerten $\bar{u}, \bar{v}$ wird von den Vektoren

$$\begin{pmatrix} \varphi_u(\bar{u},\bar{v}) \\ \psi_u(\bar{u},\bar{v}) \\ \chi_u(\bar{u},\bar{v}) \end{pmatrix} \text{ und } \begin{pmatrix} \varphi_v(\bar{u},\bar{v}) \\ \psi_v(\bar{u},\bar{v}) \\ \chi_v(\bar{u},\bar{v}) \end{pmatrix}$$

(↑ partielle Ableitung) aufgespannt.

Partialbruchzerlegung: die Zerlegung des Terms einer gebrochenrationalen Funktion

$$\frac{f(x)}{g(x)} = \frac{a_0 + a_1 x + a_2 x^2 + \ldots + a_m x^m}{b_0 + b_1 x + b_2 x^2 + \ldots + b_n x^n}$$

mit $m < n$ in eine Summe von Brüchen, die **Partialbrüche** genannt werden. Ziel ist es, die Funktion so zu zerlegen, dass die Nenner von möglichst einfacher Gestalt sind:

$$\frac{f(x)}{g(x)} = \frac{P_1}{N_1} + \frac{P_2}{N_2} + \frac{P_3}{N_3} + \ldots + \frac{P_k}{N_k}.$$

Die Nenner N_i der Partialbrüche sind dabei Potenzen von Polynomen des Grades 1 oder 2 (also Linearfaktoren oder quadratische Polynome), die Zähler P_i Zahlen oder Polynome vom Grade 1. Die Partialbruchzerlegung vereinfacht viele Rechnungen mit ↑ rationalen Funktionen, z. B. die Berechnung von ↑ Integralen. Eine solche Partialbruchzerlegung ist in $\mathbb{R}$ immer möglich für $n \geq 3$.

■ Formale Behandlung

Wir setzen im Folgenden voraus, dass der Grad des Zählerpolynoms $f(x)$ kleiner als der Grad des Nennerpolynoms $g(x)$ ist. (Andernfalls lässt sich durch ↑ Polynomdivision ein Polynom aus $\dfrac{f(x)}{g(x)}$ abspalten.) Ferner sei der Koeffizient der höchsten Potenz in $g(x)$ gleich 1. Man kann nun $g(x)$ zerlegen in

- Linearfaktoren vom Typ $x - a$, wobei $a \in \mathbb{R}$ Nullstelle ist, und
- quadratische Faktoren vom Typ $x^2 + bx + c$ $(b, c \in \mathbb{R})$,

wobei die quadratische Gleichung $x^2 + bx + c = 0$ keine Lösungen in $\mathbb{R}$ besitzt. Gleiche Linearfaktoren oder quadratische Faktoren können mehrfach auftreten. Es sei nun

$$g(x) = (x - a_1)^{n_1}(x - a_2)^{n_2} \ldots (x - a_k)^{n_k}$$
$$\cdot (x^2 + b_1 x + c_1)^{m_1}(x^2 + b_2 x + c_2)^{m_2}$$
$$\ldots (x^2 + b_l x + c_l)^{m_l},$$

wobei $a_1, a_2, \ldots, a_k$ die verschiedenen Nullstellen von $g(x)$ sind und die quadratischen Polynome $x^2 + b_j x + c_j$ paarweise verschieden sind. Dann gibt es eindeutig bestimmte Zahlen

$$A_i^{(1)}, A_i^{(2)}, \ldots, A_i^{(n_i)} \quad (i = 1, 2, \ldots, k)$$

und

$$B_j^{(1)}, B_j^{(2)}, \ldots, B_j^{(m_j)},$$
$$C_j^{(1)}, C_j^{(2)}, \ldots, C_j^{(m_j)}$$

($j = 1, 2, \ldots, l$; die eingeklammerten Zahlen im Exponenten sind eine Nummerierung), sodass

$$\frac{f(x)}{g(x)} = r_1(x) + r_2(x) + \ldots + r_k(x)$$
$$+ s_1(x) + s_2(x) + \ldots + s_l(x)$$

mit

$$r_i(x) = \frac{A_i^{(1)}}{x - a_i} + \frac{A_i^{(2)}}{(x - a_i)^2}$$
$$+ \ldots + \frac{A_i^{(n_i)}}{(x - a_i)^{n_i}}$$
$$(i = 1, 2, \ldots, k)$$

und

$$s_j(x) = \frac{B_j^{(1)} x + C_j^{(1)}}{x^2 + b_j x + c_j} + \frac{B_j^{(2)} x + C_j^{(2)}}{(x^2 + b_j x + c_j)^2}$$
$$+ \ldots + \frac{B_j^{(m_j)} x + C_j^{(m_j)}}{(x^2 + b_j x + c_j)^{m_j}}$$
$$(j = 1, 2, \ldots, l).$$

Beispiele

Beispiel 1: Es sei $f(x) = 1-x$ und $g(x) = (x+3)(x+1)$. Dann setzt man

$$\frac{1-x}{(x+3)(x+1)} = \frac{A_1}{x+3} + \frac{A_2}{x+1},$$

multipliziert diese Gleichung mit dem Term $(x+3)(x+1)$ und erhält

$$1-x = (A_1+A_2)x + A_1 + 3A_2.$$

Der ↑ Koeffizientenvergleich liefert das Gleichungssystem

$$\begin{aligned} A_1 + A_2 &= -1 \\ A_1 + 3A_2 &= 1 \end{aligned}$$

mit der Lösung $A_1 = -2$, $A_2 = 1$. Es ergibt sich also

$$\frac{1-x}{(x+3)(x+1)} = \frac{-2}{x+3} + \frac{1}{x+1}.$$

Beispiel 2: Es sei $f(x) = 1$ und $g(x) = (x^2+1)^2(x-3)$. Wir setzen

$$\frac{1}{(x^2+1)^2(x-3)}$$
$$= \frac{A}{x-3} + \frac{B^{(1)}x + C^{(1)}}{x^2+1} + \frac{B^{(2)}x + C^{(2)}}{(x^2+1)^2}.$$

Multiplikation mit $(x^2+1)^2(x-3)$ und anschließender Koeffizientenvergleich liefert folgendes Gleichungssystem:

$$\begin{aligned} A + B^{(1)} &= 0 \\ -3B^{(1)} + C^{(1)} &= 0 \\ 2A + B^{(1)} - 3C^{(1)} + B^{(2)} &= 0 \\ -3B^{(1)} + C^{(1)} - 3B^{(2)} + C^{(2)} &= 0 \\ A - 3C^{(1)} - 3C^{(2)} &= 1. \end{aligned}$$

Dieses Gleichungssystem hat die Lösung

$$A = \tfrac{1}{100},$$
$$B^{(1)} = -\tfrac{1}{100}, \quad C^{(1)} = -\tfrac{3}{100},$$
$$B^{(2)} = -\tfrac{1}{10}, \quad C^{(2)} = -\tfrac{3}{10}.$$

Partialsumme: veraltete Bezeichnung für ein Glied der Summenfolge einer gegebenen Folge $\langle a_n \rangle$, also für

$$s_n := \sum_{i=1}^{n} a_i.$$

In veralteter Sprechweise sagt man: Der Grenzwert einer ↑ Reihe ist der Grenzwert der Folge ihrer Partialsummen.

partielle Ableitung: zu einer ↑ Funktion mehrerer Variablen die Ableitung nach nur *einer* ihrer Variablen, wobei man die anderen Variablen als konstant betrachtet. Ist etwa durch

$$(x,y) \mapsto f(x,y)$$

eine ↑ Funktion zweier reeller Variablen gegeben, dann ist die partielle Ableitung von f nach x an der Stelle (x_0, y_0) der Grenzwert

$$\lim_{x \to x_0} \frac{f(x, y_0) - f(x_0, y_0)}{x - x_0},$$

sofern dieser Grenzwert existiert. Man bezeichnet diese partielle Ableitung mit

$$\frac{\partial f}{\partial x}(x_0, y_0).$$

Entsprechend ist

$$\frac{\partial f}{\partial y}(x_0, y_0) := \lim_{y \to y_0} \frac{f(x_0, y) - f(x_0, y_0)}{y - y_0},$$

falls dieser Grenzwert existiert. Stellt man die Funktion f in einem kartesischen Koordinatensystem als Fläche dar, dann bedeutet (vgl. Abb. 1, S. 318)

- $\dfrac{\partial f}{\partial x}(x_0, y_0)$ die Steigung der Schnittkurve der Fläche mit der Ebene $y = y_0$;

- $\dfrac{\partial f}{\partial y}(x_0, y_0)$ die Steigung der Schnittkurve der Fläche mit der Ebene $x = x_0$.

partielle Differenzialgleichung

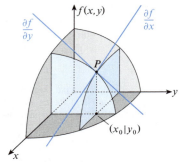

partielle Ableitung (Abb. 1): geometrische Bedeutung der partiellen Ableitung

Statt $\frac{\partial f}{\partial x}, \frac{\partial f}{\partial y}$ schreibt man auch f_x, f_y. Die partiellen Ableitungsfunktionen $\frac{\partial f}{\partial x}(x,y), \frac{\partial f}{\partial y}(x,y)$ können selbst wieder partiell differenzierbar sein; die höheren partiellen Ableitungen bezeichnet man mit $\frac{\partial^2 f}{\partial x^2}, \frac{\partial^2 f}{\partial x\,\partial y}$ usw. bzw. mit f_{xx}, f_{xy} usw.

partielle Differenzialgleichung: eine ↑ Differenzialgleichung in mehreren Variablen.

partielle Integration: die Produktregel der Integralrechnung (↑ Integrationsregeln), Regel der partiellen Integration.

Pascal, Blaise, französischer Philosoph, Mathematiker und Physiker, * Clermont-Ferrand 19.6.1623, † Paris 19.8.1662: PASCAL gilt als ein Begründer der Wahrscheinlichkeitsrechnung. Er formulierte die grundlegenden Begriffe dieser Disziplin, nachdem ihn sein Freund, der Schriftsteller ANTOINE GOMBAUD CHEVALIER DE MÉRÉ (*1607, †1684), auf einige Paradoxien bei Glücksspielen (↑ Problem des abgebrochenen Spiels, ↑ Würfelparadoxon von de Méré) aufmerksam gemacht hatte (vgl. Band I).

pascalsche Schnecken [nach B. ↑ PASCAL]: spezielle ↑ Konchoiden, die sich folgendermaßen erzeugen lassen: Auf einem festen Kreis K rollt ein gleich großer Kreis k ab. Ein fest mit dem Kreis k verbundener Punkt beschreibt dabei eine Kurve, die als pascalsche Schnecke bezeichnet wird. Liegt der Punkt im Innern des Kreises k, dann entsteht die gestreckte Form der pascalschen Schnecke (Abb. 1). Liegt der Punkt auf dem Kreis, dann entsteht die spitze Form der pascalschen Schnecke, die man auch ↑ Kardioide nennt. Liegt der Punkt im Äußeren des Kreises k, dann entsteht die geschlungene Form.

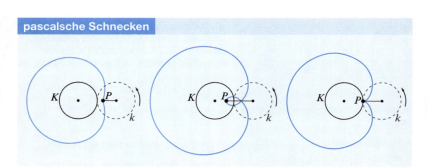

pascalsche Schnecken (Abb. 1): gestreckte, geschlungene und spitze Form

Die pascalschen Schnecken haben die Gleichung

$$(x^2+y^2+ax)^2 = l^2(x^2+y^2).$$

Für $l > 2a$ ergibt sich die gestreckte Form, für $a < l < 2a$ bildet sich die spitze Form mit der Einbuchtung heraus; die Kardioide ($l = a$) hat einen Rückkehrpunkt im Ursprung, und für $l < a$ ergibt sich die verschlungene Form.

Wählt man den Mittelpunkt von K als Koordinatenursprung, dann erhält man die ↑ Parameterdarstellung

$$\begin{pmatrix} x \\ y \end{pmatrix} = \begin{pmatrix} 2r\cos t - a\cos 2t \\ 2r\sin t - a\sin 2t \end{pmatrix}$$

mit $0 \le t < 2\pi$.

pascalsches Dreieck [nach B. ↑ PASCAL]: Anordnung der ↑ Binomialkoeffizienten in Dreiecksform.

Pascal-Verteilung [nach B. ↑ PASCAL]: andere Bezeichnung für die ↑ geometrische Verteilung.

Passante: eine Gerade, die einen Kreis (oder einen ↑ Kegelschnitt) nicht schneidet und nicht berührt, also keine Sekante und keine Tangente ist.

peanosches Axiomensystem [nach GUISEPPE PEANO; *1858, †1932]: ein Axiomensystem zur Beschreibung der natürlichen Zahlen. Wir betrachten eine Menge $\mathbb{N}$, ein Objekt »1« und eine auf $\mathbb{N}$ erklärte Abbildung f. Dann gilt:

(P1) $1 \in \mathbb{N}$.
(P2) Für $x \in \mathbb{N}$ ist auch $f(x) \in \mathbb{N}$.
(P3) Ist $x \in \mathbb{N}$, dann ist $f(x) \ne 1$.
(P4) Sind $x, y \in \mathbb{N}$ und ist $x \ne y$, dann ist auch $f(x) \ne f(y)$.
(P5) Ist A eine Teilmenge von $\mathbb{N}$ mit $1 \in A$ und gilt für $x \in A$ stets auch $f(x) \in A$, dann ist $A = \mathbb{N}$.

Wir bezeichnen $\mathbb{N}$ als die Menge der natürlichen Zahlen und nennen $f(x)$ den **Nachfolger** der natürlichen Zahl x. Dann lassen sich die Axiome folgendermaßen in Worte fassen:

(P1) 1 ist eine natürliche Zahl.
(P2) Der Nachfolger jeder natürlichen Zahl ist eine natürliche Zahl.
(P3) 1 ist nicht Nachfolger einer natürlichen Zahl.
(P4) Verschiedene natürliche Zahlen haben verschiedene Nachfolger.
(P5) Wenn eine Teilmenge von $\mathbb{N}$ die Zahl 1 und mit jeder natürlichen Zahl auch deren Nachfolger enthält, dann ist diese Teilmenge gleich $\mathbb{N}$.

Axiom (P5) heißt **Induktionsaxiom**. Auf ihm beruht das Beweisverfahren der ↑ vollständigen Induktion.

Periode [griechisch »Umlauf«, »Wiederkehr«]:

♦ *Arithmetik:* in einem Dezimalbruch eine Ziffernfolge, die sich in der Dezimalbruchentwicklung wiederholt (vgl. Band I).

♦ *Trigonometrie:* bei einer ↑ periodischen Funktion $f(x)$ eine Zahl p, für die gilt:

$$f(x) = f(x+p) \quad \text{für alle} \quad x \in \mathbb{R}.$$

periodische Funktion: eine Funktion $f: \mathbb{R} \to \mathbb{R}$, für die es eine positive Zahl p mit

$$f(x+p) = f(x) \quad \text{für alle} \quad x \in \mathbb{R}$$

gibt. Die kleinste Zahl p, für die diese Bedingung erfüllt ist, heißt **primitive Periode**, jedes andere solche p eine Periode von f. Jede nichtkonstante ↑ stetige periodische Funktion besitzt eine solche primitive Periode.

Beispiele: Die Funktionen $x \mapsto \sin x$ und $x \mapsto \cos x$ sind periodisch mit der primitiven Periode 2π. Die Funktionen $x \mapsto \sin kx$ und $x \mapsto \cos kx$ sind periodisch mit der primitiven Periode $\frac{2\pi}{k}$.

Unter geeigneten Voraussetzungen kann man jede periodische Funktion als Reihe aus Sinus- und Kosinusfunktionen darstellen (↑ Fourier-Reihe).

Permutation

Permutation [lateinisch »Vertauschung«]: für eine endliche Menge M eine ↑ umkehrbare (bijektive) Abbildung von M auf sich. Man kann eine Permutation einer Menge also als eine Vertauschung ihrer Elemente ansehen. Die Permutation

$$1 \mapsto a_1, 2 \mapsto a_2, \ldots, n \mapsto a_n$$

der Menge $\{1, 2, \ldots, n\}$ bezeichnet man kurz mit

$$\begin{pmatrix} 1 & 2 & \ldots & n \\ a_1 & a_2 & \ldots & a_n \end{pmatrix}.$$

Beispiel: Die Permutationen von $\{1, 2, 3\}$ sind

$$\begin{pmatrix} 1 & 2 & 3 \\ 1 & 2 & 3 \end{pmatrix}, \begin{pmatrix} 1 & 2 & 3 \\ 2 & 1 & 3 \end{pmatrix}, \begin{pmatrix} 1 & 2 & 3 \\ 3 & 2 & 1 \end{pmatrix},$$

$$\begin{pmatrix} 1 & 2 & 3 \\ 1 & 3 & 2 \end{pmatrix}, \begin{pmatrix} 1 & 2 & 3 \\ 2 & 3 & 1 \end{pmatrix}, \begin{pmatrix} 1 & 2 & 3 \\ 3 & 1 & 2 \end{pmatrix}.$$

Eine n-elementige Menge besitzt genau

$$n! := 1 \cdot 2 \cdot 3 \cdot \ldots \cdot n$$

(↑ Fakultät) Permutationen.
Die Verkettung zweier Permutationen von M ist wieder eine Permutation von M.
Beispiel:

$$\begin{pmatrix} 1 & 2 & 3 & 4 \\ 2 & 3 & 1 & 4 \end{pmatrix} \circ \begin{pmatrix} 1 & 2 & 3 & 4 \\ 4 & 3 & 2 & 1 \end{pmatrix}$$

$$= \begin{pmatrix} 1 & 2 & 3 & 4 \\ 3 & 2 & 4 & 1 \end{pmatrix}$$

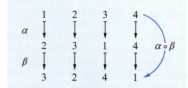

Jede Permutation lässt sich als Verkettung von **Transpositionen** (Vertauschung von genau zwei Elementen) darstellen. Eine Permutation heißt **gerade** bzw. **ungerade**, wenn zu ihrer Darstellung eine gerade bzw. eine ungerade Anzahl von Transpositionen benötigt wird.
Beispiele:

$$\begin{pmatrix} 1 & 2 & 3 & 4 \\ 2 & 3 & 1 & 4 \end{pmatrix}$$

$$= \begin{pmatrix} 1 & 2 & 3 & 4 \\ 2 & 1 & 3 & 4 \end{pmatrix} \circ \begin{pmatrix} 1 & 2 & 3 & 4 \\ 3 & 2 & 1 & 4 \end{pmatrix};$$

es handelt sich um eine gerade Permutation.

$$\begin{pmatrix} 1 & 2 & 3 & 4 \\ 2 & 3 & 4 & 1 \end{pmatrix}$$

$$= \begin{pmatrix} 1 & 2 & 3 & 4 \\ 2 & 1 & 3 & 4 \end{pmatrix} \circ \begin{pmatrix} 1 & 2 & 3 & 4 \\ 3 & 2 & 1 & 4 \end{pmatrix}$$

$$\circ \begin{pmatrix} 1 & 2 & 3 & 4 \\ 4 & 2 & 3 & 1 \end{pmatrix};$$

es handelt sich um eine ungerade Permutation.

Die Permutationen einer Menge M bilden bezüglich der Verkettung eine Gruppe. Für eine n-elementige Menge heißt sie die **symmetrische Gruppe** vom Grad n; sie wird mit S_4 bezeichnet. Jede Untergruppe von S_n heißt eine **Permutationsgruppe** vom Grad n. Jede endliche Gruppe ist isomorph (↑ Isomorphismus) zu einer geeigneten Permutationsgruppe.
Beispiel: Die **Diedergruppe** D_n besteht aus allen Deckabbildungen eines regelmäßigen n-Ecks, also Drehungen um M bzw. Spiegelungen an einer der Symmetrieachsen (vgl. Band I). Nummeriert man die Ecken des n-Ecks von 1 bis n, so entspricht jede Deckabbildung einer Permutation von $\{1, 2, \ldots, n\}$. Bei der in Abb. 1 gewählten Bezeichnung entspricht der Diedergruppe D_4 eine Untergruppe der S_4 aus folgenden Elementen:

$$\begin{pmatrix} 1 & 2 & 3 & 4 \\ 1 & 2 & 3 & 4 \end{pmatrix}, \begin{pmatrix} 1 & 2 & 3 & 4 \\ 2 & 3 & 4 & 1 \end{pmatrix},$$

$$\begin{pmatrix} 1 & 2 & 3 & 4 \\ 3 & 4 & 1 & 2 \end{pmatrix}, \begin{pmatrix} 1 & 2 & 3 & 4 \\ 4 & 1 & 2 & 3 \end{pmatrix},$$

$$\begin{pmatrix}1&2&3&4\\2&1&4&3\end{pmatrix}, \begin{pmatrix}1&2&3&4\\4&3&2&1\end{pmatrix},$$
$$\begin{pmatrix}1&2&3&4\\3&2&1&4\end{pmatrix}, \begin{pmatrix}1&2&3&4\\1&4&3&2\end{pmatrix}.$$

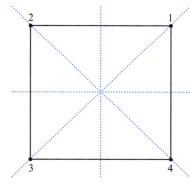

Permutation (Abb. 1): Diedergruppe D_4

Petersburger Paradoxon: ↑ Erwartungswert.

Pfad: ein Ausfall im Baum eines ↑ mehrstufigen Zufallsversuchs.

Pfadregel: eine Regel zur Berechnung der Wahrscheinlichkeit eines Ausfalls in einem ↑ mehrstufigen Zufallsversuch mithilfe des ↑ Multiplikationssatzes.

Pferdewetten: Form eines Wettspiels, bei dem auf die Sieger von Pferderennen gewettet wird.

Beim *Pferdetoto* muss man auf die drei Erstplatzierten in der richtigen Reihenfolge wetten, wobei die anzukreuzenden Nummern durch das Rennprogramm gegeben sind (Programmnummer für Pferdetoto). Es starten stets 18 Pferde, sodass es hier $18 \cdot 17 \cdot 16 = 4896$ verschiedene Tippreihen gibt (↑ Auswahlen).

Beim *Pferdelotto* muss man auf die vier Erstplatzierten in beliebiger Reihenfolge wetten, wobei die anzukreuzenden Nummern durch eine Auslosung gegeben sind (Auslosungsnummer für Pferdelotto). Beim Start von 18 Pferden gibt es hier $\binom{18}{4} = 3060$ verschiedene Tippmöglichkeiten (↑ Auswahlen).

Beim *Rennquintett* sind Pferdetoto und Pferdelotto miteinander gekoppelt. Ihm liegt ein für die jeweilige Veranstaltung festgesetztes Galopp- oder Trabrennen zugrunde.

Poisson [pwa'sɔ̃], Siméon Denis, französischer Mathematiker und Physiker, *Pithiviers (Département Loiret) 21. 6. 1781, †Paris 25. 4. 1840: POISSON war Schüler der École Polytechnique und wurde dort nach seinem Studium angestellt (1806 Professor, ab 1815 Examinator). Daneben arbeitete er im Bureau des Longitudes an der Realisierung physikalischer Einheiten mit. Von NAPOLEON geadelt, erhielt er 1837 die Würde eines Pairs, war also Mitglied des aus 200 hervorragenden Persönlichkeiten des Landes bestehenden obersten Staatsgerichtshofs.

Poisson (Abb.1): Denis Poisson

Die wichtigen Beiträge von POISSON zur Entwicklung der Analysis und der Wahrscheinlichkeitsrechnung wurden durch Probleme der Physik angeregt. Damit ist sein Werk eines der besten Beispiele dafür, dass wichtige Anstöße zu mathematischen Entwicklungen aus der Physik kommen und andererseits die Physik das wichtigste Anwendungsgebiet der Mathematik ist.

Poisson-Verteilung

POISSON war ab 1837 für den Mathematikunterricht an allen höheren Lehranstalten in Frankreich verantwortlich. Dies war eine wichtige Aufgabe, da der Mathematikunterricht in Frankreich eine herausragende Rolle spielte und von wesentlich größerer Bedeutung als in Deutschland war. POISSON wäre verwundert über die heutige Schulpraxis, Mathematik ohne Physik zu unterrichten. ∎

Poisson-Verteilung [pwa'sɔ̃-; nach S.D. ↑ POISSON]: Verteilungsgesetz einer diskreten Zufallsgröße, die besonders zur Beschreibung seltener Ereignisse verwendet wird.
Eine Zufallsgröße X mit den Werten 0, 1, 2, 3, ... besitzt eine Poisson-Verteilung, wenn

$$P(X=x) = \frac{\mu^k}{k!} e^{-\mu}$$

mit $\mu > 0$ (↑ Exponentialfunktion). Der ↑ Erwartungswert ist $E(X) = \mu$, die ↑ Varianz ist $V(X) = \mu$. Die Bedeutung der Poisson-Verteilung liegt v. a. darin, dass sie unter gewissen Voraussetzungen zur Approximation der ↑ Binomialverteilung dienen kann. Es gilt nämlich

$$\binom{n}{k} p^k (1-p)^{n-k} \approx \frac{\mu^k}{k!} e^{-\mu}$$

mit $\mu = np$, falls p »klein«, n groß und k »nicht zu groß« ist. Eine Vorstellung von der Güte der Annäherung kann man aus den Tab. 1 und 2 entnehmen. Die relativ großen Abweichungen in Tab. 2 sind durch den als nicht sehr klein zu betrachtenden Wert von p zu erklären.
Die Bedingung, dass p »klein« und k »nicht zu groß« ist, bedeutet, dass eine kleine Trefferwahrscheinlichkeit vorliegt und nach der Wahrscheinlichkeit für eine nicht zu große Trefferzahl gefragt wird. Man spricht daher von »seltenen Ereignissen« und nennt die Poisson-Verteilung auch **Verteilung der seltenen Ereignisse**.

Beispiel 1: Die Physiker ERNEST RUTHERFORD (*1871, †1937) und HANS GEIGER (*1882, †1945) zählten bei einem Plutoniumpräparat in $N = 2608$ aufeinander folgenden Zeitabschnitten die Anzahl k der Atome, die unter Emission eines α-Teilchens zerfielen. Sie registrierten insgesamt 10 097 Zerfälle. Die absoluten und relativen Häufigkeiten für »genau k Zerfälle im Zeitintervall« sind in Tab. 3 angegeben.

$\mu = 1$ mit $p = 0,1$ und $n = 10$		
k	Binomial	Poisson
0	0,35	0,37
1	0,39	0,37
2	0,19	0,18
3	0,06	0,06

Poisson-Verteilung (Tab. 1): Binomial- und Poisson-Verteilung bei kleinem Wert für p

$\mu = 5$ mit $p = 0,2$ und $n = 25$		
k	Binomial	Poisson
0	0,004	0,007
1	0,024	0,034
2	0,071	0,084
3	0,136	0,140
4	0,187	0,175
5	0,196	0,175

Poisson-Verteilung (Tab. 2): Binomial- und Poisson-Verteilung bei relativ großem Wert für p

k	abs. H	rel. H	Poisson
0	57	0,022	0,021
1	203	0,078	0,081
2	383	0,147	0,156
3	525	0,201	0,201
4	532	0,203	0,195
5	408	0,156	0,151
6	273	0,105	0,097
7	139	0,053	0,054
8	45	0,017	0,026
9	27	0,010	0,011
10	16	0,006	0,004

Poisson-Verteilung (Tab. 3): absolute und relative Häufigkeiten sowie Poisson-Wahrscheinlichkeiten in Beispiel 1

Man kennt weder die Zerfallswahrscheinlichkeit p noch die Anzahl n der Atome in dem Präparat. Man kennt aber den Erwartungswert $n \cdot p$ der Anzahl der Zerfälle pro Zeitabschnitt, nämlich

$$np = \frac{10097}{2608} = 3{,}87.$$

Es ist

$$\binom{n}{k} p^k (1-p)^{n-k} \approx \frac{3{,}87^k}{k!} e^{-3{,}87}.$$

Damit ergeben sich die in der rechten Spalte der Tab. 3 angegebenen »theoretischen« Werte. Die recht gute Übereinstimmung zwischen den gemessenen und den »theoretischen« Werten rechtfertigt es im Nachhinein, den Atomzerfall als einen Zufallsprozess zu deuten.

Beispiel 2: Wie groß ist die Wahrscheinlichkeit, dass bei 100-maligem Drehen des Rouletterads höchstens zweimal die Null fällt?

Die Zufallsgröße $X :=$ Anzahl der Ausfälle ZÉRO bei 100-maligem Drehen des Rouletterads hat den Erwartungswert $\mu = 100 \cdot \frac{1}{37}$.
Es ist

$$P(X \leq 2) = \frac{\mu^0}{0!} e^{-\mu} + \frac{\mu^1}{1!} e^{-\mu} + \frac{\mu^2}{2!} e^{-\mu}$$
$$= \left(1 + \frac{100}{37} + \frac{1}{2}\left(\frac{100}{37}\right)^2\right) e^{-\frac{100}{37}}$$
$$= 0{,}492962\ldots$$

Die gesuchte Wahrscheinlichkeit beträgt also etwa 49,3 %.

Pokern: ein strategisches ↑ Glücksspiel.

Pol [zu griechisch pélein »sich drehen«]:
- bei einer Funktion die ↑ Polstelle.
- bei ↑ Polarkoordinaten der Ursprung.
- der einer ↑ Polare zugeordnete Punkt.

Polare: eine einem Punkt P bezüglich eines Kreises k zugeordnete Gerade p. Liegt P außerhalb von k, dann ist p die Sekante durch die Berührpunkte der Tangenten durch P. Die Polare ist rechtwinklig zur Geraden durch M und P. Umgekehrt gehört zu einer Sekante p des Kreises, die nicht durch den Mittelpunkt des Kreises geht, genau ein Punkt P (**Pol**), zu dem p die Polare ist (Abb. 1).

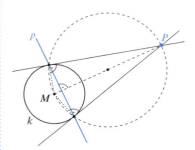

Polare (Abb. 1): Pol und Polare

Polarität

Mithilfe der Inversion am Kreis (vgl. Band I) kann man auch den Punkten auf dem Kreis und im Innern des Kreises Polaren zuordnen, lediglich der Mittelpunkt des Kreises ist ausgenommen (Abb. 2).

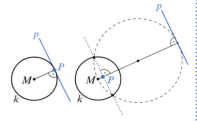

Polare (Abb. 2): Polaren von Punkten der Kreislinie (links) und aus dem Innern des Kreises

Die Polaren zu den Punkten einer nicht durch den Kreismittelpunkt gehenden Geraden schneiden sich alle im Pol dieser Geraden. Die Pole zu den Geraden durch einen vom Kreismittelpunkt verschiedenen Punkt liegen alle auf der Polare zu diesem Punkt.

Mithilfe des Kreises ist eine bijektive (umkehrbare) Abbildung zwischen der Menge aller Punkte (außer dem Kreismittelpunkt) und der Menge aller Geraden (außer den Geraden durch den Kreismittelpunkt) definiert. Diese Abbildung heißt **Polarität**. Hat der Kreis in einem kartesischen Koordinatensystem die Gleichung $x^2 + y^2 = r^2$, so wird die Polare zu $P = (x_0|y_0)$ durch die Gleichung

$$xx_0 + yy_0 = r^2$$

beschrieben. Allgemein definiert jeder ↑ Kegelschnitt eine solche Polarität. Auch ↑ Flächen zweiter Ordnung erzeugen Polaritäten; hier wird einem Punkt P eine Ebene zugeordnet, die **Polarebene** zu P. Für ein Ellipsoid mit der Gleichung

$$\frac{x^2}{a^2} + \frac{y^2}{b^2} + \frac{z^2}{c^2} = 1$$

lautet die Gleichung der Polarebene zum Pol $P = (x_0|y_0|z_0)$

$$\frac{xx_0}{a^2} + \frac{yy_0}{b^2} + \frac{zz_0}{c^2} = 1.$$

Liegt P außerhalb des Ellipsoids, so enthält die Polarebene die Ellipse, in welcher der Tangentialkegel von P aus das Ellipsoid berührt (Abb. 3).

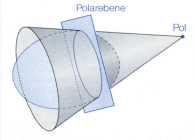

Polare (Abb. 3): Polarebene eines Ellipsoids

Polarität: eine Abbildung von Punkten auf ihre ↑ Polaren.
Polarkoordinaten: ein Koordinatensystem, bei dem man die Lage eines Punktes durch den Abstand von einem festen Punkt P (dem **Pol**) und die Richtung bezüglich einer festen Achse (**Polarachse**) sowie (im Fall von räumlichen Polarkoordinaten) einer festen Ebene (**Polarebene**) angibt.

■ Polarkoordinaten in der Ebene

Ist in der Ebene ein Punkt O (Pol) und eine von ihm ausgehende Halbgerade h (Polarachse) gegeben, so kann man jeden Punkt P der Ebene durch seine Entfernung von O und den Winkel zwischen OP und h beschreiben; der Winkel wird dabei im Gegenuhrzeigersinn gemessen (Abb. 1).

Polarkoordinaten

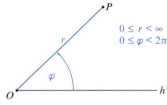

Polarkoordinaten (Abb. 1):
Polarkoordinaten in der Ebene

Zwischen den kartesischen Koordinaten und den Polarkoordinaten bestehen dabei folgende Beziehungen, wenn man den Koordinatenursprung als Pol und die positive x-Achse als Polarachse wählt (Abb. 2):

$$x = r \cdot \cos\varphi, \quad r = \sqrt{x^2 + y^2},$$
$$y = r \cdot \sin\varphi, \quad \varphi = \arctan\frac{y}{x}.$$

Für $x = 0, y \neq 0$ ist $\varphi = \frac{\pi}{2}$ oder $\varphi = -\frac{\pi}{2}$; für $x = y = 0$ ist φ nicht definiert.

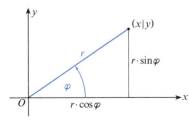

Polarkoordinaten (Abb. 2):
Zusammenhang zwischen kartesischen Koordinaten und Polarkoordinaten

Die Darstellung einer Kurve in Polarkoordinaten hat die Form

$$r = f(\varphi);$$

jedem Winkel φ ist also ein r und damit ein Punkt zugeordnet. Beispielsweise ist

$$r = \sqrt{2\cos 2\varphi}$$

die Darstellung einer ↑ Lemniskate.

Ist eine Kurve $r = f(\varphi)$ gegeben, wobei f eine differenzierbare Funktion ist, so erhält man aus

$$\frac{\mathrm{d}x}{\mathrm{d}\varphi} = f'(\varphi)\cos\varphi - f(\varphi)\sin\varphi,$$
$$\frac{\mathrm{d}y}{\mathrm{d}\varphi} = f'(\varphi)\sin\varphi + f(\varphi)\cos\varphi$$

den Tangentenvektor

$$\vec{t} = f'(\varphi)\begin{pmatrix}\cos\varphi\\ \sin\varphi\end{pmatrix} + f(\varphi)\begin{pmatrix}-\sin\varphi\\ \cos\varphi\end{pmatrix}.$$

Die Formel für die ↑ Bogenlänge erhält man aus

$$\left(\frac{\mathrm{d}s}{\mathrm{d}\varphi}\right)^2 = \left(\frac{\mathrm{d}x}{\mathrm{d}\varphi}\right)^2 + \left(\frac{\mathrm{d}y}{\mathrm{d}\varphi}\right)^2,$$

also

$$s = \int_{\varphi_1}^{\varphi_2} \sqrt{(f'(\varphi))^2 + (f(\varphi))^2}\,\mathrm{d}\varphi.$$

Beispiel: Die ↑ logarithmische Spirale mit der Gleichung $r = \mathrm{e}^\varphi$ hat den Tangentenvektor

$$\vec{t} = r\begin{pmatrix}\cos\varphi - \sin\varphi\\ \sin\varphi + \cos\varphi\end{pmatrix}.$$

Die Länge des Bogens für $0 \leq \varphi \leq 2\pi$ beträgt

$$s = \int_0^{2\pi} \sqrt{2}\,\mathrm{e}^\varphi\,\mathrm{d}\varphi = \sqrt{2}(\mathrm{e}^{2\pi} - 1).$$

■ **Polarkoordinaten im Raum**

Ist im Raum ein Punkt O (Pol), eine Ebene E durch O (Polarebene) und eine Halbgerade h mit dem Anfangspunkt O (Polarachse) gegeben, dann kann man jeden Punkt des Raumes durch seine Entfernung von O, den Winkel zwischen OP und E und den Winkel zwischen der Projektion von OP in die Ebene E und h angeben (Abb. 3, S. 326).

Polstelle

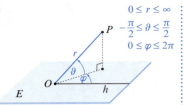

Polarkoordinaten (Abb. 3): Polarkoordinaten im Raum

Zwischen den kartesischen Koordinaten und den Polarkoordinaten bestehen dabei folgende Beziehungen, wenn man den Koordinatenursprung als Pol, die xy-Ebene als Polarebene und die positive x-Achse als Polarachse h wählt (Abb. 4):

$x = r \cos\vartheta \cos\varphi,$
$y = r \cos\vartheta \sin\varphi,$
$z = r \sin\vartheta;$
$r = \sqrt{x^2 + y^2 + z^2},$
$\vartheta = \arctan \dfrac{z}{\sqrt{x^2 + y^2}},$
$\varphi = \arctan \dfrac{y}{x}.$

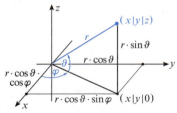

Polarkoordinaten (Abb. 4): Beziehungen zwischen kartesischen Koordinaten und Polarkoordinaten im Raum

Lässt man bei festem r die Winkel die Werte $0 \leq \varphi \leq 2\pi$ und $-\frac{\pi}{2} \leq \vartheta \leq \frac{\pi}{2}$ annehmen, so beschreiben die so definierten Punkte eine Kugeloberfläche. Räumliche Polarkoordinaten werden daher auch **Kugelkoordinaten** genannt.

Polstelle (Pol): zu einer Funktion f eine Stelle a außerhalb des Definitionsbereichs von f mit folgenden Eigenschaften:
(1) f ist in einer Umgebung von a mit Ausnahme der Stelle a definiert;
(2) es gibt eine natürliche Zahl $n > 0$ so, dass der Grenzwert

$$c := \lim_{x \to a} f(x)(x - a)^n$$

existiert und von 0 verschieden ist.

Man nennt dann genauer a eine Polstelle von f der Ordnung n. Der Graph der Funktion f hat an der Stelle a eine zur y-Achse parallele ↑ Asymptote. Ist $c > 0$, dann gilt für gerades n:

- $\lim\limits_{x \to a^+} f(x) = \lim\limits_{x \to a^-} f(x) = +\infty;$

für ungerades n:

- $\lim\limits_{x \to a^+} f(x) = +\infty$
und $\lim\limits_{x \to a^-} f(x) = -\infty.$

Für $c < 0$ sind die Vorzeichen gemäß Abb. 1 zu ändern.

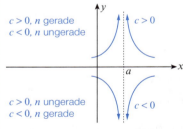

Polstelle (Abb. 1): Vorzeichenfestlegung bei einer Polstelle

Beispiel 1: Die rationale Funktion

$$x \mapsto \frac{x}{(x-2)(x+3)^2}$$

hat an der Stelle 2 einen Pol erster Ordnung und an der Stelle -3 einen Pol zweiter Ordnung (Abb. 2).

Polynomdivision

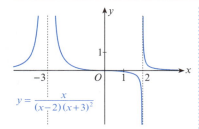

Polstelle (Abb. 2): Graph zu Beispiel 1

Beispiel 2: Die Funktion

$$f: x \mapsto \frac{1}{\sqrt{|x-1|}}$$

ist überall außer an der Stelle 1 definiert. Es gilt dort zwar

$$\lim_{x \to 1^+} f(x) = \lim_{x \to 1^-} f(x) = +\infty,$$

es liegt aber an der Stelle 1 keine Polstelle vor, denn

$$\lim_{x \to 1} f(x)(x-1)^n = 0$$

für jedes $n \in \mathbb{N}$.

Beispiel 3: Die Funktion

$$f: x \mapsto \ln |x|$$

hat an ihrer Definitionslücke 0 keinen Pol, denn

$$\lim_{x \to 0} f(x) x^n = 0 \quad \text{für alle } n \in \mathbb{N}.$$

Polynom: [von griechisch polýs »viel« und lateinisch nomen »Name«]: ein algebraischer Term, der aus Koeffizienten und Variablen durch Addition und Multiplikation entsteht.

Ein Polynom in *einer* Variablen mit reellen Koeffizienten hat die Form

$$a_n x^n + a_{n-1} x^{n-1} + \ldots + a_2 x^2 + a_1 x + a_0$$

mit $a_0, a_1, \ldots, a_n \in \mathbb{R}$ und $n \in \mathbb{N}$.

Dabei bezeichnet x die Variable. Polynome in *zwei* oder in *drei* Variablen treten bei der Beschreibung von ↑ Kurven zweiter Ordnung bzw. ↑ Flächen zweiter Ordnung auf.

Sind die Koeffizienten eines Polynoms reelle Zahlen, dann spricht man von einem Polynom über $\mathbb{R}$. Allgemeiner kann man Polynome über beliebigen ↑ Ringen oder ↑ Körpern betrachten.

In der Menge $\mathbb{R}[x]$ der Polynome über $\mathbb{R}$ in einer Variablen lassen sich eine Addition und Vervielfachung definieren, sodass $\mathbb{R}[x]$ ein ↑ Vektorraum ist. Bezüglich der Addition und der Multiplikation bildet $\mathbb{R}[x]$ einen Ring (**Polynomring**).

Polynomdivision: die Division mit Rest für Polynome über $\mathbb{R}$ in einer Variablen. Sind $p(x)$ und $q(x)$ Polynome, so gibt es (eindeutig bestimmte) Polynome $v(x)$ und $r(x)$ mit

$$p(x) = v(x) \cdot q(x) + r(x),$$

wobei $r(x) = 0$ oder der Grad von $r(x)$ kleiner als der Grad von $q(x)$ ist. Ist $r(x) = 0$ (Nullpolynom), so ist $q(x)$ ein **Teiler** von $p(x)$. Man ermittelt $v(x)$ und $r(x)$ durch Polynomdivision; dabei behandelt man die Potenzen von x ähnlich wie die Potenzen der Basiszahl beim schriftlichen Dividieren in Ziffernsystemen:

$$
\begin{array}{l}
(4x^3 - 6x^2 + 5x - 1) : (2x^2 - x + 1) = 2x - 2 \\
\underline{4x^3 - 2x^2 + 2x} \qquad\qquad\qquad \uparrow \\
\qquad -4x^2 + 3x - 1 \qquad\quad v(x) \\
\qquad \underline{-4x^2 + 2x - 2} \\
\qquad\qquad\quad x + 1 \;\leftarrow\; r(x)
\end{array}
$$

Also ist

$$4x^3 - 6x^2 + 5x - 1 = (2x - 2)(2x^2 - x + 1) + (x + 1).$$

Polynomfunktion

Dies schreibt man auch in der Form

$$\frac{4x^3 - 6x^2 + 5x - 1}{2x^2 - x + 1}$$
$$= 2x - 2 + \frac{x+1}{2x^2 - x + 1}.$$

Polynomfunktion: eine ↑ ganzrationale Funktion.

Polynomgleichung: eine ↑ algebraische Gleichung.

Polynomialsatz: andere Bezeichnung für ↑ Multinomialsatz.

Polynomialverteilung: andere Bezeichnung für ↑ Multinomialverteilung, eine Verallgemeinerung der ↑ Binomialverteilung.

Potenz [lateinisch »Vermögen«]: im einfachsten Sinne Ausdrücke der Form a^b, $(a \in \mathbb{R}, b \in \mathbb{N})$, die zunächst zur abkürzenden Schreibweise der Multiplikation

$$a^b = \underbrace{a \cdot a \cdot \ldots \cdot a}_{b \,\text{Faktoren}}$$

definiert wurde. Dabei heißt a die Basis (Grundzahl) und b der Exponent (Hochzahl) der Potenz. Diese Definition lässt sich auf zwei Arten verallgemeinern: Man kann Potenzen in jeder assoziativen ↑ algebraischen Struktur definieren, und man kann als Exponenten beliebige reelle Zahlen zulassen.

■ **Potenzen in assoziativen Strukturen**

In einer ↑ assoziativen algebraischen Struktur $(M, *)$ bedeutet $(a * a) * a$ dasselbe wie $a * (a * a)$. Man schreibt dies in der Form $a * a * a$ oder auch a^3. Für $a \in M$ und $n \in \mathbb{N}$ definiert man

$$a^1 := a, \quad a^{n+1} := a^n * a.$$

Entsprechend dieser induktiven Definition beweist man mit ↑ vollständiger Induktion die üblichen Regeln für das Rechnen mit Potenzen (Potenzrechnung) mit natürlichen Exponenten.

Ist M eine Menge von Zahlen und $*$ die Multiplikation, so benutzt man die oben angegebene Potenzschreibweise. Ist $*$ aber die Addition, so schreibt man $n \cdot a$ statt a^n. Entsprechend verfährt man in jedem Verknüpfungsgebilde, in dem die Verknüpfung als Addition gedeutet wird. ■

Besitzt $(M, *)$ ein neutrales Element e, dann definiert man

$$a^0 := e.$$

Ist a in $(M, *)$ invertierbar, dann bezeichnet man mit a^{-1} das zu a inverse Element. Dann definiert man weiter

$$a^{-n} := (a^{-1})^n,$$

oder gleichbedeutend damit

$$a^{-n} := (a^n)^{-1}.$$

■ **Potenzen in $\mathbb{R}$**

Wir betrachten nun den Fall $(M, *) = (\mathbb{R}, \cdot)$, also Potenzen mit reellen Zahlen als Basis und der Multiplikation als Verknüpfung. Für $r \in \mathbb{N}$ ist für jedes $a > 0$ die Potenz $a^{1/r}$ als die positive Lösung der Gleichung $x^r = a$ definiert. Statt $a^{1/r}$ schreibt man auch $\sqrt[r]{a}$ (r-te Wurzel). Für $p, q \in \mathbb{N}$ definiert man für jedes $a > 0$

$$a^{p/q} := (a^{1/q})^p$$

und schließlich

$$a^{-p/q} := \left(\frac{1}{a}\right)^{\frac{p}{q}}.$$

Damit sind Potenzen von positiven reellen Zahlen für alle *rationalen* Exponenten definiert. Ist nun ρ eine *reelle* Zahl, dann lässt sie sich als Grenzwert einer Folge $\langle r_n \rangle$ von rationalen Zahlen darstellen. Wir definieren dann

$$a^\rho := \lim_{n \to \infty} a^{r_n}.$$

Man muss dabei zeigen, dass die Folge $\langle a^{r_n}\rangle$ für jede Folge $\langle r_n\rangle$ mit dem Grenzwert ρ konvergiert und stets den gleichen Grenzwert hat.

Leider klärt diese Definition nicht, welchen Wert man der Potenz 0^0 zuweisen soll. Es gibt sowohl die Interpretation $0^0 := 1$, als auch die Interpretation $0^0 := 0$. Da dies widersprüchlich ist, wird 0^0 als »undefinierter Ausdruck« betrachtet. ∎

Die **Potenzregeln** ergeben sich jetzt aus den Regeln für das Rechnen mit Grenzwerten: Beispielsweise ist

$$a^x \cdot a^y = \lim_{n\to\infty} a^{x_n} \cdot \lim_{n\to\infty} a^{y_n}$$
$$= \lim_{n\to\infty} a^{x_n} \cdot a^{y_n}$$
$$= \lim_{n\to\infty} a^{x_n+y_n} = a^{x+y}.$$

Insgesamt gelten folgende Potenzregeln:
- $a^r \cdot a^s = a^{(r+s)}$
- $a^r \cdot b^r = (a \cdot b)^r$
- $(a^r)^s = a^{r \cdot s}$

Dabei ist stets $a, b > 0$, wenn $r, s \notin \mathbb{N}$.

Potenzen mit rationalen Exponenten sind nur für positive Basen definiert, erst recht also Potenzen mit reellen Exponenten. Obwohl z. B. $(-2)^3 = -8$ ist, darf man trotzdem nicht

$$(-8)^{\frac{1}{3}} = -2$$

schreiben, weil sich folgender Widerspruch ergäbe:

$$-2 = (-8)^{\frac{1}{3}} = (-8)^{\frac{2}{6}} = ((-8)^2)^{\frac{1}{6}}$$
$$= 64^{\frac{1}{6}} = +2. \qquad \blacksquare$$

Potenzfunktion: eine Funktion f mit

$$f: x \mapsto x^r$$

(↑ Potenz), wobei r eine reelle Zahl ist. Dabei ist

$D(f) = \mathbb{R}$ für $r \in \mathbb{N}$;
$D(f) = \mathbb{R}\setminus\{0\}$ für $r \in \mathbb{Z}, r \leq 0$;
$D(f) = \mathbb{R}_0^+$ für $r \in \mathbb{R}, r > 0$;
$D(f) = \mathbb{R}^+$ für $r \in \mathbb{R}, r \leq 0$.

Jede Potenzfunktion ist auf ihrem Definitionsbereich stetig und differenzierbar, ihre ↑ Ableitungsfunktion lautet:

$$f': x \mapsto r x^{r-1}.$$

Eine ↑ Stammfunktion von $f: x \mapsto x^r$ ist

$$F: x \mapsto \frac{1}{r+1} x^{r+1}, \text{ falls } r \neq -1$$

bzw.

$$F: x \mapsto \ln x$$

im Fall $r = -1$ (↑ Logarithmusfunktion). Ist der Exponent r rational, dann ist die Potenzfunktion eine ↑ algebraische Funktion; für irrationales r ist sie ↑ transzendent.

Potenzmenge: zu einer Menge M die Menge $\mathcal{P}(M)$ aller Teilmengen von M. Besteht M aus m Elementen, so besitzt die Potenzmenge von M genau 2^m Elemente (vgl. Band I).

Potenzregel:
◆ eine ↑ Ableitungsregel als Sonderform der Produktregel:

$$(f^n)' = n \cdot f^{n-1} \cdot f'.$$

◆ eine Rechenregel für ↑ Potenzen.

Potenzreihe: eine ↑ Reihe der Form

$$a_0 + a_1 x + a_2 x^2 + a_3 x^3 + \ldots$$
$$= \sum_{n=0}^{\infty} a_n x^n.$$

Dabei sind die Koeffizienten $a_0, a_1, a_2, \ldots$ reelle oder komplexe Zahlen, und x ist eine Variable. Wir betrachten hier nur Potenzreihen mit reellen Koeffizienten und einer reellen Variablen x. Gibt es ein n_0 mit $a_n = 0$ für alle $n > n_0$, bricht also die Potenzreihe bei n_0 ab, dann ist die Potenzreihe ein ↑ Polynom.

Potenzreihe

■ Konvergenz von Potenzreihen

Die Konvergenz der Potenzreihe hängt davon ab, welchen Wert man für x einsetzt. Diejenigen Werte von x, für die die Potenzreihe konvergiert, erhält man durch folgende Betrachtung: Gibt es eine Zahl q mit $0 < q < 1$ und eine natürliche Zahl n_0 mit

$$\sqrt[n]{|a_n x^n|} \leq q \quad \text{für } n > n_0,$$

also

$$|x| \leq \frac{q}{\sqrt[n]{|a_n|}} \quad \text{für } n > n_0,$$

dann ist für $n_2 > n_1 > n_0$

$$\left| \sum_{n=n_1}^{n_2} a_n x^n \right| \leq \sum_{n=n_1}^{n_2} q^n = \frac{q^{n_1} - q^{n_2+1}}{1-q}.$$

Für hinreichend große Indizes n_1, n_2 wird diese Zahl beliebig klein, die Potenzreihe ist also konvergent (↑ Cauchy-Kriterium). Da q beliebig nahe bei 1 gewählt werden kann, ergibt sich:
Die Potenzreihe $\sum_{n=0}^{\infty} a_n x^n$ konvergiert für alle $x \in \,]-r;r[$ mit

$$r = \frac{1}{\lim\limits_{n \to \infty} \sup \sqrt[n]{|a_n|}}.$$

(↑ Limes). Man nennt r den **Konvergenzradius** der Potenzreihe, $]-r;r[$ das **Konvergenzintervall**. Für $|x| > r$ ist die Potenzreihe divergent, denn in diesem Fall gibt es unendlich viele Indizes n mit

$$\sqrt[n]{|a_n x^n|} > 1,$$

die Summanden bilden also keine Nullfolge.
Ist $r = 0$, dann konvergiert die Potenzreihe nur für $x = 0$. Ist $r = \infty$, also $\lim\limits_{n \to \infty} \sup \sqrt[n]{|a_n|} = 0$, dann konvergiert die Potenzreihe für alle $x \in \mathbb{R}$. Ob die Potenzreihe auch an den Enden des Intervalls, also bei $x = -r$ oder $x = r$ konvergiert, muss in jedem Fall einzeln untersucht werden.

■ Potenzreihenentwicklung von Funktionen

Ist K der Konvergenzbereich der Potenzreihe, so wird durch

$$f: x \mapsto \sum_{n=0}^{\infty} a_n x^n$$

eine Funktion auf K definiert. Umgekehrt kann man für eine gegebene Funktion nach einer Darstellung als Potenzreihe fragen. Eine solche Darstellung ist eindeutig, d.h., die Koeffizienten $a_0, a_1, a_2, \ldots$ sind durch die Funktion f eindeutig bestimmt. Man gewinnt die Potenzreihendarstellung einer Funktion mithilfe der Taylor-Entwicklung (↑ Taylor-Reihe).
Beispiel 1: Die Potenzreihen für die Exponentialfunktion, die Sinusfunktion und die Kosinusfunktion konvergieren wegen

$$\lim_{n \to \infty} \sqrt[n]{\frac{1}{n!}} = 0$$

für jedes $x \in \mathbb{R}$:

$$e^x = 1 + \frac{x}{1!} + \frac{x^2}{2!} + \frac{x^3}{3!} + \ldots$$
$$= \sum_{n=0}^{\infty} \frac{x^n}{n!};$$

$$\sin x = x - \frac{x^3}{3!} + \frac{x^5}{5!} - \frac{x^7}{7!} + \ldots$$
$$= \sum_{n=0}^{\infty} (-1)^n \frac{x^{2n+1}}{(2n+1)!};$$

$$\cos x = 1 - \frac{x^2}{2!} + \frac{x^4}{4!} - \frac{x^6}{6!} + \ldots$$
$$= \sum_{n=0}^{\infty} (-1)^n \frac{x^{2n}}{(2n)!}.$$

Beispiel 2: Für $-1 < x \leq 1$ gilt

$$\ln(1+x) = \frac{x}{1} - \frac{x^2}{2} + \frac{x^3}{3} - \ldots$$
$$= \sum_{n=1}^{\infty} (-1)^{n+1} \frac{x^n}{n}.$$

Der Konvergenzradius ist 1, denn

$$\lim_{n \to \infty} \sqrt[n]{\frac{1}{n}} = 1.$$

Für $x = -1$ ist die Funktion $x \mapsto \ln(1+x)$ nicht definiert (»$\ln 0 = -\infty$«). Die Potenzreihe divergiert an dieser Stelle, denn man erhält (bis auf das Vorzeichen) die harmonische Reihe. Für $x = 1$ konvergiert die Reihe (↑ alternierende Reihe) und stellt den Funktionswert dar:

$$\ln 2 = 1 - \tfrac{1}{2} + \tfrac{1}{3} - \tfrac{1}{4} + \tfrac{1}{5} - \ldots$$

Für $x > 1$ divergiert die Potenzreihe, kann also dort nicht die Funktion $x \mapsto \ln(1+x)$ darstellen.

Beispiel 3: Die Potenzreihe

$$\sum_{n=0}^{\infty} n! \, x^n = 1 + x + 2x^2 + 6x^3 + \ldots$$

konvergiert nur an der Stelle 0, denn

$$\lim_{n \to \infty} \sqrt[n]{n!} = \infty.$$

Mithilfe der Potenzreihenentwicklung einer Funktion kann man diese Funktion durch Polynomfunktionen approximieren. Die beste Übereinstimmung von Funktion und Approximation erhält man dann in der Umgebung von 0.
Die ersten Approximationspolynome der Sinusfunktion (vgl. Beispiel 1) lauten

$$p_1(x) = x, \quad p_2(x) = x - \frac{x^3}{6},$$
$$p_3(x) = x - \frac{x^3}{6} + \frac{x^5}{120}$$

(Abb. 1).

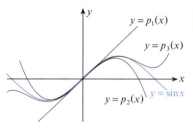

Potenzreihe (Abb. 1): Approximationspolynome der Sinusfunktion

Neben der Darstellung durch eine Potenzreihe gibt es aber noch weitere ↑ Reihendarstellungen für reelle Funktionen.

■ Ableiten und Integrieren von Potenzreihen

Potenzreihen darf man im Innern ihres Konvergenzintervalls gliedweise differenzieren und integrieren.
Beispiel 4: Für $|x| < 1$ gilt

$$1 + x + x^2 + x^3 + \ldots = \frac{1}{1-x}. \quad (*)$$

Differenziation ergibt

$$1 + 2x + 3x^2 + \ldots = \frac{1}{(1-x)^2}$$

und somit die oft benutzte Formel

$$x + 2x^2 + 3x^3 + \ldots = \frac{x}{(1-x)^2}.$$

Integration von $(*)$ von 0 bis x ergibt (vgl. Beispiel 2)

$$x + \tfrac{1}{2}x^2 + \tfrac{1}{3}x^3 + \tfrac{1}{4}x^4 + \ldots$$
$$= -\ln(1-x).$$

Bei Substitution von x durch $-x$ und Multiplikation mit -1 erhält man

$$x - \tfrac{1}{2}x^2 + \tfrac{1}{3}x^3 - \tfrac{1}{4}x^4 + \ldots$$
$$= \ln(1+x).$$

Beispiel 5: Für $|x| < 1$ gilt

$$1 - x^2 + x^4 - x^6 + \ldots = \frac{1}{1+x^2}.$$

Potenzsumme

Integration von 0 bis x ergibt
$$x - \tfrac{1}{3}x^3 + \tfrac{1}{5}x^5 - \tfrac{1}{7}x^7 + \ldots = \arctan x$$
($\uparrow$ trigonometrische Funktionen). Diese Reihe konvergiert auch für $x = 1$; wegen $\arctan 1 = \tfrac{\pi}{4}$ erhält man
$$\frac{\pi}{4} = 1 - \frac{1}{3} + \frac{1}{5} - \frac{1}{7} + \ldots$$

Potenzsumme: Summe der k-ten Potenzen der ersten n natürlichen Zahlen, also
$$s_k(n) := 1^k + 2^k + 3^k + \ldots + n^k.$$

Man kann $s_k(n)$ als Polynom in n vom Grad $k+1$ darstellen (vgl. Band I):
$$s_1(n) = \frac{n(n+1)}{2} = \frac{1}{2}n^2 + \frac{1}{2}n$$
$$s_2(n) = \frac{n(n+1)(2n+1)}{6}$$
$$= \frac{1}{3}n^3 + \frac{1}{2}n^2 + \frac{1}{6}n$$
$$s_3(n) = \left(\frac{n(n+1)}{2}\right)^2$$
$$= \frac{1}{4}n^4 + \frac{1}{2}n^3 + \frac{1}{4}n^2.$$

Diese und weitere Summationsformeln gewinnt man mithilfe der $\uparrow$ bernoullischen Zahlen.

Prinzip der Inklusion und Exklusion: $\uparrow$ Siebformel.

Prinzip von Cavalieri [nach BONAVENTURA CAVALIERI; *1598, †1647]: $\uparrow$ cavalierisches Prinzip.

Problem des abgebrochenen Spiels: eines der Probleme, mit denen der Schriftsteller ANTOINE GOMBAUD CHEVALIER DE MÉRÉ (*1607, †1647) seinen Freund, den Philosophen $\uparrow$ PASCAL, konfrontierte, der daraufhin die Grundlagen der $\uparrow$ Wahrscheinlichkeitsrechnung formulierte: Eine Münze wird wiederholt geworfen; bei »Wappen« erhält Spieler A einen Punkt, bei »Zahl« erhält Spieler B einen Punkt. Wer zuerst fünf Punkte hat, erhält den Einsatz. Wie ist der Einsatz gerecht aufzuteilen, wenn das Spiel bei 4:3 abgebrochen wird? Im Verhältnis 4:3 der erzielten Punkte? Im umgekehrten Verhältnis der noch fehlenden Punkte, also im Verhältnis 2:1?

PASCAL schlug vor, den Einsatz im Verhältnis der Gewinnwahrscheinlichkeiten bei Fortsetzung des Spiels aufzuteilen. Seine Argumentation: Die Wahrscheinlichkeit, dass A beim nächsten Wurf der Münze gewinnt, ist $\tfrac{1}{2}$. Mit derselben Wahrscheinlichkeit steht es bei diesem Wurf aber 4:4, und die Münze muss nochmals geworfen werden. Wieder gewinnt A mit der Wahrscheinlichkeit $\tfrac{1}{2}$, er gewinnt also nach dem zweiten Wurf mit der Wahrscheinlichkeit $\tfrac{1}{2} \cdot \tfrac{1}{2} = \tfrac{1}{4}$. Insgesamt gewinnt A mit der Wahrscheinlichkeit $\tfrac{1}{2} + \tfrac{1}{4} = \tfrac{3}{4}$, also gewinnt B mit der Wahrscheinlichkeit $1 - \tfrac{3}{4} = \tfrac{1}{4}$. PASCAL riet daher, den Einsatz im Verhältnis $\tfrac{3}{4} : \tfrac{1}{4} = 3 : 1$ aufzuteilen.

produktgleich: so viel wie antiproportional ($\uparrow$ proportional).

Produktintegration: das Verfahren der partiellen Integration ($\uparrow$ Integrationsregeln).

Produktregel: allgemein die Übertragung von Eigenschaften von Folgen oder Funktionen auf deren Produkt sowie damit zusammenhängende Regeln ($\uparrow$ Struktursätze). Wichtige Beispiele sind die Produktregel der Differenziation ($\uparrow$ Ableitungsregeln) und die Produktregel der Integration ($\uparrow$ Integrationsregeln).

proportional: [lateinisch »verhältnisgleich«]: bezeichnet die Eigenschaft von zwei variablen Größen x, y, für die $y = ax$ mit einer Konstanten a gilt. Es ist dann $\tfrac{y}{x} = a$, weshalb man die Größen auch **quotientengleich** nennt. Die variablen Größen x, y heißen **antiproportional**, wenn $y = \tfrac{a}{x}$ mit einer Konstanten a gilt. Es ist dann $xy = a$, weshalb man die Größen auch **produktgleich** nennt.

Pseudozufallszahlen: Zahlen, die in unvorhersehbarer Weise (»zufällig«) erzeugt werden und die man für stochastische Simulationen benötigt, z. B. für die ↑ Monte-Carlo-Methode (vgl. auch ↑ Zufallsziffern). Solche Zahlen werden meist von Rechenanlagen mithilfe von Algorithmen (**Zufallszahlengenerator**) erstellt. Sie sind also keine echten Zufallszahlen, sondern sind streng determiniert. Deshalb spricht man von *Pseudo*zufallszahlen. Für die Anwendungen benötigt man meistens Zufallszahlen, die im Intervall $[0; 1]$ gleichverteilt sind, für die also die Wahrscheinlichkeit, im Intervall $[a;b] \subseteq [0; 1]$ zu liegen, gleich $b-a$ ist. Solche Folgen von Zufallszahlen lassen sich rekursiv definieren:

$$x_n = f(x_{n-1}, x_{n-2}, \ldots, x_{n-k})$$

mit $k \leq n$; dabei heißt k die Ordnung der Folge. Die Berechnung der Pseudozufallszahlen führt früher oder später zu Zyklen. Bei Folgen erster Ordnung $(x_n = f(x_{n-1}))$ führen m-stellige Zahlen spätestens nach 10^m Gliedern auf alte Folgenglieder.

■ **Berechnungsverfahren**

Ein erstes Verfahren zur Erzeugung von Pseudozufallszahlen wurde 1946 von JOHN VON NEUMANN (*1903, †1957) vorgestellt. Er benutzte die **Quadratmittenmethode** (englisch »middle square method«): Man startet mit einer beliebigen n-stelligen Zahl, bildet das Quadrat, wählt als nächstes Folgenglied die durch die mittleren n Ziffern gebildete Zahl usw. Diese Methode wird heute nicht mehr benutzt, da sie nur sehr kurze Sequenzen erzeugt. Mit dem Startwert 12345 erhält man:

12345 23990 55201 47150
23122 46268 40727 58688
44281 usw.

Bei dem **HP-Verfahren** (nach der Computerfirma Hewlett-Packard) wählt man eine Zahl aus dem Intervall $[0; 1]$, addiert die Kreiszahl π hinzu, berechnet die achte Potenz dieser Summe und gibt den Nachkommateil dieses Ergebnisses (z. B. fünfstellig) als neue Pseudozufallszahl an.

Die meisten Zufallszahlengeneratoren verwenden die **lineare Kongruenzmethode**, die 1948 von DERRICK HENRY LEHMER (*1905, †1991) angegeben wurde. Bei diesem Verfahren wird die Folge

$$n_k \equiv (a \cdot n_{k-1} + c) \bmod m$$

iteriert (↑ Kongruenz). Als Pseudozufallszahlen kann man dann die Folge

$$z_k = \frac{n_k}{m}$$

nutzen. Der Name des Verfahrens kommt daher, dass man die Kongruenzen modulo m berechnet (vgl. Band I).

Die Verschiebung c, der Faktor a und der Modul m sind vorzugeben, der Startwert n_0 kann vorgegeben werden, wird aber meist aus dem Systemzustand (z. B. der Systemzeit) des Rechners bestimmt. In der Praxis sollte m sehr groß sein $(m > 2^{20})$, $\sqrt{m} < a < m$, c sollte ungerade sein, und a sollte bei der Division durch 4 den Rest 3 ergeben. Als gut im Sinne der unten aufgeführten Tests gilt z. B. die Kombination

$m = 999\,999\,999\,999\,999\,999\,996\,567$,
$a = 671\,354\,420\,908\,421\,773\,035\,669$,
$c = 1$,
$n_0 = 1$.

Punkt-Normalen-Form

Tests von Zufallszahlen

Nicht nur Zufallszahlen (also Zahlen zwischen 0 und 1), sondern auch Zufallsziffern (also Zahlen aus $\{0, 1, 2, \ldots, 9\}$) werden durch Algorithmen erzeugt, sodass man sie Pseudozufallsziffern nennt.

Die Methoden zur Gewinnung von Pseudozufallsziffern liefern meist nur einen mehr oder weniger guten Ersatz für wirkliche Zufallsziffern, da sie deterministische Elemente enthalten. Daher ist es von Interesse, die Qualität von so erzeugten Zufallsziffern zu testen. Beispiele für solche Tests sind die folgenden Verfahren:

Beim **Run-Test** wird das Auftreten langer Sequenzen (»Runs«) z. B. von geraden Ziffern, Ziffern kleiner 5, Primzahlen (2, 3, 5, 7) beobachtet. Die Häufigkeiten müssen mit den zu berechnenden Wahrscheinlichkeiten gut übereinstimmen.

Beim **Maximum-Test** prüft man, ob der Anteil der Dreierblöcke $a\,b\,c$ mit $a < b$ und $c < b$ etwa 28,5 % beträgt, wie man aufgrund kombinatorischer Überlegungen erwartet.

Beim **Poker-Test** prüft man, ob die Häufigkeit der verschiedenen Arten von Fünferblöcken mit den zu berechnenden Wahrscheinlichkeiten übereinstimmt. Der Name rührt daher, dass es beim Pokern u.a. auf die Gleichwertigkeit bei fünf Karten ankommt. Beispielsweise hat ein Fünferblock mit fünf verschiedenen Ziffern die Wahrscheinlichkeit
$$\frac{10 \cdot 9 \cdot 8 \cdot 7 \cdot 6}{10^5} = 0{,}3924.$$

Punkt-Normalen-Form: die Gleichung $\vec{n} \cdot (\vec{x} - \vec{p}) = 0$ der Geraden in der Ebene (↑ Geradengleichung) bzw. der Ebene im Raum (↑ Ebenengleichung). Dabei ist $\vec{p}$ der Ortsvektor eines Geraden- bzw. Ebenenpunktes und $\vec{n}$ ein ↑ Normalenvektor.

Punktraum: die Menge $\mathbb{R}^2$ bzw. $\mathbb{R}^3$ der Zahlenpaare bzw. der Zahlentripel, gedeutet als Punkte der Ebene bzw. des Raumes. Identifiziert man die Punkte mit ihren ↑ Ortsvektoren, so ist $\mathbb{R}^2$ bzw. $\mathbb{R}^3$ als ↑ Vektorraum aufzufassen. Der Unterschied zwischen einem Punktraum und einem Vektorraum ist hier also nur eine Frage der Interpretation.

Punkt-Richtungs-Form: die Gleichung $\vec{x} = \vec{p} + t\vec{u}$ der Geraden (↑ Geradengleichung) bzw. die Gleichung $\vec{x} = \vec{p} + r\vec{u} + t\vec{v}$ der Ebene (↑ Ebenengleichung). Dabei ist $\vec{p}$ der Ortsvektor eines Punktes der Geraden bzw. der Ebene. Im Fall der Geradengleichung ist $\vec{u}$ ein Richtungsvektor der Geraden, bei der Ebenengleichung sind $\vec{u}, \vec{v}$ Spannvektoren der Ebene.

punktsymmetrisch: symmetrisch bezüglich einer Punktspiegelung. Eine Figur ist punktsymmetrisch zum Punkt P, wenn sie bei einer Drehung um P um 180° auf sich abgebildet wird. Der Graph einer Funktion f ist punktsymmetrisch zum Ursprung, wenn $f(-x) + f(x) = 0$ für alle $x \in D(f)$ gilt; er ist punktsymmetrisch zu $P(a|b)$, wenn $f(a-x) + f(a+x) = 2b$ für alle $x \in D(f)$ gilt (↑ Kurvendiskussion).

quadratisch: bezeichnet Begriffe aus der Algebra oder der Geometrie, bei denen ein Quadrat (als Fläche oder als Zahl oder als Term) vorkommt.

Beispiele:

quadratische Pyramide: eine Pyramide, deren Grundfläche ein Quadrat ist.

quadratische Matrix: eine Matrix mit gleich vielen Zeilen wie Spalten, die also äußerlich die Form eines Quadrats hat.

quadratische Gleichung: eine algebraische Gleichung der Form $ax^2+bx+c=0$.

quadratisches Glied: Summand in einem Polynom der Form ax^2.

quadratische Funktion: Funktion mit dem Funktionsterm ax^2+bx+c.

quadratische Form: Terme der Form ax^2 oder $ax^2+bxy+cy^2$ oder $ax^2+by^2+cz^2+dxy+exz+fyz$ mit $a,b,c,\ldots \in \mathbb{R}$.

quadratisches Mittel: der ↑ Mittelwert $\sqrt{\dfrac{a^2+b^2}{2}}$ der reellen Zahlen a, b.

quadratische Approximation: Approximation einer zweimal differenzierbaren Funktion f an einer Stelle x_0 ihrer Definitionsmenge durch die quadratische Funktion

$$x \mapsto f(x_0)+f'(x_0)(x-x_0)+\dfrac{f''(x_0)}{2}(x-x_0)^2.$$

Quadratrix (Trisektrix): eine schon in der Antike betrachtete Kurve, die im Zusammenhang mit dem Versuch der Quadratur des Kreises (Konstruktion von π) und zur Dreiteilung (»Trisektion«) des Winkels untersucht wurde.

Die Quadratseite CD in Abb. 1 wird mit gleich bleibender Geschwindigkeit bis zur Lage AB verschoben, und der Radius AC wird mit gleich bleibender Geschwindigkeit um A bis zur Lage AB gedreht. Beide Bewegungen starten gleichzeitig und hören auch zur gleichen Zeit auf. Die jeweiligen Schnittpunkte der beiden sich bewegenden Strecken bilden die Quadratrix. Sie hat die Parameterdarstellung

$$x=(1-t)\tan\dfrac{\pi}{2}t$$
$$y=1-t$$

mit $0 \leq t < 1$ bezüglich des in Abb. 1 angedeuteten Koordinatensystems, wobei $\overline{AB}=\overline{AC}=1$ sein soll.

Der Zusammenhang mit der Quadratur des Kreises ist durch ihren Auftreffpunkt auf der x-Achse gegeben. Es gilt nämlich

$$\lim_{t\to 1}(1-t)\tan\dfrac{\pi}{2}t=\dfrac{2}{\pi}.$$

Die Dreiteilung eines Winkels $\alpha=\dfrac{\pi}{2}t$ erreicht man mithilfe dieser Kurve durch Dreiteilung der Strecke der Länge t.

Quadrik: andere Bezeichnung für eine ↑ Fläche zweiter Ordnung.

Quantil: eine Maßzahl, die mit der Verteilung einer Zufallsgröße oder einer Messreihe zusammenhängt. Es seien $x_1, x_2, \ldots, x_n$ Messwerte und p eine reelle Zahl zwischen 0 und 1. Dann nennt man eine Zahl Q_p mit den Eigenschaften

- wenigstens pn der Messwerte sind $\leq Q_p$,
- wenigstens $(1-p)n$ der Messwerte sind $\geq Q_p$

ein p-Quantil der Messwerte.
Ein 0,5-Quantil $Q_{1/2}$ heißt Median oder ↑ Zentralwert, ein 0,25-Quantil $Q_{1/4}$ heißt **unteres Quartil**, ein 0,75-Quantil $Q_{3/4}$ heißt **oberes Quartil**.

Quantoren: Symbole der mathematischen Logik. Gilt eine Aussage $A(x)$ für alle x der Grundmenge G, so schreibt man

$$\bigwedge_{x\in G} A(x) \quad \text{oder} \quad \forall x \in G: A(x)$$

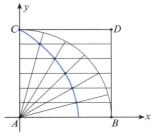

Quadratrix (Abb. 1): Erzeugung der Quadratrix

Quotientenkriterium

(lies: für alle $x \in G$ gilt $A(x)$). Das Symbol $\bigwedge$ bzw. $\forall$ bezeichnet man als **Allquantor**.

Gibt es (mindestens) ein $x \in G$, für das die Aussage $B(x)$ gilt, so schreibt man

$$\bigvee_{x \in G} B(x) \quad \text{oder} \quad \exists\, x \in G \colon B(x)$$

(lies: es existiert ein $x \in G$ mit $B(x)$). Das Symbol $\bigvee$ bzw. $\exists$ heißt **Existenzquantor**.

Quotientenkriterium: eine ↑ hinreichende Bedingung für die Konvergenz einer Reihe (↑ Konvergenzkriterien). Gibt es eine Zahl q mit $0 < q < 1$ und

$$\left|\frac{a_{n+1}}{a_n}\right| \leq q \quad \text{für alle } n \in \mathbb{N},$$

dann ist die Reihe $\sum\limits_{n=1}^{\infty} a_n$ konvergent.

Es genügt, wenn die Bedingung erst ab einem gewissen Index n_0 erfüllt ist, da endlich viele Summanden für die Konvergenz einer Reihe ohne Bedeutung sind.

Quotientenregel: allgemein die Übertragung von Eigenschaften von Folgen oder Funktionen auf deren Quotient sowie damit zusammenhängende Regeln (↑ Struktursätze). Ein wichtiges Beispiel ist die Quotientenregel der Differenziation (↑ Ableitungsregeln): Sind f und g im Intervall I differenzierbar und ist $g(x) \neq 0$ für alle $x \in I$, dann ist auch $\frac{f}{g}$ in I differenzierbar, und es gilt

$$\left(\frac{f}{g}\right)' = \frac{f'g - fg'}{g^2}.$$

Radlinie: deutsche Bezeichnung für ↑ Zykloide.
Randextremum: ein ↑ Extremwert am Rand der Definitionsmenge einer Funktion.

Randpunkt: ein Punkt einer Menge M von Zahlen, n-Tupeln oder allgemein eines ↑ metrischen Raums, der weder ein ↑ innerer Punkt noch ein ↑ äußerer Punkt von M ist.

Rang einer Matrix: Anzahl der ↑ linear unabhängigen Zeilenvektoren bzw. der linear unabhängigen Spaltenvektoren einer ↑ Matrix. Zunächst müsste man den **Zeilenrang** (Anzahl der linear unabhängigen Zeilenvektoren) vom **Spaltenrang** (Anzahl der linear unabhängigen Spaltenvektoren) unterscheiden, diese beiden Anzahlen erweisen sich aber als gleich. Zur Rangbestimmung eignen sich die ↑ elementaren Umformungen, die rangerhaltend sind. Man formt die Matrix um in eine Dreiecksmatrix und kann dann den Rang ablesen.

Mithilfe einer Rangbestimmung kann man prüfen, ob ein ↑ lineares Gleichungssystem lösbar ist oder nicht. Ein lineares Gleichungssystem mit der Koeffizientenmatrix A und der erweiterten Koeffizientenmatrix A_e ist nämlich genau dann lösbar, wenn Rang A = Rang A_e gilt.

Da sich ↑ lineare Abbildungen eines ↑ Vektorraumes V in einen Vektorraum W durch Matrizen beschreiben lassen, gibt der Rang der Matrix Auskunft, ob die zugehörige lineare Abbildung ↑ injektiv oder ↑ surjektiv ist. Eine (n, n)-Matrix ist genau dann invertierbar, wenn ihr Rang n ist.

Rangnummerntest: ein Abhängigkeitstest; vgl. ↑ Zeichentest.

rationale Funktion: eine Funktion, die als Quotient zweier ↑ Polynomfunktionen gebildet wird. Steht im Nenner eine Konstante, dann handelt es sich um eine **ganzrationale Funktion** (also um eine Polynomfunktion), andernfalls um eine **gebrochenrationale Funktion**. Die Definitionsmenge einer rationalen Funktion besteht aus $\mathbb{R}$ abzüglich der Nullstellen des

rationale Funktion

Nennerpolynoms. Mithilfe der ↑ Polynomdivision kann man den Term einer rationalen Funktion stets umformen in die Summe aus einem Polynom und dem Quotient zweier Polynome, wobei der Grad des Zählerpolynoms kleiner ist als der Grad des Nennerpolynoms:

$$f(x) = \frac{p(x)}{q(x)} = k(x) + \frac{r(x)}{q(x)}$$

mit Grad $r(x) <$ Grad $q(x)$.

Auf den Seiten 338 und 339 sind die Graphen von einigen rationalen Funktionen dargestellt.

Die Nullstellen von $q(x)$ sind ↑ Definitionslücken von $f(x)$. Sie sind stetig hebbare Definitionslücken, wenn sie auch Nullstellen von $p(x)$ sind, und zwar mindestens von der gleichen Ordnung. Andernfalls liegt eine ↑ Polstelle vor. Ist a Nullstelle von $q(x)$ der Ordnung k und $p(a) \neq 0$, dann heißt a eine Polstelle der Ordnung k. Die durch

$$x \mapsto (x-a)^k f(x)$$

definierte Funktion hat dann eine hebbare Definitionslücke an der Stelle a. Ist a eine Polstelle der Ordnung k, dann hat der Graph von f dort eine zur y-Achse parallele ↑ Asymptote.

Ist k gerade, so ist

- $\lim_{x \to a^+} f(x) = \lim_{x \to a^-} f(x) = \infty \; (-\infty)$,

falls $\lim_{x \to a}(x-a)^k f(x) > 0 \; (< 0)$

(↑ einseitiger Grenzwert).

Ist k ungerade, dann ist

- $\lim_{x \to a^+} f(x) = +\infty$ und
  $\lim_{x \to a^-} f(x) = -\infty$,

falls $\lim_{x \to a}(x-a)^k f(x) > 0$, und es ist

- $\lim_{x \to a^+} f(x) = -\infty$ und
  $\lim_{x \to a^-} f(x) = +\infty$,

falls $\lim_{x \to a}(x-a)^k f(x) < 0$.

■ **Asymptotisches Verhalten**

Interessant ist auch das ↑ asymptotische Verhalten gebrochenrationaler Funktionen für $x \to +\infty$ und $x \to -\infty$. Ist

$$f(x) = \frac{p(x)}{q(x)} = k(x) + \frac{r(x)}{q(x)}$$

(Division mit Rest), dann gilt

$$\lim_{x \to +\infty} \frac{r(x)}{q(x)} = \lim_{x \to -\infty} \frac{r(x)}{q(x)} = 0.$$

Der Graph von f schmiegt sich also für $x \to +\infty$ und für $x \to -\infty$ an den Graph der ganzrationalen Funktion $x \mapsto k(x)$ an.

■ **Differenziation und Integration**

Die ↑ Ableitungsfunktion einer gebrochenrationalen Funktion berechnet man mithilfe der Quotientenregel. Eine ↑ Stammfunktion einer gebrochenrationalen Funktion lässt sich mithilfe einer ↑ Partialbruchzerlegung ermitteln. Dann muss man (nach geeigneter Substitution) Stammfunktionen zu Funktionen folgender Art bestimmen:

$$f(x) = \frac{1}{x^n} \quad (n \in \mathbb{N}); \tag{1}$$

$$f(x) = \frac{2x}{(x^2+1)^n} \quad (n \in \mathbb{N}); \tag{2}$$

$$f(x) = \frac{1}{(x^2+1)^n} \quad (n \in \mathbb{N}). \tag{3}$$

- Im Fall (1) erhält man als Stammfunktion

$$F(x) = \frac{1}{1-n} \cdot \frac{1}{x^{n-1}} \quad (n > 1) \;\; \text{bzw.}$$

$$F(x) = \ln x \quad\quad\quad (n = 1).$$

- Im Fall (2) ergibt sich

$$F(x) = \frac{1}{1-n} \cdot \frac{1}{(x^2+1)^{n-1}} \quad (n > 1)$$

rationale Funktionen

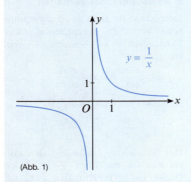
(Abb. 1)

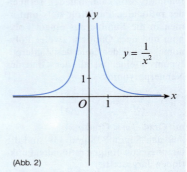
(Abb. 2)

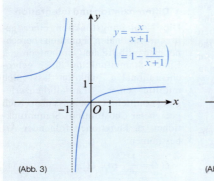
(Abb. 3)

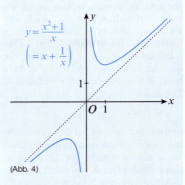
(Abb. 4)

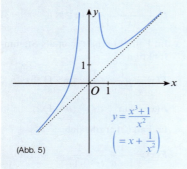
(Abb. 5)

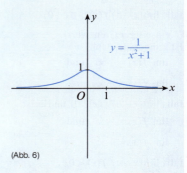
(Abb. 6)

rationale Funktionen

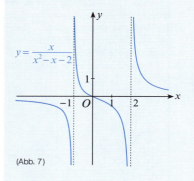
$y = \dfrac{x}{x^2 - x - 2}$
(Abb. 7)

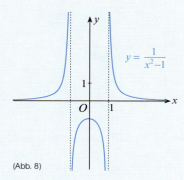
$y = \dfrac{1}{x^2 - 1}$
(Abb. 8)

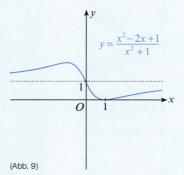
$y = \dfrac{x^2 - 2x + 1}{x^2 + 1}$
(Abb. 9)

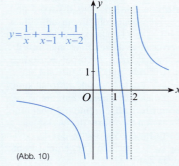
$y = \dfrac{1}{x} + \dfrac{1}{x-1} + \dfrac{1}{x-2}$
(Abb. 10)

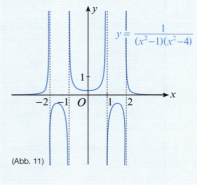
$y = \dfrac{1}{(x^2-1)(x^2-4)}$
(Abb. 11)

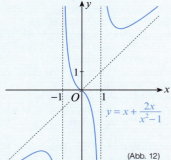
$y = x + \dfrac{2x}{x^2 - 1}$
(Abb. 12)

rationale Zahlen

bzw.

$F(x) = \ln(x^2 + 1) \qquad (n = 1)$.

Im Fall (3) erhält man durch Produktintegration für $n > 1$ die Rekursionsformel

$$\int \frac{dx}{(x^2+1)^n} = \frac{x}{2(n-1)(x^2+1)^{n-1}} + \frac{2n-3}{2(n-1)} \int \frac{dx}{(x^2+1)^{n-1}}.$$

Für $n = 1$ erhält man die Stammfunktion

$F(x) = \arctan x$.

Die rationalen Funktionen bilden einen ↑ Körper bezüglich der Addition und der Multiplikation.

rationale Zahlen: die positiven und negativen Bruchzahlen einschließlich 0 (vgl. Band I). Die Menge der rationalen Zahlen bezeichnet man mit ℚ. Sie bildet einen ↑ Körper bezüglich der Addition und der Multiplikation. Reelle Zahlen, die nicht rational sind, nennt man ↑ irrationale Zahlen.

Raumintegral: ein Integral über eine ↑ Funktion zweier reeller Variablen.

Realteil: die Zahl a in der Darstellung $z = a + bi$ $(a, b \in \mathbb{R})$ einer ↑ komplexen Zahl.

Rechtecksregel: eine Regel zur ↑ numerischen Integration.

Rechtecksverteilung: die Wahrscheinlichkeitsverteilung einer ↑ gleichverteilten Zufallsgröße.

Rechtskurve: Kurvenstück als Teil des Graphen einer Funktion f, bei dem die zweite Ableitung von f in dem untersuchten Bereich negativ ist (↑ Krümmung).

rechtsseitiger Grenzwert: ein ↑ einseitiger Grenzwert, bei dem man sich der Stelle x_0 von rechts nähert $(x > x_0)$.

Rechtssystem: Ein Tripel $(\vec{u}, \vec{v}, \vec{w})$ von Vektoren im Raum bildet ein Rechtssystem, wenn man die Finger der rechten Hand so halten kann, dass der Daumen in Richtung von $\vec{u}$, der Zeigefinger in Richtung von $\vec{v}$ und der Mittelfinger in Richtung von $\vec{w}$ zeigt (Abb. 1). Die aus den Spaltenvektoren $\vec{u}, \vec{v}, \vec{w}$ in dieser Reihenfolge gebildete ↑ Determinante ist in diesem Fall positiv.

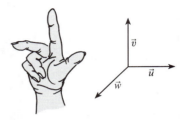

Rechtssystem (Abb. 1): Dreifingerregel

reelle Zahlen: die Zahlen, die sich bei Erweiterung des Körpers ℚ der rationalen Zahlen um die ↑ irrationalen Zahlen ergeben. Sie lassen sich durch endliche oder periodische oder nichtperiodische Dezimalbrüche darstellen.

Diese Erweiterung ist notwendig, weil die rationalen Zahlen zwar **dicht** auf der Zahlengeraden liegen (es gibt also kein Intervall auf der Zahlengeraden, das keine rationale Zahl enthält), die Zahlengerade aber nicht vollständig abdecken (↑ Vollständigkeit).

Die Menge $\mathbb{R}$ der reellen Zahlen hat viele interessante Eigenschaften, welche die Menge der rationalen Zahlen nicht besitzt (↑ Vollständigkeit, ↑ Bolzano-Weierstraß-Axiom, ↑ Heine-Borel-Axiom, ↑ Zwischenwertsatz). Diese Eigenschaften von $\mathbb{R}$ sind für die ↑ Analysis von entscheidender Bedeutung.

■ Konstruktion der reellen Zahlen

Entsprechend den verschiedenen Möglichkeiten, die Vollständigkeit

reelle Zahlen

des Körpers der reellen Zahlen zu definieren, gibt es auch verschiedene Möglichkeiten zur Konstruktion der reellen Zahlen. Es werden hier vier solche Möglichkeiten beschrieben: die Konstruktion

- mit Intervallschachtelungen,
- mit Cauchy-Folgen,
- mit offenen Anfängen und
- mit Dedekind-Schnitten.

Die beiden ersten Konstruktionen gehen von *Folgen* rationaler Zahlen aus; die beiden letzten Konstruktionen setzen *Mengen* rationaler Zahlen voraus.

Konstruktion mit Intervallschachtelungen: Man definiert eine reelle Zahl als Kern einer ↑ Intervallschachtelung rationaler Zahlen, also einer ↑ Folge von abgeschlossenen Intervallen

$$[a_1; b_1], [a_2; b_2], [a_3; b_3], \ldots$$

mit $[a_{n+1}; b_{n+1}] \subseteq [a_n; b_n]$ für alle $n \in \mathbb{N}$ und $\lim_{n \to \infty}(b_n - a_n) = 0$. Dabei sind die Zahlen $a_1, a_2, a_3, \ldots$ und $b_1, b_2, b_3, \ldots$ alle aus $\mathbb{Q}$. Zwei Intervallschachtelungen definieren dieselbe reelle Zahl, wenn die Folgen der linken oder der rechten Intervallenden sich nur um eine Nullfolge unterscheiden. Addition, Multiplikation und Anordnung werden durch die entsprechenden Operationen mit den Intervallenden der Intervalle in den Intervallschachtelungen erklärt.

In der so konstruierten Menge $\mathbb{R}$ der reellen Zahlen ist die Menge $\mathbb{Q}$ der rationalen Zahlen enthalten: Eine *rationale* Zahl r ist beispielsweise Kern der Intervallschachtelung $\left\langle \left[r; r + \frac{1}{n}\right] \right\rangle$ (und jeder dazu äquivalenten Intervallschachtelung), sodass sich die rationalen Zahlen auch als reelle Zahlen auffassen lassen.

Der angeordnete Körper $(\mathbb{R}, +, \cdot, <)$ hat gegenüber dem angeordneten Körper der rationalen Zahlen den Vorteil, dass in ihm *jede* Intervallschachtelung einen Kern besitzt.

Die Definition der reellen Zahlen mit Intervallschachtelungen entspricht dem Vorgehen bei der Berechnung von Näherungswerten reeller Zahlen: Man schachtelt die betrachtete reelle Zahl (etwa π oder $\sqrt{2}$) bis auf eine vorgegebene Genauigkeit ein. Beispielsweise liefert das heronsche Verfahren (vgl. Band I) eine Intervallschachtelung für Quadratwurzeln.

Konstruktion mit Cauchy-Folgen: Die Definition der reellen Zahlen mit Cauchy-Folgen ist formal einfacher als mit Intervallschachtelungen, sie ist jedoch weniger anschaulich. Man definiert eine reelle Zahl als eine Klasse äquivalenter ↑ Cauchy-Folgen. Zwei Cauchy-Folgen heißen äquivalent, wenn sie sich nur um eine Nullfolge unterscheiden. Addition, Multiplikation und Anordnung werden durch die entsprechenden Begriffe für die Glieder der Cauchy-Folgen erklärt.

Eine rationale Zahl r lässt sich durch die konstante Folge $\langle r \rangle$ darstellen, sodass man auch hier die rationalen Zahlen als spezielle reelle Zahlen auffassen kann.

Der angeordnete Körper $(\mathbb{R}, +, \cdot, <)$ hat gegenüber dem angeordneten Körper der rationalen Zahlen den Vorteil, dass in ihm *jede* Cauchy-Folge einen Grenzwert besitzt.

Konstruktion mit offenen Anfängen: Eine Teilmenge A von $\mathbb{Q}$ oder von $\mathbb{R}$ heißt ein **offener Anfang** in $\mathbb{Q}$ bzw. $\mathbb{R}$, wenn gilt:

(1) Ist $a \in A$, dann gehört auch jede Zahl x mit $x < a$ zu A.
(2) Es gibt keine größte Zahl in A, es gibt also kein $m \in A$ mit $x \leq m$ für alle $x \in A$.

reflexiv

Beispielsweise ist

$$\{x \in \mathbb{Q} \,|\, (x < 0) \text{ oder } (x^2 < 2)\}$$

ein offener Anfang in $\mathbb{Q}$.
Man versteht nun eine reelle Zahl als einen offenen Anfang in $\mathbb{Q}$. Das Rechnen mit reellen Zahlen wird dann als Rechnen mit offenen Anfängen erklärt. Beispielsweise versteht man unter der Summe der offenen Anfänge A_1 und A_2 den offenen Anfang

$$\{x_1 + x_2 \,|\, x_1 \in A_1 \text{ und } x_2 \in A_2\}.$$

Auch hier lassen sich die rationalen Zahlen als spezielle reelle Zahlen auffassen, indem man der rationalen Zahl r den offenen Anfang

$$A = \{x \in \mathbb{Q} \,|\, x < r\}$$

zuordnet.
Der angeordnete Körper $(\mathbb{R}, +, \cdot, <)$ hat gegenüber dem angeordneten Körper der rationalen Zahlen den Vorteil, dass in ihm jeder offene Anfang ein ↑ Supremum besitzt.
Konstruktion mit Dedekind-Schnitten:
Die Konstruktion der reellen Zahlen mit ↑ Dedekind-Schnitten ist der Konstruktion mit offenen Anfängen sehr ähnlich. Hier betrachtet man Zerlegungen der Menge $\mathbb{Q}$ der rationalen Zahlen in zwei Mengen A (Unterklasse) und B (Oberklasse) mit $A \neq \emptyset$, $B \neq \emptyset, A \cup B = \mathbb{Q}, A \cap B = \emptyset$ und

$$a < b \text{ für alle } a \in A, b \in B.$$

Ein solcher dedekindscher Schnitt (A, B) wird reelle Zahl genannt. Den angeordneten Körper der reellen Zahlen erhält man analog der Konstruktion mit offenen Anfängen.

■ Darstellung von reellen Zahlen

Entsprechend der dezimalen Zifferndarstellung natürlicher Zahlen kann man für reelle Zahlen eine Dezimalbruchentwicklung definieren (vgl. Band I). Damit ist auch jede positive reelle Zahl auf genau eine Art durch einen eigentlichen positiven Dezimalbruch darstellbar, d.h. einen Dezimalbruch, dessen Periode nicht 9 ist.
Die Dezimalbruchentwicklung einer reellen Zahl ist genau dann periodisch, wenn die Zahl rational ist. Die Existenz nichtperiodischer Dezimalbrüche kann man auch als Grund für die Erweiterung des Körpers der rationalen Zahlen zum Körper der reellen Zahlen ansehen.
Die Dezimalbruchentwicklung einer negativen reellen Zahl a erhält man, indem man die Dezimalbruchentwicklung von $|a|$ bestimmt und mit einem Minuszeichen versieht.

reflex̱iv: bezeichnet eine ↑ Relation R, bei der stets aRa gilt. Ein Beispiel einer reflexiven Relation ist die Teilbarkeitsrelation »|«, denn jede Zahl a teilt sich selbst: $a|a$. Nicht reflexiv ist beispielsweise die Kleiner-Relation »<«, denn $a \not< a$.

Regelfläche: eine Fläche im Raum, welche entsteht, wenn sich eine Gerade stetig durch den Raum bewegt. Einfache Regelflächen sind Kegel und Zylinder. Unter den ↑ Flächen zweiter Ordnung sind außerdem das einschalige Hyperboloid und das hyperbolische Paraboloid derartige Regelflächen. Bei diesen beiden Flächen gibt es jeweils zwei sich kreuzende Geradenscharen, welche die Fläche erzeugen. Solche Flächen lassen sich finden, indem man eine Parameterform der ↑ Geradengleichung in die Flächengleichung einsetzt und fordert, dass die entstandene Gleichung für jeden Parameterwert erfüllt sein soll.

Regelflächen werden bautechnisch umgesetzt, indem man geradlinige Träger einzieht. Z. B. haben Kühltürme häufig die Form eines einschaligen Hyperboloids. Verschiedentlich haben Dächer von Fußballstadien die Gestalt eines hyperbolischen Paraboloids.

Regelfunktion (regulierte Funktion): eine Funktion $f: [a;b] \to \mathbb{R}$, die durch eine Folge von ↑ Treppenfunktionen gleichmäßig approximierbar ist. Es existiert also eine Folge $\langle \varphi_n \rangle$ von Treppenfunktionen auf $[a;b]$ mit

$$\lim_{n \to \infty} \max_{[a;b]} |f(x) - \varphi_n(x)| = 0.$$

Die Folge $\langle \varphi_n \rangle$ ist dann auf $[a;b]$ ↑ gleichmäßig konvergent mit der Grenzfunktion f.
Ist f auf $[a;b]$ stetig, dann ist f auf $[a;b]$ eine Regelfunktion. Zu jeder Regelfunktion existiert das ↑ Integral auf $[a;b]$, es gibt aber integrierbare Funktionen auf $[a;b]$, zu denen keine Regelfunktionen existieren. Ein Beispiel hierfür ist die Funktion f auf $[-1; 1]$ mit

$$f(x) = \begin{cases} \sin \dfrac{1}{x} & \text{für } x \neq 0, \\ 0 & \text{für } x = 0. \end{cases}$$

Eine Funktion $f: [a;b] \to \mathbb{R}$ ist genau dann eine Regelfunktion auf $[a;b]$, wenn in jedem Punkt $x_0 \in [a;b]$ sowohl der rechts- als auch der linksseitige Grenzwert von f existieren (↑ einseitiger Grenzwert).

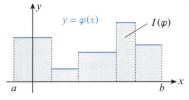

Regelfunktion (Abb. 1): Treppenfunktion φ und ihr Inhalt $I(\varphi)$

Für Regelfunktionen ist die Definition des Integrals besonders einfach: Bezeichnet man für eine Treppenfunktion φ mit $I(\varphi)$ die Summe der Flächeninhalte der durch sie definierten Rechtecke (Abb. 1) und ist die Regelfunktion f als Grenzfunktion der Folge $\langle \varphi_n \rangle$ definiert, so setzt man

$$\int_a^b f(x)\,\mathrm{d}x := \lim_{n \to \infty} I(\varphi_n).$$

Es lässt sich zeigen, dass dieser Grenzwert existiert und für jede derartige Folge $\langle \varphi_n \rangle$ mit der Grenzfunktion f gleich ist.

Regression: ein Begriff zur Beschreibung der Abhängigkeit von zwei ↑ Zufallsgrößen X, Y auf einem endlichen Zufallsversuch oder von n Messpunkten (x_1, y_1), (x_2, y_2), ..., (x_n, y_n) für ein Größenpaar (X, Y). In der Statistik beschäftigt sich die Regressionsanalyse mit der *Art* des Zusammenhangs (z. B. lineare Regression), während man bei der Untersuchung der ↑ Korrelation den *Grad* des Zusammenhangs behandelt.
Beispiel: Die Messung von Körpergröße und Körpergewicht der Schüler einer Klasse ergab das Diagramm in Abb. 1 (vgl. Tab. 1, S. 345). Welches ist die Gerade, mit der sich die Abhängigkeit der Größen »Körpergröße« und »Körpergewicht« am besten beschreiben lässt?

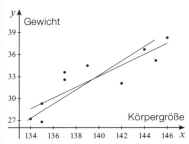

Regression (Abb. 1): Punktwolke mit Regressionsgeraden

Man nennt die Gerade mit der Gleichung $y = mx + b$ **Regressionsgerade** oder **Ausgleichsgerade** für die Messpunkte $(x_1, y_1), (x_2, y_2), \ldots, (x_n, y_n)$, wenn

$$\sum_{i=1}^{n} (y_i - mx_i - b)^2$$

minimal ist (Abb. 2). Setzt man

$$\bar{x} := \frac{1}{n} \sum_{i=1}^{n} x_i \quad \text{und} \quad \bar{y} := \frac{1}{n} \sum_{i=1}^{n} y_i,$$

so hat die Regressionsgerade die Gleichung

$$y - \bar{y} = m(x - \bar{x}).$$

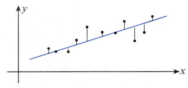

Regression (Abb. 2): Definition der Regressionsgeraden

Die Zahl m heißt der **Regressionskoeffizent** für das Größenpaar (X, Y) und gibt in unserem Beispiel an, wie sich das Gewicht ändert, wenn die Körpergröße etwas zu- oder abnimmt.
Aus der oben angegebenen Minimalitätsforderung ergibt sich folgender Zusammenhang des Regressionskoeffizienten mit der ↑ Kovarianz $\operatorname{Cov}(X, Y)$ und der ↑ Varianz $V(X)$:

$$m = \frac{\operatorname{Cov}(X, Y)}{V(X)}.$$

Dabei ist

$$\operatorname{Cov}(X, Y) := \sum_{i=1}^{n} (x_i - \bar{x})(y_i - \bar{y})$$
$$= \sum_{i=1}^{n} x_i y_i - n \bar{x} \bar{y}$$

und

$$V(X) := \sum_{i=1}^{n} (x_i - \bar{x})^2 = \sum_{i=1}^{n} x_i^2 - n \bar{x}^2.$$

Nun kann man umgekehrt nach dem Regressionskoeffizienten m' für das Größenpaar (Y, X) fragen. Hier lautet der Regressionskoeffizient

$$m' = \frac{\operatorname{Cov}(X, Y)}{V(Y)}.$$

Die Regressionsgerade ergibt sich als

$$x - \bar{x} = m'(y - \bar{y}).$$

m und m' sind gewöhnlich verschieden. Die entsprechenden Ausgleichsgeraden unterscheiden sich also und bilden eine »Schere«. Je straffer der Zusammenhang von X und Y ist, umso enger ist die Schere. Nur wenn X und Y linear voneinander abhängen, gilt $m \cdot m' = 1$, also

$$\frac{(\operatorname{Cov}(X, Y))^2}{V(X) V(Y)} = 1.$$

Die Zahl

$$\rho(X, Y) := \frac{\operatorname{Cov}(X, Y)}{\sqrt{V(X) V(Y)}}$$

heißt **Korrelationskoeffizient** von X und Y und dient als Maß für die Abhängigkeit dieser Größen.
In entsprechend modifizierter Form gelten die hier gegebenen Erklärungen für beliebige Zufallsgrößen.
Die Berechnung der Regressionsgeraden ist Aufgabe der ↑ Ausgleichsrechnung. Tab. 1 enthält alle notwendigen Zahlen für das Beispiel in Abb. 1.
Regula Falsi [lateinisch »Regel des Falschen«] (Sekantennäherungsverfahren): ein Näherungsverfahren zur Nullstellenbestimmung einer Funktion.
Gegeben sei eine stetige Funktion $f: [a; b] \to \mathbb{R}$, die keinen ↑ Wendepunkt in $[a; b]$ besitzt und für die $f(a)$

Regula Falsi

i	x_i	y_i	$x_i-\bar{x}$	$y_i-\bar{y}$	$(x_i-\bar{x})^2$	$(y_i-\bar{y})^2$	$(x_i-\bar{x})(y_i-\bar{y})^2$	
1	135	29,3	−4,4	−3,31	19,36	10,9561	14,5640	
2	145	35,2	5,6	2,59	31,36	6,7081	14,5040	$\bar{x}=139{,}4$
3	139	34,5	−0,4	1,89	0,16	3,5721	−0,7560	$\bar{y}=32{,}61$
4	142	32,1	2,6	−0,51	6,76	0,2601	−1,3260	$m=0{,}746$
5	137	33,6	−2,4	0,99	5,76	0,9801	−2,3760	$m'=1{,}019$
6	137	32,3	−2,4	−0,31	5,76	0,0961	0,7440	$b_x=-71{,}38$
7	134	27,2	−5,4	−5,41	29,16	29,2681	29,2140	$b_y=106{,}2$
8	144	36,7	4,6	4,09	21,16	16,7281	18,8140	
9	135	26,9	−4,4	−5,71	19,36	32,6041	25,1240	
10	146	38,3	6,6	5,69	43,56	32,3761	37,5540	
	1394	326,1			182,40	133,5490	136,0600	

Regression (Tab. 1)

und $f(b)$ verschiedene Vorzeichen haben. Dann gilt $f(a)\cdot f(b)<0$. Wegen der Stetigkeit von f garantiert der ↑ Zwischenwertsatz die Existenz einer Nullstelle in $[a;b]$. Eine solche Nullstelle wollen wir im Folgenden allgemein bestimmen.
Wir setzen

$x_1:=a,$
$x_2:=b,$
$x_3:=x_1-f(x_1)\cdot\dfrac{x_2-x_1}{f(x_2)-f(x_1)},$
$x_4:=\begin{cases}x_1,&\text{falls }f(x_1)f(x_3)<0,\\x_2,&\text{falls }f(x_2)f(x_3)<0.\end{cases}$

Ist $f(x_3)=0$, so ist x_3 schon die gesuchte Nullstelle. Andernfalls tritt genau einer der beiden Fälle $f(x_1)f(x_3)<0$ oder $f(x_2)f(x_3)<0$ ein, da f in $[a;b]$ keinen Wendepunkt hat.
Nun wenden wir auf x_3,x_4 dasselbe Verfahren wie auf x_1,x_2 an usw. Damit ergibt sich eine ↑ Intervallschachtelung für die gesuchte Nullstelle.

Diese Rekursion ist am Graphen von f folgendermaßen zu deuten: Die Gerade durch die Punkte $(x_1|f(x_1))$ und $(x_2|f(x_2))$ hat die Gleichung

$$y=f(x_1)+\frac{f(x_2)-f(x_1)}{x_2-x_1}\cdot(x-x_1)$$

und schneidet die x-Achse an der Stelle

$$x_3=x_1-f(x_1)\cdot\frac{x_2-x_1}{f(x_2)-f(x_1)}.$$

Dies ist i. d. R. ein besserer Näherungswert für die Nullstelle als x_1 und x_2 (Abb. 1, S. 346). Man muss dabei aber voraussetzen, dass $f''(x)\neq 0$ für alle $x\in[x_1;x_2]$.

Beispiel: Es soll die Nullstelle von

$f:x\mapsto x^3-2x+5$

bestimmt werden, die zwischen $-2{,}1$ und $-2{,}0$ liegt.

$x_1:=-2{,}1,\ f(x_1)=-0{,}061;$
$x_2:=-2,\quad f(x_2)=1.$

regulär

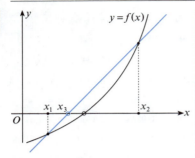

Regula Falsi (Abb. 1): Bestimmung von x_3 aus x_1 und x_2

■ $x_3 := -2{,}1 + 0{,}061 \cdot \dfrac{-2+2{,}1}{1+0{,}061}$

$= -2{,}09425,$

$f(x_3) = 0{,}00336;$

$x_4 := -2{,}1, \ f(x_4) = -0{,}061.$

■ $x_5 := -2{,}1 + 0{,}061 \cdot \dfrac{-2{,}09425 + 2{,}1}{0{,}00336 + 0{,}061}$

$= -2{,}094550,$

$f(x_5) = 0{,}0000165;$

$x_6 := -2{,}1, \ f(x_6) = -0{,}061.$

■ $x_7 := -2{,}1 + 0{,}061 \cdot \dfrac{-2{,}094550 + 2{,}1}{0{,}0000165 + 0{,}061}$

$= -2{,}0945515.$

Die gesuchte Nullstelle ist auf 5 Stellen genau $-2{,}09455$.

regulär: der Regel entsprechend, das Gegenteil von singulär.

Eine *lineare Abbildung* heißt regulär, wenn sie ↑ umkehrbar ist.

Eine *quadratische Matrix* heißt regulär, wenn sie invertierbar ist.

Eine *Funktion* in einem Intervall ihrer Definitionsmenge heißt regulär, wenn sie dort beliebig oft differenzierbar ist. In diesem Zusammenhang wird diese Bezeichnung aber meistens nur bei ↑ komplexen Funktionen benutzt.

Reihe: die Summenfolge $\langle s_n \rangle$ einer gegebenen Zahlenfolge $\langle a_n \rangle$:

$$s_n := a_1 + a_2 + \ldots + a_n = \sum_{i=1}^{n} a_i.$$

Eine Reihe ist also eine ↑ Folge von besonderer Gestalt: Sie entsteht aus einer gegebenen Folge durch Summieren ihrer Glieder. Statt $\langle s_n \rangle$ schreibt man üblicherweise

$$\sum_{i=1}^{\infty} a_i.$$

Statt »Reihe« ist auch die Bezeichnung **unendliche Reihe** üblich. Damit will man andeuten, dass man sich für den Grenzwert dieser speziellen Folge interessiert. Ist

$$\lim_{n \to \infty} \sum_{i=1}^{n} a_i = s,$$

dann heißt die Reihe **konvergent**, und der Grenzwert s heißt der **Wert** der Reihe. Man schreibt dann

$$\sum_{i=1}^{\infty} a_i = s.$$

Das Symbol $\sum_{i=1}^{\infty} a_i$ dient also sowohl zur Bezeichnung der Folge $\left\langle \sum_{i=1}^{n} a_i \right\rangle$ selbst als auch zur Bezeichnung ihres eventuell vorhandenen Grenzwerts. Existiert dieser Grenzwert nicht, dann heißt die Reihe divergent. Die Zahl s_n bezeichnet man als n-te **Partialsumme** der Reihe $\sum_{i=1}^{\infty} a_i$. So wie man jede Reihe als Folge ihrer Partialsummen auffassen kann, lässt sich auch jede Folge $\langle u_n \rangle$ als Folge der Partialsummen einer Reihe verstehen, denn es gilt

$$u_n = \sum_{i=1}^{n} (u_i - u_{i-1}) \ \text{mit} \ u_0 = 0.$$

Oft ist es zweckmäßig, den Laufindex der Reihe schon bei 0 beginnen zu lassen, die Reihe also in der Form $\sum_{i=0}^{\infty} a_i$ zu schreiben.

Es ist noch vielfach üblich, auch *endliche* Summen als Reihen zu bezeichnen; man spricht dann von einer **endlichen Reihe**.

Beispiel 1: Bei der **geometrischen Reihe** bilden die Summanden eine ↑ geometrische Folge, sie hat also die Gestalt

$$\sum_{i=0}^{\infty} aq^i = a + aq + aq^2 + \ldots$$

Für die Partialsummen der geometrischen Reihe gilt im Falle $q \neq 1$

$$s_n = a + aq + \ldots + aq^n = a \frac{1 - q^{n+1}}{1 - q}.$$

Im Falle $|q| < 1$ ist $\lim_{n \to \infty} q^{n+1} = 0$, also $\lim_{n \to \infty} s_n = \frac{a}{1 - q}$. In diesem Fall ist die geometrische Reihe konvergent.

Für $|q| > 1$ ist die Folge $\langle q^{n+1} \rangle$ und damit auch die Reihe divergent. Für $q = 1$ erhält man die divergente Reihe

$$\sum_{i=0}^{\infty} a = a + a + a + \ldots,$$

falls $a \neq 0$. Für $q = -1$ und $a \neq 0$ erhält man ebenfalls eine divergente Reihe (vgl. Beispiel 2).

Eine der berühmtesten geometrischen Reihen ist die Summe fortlaufender Zweierpotenzen (also die Reihe für $q = 2$). Der Legende nach sollte der Erfinder des Schachspiels von seinem König belohnt werden, und er wünschte sich, dass der König ihm Reis auf die Felder des Bretts legen sollte: 1 Reiskorn auf das erste Feld, auf das zweite 2, auf das dritte 4 usw. Der König soll sehr erzürnt gewesen sein über diesen bescheidenen Wunsch – aber $s_{64} = 2^{64} - 1 = 18\,446\,774\,073\,709\,551\,615$ Reiskörner sind alles andere als das: Die Menge entspricht etwa 200 Kubikkilometer Reis; ein Güterzug zu ihrem Transport reichte 500-mal um die Erde. ∎

Beispiel 2: Die Reihe

$$\sum_{i=0}^{\infty} (-1)^i = 1 - 1 + 1 - 1 + \ldots$$

ist divergent, denn für die Partialsummen gilt

$$s_n = \begin{cases} 1, & \text{falls } n \text{ gerade}, \\ 0, & \text{falls } n \text{ ungerade}. \end{cases}$$

Die Folge $\langle s_n \rangle$ besitzt also keinen Grenzwert.

Beispiel 3: Die Reihe

$$\sum_{i=1}^{\infty} \frac{1}{i(i+1)} = \frac{1}{2} + \frac{1}{6} + \frac{1}{12} + \frac{1}{20} + \ldots$$

ist konvergent zum Wert 1. Denn für die Partialsummen gilt

$$\begin{aligned} s_n &= \sum_{i=1}^{n} \frac{1}{i(i+1)} = \sum_{i=1}^{n} \left(\frac{1}{i} - \frac{1}{i+1} \right) \\ &= \left(1 - \frac{1}{2}\right) + \left(\frac{1}{2} - \frac{1}{3}\right) + \left(\frac{1}{3} - \frac{1}{4}\right) \\ &\quad + \ldots\ldots + \left(\frac{1}{n-1} - \frac{1}{n}\right) \\ &\quad + \left(\frac{1}{n} - \frac{1}{n+1}\right) \\ &= 1 - \frac{1}{n+1}. \end{aligned}$$

Es ist also $\lim_{n \to \infty} s_n = 1$.

Beispiel 4: Die **harmonische Reihe**

$$\sum_{i=1}^{\infty} \frac{1}{i} = 1 + \frac{1}{2} + \frac{1}{3} + \frac{1}{4} + \ldots$$

ist divergent, obwohl die Glieder eine Nullfolge bilden. Man erkennt die Divergenz, wenn man die Summe vom dritten und vierten, vom fünften bis achten, neunten bis sechzehnten Glied usw. betrachtet. Sie sind jeweils größer als $\frac{1}{2}$, wachsen also mit wachsendem n über alle Grenzen.

■ **Konvergenzkriterien**

Da sich eine Reihe als Folge ihrer Partialsummen auffassen lässt, kann man die Konvergenzkriterien von Folgen auf Reihen übertragen. Eine *notwendige* Bedingung für die Konvergenz der Reihe $\sum_{i=1}^{\infty} a_i$ ist $\lim_{i \to \infty} a_i = 0$; diese Bedingung ist aber nicht hinreichend, wie etwa Beispiel 4 zeigt. Eine notwendige *und* hinreichende Bedingung liefert das ↑ Cauchy-Kriterium: Genau dann ist die Reihe $\sum_{i=1}^{\infty} a_i$ konvergent, wenn für jedes $\varepsilon > 0$ ein Index N_ε derart existiert, dass

$$\left| \sum_{i=m+1}^{n} a_i \right| < \varepsilon \quad \text{für alle} \quad m, n > N_\varepsilon.$$

Eine Reihe heißt **alternierend**, wenn aufeinander folgende Summanden stets verschiedene Vorzeichen haben. Für die Konvergenz einer alternierenden Reihe ist es im Gegensatz zum allgemeinen Fall auch hinreichend, dass ihre Glieder eine monotone Nullfolge bilden (**Leibniz-Kriterium**, nach G.W. ↑ LEIBNIZ).

Für Reihen mit positiven Gliedern, also

$$\sum_{i=1}^{\infty} a_i \quad \text{mit} \quad a_i \geq 0 \quad \text{für alle} \quad i \in \mathbb{N},$$

gibt es zahlreiche hinreichende Konvergenzkriterien. Das **Vergleichskriterium** besagt: Gilt

$$0 \leq a_i \leq b_i \quad \text{für alle} \quad i \in \mathbb{N},$$

dann folgt aus der Konvergenz von $\sum_{i=1}^{\infty} b_i$ die Konvergenz von $\sum_{i=1}^{\infty} a_i$ und aus der Divergenz von $\sum_{i=1}^{\infty} a_i$ die Divergenz von $\sum_{i=1}^{\infty} b_i$. Wählt man als Vergleichsreihe die geometrische Reihe (vgl. Beispiel 1), so erhält man das ↑ Quotientenkriterium und das ↑ Wurzelkriterium.

Ein weiteres notwendiges und hinreichendes Kriterium ergibt sich aus dem ↑ Hauptsatz über monotone Folgen: Die Reihe $\sum_{i=1}^{\infty} a_i$ mit positiven Gliedern ist genau dann konvergent, wenn die Folge ihrer Partialsummen beschränkt ist.

Beispiel 5: Die Reihe $\sum_{i=1}^{\infty} \frac{1}{i^2}$ ist konvergent, denn

$$0 \leq \frac{1}{(i+1)^2} \leq \frac{1}{i(i+1)} \quad \text{für alle } i \in \mathbb{N},$$

und die Reihe $\sum_{i=1}^{\infty} \frac{1}{i(i+1)}$ ist konvergent (vgl. Beispiel 3). Mithilfe der Reihe in Beispiel 3 erhält man auch eine Abschätzung, nämlich

$$\sum_{i=1}^{\infty} \frac{1}{i^2} < 2.$$

Der Wert dieser Reihe ist $\frac{\pi^2}{6} \approx 1{,}64$.
Das Vergleichskriterium garantiert nun auch, dass jede Reihe der Form

$$\sum_{i=1}^{\infty} \frac{1}{i^k} \quad \text{mit} \quad k \geq 2$$

konvergiert. Auf solche Reihen ist weder das Quotientenkriterium noch das Wurzelkriterium anwendbar, denn

$$\lim_{i \to \infty} \frac{i^k}{(i+1)^k} = \lim_{i \to \infty} \sqrt[i]{i^k} = 1.$$

Beispiel 6: Die alternierende Reihe

$$\sum_{i=1}^{\infty} (-1)^{i+1} \frac{1}{i} = 1 - \frac{1}{2} + \frac{1}{3} - \ldots$$

konvergiert nach dem Leibniz-Kriterium, denn $\left\langle\frac{1}{n}\right\rangle$ ist eine monotone Nullfolge. Gleiches gilt für die alternierende Reihe

$$\sum_{i=0}^{\infty}\frac{(-1)^i}{2n+1}=1-\frac{1}{3}+\frac{1}{5}-\ldots$$

Beide Reihen werden **leibnizsche Reihe** genannt (vgl. Beispiel 8).

Beispiel 7: Für jeden Wert von $x \in \mathbb{R}^+$ konvergiert die Reihe

$$\sum_{i=0}^{\infty}\frac{x^i}{i!}=1+x+\frac{x^2}{2!}+\frac{x^3}{3!}+\ldots$$

Dies kann man mit dem Quotientenkriterium zeigen:

$$\frac{\dfrac{x^{i+1}}{(i+1)!}}{\dfrac{x^i}{i!}}=\frac{x}{i+1}\leq\frac{1}{2} \quad \text{für } i\geq 2x-1.$$

Die endlich vielen Summanden für $i<2x-1$ ändern das Konvergenzverhalten der Reihe nicht, also ist sie für jedes x konvergent. Dies gilt auch für negative Werte von x. Es handelt sich bei dieser Reihe um die Darstellung der e-Funktion als ↑ Potenzreihe.

■ Absolute und bedingte Konvergenz

Die Reihe $\sum_{i=1}^{\infty} a_i$ heißt **absolut konvergent**, wenn die Reihe $\sum_{i=1}^{\infty}|a_i|$ konvergiert. Bei Reihen mit positiven Gliedern stimmt die Konvergenz mit der absoluten Konvergenz überein. Die leibnizsche Reihe (vgl. Beispiel 6) ist konvergent, aber nicht absolut konvergent, denn die harmonische Reihe (vgl. Beispiel 4) ist nicht konvergent. Als Kriterien für die absolute Konvergenz dienen die oben angegebenen Kriterien für die Konvergenz von Reihen mit positiven Gliedern.

Eine konvergente Reihe heißt **unbedingt konvergent**, wenn sie auch bei beliebiger Umordnung der Glieder stets gegen den gleichen Grenzwert konvergiert. Eine konvergente, aber nicht unbedingt konvergente Reihe heißt **bedingt konvergent**. Eine Reihe ist genau dann unbedingt konvergent, wenn sie absolut konvergiert.

Beispiel 8: Die Reihe $\sum_{i=1}^{\infty}(-1)^{i+1}\frac{1}{i}$ (vgl. Beispiel 6) ist nur bedingt konvergent. Bei folgender Umordnung entsteht eine divergente Reihe: Wir summieren so viele positive Summanden, bis die Summe den Wert 1 übersteigt, dann einen negativen Summanden; nun summieren wir wieder so viele positive Summanden, bis der Wert 2 überstiegen ist, dann wieder einen negativen Summanden. So fortfahrend können wir jede vorgegebene Schranke übersteigen, denn die Reihe $1+\frac{1}{3}+\frac{1}{5}+\frac{1}{7}+\ldots$ ist ebenso wie die harmonische Reihe divergent.

■ Rechnen mit Reihen

Ist $\sum_{i=1}^{\infty} a_i$ konvergent zum Wert a und $\sum_{i=1}^{\infty} b_i$ konvergent zum Wert b, dann ist $\sum_{i=1}^{\infty}(a_i+b_i)$ konvergent zum Wert $a+b$.

Ist $\sum_{i=1}^{\infty} a_i$ konvergent zum Wert a und c eine Zahl, so ist $\sum_{i=1}^{\infty} c a_i$ konvergent zum Wert ca.

Aus der Konvergenz von $\sum_{i=1}^{\infty} a_i$ und von $\sum_{i=1}^{\infty} b_i$ kann man nicht auf die Konvergenz von $\sum_{i=1}^{\infty} a_i b_i$ schließen.

Reihendarstellung

Beispiel 9: Die Reihe $\sum_{i=1}^{\infty}(-1)^{i+1}\frac{1}{\sqrt{i}}$ ist nach dem leibnizschen Kriterium konvergent, aber die Reihe

$$\sum_{i=1}^{\infty}(-1)^{i+1}\frac{1}{\sqrt{i}}\cdot(-1)^{i+1}\frac{1}{\sqrt{i}}=\sum_{i=1}^{\infty}\frac{1}{i}$$

ist divergent (vgl. Beispiel 4).

■ Funktionenreihen

Außer Reihen, deren Summanden Zahlen sind, kann man Reihen betrachten, deren Summanden Funktionen sind. Man erhält dann z. B. ↑ Potenzreihen oder ↑ Fourier-Reihen und spricht von einer ↑ Reihendarstellung.

Reihendarstellung: Darstellung einer Funktion $f(x)$ als Summe (**Überlagerung**) einfacherer Funktionen. In der Regel benötigt man dazu aber »unendlich viele« Summanden, d.h., man hat eine Darstellung der Funktion als eine ↑ Reihe, deren Summanden Funktionen sind:

$$f(x)=\sum_{n=1}^{\infty}a_n\varphi_n(x)$$

mit $a_1, a_2, a_3, \ldots \in \mathbb{R}$ und einer Folge $\varphi_1, \varphi_2, \varphi_3, \ldots$ gegebener Funktionen. In solchen Darstellungen interessiert man sich für die Menge der Werte von x, für welche die Reihe konvergiert und den Funktionswert an dieser Stelle darstellt.

Beispiel 1: Für $\varphi_n(x):=x^n$ ergeben sich ↑ Potenzreihen. Allgemeiner erhält man für $\varphi_n(x):=(x-x_0)^n$ ↑ Taylor-Reihen mit der Entwicklungsmitte x_0.

Beispiel 2: ↑ Periodische Funktionen kann man als ↑ Fourier-Reihen darstellen. Sie haben die Gestalt

$$a_o+\sum_{n=1}^{\infty}(a_n\cos nx+b_n\sin nx).$$

reine Glücksspiele: im Gegensatz zu ↑ Strategiespielen solche Spiele, deren Ausgang nur vom Zufall abhängt und nicht beeinflusst werden kann. Beispiele sind Lotto, Toto oder Roulette.

rektifizierbar [zu lateinisch rectus »gerade«, »richtig«]: bezeichnet die Eigenschaft einer Kurve, eine Länge zu besitzen (↑ Bogenlänge). Ein Beispiel für eine nicht rektifizierbare Kurve ist die kochsche Kurve (↑ fraktale Geometrie).

Rekursion: [lateinisch »das Zurücklaufen«]: die Vorschrift, nach der eine ↑ rekursive Folge definiert ist. Beispielsweise definieren die Anfangswerte $a_0=a_1=1$ und die Rekursion $a_{n+2}=a_{n+1}+a_n$ die Folge der Fibonacci-Zahlen (vgl. Band I):

1, 1, 2, 3, 5, 8, 13, 21, 34, ...

Rekursionssatz: die Aussage, dass eine ↑ rekursive Folge durch ihre Anfangsglieder und eine Rekursionsvorschrift *eindeutig* bestimmt ist.

Dieser so selbstverständlich erscheinende Satz aus der formalen Logik hat interessante Anwendungen: Wir bezeichnen beispielsweise mit $\langle a_n\rangle$ die Folge der Fibonacci-Zahlen und definieren eine Folge $\langle b_n\rangle$ mit

$$b_n=\frac{1}{\sqrt{5}}\left(\left(\frac{1+\sqrt{5}}{2}\right)^{n+1}-\left(\frac{1-\sqrt{5}}{2}\right)^{n+1}\right).$$

Für die Folge $\langle b_n\rangle$ ist $b_0=b_1=1$ und $b_{n+2}=b_{n+1}+b_n$ für $n\geq 0$. Also **gilt** aufgrund des Rekursionssatzes $a_n=b_n$ für alle $n\in\mathbb{N}$. Die Formel gibt damit eine explizite Darstellung der Fibonacci-Zahlen. ■

rekursive Folge: eine ↑ Folge $\langle a_n\rangle$, bei der das n-te Glied gemäß einer Rekursionsvorschrift aus den vorangehenden Gliedern berechnet werden

rekursive Folge

kann. Bei den einfachsten rekursiven Folgen berechnet man a_n aus a_{n-1}, wobei ein Anfangswert a_0 vorgegeben ist.

Beispiel 1: Eine Folge $\langle a_n \rangle$ sei durch

$$a_0 := 1, \quad a_n := \frac{1}{2} a_{n-1} + \frac{1}{a_{n-1}}$$

für $n > 0$ gegeben. Es ist also

$a_1 = \frac{1}{2} \cdot 1 + 1 = \frac{3}{2} \quad = 1{,}5;$
$a_2 = \frac{1}{2} \cdot \frac{3}{2} + \frac{2}{3} = \frac{17}{12} \quad = 1{,}41\bar{6};$
$a_3 = \frac{1}{2} \cdot \frac{17}{12} + \frac{12}{17} = \frac{577}{408} = 1{,}4142\ldots.$

Die Folge $\langle a_n \rangle$ konvergiert gegen $\sqrt{2}$.

■ **Untersuchung rekursiver Folgen**

Zum Nachweis gewisser Eigenschaften (Beschränktheit, Monotonie) rekursiver Folgen eignet sich besonders die ↑ vollständige Induktion.

Beispiel 2: Die Folge $\langle a_n \rangle$ mit

$$a_0 := 2, \quad a_n := \sqrt{5 + a_{n-1}}$$

ist monoton wachsend und nach oben beschränkt. Dies weisen wir jetzt durch vollständige Induktion nach:

Beweis der Monotonie: Es ist $a_1 > a_0$, denn

$$a_1 = \sqrt{5+2} = \sqrt{7} > 2 = a_0.$$

Aus $a_n > a_{n-1} > 0$ folgt

$$a_{n+1} = \sqrt{5 + a_n} > \sqrt{5 + a_{n-1}} = a_n.$$

Beweis der Beschränktheit: Es ist $a_0 < 3$. Aus $a_n < 3$ folgt

$$a_{n+1} < \sqrt{5+3} = \sqrt{8} < 3.$$

Nach dem Hauptsatz über ↑ monotone Folgen ist $\langle a_n \rangle$ konvergent. Der Grenzwert a berechnet sich aus

$$a = \sqrt{5+a} \quad \text{und} \quad a > 0$$

bzw. $a^2 - a - 5 = 0$ und $a > 0$ zu

$$a = \frac{1 + \sqrt{21}}{2}.$$

■ **Spezielle rekursive Folgen**

In der Rekursionsvorschrift für eine Folge können zur Berechnung von a_n auch mehrere der vorangehenden Glieder benötigt werden. Ein Beispiel hierfür ist die Folge der Fibonacci-Zahlen (vgl. Band I), die durch $a_0 = 1, a_1 = 1$ und

$$a_n = a_{n-1} + a_{n-2} \quad (n \geq 2)$$

gegeben ist.

Die arithmetische Folge $\langle a_n \rangle$ mit $a_n = a + nd$ kann durch

$$a_0 = 1, \quad a_n = a_{n-1} + d \quad \text{für} \quad n > 0$$

oder (für $n > 1$) auch durch

$$a_0 = a, \quad a_1 = a + d,$$
$$a_n = 2a_{n-1} - a_{n-2}$$

definiert werden.

Die geometrische Folge $\langle a_n \rangle$ mit $a_n = aq^n$ lässt sich für $n > 0$ durch

$$a_0 = a, \quad a_n = a_{n-1} q$$

oder (für $n > 1$) auch durch

$$a_0 = a, \quad a_1 = aq, \quad a_n = \frac{a_{n-1}^2}{a_{n-2}}$$

definieren.

Zahlenfolgen, deren Glieder von zwei Indizes abhängen, kann man oft sehr übersichtlich rekursiv definieren.

Beispiel 3: Die Zahlen $a_{n,k}$ ($0 \leq k \leq n$) seien durch

$$a_{n,0} = a_{n,n} = 1 \quad \text{für alle} \quad n \in \mathbb{N}_0$$

und

$$a_{n,k} = a_{n-1,k-1} + a_{n-1,k}$$

für $1 \leq k \leq n$ definiert. Dann ist

$$a_{n,k} = \binom{n}{k}.$$

Die ↑ Binomialkoeffizienten $\binom{n}{k}$ lassen sich auch folgendermaßen rekursiv definieren:

$$\binom{n}{0} := 1, \quad \binom{n}{k} := \frac{n}{k} \binom{n-1}{k-1}.$$

Relation: Eine Relation zwischen zwei Mengen A und B ist eine Teilmenge R des ↑ kartesischen Produkts $A \times B$ (vgl. auch Band I).
Eine Relation in einer Menge M ist eine Teilmenge R des ↑ kartesischen Produkts $M \times M$. Für $(a,b) \in R$ kann man aRb schreiben und für R auch Symbole statt Buchstaben verwenden.
Beispiele:

- Teilbarkeitsrelation in $\mathbb{N}$: $a|b$;
- Kleiner-Relation in $\mathbb{R}$: $a < b$;
- Rechtwinkligkeit in einer Menge von Geraden: $g \perp h$.

relativ [lateinisch »bezüglich«]: bezeichnet das Gegenteil zu ↑ absolut, etwa in Begriffen wie relativer Fehler oder relative Häufigkeit. Ein relatives Minimum bzw. Maximum einer Funktion ist der kleinste bzw. größte ↑ Extremwert in einer Umgebung der untersuchten Stelle.

Repräsentativ|umfrage: eine spezielle ↑ Meinungsumfrage, bei der die gezogene Stichprobe die für die Fragestellung wichtigen Merkmale der Grundgesamtheit widerspiegeln soll.

Restglied: bei der ↑ Approximation einer Funktion f durch eine Funktion g die Differenz $f(x) - g(x)$. Bei der Approximation einer Funktion durch ihre Taylor-Polynome (↑ Taylor-Reihe) spielt die Abschätzung dieses Restglieds eine Rolle.

Restklasse: die Menge (Klasse) aller ganzen Zahlen, die bei Division durch eine fest gegebene natürliche Zahl m den gleichen fest gegebenen Rest r lassen. Diese Menge nennt man die Restklasse $r \bmod m$ (r modulo m). Beispielsweise besteht die Restklasse $3 \bmod 17$ aus den ganzen Zahlen

$$\ldots, -31, -14, 3, 20, 37, \ldots$$

Statt $a \bmod m$ kann man auch $a' \bmod m$ schreiben, wenn a und a' derselben Restklasse angehören. Es ist also

$3 \bmod 17 = -48 \bmod 17$
$ = 37 \bmod 17 = \ldots.$

Für Restklassen modulo m kann man eine Addition und eine Multiplikation vereinbaren:

$(a \bmod m) + (b \bmod m) := (a+b) \bmod m,$
$(a \bmod m) \cdot (b \bmod m) := (a \cdot b) \bmod m.$

Die Restklassen modulo m bilden damit einen ↑ Ring und – falls m eine Primzahl ist – sogar einen ↑ Körper (vgl. auch Band I).

reziprok [lateinisch »auf demselben Wege zurückkehrend«]: andere Bezeichnung für »Kehrwert von«. Die zur Zahl $a \neq 0$ reziproke Zahl ist $\frac{1}{a}$.
Die Reziprokfunktion (↑ Kehrfunktion) der Funktion f mit dem Funktionsterm $f(x)$ hat den Funktionsterm $\frac{1}{f(x)}$.

riccatische Differenzialgleichung [nach IACOPO FRANCESCO RICCATI; *1676, †1754]: eine ↑ Differenzialgleichung der Form

$$y' = f(x)y^2 + g(x)y + h(x).$$

Für diesen Typ von Differenzialgleichung gibt es keine allgemeine Lösungsformel. Man kann aber aus einer speziellen Lösung $y_0(x)$ weitere Lösungen

$$y(x) = y_0(x) + \frac{1}{u(x)}$$

konstruieren, wenn $u(x) \neq 0$ für alle x eine Lösung folgender Differenzialgleichung ist:

$$u' + (g(x) + 2f(x)y_0(x))u + f(x) = 0$$

Richtungsfeld: eine geometrische Veranschaulichung der Lösungsfunktionen einer ↑ Differenzialgleichung. Gegeben sei eine Differenzialgleichung der Form $y' = f(x,y)$. Jedem Punkt $(x|y) \in M$ des Definitionsbereiches M von f wird eine Richtung $\tan\alpha = y'$ zugeordnet. Die Lösungen von $y' = f(x, y)$ entsprechen somit Kurven (**Integralkurven**), die in jedem Punkt $(x|y(x))$ die durch $y'(x) = f(x, y(x))$ vorgeschriebene Steigung besitzen. Jedes Tripel $(x, y(x), y'(x))$ mit $y'(x) = f(x, y(x))$ heißt **Linienelement**. Die Gesamtheit der Linienelemente ist das Richtungsfeld der Differenzialgleichung $y' = f(x, y)$.

Durch das Richtungsfeld erhält man eine Vorstellung vom Verlauf der Integralkurven. In geometrischer Hin-

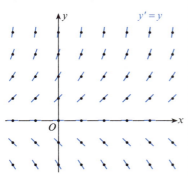

Richtungsfeld (Abb. 1): zur Differenzialgleichung $y' = y$

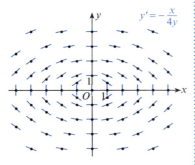

Richtungsfeld (Abb. 2): zur Differenzialgleichung $y' = -\dfrac{x}{4y}$

Riemann (Abb. 1): Bernhard Riemann

sicht besteht nämlich die Aufgabe des Lösens einer Differenzialgleichung der Form $y' = f(x, y)$ darin, alle Kurven aufzufinden, die auf das Richtungsfeld *passen*, die also in jedem Punkt eine Tangente besitzen und nur Linienelemente der gegebenen Differenzialgleichung enthalten. Die Abbildungen 1 und 2 zeigen Beispiele für Richtungsfelder von Differenzialgleichungen.

Richtungsvektor: ↑ Geradengleichung.

Riemann, Bernhard, deutscher Mathematiker, *Breselenz (bei Dannenberg) 17. 9. 1826, †Selasca (heute zu Verbania, Piemont) 20. 7. 1866: RIEMANN war Sohn eines Predigers und studierte ab 1846 in Göttingen und Berlin zunächst Philologie und Theologie, bevor er sich ganz der Mathematik zuwandte. 1851 promovierte er mit einer Arbeit über die Funktionen einer komplexen Veränderlichen. 1854 habilitierte er sich in Göttingen und hatte verschiedene Stellungen inne, bis er 1859 als Nachfolger von P. ↑ DIRICHLET ordentlicher Professor in Göttingen wurde. Wegen eines schweren Lungenleidens lebte er ab 1862 längere Zeit in Italien.

RIEMANN hat nur sehr wenige, aber wegweisende Arbeiten geschrieben. Er arbeitete an Fragen der Analysis, Zahlentheorie, Geometrie und mathematischen Physik. Sein Modell einer nichteuklidischen Geometrie (also ohne Gültigkeit des Parallelenaxioms; vgl. Band I) – sein Habilitationsthema – ist grundlegend u.a. für die Relativitätstheorie. Durch die Einführung der geometrischen Betrachtungsweise in die Funktionentheorie hat er eine sehr fruchtbare Methode geschaffen. Seine Deutung des ↑ Integrals war die erste exakte Begriffsbildung auf diesem Gebiet.

Riemann-Integral [nach B. ↑ RIEMANN]: das ↑ Integral im üblichen Sinne, zur Unterscheidung von den allgemeineren Integralbegriffen.

riemannsche Summe: ↑ Integral.

riemannsche Zahlenkugel [nach B. ↑ RIEMANN]: eine Möglichkeit der geometrischen Darstellung ↑ komplexer Zahlen auf einer Kugel. Die Punkte der Kugel und die Punkte der komplexen Zahlenebene (gaußsche Zahlenebene) werden einander durch eine ↑ stereografische Projektion zugeordnet.

Ring: eine ↑ algebraische Struktur (Verknüpfungsgebilde) $(R, +, \cdot)$ mit zwei Verknüpfungen »+« und »·«, die folgende Eigenschaften hat:

- $(R, +)$ ist eine kommutative ↑ Gruppe.
- $(R, \cdot)$ ist eine ↑ Halbgruppe, d.h., die algebraische Struktur $(R, \cdot)$ ist assoziativ.
- Die Verknüpfung »·« ist distributiv bezüglich »+«, d.h., für alle $a, b, c \in R$ gilt

$a \cdot (b + c) = (a \cdot b) + (a \cdot c)$ und
$(b + c) \cdot a = (b \cdot a) + (c \cdot a)$.

Ist auch die Verknüpfung »·« in R kommutativ, so heißt der Ring $(R, +, \cdot)$ kommutativ.

Jeder Ring $(R, +, \cdot)$ hat ein neutrales Element bezüglich »+«, weil $(R, +)$ eine Gruppe ist. Es heißt Nullelement des Rings. Besitzt der Ring auch ein neutrales Element bezüglich »·«, so nennt man es Einselement und spricht in diesem Fall von einem Ring mit Einselement.

Beispiele: Jeder ↑ Körper $(K, +, \cdot)$ ist auch ein kommutativer Ring mit Einselement. $(\mathbb{Z}, +, \cdot)$ ist ein kommutativer Ring (Ring der ganzen Zahlen) mit dem Nullelement 0 und dem Einselement 1. Die Menge M_n der n-reihigen quadratischen Matrizen über $\mathbb{R}$ bildet einen nichtkommutativen Ring bezüglich der Matrizenaddition und -multiplikation mit der Einheitsmatrix als Einselement. Die Menge der ↑ Restklassen modulo m ist ein Beispiel für einen endlichen Ring bezüglich der Restklassenaddition und -multiplikation mit dem Einselement $\bar{1} \bmod m$.

Risiko: ↑ Testen von Hypothesen.

Rollkurve: ↑ Zykloide.

Rotationskörper (Drehkörper): ein Körper, dessen Mantelfläche durch Rotation einer ebenen Kurve um eine feste Achse entsteht (Abb. 1).

Wählt man die x-Achse eines Koordinatensystems als Drehachse und gibt

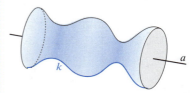

Rotationskörper (Abb. 1): Durch Rotation des Kurvenstücks k um die Achse a entsteht ein Rotationskörper.

die rotierende Kurve in der x-y-Ebene an, so lässt sich das Volumen und der Oberflächeninhalt mithilfe von Integralen berechnen (↑ guldinsche Regeln). Die erzeugende Kurve sei der Graph von f auf dem Intervall $[a; b]$. An der Stelle $x \in [a; b]$ betrachten wir eine Scheibe der Dicke Δx (Abb. 2). Diese Scheibe hat näherungsweise das Volumen

$$\Delta V = \pi (f(x))^2 \cdot \Delta x;$$

daher beträgt das Volumen des Körpers

$$V = \pi \int_a^b (f(x))^2 \, dx.$$

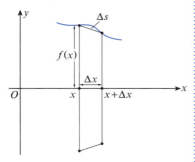

Rotationskörper (Abb. 2):
Berechnung des Volumens und des Mantelflächeninhalts eines Rotationskörpers

Die Mantelfläche dieser Scheibe hat näherungsweise den Inhalt

$$\Delta F = 2\pi f(x) \cdot \Delta s$$

mit

$$\Delta s = \sqrt{(\Delta x)^2 + (\Delta y)^2}$$
$$= \sqrt{1 + (f'(x))^2} \cdot \Delta x$$

(↑ Bogenlänge). Daher hat die Oberfläche (Mantelfläche) des Körpers den Inhalt

$$F = 2\pi \int_a^b f(x) \sqrt{1 + (f'(x))^2} \, dx.$$

Rückfangmethode

Beispiel 1: Das Paraboloid in Abb. 3 hat das Volumen

$$V = \pi \int_0^1 x \, dx = \tfrac{1}{2} \pi \approx 1{,}57$$

und den Oberflächeninhalt

$$F = 2\pi \int_0^1 \sqrt{x} \sqrt{1 + \frac{1}{4x}} \, dx$$
$$= 2\pi \int_0^1 \sqrt{x + \frac{1}{4}} \, dx$$
$$= \frac{4}{3} \pi \left(\left(\frac{5}{4}\right)^{1,5} - \left(\frac{1}{4}\right)^{1,5} \right) \approx 5{,}33.$$

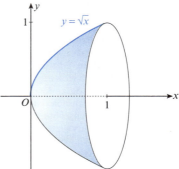

Rotationskörper (Abb. 3): Paraboloid

Roulette: [ru'lɛt]: ein reines ↑ Glücksspiel.

Rückfangmethode: eine Methode zum Schätzen einer großen Anzahl, z.B. der Anzahl der Fische in einem Teich: Man fängt r Fische, markiert sie und lässt sie wieder frei. Dann fängt man n Fische, von denen x markiert sind. Für die Anzahl N aller Fische im Teich gilt dann

$$\frac{n}{N} \approx \frac{x}{r}, \text{ also } N \approx \frac{nr}{x}.$$

Dieses Verfahren ist ein spezieller Fall einer ↑ Maximum-Likelihood-Methode.

S

sarrussche Regel [sa'rys-;] [nach PIERRE FRÉDÉRIC SARRUS; *1798, †1861]: Regel zur Berechnung des Wertes einer dreireihigen ↑ Determinante.

Sattelpunkt: beim Graph einer Funktion einer reellen Veränderlichen ein Wendepunkt mit waagerechter Tangente; bei einer »glatten« Fläche im dreidimensionalen Koordinatensystem ein Punkt mit waagerechter Tangentialebene, welcher kein Extremalpunkt ist. Ein hyperbolisches Paraboloid (↑ Flächen zweiter Ordnung) besitzt einen solchen Sattelpunkt und heißt daher auch **Sattelfläche**.

Satz von Bolzano-Weierstraß: ↑ Bolzano-Weierstraß-Axiom.

Satz von Brianchon [-briã'ʃɔ̃; nach CHARLES BRIANCHON; *1783, †1864]: folgender Satz der ebenen Geometrie: Ein Sechseck ist genau dann ein Tangentensechseck eines Kegelschnitts (↑ Kurve zweiter Ordnung), wenn sich die Verbindungsgeraden gegenüberliegender Ecken in einem Punkt schneiden (Abb. 1). Dieser Punkt heißt dann **brianchonscher Punkt** des Sechsecks. Dieser Satz ist dual zum ↑ Satz von Pascal.

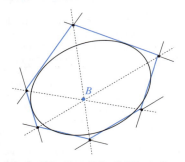

Satz von Brianchon (Abb. 1): Ellipse mit Tangentensechseck

Satz von Cauchy [-ko'ʃi]: ↑ Cauchy-Axiom.

Satz von Dedekind: ↑ Dedekind-Axiom.

Satz von Heine-Borel: ↑ Heine-Borel-Axiom.

Satz von Moivre-Laplace [-'mwa:vrlaplas]: ↑ Grenzwertsatz von Moivre-Laplace.

Satz von Pappus [nach PAPPUS VON ALEXANDRIA, um 320 n. Chr.]: der folgende Satz der projektiven Geometrie: Sind auf zwei verschiedenen Geraden g und g' einer Ebene je drei Punkte A, B, C und A', B', C' gegeben, dann liegen

- der Schnittpunkt der Geraden $g_{AB'}$ und $g_{A'B}$,
- der Schnittpunkt der Geraden $g_{AC'}$ und $g_{A'C}$ und
- der Schnittpunkt der Geraden $g_{BC'}$ und $g_{B'C}$

auf einer Geraden (Abb. 1).

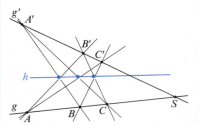

Satz von Pappus (Abb. 1): allgemeiner Fall

Versteht man $AB'CA'BC'$ als ein Sechseck, dann kann man den Satz von Pappus auch folgendermaßen formulieren: Liegen die Ecken eines Sechsecks abwechselnd auf zwei Geraden einer Ebene, so liegen die drei Schnittpunkte der Gegenseitenpaare auf einer Geraden. Fasst man das Geradenpaar (g, g') als einen speziellen Kegelschnitt auf, dann erweist sich der Satz von Pappus als ein Sonderfall des ↑ Satzes von Pascal. Daher heißt

der Satz von Pappus auch Satz von Pascal für das Geradenpaar oder **Satz von Pappus-Pascal**.
Ein Sonderfall des Satzes von Pappus entsteht, wenn die Gerade *h* in Abb. 1 die unendlich ferne Gerade ist: Sind auf zwei sich schneidenden Geraden *g* und *g′* Punktetripel (A, B, C) und (A', B', C') gegeben und gilt

$AA' \| CC'$ und $A'B \| B'C$,

dann gilt auch $AB' \| BC'$ (Abb. 2).

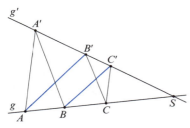

Satz von Pappus (Abb. 2): Sonderfall

Den Satz von Pappus kann man mithilfe der ↑ Vektorrechnung beweisen.
Satz von Pascal [nach B. ↑ Pascal]: folgender Satz der ebenen Geometrie: Ein Sechseck ist genau dann Sehnensechseck eines Kegelschnitts (↑ Kurve zweiter Ordnung), wenn die Schnittpunkte gegenüberliegender Seitengeraden auf einer Geraden liegen (Abb. 1). Diese Gerade heißt dann **pascalsche Gerade** des Sechsecks. Dieser Satz ist dual zum ↑ Satz von Brianchon.
Satz von Rolle [nach Michel Rolle; *1652, †1719]: ein Sonderfall des ↑ Mittelwertsatzes der Differenzialrechnung, den man umgekehrt auch aus dem Satz von Rolle herleiten kann: Die Funktion *f* sei stetig auf $[a; b]$ und differenzierbar auf $]a; b[$, und es gelte $f(a) = f(b)$. Dann gibt es mindestens eine Zwischenstelle $\xi \in \,]a; b[$ mit $f'(\xi) = 0$ (Abb. 1).

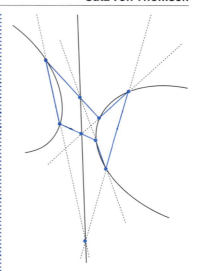

Satz von Pascal (Abb. 1): Sehnensechseck einer Hyperbel

Der Satz von Rolle folgt daraus, dass *f* an der Stelle eines Extremums in $]a; b[$ die Ableitung 0 hat. Dass eine in einem Intervall stetige Funktion dort ein Extremum besitzt, folgt aus der ↑ Vollständigkeit des angeordneten Körpers der reellen Zahlen.

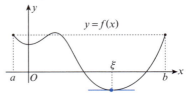

Satz von Rolle (Abb. 1): eine der Zwischenstellen $\xi \in \,]a; b[$ mit $f'(\xi) = 0$

Satz von Taylor [-'teɪlə]: ↑ Taylor-Reihe.
Satz von Thomsen [nach G. Thomsen; *1899, †1934]: der folgende Satz der ebenen Geometrie: Gegeben sei ein Dreieck *ABC* und ein Punkt $P_1 \in g_{BC}$. Die Parallele zu g_{AC} durch

Satz von Varignon

P_1 schneidet die Gerade g_{AB} im Punkt P_2. Die Parallele zu g_{BC} durch P_2 schneidet die Gerade g_{AC} im Punkt P_3. Durch fortgesetztes Zeichnen solcher Parallelen erhält man die Punkte $P_1, P_2, \ldots, P_6, P_7$ (Abb. 1). Es gilt dann $P_1 = P_7$.

Dies beweist man mithilfe der Strahlensätze (vgl. Band I) oder mithilfe der ↑ Vektorrechnung.

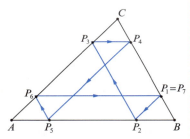

Satz von Thomsen (Abb. 1): ein Beispiel zum Satz

Satz von Varignon [-variˈɲɔ̃; nach PIERRE VARIGNON; *1654, †1722]: der folgende Satz der analytischen Geometrie: Gegeben sei ein Viereck im Raum, dessen Eckpunkte nicht notwendigerweise in einer Ebene liegen müssen. Die Verbindungsstrecken gegenüberliegender Seitenmittelpunkte schneiden sich in einem Punkt S. Haben die Eckpunkte A, B, C, D die Ortsvektoren $\vec{a}, \vec{b}, \vec{c}, \vec{d}$, dann hat S den Ortsvektor

$$\vec{s} = \tfrac{1}{4}(\vec{a} + \vec{b} + \vec{c} + \vec{d}).$$

Denkt man sich die Eckpunkte alle mit der gleichen Masse belegt, dann ist S der ↑ Schwerpunkt dieses Systems aus vier Punkten (Abb. 1).

Der Satz lässt sich mithilfe der ↑ Vektorrechnung beweisen: Es ist

$$\vec{s} = \vec{a} + \tfrac{1}{2}(\vec{d} - \vec{a}) + \tfrac{1}{2}(\tfrac{1}{2}(\vec{b} + \vec{c}) - \tfrac{1}{2}(\vec{a} + \vec{d}))$$

und

$$\vec{s} = \vec{a} + \tfrac{1}{2}(\vec{b} - \vec{a}) + \tfrac{1}{2}(\tfrac{1}{2}(\vec{c} + \vec{d}) - \tfrac{1}{2}(\vec{a} + \vec{b})).$$

Schätzen von Wahrscheinlichkeiten: Die unbekannte ↑ Wahrscheinlichkeit p für den Ausfall ω eines Zufallsversuchs schätzt man durch die in einer ↑ Zufallsversuchsreihe erhaltene relative Häufigkeit h von ω. Dabei ergeben sich folgende Fragen:

Wie groß ist die Wahrscheinlichkeit, dass p um weniger als eine vorgegebene Zahl ε von h abweicht? Man fragt hier nach der **Sicherheitswahrscheinlichkeit**.

In welchem Intervall um h liegt p mit einer vorgegebenen Wahrscheinlichkeit? Man fragt hier nach dem **Vertrauensintervall**.

Wie lang muss die Zufallsversuchsreihe sein, um ein Vertrauensintervall vorgegebener Länge mit vorgegebener Sicherheitswahrscheinlichkeit zu erhalten? Man fragt hier nach dem **notwendigen Stichprobenumfang**.

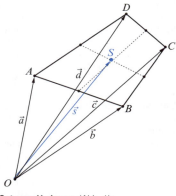

Satz von Varignon (Abb. 1): Die Seitenhalbierenden des Vierecks schneiden sich im Schwerpunkt.

Schätzen von Wahrscheinlichkeiten

■ Grundlagen

Ausgangspunkt zur Beantwortung dieser Fragen ist eine ↑ Bernoulli-Kette der Länge n mit der Trefferwahrscheinlichkeit p. Die Wahrscheinlichkeitsverteilung der ↑ Zufallsgröße

$X :=$ Anzahl der Treffer

lässt sich näherungsweise durch eine Normalverteilung approximieren:

$$P(|X-\mu| \leq c\sigma) = 2\Phi\left(\frac{c\sigma + 0{,}5}{\sigma}\right) - 1.$$

Dabei ist $\sigma = \sqrt{np(1-p)}$ die Standardabweichung und $\mu = np$ der Erwartungswert, und es gilt

$$\Phi(x) = \frac{1}{\sqrt{2\pi}} \int_{-\infty}^{x} \exp\left(-\frac{t^2}{2}\right) dt.$$

Für die relative Häufigkeit h der Treffer erhält man

$$P\left(|h-p| \leq c\sqrt{\frac{p(1-p)}{n}}\right) \quad (1)$$
$$= 2\Phi(c) - 1;$$

dabei haben wir im Argument von Φ den Summanden 0,5 vernachlässigt, was für großes $c\sigma$ kein bedeutender Fehler ist. Wir ersetzen noch

$$\sqrt{\frac{p(1-p)}{n}} \quad \text{durch} \quad \sqrt{\frac{h(1-h)}{n}},$$

was wegen $h \approx p$ ebenfalls kein bedeutender Fehler sein kann. Wir erhalten also

$$P\left(|h-p| \leq c\sqrt{\frac{h(1-h)}{n}}\right) \quad (2)$$
$$= 2\Phi(c) - 1.$$

Tab. 1 enthält oft benutzte Werte von c bzw. $2\Phi(c) - 1$.

$2\Phi(c)-1$	c
68,3%	1
95%	1,96
95,4%	2
99%	2,58
99,7%	3
99,9%	3,29

Schätzen von Wahrscheinlichkeiten
(Tab. 1)

■ Beantwortung der Fragen

Die Frage nach der Sicherheitswahrscheinlichkeit wird unmittelbar durch (2) beantwortet, indem man aus

$$c\sqrt{\frac{h(1-h)}{n}} = \varepsilon$$

die Zahl c bestimmt und mithilfe der tabellierten Werte von Φ (↑ Normalverteilung) den Wert von $2\Phi(c) - 1$ berechnet.

Auch die Frage nach dem Vertrauensintervall wird durch (2) beantwortet. Beispielsweise ist

$$P\left(|h-p| \leq 2{,}58\sqrt{\frac{h(1-h)}{n}}\right) = 99\%.$$

Für $n = 1000$ und $h = 0{,}163$ heißt dies

$$P(|h-p| \leq 0{,}0301) = 99\%.$$

In 99% aller Fälle ist also die Entscheidung »$0{,}1329 \leq p \leq 0{,}1931$« richtig. Anders ausgedrückt: Das Intervall $[0{,}1329;\ 0{,}1931]$ ist ein 99%-Vertrauensintervall (**Konfidenzintervall**) für die gesuchte Wahrscheinlichkeit von p. Man kann das Vertrauensintervall durch Vergrößern von n verkleinern (und damit »verbessern«), aber auch durch Verringern der Sicherheitswahrscheinlichkeit.

Schätzgröße

Um den notwendigen Stichprobenumfang zu bestimmen, löst man die Ungleichung

$$c \cdot \sqrt{\frac{p(1-p)}{n}} \leq \varepsilon$$

nach n auf, also

$$n \geq p(1-p)\frac{c^2}{\varepsilon^2}$$

(zur Erinnerung: ε ist die Zahl, um die p maximal von der relativen Häufigkeit h abweicht). Weiß man nichts über p, so gewinnt man wegen $p(1-p) \leq \frac{1}{4}$ (vgl. Abb. 1) nur die Abschätzung

$$n \geq 0{,}25 \cdot \frac{c^2}{\varepsilon^2}.$$

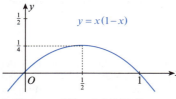

Schätzen von Wahrscheinlichkeiten
(Abb. 1): $x(1-x) \leq 0{,}25$ für $|x| \leq 1$

Weiß man bereits, dass $0{,}1 \leq p \leq 0{,}2$ gilt, so erhält man

$$n \geq 0{,}16 \cdot \frac{c^2}{\varepsilon^2}.$$

Möchte man ein 99%-Vertrauensintervall der Länge $2\varepsilon = 0{,}006$ erhalten, so muss man also für den Stichprobenumfang fordern:

$$n \geq 0{,}25 \cdot \frac{2{,}58^2}{0{,}003^2} = 184\,900;$$

man muss also rund 185 000 Versuche machen.
Mit der genaueren Formel (1) erhält man das Vertrauensintervall durch Lösen der folgenden quadratischen Ungleichung:

$$(h-p)^2 \leq c^2\,\frac{p(1-p)}{n}.$$

Die Genauigkeit lässt sich weiterhin erhöhen, indem man in (1) auf der rechten Seite c durch $c + \dfrac{0{,}5}{\sqrt{nh(1-h)}}$ ersetzt; dies ist insbesondere bei kleinem Stichprobenumfang zu empfehlen.

Schätzgröße (Schätzfunktion): eine Funktion, mit der sich ein Parameter eines Zufallsversuchs abschätzen lässt. Es sei X eine ↑ Zufallsgröße auf einem Zufallsversuch; hierzu konstruieren wir eine ↑ Bernoulli-Kette der Länge n (n-malige unabhängige Wiederholung) und bezeichnen mit X_i diejenige Zufallsgröße, die den Wert von X beim i-ten Glied der Bernoulli-Kette angibt.
Eine Zufallsgröße S auf der Bernoulli-Kette, die von $X_1, X_2, \ldots, X_n$ abhängt, heißt eine **Stichprobenfunktion**. Man nennt sie eine Schätzgröße oder Schätzfunktion für den Parameter α der Zufallsgröße X (z. B. für den ↑ Erwartungswert oder die ↑ Varianz von X), wenn sie zur Schätzung dieses Parameters α dient. Beispielsweise ist

$$\bar{X} := \frac{1}{n}(X_1 + X_2 + \ldots + X_n)$$

eine Schätzgröße für den Erwartungswert $E(X)$, und

$$\bar{S}^2 := \frac{1}{n-1}\sum_{i=1}^{n}(X_i - E(X))^2$$

ist eine Schätzgröße für die Varianz $V(X)$; in beiden Fällen handelt es sich um ↑ erwartungstreue Schätzgrößen.

Schaubild: ↑ Funktionsgraph.

Scheitel: besonders ausgezeichnete Punkte einer Kurve, insbesondere bei ↑ Kegelschnitten.

schiefwinkliges Koordinatensystem: ein ↑ Koordinatensystem, dessen Achsen nicht orthogonal zueinander sind.

Schleppkurve (Traktrix): die Kurve, die ein Punkt (»Schlepppunkt«) beschreibt, der in der Ebene an einem Faden der Länge a gezogen wird, wenn sich das andere Ende des Fadens auf einer Geraden (»Leitgerade«) bewegt (Abb. 1). Der Faden hat dabei im Schlepppunkt stets die Richtung der Tangente an die Schleppkurve, und die Leitgerade ist Asymptote. Die Traktrix ergibt sich auch als ↑ Evolvente der ↑ Kettenlinie.

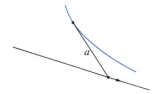

Schleppkurve (Abb. 1): zur Definition

Wählt man als Leitgerade die x-Achse, dann hat die Schleppkurve folgende Parameterdarstellung (Abb. 2):

$$x = a \cdot \left(\ln \tan \frac{\varphi}{2} + \cos \varphi \right),$$
$$y = a \cdot \sin \varphi.$$

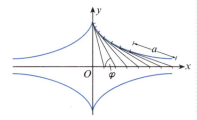

Schleppkurve (Abb. 2):
Schleppkurve bezüglich der x-Achse im kartesischen Koordinatensystem

Schnittwinkel: der Winkel, den sich schneidende Geraden oder Ebenen einschließen. Sind zwei *Geraden* in der Ebene mit den Steigungen m_1 und m_2 gegeben, dann lässt sich im Fall $m_1 \neq m_2$ der Schnittwinkel berechnen: Wegen

$$\tan(\alpha_1 - \alpha_2) = \frac{\sin(\alpha_1 - \alpha_2)}{\cos(\alpha_1 - \alpha_2)}$$
$$= \frac{\sin \alpha_1 \cos \alpha_2 - \cos \alpha_1 \sin \alpha_2}{\cos \alpha_1 \cos \alpha_2 + \sin \alpha_1 \sin \alpha_2}$$
$$= \frac{\tan \alpha_1 - \tan \alpha_2}{1 + \tan \alpha_1 \tan \alpha_2}$$

(↑ Additionstheorem) gilt für den Schnittwinkel (vgl. Abb. 1)

$$\tan \varphi = \frac{m_1 - m_2}{1 + m_1 m_2}.$$

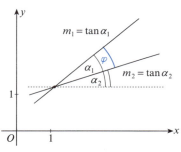

Schnittwinkel (Abb. 1): Schnittwinkel zweier Geraden

Ist eine der beiden Geraden parallel zur y-Achse, dann ergibt sich der Schnittwinkel unmittelbar aus dem Steigungswinkel der anderen Geraden.
Als Schnittwinkel zweier *Kurven* definiert man den Schnittwinkel der Tangenten im Schnittpunkt der beiden Kurven. Handelt es sich um die Graphen zweier ↑ differenzierbarer Funktionen f und g und ist $f(x_0) = g(x_0)$, dann schneiden sich die Graphen von f und g an der Stelle x_0 unter einem Winkel φ mit

$$\tan \varphi = \frac{f'(x_0) - g'(x_0)}{1 + f'(x_0) g'(x_0)}.$$

Sind zwei Geraden in ↑ Parameterdarstellung mit den Richtungsvektoren $\vec{u}$

und $\vec{v}$ gegeben, dann gilt für den Schnittwinkel

$$\cos\varphi = \frac{\vec{u}\cdot\vec{v}}{|\vec{u}|\,|\vec{v}|}$$

(↑ Skalarprodukt). Dies gilt für Geraden in der Ebene und für Geraden im Raum. Bei Geraden im Raum ist kein Schnittwinkel definiert, wenn sie ↑ windschief sind.

Als Schnittwinkel zweier *Ebenen im Raum* wird der Winkel zwischen den Normalenvektoren definiert: Die Ebenen

E_1: $a_1 x_1 + a_2 x_2 + a_3 x_3 = a$,
E_2: $b_1 x_1 + b_2 x_2 + b_3 x_3 = b$

haben die Normalenvektoren

$$\vec{n}_1 = \begin{pmatrix} a_1 \\ a_2 \\ a_3 \end{pmatrix} \text{ und } \vec{n}_2 = \begin{pmatrix} b_1 \\ b_2 \\ b_3 \end{pmatrix}.$$

Der Schnittwinkel φ der beiden Ebenen ergibt sich also (vgl. Abb. 2) aus

$$\cos\varphi = \frac{\vec{n}_1 \cdot \vec{n}_2}{|\vec{n}_1|\,|\vec{n}_2|}.$$

Der Schnittwinkel einer *Geraden und einer Ebene* im Raum ist als $90° - \varphi$ definiert, wobei φ der Winkel zwischen einem Richtungsvektor der Geraden und einem Normalvektor der Ebene ist (Abb. 2).

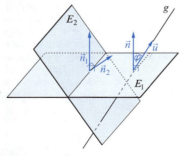

Schnittwinkel (Abb. 2): Schnittwinkel einer Geraden und einer Ebene im Raum

Schranke: Für eine Menge M reeller Zahlen (also $M \subseteq \mathbb{R}$) heißt die reelle Zahl S eine **obere Schranke**, wenn

$x \leq S$ für alle $x \in M$.

Entsprechend heißt T eine **untere Schranke** von M, wenn

$x \geq T$ für alle $x \in M$.

Ist M beschränkt, so existieren untere und obere Schranken von M.

Die kleinste obere Schranke einer nach oben beschränkten Menge heißt ihre obere Grenze oder ihr ↑ Supremum. Die größte untere Schranke einer nach unten beschränkten Menge heißt ihre untere Grenze oder ihr ↑ Infimum.

Unter einer (oberen, unteren) Schranke einer Funktion oder einer Folge versteht man eine Schranke für die Menge der Funktionswerte bzw. die Menge der Folgenglieder.

Schrankensatz: Ist die Funktion f auf $[a;b]$ stetig und auf $]a;b[$ differenzierbar und gilt dort $m \leq f'(x) \leq M$, dann gilt

$$m \leq \frac{f(u) - f(v)}{u - v} \leq M$$

für alle $u,v \in [a;b]$ mit $u \neq v$. Dieser Satz folgt aus dem ↑ Mittelwertsatz der Differenzialrechnung.

Schraubenlinie: die ↑ Kurve im Raum, die sich in kartesischen Koordinaten durch folgende ↑ Parameterdarstellung beschreiben lässt:

$x = a\cos t,\ y = a\sin t,\ z = bt$

($a > 0$, $0 \leq t \leq 2\pi$). Je nachdem, ob $b > 0$ oder $b < 0$, erhält man eine Rechts- oder eine Linksschraube.

Schubfachprinzip: ↑ Taubenschlagprinzip.

schwarzsche Ungleichung [nach HERMANN AMANDUS SCHWARZ; *1843, †1921]: ↑ Cauchy-Schwarz-Ungleichung.

Schwerpunkt: der Punkt, in dem man sich die gesamte Masse eines Objekts vereinigt denken kann, ohne dass sich die Drehmomente ändern. Der Schwerpunkt eines Dreiecks ergibt sich als Schnittpunkt der Seitenhalbierenden (vgl. auch ↑ Satz von Varignon). Den Schwerpunkt eines beliebigen Kurven- oder Flächenstücks kann man berechnen, wenn man sich das Kurven- bzw. Flächenstück homogen mit Masse belegt denkt.

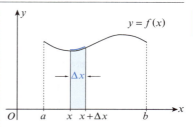

Schwerpunkt (Abb. 1): Skizze zur Schwerpunktberechnung

■ **Schwerpunkt eines Kurvenstücks**

Es sei ein Kurvenstück durch den Graph einer differenzierbaren Funktion f über dem Intervall $[a;b]$ gegeben. Das Kurvenstück zwischen den Stellen x und $x+\Delta x$ hat die Länge

$$\Delta s \approx \sqrt{(\Delta x)^2 + (\Delta y)^2}$$
$$= \sqrt{1 + \left(\frac{\Delta y}{\Delta x}\right)^2} \cdot \Delta x$$
$$\approx \sqrt{1 + (f'(x))^2} \cdot \Delta x$$

(vgl. Abb. 1). Sein Drehmoment bezüglich der x-Achse ist

$$f(x) \cdot \Delta x \approx f(x) \sqrt{1+(f'(x))^2} \cdot \Delta x.$$

Das Drehmoment des gesamten Kurvenstücks ist also

$$\int_a^b f(x) \sqrt{1+(f'(x))^2} \, dx.$$

Bezeichnet man mit l die Länge (↑ Bogenlänge) des Kurvenstücks und mit y_S die y-Koordinate ihres Schwerpunkts, dann ist das Drehmoment andererseits $y_S \cdot l$, es ergibt sich also

$$y_S = \frac{1}{l} \int_a^b f(x) \sqrt{1+(f'(x))^2} \, dx.$$

■ **Schwerpunkt eines Flächenstücks**

Es sei ein Flächenstück durch den Graph einer differenzierbaren Funktion f über dem Intervall $[a;b]$ gegeben. Das Drehmoment bezüglich der x-Achse, das der Streifen der Dicke Δx in Abb. 1 hat, ist $\frac{1}{2}(f(x))^2 \Delta x$, das gesamte Drehmoment ergibt sich daher zu

$$\frac{1}{2} \int_a^b (f(x))^2 \, dx.$$

Ist A der Inhalt der Fläche und y_S die y-Koordinate ihres Schwerpunkts, dann ist $y_S \cdot A$ das gesamte Drehmoment und daher

$$y_S = \frac{1}{2A} \int_a^b (f(x))^2 \, dx.$$

Sekante: [zu lateinisch *secare* »schneiden«]: zu einer Kurve eine Gerade, welche die Kurve in zwei Punkten schneidet (im Gegensatz zu ↑ Tangente oder ↑ Passante).

Sekantennäherungsverfahren: andere Bezeichnung der ↑ Regula Falsi.

Sekantenverfahren: ein Verfahren zur ↑ numerischen Integration.

Selbstähnlichkeit: Eigenschaft einer Punktmenge, aus einer endlichen Anzahl zueinander kongruenter Punktmengen zu bestehen, welche alle zur gegebenen Punktmenge ähnlich sind (↑ Ähnlichkeitsabbildung). Selbstähnliche Mengen treten in der ↑ fraktalen Geometrie auf.

semikubische Parabel: ↑ neilsche Parabel.

Sequenzialtest: ein spezieller Alternativtest für Hypothesen, der nach seinem Erfinder auch ↑ waldscher Sequenzialtest heißt.

sicheres Ereignis: das ↑ Ereignis mit der Wahrscheinlichkeit 1.

Sicherheitswahrscheinlichkeit: beim ↑ Testen von Hypothesen die Wahrscheinlichkeit $1-\alpha$, wenn α die Irrtumswahrscheinlichkeit ist.

Siebformel: eine Formel zur Berechnung der Elementeanzahl einer endlichen Menge, die als Vereinigungsmenge gegeben ist. Für eine endliche Menge A bezeichnen wir mit $|A|$ die Anzahl der Elemente von A. Es gilt (vgl. Abb. 1)

$$|A \cup B| = |A| + |B| - |A \cap B|. \quad (1)$$

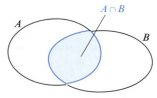

Siebformel (Abb. 1): zur Siebformel für zwei Mengen

Aus (1) kann man eine entsprechende Formel für drei Mengen herleiten:

$$\begin{aligned}|A \cup B \cup C| &= |(A \cup B) \cup C| \\ &= |A \cup B| + |C| - |(A \cup B) \cap C| \\ &= |A| + |B| - |A \cap B| \\ &\quad + |C| - |(A \cap C) \cup (B \cap C)| \\ &= |A| + |B| + |C| \\ &\quad - |A \cap B| - |A \cap C| - |B \cap C| \\ &\quad + |(A \cap C) \cap (B \cap C)|.\end{aligned}$$

Wegen $(A \cap C) \cap (B \cap C) = A \cap B \cap C$ folgt

$$\begin{aligned}|A \cup B \cup C| &= |A| + |B| + |C| \\ &\quad - |A \cap B| - |A \cap C| - |B \cap C| \\ &\quad + |A \cap B \cap C|.\end{aligned} \quad (2)$$

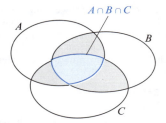

Siebformel (Abb. 2): zur Siebformel für drei Mengen

Anhand von Abb. 2 kann man Formel (2) sehr einfach deuten: Die Summe $|A| + |B| + |C|$ zählt die Elemente in dem grau gerasterten Gebiet doppelt und in dem blau gerasterten Gebiet dreifach; die Summe $|A \cap B| + |A \cap C| + |B \cap C|$ zählt die Elemente in dem grau gerasterten Gebiet einfach und die in dem blau gerasterten Gebiet dreifach. Also wird auf der rechten Seite von (2) jedes Element von $A \cup B \cup C$ genau einmal gezählt.

■ Verallgemeinerung

In Verallgemeinerung von (1) und (2) gilt für n endliche Mengen $A_1, A_2, \ldots, A_n$ die allgemeine Siebformel

$$\begin{aligned}|A_1 \cup A_2 \cup \ldots \cup A_n| &= \sum_{1 \leq j \leq n} |A_j| \\ &\quad - \sum_{1 \leq j_1 < j_2 \leq n} |A_{j_1} \cap A_{j_2}| \\ &\quad + \sum_{1 \leq j_1 < j_2 < j_3 \leq n} |A_{j_1} \cap A_{j_2} \cap A_{j_3}| \\ &\quad - \ldots \\ &\quad + (-1)^{n-1} |A_1 \cap A_2 \cap \ldots A_n|. \quad (3)\end{aligned}$$

Die Siebformel lässt sich verallgemeinern, indem man statt der Anzahl $|A|$ der Elemente irgendeine Funktion f auf den endlichen Mengen mit

$$f(A) = \sum_{a \in A} f(\{a\})$$

betrachtet. Dann spricht man vom **Prinzip der Inklusion und Exklusion** oder von der **Ein- und Ausschaltformel**.

Beispiel 1: Bezeichnet man mit $P(E)$ die Wahrscheinlichkeit des Ereignisses E, so lautet (1)

$$P(A \cup B) = P(A) + P(B) - P(A \cap B)$$

(↑ Additionssatz). Entsprechend gelten (2) und (3) für Wahrscheinlichkeiten von drei oder mehr Ereignissen.

Beispiel 2: Es sei

$$m = p_1^{\alpha_1} \cdot p_2^{\alpha_2} \cdot \ldots \cdot p_n^{\alpha_n}$$

die kanonische Primfaktorzerlegung der natürlichen Zahl m. Es sei weiterhin A_i die Menge aller Zahlen zwischen 1 und m, die durch p_i teilbar sind ($i = 1, 2, \ldots, n$). Dann ist

$$|A_1 \cup A_2 \cup \ldots \cup A_n| = m - \varphi(m),$$

wobei $\varphi(m)$ die Anzahl der zu m teilerfremden Zahlen zwischen 1 und m angibt. Ferner ist

$$|A_j| = \frac{m}{p_j},$$
$$|A_i \cap A_j| = \frac{m}{p_i p_j} \quad \text{für} \quad i \neq j$$

usw.; aus (3) folgt also

$$m - \varphi(m)$$
$$= \sum_{1 \leq j \leq n} \frac{m}{p_j} - \sum_{1 \leq j_1 < j_2 \leq n} \frac{m}{p_{j_1} p_{j_2}}$$
$$+ \ldots + (-1)^{n-1} \frac{m}{p_1 p_2 \cdots p_n}.$$

Daraus erhält man für die Anzahl $\varphi(m)$ der zu m teilerfremden Zahlen zwischen 1 und m die Formel

$$\varphi(m) = m - \sum_{1 \leq j \leq n} \frac{m}{p_j} + \ldots$$
$$= m \left(1 - \frac{1}{p_1}\right) \left(1 - \frac{1}{p_2}\right) \cdots \left(1 - \frac{1}{p_n}\right).$$

Diese Formel ist in der Zahlentheorie von Bedeutung.

Sierpinski-Teppich [nach dem polnischen Mathematiker WACŁAW FRANCISZEK SIERPIŃSKI; *1882, †1969]: ein Fraktal, das aus einem Flächenstück durch unendlich oft wiederholtes Herausschneiden von ähnlichen Flächenstücken entsteht (↑ fraktale Geometrie). Der Sierpinski-Teppich ist das flächenhafte Analogon des ↑ cantorschen Diskontinuums.

Signifikanzniveau: ein Parameter beim ↑ Testen von Hypothesen, z. B. beim ↑ Chi-Quadrat-Test.

Signifikanztest: ↑ Test einer Hypothese, die beibehalten oder verworfen werden soll, ohne eine Entscheidung über die Gegenhypothese zu treffen.

Simpson ['sɪmpsn], Thomas, britischer Mathematiker, *Market Bosworth (bei Leicester) 20. 8. 1710, †Market Bosworth 14. 5. 1761: SIMPSON stammte aus einfachen Verhältnissen und war von Beruf erst Weber, dann Schulmeister. Durch emsiges Selbststudium verschaffte er sich umfassende Kenntnisse der Mathematik und wurde 1743 Professor an der Militärschule in Woolwich. Er wurde bekannt durch seine weit verbreiteten Lehrbücher zur Algebra, Geometrie und Trigonometrie sowie zur »höheren Mathematik«, worunter man die Anfänge der Infinitesimalrechnung (Analysis) verstand. Nach SIMPSON ist eine Regel zur ↑ numerischen Integration benannt, die in einer mehrfachen Anwendung der ↑ keplerschen Fassregel besteht. Die Simpson-Regel war aber schon lange vorher bekannt und wurde u. a. schon von I. ↑ NEWTON benutzt.

Simpson-Regel ['sımpsn-; nach T. ↑ SIMPSON]: Verfahren der ↑ numerischen Integration.

simpsonsches Paradoxon ['sımpsn-; nach E. H. SIMPSON]: Es seien A, B, C ↑ Ereignisse in einem ↑ Zufallsversuch. Gilt für die ↑ bedingten Wahrscheinlichkeiten

$$P(A|B \cap C) < P(A|\bar{B} \cap C)$$

und

$$P(A|B \cap \bar{C}) < P(A|\bar{B} \cap \bar{C}),$$

so folgt paradoxerweise (↑ Paradoxon) daraus *nicht*

$$P(A|B) < P(A|\bar{B}).$$

Dies wird durch das Beispiel in Abb. 1 illustriert.

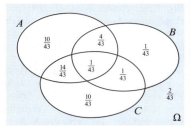

$\frac{1}{2} = P(A|B \cap C) < P(A|\bar{B} \cap C) = \frac{7}{12}$;
$\frac{4}{5} = P(A|B \cap \bar{C}) < P(A|\bar{B} \cap \bar{C}) = \frac{5}{6}$;
$\frac{5}{7} = P(A|B) \quad > P(A|\bar{B}) \quad = \frac{2}{3}$.

simpsonsches Paradoxon (Abb. 1): ein Beispiel

Beispiel: Das simpsonsche Paradoxon lässt sich anhand einer Schutzimpfung interpretieren: Es sei Ω eine Menge von Patienten, denen man die drei Merkmale

- **A**usbruch der Krankheit (oder nicht),
- **B**ehandlung mit Impfstoff erfolgt (oder nicht),
- **C**ity-Bewohner (oder nicht)

zuordnet. Dann kann es sein, dass

- bei den behandelten City-Bewohnern die Krankheit seltener ausbricht als bei den nicht behandelten

und

- bei den behandelten Landbewohnern die Krankheit seltener ausbricht als bei den nicht behandelten

und trotzdem

- bei den behandelten Patienten insgesamt die Krankheit häufiger ausbricht als bei den nicht behandelten.

Es gilt

$$P(A|B) = P(C|B) x_1 + P(\bar{C}|B) x_2$$
$$P(A|\bar{B}) = P(C|\bar{B}) y_1 + P(\bar{C}|\bar{B}) y_2$$

mit

$x_1 = P(A|B \cap C), \quad x_2 = P(A|B \cap \bar{C}),$
$y_1 = P(A|\bar{B} \cap C), \quad y_2 = P(A|\bar{B} \cap \bar{C}).$

Aus $x_1 < y_1$ und $x_2 < y_2$ kann man also nicht auf $P(A|B) < P(A|\bar{B})$ schließen, wenn man nicht die Werte von $P(C|B), P(C|\bar{B})$ usw. kennt.

Simulation: allgemein die Nachbildung eines Vorgangs auf der Basis eines mathematischen Modells. Die Simulation eignet sich besonders zur Untersuchung von Abläufen, die man real nicht durchführen kann oder will (zu aufwendig, zu langwierig, zu teuer, zu gefährlich usw.). Alle Ergebnisse einer Simulation beziehen sich nur auf das zugrunde liegende Modell. Inwieweit sie sich auf die Wirklichkeit übertragen lassen, hängt davon ab, wie gut das Modell den realen Sachverhalt beschreibt.

Man unterscheidet zwei Arten von Simulationen:

Bei der **deterministischen Simulation** sind alle an dem Modell beteiligten Größen exakt definiert oder aufgrund mathematischer Zusammenhänge zu berechnen.

Beispiel 1: Die Vermehrung von Kaninchen werde durch das Modell von FIBONACCI (vgl. Band I) beschrieben, wonach jedes Paar zwei Monate nach seiner Geburt allmonatlich ein neues Paar zur Welt bringt. Nach n Monaten gibt es dann, ausgehend von einem einzigen Paar,

$F_n = F_{n-1} + F_{n-2}$

($F_1 = F_2 = 1; n = 3, 4, \ldots$) Kaninchenpaare. Die Simulation ergibt mit diesem Modell einen Bestand nach einem Jahr von 233 Kaninchen.

Dieses Modell beschreibt die Vermehrung sicher nur unvollkommen. Für wachsende n kann man annehmen, dass das Modell immer größere Fehler liefert. Damit ist auch die Simulation bestenfalls für kleine n (also kurze Zeiträume) geeignet.

Bei der **stochastischen Simulation** werden in dem zugrunde liegenden Modell auch zufallsabhängige Größen verwendet. Für die Praxis am wichtigsten ist die ↑ Monte-Carlo-Methode, d.h. die Simulation mithilfe von ↑ Pseudozufallszahlen.

Treten *nur* zufallsabhängige Größen auf, dann ist die Simulation die Nachbildung eines ↑ Zufallsversuchs mithilfe eines geeigneten Zufallsgeräts **(Simulator)**. Dabei ist darauf zu achten, dass jedem Ausfall des Zufallsversuchs genau ein Ausfall der Simulation entspricht und dass die Wahrscheinlichkeiten entsprechender Ausfälle beim Zufallsversuch und bei der Simulation gleich sind.

Beispiel 2: Man möchte wissen, mit welcher Wahrscheinlichkeit beim 5-maligen Würfeln höchstens zwei verschiedene Augenzahlen auftreten. Kann man das Problem nicht kombinatorisch lösen, und möchte man keine zeitraubende ↑ Zufallsversuchsreihe hierzu anstellen, dann kann man ↑ Zufallsziffern benutzen: Man streiche die Ziffern 0, 7, 8, 9 und teile die verbleibenden Ziffern in 5er-Blöcke ein. Dann zähle man unter einer großen Anzahl solcher 5er-Blöcke die Anzahl derjenigen, die höchstens zwei verschiedene Ziffern aufweisen. Da diese Arbeit ein Computer (mit eingebautem Zufallsgenerator) ausführen kann, hat man sehr schnell in Form der gefundenen relativen Häufigkeit einen Schätzwert für die gesuchte Wahrscheinlichkeit. Bei dieser Simulation hat man also den Augenzahlen 1, 2, 3, 4, 5, 6 die Zufallsziffern 1, 2, 3, 4, 5, 6 zugeordnet; diese Ausfälle entsprechen sich, da in beiden Fällen jeder Ausfall mit der gleichen Wahrscheinlichkeit ($\frac{1}{6}$) auftritt. Dann haben auch die ↑ Ereignisse »höchstens zwei verschiedene Augenzahlen« und »höchstens zwei verschiedene Ziffern« die gleiche Wahrscheinlichkeit.

In der Wahrscheinlichkeitsrechnung spricht man oft vom Ziehen von Kugeln aus Urnen. Dies ist eine beliebte Art der »gedanklichen« Simulation von Zufallsversuchen (↑ Urnenmodell).

sin: Funktionszeichen der Sinusfunktion.

singulär: einzigartig, nicht der Regel entsprechend; Gegenteil: regulär.
Eine lineare *Abbildung* heißt singulär, wenn sie nicht ↑ umkehrbar ist.
Eine quadratische *Matrix* heißt singulär, wenn sie nicht invertierbar ist.
Eine in einem Intervall mit Ausnahme der Stelle x_0 differenzierbare *Funktion* ist singulär an der Stelle x_0; dort kann der Funktionsgraph z.B. eine Spitze haben. Die ↑ Betragsfunktion $x \mapsto |x|$ ist singulär an der Stelle 0.

Sinusfunktion: die ↑ trigonometrische Funktion mit dem Funktionszeichen sin.

Skalarprodukt (inneres Produkt): für zwei als Verschiebungen in der

Skalarprodukt

Ebene oder im Raum gedeutete Vektoren $\vec{v}, \vec{w}$ die Zahl

$$|\vec{v}| \cdot |\vec{w}| \cdot \cos\alpha,$$

wobei $|\vec{v}|, |\vec{w}|$ die Beträge (Längen) der Vektoren und α der von ihnen eingeschlossene Winkel bedeuten. Wegen $\cos(360° - \alpha) = \cos\alpha$ kann man sich dabei auf $0° \leq \alpha \leq 180°$ beschränken.

Man verwendet die Bezeichnung »inneres Produkt« für das Skalarprodukt, um den Gegensatz zum »äußeren Produkt« (↑ Vektorprodukt) zu betonen. Während beim Skalarprodukt das Ergebnis eine *Zahl* ist, entsteht beim Vektorprodukt ein *Vektor*. ∎

Man schreibt das Skalarprodukt in unterschiedlichen Formen, etwa

$(\vec{u}|\vec{v})$, $\langle\vec{u};\vec{v}\rangle$, $\vec{u}*\vec{v}$, $\vec{u} \bullet \vec{v}$,

es ist aber auch einfach $\vec{v} \cdot \vec{w}$ üblich, da der Malpunkt zwischen Vektoren selbstverständlich etwas anderes bedeutet als der Malpunkt zwischen Zahlen.
In Abb. 1 ist das Skalarprodukt als Flächeninhalt gedeutet.

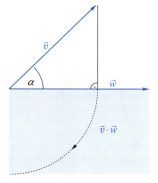

Skalarprodukt (Abb. 1): Deutung des Skalarprodukts als Flächeninhalt

Das Skalarprodukt im Vektorraum V der Verschiebungen hat folgende Eigenschaften:
- (S1) Für alle $\vec{v} \in V$ ist
  $\vec{v} \cdot \vec{v} \geq 0, \vec{v} \cdot \vec{v} = 0 \Leftrightarrow \vec{v} = \vec{o}$.
- (S2) Für alle $\mu \in \mathbb{R}, \vec{v}, \vec{w} \in V$ ist
  $(\mu\vec{v}) \cdot \vec{w} = \mu(\vec{v} \cdot \vec{w})$.
- (S3) Für alle $\vec{u}, \vec{v}, \vec{w} \in V$ gilt
  $(\vec{u}+\vec{v}) \cdot \vec{w} = \vec{u} \cdot \vec{w} + \vec{v} \cdot \vec{w}$.
- (S4) Für alle $\vec{v}, \vec{w} \in V$ gilt
  $\vec{v} \cdot \vec{w} = \vec{w} \cdot \vec{v}$.

Das Skalarprodukt ist keine ↑ Verknüpfung im üblichen Sinne, da zwei Vektoren nicht wieder ein Vektor, sondern eine Zahl zugeordnet wird. Insbesondere kann man nicht das Skalarprodukt aus *drei* Vektoren bilden, weder $(\vec{u} \cdot \vec{v}) \cdot \vec{w}$ noch $\vec{u} \cdot (\vec{v} \cdot \vec{w})$ hat einen Sinn. Dagegen ist $(\vec{u} \cdot \vec{v})\vec{w}$ ein sinnvoller Ausdruck, hier wird der Vektor $\vec{w}$ mit der Zahl $\vec{u} \cdot \vec{v}$ vervielfacht. ∎

Zwei Vektoren $\vec{v}, \vec{w}$ heißen **orthogonal**, wenn ihr Skalarprodukt gleich null ist:

$$\vec{v} \perp \vec{w} :\Leftrightarrow \vec{v} \cdot \vec{w} = 0.$$

Dies ist der Fall, wenn einer der Vektoren Nullvektor ist ($\vec{v} = \vec{o}$ oder $\vec{w} = \vec{o}$; $\vec{o}$ ist also orthogonal zu *jedem* Vektor) oder wenn $\cos\alpha = 0$, also $\alpha = 90°$ gilt.

■ Anwendung des Skalarprodukts in der Geometrie

Mithilfe dieser Eigenschaften des Skalarproduktes lassen sich elementargeometrische Sätze beweisen:
Beispiel 1: Der Satz von Pythagoras lautet in Vektorschreibweise (Abb. 2)

$$|\vec{v}+\vec{w}|^2 = |\vec{v}|^2 + |\vec{w}|^2 \Leftrightarrow \vec{v} \perp \vec{w}.$$

Beweis: Es ist

$$\begin{aligned}|\vec{v}+\vec{w}|^2 &= (\vec{v}+\vec{w}) \cdot (\vec{v}+\vec{w}) \\ &= (\vec{v}+\vec{w}) \cdot \vec{v} + (\vec{v}+\vec{w}) \cdot \vec{w} \\ &= \vec{v} \cdot \vec{v} + \vec{w} \cdot \vec{v} + \vec{v} \cdot \vec{w} + \vec{w} \cdot \vec{w} \\ &= |\vec{v}|^2 + |\vec{w}|^2 + 2(\vec{v} \cdot \vec{w}).\end{aligned}$$

Skalarprodukt

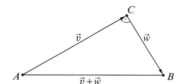

Skalarprodukt (Abb. 2): Satz von Pythagoras

Wegen Eigenschaft (S1) folgt der Satz von Pythagoras: Genau dann gilt $|\vec{v}+\vec{w}|^2 = |\vec{v}|^2 + |\vec{w}|^2$, wenn $\vec{v}\cdot\vec{w}=0$, also $\vec{v}$ orthogonal zu $\vec{w}$ ist.

Beispiel 2: Der Winkel im Halbkreis ist ein rechter Winkel (Satz von Thales), also $\vec{v}\cdot\vec{w}=0$ in Abb. 3.

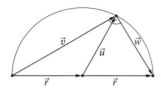

Skalarprodukt (Abb. 3): Satz von Thales

Beweis: Es gilt in Abb. 3
$$\vec{v}=\vec{r}+\vec{u}, \quad \vec{w}=-\vec{u}+\vec{r}$$
und somit
$$\vec{v}\cdot\vec{w} = (\vec{r}+\vec{u})\cdot(\vec{r}-\vec{u})$$
$$= \vec{r}\cdot\vec{r}+\vec{u}\cdot\vec{r}-\vec{u}\cdot\vec{r}-\vec{u}\cdot\vec{u}$$
$$= |\vec{r}|^2 - |\vec{u}|^2 = 0,$$
da $|\vec{u}|=|\vec{r}|$ ist.

Beispiel 3: Wir untersuchen, ob die Raumdiagonalen eines Würfels rechtwinklig zueinander sind (Abb. 4). Es gilt
$$|\vec{u}|=|\vec{v}|=|\vec{w}|,$$
$$\vec{u}\cdot\vec{v}=\vec{u}\cdot\vec{w}=\vec{v}\cdot\vec{w}=0.$$
Aus $\vec{e}=\vec{u}+\vec{v}-\vec{w}, \quad \vec{d}=-\vec{u}+\vec{v}-\vec{w}$ folgt
$$\vec{e}\cdot\vec{d} = (\vec{u}+\vec{v}-\vec{w})\cdot(-\vec{u}+\vec{v}-\vec{w})$$
$$= -|\vec{u}|^2+|\vec{v}|^2+|\vec{w}|^2$$
$$= |\vec{u}|^2 \neq 0.$$

Also sind $\vec{e}$ und $\vec{d}$ nicht rechtwinklig zueinander.

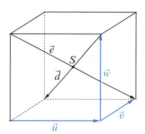

Skalarprodukt (Abb. 4): Raumdiagonalen eines Würfels

■ Darstellung im Koordinatensystem

Gilt nach Festlegung eines kartesischen Koordinatensystems im Raum
$$\vec{v}=\begin{pmatrix}v_1\\v_2\\v_3\end{pmatrix}, \quad \vec{w}=\begin{pmatrix}w_1\\w_2\\w_3\end{pmatrix},$$
dann ist
$$\vec{v}\cdot\vec{w} = v_1 w_1 + v_2 w_2 + v_3 w_3.$$

Dies entspricht den Regeln der Multiplikation von ↑ Matrizen, wenn man einen der Vektoren als Zeilen- und den anderen als Spaltenvektor auffasst. Allgemein nennt man für zwei Vektoren $\vec{v},\vec{w}$ des Vektorraums $\mathbb{R}^3$ obige Zahl $\vec{v}\cdot\vec{w}$ ihr Skalarprodukt, auch wenn es nicht geometrisch gedeutet wird. Dann definiert man den Betrag eines Vektors $\vec{v}$ durch
$$|\vec{v}|=\sqrt{\vec{v}\cdot\vec{v}}$$
und den Winkel α zwischen $\vec{v}$ und $\vec{w}$ durch
$$\cos\alpha = \frac{\vec{v}\cdot\vec{w}}{|\vec{v}|\cdot|\vec{w}|}.$$

■ Skalarprodukte in beliebigen Vektorräumen

In *beliebigen* $\mathbb{R}$-Vektorräumen V werden Skalarprodukte axiomatisch ein-

Skalarprodukt

geführt: Ein Skalarprodukt ist eine Abbildung von $V \times V$ in $\mathbb{R}$ mit den zu Anfang genannten Eigenschaften (S1) bis (S4). Ein Vektorraum, in dem ein Skalarprodukt definiert ist, heißt ein **euklidischer Vektorraum**.

Beispiel 4: In $\mathbb{R}^n$ wird durch

$$\vec{v} \cdot \vec{w} := \sum_{i,j=1}^{n} a_{ij} v_i w_j$$

ein Skalarprodukt definiert, wenn die Koeffizienten a_{ij} gewisse Eigenschaften haben, nämlich

$$a_{ij} = a_{ji} \text{ für alle } i, j = 1, 2, \ldots, n,$$

$$\sum_{i,j=1}^{n} a_{ij} x_i x_j > 0, \text{ falls } \vec{x} \neq \vec{o}.$$

Beispielsweise ist in $\mathbb{R}^2$ ein Skalarprodukt durch

$$\vec{v} \cdot \vec{w} := v_1 w_1 + v_1 w_2 + v_2 w_1 + 2 v_2 w_2$$

gegeben. Das einfachste Skalarprodukt dieser Art in $\mathbb{R}^n$ erhält man mit

$$a_{ii} = 1, \ a_{ij} = 0$$
$$(i \neq j; i, j = 1, 2, \ldots, n).$$

Dieses heißt das **Standardskalarprodukt** in $\mathbb{R}^n$. Dieses Skalarprodukt ergibt sich, wenn man das geometrisch gedeutete Skalarprodukt in einem kartesischen Koordinatensystem ausdrückt.

Beispiel 5: Im Vektorraum $\mathbb{R}[x]$ der Polynome lässt sich mithilfe des Integrals ein Skalarprodukt definieren: Es seien $x_0, x_1 \in \mathbb{R}$ mit $x_0 < x_1$, ferner

$$p_1 = \sum_{i=0}^{n} \alpha_i x^i, \ p_2 = \sum_{j=0}^{m} \beta_j x^j \in \mathbb{R}[x].$$

Dann ist durch

$$p_1 \bullet p_2 := \int_{x_0}^{x_1} p_1 \cdot p_2 \, dx$$

$$= \int_{x_0}^{x_1} \left(\sum_{i=0}^{n} \alpha_i x^i \right) \cdot \left(\sum_{j=0}^{m} \beta_j x^j \right) dx$$

ein Skalarprodukt in $\mathbb{R}[x]$ erklärt.

In *jedem* euklidischen Vektorraum V lässt sich für die Vektoren mithilfe des Skalarproduktes eine Länge definieren. Man setzt

$$\|\vec{v}\| := \sqrt{\vec{v} \cdot \vec{v}}$$

und nennt $\|\vec{v}\|$ die Länge (den Betrag) von $\vec{v} \in V$. Vektoren der Länge 1 heißen **normiert** oder **Einheitsvektoren**. Für $\vec{v} \in V$ oder $\vec{v} \neq \vec{o}$ ist

$$\vec{v}_0 = \frac{1}{\|\vec{v}\|} \cdot \vec{v}$$

ein Einheitsvektor. Den Übergang von $\vec{v}$ zu $\vec{v}_0$ nennt man **Normierung** von $\vec{v}$. Es ist $\| \ \|$ eine ↑ Norm auf V. In einem euklidischen Vektorraum V lässt sich durch

$$\cos \alpha := \frac{\vec{v} \cdot \vec{w}}{\|\vec{v}\| \|\vec{w}\|} \quad (0 \leq \alpha \leq 180°)$$

auch ein Winkel α zwischen Vektoren $\vec{v}, \vec{w} \in V$ definieren. Es ist dann $|\cos \alpha| \leq 1$, denn es gilt die ↑ Cauchy-Schwarz-Ungleichung

$$\|\vec{v} \cdot \vec{w}\| \leq \|\vec{v}\| \cdot \|\vec{w}\|.$$

Die Normstriche $\| \ \|$ deuten an, dass sich das Skalarprodukt nicht auf den üblichen Betrag, sondern auf eine verallgemeinerte Norm bezieht. ∎

Orthogonal heißen Vektoren $\vec{u}, \vec{v}$ eines (beliebigen) euklidischen Vektorraumes, wenn $\vec{u} \cdot \vec{v} = 0$ gilt. Besonders nützlich ist es, in euklidischen Vektorräumen mit Orthogonalbasen oder mit Orthonormalbasen zu arbeiten (↑ Basis). Dabei heißt $\{\vec{v}_1, \ldots, \vec{v}_n\}$ eine **Orthogonalbasis**, wenn die Basisvektoren paarweise orthogonal sind. Gilt außerdem noch $\|\vec{v}_i\| = 1$ für $i = 1, \ldots, n$, so ist die Basis eine **Orthonormalbasis** von V. Beispielsweise liegt einem kartesischen Koordinatensystem eine Orthonormalbasis bezüglich des Standardskalarproduktes zugrunde: Die ↑ kanonische Basis

$$\begin{pmatrix}1\\0\\\vdots\\\vdots\\0\end{pmatrix}, \begin{pmatrix}0\\1\\0\\\vdots\\0\end{pmatrix}, \ldots, \begin{pmatrix}0\\\vdots\\\vdots\\0\\1\end{pmatrix}$$

ist bezüglich des Standardskalarproduktes eine Orthonormalbasis von $\mathbb{R}^n$. Jeder endlich-dimensionale euklidische Vektorraum V besitzt eine Orthonormalbasis.

Spaltenvektoren: ↑ Zeilenvektoren.
Spannvektoren: die linear unabhängigen Vektoren $\vec{u}$ und $\vec{v}$ in der ↑ Ebenengleichung $\vec{x} = \vec{p} + r\vec{u} + s\vec{v}$.
Spannweite: bei einem metrischen Merkmal die Differenz zwischen dem größten und kleinsten Wert in einer Stichprobe (↑ Statistik).
Sp<u>a</u>tprodukt: für Vektoren $\vec{u}, \vec{v}, \vec{w}$ im Raum das Produkt

$$(\vec{u} \times \vec{v}) \cdot \vec{w},$$

wobei »×« das ↑ Vektorprodukt und »·« das Standardskalarprodukt (↑ Skalarprodukt) bedeutet. Das Spatprodukt ist das orientierte Volumen des von den drei Vektoren aufgespannten Spats (Parallelepipeds, Abb. 1); es ist genau dann positiv, wenn $(\vec{u}, \vec{v}, \vec{w})$ ein ↑ Rechtssystem ist.

Der Begriff »Spat«, der seit dem Mittelalter für blättrig brechendes Mineral verwendet wurde, taucht heute noch in der Bezeichnung einiger Mineralien auf (Flussspat, Kalkspat), die eine Kristallstruktur in Form eines Parallelepipeds haben. ∎

Man beachte, dass $|\vec{u} \times \vec{v}|$ der Flächeninhalt des von $\vec{u}, \vec{v}$ aufgespannten Parallelogramms ist und dass $|\vec{w}|\cos\alpha$ die Höhe des Spats ist, wenn α den Winkel zwischen $\vec{w}$ und $\vec{u} \times \vec{v}$ bedeutet.

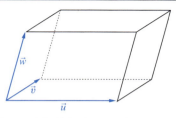

Spatprodukt (Abb. 1): geometrische Bedeutung als Parallelepiped

Aus den Regeln für das Skalarprodukt und das Vektorprodukt in V lassen sich folgende Eigenschaften des Spatproduktes ableiten:

$$\begin{aligned}(\vec{u} \times \vec{v}) \cdot \vec{w} &= (\vec{v} \times \vec{w}) \cdot \vec{u} = (\vec{w} \times \vec{u}) \cdot \vec{v}\\ &= -(\vec{v} \times \vec{u}) \cdot \vec{w} = -(\vec{w} \times \vec{v}) \cdot \vec{u}\\ &= -(\vec{u} \times \vec{w}) \cdot \vec{v}\end{aligned}$$

für alle $\vec{u}, \vec{v}, \vec{w} \in V$. Eine zyklische Vertauschung der Vektoren ändert das Vorzeichen des Spatprodukts nicht. Daher lässt sich dem Spatprodukt eine Orientierung zuweisen.
Für alle $\vec{u}, \vec{v}, \vec{w}, \vec{z} \in V$ und alle $\alpha, \beta \in \mathbb{R}$ gilt

$$\begin{aligned}((\alpha\vec{u} + \beta\vec{v}) \times \vec{w}) \cdot \vec{z} =\, &\alpha((\vec{u} \times \vec{w}) \cdot \vec{z})\\ &+ \beta((\vec{v} \times \vec{w}) \cdot \vec{z}).\end{aligned}$$

Genau dann ist $(\vec{u} \times \vec{v}) \cdot \vec{w} = 0$, wenn $\{\vec{u}, \vec{v}, \vec{w}\}$ ↑ linear abhängig ist.

■ **Spatprodukt in Koordinatendarstellung**

Gilt für die Vektoren $\vec{u}, \vec{v}, \vec{w} \in V$ bezüglich eines kartesischen Koordinatensystems

$$\vec{u} = \begin{pmatrix}u_1\\u_2\\u_3\end{pmatrix}, \ \vec{v} = \begin{pmatrix}v_1\\v_2\\v_3\end{pmatrix}, \ \vec{w} = \begin{pmatrix}w_1\\w_2\\w_3\end{pmatrix},$$

so ist das Spatprodukt $(\vec{u} \times \vec{v}) \cdot \vec{w}$ in Koordinatendarstellung

sphärische Trigonometrie

Bei der großräumigen Landvermessung und bei der Kartographie der Erde sind die Gesetze der ebenen Geometrie nicht anwendbar, weil die Erdoberfläche näherungsweise eine Kugelfläche ist. Um Berechnungen über Winkel und Strecken anstellen zu können, benötigt man die sphärische Trigonometrie **(Kugelgeometrie)**, dasjenige Teilgebiet der Mathematik, in dem die Geometrie und speziell die Trigonometrie auf der Kugelfläche (Sphäre) behandelt wird. Sie hat Bedeutung nicht nur für Geographie und Kartenkunde, sondern auch für die Navigation von Schiffen und Flugzeugen und für die Astronomie.

■ **Großkreise, »Geraden« der Kugel**

Die Unterschiede zwischen ebener und sphärischer Geometrie sind beträchtlich. Beispielsweise gilt für Dreiecke auf einer Kugel, etwa der Erdoberfläche, nicht der Winkelsummensatz, nach dem die Summe der Innenwinkel eines ebenen Dreiecks 180° beträgt: Das Dreieck ABC in Abb. 1 hat die Winkelsumme 270°.

Die kürzeste Verbindung zweier Punkte auf einer Kugelfläche ist ein

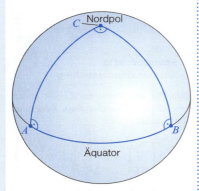

(Abb. 1) Dreieck auf einer Kugel mit der Winkelsumme 270°

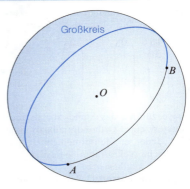

(Abb. 2) Strecke von A nach B auf einer Kugelfläche

Stück eines Großkreises. Dabei wird ein **Großkreis** von einer Ebene durch den Kugelmittelpunkt aus der Kugelfläche ausgeschnitten.

Die Städte Neapel und New York liegen beide auf dem 37. nördlichen Breitenkreis. Ein Flugzeug fliegt von Neapel nach New York aber nicht längs dieses Breitenkreises, wie man beim Betrachten einer Karte vermuten könnte. Die kürzeste Route ist ein »Bogen« über den Nordatlantik, nämlich längs eines Großkreises der Erdkugel. ■

Strecken und damit die Seiten eines Dreiecks auf der Kugel sind also Teilstücke von Großkreisen (Abb. 2). Dabei ist die Strecke von A nach B zu unterscheiden von der Strecke von B nach A; beide ergänzen sich zu einem Großkreis.

■ **Das sphärische Dreieck**

Auf einer Kugelfläche mit dem Mittelpunkt O und dem Radius 1 (Einheitskugel) wird jeder Punkt durch einen Einheitsvektor beschrieben. Sind die Punkte A, B durch die Einheitsvektoren $\vec{a}, \vec{b}$ gegeben, dann gilt für die Länge $\overline{AB}$ des Bogens von A nach B

$$\cos \overline{AB} = \vec{a} \cdot \vec{b}$$

(↑ Skalarprodukt). Man beachte dabei, dass $\overline{AB}$ als Bogen eines Einheitskreises einen Winkel im Bogenmaß angibt.

Sind A, B, C drei Punkte der Sphäre mit den Ortsvektoren $\vec{a}, \vec{b}, \vec{c}$, die nicht auf einem gemeinsamen Großkreis liegen, so bilden sie zusammen mit den kürzesten Bogen AB, BC, CA auf den entsprechenden Großkreisen ein **sphärisches Dreieck** (Abb. 3). Die Bogen AB, BC, CA heißen die Seiten des sphärischen Dreiecks. Ihre Längen werden – wie in der Dreiecksgeometrie üblich – mit a, b, c bezeichnet.

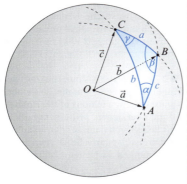

(Abb. 3) Ein sphärisches Dreieck wird durch drei Großkreise festgelegt und analog zum ebenen Dreieck benannt.

Die Innenwinkel eines sphärischen Dreiecks werden durch die Schnittwinkel der Ebenen derjenigen Großkreise gegeben, auf denen die betreffenden Seiten liegen; ihre Größen bezeichnen wir mit α, β, γ (vgl. Abb. 3). Der Winkel α ist z. B. der Schnittwinkel zwischen den Ebenen durch O, A, B und durch O, A, C.

■ **Sinussatz und Kosinussätze**

Mithilfe der Vektorrechnung lassen sich Aussagen zur Berechnung sphärischer Dreiecke herleiten.

Man beachte dabei, dass b und c Bogenlängen auf einem Kreis vom Radius 1 und damit Winkel bedeuten.

1. Sinussatz:

$$\frac{\sin \alpha}{\sin a} = \frac{\sin \beta}{\sin b} = \frac{\sin \gamma}{\sin c}.$$

Für Werte von a, b, c, die vernachlässigbar klein gegenüber dem Kugelradius 1 sind, lassen sich $\sin a$, $\sin b$, $\sin c$ durch a, b, c annähern, und es folgt der übliche Sinussatz der ebenen Trigonometrie.

2. Seitenkosinussatz:

$$\cos a = \cos b \cos c + \sin b \sin c \cos \alpha.$$

Sind die Seitenlängen klein gegen den Kugelradius, so kann man wiederum $\sin a$ durch a und $\cos a$ durch $1 - \frac{1}{2}a^2$ usw. annähern und erhält den Kosinussatz der ebenen Trigonometrie.

3. Winkelkosinussatz:

$$\cos \alpha = \sin \beta \sin \gamma \cos a - \cos \beta \cos \gamma.$$

Sind a, b, c klein gegenüber dem Kugelradius (also insbesondere $\cos a \approx 1$), dann ergibt sich daraus

$$\cos \alpha = \sin \beta \sin \gamma - \cos \beta \cos \gamma,$$

was im Fall der ebenen Trigonometrie wegen $\alpha = 180° - \beta - \gamma$ einem ↑ Additionstheorem entspricht:

$$\cos (\beta + \gamma) = \cos \beta \cos \gamma - \sin \beta \sin \gamma.$$

■ **Entfernungen auf der Erde**

Betrachten wir die Erdoberfläche als Kugelfläche, obwohl dies ja nur näherungsweise der Fall ist. Ein Punkt P der Erdoberfläche wird, wie in Abb. 4 (S. 374) skizziert, durch die (nördliche bzw. südliche) **Breite** φ und die (westliche bzw. östliche) **Länge** λ festgelegt: $P(\varphi|\lambda)$. Dabei sollen südliche

sphärische Trigonometrie

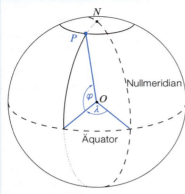

(Abb. 4) Festlegung eines Punktes der Erdoberfläche durch seine Breite und Länge

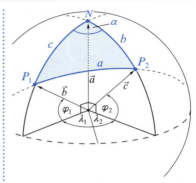

(Abb. 5) Berechnung der Entfernung von P_1 und P_2 auf der Erdoberfläche

Breiten und westliche Längen mit negativen Vorzeichen angegeben werden.
Die Entfernung zweier Punkte $P_1(\varphi_1|\lambda_1)$, $P_2(\varphi_2|\lambda_2)$ lässt sich mithilfe des Seitenkosinussatzes bestimmen, wobei wir zunächst den Erdradius gleich 1 setzen. Wir betrachten das sphärische Dreieck, dessen Ecken der Nordpol N und die Punkte P_1 und P_2 sind. Dieses **Polardreieck** hat bei N den Winkel $\alpha = \lambda_2 - \lambda_1$ und die Seitenlängen $b = 90° - \varphi_2$, $c = 90° - \varphi_1$. Gesucht ist die Seitenlänge a (Abb. 5). Nach dem Seitenkosinussatz gilt

$\cos a = \cos(90° - \varphi_2)\cos(90° - \varphi_1) +$
$\sin(90° - \varphi_2)\sin(90° - \varphi_1)\cos(\lambda_2 - \lambda_1)$
$= \sin\varphi_1 \sin\varphi_2$
$+ \cos\varphi_1 \cos\varphi_2 \cos(\lambda_2 - \lambda_1).$

Daraus erhält man a. Die Multiplikation mit dem Erdradius (6371 km) liefert die Entfernung der Punkte P_1, P_2 in km.

Für die Entfernung zwischen Berlin (53° nördliche Breite, 13° östliche Länge) und Lissabon (39° nördliche Breite, 9° westliche Länge) z. B. ergibt sich mit $\cos a \approx 0{,}94$ und $a \approx 0{,}36$ ein Wert von knapp 2300 km. ∎

📖 Um dir die Geometrie auf der Kugelfläche zu veranschaulichen, kannst du einen Globus mit Frischhaltefolie überziehen. Mit einem Folienstift lassen sich dann sehr anschaulich Großkreise, sphärische Dreiecke und Entfernungen zwischen Städten aufzeichnen.

📖 HAME, RUDOLF: *Sphärische Trigonometrie*. München (Ehrenwirt) 1995–96. ∎ KERN, HANS, und RUNG, JOSEF: *Sphärische Trigonometrie*. München (Bayerischer Schulbuchverlag) [4]1997.

$$\left(\begin{pmatrix}u_1\\u_2\\u_3\end{pmatrix}\times\begin{pmatrix}v_1\\v_2\\v_3\end{pmatrix}\right)\cdot\begin{pmatrix}w_1\\w_2\\w_3\end{pmatrix}$$
$$=u_1v_2w_3+v_1w_2u_3+u_2v_3w_1$$
$$-w_1v_2u_3-v_1u_2w_3-w_2v_3u_1.$$

Dies lässt sich als dreireihige ↑ Determinante schreiben:
$$\left(\begin{pmatrix}u_1\\u_2\\u_3\end{pmatrix}\times\begin{pmatrix}v_1\\v_2\\v_3\end{pmatrix}\right)\cdot\begin{pmatrix}w_1\\w_2\\w_3\end{pmatrix}$$
$$=\begin{vmatrix}u_1 & v_1 & w_1\\u_2 & v_2 & w_2\\u_3 & v_3 & w_3\end{vmatrix}.$$

Umgekehrt lässt sich auch jede dreireihige Determinante als Spatprodukt ihrer Spaltenvektoren auffassen.

Beispiel 1: Die Vektoren
$$\begin{pmatrix}2\\1\\-1\end{pmatrix},\begin{pmatrix}-3\\1\\0\end{pmatrix},\begin{pmatrix}4\\0\\2\end{pmatrix}$$

sind linear unabhängig und bilden in dieser Reihenfolge ein Rechtssystem in $\mathbb{R}^3$, denn ihr Spatprodukt
$$\begin{vmatrix}2 & -3 & 4\\1 & 1 & 0\\-1 & 0 & 2\end{vmatrix}=14$$

ist positiv. Dagegen bilden die linear unabhängigen Vektoren
$$\begin{pmatrix}0\\0\\3\end{pmatrix},\begin{pmatrix}0\\2\\3\end{pmatrix},\begin{pmatrix}1\\2\\3\end{pmatrix}$$

wegen
$$\begin{vmatrix}0 & 0 & 1\\0 & 2 & 2\\3 & 3 & 3\end{vmatrix}=-6$$

in dieser Reihenfolge ein Linkssystem.

Beispiel 2: Wir bestimmen das Volumen V des durch die Vektoren $\vec{u},\vec{v},\vec{w}$ aufgespannten Vierflachs (Dreieckspyramide, dreiseitige Pyramide). Dazu ergänzen wir das Vierflach zum Spat, das ebenfalls von den Vektoren $\vec{u},\vec{v},\vec{w}$ aufgespannt wird (Abb. 2).

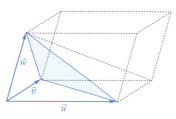

Spatprodukt (Abb. 2): Dreieckspyramide

Das Volumen V_s des Spats beträgt
$$V_s=(\vec{u}\times\vec{v})\cdot\vec{w}.$$

Da die Grundfläche des Vierflachs gerade die Hälfte der Grundfläche des Spats beträgt und für das Volumen einer Pyramide gilt
$$V_p=\frac{1}{3}\cdot h\cdot G$$

(h Höhe, G Grundfläche), folgt für das zu bestimmende Volumen
$$V=\tfrac{1}{2}(\tfrac{1}{3}V_s)=\tfrac{1}{6}((\vec{u}\times\vec{v})\cdot\vec{w}).$$

Für das Volumen des etwa durch die Vektoren
$$\vec{u}=\begin{pmatrix}4\\3\\-1\end{pmatrix},\vec{v}=\begin{pmatrix}-2\\4\\0\end{pmatrix},\vec{w}=\begin{pmatrix}1\\0\\3\end{pmatrix}$$

aufgespannten Vierflachs ergibt sich
$$V=\frac{1}{6}((\vec{u}\times\vec{v})\cdot\vec{w})$$
$$=\frac{1}{6}\begin{vmatrix}4 & -2 & 1\\3 & 4 & 0\\-1 & 0 & 3\end{vmatrix}=11\frac{2}{3}.$$

sphärische Trigonometrie: siehe S. 372.

Spieltheorie: siehe S. 376.

Spirale [zu lateinisch spira »Windung«]: eine um einen Punkt gewun-

Spieltheorie

In der Spieltheorie geht es um die mathematische Behandlung **strategischer Spiele**. Dabei ist der Begriff des Spiels in einem sehr weiten Sinn zu verstehen: Ein Spiel kann ebenso der Wettbewerb von Unternehmen um eine Ausschreibung wie der Wahlkampf zwischen politischen Parteien oder eine Tarifverhandlung sein. Die Spieltheorie liefert den »Spielern« die Grundlage für die Wahl der erfolgversprechendsten Strategie.

■ Das Gefangenendilemma

Im Gegensatz zu reinen ↑ Glücksspielen hängt der Ausgang eines strategischen Spiels von Entscheidungen ab, die die Spieler vor oder während des Spiels treffen müssen. Jeder Spieler kennt die Menge der seinen Mitspielern zur Verfügung stehenden Strategien und die fälligen Auszahlungen (Gewinne oder Verluste) bei jedem möglichen Ausgang des Spiels. Ziel eines Spielers ist es in der Regel, das Spiel mit einem möglichst geringen Verlust zu überstehen.

Beispiel 1 (»Gefangenendilemma«): Jim und Joe stehen wegen eines gemeinsam begangenen Bankraubs vor Gericht, haben aber noch nicht gestanden. Das Gericht macht jedem der beiden folgendes Angebot:

- Wenn Sie leugnen und Ihr Komplize ebenfalls leugnet, erhält jeder 3 Jahre Gefängnis;
- wenn Sie leugnen und Ihr Komplize packt aus, dann erhalten Sie 25 Jahre und Ihr Komplize 1 Jahr Gefängnis;
- wenn Sie auspacken und Ihr Komplize leugnet, dann erhalten Sie 1 Jahr und Ihr Komplize 25 Jahre Gefängnis;
- wenn Sie auspacken und Ihr Komplize packt ebenfalls aus, dann erhält jeder 10 Jahre Gefängnis.

Wenn Jim und Joe sich absprechen könnten, würden sie beide leugnen und gemeinsam 3 Jahre absitzen. Da sie sich aber nicht absprechen können, denkt Jim folgendermaßen: »Wenn Joe leugnet, dann muss ich auspacken, damit ich nur ein Jahr Gefängnis bekomme. Wenn Joe aber auspackt, dann muss ich auch auspacken, sonst bekomme ich 25 Jahre.« Joe denkt natürlich ebenso, sie werden also beide 10 Jahre ins Gefängnis kommen. Das Dilemma besteht darin, dass durch strategisches Vorgehen keineswegs die für beide zusammen günstigste Lösung herauskommt.

■ Matrixspiele und Sattelpunkte

Im Folgenden betrachten wir Spiele mit ähnlicher Struktur, d. h. zwischen zwei Personen, die jeweils verschiedene Strategien wählen können. Der Gewinn bzw. Verlust für jede Kombination gewählter Strategien lässt sich dabei in einer Matrix darstellen (**Zwei-Personen-Spiele**, **Matrixspiele**). Da keine Absprachen der Spieler erlaubt sind, handelt es sich um sog. nichtkooperative Spiele.

Beispiel 2 (»Spiel um den Regenschirm«): Spieler A und B spielen um einen Regenschirm, der ihnen zunächst gemeinsam gehört und einen Wert von 4 Rubel hat. Jeder setzt verdeckt einen ganzzahligen Betrag zwischen 0 und 5 Rubel. Wer den höheren Betrag gesetzt hat, bekommt den Regenschirm, der andere die Einsätze. Bei gleichen Einsätzen gehen diese an die Spieler zurück und das Spiel wird wiederholt.

Hat A 2 Rubel und B 5 Rubel gesetzt, verliert A einen »halben« Schirm (= 2 Rubel), gewinnt aber die 5 Rubel Einsatz von B, insgesamt also 3 Rubel. B hat entsprechend 3 Rubel verloren. Die Auszahlungsmatrix in Tab. 1 zeigt die Gewinne von A

(= Verluste von B) in Abhängigkeit von der gewählten Strategie (= getätigter Einsatz). In der letzten Spalte stehen die Verluste, die A schlimmstenfalls einstecken muss, in der letzten Zeile die Gewinne, die A bestenfalls erzielt.

B	0	1	2	3	4	5	
A							
0	0	−1	0	1	2	3	−1
1	1	**0**	**0**	1	2	3	**0**
2	0	**0**	**0**	1	2	3	**0**
3	−1	−1	−1	0	2	3	−1
4	−2	−2	−2	−2	0	3	−2
5	−3	−3	−3	−3	−3	0	−3
	1	**0**	**0**	1	2	3	

(Tab. 1) Auszahlungsmatrix zum Spiel um den Regenschirm

Das Spiel ist ein **Nullsummenspiel**, weil der Gewinn des einen Spielers zugleich der Verlust des anderen ist. Möchte Spieler A sich vor Verlust schützen, so muss er Strategie 1 oder 2 spielen; dasselbe gilt für Spieler B. Für jeden der beiden würde eine andere Strategie die Gefahr eines Verlustes mit sich bringen. Man sagt, das Spiel habe vier **Sattelpunkte**.
Ein solcher Gleichgewichts- oder Sattelpunkt (i, j) ist dadurch charakterisiert, dass das Maximum der kleinsten Zeilenwerte (letzte Spalte) und das Minimum der größten Spaltenwerte (letzte Zeile) an der Stelle (i, j) angenommen werden, insbesondere also gleich sind. Bezeichnet man die Einträge der Auszahlungsmatrix mit a_{ij} (i Zeilenindex, j Spaltenindex), lautet die Sattelpunktbedingung, auch »Minimax-Prinzip« genannt:

$$\max_i \min_j a_{ij} = \min_j \max_i a_{ij}$$

Jetzt wird das Spiel geringfügig geändert: Bei gleichen Einsätzen gehen diese an die Bank, der Regenschirm bleibt aber im gemeinsamen Besitz der Spieler (Tab. 2).
Das Spiel ist kein Nullsummenspiel mehr, da im Fall gleicher Einsätze

B	0	1	2	3	4	5	
A							
0	0	−1	0	1	2	3	−1
1	1	−1	0	1	2	3	−1
2	0	0	−2	1	2	3	−2
3	−1	−1	−1	−3	2	3	−3
4	−2	−2	−2	−2	−4	3	−4
5	−3	−3	−3	−3	−3	−5	−5
	1	**0**	**0**	1	2	3	

(Tab. 2) Auszahlungsmatrix zum Spiel um den Regenschirm mit Bank

beide Spieler einen Verlust haben. Es existiert kein Sattelpunkt, denn

$$\max_i \min_j a_{ij} = -1,$$
$$\min_j \max_i a_{ij} = 0$$

sind verschieden. Keine Strategie schützt Spieler A vor Verlust; er wird sich für die Strategien 0 oder 1 entscheiden, denn bei jeder anderen sind die möglichen Verluste höher.

■ **Gemischte Spielstrategien**

Wird das Spiel um den Regenschirm (mit Bank) mehrfach gespielt, so sollte Spieler A seine Strategien 0 und 1 so mischen, dass B nicht sicher sein kann, welche Strategie A gewählt hat. Andernfalls kann B durch geeignete Wahl seiner Strategie eine für A günstige Auszahlung vermeiden. Das Vorgehen bei gemischten Strategien soll an einem übersichtlichen Beispiel gezeigt werden.

Spieltheorie

Beispiel 3 (»Papier, Schere, Stein«): Die Auszahlungsmatrix dieses bekannten Knobelspiels lautet

$$\begin{pmatrix} 0 & -1 & 1 \\ 1 & 0 & -1 \\ -1 & 1 & 0 \end{pmatrix}.$$

Ein Sattelpunkt existiert nicht, denn

$$\max_i \min_j a_{ij} = -1,$$
$$\min_j \max_i a_{ij} = +1.$$

Es werde nun sehr oft hintereinander geknobelt. Wählt ein Spieler immer die gleiche Strategie (z. B. immer »Stein«), wird dies vom anderen Spieler erkannt und genutzt. Man muss also die Strategien so wechseln, dass der Gegenspieler keine Gesetzmäßigkeit erkennt, auf die er reagieren könnte. Daher überlässt man die Auswahl dem Zufall und überlegt sich nur, mit welcher Wahrscheinlichkeit die Strategien gewählt werden. Diese Wahrscheinlichkeiten seien für den ersten Spieler p_1, p_2, p_3, für den zweiten Spieler q_1, q_2, q_3. Wenn der erste Spieler »Papier« spielt, ist der Erwartungswert seines Gewinns somit

$$0 \cdot q_1 + (-1) \cdot q_2 + 1 \cdot q_3,$$

entsprechend in den anderen Fällen. Insgesamt beträgt der mittlere Gewinn des ersten Spielers

$$\begin{aligned} & p_1 \cdot (0 \cdot q_1 + (-1) \cdot q_2 + 1 \cdot q_3) \\ & + p_2 \cdot (1 \cdot q_1 + 0 \cdot q_2 + (-1) \cdot q_3) \\ & + p_3 \cdot ((-1) \cdot q_1 + 1 \cdot q_2 + 0 \cdot q_3) \\ & = (p_2 - p_3) q_1 + (p_3 - p_1) q_2 \\ & \quad + (p_1 - p_2) q_3. \end{aligned}$$

Nur wenn der erste Spieler $p_1 = p_2 = p_3 = \frac{1}{3}$ wählt, kann er sich auf Dauer vor Verlust schützen; denn merkt der zweite Spieler z. B., dass $p_1 < p_2$ ist, wird er stets die Strategie »Stein« wählen ($q_1 = q_2 = 0, q_3 = 1$).

Der mittlere Gewinn des ersten Spielers ist also bei der optimalen gemischten Strategie gleich 0.

Die Spieltheorie wurde von JOHN VON NEUMANN (*1903, †1957) in einem Aufsatz mit dem Titel »Zur Theorie der Gesellschaftsspiele« (1928) begründet. Große Bedeutung hat sie zur Analyse von Entscheidungssituationen in der Politik-, Sozial- und Wirtschaftswissenschaft erlangt. So wurde der Nobelpreis für Wirtschaftswissenschaften 1994 für Forschungen in der Spieltheorie an JOHN C. HARSANYI (*1920), JOHN F. NASH (*1928) und REINHARD SELTEN (*1930) verliehen. ∎

Auch der Ausgang des Gefangenendilemmas lässt sich als Sattelpunkt eines nichtkooperativen Zwei-Personen-Spiels interpretieren. Stelle die Auszahlungsmatrix aus Sicht eines der beiden Gefangenen auf (Gefängnisstrafen als Verluste mit negativem Vorzeichen) und wende das Minimax-Prinzip an.

CASTI, JOHN L.: *Die großen Fünf. Mathematische Theorien, die unser Jahrhundert prägten.* Basel (Birkhäuser) 1996. ∎ DIXIT, AVINASH K., und NALEBUFF, BARRY J.: *Spieltheorie für Einsteiger: Strategisches Know-how für Gewinner.* Neuausgabe Stuttgart (Schäffer-Poeschel) 1997. ∎ MEHLMANN, ALEXANDER: *Wer gewinnt das Spiel?* Braunschweig (Vieweg) 1997. ∎ DAVIS, MORTON D.: *Spieltheorie für Nichtmathematiker.* München (Oldenbourg) ^{3}1999.

dene Kurve. Wichtige Beispiele sind die ↑ archimedische Spirale und die ↑ logarithmische Spirale.

Beide Typen der Spirale treten auch im Alltag auf. So verläuft die Rille auf einer Schallplatte oder ein Tesastreifen auf seiner Rolle in Form einer archimedischen Spirale. Viele Schneckenhäuser oder die Netze mancher Spinnen lassen sich durch eine logarithmische Spirale beschreiben. ∎

Spline ['splaın]: die englische Bezeichnung für ein biegsames Kurvenlineal, das man zum Zeichnen einer »glatten« Kurve durch endlich viele Punkte verwendet (Abb. 1). Eine im Schiffsbau benutzte deutsche Bezeichnung ist **Straak**.

Spline (Abb. 1): Zeichnen einer Kurve durch gegebene Punkte

Im übertragenen Sinn verwendet man die Bezeichnung Spline für eine besondere Form der Approximation einer Funktion: Sind in einem Koordinatensystem für $n \geq 2$ die Stützpunkte

$$(x_0|y_0), (x_1|y_1), \ldots, (x_n|y_n)$$

mit $x_0 < x_1 < \ldots < x_n$ gegeben, dann gibt es genau eine Funktion s in $[x_0; x_n]$ mit folgenden Eigenschaften:
(1) $s(x_i) = y_i$ $(i = 0, 1, 2, \ldots, n)$;
(2) s ist in $[x_0; x_n]$ zweimal stetig differenzierbar;
(3) die Gesamtkrümmung von s ist minimal, d.h., für jede Funktion $\bar{s}$ mit den Eigenschaften (1) und (2) gilt

$$\int_{x_0}^{x_n} s''^2(x)\,dx \leq \int_{x_0}^{x_n} \bar{s}''^2(x)\,dx.$$

(Dabei wird vorausgesetzt, dass $s''^2(x)$ nur »sehr kleine« Werte annehmen kann.)

Man kann nun zeigen, dass diese Funktion s in jedem der Intervalle $[x_i; x_{i+1}]$ $(i = 0, 1, 2, \ldots, n-1)$ eine Polynomfunktion dritten Grades ist. Man spricht daher von einer **Spline-Funktion dritten Grades** (kubische Spline-Funktion). Die ↑ Interpolation mit Spline-Funktionen dritten Grades (**Spline-Interpolation**) bietet einige Vorteile gegenüber der Interpolation mit einer einzigen Polynomfunktion vom Grad n: Die Splines wirken glättend, sie haben geringe Welligkeit und geben daher den Verlauf einer Funktion besser wieder. In Abb. 2 ist das newtonsche Interpolationspolynom (vom Grad 8) und in Abb. 3 die kubische Spline-Funktion für die neun blau eingezeichneten Stützpunkte skizziert.

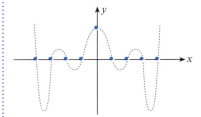

Spline (Abb. 2): newtonsches Interpolationspolynom vom Grad 8

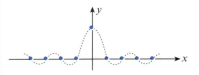

Spline (Abb. 3): kubische Spline-Funktion

Spur:
♦ *darstellende Geometrie:* ↑ Spurpunkt, ↑ Spurgerade.
♦ *Algebra:* Die Spur einer quadratischen Matrix ist die Summe der Elemente in der Hauptdiagonalen. Ist a_{n-1} der Koeffizient von x^{n-1} im ↑ charakteristischen Polynom der (n, n)-Matrix A, dann ist $-a_{n-1}$ die Spur von A.

Spurgerade (Spur): Schnittgerade einer Ebene mit einer Koordinatenebene.

Spurpunkt (Spur): Durchstoßpunkt einer Geraden durch eine Koordinatenebene.

Stabdiagramm (Balkendiagramm): bei einer statistischen Erhebung die Darstellung der ↑ Häufigkeit mithilfe von Stäben (Balken).

Stabilisierung der relativen Häufigkeiten: ↑ Gesetz der großen Zahlen.

Stabilitätsproblem: das Problem der Auswirkung von Fehlern (z.B. Rundungsfehlern) auf das Ergebnis einer numerischen Aufgabe (↑ Fehlerfortpflanzung). Dieses Problem ist vor allem bei Iterationsverfahren (↑ Iteration) von Interesse. Allgemein heißt ein numerischer Algorithmus stark stabil, schwach stabil oder instabil, wenn ein im n-ten Rechenschritt zugelassener Fehler bei genauer Rechnung in den Folgeschritten abnimmt bzw. von gleicher Größenordnung bleibt bzw. anwächst.

Stammfunktion: zu einer stetigen Funktion f eine Funktion F mit $F' = f$ (↑ Ableitung, ↑ unbestimmtes Integral). Ist F eine Stammfunktion von f, dann ist für eine beliebige Konstante c auch $F + c$ eine Stammfunktion von f. Je zwei Stammfunktionen F_1 und F_2 von f unterscheiden sich nur durch eine additive Konstante; also $F_1 - F_2 = c$ mit $c \in \mathbb{R}$. Die Menge aller Stammfunktionen von f bezeichnet man mit

$$\int f \quad \text{oder} \quad \int f(x)\,\mathrm{d}x;$$

sie heißt unbestimmtes Integral von f (↑ Integral). Mithilfe einer Stammfunktion kann man nach dem ↑ Hauptsatz der Differenzial- und Integralrechnung das Integral von f berechnen:

$$\int_a^b f(x)\,\mathrm{d}x = F(b) - F(a),$$

wenn F auf $[a; b]$ eine Stammfunktion von f ist.
Ist die Funktion f auf $[a; b]$ integrierbar, so muss f dort nicht unbedingt eine Stammfunktion besitzen. Beispielsweise ist die Ganzteilfunktion (vgl. Band I) $x \mapsto [x]$ auf jedem Intervall $[a; b]$ integrierbar, besitzt dort aber keine Stammfunktion, falls $]a; b[$ eine ganze Zahl enthält.
Umgekehrt muss eine Funktion f, die auf $[a; b]$ eine Stammfunktion besitzt, dort nicht integrierbar sein. Mit anderen Worten: Für eine differenzierbare Funktion F muss die Ableitung F' nicht unbedingt integrierbar sein. Ein Beispiel hierzu ist die Funktion $F: [-1; 1] \to \mathbb{R}$ mit

$$F(x) = \begin{cases} x^2 \cos \dfrac{\pi}{x^2} & \text{für } x \neq 0, \\ 0 & \text{für } x = 0. \end{cases}$$

Denn es gilt

$$F'(x) = \begin{cases} 2x \cos \dfrac{\pi}{x^2} + \dfrac{2\pi}{x} \sin \dfrac{\pi}{x^2} & \text{für } x \neq 0, \\ 0 & \text{für } x = 0, \end{cases}$$

und F' ist in der Umgebung von 0 nicht beschränkt.

Standardabweichung: ein ↑ statistisches Streuungsmaß einer Zufallsgröße bzw. einer Messreihe. Sie wird stets mit σ (Sigma) oder genauer mit $\sigma(X)$ bezeichnet, wobei X die Zufalls-

Standardisierung

größe ist. Sie hängt über die Beziehung

$$\sigma(X) := \sqrt{V(X)}$$

mit der ↑ Varianz $V(X)$ der Zufallsgröße zusammen. Abweichungen vom ↑ Erwartungswert von X pflegt man in Vielfachen von σ auszudrücken. Beispielsweise interessiert man sich dafür, wie viel Prozent der Werte in einem σ-, 2-σ- oder 3-σ-Intervall um den Erwartungswert oder Mittelwert liegen (↑ Tschebyschow-Ungleichung, ↑ Normalverteilung).

standardisiert (normiert): bezeichnet eine ↑ Zufallsgröße, deren Erwartungswert 0 und deren Varianz 1 ist.

Standardisierung (Normierung): ein Verfahren zur Erzeugung einer standardisierten Häufigkeitsverteilung oder Wahrscheinlichkeitsverteilung einer ↑ Zufallsgröße X. Das Verfahren ist nützlich beim Vergleich zweier solcher Verteilungen.

Es sei $\mu := E(X)$ der ↑ Erwartungswert und $\sigma := \sigma(X)$ die ↑ Standardabweichung der Zufallsgröße X. Die Abbildung mit den Gleichungen

$$u = \frac{x - \mu}{\sigma}, \; v = \sigma y$$

ist eine affine Abbildung der Koordinatenebene, die aus X eine Zufallsgröße U mit dem Erwartungswert 0 und der Standardabweichung 1 macht. Es gilt nämlich

$$E(U) = \frac{1}{\sigma} \cdot E(X - \mu) = \frac{1}{\sigma} \cdot (\mu - \mu) = 0$$

und

$$\sigma(U) = \frac{1}{\sigma} \cdot \sigma(X - \mu) = \frac{1}{\sigma} \cdot \sigma(X) = 1.$$

Diese Transformation heißt Standardisierung oder Normierung der Zufallsgröße X. Das Histogramm von X ändert sich beim Standardisieren so, dass die Inhalte der Histogrammflächen erhalten bleiben: Eine Stauchung in x-Richtung wird durch eine Streckung in y-Richtung ausgeglichen (Abb. 1). Dies ist notwendig, damit die Wahrscheinlichkeitsverteilung von U ebenfalls anhand der Histogrammflächen gedeutet werden kann.

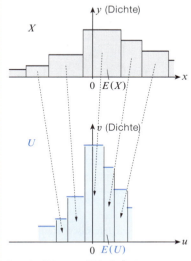

Standardisierung (Abb. 1): Änderungen eines Histogramms beim Standardisieren

Beispiel 1: Wir wollen die Binomialverteilung für $n = 5$ und $p = 0{,}15$ standardisieren. Hier ist

$$\mu = 5 \cdot 0{,}15 = 0{,}75;$$
$$\sigma = \sqrt{5 \cdot 0{,}15 \cdot 0{,}85} = 0{,}798.$$

Abb. 2 (S. 382) zeigt diese Binomialverteilung und ihre Standardisierung. In Tabelle 1 sind entsprechende Werte aufgelistet.

Beispiel 2: Die Dichtefunktion einer normalverteilten Zufallsgröße (↑ Normalverteilung) wird nach Standardisierung durch die Funktionsgleichung

$$\varphi(x) = \frac{1}{\sqrt{2\pi}} \exp\left(-\frac{1}{2}x^2\right)$$

beschrieben.

Statistik

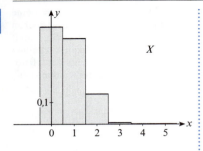

x	$y=P(X=x)$	$u=\dfrac{x-0{,}75}{0{,}798}$	$v=0{,}798\cdot y$
0	0,444	−0,940	0,354
1	0,391	0,313	0,312
2	0,138	1,566	0,110
3	0,024	2,820	0,019
4	0,002	4,073	0,002
5	0,000	5,326	0,000

Standardisierung (Tab. 1)

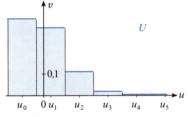

Standardisierung (Abb. 2):
Standardisierung der $B(5;0{,}15)$-Verteilung

Statistik [zu lateinisch status »Zustand«]: das Teilgebiet der Mathematik, das sich mit der mathematischen Erfassung und Auswertung von Massenerscheinungen befasst, also mit Erscheinungen (»Zuständen«), die an Gesamtheiten von vielen Objekten beobachtbar sind. Man kann die Statistik unterteilen in die *beschreibende* Statistik und in die *beurteilende* Statistik.

Die beschreibende Statistik beschäftigt sich damit, empirisches Material über ↑ Zufallsgrößen (also Beobachtungsgrößen) zu sammeln und geeignet darzustellen. Meist handelt es sich darum, die Verteilung von Häufigkeiten grafisch darzustellen (↑ Histogramm) und durch ↑ statistische Lagemaße und ↑ statistische Streuungsmaße zu charakterisieren.

Das statistische Material entstammt einer Stichprobe, die Auskunft über die Verteilung der untersuchten Merkmale in der Grundgesamtheit geben soll. Die Aufgabe der beurteilenden Statistik besteht nun darin, aus dem statistischen Material Rückschlüsse auf die Grundgesamtheit zu ziehen. Diese Rückschlüsse sind immer mit einer gewissen Unsicherheit behaftet, sodass die Aussagen der beurteilenden Statistik stets Wahrscheinlichkeitsaussagen sind. Das wesentliche Hilfsmittel der beurteilenden Statistik ist also die ↑ Wahrscheinlichkeitsrechnung. Wichtige Aufgaben der beurteilenden Statistik sind das ↑ Schätzen von Wahrscheinlichkeiten und das ↑ Testen von Hypothesen.

statistische Erhebung: in der ↑ Statistik das Sammeln von Messdaten oder Beobachtungen über einen ↑ Zufallsversuch.

statistische Lagemaße (Lageparameter): die Kennzahlen, mit denen man die Häufigkeitsverteilung in Messreihen und statistischen Erhebungen beschreibt. Die wichtigsten statistischen Lagemaße sind ↑ Mittelwerte (insbesondere das ↑ arithmetische Mittel), ferner der ↑ Zentralwert und die ↑ Quantile. Gelegentlich benutzt man auch den *häufigsten* Wert als Lagemaß.

Bei statistischen Lagemaßen spricht man auch oft von Kenngrößen einer Häufigkeitsverteilung. Sie bilden zusammen mit den ↑ statistischen Streuungsmaßen die Parameter der Verteilung.

statistische Streuungsmaße (Streuungsparameter): die Kennzahlen, mit denen man in einer Messreihe oder in einer statistischen Erhebung die Abweichung der Häufigkeiten von einem ↑ Mittelwert beschreibt. Beispiele für statistische Streuungsmaße sind ↑ Varianz und ↑ Standardabweichung, ferner die Spannweite (Abstand zwischen kleinstem und größtem Wert) und der Abstand der Quartile (↑ Quantile). Ein statistisches Streuungsmaß und ein ↑ statistisches Lagemaß werden meist derart miteinander gekoppelt, dass die Streuung für das gewählte Lagemaß den kleinsten Wert annimmt. Beispielsweise hat die Funktion

$$x \mapsto \frac{1}{n} \sum_{i=1}^{n} (x - x_i)^2$$

ihren kleinsten Wert an der Stelle

$$\bar{x} = \frac{1}{n} \sum_{i=1}^{n} x_i;$$

daher gehört zum arithmetischen Mittel (Lagemaß) die Varianz (Streuungsmaß).

Steigung: ein Maß für die Neigung einer Strecke gegen die Horizontale bzw. die x-Achse eines Koordinatensystems. Sie ist bestimmt durch den Winkel α, den die Strecke mit der Achse einschließt.
Eine *Gerade* in einem ebenen kartesischen Koordinatensystem mit der Gleichung $y = mx + b$ hat die Steigung m. Für zwei verschiedene Punkte $P_1(x_1|y_1), P_2(x_2|y_2)$ der Geraden gilt

$$m = \tan \alpha = \frac{y_2 - y_1}{x_2 - x_1}.$$

Die Steigung eines *Funktionsgraphen* an der Stelle x_0 ist die Steigung der Tangente an dieser Stelle. Die Tangente existiert, wenn f an der Stelle x_0 differenzierbar ist. Die Steigung ist dann $f'(x_0)$.

Steigungsdreieck: ein grafisches Hilfsmittel, um die ↑ Steigung einer Funktion zu veranschaulichen (↑ Ableitung).

stereografische Projektion: zentrale Projektion einer Kugel auf eine Tangentialebene, wobei das Projektionszentrum N (Nordpol) der dem Berührpunkt S (Südpol) gegenüberliegende Kugelpunkt ist. Schneidet ein von N ausgehender Strahl die Kugel in P und die Ebene in P', dann wird P auf P' abgebildet.

stetig:

◆ Eine *Funktion f*, deren Definitionsbereich $D(f)$ und Bildbereich $B(f)$ in $\mathbb{R}$ liegen, heißt stetig an der Stelle $x_0 \in D(f)$, wenn

$$\lim_{x \to x_0} f(x) = f(x_0)$$

gilt (↑ Grenzwert, ↑ Stetigkeit).

◆ Eine *Zufallsgröße* heißt stetig, wenn ihre Wahrscheinlichkeitsdichte (↑ Dichte) eine stetige Funktion über einem Intervall aus $\mathbb{R}$ ist.

stetig differenzierbar: bezeichnet eine ↑ differenzierbare Funktion, deren ↑ Ableitungsfunktion stetig ist.

stetige Ergänzung: das Beheben einer ↑ Definitionslücke bei einer Funktion derart, dass eine auch an der Definitionslücke stetige Funktion entsteht (↑ Kurvendiskussion).

stetiges Wachstum: das ↑ Wachstum einer Größe A der Form $A = A_0 e^{ct}$. Dabei ist A_0 der Anfangsbestand, c eine Konstante, t ein Zeitparameter und $x \mapsto e^x$ die ↑ Exponentialfunktion.

stetige Verzinsung: eine Form der Verzinsung, bei der in jedem Augenblick (in jedem »infinitesimalen Zeitintervall«) die Zinsen zum Kapital geschlagen werden. Bei einem jährlichen Zinsfuß von $p\%$ wird nach einem n-tel Jahr das Kapital mit $\left(1+\dfrac{p}{100n}\right)$ multipliziert, nach einem vollen Jahr also mit $\left(1+\dfrac{p}{100n}\right)^n$. Für $n \to \infty$ strebt dieser Faktor gegen $e^{p/100}$. Die Verzinsung nach t Jahren bedeutet dann Multiplikation mit $e^{pt/100}$.

stetig hebbare Definitionslücke: eine ↑ Definitionslücke x_0 einer Funktion f mit der Eigenschaft, dass man f zu einer an der Stelle x_0 stetigen Funktion f^* ergänzen kann. Zu diesem Zweck setzt man $f^*(x) = f(x)$ für $x \neq x_0$ und $f^*(x_0) = \lim\limits_{x \to x_0} f(x)$.

Stetigkeit: Es sei f eine Funktion, deren ↑ Definitionsbereich $D(f)$ und ↑ Bildbereich $B(f)$ Teilmengen von $\mathbb{R}$ sind. Es sei ferner I ein ↑ offenes Intervall, $I \subseteq D(f)$ und $x_0 \in I$. Die Funktion f heißt *an der Stelle x_0 stetig*, wenn

$$\lim_{x \to x_0} f(x) = f(x_0). \qquad (1)$$

Dieser Grenzwert muss also existieren und gleich dem Funktionswert an der Stelle x_0 sein.

Von Stetigkeit oder Unstetigkeit kann man nur an einer solchen Stelle x_0 sprechen, an der die Funktion auch definiert ist. Die Funktion $x \mapsto \dfrac{1}{x}$ ist überall stetig, denn die Stelle 0 gehört nicht zu ihrer Definitionsmenge. ∎

Verwendet man statt des Grenzwerts den linksseitigen oder den rechtsseitigen Grenzwert (↑ einseitiger Grenzwert), dann benutzt man auch die Begriffe **linksseitig stetig** bzw. **rechtsseitig stetig**.

Möchte man den Begriff des Grenzwerts für Funktionen vermeiden, so kann man die Stetigkeit einer Funktion f an der Stelle x_0 auch mithilfe des Grenzwerts von Folgen ausdrücken: Genau dann ist f an der Stelle x_0 stetig, wenn für jede Folge $\langle x_n \rangle$ aus I mit $\lim\limits_{n \to \infty} x_n = x_0$ auch gilt:

$$\lim_{n \to \infty} f(x_n) = f(x_0). \qquad (2)$$

Auf K. ↑ WEIERSTRASS geht folgende Definition der Stetigkeit von f an der Stelle x_0 zurück: Für jedes $\varepsilon > 0$ gibt es ein $\delta > 0$ derart, dass

$$\begin{aligned} &|f(x) - f(x_0)| < \varepsilon \\ &\text{für alle } x \in I \text{ mit } |x - x_0| < \delta. \end{aligned} \qquad (3)$$

In dieser Form kann man die Stetigkeit einer Funktion sehr anschaulich interpretieren: Liegt x nahe bei x_0, so liegt $f(x)$ nahe bei $f(x_0)$; geringe Änderungen der Variablen haben auch nur geringe Änderungen der Funktionswerte zur Folge (Abb. 1).

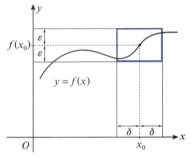

Stetigkeit (Abb. 1): zur Definition

Ist f an *jeder* Stelle aus dem Intervall I stetig, so heißt f *auf I stetig* oder kurz eine stetige Funktion.

Den Graphen einer auf I stetigen Funktion kann man sich »ohne abzusetzen« gezeichnet denken; diese anschauliche Vorstellung wird jedoch dem Begriff der Stetigkeit nicht voll gerecht, da es auch stetige Funktionen gibt, deren Graph man nicht vollständig zeichnen kann (vgl. Beispiel 9). ∎

Ist f auf I stetig, so hängt die Zahl δ aus (3) i. A. sowohl von ε als auch von x_0 ab. Ist δ nicht von x_0 abhängig, so heißt f ↑ gleichmäßig stetig auf dem Intervall I.

Man kann die Stetigkeit auch mithilfe des Begriffs der ↑ Umgebung definieren. Bei diesem Ansatz handelt es sich jedoch nur um eine Umformulierung von (3): Die Funktion f heißt stetig an der Stelle x_0, wenn zu jeder ε-Umgebung von $f(x_0)$ eine δ-Umgebung von x_0 existiert, deren Bild unter f ganz in der vorgegebenen ε-Umgebung von $f(x_0)$ liegt (Abb. 2).

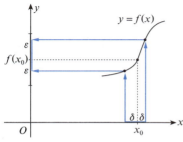

Stetigkeit (Abb. 2): Definition der Stetigkeit mithilfe des Umgebungsbegriffs

■ **Beispiele**

Es lässt sich zeigen (siehe unten), dass alle »gängigen« Funktionen (elementare Funktionen) stetig sind. Um Beispiele für unstetige Funktionen anzugeben, ist es daher nötig, sehr exotisch anmutende Funktionen zu konstruieren.

Beispiel 1: Die Funktion $f: x \mapsto \sqrt{x}$ ist stetig an der Stelle 7; denn für $x \in \,]6; 8[$ gilt

$$\left|\sqrt{x} - \sqrt{7}\right| = \frac{|x-7|}{\sqrt{x}+\sqrt{7}} < \frac{|x-7|}{\sqrt{6}+\sqrt{7}} < \varepsilon,$$

falls

$|x-7| < \delta$ mit $\delta := (\sqrt{6}+\sqrt{7}) \cdot \varepsilon$.

Die Funktion f ist auf ihrem gesamten Definitionsbereich

$D(f) = \{x \in \mathbb{R} | x \geq 0\}$

stetig.

Beispiel 2: Die Funktion $f: x \mapsto [x]$ (Ganzteilfunktion) ist unstetig an der Stelle 7, denn

$$\lim_{x \to 7^-} f(x) = 6 \quad \text{und} \quad \lim_{x \to 7^+} f(x) = 7.$$

Da die ↑ einseitigen Grenzwerte nicht übereinstimmen, existiert der Grenzwert $\lim_{x \to 7} f(x)$ nicht. Die Ganzteilfunktion ist aber stetig auf jedem Intervall, das keine ganze Zahl enthält.

Beispiel 3: Die Funktion

$$f: x \mapsto \frac{5[\sqrt{x}]}{[x]+1}$$

mit $D(f) = \mathbb{R}_0^+$ ist genau an den Stellen $x_0 \in \mathbb{N}$ unstetig (Abb. 3).

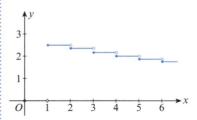

Stetigkeit (Abb. 3): Graph zu Beispiel 3

Beispiel 4: Auf dem offenen Intervall $]0; 1[$ sei die Funktion f folgendermaßen definiert:

$$f(x) = \frac{1}{a},$$

wenn a die erste von 0 verschiedene Ziffer in der Dezimalbruchdarstellung von x ist, wobei Neunerperioden nicht auftreten sollen. Man setzt also z. B. $0{,}1675\overline{9} = 0{,}1676$. Genau dann ist f unstetig an der Stelle $x_0 \in \,]0; 1[$, wenn $x_0 = \frac{i}{10^n}$ mit $i \in \{1,2,3,4,5,6,7,8,9\}$ und $n \in \mathbb{N}$. Die Stelle 0 ist

Stetigkeit

Häufungspunkt der Unstetigkeitsstellen, selbst aber keine Unstetigkeitsstelle, da sie nicht zu $D(f)$ gehört. Die Unstetigkeit z.B. an der Stelle $x_0 = 0{,}03$ erkennt man durch Betrachtung der einseitigen Grenzwerte:

$$\lim_{x \to x_0^-} f(x) = f(0{,}02) = \tfrac{1}{2}$$

und

$$\lim_{x \to x_0^+} f(x) = f(0{,}03) = \tfrac{1}{3}.$$

(Im Intervall $]0{,}02; 0{,}03[$ ist f konstant mit dem Wert $\tfrac{1}{2}$, im Intervall $]0{,}03; 0{,}04[$ ist f konstant mit dem Wert $\tfrac{1}{3}$.)

Beispiel 5: Die ↑ Dirichlet-Funktion

$$f: x \mapsto \begin{cases} 0, & \text{falls } x \text{ irrational ist,} \\ 1, & \text{falls } x \text{ rational ist,} \end{cases}$$

mit $D(f) = \mathbb{R}$ oder $D(f) = [a; b]$ ist an *jeder* Stelle ihres Definitionsbereichs unstetig, denn in jeder Umgebung einer rationalen Zahl liegt eine irrationale Zahl, und in jeder Umgebung einer irrationalen Zahl liegt eine rationale Zahl.

Beispiel 6: Im Folgenden wird eine Funktion f definiert, von deren Graph man sich keinerlei Vorstellung machen kann, deren Unstetigkeitsstellen sich aber alle angeben lassen: Es sei eine Abzählung (Nummerierung) von $]0; 1[\cap \mathbb{Q}$ gegeben, also

$$]0; 1[\cap \mathbb{Q} = \{r_1, r_2, r_3, \ldots\}.$$

(Die Menge der rationalen Zahlen ist abzählbar, vgl. Band I). Auf $]0; 1[$ definieren wir eine Funktion f durch

$$f(x) = \sum_{r_i \leq x} \frac{1}{2^i},$$

die Summierung erstreckt sich also über alle $i \in \mathbb{N}$, für welche die rationale Zahl r_i nicht größer als x ist. Die Funktion f ist unstetig an jeder rationalen Stelle r_k, denn für jedes x mit $0 < x < r_k$ gilt

$$f(r_k) - f(x) \geq \frac{1}{2^k}.$$

An jeder irrationalen Stelle ist f dagegen stetig: Es sei $x_0 \in \,]0; 1[\, \backslash \mathbb{Q}$ und $\varepsilon > 0$. Dann gibt es ein $n \in \mathbb{N}$ mit

$$\sum_{i=n+1}^{\infty} \frac{1}{2^i} < \varepsilon.$$

Ist $\delta = \min_{1 \leq i \leq n} |x_0 - r_i|$, so gilt für alle $x \in \,]0; 1[\,$ mit $|x - x_0| < \delta$ die Ungleichung

$$|f(x) - f(x_0)| \leq \sum_{i=n+1}^{\infty} \frac{1}{2^i} < \varepsilon.$$

Beispiel 7: Jedes $x \in \,]0; 1[\,$ sei als Zweierbruch geschrieben, wobei keine Einerperioden auftreten sollen $((0{,}100\overline{1})_{(2)} = (0{,}101)_{(2)})$. Deuten wir die Ziffern von x im Vierersystem, so ist dadurch eine Funktion auf $]0; 1[$ definiert:

$$f: (0, z_1 z_2 z_3 \ldots)_{(2)} \mapsto (0, z_1 z_2 z_3 \ldots)_{(4)}.$$

Beispielsweise wird $\tfrac{9}{16}$ auf $\tfrac{65}{256}$ abgebildet, denn

$$\tfrac{9}{16} = (0{,}1001)_{(2)} \quad \text{und} \quad \tfrac{65}{256} = (0{,}1001)_{(4)}.$$

Genau dann ist f an der Stelle x_0 unstetig, wenn $x_0 = \dfrac{i}{2^n}$ mit $i, n \in \mathbb{N}$.

Beispiel 8: Vereinbaren wir in Beispiel 7, die Zahlen $x \in \,]0; 1[\,$ als nichtabbrechende Zweierbrüche zu schreiben (also $0{,}1001111111\ldots = 0{,}100\overline{1}$ statt $0{,}101$), dann erhalten wir eine auf $]0; 1[$ stetige Funktion. Hier liegt eine auf $]0; 1[$ stetige Funktion vor, deren Graph nur andeutungsweise dargestellt werden kann.

Beispiel 9: Auch hier wird eine stetige Funktion beschrieben, deren Graph sich nicht vollständig zeichnen lässt.

Die Funktion f sei auf $\left[-\frac{1}{\pi}; \frac{1}{\pi}\right]$ definiert durch (vgl. Abb. 4)

$$f(x) = \begin{cases} x\sin\frac{1}{x} & \text{für } x \neq 0, \\ 0 & \text{für } x = 0. \end{cases}$$

Die Funktion f ist auf $\left[-\frac{1}{\pi}; \frac{1}{\pi}\right]$ stetig, insbesondere ist sie an der Stelle 0 stetig, da

$$\lim_{x \to 0} x\sin\frac{1}{x} = 0.$$

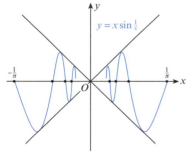

Stetigkeit (Abb. 4): Graph zu Beispiel 9

■ Struktursätze für stetige Funktionen

(1) Sind die Funktionen f und g an der Stelle $x_0 \in D(f) \cap D(g)$ stetig, dann ist auch $f+g$ an der Stelle x_0 stetig. Dies erkennt man sofort anhand der Umformung

$$\begin{aligned}&((f+g)(x) - (f+g)(x_0)) \\ &= (f(x) + g(x) - f(x_0) - g(x_0)) \\ &= (f(x) - f(x_0)) + (g(x) - g(x_0)).\end{aligned}$$

(2) Sind die Funktionen f und g an der Stelle $x_0 \in D(f) \cap D(g)$ stetig, dann ist auch $f \cdot g$ an der Stelle x_0 stetig. Dies erkennt man anhand der folgenden Umformung (Abb. 5):

$$\begin{aligned}&((f \cdot g)(x) - (f \cdot g)(x_0)) \\ &= (f(x)g(x) - f(x_0)g(x_0)) \\ &= f(x)(g(x) - g(x_0)) \\ &\quad + g(x_0)(f(x) - f(x_0))\end{aligned}$$

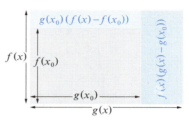

Stetigkeit (Abb. 5): Skizze zur Produktregel

Folgerung: Da die konstanten Funktionen offensichtlich stetig sind, ist für $a \in \mathbb{R}$ mit f auch af stetig; insbesondere ist dann $-f (= (-1)f)$ stetig. Aus (1) folgt dann, dass auch die Differenz stetiger Funktionen stetig ist, denn $f - g = f + (-g)$.

(3) Ist f an der Stelle x_0 und g an der Stelle $f(x_0)$ stetig, dann ist die Verkettung $g \circ f$ an der Stelle x_0 stetig. Dabei ist vorausgesetzt, dass $f(x_0)$ im Definitionsbereich von g liegt. Wir deuten den Beweis dieser Kettenregel für stetige Funktionen kurz an:
Zu jedem $\varepsilon > 0$ gibt es ein $\tilde{\varepsilon} > 0$ mit

$$|g(y) - g(y_0)| < \varepsilon \text{ für } |y - y_0| < \tilde{\varepsilon}$$

(wobei $y_0 := f(x_0)$ ist). Zu diesem $\tilde{\varepsilon} > 0$ gibt es ein $\delta > 0$ mit

$$|f(x) - f(x_0)| < \tilde{\varepsilon} \text{ für } |x - x_0| < \delta.$$

Also gibt es zu jedem $\varepsilon > 0$ ein $\delta > 0$ mit

$$|g(f(x)) - g(f(x_0))| < \varepsilon \text{ für } |x - x_0| < \delta$$

(vgl. Abb. 6, S. 388).

(4) Ist die Funktion f an der Stelle x_0 stetig, dann ist auch die Umkehrfunktion $\frac{1}{f}$ an der Stelle x_0 stetig, sofern x_0 zum Definitionsbereich von $\frac{1}{f}$ gehört,

Stetigkeit

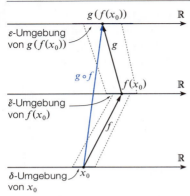

Stetigkeit (Abb. 6): Die Verkettung stetiger Funktionen ist stetig.

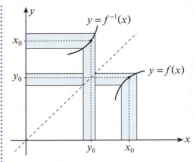

Stetigkeit (Abb. 7):
Die Umkehrfunktion einer stetigen, umkehrbaren Funktion ist stetig.

d.h., sofern $f(x_0) \neq 0$. Zum Nachweis dieser Behauptung benutzt man die Umformung

$$\frac{1}{f(x)} - \frac{1}{f(x_0)} = \frac{f(x_0) - f(x)}{f(x)f(x_0)}.$$

Ferner benötigt man die Tatsache, dass wegen der Stetigkeit von f an der Stelle x_0 mit $f(x_0) \neq 0$ eine Umgebung $U(x_0)$ existiert mit

$$f(x) \neq 0 \quad \text{für alle } x \in U(x_0).$$

Folgerung: Zusammen mit (2) schließt man, dass der Quotient stetiger Funktionen stetig ist, denn es ist

$$\frac{f}{g} = f \cdot \frac{1}{g}.$$

(5) Ist f stetig an der Stelle x_0 und umkehrbar in einer Umgebung von x_0, dann ist die Umkehrfunktion f^{-1} an der Stelle $f(x_0)$ stetig (Abb. 7).
Aus der Stetigkeit der konstanten Funktionen

$$\underline{a} \to a : x \mapsto a \quad (a \in \mathbb{R})$$

und der identischen Funktion

$$\text{id}: x \mapsto x$$

folgt wegen (1) und (2) die Stetigkeit aller Polynomfunktionen (ganzrationaler Funktionen)

$$x \mapsto a_n x^n + a_{n-1} x^{n-1} + \ldots + a_1 x + a_0$$

auf $\mathbb{R}$. Hieraus und aus (4) erhält man die Stetigkeit der rationalen Funktionen

$$x \mapsto \frac{p(x)}{q(x)},$$

wobei p und q Polynome sind; eine rationale Funktion ist auf ihrem gesamten Definitionsbereich stetig. (Nicht zum Definitionsbereich gehören die Nullstellen des Nennerpolynoms q.)
Aus (5) ergibt sich die Stetigkeit der Wurzelfunktionen

$$x \mapsto \sqrt[n]{x} \quad (n \in \mathbb{N})$$

in ihrem Definitionsbereich $\mathbb{R}_0^+$. Gemeinsam mit (4) erhält man schließlich die Stetigkeit jeder Funktion, die durch Addieren, Multiplizieren und Verketten von rationalen Funktionen und Wurzelfunktionen entsteht. Die Stetigkeit der Funktion

$$x \mapsto \sqrt[3]{\frac{x^2+1}{\sqrt[5]{x^7-1}}} + \sqrt[7]{\left(\frac{x^5-9}{\sqrt[13]{x^6}}\right)^2}$$

auf ihrem Definitionsbereich folgt also unmittelbar aus den Struktursätzen.
Beweist man die Stetigkeit der Sinusfunktion

$$x \mapsto \sin x$$

auf $\mathbb{R}$, dann folgt aus den Struktursätzen die Stetigkeit aller trigonometrischen Funktionen (sin, cos, tan) und ihrer Umkehrfunktionen (Arkusfunktionen).
Aus der Stetigkeit der Exponentialfunktion

$$x \mapsto e^x$$

(e ↑ eulersche Zahl) erhält man die Stetigkeit aller Exponentialfunktionen $x \mapsto b^x$ ($b > 0$), aller Logarithmusfunktionen und aller Potenzfunktionen mit reellen Exponenten.
Durch Addieren, Multiplizieren, Verketten, Umkehren usw. entstehen aus

- den konstanten Funktionen,
- der identischen Funktion,
- der Sinusfunktion,
- der Exponentialfunktion

die ↑ elementaren Funktionen. Aufgrund der Struktursätze sind also alle elementaren Funktionen in ihren Definitionsbereichen stetig.

■ Weitere Stetigkeitsbegriffe

Die bislang beschriebene Art der Stetigkeit von Funktionen *einer* Veränderlichen nennt man auch **Cauchy-Stetigkeit** (nach A. L. ↑ CAUCHY). Eine speziellere Form der Stetigkeit ist die ↑ Lipschitz-Stetigkeit.
Die Stetigkeit von Funktionen *zweier* Veränderlicher wird mithilfe der Abstandsdefinition

$$d((x|y), (x_0|y_0))$$
$$:= \sqrt{(x-x_0)^2 + (y-y_0)^2}$$

erklärt (↑ metrischer Raum). Entsprechend verfährt man bei Funktionen mit mehr als zwei Veränderlichen. Die Funktion mit der Funktionsgleichung $z = f(x, y)$ ist an der Stelle $(x_0|y_0)$ also genau dann stetig, wenn für jede Folge $\langle (x_n|y_n) \rangle$ von Punkten, die gegen den Punkt $(x_0|y_0)$ strebt, die Beziehung

$$\lim_{n \to \infty} f(x_n, y_n) = f(x_0, y_0)$$

gilt.
Beispiel 10: Die Funktion

$$f : (x, y) \mapsto \begin{cases} \dfrac{x}{\sqrt{x^2 + y^2}} & \text{für } (x, y) \neq (0, 0), \\ 0 & \text{für } (x, y) = (0, 0) \end{cases}$$

ist an der Stelle $(0|0)$ nicht stetig, denn bei Annäherung an $(0|0)$ entlang der Koordinatenachsen ergeben sich verschiedene Grenzwerte (Abb. 8).

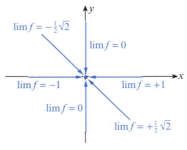

Stetigkeit (Abb. 8): Unstetigkeitsstelle $(0|0)$

Stichprobe: Teilmenge einer statistischen Grundgesamtheit. Führt man das zu einem ↑ Zufallsversuch gehörige Experiment n-mal aus, so spricht man von einer Stichprobe vom Umfang n oder von einer ↑ Zufallsversuchsreihe der Länge n. Die Gesamtheit aller möglichen Stichproben vom Umfang n heißt **Stichprobenraum** der Dimension n zum gegebenen Zufallsversuch. Zuweilen benutzt man die Bezeichnung Stichprobenraum auch für die Menge Ω *aller* möglichen Ausfälle eines beliebigen Zufallsversuchs.

Stichprobenvarianz: ↑ erwartungstreue Schätzgröße für die ↑ Varianz einer Zufallsgröße.

Stirling [ˈstəːlɪŋ], James, britischer Mathematiker, *Landsitz Garden (bei Stirling) 1692, †Edinburgh 5. 12. 1770: STIRLING stammte aus altem schottischen Adel und hatte ein bewegtes Leben, da er 1714 als Anhänger der STUARTS aus England vertrieben wurde. Bis etwa 1725 lebte er in Venedig, wo er die Geheimnisse der venezianischen Glasmacher lüftete. Nach seiner Rückkehr nach England lebte er zunächst in London. 1726 wurde er in die Royal Society gewählt. Ab 1735 arbeitete er für eine schottische Bergwerksgesellschaft in Leadhills.

STIRLING führte NEWTONS Untersuchungen über Reihenentwicklung und Interpolation von Funktionen weiter und leitete eine Formel für die Approximation der Fakultäten her (↑ Stirling-Formel). Diese soll aber schon vorher dem in England lebenden ABRAHAM DE MOIVRE (*1667, †1754) bekannt gewesen sein.

Stirling-Formel (stirlingsche Formel) [ˈstəːlɪŋ-; nach J. ↑ STIRLING]: Formel zur näherungsweisen Berechnung von $n!$ (↑ Fakultät) für große Werte von n. Die einfachste Form der Stirling-Formel ist

$$n! \approx \sqrt{2\pi n}\left(\frac{n}{e}\right)^n.$$

Dabei ist π die Kreiszahl ($\pi = 3{,}14\ldots$) und e die ↑ eulersche Zahl ($e = 2{,}71 \ldots$). Die Formel besagt, dass beide Terme asymptotisch gleich sind, dass also

$$\lim_{n \to \infty} \frac{n!}{\sqrt{2\pi n}\left(\frac{n}{e}\right)^n} = 1$$

ist. Bessere Approximationen sind

$$n! \approx \sqrt{2\pi n}\left(\frac{n}{e}\right)^n\left(1 + \frac{1}{12n}\right)$$

und

$$n! \approx \sqrt{2\pi n}\left(\frac{n}{e}\right)^n\left(1 + \frac{1}{12n} + \frac{1}{288n^2}\right)$$

bzw.

$$n! \approx \sqrt{2\pi n}\left(\frac{n}{e}\right)^n e^{\frac{1}{12n}}.$$

Beispielsweise für $n = 12$ ergibt die rechte Seite auf dem Taschenrechner den gerundeten Wert 479 002 370, der wahre Wert ist dagegen $12! = 479\,001\,600$. Der relative Fehler beträgt also nur 0,00015 %.

Stochastik [aus griechisch stochastikós »mutmaßend«]: zusammenfassende Bezeichnung für die mathematischen Gebiete ↑ Statistik und ↑ Wahrscheinlichkeitsrechnung.

stochastisch: zufällig (im Sinne der ↑ Stochastik).

stochastische Matrix: eine ↑ Matrix, deren Elemente reelle Zahlen aus dem Intervall [0; 1] sind und deren Zeilensummen sämtlich gleich 1 sind. Beispielsweise ist

$$\begin{pmatrix} 0{,}4 & 0{,}1 & 0{,}1 & 0{,}4 \\ 0 & 0{,}5 & 0{,}2 & 0{,}3 \\ 0{,}8 & 0 & 0{,}2 & 0 \end{pmatrix}$$

eine stochastische Matrix. Matrizen dieser Art treten als **Übergangsmatrizen** bei ↑ stochastischen Prozessen auf. Sind auch die Spaltensummen sämtlich gleich 1, so heißt die Matrix doppeltstochastisch.

stochastischer Prozess (zufälliger Prozess): eine Folge von ↑ Zufallsversuchen, die man als zeitlich aufeinander folgend deuten kann. Hängt diese Wahrscheinlichkeit nur von dem unmittelbar vorangehenden Ausfall ab, dann liegt eine ↑ Markow-Kette vor. Ein ↑ mehrstufiger Zufallsversuch ist ein spezieller stochastischer Prozess.

Ein stochastischer Prozess lässt sich beschreiben durch ein System, das verschiedene Zustände $Z_1, Z_2, \ldots$ an-

nehmen kann. In jeder Stufe des Prozesses geht das System mit den Übergangswahrscheinlichkeiten p_{ij} vom Zustand Z_i in den Zustand Z_j über. Bei einer Markow-Kette sind die Übergangswahrscheinlichkeiten p_{ij} durch die beiden Zustände Z_i und Z_j *eindeutig* bestimmt.
Beispiel: Aus einer Urne mit 5 weißen und 5 blauen Kugeln werden nacheinander (etwa jede Sekunde eine) Kugeln gezogen. Es sei Z_i der Zustand, dass die Differenz der Zahl der weißen und der Zahl der blauen Kugeln i beträgt. Es sind also die Zustände $Z_{-5}, Z_{-4}, \ldots, Z_0, Z_1, \ldots, Z_5$ möglich. Abb. 1 zeigt die Übergangsmöglichkeiten.
Die Übergangswahrscheinlichkeit p_{23} beispielsweise hängt davon ab, auf welche Art das System in den Zustand Z_2 geraten ist. Dieses Beispiel zeigt also keine Markow-Kette. In Abb. 2 sind alle Möglichkeiten dargestellt.

stochastisches Modell: ein mathematisches Modell für einen Vorgang, das auch zufällige Aspekte (im Sinne der ↑ Wahrscheinlichkeitsrechnung) berücksichtigt. Beispielsweise beruht das stochastische Modell des idealen Würfels auf der Annahme der Gleichwahrscheinlichkeit der sechs möglichen Ausfälle. Ein wichtiger Typ des stochastischen Modells ist das ↑ Urnenmodell.

stochastisch unabhängig: bezeichnet eine Eigenschaft von ↑ unabhängigen Ereignissen (Zufallsgrößen).

Straak: deutsche Bezeichnung für ↑ Spline.

strategische Glücksspiele: im Gegensatz zu reinen ↑ Glücksspielen solche Spiele, bei denen es nicht nur auf den Zufall, sondern auch auf die Geschicklichkeit des Spielers ankommt. Beispiele sind Kartenspiele wie Skat und Bridge.

Streckenverhältnis: ↑ Doppelverhältnis.

Streuung: in der Statistik ein Maß für die Abweichung einer Datenmenge oder der Werte einer Zufallsgröße von ihrem Mittelwert bzw. Erwartungswert (↑ statistische Streuungsmaße).

Struktursätze: Sätze, welche die Übertragung von Eigenschaften von Folgen und Funktionen auf Verknüpfungen von Folgen bzw. Funktionen gewährleisten. Solche Struktursätze gibt es für

- ↑ Grenzwerte von Folgen,
- ↑ Grenzwerte von Funktionen,
- ↑ Stetigkeit,
- ↑ Ableitungsfunktionen,
- ↑ Stammfunktionen.

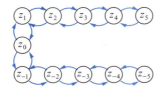

stochastischer Prozess (Abb. 1): Übergänge

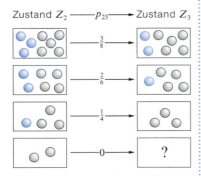

stochastischer Prozess (Abb. 2): Übergang von Z_2 nach Z_3

Stützvektor: der Vektor $\vec{p}$ in der ↑ Geradengleichung $\vec{x} = \vec{p} + r\vec{u}$ oder der ↑ Ebenengleichung $\vec{x} = \vec{p} + r\vec{u} + s\vec{v}$.

Subnormale: Schneidet die ↑ Normale einer Kurve im Punkt P die x-Achse im Punkt P', dann heißt die Projektion der Strecke PP' auf die x-Achse die Subnormale der Kurve im Punkt P (Abb. 1). Schneidet die ↑ Tangente an die Kurve im Punkt P die x-Achse im Punkt P'', dann heißt die Projektion von PP'' auf die x-Achse die **Subtangente** der Kurve im Punkt P (Abb. 1).

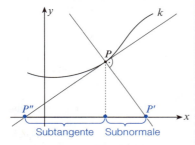

Subnormale (Abb. 1): Subtangente und Subnormale einer Kurve im Punkt P

Substitutionsregel: Regel zur Bestimmung von ↑ Stammfunktionen mithilfe einer geeigneten Ersetzung eines Teilterms des Integranden durch eine neue Variable; Anwendung der Kettenregel der Differenziation.

Summenfolge: die Folge $\langle s_n \rangle$ mit

$$s_n = a_1 + a_2 + \ldots + a_n$$

zu einer gegebenen Folge $\langle a_n \rangle$. Eine Summenfolge ist eine ↑ Reihe (unendliche Reihe). Die ↑ Differenzenfolge von $\langle s_n \rangle$ ist $\langle a_n \rangle$.

Summenregel: allgemein die Übertragung von Eigenschaften von Folgen oder Funktionen auf deren Summe sowie damit zusammenhängende Regeln (Struktursätze). Wichtige Beispiele sind die Summenregel der Differenziation (↑ Ableitungsregeln) und die Summenregel der Integration (↑ Integrationsregeln).

Supremum [lateinisch »Oberstes«] (kleinste obere Schranke): zu einer nach oben ↑ beschränkten Menge M von reellen Zahlen die Zahl S_0 mit folgenden Eigenschaften:
(1) $x \leq S_0$ für alle $x \in M$;
(2) ist auch $x \leq S$ für alle $x \in M$, dann ist $S_0 \leq S$.

Das Supremum von M ist also die kleinste obere Schranke von M und wird auch obere Grenze von M genannt.

Man bezeichnet das Supremum mit sup M. Es muss nicht zur Menge M gehören.

Das Supremum einer *Funktion* auf der Definitionsmenge D ist das Supremum der Menge der Funktionswerte und wird mit $\sup_D f$ bezeichnet.

Analog ist das ↑ Infimum (größte untere Schranke) definiert.

Supremumsaxiom: der folgende Satz über reelle Zahlen, wenn man ihn als ↑ Vollständigkeitsaxiom verwendet: Jede nach oben beschränkte Menge reeller Zahlen besitzt ein ↑ Supremum.

surjektiv: bezeichnet die Eigenschaft einer Abbildung $A \to B$, bei der jedes Element von B als Bild eines Elementes von A vorkommt.

symmetrisch [griechisch »ebenmäßig«]: Ein *Funktionsgraph* heißt symmetrisch zur Achse a, wenn er bei Spiegelung an a auf sich abgebildet wird (achsensymmetrisch). Er heißt symmetrisch zum Punkt P, wenn er bei Drehung um P um 180° auf sich abgebildet wird (punktsymmetrisch). Eine *Relation R* heißt symmetrisch, wenn aus $a R b$ stets $b R a$ folgt. ↑ Äquivalenzrelationen sind symmetrisch.

Eine quadratische *Matrix A* heißt symmetrisch, wenn sie mit der transponierten Matrix A^T übereinstimmt, wenn sie sich also bei Spiegelung an der Hauptdiagonalen nicht ändert.

Eine *Binomialverteilung* heißt symmetrisch, wenn die Trefferwahrscheinlichkeit 0,5 ist.

system<u>a</u>tischer Code [koːt]: ↑ Codierung.

tan: Funktionszeichen der ↑ Tangensfunktion.

T<u>a</u>ngensfunktion: die ↑ trigonometrische Funktion mit dem Funktionszeichen tan.

Tang<u>e</u>nte [zu lateinisch tangere »berühren«]: eine Gerade, welche die gegebene Kurve in einem Punkt berührt, ohne sie zu schneiden (vgl. aber auch ↑ Wendetangente).

In der *Geometrie* konstruiert man Tangenten an Kreise und ↑ Kegelschnitte (vgl. Band I).

In der *analytischen Geometrie* berechnet man die Gleichungen von Tangenten an Kreise und Kegelschnitte.

In der *Differenzialrechnung* veranschaulicht man den Begriff der ↑ Ableitung einer Funktion mithilfe der Tangente an den Funktionsgraphen. Umgekehrt kann man den Begriff der Tangente mithilfe des Begriffs der Ableitung definieren:

Ist eine Kurve in der Ebene als Graph einer Funktion f gegeben, und ist f an der Stelle $x_0 \in D(f)$ ↑ differenzierbar, dann ist die Tangente an die Kurve im Punkt $(x_0|f(x_0))$ die Gerade mit der Gleichung

$$y = f(x_0) + f'(x_0)(x - x_0)$$

(Abb. 1).

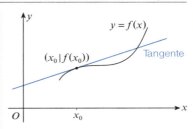

Tangente (Abb. 1): Tangente an einen Funktionsgraphen

Hat eine Kurve in der Ebene die ↑ Parameterdarstellung

$$\begin{pmatrix} x_1 \\ x_2 \end{pmatrix} = \begin{pmatrix} \varphi_1(t) \\ \varphi_2(t) \end{pmatrix}$$

($t \in [a; b]$) und sind die Funktionen φ_1, φ_2 auf $[a; b]$ differenzierbar, dann ist

$$\begin{pmatrix} \varphi_1'(t) \\ \varphi_2'(t) \end{pmatrix}$$

ein Tangentenvektor im Kurvenpunkt zum Parameter t. Die zugehörige Tangente ist also die Gerade mit der Parameterform

$$\begin{pmatrix} x_1 \\ x_2 \end{pmatrix} = \begin{pmatrix} \varphi_1(t) \\ \varphi_2(t) \end{pmatrix} + \lambda \begin{pmatrix} \varphi_1'(t) \\ \varphi_2'(t) \end{pmatrix}$$

($\lambda \in \mathbb{R}$).

Die Tangente an eine Raumkurve mit der Parameterdarstellung

$$\begin{pmatrix} x_1 \\ x_2 \\ x_3 \end{pmatrix} = \begin{pmatrix} \varphi_1(t) \\ \varphi_2(t) \\ \varphi_3(t) \end{pmatrix}$$

($t \in [a; b]$) ist analog in der Form

$$\begin{pmatrix} x_1 \\ x_2 \\ x_3 \end{pmatrix} = \begin{pmatrix} \varphi_1(t) \\ \varphi_2(t) \\ \varphi_3(t) \end{pmatrix} + \lambda \begin{pmatrix} \varphi_1'(t) \\ \varphi_2'(t) \\ \varphi_3'(t) \end{pmatrix}$$

($\lambda \in \mathbb{R}$) gegeben.

Eine Tangente an eine Fläche im Raum in einem Punkt P der Fläche ist jede Gerade, die zur ↑ Tangentialebene im Punkt P gehört.

Tangentenbedingung: eine Bedingung für die Werte m, n einer Geraden mit der Gleichung $y = mx + n$, Tangente eines gegebenen ↑ Kreises oder eines anderen Kegelschnitts zu sein. Man gewinnt die Bedingung durch Einsetzen der Geradengleichung in die Kurvengleichung und die Forderung, dass die Diskriminante der entstehenden quadratischen Gleichung 0 ist. Beispielsweise ist obige Gerade genau dann Tangente des Kreises mit der Gleichung $x^2 + y^2 = r^2$, wenn $(1 + m^2) r^2 = n^2$.

Tangentenregel: eine Regel zur ↑ numerischen Integration.

Tangentenverfahren: andere Bezeichnung für das ↑ Newton-Verfahren zur Nullstellenbestimmung.

Tangentialebene: eine Ebene, die eine gegebene Fläche in einem Punkt berührt.

■ Tangentialebene einer Kugel

Die Tangentialebene an die Kugel mit der Gleichung

$$(\vec{x} - \vec{m}) = r^2$$

und dem Berührpunkt mit dem Ortsvektor $\vec{b}$ hat die Gleichung

$$(\vec{b} - \vec{m}) \cdot (\vec{x} - \vec{m}) = r^2.$$

■ Tangentialebene einer Fläche zweiter Ordnung

Als Beispiel einer ↑ Fläche zweiter Ordnung betrachten wir das elliptische Paraboloid mit der Gleichung

$$\frac{x^2}{a^2} + \frac{y^2}{b^2} - 2z = 0.$$

Die Tangentialebene im Flächenpunkt $B(x_B|y_B|z_B)$ hat die Gleichung

$$\frac{x x_B}{a^2} + \frac{y y_B}{b^2} - (z + z_B) = 0.$$

■ Tangentialebene einer in Parameterdarstellung gegebenen Fläche

Es sei

$$\begin{pmatrix} x_1 \\ x_2 \\ x_3 \end{pmatrix} = \begin{pmatrix} \varphi_1(u, v) \\ \varphi_2(u, v) \\ \varphi_3(u, v) \end{pmatrix}$$

die ↑ Parameterdarstellung einer Fläche im Raum ($u \in [a; b], v \in [c; d]$), wobei die ↑ partiellen Ableitungen der Funktionen $\varphi_1, \varphi_2, \varphi_3$ existieren sollen. Dann ist die Ebene mit der Gleichung

$$\begin{pmatrix} x_1 \\ x_2 \\ x_3 \end{pmatrix} = \begin{pmatrix} \varphi_1(\bar{u}, \bar{v}) \\ \varphi_2(\bar{u}, \bar{v}) \\ \varphi_3(\bar{u}, \bar{v}) \end{pmatrix}$$

$$+ \lambda \begin{pmatrix} \frac{\partial \varphi_1}{\partial u}(\bar{u}, \bar{v}) \\ \frac{\partial \varphi_2}{\partial u}(\bar{u}, \bar{v}) \\ \frac{\partial \varphi_3}{\partial u}(\bar{u}, \bar{v}) \end{pmatrix} + \mu \begin{pmatrix} \frac{\partial \varphi_1}{\partial v}(\bar{u}, \bar{v}) \\ \frac{\partial \varphi_2}{\partial v}(\bar{u}, \bar{v}) \\ \frac{\partial \varphi_3}{\partial v}(\bar{u}, \bar{v}) \end{pmatrix}$$

($\lambda, \mu \in \mathbb{R}$) die Tangentialebene an die Fläche im Flächenpunkt mit den Parameterwerten $\bar{u}, \bar{v}$ (Abb. 1).

Tangentialebene (Abb. 1): Tangentialebene an eine Fläche

Tangentialkegel: der Kegel, den die Tangenten von einem Punkt aus an eine Fläche bilden. Der Tangentialkegel an eine Kugel von einem Punkt S außerhalb der Kugel aus ist ein Kreiskegel mit der Spitze S. Er berührt die Kugel in einem Kreis, dem Schnittkreis der Polarebene (↑ Polare) zum

Pol S mit der Kugel. Hat die Kugel den Mittelpunkt M und den Radius r, also die Gleichung $(\vec{x}-\vec{m})^2 = r^2$, dann kann man den Mittelpunkt M' und den Radius r' des Berührkreises bestimmen (Abb. 1): Nach dem Kathetensatz ist

$$\overline{MM'} \cdot \overline{MS} = r^2,$$

und nach dem Satz von Pythagoras ist

$$(r')^2 + (\overline{MM'})^2 = r^2.$$

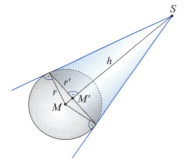

Tangentialkegel (Abb. 1): Tangentialkegel an eine Kugel

Taubenschlagprinzip: siehe S. 396.
Taxi-Metrik: eine ↑ Metrik in $\mathbb{R}^2$, definiert durch die Distanzfunktion

$$d((a_1,a_2),(b_1,b_2)) := |a_1 - b_1| + |b_1 - b_2|.$$

Taylor ['teɪlə]: Brook, englischer Mathematiker, *Edmonton (heute zu London) 18. 8. 1685, †London 29. 12. 1731: TAYLOR entstammte einer vermögenden Familie und studierte zunächst in Cambrigde Rechtswissenschaften. 1714 wurde er »Doctor of Laws«, wandte sich dann aber der Mathematik und den Naturwissenschaften zu. Schon 1712 wurde er zum Mitglied der »Royal Society« gewählt, deren Sekretär er 1714 bis 1718 war. Dabei gehörte er auch der Kommission an, die den Prioritätenstreit zwischen I. ↑ NEWTON und G. W. ↑ LEIBNIZ wegen der Erfindung der Differenzialrechnung klären sollte. Später arbeitete TAYLOR als Privatgelehrter und befasste sich auch mit den Anwendungen der Mathematik in der Physik, z. B. der Beschreibung einer schwingenden Saite.

Die nach TAYLOR benannte Reihenentwicklung (↑ Taylor-Reihe) von Funktionen leitete er mithilfe des newtonschen Interpolationsverfahrens her und veröffentlichte sie 1715 in seinem Hauptwerk. Sie war damals aber schon anderen Mathematikern bekannt. Dennoch dauerte es bis 1772, dass J. L. ↑ LAGRANGE ihre Bedeutung erkannte und sie ein Herzstück der Differenzialrechnung nannte.

Taylor (Abb. 1): Brook Taylor

Taylor-Polynom ['teɪlə-; nach B. ↑ TAYLOR]: ein Polynom der Form

$$f(x_0) + f'(x_0)(x - x_0)$$
$$+ \frac{f''(x_0)}{2}(x - x_0)^2 + \ldots$$
$$+ \frac{f^{(n)}(x_0)}{n!}(x - x_0)^n$$
$$= \sum_{i=0}^{n} \frac{f^{(i)}(x_0)}{i!}(x - x_0)^i.$$

Genauer bezeichnet man das Polynom als Taylor-Polynom n-ter Ordnung von f an der Stelle x_0. Dabei ist f eine

Taubenschlagprinzip

Das Taubenschlagprinzip formuliert eigentlich eine Selbstverständlichkeit:

Verteilt man n Gegenstände auf k Fächer und ist dabei n > k, dann gibt es ein Fach, in dem sich mindestens zwei Gegenstände befinden.

Diese Aussage über die Verteilung von Gegenständen auf Fächer (oder eben Tauben auf Taubenschläge) ist zwar nicht sehr tiefsinnig, hat aber eine Reihe überraschender Anwendungen und erweist sich für zahlreiche mathematische Probleme als äußerst nützlich. J.P.G. DIRICHLET hat auf die Bedeutung dieses Prinzips hingewiesen, weshalb es auch **dirichletsches Schubfachprinzip** heißt.

Vor einigen Jahren wurde in einer Quizshow folgende Frage gestellt: »Auf einem dunklen Speicher hängen 10 schwarze und 10 weiße Socken zum Trocknen. Wie viele Socken muss man blind greifen, um mit Sicherheit ein passendes Paar zu haben?« Die Antwort lautet »3« (und nicht »11«, wie der Kandidat meinte). Dies zeigt das Taubenschlagprinzip: Wenn auf 2 Fächer (schwarz, weiß) 3 Gegenstände (Socken) verteilt werden, enthält eines der Fächer mindestens 2 Gegenstände (Socken). ∎

■ Beweisführung mittels Taubenschlagprinzip

Im Folgenden werden einige mathematische Sätze mithilfe des Taubenschlagprinzips bewiesen. Die Sätze selbst sind dabei nicht sonderlich wichtig, es kommt hier nur auf die Art der Beweisführung an.

Satz 1: In jeder $n+1$-elementigen Teilmenge A von $\{1, 2, 3, \ldots, 2n\}$ gibt es zwei Zahlen, von denen die eine die andere teilt.

Beweis: Man schreibe die Zahlen aus A in der Form $a = 2^k u$ mit einer ungeraden Zahl u. Wegen $1 \leq u \leq 2n-1$ gibt es für u nur n Möglichkeiten, da zwischen 1 und $2n-1$ nur n ungerade Zahlen liegen. Nach dem Taubenschlagprinzip gibt es also unter den $n+1$ Zahlen aus A zwei mit gleichem ungeradem Anteil: $a_1 = 2^r u, a_2 = 2^s u$ mit gleichem u. Somit ist a_1 ein Teiler von a_2 oder a_2 ein Teiler von a_1.

Satz 2: Zu jeder Primzahl p mit $p \geq 3$ gibt es ganze Zahlen a und b mit der Eigenschaft

p teilt $a^2 + b^2 + 1$ und

$a^2 + b^2 + 1 < \frac{1}{2} p^2$.

Beweis: Für $0 \leq x \leq \frac{p-1}{2}$ haben die $\frac{p+1}{2}$ Zahlen x^2 verschiedene Reste bei Division durch p. Denn haben x_1^2 und x_2^2 den gleichen Rest, ist $x_1^2 - x_2^2$ und somit $(x_1 - x_2)(x_1 + x_2)$ durch p teilbar. Wegen $0 \leq |x_1 - x_2| < p$ und $0 \leq x_1 + x_2 < p$ muss dann $x_1 - x_2 = 0$ und damit $x_1 = x_2$ sein.

Für $0 \leq y \leq \frac{p-1}{2}$ haben auch die $\frac{p+1}{2}$ Zahlen $p^2 - (y^2 + 1)$ verschiedene Reste bei Division durch p, wie man ebenso beweist.

Da in Gestalt der Zahlen x^2 und $p^2 - (y^2 + 1)$ genau $p+1$ Zahlen vorliegen, aber nur p verschiedene Divisionsreste möglich sind, existieren ein x und y derart, dass x^2 und $p^2 - (y^2 + 1)$ den gleichen Rest haben, d.h., die Differenz dieser Zahlen und damit $x^2 + y^2 + 1$ sind durch p teilbar. Dabei gilt aufgrund der Wahl der Zahlen x, y

$$x^2 + y^2 + 1 \leq 2 \cdot \left(\frac{p-1}{2}\right)^2 + 1 < \frac{p^2}{2}.$$

Verschärfung des Taubenschlagprinzips

Wir betrachten nun eine »schärfere« Fassung des Taubenschlagprinzips:

Verteilt man n Gegenstände auf k Fächer und ist dabei n > k, dann gibt es ein Fach, in dem sich mehr als $\frac{n-1}{k}$ Gegenstände befinden.

Teilt man z. B. 47 Schüler in 5 Gruppen ein, dann sind in mindestens einer Gruppe mehr als 9 Schüler. Dasselbe gilt für 48, 49 und 50 Schüler. Ab 51 Schülern gibt es mindestens eine Gruppe mit mehr als 10 Schülern.

Mit dem Taubenschlagprinzip in der verschärften Form lässt sich auch die Behauptung beweisen, dass in Berlin mindestens 30 Menschen mit gleich viel Haaren auf dem Kopf leben. Denn ein Mensch hat höchstens 100 000 Haare auf dem Kopf, Berlin aber über $30 \cdot 100\,000$ Einwohner. ■

Der Beweis des folgenden Satzes beruht auf einer Anwendung des verschärften Taubenschlagprinzips. Der Satz handelt von (endlichen) Folgen und Teilfolgen; dabei besteht eine Teilfolge aus gewissen (nicht notwendig aufeinander folgenden) Gliedern der Folge, wobei die Reihenfolge aber dieselbe ist wie in der gegebenen Folge.

Satz 3: Jede (endliche) Folge von $m \cdot n + 1$ verschiedenen reellen Zahlen enthält eine monoton wachsende Teilfolge der Länge $m+1$ oder eine monoton fallende Teilfolge der Länge $n+1$.

Beweis: Für jedes Element a der gegebenen Folge sei $l(a)$ die Länge (Anzahl der Elemente) der längsten bei a beginnenden monoton wachsenden Teilfolge. Existiert ein a mit $l(a) \geq m+1$, dann ist die Aussage des Satzes wahr.

Es sei nun $l(a) \leq m$ für alle Zahlen a der Folge. Dabei gibt es $m \cdot n + 1$ Möglichkeiten für $l(a)$. Nach dem Taubenschlagprinzip gibt es nun eine ganze Zahl s mit $1 \leq s \leq m$, sodass $l(a) = s$ für mehr als n Elemente der Folge gilt, also für mindestens $n+1$ Elemente. Diese seien $a_{j_1}, a_{j_2}, \ldots, a_{j_{n+1}}$ mit $j_1 < j_2 < \ldots < j_{n+1}$. Wäre für zwei benachbarte dieser Zahlen die erste kleiner als die zweite, dann würde bei der ersten Zahl eine monoton wachsende Folge der Länge $s+1$ beginnen. Daher gilt für je zwei benachbarte Zahlen, dass die erste größer als die zweite ist. Damit hat man eine monoton fallende Folge der Länge $n+1$ gefunden. ■

In der eingangs genannten Quizshow hätte gemäß dem verschärften Taubenschlagprinzip auch die Frage gestellt werden können, wie viele Socken man greifen muss, um 7 gleichfarbige zu haben; wie lautet die Antwort? Noch tückischer ist die gleiche Frage, wenn Socken von *drei* verschiedenen Farben auf der Leine hängen. Wie viele muss man in diesem Fall herunternehmen?
(Antworten: »13« wegen $\frac{13-1}{2} + 1 = 7$; »19« wegen $\frac{19-1}{3} + 1 = 7$.)

AIGNER, MARTIN, und ZIEGLER, GÜNTER M.: *Proofs from the book.* Neudruck Berlin (Springer) 1999.

Taylor-Reihe

an der Stelle x_0 mindestens n-mal differenzierbare Funktion. Ist f beliebig oft differenzierbar, dann wird durch die Folge der Taylor-Polynome die ↑ Taylor-Reihe von f an der Stelle x_0 definiert. In der Regel stellt die Taylor-Reihe die Funktion in einer Umgebung von x_0 dar, sodass die Taylor-Polynome zur ↑ Approximation der Funktion in dieser Umgebung von x_0 dienen können. Dann setzt man meistens $h := x - x_0$ und schreibt x statt x_0. Mit
$$T_n(x,h) := \sum_{i=0}^{n} \frac{f^{(i)}(x)}{i!} h^i$$
gilt also
$$f(x+h) \approx T_n(x,h).$$

Beispiel:
$$\sqrt{x+h} \approx \sqrt{x} + \frac{\sqrt{x}}{2x} \cdot h = \sqrt{x} + \frac{1}{2\sqrt{x}} \cdot h$$
(lineare Approximation);
$$\sqrt{x+h} \approx \sqrt{x} + \frac{1}{2\sqrt{x}} \cdot h - \frac{1}{8x\sqrt{x}} \cdot h^2$$
(quadratische Approximation);
$$\sqrt{x+h} \approx \sqrt{x} + \frac{1}{2\sqrt{x}} \cdot h - \frac{1}{8x\sqrt{x}} \cdot h^2 + \frac{1}{16x^2\sqrt{x}} \cdot h^3$$
(Approximation dritter Ordnung).

Taylor-Reihe ['teɪlə-; nach B. ↑ TAYLOR]: die Reihenentwicklung einer Funktion f in einer Umgebung der Stelle x_0 durch eine spezielle ↑ Potenzreihe. Dazu benötigt man den **Satz von Taylor**: Es sei I ein Intervall, f eine $(n+1)$-mal stetig differenzierbare Funktion auf I und x_0 ein innerer Punkt von I. Dann gilt für alle $x \in I$ die **taylorsche Formel**
$$f(x) = \sum_{i=0}^{n} \frac{f^{(i)}(x_0)}{i!} (x-x_0)^i + R_n(x,x_0)$$
mit dem **taylorschen Restglied**
$$R_n(x,x_0) = \frac{1}{n!} \int_{x_0}^{x} (x-t)^n f^{(n+1)}(t) \, dt.$$

Dies lässt sich mit ↑ vollständiger Induktion beweisen, indem man das Restglied mithilfe partieller Integration umformt:
$$\int_{x_0}^{x} (x-t)^n f^{(n+1)}(t) \, dt$$
$$= \frac{1}{n+1} f^{(n+1)}(x_0)(x-x_0)^{n+1}$$
$$+ \frac{1}{n+1} \int_{x_0}^{x} (x-t)^{n+1} f^{(n+2)}(t) \, dt.$$

Das Restglied kann man in verschiedenen Formen darstellen:
$$R_n(x,x_0)$$
$$= \frac{f^{(n+1)}(x_0 + \vartheta_1(x-x_0))}{(n+1)!} (x-x_0)^{n+1}$$
mit $0 < \vartheta_1 < 1$ heißt **lagrangesches Restglied** (nach J. L. ↑ LAGRANGE), die Form
$$R_n(x,x_0) = \frac{f^{(n+1)}(x_0 + \vartheta_2(x-x_0))}{n!}$$
$$\cdot (1-\vartheta_2)^n (x-x_0)^{n+1}$$
mit $0 < \vartheta_2 < 1$ wird als **cauchysches Restglied** bezeichnet (nach A. ↑ CAUCHY).

Ist f beliebig oft differenzierbar und ist
$$\lim_{n \to \infty} R_n(x,x_0) = 0$$
für alle x aus einer Umgebung von x_0, dann gilt dort
$$f(x) = \sum_{i=0}^{\infty} \frac{f^{(i)}(x_0)}{i!} (x-x_0)^i.$$

Dies ist z. B. der Fall, wenn ein $K > 0$ existiert mit
$$\left| f^{(i)}(t) \right| \leq K \quad (i = 0, 1, 2, \ldots)$$
für alle t aus dieser Umgebung von x_0. Man nennt dann die obige Reihendarstellung von f die **Taylor-Entwicklung** von f an der Stelle x_0 (oder mit dem Entwicklungspunkt x_0).

Taylor-Reihe

Die Taylor-Entwicklung spielt eine große Rolle bei der analytischen Behandlung von Funktionen, z. B. in der Physik oder in der ↑ Fehlerfortpflanzung. Da bei den meisten physikalisch wichtigen Funktionen die Folge der Restglieder eine Nullfolge ist, macht man nur einen kleinen Fehler, wenn die Entwicklung schon nach wenigen Gliedern (unter Umständen schon nach dem ersten) abgebrochen wird. Es liegt dann also eine Approximation durch ↑ Taylor-Polynome vor. ∎

Tab. 1 enthält einige Beispiele von Taylor-Entwicklungen, wobei der Entwicklungspunkt jeweils $x_0 = 0$ ist. Ein weiteres Beispiel ist die ↑ binomische Reihe.

∎ Rechnen mit Taylor-Reihen

Mithilfe der Taylor-Reihen lassen sich gewisse reelle Zahlen durch Reihen darstellen. Beispielsweise ergibt sich aus der Taylor-Reihe für $\ln(1+x)$ (vgl. Tab. 1) für den speziellen Wert $x = 1$:

$$\sum_{i=1}^{\infty} \frac{(-1)^{i-1}}{i} = \ln 2 = 0{,}6931471\ldots$$

Analog berechnet man aus der Entwicklung von $\arctan x$ für $x = 1$:

$$\sum_{i=0}^{\infty} \frac{(-1)^i}{2i+1} = \frac{\pi}{4} = 0{,}7853981\ldots$$

Aus der Taylor-Reihe einer Funktion f kann man oft durch Differenzieren oder Integrieren sehr einfach auch die Taylor-Reihe von f' oder von $\int f$ gewinnen und so aus einer bekannten Reihe neue Reihen erhalten.

Beispiele: Für $|x| < 1$ gilt

$$\frac{1}{1-x} = 1 + x + x^2 + x^3 + \ldots \qquad (*)$$

(geometrische Reihe). Differenziation liefert

$$\frac{1}{(1-x)^2} = 1 + 2x + 3x^2 + \ldots.$$

$\dfrac{1}{1+x} = (1+x)^{-1} = 1 - x + x^2 - x^3 + - \ldots = \sum_{n=0}^{\infty} (-1)^n x^n$		$(\lvert x \rvert < 1)$
$\sqrt{1+x} = (1+x)^{\frac{1}{2}} = 1 + \dfrac{1}{2}x - \dfrac{1 \cdot 1}{2 \cdot 4}x^2 + \dfrac{1 \cdot 1 \cdot 3}{2 \cdot 4 \cdot 6}x^3 - + \ldots = \sum_{n=0}^{\infty} \dfrac{(-1)^{n+1}(2n)!}{(2n-1)(2^n n!)2} x^n$		$(\lvert x \rvert < 1)$
$e^x = 1 + x + \dfrac{x^2}{2!} + \dfrac{x^3}{3!} + \ldots = \sum_{n=0}^{\infty} \dfrac{x^n}{n!}$		$(x \in \mathbb{R})$
$\ln(1+x) = x - \dfrac{1}{2}x^2 + \dfrac{1}{3}x^3 - + \ldots = \sum_{n=1}^{\infty} \dfrac{(-1)^{n-1}}{n} x^n$		$(-1 < x \leq 1)$
$\sin x = x - \dfrac{x^3}{3!} + \dfrac{x^5}{5!} - \dfrac{x^7}{7!} + - \ldots = \sum_{n=0}^{\infty} (-1)^n \dfrac{x^{2n+1}}{(2n+1)!}$		$(x \in \mathbb{R})$
$\cos x = 1 - \dfrac{x^2}{2!} + \dfrac{x^4}{4!} - \dfrac{x^6}{6!} + - \ldots = \sum_{n=0}^{\infty} (-1)^n \dfrac{x^{2n}}{(2n)!}$		$(x \in \mathbb{R})$

Taylor-Reihe (Tab. 1): Taylor-Entwicklung wichtiger Funktionen mit dem Entwicklungspunkt $x_0 = 0$

Teiler

Integration von (*) liefert

$$-\ln(1-x) = x + \tfrac{1}{2}x^2 + \tfrac{1}{3}x^3 + \tfrac{1}{4}x^4 + \ldots$$

woraus bei Ersetzung von x durch $-x$ die Taylor-Reihe der Logarithmusfunktion folgt (vgl. Tab. 1, S. 399):

$$\ln(1+x) = x - \tfrac{1}{2}x^2 + \tfrac{1}{3}x^3 - \tfrac{1}{4}x^4 + \ldots$$

(vgl. auch ↑ Potenzreihe).

Teiler: ↑ Polynomdivision.

Teilverhältnis: für drei Punkte A, T, B mit $T \neq B$ auf einer Geraden die Zahl $t = \mathrm{TV}(ATB)$ mit $\overrightarrow{AT} = t\,\overrightarrow{TB}$. Das Teilverhältnis ist invariant gegenüber ↑ affinen Abbildungen (vgl. auch Band I).

Testen von Hypothesen: eine Grundaufgabe der Statistik zur Prüfung von Aussagen über eine unbekannte Wahrscheinlichkeit. Dabei geht man folgendermaßen vor:

- Man stellt eine Hypothese auf,
- gibt eine Irrtumswahrscheinlichkeit vor,
- bestimmt damit einen Ablehnungsbereich,
- zieht eine Stichprobe
- und kann dann anhand der Entscheidungsregel die Hypothese verwerfen oder nicht verwerfen.

■ **Motivation**

Die Wahrscheinlichkeit p eines Ausfalls in einem Zufallsversuch sei nicht bekannt. Man vermutet aber für sie einen bestimmten Wert, oder man vermutet, dass sie in einem gewissen Bereich liegt. Aufgrund einer Zufallsversuchsreihe entscheidet man sich nun für oder gegen diese Vermutung (**Hypothese**). Dabei möchte man aber wissen, mit welcher Wahrscheinlichkeit das Ergebnis der Zufallsversuchsreihe zu einer Fehlentscheidung führen kann. Dies soll zunächst an einem einfachen Urnenmodell dargelegt werden.

Beispiel 1: In einer Urne liegen weiße und blaue Kugeln, es ist aber nicht bekannt, wie viele es von jeder Sorte sind (Abb. 1).

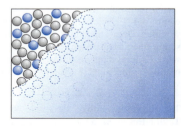

Testen von Hypothesen (Abb. 1): Urne mit weißen und blauen Kugeln

Es stellt nun jemand die Behauptung auf, der Anteil p der weißen Kugeln sei mindestens 60%, er stellt also die Hypothese

$$H: p \geq 0{,}6$$

auf. Wir führen nun eine Zufallsversuchsreihe durch, indem wir 50-mal eine Kugel (mit Zurücklegen) ziehen und jeweils ihre Farbe notieren. Ferner legen wir eine **Entscheidungsregel** fest, zum Beispiel: Erhalten wir mindestens 28 weiße Kugeln, so wollen wir der Hypothese H nicht widersprechen; erhalten wir aber weniger als 28 weiße Kugeln, so wollen wir H ablehnen (Abb. 2).

Um diese Entscheidungsregel zu rechtfertigen, berechnen wir die Wahrscheinlichkeit der möglichen Fehlentscheidungen.

```
0      10     20   │ 30     40     50
├──────┼──────┼────┼───┼──────┼──────┤
                  27│28
Ablehnungsbereich
```

Testen von Hypothesen (Abb. 2): Entscheidungsregel

Testen von Hypothesen

1. Möglichkeit: H ist wahr, wird aber abgelehnt. Die Wahrscheinlichkeit, weniger als 28 weiße Kugeln zu ziehen, beträgt

$$\sum_{i=0}^{27} \binom{50}{i} p^i (1-p)^{50-i}$$

(↑ Binomialverteilung).
Wegen $p \geq 0{,}6$ ist diese Wahrscheinlichkeit höchstens

$$\sum_{i=0}^{27} \binom{50}{i} \cdot 0{,}6^i \cdot 0{,}4^{50-i} = 0{,}234,$$

denn mit wachsendem p wird diese Wahrscheinlichkeit kleiner. Die Hypothese *H* wird also mit einer Wahrscheinlichkeit von höchstens etwa 23,4 % fälschlicherweise abgelehnt.

2. Möglichkeit: H ist falsch, wird aber *nicht* abgelehnt. Die Wahrscheinlichkeit, mindestens 28 weiße Kugeln zu ziehen, beträgt

$$\sum_{i=28}^{50} \binom{50}{i} p^i (1-p)^{50-i}.$$

Wegen $p < 0{,}6$ ist diese Wahrscheinlichkeit höchstens

$$\sum_{i=28}^{50} \binom{50}{i} 0{,}6^i \cdot 0{,}4^{50-i} = 0{,}766,$$

denn mit wachsendem p wird diese Wahrscheinlichkeit größer. Die Hypothese *H* wird also mit einer Wahrscheinlichkeit von maximal etwa 76,6 % fälschlicherweise *nicht* abgelehnt. Die Summe der maximalen Fehlerwahrscheinlichkeiten bei den beiden Möglichkeiten ist 1.
Durch Verkleinern des Ablehnungsbereichs verkleinert sich die Wahrscheinlichkeit der irrtümlichen Ablehnung der Hypothese (1. Möglichkeit), durch Vergrößern des Ablehnungsbereichs verkleinert sich die Wahrscheinlichkeit der irrtümlichen Nichtablehnung der Hypothese (2.

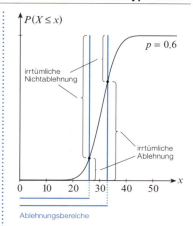

Testen von Hypothesen (Abb. 3): Wahrscheinlichkeit für die irrtümliche Ablehnung bzw. Nichtablehnung

Möglichkeit). Abb. 3 verdeutlicht die Zusammenhänge.

Zum Testen von Hypothesen über eine unbekannte Wahrscheinlichkeit nutzt man wie in Beispiel 1 häufig die Binomialverteilung, wobei zur Rechnung oft die Approximation der Binomialverteilung durch die ↑ Normalverteilung herangezogen wird. Wir wollen uns im Folgenden auf diese **Binomialtests** beschränken, da sie die wesentlichen Begriffe der Testtheorie zeigen.

■ **Formaler Zugang**

Im Prinzip verläuft ein Hypothesentest folgendermaßen: Man möchte eine Hypothese H_0 (**Nullhypothese**) über eine unbekannte Wahrscheinlichkeit p anhand einer Zufallsversuchsreihe ablehnen (verwerfen). Die Menge aller Werte, die p annehmen kann, nennt man die *zulässige* Hypothese H; dann bezeichnet man mit $H_1 := H \setminus H_0$ die **Gegenhypothese** zu H_0. Die Ablehnung der Nullhypothese spricht dann für die Gegenhypothese.

Testen von Hypothesen

Tab. 1 zeigt einige Beispiele für zulässige Hypothesen, Nullhypothesen und Gegenhypothesen.

H	H_0	H_1
$\{0, \frac{1}{4}, \frac{1}{2}, \frac{3}{4}, 1\}$	$p \geq \frac{3}{4}$ $(\{\frac{3}{4}, 1\})$	$p \leq \frac{1}{2}$ $(\{0, \frac{1}{4}, \frac{1}{2}\})$
$[0; 1]$	$p \geq \frac{3}{4}$ $([\frac{3}{4}; 1])$	$p < \frac{3}{4}$ $([0; \frac{3}{4}[)$
$[\frac{1}{37}; \frac{1}{20}]$	$p = \frac{1}{37}$ $(\{\frac{1}{37}\})$	$p > \frac{1}{37}$ $(]\frac{1}{37}; \frac{1}{20}])$
$\{\frac{9}{36}, \frac{10}{36}\}$	$p = \frac{9}{36}$ $(\{\frac{9}{36}\})$	$p = \frac{10}{36}$ $(\{\frac{10}{36}\})$
$[0; \frac{1}{2}]$	$p < \frac{1}{3}$ $([0; \frac{1}{3}[)$	$\frac{1}{3} \leq p \leq \frac{1}{2}$ $([\frac{1}{3}; \frac{1}{2}])$

Testen von Hypothesen (Tab. 1)

Man führt nun eine Zufallsversuchsreihe der Länge n aus und bestimmt die absolute Häufigkeit k des Ausfalls, dessen Wahrscheinlichkeit p zur Diskussion steht. Zuvor legt man eine Entscheidungsregel fest: Die Menge $\{0, 1, 2, \ldots, n\}$ wird zerlegt in einen **Ablehnungsbereich** (Verwerfungsbereich, kritische Region) A und sein Komplement $\bar{A}$:

$$\{0, 1, 2, \ldots, n\} = A \cup \bar{A}$$

mit $A \cap \bar{A} = \emptyset$. Liegt k in $\bar{A}$, dann wird nichts gegen H_0 eingewendet, liegt k in A, dann wird H_0 verworfen. Dabei gibt es zwei Möglichkeiten für Fehlentscheidungen:

Fehler 1. Art: H_0 ist wahr, wird aber trotzdem abgelehnt, weil k in den Ablehnungsbereich gefallen ist. Die Wahrscheinlichkeit, einen Fehler 1. Art zu begehen, nennt man **Risiko 1. Art**. Es hängt von dem wahren Wert von p ab und beträgt

$$\sum_{i \in A} \binom{n}{i} p^i (1-p)^{n-i}.$$

Der größte Wert, den das Risiko 1. Art in Abhängigkeit von p annehmen kann, heißt **Irrtumswahrscheinlichkeit** des Tests. Bezeichnen wir sie mit α, dann heißt $1 - \alpha$ die **Sicherheitswahrscheinlichkeit** des Tests.

Fehler 2. Art: H_0 ist falsch, wird aber nicht abgelehnt, weil k in den Bereich $\bar{A}$ gefallen ist. Die Wahrscheinlichkeit für einen Fehler 2. Art nennt man **Risiko 2. Art**. Es hängt von dem wahren Wert von p ab und beträgt

$$\sum_{i \in \bar{A}} \binom{n}{i} p^i (1-p)^{n-i}.$$

Man interessiert sich auch hier meistens für den größten Wert, den diese Wahrscheinlichkeit in Abhängigkeit von p annehmen kann.

Beispiel 2: In einer Urne liegen 10 Kugeln, und zwar w weiße und b blaue ($w + b = 10$). Es sollen $n = 5$ Kugeln (mit Zurücklegen) gezogen werden, um die Behauptung zu überprüfen, die Urne enthalte *nicht* gleich viele weiße wie blaue Kugeln. Es soll also die Hypothese

$$H_0: p = 0{,}5$$

getestet und möglichst abgelehnt werden. Die Gegenhypothese ist

$$H_1: p \in \{0, \tfrac{1}{10}, \tfrac{2}{10}, \tfrac{3}{10}, \tfrac{4}{10}\} \cup \{\tfrac{6}{10}, \tfrac{7}{10}, \tfrac{8}{10}, \tfrac{9}{10}, 1\}.$$

Wir wählen den

Ablehnungsbereich $A = \{0, 1, 4, 5\}$

(Abb. 4).

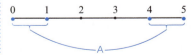

Testen von Hypothesen (Abb. 4): Ablehnungsbereich zu Beispiel 2

Das Risiko 1. Art ist

$$\sum_{i \in A} \binom{5}{i} p^i (1-p)^{5-i};$$

es hat einen festen Wert (und ist daher gleich der Irrtumswahrscheinlichkeit), da H_0 nur aus $p=0{,}5$ besteht:

$$\binom{5}{0} \cdot 0{,}5^5 + \binom{5}{1} \cdot 0{,}5^5 + \binom{5}{4} \cdot 0{,}5^5$$
$$+ \binom{5}{5} \cdot 0{,}5^5 = 12 \cdot 0{,}5^5 = 0{,}375.$$

Ein Fehler 1. Art tritt also mit einer Wahrscheinlichkeit von 37,5% auf. Das Risiko 2. Art ist

$$\sum_{i \in \bar{A}} \binom{5}{i} p^i (1-p)^{5-i}$$
$$= \binom{5}{2} p^2 (1-p)^3 + \binom{5}{3} p^3 (1-p)^2$$
$$= 10 p^2 (1-p)^2$$

mit $p \in H_1$. Das Risiko 2. Art ist für die verschiedenen Werte von $p \in H_1$ in folgender Tab. berechnet (vgl. auch Abb. 5):

p	Risiko 2. Art
0	0
0,1	0,081
0,2	0,256
0,3	0,441
0,4	0,576
0,6	0,576
0,7	0,441
0,8	0,256
0,9	0,081
1	0

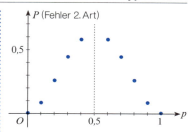

Testen von Hypothesen (Abb. 5): Risiko 2. Art in Beispiel 2

■ **Signifikanztest und Alternativtest**

In Beispiel 2 geht es nur darum, ob die Hypothese H_0 abgelehnt werden soll oder nicht; es ist hier ohne Interesse, welche andere Hypothese anstelle von H_0 eher angenommen werden könnte. Ein solcher Test heißt **Signifikanztest**. Das folgende Beispiel enthält einen **Alternativtest**; hier geht es darum, zwischen zwei Hypothesen H_1 und H_2 zu entscheiden.

Beispiel 3: Gegeben sei eine Urne mit 100 Kugeln. Man weiß, dass entweder 25 Kugeln weiß (und 75 Kugeln blau) oder 75 Kugeln weiß (und 25 Kugeln blau) sind. Es soll nun durch 15-maliges Ziehen einer Kugel (mit Zurücklegen) zwischen den Hypothesen

$$H_1: p = 0{,}25 \quad \text{und} \quad H_2: p = 0{,}75$$

entschieden werden. Wir entscheiden uns für H_1, wenn höchstens 7 weiße Kugeln gezogen werden, andernfalls für H_2.

Eine erste Möglichkeit für eine Fehlentscheidung liegt vor, wenn H_1 wahr und die Zahl der gezogenen weißen Kugeln mindestens 8 ist. Die Wahrscheinlichkeit hierfür ist

$$\sum_{i=8}^{15} \binom{15}{i} \cdot 0{,}25^i \cdot 0{,}75^{15-i} = 0{,}0173.$$

Testen von Hypothesen

Mit einer Wahrscheinlichkeit von etwa 1,7% entscheidet man sich also für die falsche Hypothese.

Eine zweite Möglichkeit zu einer Fehlentscheidung liegt vor, wenn H_2 wahr und die Zahl der gezogenen weißen Kugeln höchstens 7 ist. Hierfür ergibt sich (wegen der Symmetrie der Hypothesen und der gewählten Annahmebereiche) ebenfalls die Wahrscheinlichkeit 1,7%.

■ Einseitiger und zweiseitiger Signifikanztest

Unter den Signifikanztests unterscheidet man **einseitige Tests** und **zweiseitige Tests**, und zwar entsprechend der Form des Ablehnungsbereichs (Abb. 6).

einseitig:

zweiseitig:

Testen von Hypothesen (Abb. 6): Ablehnungsbereich bei ein- bzw. zweiseitigem Test

Soll die Hypothese $H_0: p \leq p_0$ gegen die Alternativhypothese $H_1: p > p_0$ getestet werden, so hat der Ablehnungsbereich die Gestalt

$A = \{c, c+1, \ldots, n\}$,

und die Irrtumswahrscheinlichkeit beträgt

$$\sum_{i=c}^{n} \binom{n}{i} p_0^i (1-p_0)^{n-i}.$$

Soll die Hypothese $H_0: p \geq p_0$ gegen die Alternativhypothese $H_1: p < p_0$ getestet werden, so hat der Ablehnungsbereich die Gestalt

$A = \{0, 1, 2, \ldots, c\}$,

und die Irrtumswahrscheinlichkeit beträgt

$$\sum_{i=0}^{c} \binom{n}{i} p_0^i (1-p_0)^{n-i}.$$

In beiden Fällen handelt es sich um einen einseitigen Test. Soll die Hypothese $H_0: p = p_0$ gegen die Alternativhypothese

$H_1: p < p_0$ oder $p > p_0$

getestet werden, so hat der Ablehnungsbereich die Gestalt

$A = \{0, 1, \ldots, c_1\} \cup \{c_2, c_2+1, \ldots, n\}$,

und die Irrtumswahrscheinlichkeit beträgt

$$\sum_{i=0}^{c_1} \binom{n}{i} p_0^i (1-p_0)^{n-i}$$
$$+ \sum_{i=c_2}^{n} \binom{n}{i} p_0^i (1-p_0)^{n-i}.$$

Hier handelt es sich um einen zweiseitigen Test.

In praktischen Anwendungen des Testens wird die Irrtumswahrscheinlichkeit i.d.R. vorgeschrieben, und man muss zunächst einen dazu passenden Ablehnungsbereich konstruieren.

Beispiel 4 (einseitiger Test): Ein Würfel ist (vermutlich) so gefälscht, dass die Sechs häufiger als bei einem idealen Würfel erscheint. Die Hypothese

$H_0: p \leq \frac{1}{6}$

soll gegen die Alternativhypothese

$H_1: p > \frac{1}{6}$

getestet werden, indem man 1000-mal würfelt. Bei einem idealen Würfel erwartet man dann $1000 \cdot \frac{1}{6} \approx 167$ Sechsen. Der Ablehnungsbereich

$A = \{c, c+1, \ldots, 1000\}$

soll so gewählt werden, dass die Irrtumswahrscheinlichkeit höchstens 1% beträgt; es soll also

$$\sum_{i=c}^{1000} \binom{1000}{i} \left(\frac{1}{6}\right)^i \left(\frac{5}{6}\right)^{1000-i} \leq 0{,}01$$

gelten. Die Näherung durch die ↑ Normalverteilung liefert

$$\sum_{i=c}^{1000} \binom{1000}{i} \left(\frac{1}{6}\right)^i \left(\frac{5}{6}\right)^{1000-i}$$

$$= 1 - \sum_{i=0}^{c-1} \binom{1000}{i} \left(\frac{1}{6}\right)^i \left(\frac{5}{6}\right)^{1000-i}$$

$$= 1 - \Phi\left(\frac{c-1+0{,}5-\frac{1000}{6}}{\sqrt{1000\cdot\frac{1}{6}\cdot\frac{5}{6}}}\right).$$

Es ist also der Wert der Wahrscheinlichkeitsfunktion Φ zu finden, für den $\Phi = 0{,}9900$ ist. Die Tafel für die Werte von Φ auf S. 304 ist leider nicht genau genug, durch ↑ Interpolation findet man aber

$$0{,}9900 = \Phi(2{,}326).$$

Es ist also die Gleichung

$$\frac{c-1+0{,}5-\frac{1000}{6}}{\sqrt{1000\cdot\frac{1}{6}\cdot\frac{5}{6}}} = 2{,}326$$

zu lösen. Sie hat die Lösung 194,5...; da c eine ganze Zahl sein muss, ergibt sich $c = 195$. (Dieselbe Lösung ergibt sich, wenn man die aus der Tafel ablesbaren Werte $\Phi(2{,}32)$ oder $\Phi(2{,}33)$ verwendet). Man wird also mit einer Irrtumswahrscheinlichkeit von höchstens 1% den Würfel als gefälscht bezeichnen können, wenn mindestens 195-mal die Sechs gefallen ist.

Beispiel 5 (zweiseitiger Test): Beim Roulette erwartet man für »Null« die Wahrscheinlichkeit $\frac{1}{37}$. Das Kasino muss stets alle Ausfälle an einem Tisch protokollieren, um eine Überprüfung des Rouletterads zu ermöglichen. Es dürfen weder große Abweichungen nach unten noch nach oben auftreten. Beispielsweise für 1786 Spiele würde man $1786 \cdot \frac{1}{37} \approx 48$ Nullen erwarten. In welchem Bereich darf also die Anzahl der Ausfälle »Null« liegen, damit die Hypothese $H_0: p = \frac{1}{37}$ nicht mit einer Irrtumswahrscheinlichkeit von 5% abgelehnt werden kann?

Wir konstruieren c_1 und c_2 so, dass mit $\alpha = 0{,}05$ gilt:

$$\sum_{i=0}^{c_1} \binom{1786}{i} \left(\frac{1}{37}\right)^i \left(\frac{36}{37}\right)^{1786-i} \leq \frac{\alpha}{2}$$

und

$$\sum_{i=c_2}^{1786} \binom{1786}{i} \left(\frac{1}{37}\right)^i \left(\frac{36}{37}\right)^{1786-i} \leq \frac{\alpha}{2}.$$

Wegen $\Phi(-1{,}96) = 0{,}025$ und $\Phi(1{,}96) = 0{,}975$ ergibt sich daraus

$$\frac{c_1 + 0{,}5 - \frac{1786}{37}}{\sqrt{1786 \cdot \frac{1}{37} \cdot \frac{36}{37}}} \leq -1{,}96$$

und

$$\frac{c_2 - 1 + 0{,}5 - \frac{1786}{37}}{\sqrt{1786 \cdot \frac{1}{37} \cdot \frac{36}{37}}} \geq 1{,}96.$$

Man erhält

$$c_1 \leq 34{,}2\ldots \text{ und } c_2 \geq 62{,}3\ldots,$$

also den Ablehnungsbereich

$$A = \{0, 1, \ldots, 34\} \cup \{63, 64, \ldots, 1786\}.$$

■ Zusammenhang zwischen Ablehnungsbereich und Irrtumswahrscheinlichkeit

Wir betrachten im Folgenden nur solche Fälle, in denen die Binomialverteilung gut durch die Normalvertei-

Testen von Hypothesen

lung angenähert werden kann (also etwa $np(1-p) > 9$). Dann kann man den Zusammenhang zwischen Ablehnungsbereich und Irrtumswahrscheinlichkeit oft sehr einfach berechnen.

Wir zeigen dies zunächst für die Hypothese $H_0: p \leq p_0$ mit dem Ablehnungsbereich $A = \{c, c+1, \ldots, n\}$ und der Irrtumswahrscheinlichkeit α: Die Beziehung

$$\sum_{i=c}^{n} \binom{n}{i} p_0^i (1-p_0)^{n-1} \leq \alpha$$

ist gleichbedeutend mit

$$\sum_{i=0}^{c-1} \binom{n}{i} p_0^i (1-p_0)^{n-1} \geq 1 - \alpha,$$

also

$$\Phi\left(\frac{c - 1 + 0{,}5 - np_0}{\sqrt{np_0(1-p_0)}}\right) \geq 1 - \alpha.$$

Mit $\Phi(a) = 1 - \alpha$ bedeutet dies

$$c \geq np_0 + 0{,}5 + a\sqrt{np_0(1-p_0)}.$$

Unter dieser Voraussetzung über den Ablehnungsbereich kann die Hypothese $H_0: p \leq p_0$ mit der Irrtumswahrscheinlichkeit α abgelehnt werden.

Entsprechend findet man, dass die Hypothese $H_0: p \geq p_0$ mit dem Ablehnungsbereich $A = \{0, 1, \ldots, c\}$ mit der Irrtumswahrscheinlichkeit α abgelehnt werden kann, wenn

$$c \leq np_0 - 0{,}5 - a\sqrt{np_0(1-p_0)};$$

dabei hängen a und α jetzt aber gemäß $\Phi(a) = \alpha$ zusammen.

Für den zweiseitigen Test der Hypothese $H_0: p = p_0$ ist $A = \{0, 1, \ldots, c_1\} \cup \{c_2, c_2+1, \ldots, n\}$ ein Ablehnungsbereich zu der Irrtumswahrscheinlichkeit α, wenn

$$c_1 \leq np_0 - 0{,}5 - b\sqrt{np_0(1-p_0)}$$

und

$$c_2 \geq np_0 + 0{,}5 + b\sqrt{np_0(1-p_0)}$$

ist. Dabei ist b durch $\Phi(b) = 1 - \dfrac{\alpha}{2}$ bestimmt.

■ Gütefunktion und Operationscharakteristik

Bei gegebener Irrtumswahrscheinlichkeit α und damit gegebenem Ablehnungsbereich hängen die Risiken 1. und 2. Art von der tatsächlichen Wahrscheinlichkeit p ab. Beim Test der Hypothese $H_0: p \leq p_0$ (einseitig) mit dem Ablehnungsbereich $A = \{c, c+1, \ldots, n\}$ beträgt das Risiko 1. Art

$$g(p) := \sum_{i=c}^{n} \binom{n}{i} p^i (1-p)^{n-i},$$

wobei natürlich nur die Werte $p \leq p_0$ interessieren. Die Funktion g heißt die **Gütefunktion** des Tests. Das Risiko 2. Art ist

$$O(p) := \sum_{i=0}^{c-1} \binom{n}{i} p^i (1-p)^{n-i},$$

wobei natürlich nur die Werte $p > p_0$ interessieren. Die Funktion O heißt die **Operationscharakteristik** des Tests. Wegen

$$O(p) = 1 - g(p)$$

lassen sich g und O in einem einzigen Schaubild darstellen. Abb. 7 zeigt für $n = 20$ und $p_0 = 0{,}1$ den Fall $c = 5$.

p	$g(p) = \sum_{i=5}^{20} \binom{20}{i} p^i (1-p)^{20-i}$
0	0
0,1	0,043
0,2	0,370
0,3	0,762
0,4	0,949
0,5	0,994

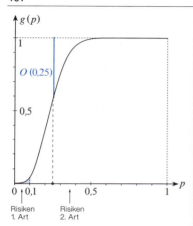

Testen von Hypothesen (Abb. 7): Gütefunktion und Operationscharakteristik beim einseitigen Test

Wählt man statt 5 einen größeren Wert für c, so verschiebt sich die Kurve aus Abb. 7 nach rechts, wie es in Abb. 8 (qualitativ) dargestellt ist.

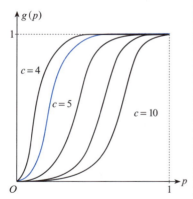

Testen von Hypothesen (Abb. 8): Abhängigkeit der Gütefunktion vom Ablehnungsbereich beim einseitigen Test

Für eine feste Irrtumswahrscheinlichkeit, aber wachsende Stichprobenumfänge n (und damit wachsendem c) nähert sich der Graph der Gütefunktion immer stärker dem Graphen der »idealen« Gütefunktion, der Treppenfunktion (Abb. 9)

$$g^*\colon p \mapsto \begin{cases} 0 & \text{für } p \leq p_0, \\ 1 & \text{für } p > p_0. \end{cases}$$

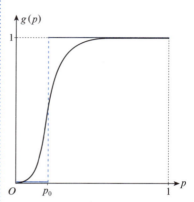

Testen von Hypothesen (Abb. 9): ideale Gütefunktion beim einseitigen Test

Für einseitige Hypothesen der Form $H_0\colon p \geq p_0$ sind Gütefunktion und Operationscharakteristik entsprechend definiert.

Beim zweiseitigen Test der Hypothese $H_0\colon p = p_0$ mit dem Ablehnungsbereich
$A = \{0, 1, \ldots, c_1\} \cup \{c_2, c_2+1, \ldots, n\}$
definiert man die Gütefunktion durch

$$g(p) := \sum_{i=0}^{c_1} \binom{n}{i} p^i (1-p)^{n-i} + \sum_{i=c_2}^{n} \binom{n}{i} p^i (1-p)^{n-i}$$

und die Operationscharakteristik wieder durch

$$O(p) := 1 - g(p).$$

Die Gütefunktion interessiert hauptsächlich in der Nähe von p_0; der Wert $g(p_0)$ ist die Irrtumswahrscheinlichkeit. Die Operationscharakteristik ist

Test von Fisher

nur für die von p_0 verschiedenen Werte von p interessant; sie gibt das Risiko 2. Art an. Abb. 10 zeigt den Verlauf von g und O für $n=20$ und $p=0{,}3$ mit $c_1=4$ und $c_2=10$.

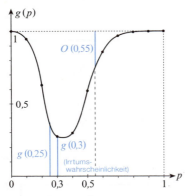

Testen von Hypothesen (Abb. 10): Gütefunktion und Operationscharakteristik beim zweiseitigen Test

Wählt man c_1 größer und c_2 kleiner, so verschiebt sich die Gütekurve nach oben, wie es in Abb. 11 (qualitativ) dargestellt ist.

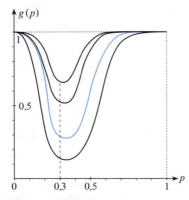

Testen von Hypothesen (Abb. 11): Abhängigkeit der Gütefunktion vom Ablehnungsbereich beim zweiseitigen Test

Für eine feste Irrtumswahrscheinlichkeit, aber wachsende Stichprobenumfänge n (und damit entsprechend variierende Werte von c_1 und c_2) nähert sich der Graph der Gütefunktion immer stärker dem Graphen der »idealen« Gütefunktion (Abb. 12)

$$g^*: p \mapsto \begin{cases} 0 & \text{für } p=p_0, \\ 1 & \text{für } p\neq p_0. \end{cases}$$

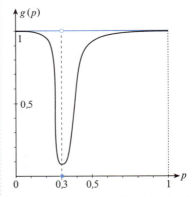

Testen von Hypothesen (Abb. 12): ideale Gütefunktion beim zweiseitigen Test

Test von Fisher [-'fɪʃə; nach RONALD AYLMER FISHER; *1890, †1962]: der ↑ Vierfelder-Test zur Untersuchung der Unabhängigkeit von zwei Merkmalen oder Ereignissen.

Topologie: die Wissenschaft, die aus der Analyse des Raumbegriffs Eigenschaften allgemeiner Räume herleitet. Der Raumbegriff wird dabei so allgemein wie möglich gefasst, sodass man die Topologie auch als Theorie der topologischen Strukturen und topologischen Abbildungen bezeichnet.

Eine Menge T von Teilmengen einer gegebenen Menge M heißt eine topologische Struktur auf M, wenn gilt:
(1) $\emptyset \in T$ und $M \in T$;
(2) die Schnittmenge von endlich vielen Mengen aus T gehört wieder zu T;

(3) die Vereinigungsmenge von beliebig vielen Mengen aus T gehört wieder zu T.

Gilt $x \in U$ für ein $x \in M$ und ein $U \in T$, dann nennt man U eine **Umgebung** von x. Die Menge M zusammen mit der durch T gegebenen topologischen Struktur ist ein **topologischer Raum**. In einem ↑ metrischen Raum liegt eine topologische Struktur vor, wenn man als Umgebungen eines Elementes x diejenigen Teilmengen auffasst, die ein Intervall (Kreisscheibe, Kugel, ...) mit dem Mittelpunkt x umfassen. Beispiele für topologische Räume sind die Räume $\mathbb{R}, \mathbb{R}^2, \mathbb{R}^3$ mit der euklidischen Metrik.

Die Grundbegriffe der ↑ Analysis können mithilfe des Begriffs der topologischen Struktur sehr allgemein formuliert werden. Dabei ist es von Interesse, bei welchen umkehrbaren Abbildungen eines topologischen Raums auf sich oder einen anderen topologischen Raum Umgebungen eines Punktes wieder auf Umgebungen des Bildpunktes abgebildet werden, und ob sich dabei die topologische Struktur des einen Raums auf den anderen überträgt. Solche Abbildungen heißen **topologische Abbildungen**. Einfache Beispiele derartiger Abbildungen der Ebene lassen sich als Verformungen veranschaulichen. Daher beschäftigt man sich in der Topologie auch mit geometrischen Eigenschaften von Figuren, die sich bei Verformungen nicht ändern.

T̲orus [lateinisch »Wulst«, »Erhebung«] (Ringkörper): der Körper, der bei Rotation einer Kreisscheibe K um eine außerhalb von K verlaufende, in der Ebene des Kreises liegende Achse entsteht. Oberflächeninhalt und Volumen kann man mit den ↑ guldinschen Regeln berechnen.

tot̲al differenzierbar: Differenzierbarkeit einer ↑ Funktion zweier reeller Variablen.

totales Differenzi̲al: ↑ vollständiges Differenzial.

totale Wahrscheinlichkeit: die aus den ↑ bedingten Wahrscheinlichkeiten eines Ereignisses zu berechnende Wahrscheinlichkeit dieses Ereignisses. Ist $\{A_1, A_2, \ldots, A_n\}$ eine Zerlegung der Menge der möglichen Ausfälle eines Zufallsversuchs, also $A_1 \cup A_2 \cup \ldots \cup A_n = \Omega$ und $A_i \neq \emptyset$ ($i = 1, 2, \ldots, n$) sowie $A_i \cap A_j = \emptyset$ für $i \neq j$, so gilt die **Formel von der totalen Wahrscheinlichkeit**

$$P(B) = \sum_{i=1}^{n} P(B|A_i) P(A_i)$$

für jedes Ereignis B (vgl. Abb. 1).

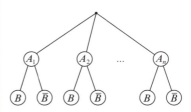

totale Wahrscheinlichkeit (Abb. 1): zweistufiger Versuch

Diese Formel zur Berechnung der totalen Wahrscheinlichkeit aus den ↑ bedingten Wahrscheinlichkeiten $P(B|A_i)$ ist wegen

$$P(B|A_i)P(A_i) = P(B \cap A_i)$$

und

$$\sum_{i=1}^{n} P(B \cap A_i) = P\left(B \cap \left(\bigcup_{i=1}^{n} A_i\right)\right)$$
$$= P(B \cap \Omega) = P(B)$$

unmittelbar einsichtig.

Beispiel 1: Die Wahrscheinlichkeit, bei beliebiger Auswahl einer der drei Urnen in Abb. 2 und beliebiger Aus-

Toto

wahl einer Kugel aus der gewählten Urne eine weiße Kugel zu ziehen, ist

$$\tfrac{2}{5}\cdot\tfrac{1}{3}+\tfrac{3}{8}\cdot\tfrac{1}{3}+\tfrac{6}{7}\cdot\tfrac{1}{3}=\tfrac{457}{840}\approx 54\%$$

totale Wahrscheinlichkeit (Abb. 2): Urne zu Beispiel 1

(vgl. Abb. 3). Hätte man aus *einer* Urne mit 11 ($=2+3+6$) weißen und 9 ($=3+5+1$) blauen Kugeln eine weiße zu ziehen, so wäre die Wahrscheinlichkeit hierfür $\tfrac{11}{20}=55\%$.

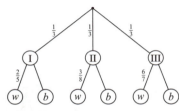

totale Wahrscheinlichkeit (Abb. 3): Baumdiagramm zu Beispiel 1

Die Formel von der totalen Wahrscheinlichkeit hat ein Analogon im Mischungsrechnen (vgl. Band I), wie folgendes Beispiel zeigt:

Beispiel 2: Der Mineralölverbrauch eines Landes ist in Abb. 4 nach vier Verbrauchsarten aufgeschlüsselt.

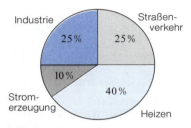

totale Wahrscheinlichkeit (Abb. 4): Aufschlüsselung des Ölverbrauchs

Durch geeignete Maßnahmen lassen sich Einsparungen erreichen. Wir nehmen folgende (nicht unbedingt realistische) Einsparpotenziale an:

- 5% im Straßenverkehr;
- 3% beim Heizen;
- 12% bei der Stromerzeugung;
- 8% bei der übrigen Industrie.

Die gesamten Einsparungen betragen dann

$$5\%\cdot 25\%+3\%\cdot 40\%+12\%\cdot 10\%$$
$$+8\%\cdot 25\%=1{,}25\%+1{,}20\%$$
$$+1{,}20\%+2\%=5{,}65\%.$$

Toto: ein ↑ Glücksspiel.

Trägergerade: die gemeinsame Gerade eines ↑ Ebenenbüschels.

Trägerpunkt: der gemeinsame Punkt eines ↑ Ebenenbündels.

Traktrix: ↑ Schleppkurve.

Transformation: [zu lateinisch transformare »umformen«]: andere Bezeichnung für ↑ Abbildung. Von einer Transformation spricht man vor allem dann, wenn man sie als eine Änderung des Koordinatensystems interpretieren kann (↑ Koordinatentransformation).

transitiv [lateinisch »(auf ein Objekt) übergehend«]: bezeichnet die Eigenschaft einer ↑ Relation R, dass aus aRb und bRc stets aRc folgt. Beispiele für transitive Relationen sind Äquivalenz- und Ordnungsrelationen.

Transitivgesetz: ↑ Körper.

Translation [lateinisch »das Versetzen«, »Übersetzung«]: andere Bezeichnung für eine Parallelverschiebung. Sie lässt sich in der Ebene oder im Raum durch einen ↑ Verschiebungsvektor beschreiben.

transponierte Matrix: die ↑ Matrix A^T (»A transponiert«), die aus einer Matrix A durch Vertauschen der Zeilen und Spalten entsteht. Die zu einer (m, n)-Matrix transponierte ist eine (n, m)-Matrix.

Transposition: ↑ Permutation.

transzendent [von lateinisch transcendere »hinübergehen«]: bezeichnet eine reelle Zahl, die nicht ↑ algebraisch, also nicht Lösung einer algebraischen Gleichung ist (z. B. die ↑ eulersche Zahl e und die Kreiszahl π). Auch eine Funktion, die nicht ↑ algebraisch ist, wird als transzendent bezeichnet (z. B. die ↑ Exponentialfunktionen und die ↑ trigonometrischen Funktionen).

Trapezregel: eine Regel der ↑ numerischen Integration.

Trennung der Variablen: ↑ bernoullische Differenzialgleichung.

Trennungszahl: die durch einen ↑ Dedekind-Schnitt definierte Zahl.

Treppenfunktion: eine stückweise konstante Funktion. Eine Treppenfunktion f auf einem Intervall $[a; b]$ ist also folgendermaßen definiert: Es gibt eine Zerlegung von $[a; b]$ mit Zerlegungspunkten $x_1, x_2, \ldots, x_{n-1}$, also

$$a = x_0 < x_1 < x_2 < \ldots < x_{n-1} < x_n = b,$$

und reelle Zahlen

$c_1, c_2, \ldots, c_n$ und $d_0, d_1, d_2, \ldots, d_n$

mit

$$f(x) = c_k \text{ für } x_{k-1} < x < x_k$$

und

$$f(x) = d_k \text{ für } x = x_k.$$

Bei den meisten in mathematischen Anwendungen vorkommenden Treppenfunktionen ist $d_k = c_k$ oder $d_k = c_{k+1}$, an den Sprungstellen nimmt f also den Wert der linken oder der rechten Treppenstufe an. Treppenfunktionen sind oft auch auf der ganzen Zahlengeraden oder Halbgeraden definiert. Ferner ist es erlaubt, dass eine auf einem Intervall $[a; b]$ definierte Treppenfunktion dort unendlich viele Stufen hat (vgl. Beispiel 4).

Beispiel 1: Die Ganzteilfunktion ordnet jeder reellen Zahl x die größte ganze Zahl zu, die nicht größer als x ist. In Abb. 1 ist ihr Graph angedeutet; ihren Wert an der Stelle x bezeichnet man mit $[x]$.

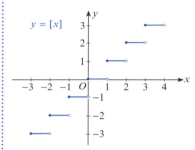

Treppenfunktion (Abb. 1): die Ganzteilfunktion

Beispiel 2: Durch Addieren, Multiplizieren, Dividieren und Verketten von Treppenfunktionen erhält man wieder Treppenfunktionen. Ein Beispiel hierfür ist die Funktion

$$f: x \mapsto \frac{5[\sqrt{x}]}{[x]+1}.$$

Beispiel 3: Durch den Preis einer Ware ist aufgrund von Mengenrabatten u. Ä. häufig eine Treppenfunktion definiert. Ein bekanntes Beispiel ist die Portofunktion in Abb. 2 (Stand 1. 1. 2000).

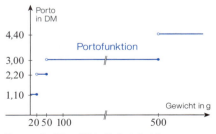

Treppenfunktion (Abb. 2): Portofunktion

Beispiel 4: Die Funktion

$$x \mapsto \frac{1}{\left[\dfrac{1}{x}\right]}$$

ist auf $]0;1[$ eine Treppenfunktion mit unendlich vielen Stufen (Abb. 3).

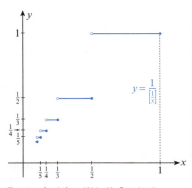

Treppenfunktion (Abb. 3): Graph mit unendlich vielen Stufen

Treppenfunktionen benutzt man auch zur Darstellung von Häufigkeiten (↑ Histogramm) oder zur Approximation von Funktionen bei der Definition und Berechnung des Integrals. Man schließt hier die zu integrierende Funktion zwischen eine untere und obere Treppenfunktion ein. Eine Funktion, die auf einem Intervall als Grenzfunktion einer gleichmäßig konvergenten Folge von Treppenfunktionen definiert werden kann, heißt ↑ Regelfunktion.

Trichotomiegesetz: ↑ Körper.

trigonometrische Funktionen (Winkelfunktionen, goniometrische Funktionen): die Funktionen

- sin (**Sinusfunktion**),
- cos (**Kosinusfunktion**),
- tan (**Tangensfunktion**)

(vgl. Band I) und ihre Umkehrfunktionen (Arkusfunktionen, zyklometrische Funktionen)

- arcsin (**Arkussinusfunktion**),
- arccos (**Arkuskosinusfunktion**),
- arctan (**Arkustangensfunktion**).

Alle trigonometrischen Funktionen sind stetig und differenzierbar in ihrem Definitionsbereich. Ihre ↑ Ableitungsfunktionen sind:

$(\sin x)' = \cos x;$

$(\cos x)' = -\sin x;$

$(\tan x)' = \dfrac{1}{\cos^2 x} = 1 + \tan^2 x;$

$(\arcsin x)' = \dfrac{1}{\sqrt{1-x^2}};$

$(\arccos x)' = -\dfrac{1}{\sqrt{1-x^2}};$

$(\arctan x)' = \dfrac{1}{1+x^2}.$

Die ↑ Stammfunktionen der trigonometrischen Funktionen sind:

$\displaystyle\int \sin x \, dx = -\cos x;$

$\displaystyle\int \cos x \, dx = \sin x;$

$\displaystyle\int \tan x \, dx = -\ln|\cos x|;$

$\displaystyle\int \arcsin x \, dx = x \arcsin x + \sqrt{1-x^2};$

$\displaystyle\int \arccos x \, dx = x \arccos x - \sqrt{1-x^2};$

$\displaystyle\int \arctan x \, dx = x \arctan x - \tfrac{1}{2} \ln(1+x^2).$

Die trigonometrischen Funktionen lassen sich auch als ↑ Taylor-Reihe darstellen. Die *komplexen* trigonometrischen Funktionen werden mithilfe der ↑ Exponentialfunktion definiert.

Periodische Funktionen (mit geeigneten Stetigkeitseigenschaften) lassen sich als Reihen aus den Funktionen $\sin nx$ und $\cos nx$ (mit $n = 1, 2, 3, \ldots$) darstellen. Solche **trigonometrischen Reihen** heißen ↑ Fourier-Reihen.

Trisektrix: ↑ Quadratrix.

trivial: alltäglich, selbstverständlich. In der Mathematik nennt man oft eine Aussage trivial, die (in Abhängigkeit vom persönlichen Wissensstand) keines Beweises bedarf. Eine **triviale Lösung** einer Gleichung oder eines Gleichungssystems ist eine Lösung, die man ohne Rechnung sofort erkennt. Ein homogenes ↑ lineares Gleichungssystem mit n Variablen hat die triviale Lösung $(0, 0, \ldots, 0)$ (n-Tupel aus lauter Nullen). Vektoren heißen ↑ linear unabhängig, wenn sich der Nullvektor aus ihnen nur als **triviale Linearkombination** darstellen lässt.

Tschebyschow, Pafnutij Lwowitsch (auch transliteriert als TSCHEBYSCHEFF oder CEBYSEV), russischer Mathematiker, *Okatowo (Gouvernement Kaluga) 26. 5. 1821, †Sankt Petersburg 8. 12. 1894: TSCHEBYSCHOW war Sohn einer Adelsfamilie. Er studierte in Moskau und Sankt Petersburg, wo er ab 1850 Professor war. Durch Auslandsreisen und Lehrtätigkeit in Paris lernte er viele Fachkollegen kennen und zog durch sein Wirken viele Wissenschaftler nach Sankt Petersburg (man sprach von der Tschebyschow-Schule). Aufgrund seiner Arbeiten wurde er Mitglied zahlreicher Akademien der Wissenschaften (z. B. Berlin, Bologna, Paris).

TSCHEBYSCHOW arbeitete an den Grundlagen der Wahrscheinlichkeitsrechnung (↑ Tschebyschow-Ungleichung), hatte großen Einfluss auf die Entwicklung der Analysis und widmete sich auch Problemen der theoretischen Mechanik sowie der Zahlentheorie. Sehr bekannt ist sein Versuch, den Primzahlsatz zu beweisen, also die Aussage, dass die Anzahl $\pi(x)$ der Primzahlen unterhalb von x für wachsendes x sich asymptotisch wie $\dfrac{x}{\ln x}$ verhält. Dieser Beweis gelang ihm zwar nicht (der Satz wurde erst nach seinem Tod vollständig bewiesen), er konnte aber zeigen, dass es Zahlen $a, A > 0$ gibt mit $a + A = 2$ und

$$a\,\frac{x}{\ln x} \leq \pi(x) \leq A\,\frac{x}{\ln x},$$

wenn x hinreichend groß ist.

Tschebyschow-Ungleichung (tschebyscheffsche Ungleichung) [nach P. L. ↑ TSCHEBYSCHOW]: die Ungleichung

$$P(|X - E(X)| \geq c) \leq \frac{V(X)}{c^2}, \qquad (1)$$

mit der sich die Abweichung einer Zufallsgröße X von ihrem ↑ Erwartungswert $E(X)$ abschätzen lässt. Dabei ist $V(X)$ die ↑ Varianz und c eine positive reelle Zahl. Da die Wahrscheinlichkeit des Ereignisses »$|X - E(X)| \geq c$« nicht größer als 1 ist, kann diese Ungleichung nur für $c > \sigma(X) \;(:= \sqrt{V(X)})$ nützlich sein (↑ Standardabweichung).

■ **Herleitung**

Es sei ein Zufallsversuch mit einer endlichen Menge Ω von möglichen Ausfällen gegeben, ferner eine Zufallsgröße $X: \Omega \to \mathbb{R}$ auf diesem Zufallsversuch. Dann gilt

$$\begin{aligned}
V(X) &= \sum_{x \in X(\Omega)} (x - E(X))^2 P(X = x) \\
&\geq \sum_{\substack{x \in X(\Omega) \\ |x - E(X)| \geq c}} (x - E(X))^2 P(X = x) \\
&\geq \sum_{\substack{x \in X(\Omega) \\ |x - E(X)| \geq c}} c^2 P(X = x) \\
&= c^2 P(|X - E(X)| \geq c).
\end{aligned}$$

Tupel

■ Anwendung

Bei 10^5-maligem Würfeln erwartet man $\frac{100000}{6}$ ($\approx 16\,667$) Sechsen. Wir wollen die Wahrscheinlichkeit dafür abschätzen, dass die Zahl der geworfenen Sechsen um höchstens 500 davon abweicht. Es ist in diesem Fall $V(X) = 100\,000 \cdot \frac{1}{6} \cdot \frac{5}{6} = \frac{500\,000}{36}$; mit $c = 500$ erhält man aus (1)

$$P\left(\left|X - \frac{10^5}{6}\right| \geq 500\right) \leq \frac{500\,000}{36 \cdot 500^2} = \frac{1}{18}.$$

Die gesuchte Wahrscheinlichkeit ist also höchstens $\frac{17}{18}$ ($\approx 94\%$).

Die Tschebyschow-Ungleichung wendet man nur dann an, wenn die Wahrscheinlichkeitsverteilung der Zufallsgröße X nicht bekannt ist, sondern nur $E(X)$ und $V(X)$. Kennt man die Verteilung, lassen sich in der Regel sehr viel bessere Abschätzungen gewinnen. In obigem Würfelbeispiel ist X binomialverteilt mit $n = 10^5$ und $p = \frac{1}{6}$ (↑ Binomialverteilung). Die abzuschätzende Wahrscheinlichkeit lässt sich also mithilfe der ↑ Normalverteilung recht genau angeben; sie beträgt

$$2\Phi\left(\frac{500}{\sigma}\right) - 1 \quad \text{mit} \quad \sigma \approx 118,$$

also $2\Phi(4{,}24) - 1 \approx 99{,}99\%$.

Dieses Beispiel zeigt, wie grob die durch die Tschebyschow-Ungleichung gegebene Abschätzung ist. Dennoch spielt sie bei der Herleitung vieler Sachverhalte eine Rolle, etwa bei der Herleitung des ↑ Gesetzes der großen Zahlen: Bei einer Bernoulli-Kette der Länge n gebe die Zufallsgröße X die Anzahl der Treffer an. Ist p die Trefferwahrscheinlichkeit, so ist $E(X) = np$ und $V(X) = np(1-p)$ (↑ Binomialverteilung), also gilt nach (1)

$$P(|X - np| \geq c) \leq \frac{np(1-p)}{c^2}.$$

Mit $h := \frac{X}{n}$ (relative Häufigkeit als Zufallsgröße) und $\varepsilon := \frac{c}{n}$ folgt das Gesetz der großen Zahlen:

$$P(|h - p| \geq \varepsilon) \leq \frac{p(1-p)}{n\varepsilon^2}.$$

Tupel (n-tupel): Kunstwort zur Bezeichnung eines mathematischen Objekts, welches aus mehreren Objekten in einer gewissen Reihenfolge besteht. Ein n-Tupel hat die Gestalt

$$(a_1, a_2, \ldots, a_n),$$

wobei $a_1, a_2, \ldots, a_n$ gleiche oder verschiedene mathematische Objekte sind und wobei es auf die Reihenfolge ankommt. Ein 2-Tupel ist ein Paar, ein 3-Tupel nennt man auch Tripel, ein 4-Tupel Quadrupel usw. Das ↑ kartesische Produkt

$$A_1 \times A_2 \times \ldots \times A_n$$

besteht aus allen n-Tupeln $(a_1, a_2, \ldots, a_n)$ mit

$$a_1 \in A_1, a_2 \in A_2, \ldots, a_n \in A_n.$$

Überdeckung: ↑ Heine-Borel-Axiom.

Übergangswahrscheinlichkeit: in einem ↑ stochastischen Prozess wie z. B. in einer ↑ Markow-Kette die Wahrscheinlichkeit, dass das System von einem gegebenen Zustand in einen anderen vorgeschriebenen Zustand übergeht. Die Übergangswahrscheinlichkeiten werden in einer ↑ stochastischen Matrix zusammengefasst, der so genannten **Übergangsmatrix**.

Überlagerung: andere Bezeichnung für die Addition zweier Funktionen. Sie spielt eine Rolle bei der ↑ Reihendarstellung von Funktionen.

Umgebung: zu einer reellen Zahl x nennt man das ↑ offene Intervall

$]x-\varepsilon; x+\varepsilon[$

eine ε-Umgebung von x; dabei ist ε eine positive reelle Zahl (Abb. 1).

Umgebung (Abb. 1): ε-Umgebung auf der reellen Zahlengeraden

Allgemeiner heißt eine Teilmenge U von $\mathbb{R}$ eine Umgebung von x, wenn U eine ε-Umgebung von x mit einer geeigneten Zahl ε enthält (Abb. 2).

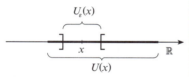

Umgebung (Abb. 2): Umgebung von x auf der reellen Zahlengeraden

Eine Umgebung von x bezeichnet man mit $U(x)$, eine ε-Umgebung mit $U_\varepsilon(x)$. Eine ε-Umgebung ist eine ↑ offene Teilmenge von $\mathbb{R}$. Statt von der Umgebung einer Zahl spricht man auch von der Umgebung eines Punktes, da man Zahlen als Punkte auf der Zahlengeraden darstellen kann.

Ist $P=(x|y)$ ein Punkt der reellen Zahlenebene, so nennt man die offene Kreisscheibe

$\{(\xi|\eta)\in\mathbb{R}^2 | (\xi-x)^2+(\eta-y)^2<\varepsilon^2\}$

eine ε-Umgebung von P; dabei ist ε eine positive reelle Zahl (Abb. 3).
Allgemein heißt eine Teilmenge U von $\mathbb{R}^2$ eine Umgebung von P, wenn U eine ε-Umgebung von P mit einer

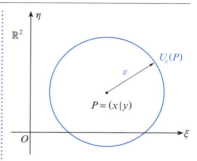

Umgebung (Abb. 3): ε-Umgebung in der reellen Zahlenebene

geeigneten Zahl ε enthält. Eine Umgebung von P bezeichnet man mit $U(P)$, eine ε-Umgebung von P mit $U_\varepsilon(P)$. Analog definiert man Umgebungen und ε-Umgebungen in $\mathbb{R}^3$ (reeller Zahlenraum). Eine ε-Umgebung eines Punktes P aus $\mathbb{R}^3$ ist also eine offene Kugel mit dem Mittelpunkt P und dem Radius ε.

umkehrbar (bijektiv): bezeichnet die Eigenschaft einer ↑ Abbildung $f: A \rightarrow B$, für die gilt:
(1) Für alle $a_1, a_2 \in A$ mit $a_1 \neq a_2$ ist $f(a_1) \neq f(a_2)$;
(2) für jedes $b \in B$ gibt es ein $a \in A$ mit $f(a) = b$.

Dann ist durch

$f^{-1}(b) = a \Leftrightarrow f(a) = b$

eine Abbildung $f^{-1}: B \rightarrow A$ definiert, die man **Umkehrabbildung** von f nennt.

Umkehrfunktion (inverse Funktion): die Umkehrabbildung einer ↑ umkehrbaren Funktion. Ist $f: A \rightarrow B$ $(A, B \subseteq \mathbb{R})$ umkehrbar und $f^{-1}: B \rightarrow A$ die Umkehrfunktion, dann gilt

$f^{-1}(f(x)) = x$ für alle $x \in A$

und

$f(f^{-1}(x)) = x$ für alle $x \in B$.

Die Graphen von f und f^{-1} im kartesischen Koordinatensystem sind sym-

unabhängig

metrisch zur Winkelhalbierenden des 1. und 3. Quadranten ($y=x$). Ist f umkehrbar, so gewinnt man die Funktionsgleichung von f^{-1} durch Vertauschen der Variablen in der Gleichung $y=f(x)$ und Auflösen nach y:

$$x=f(y) \Rightarrow y=f^{-1}(x).$$

Die Umkehrfunktionen der Potenzfunktionen $x \mapsto x^n$ ($n \in \mathbb{N}$) sind die ↑ Wurzelfunktionen (und umgekehrt). Die Umkehrfunktionen der ↑ Exponentialfunktionen sind die ↑ Logarithmusfunktionen (und umgekehrt). Die Umkehrfunktionen von sin, cos, tan sind die entsprechenden Arkusfunktionen (↑ trigonometrische Funktionen).

Auch die Eigenschaften der ↑ Stetigkeit und der Differenzierbarkeit übertragen sich. Ist $f: [a;b] \to [c;d]$ umkehrbar und stetig auf $[a;b]$, dann ist auch die Umkehrfunktion

$$f^{-1}: [c;d] \to [a;b]$$

stetig auf $[c;d]$. Ist f differenzierbar auf $]a;b[$, und ist $f'(x) \neq 0$ für alle $x \in]a;b[$, dann ist auch f^{-1} differenzierbar auf $]c;d[$, und es gilt

$$(f^{-1}(x))' = \frac{1}{f'(f^{-1}(x))}.$$

Beispielsweise ist auf $]-1;1[$

$$(\arcsin x)' = \frac{1}{\cos(\arcsin x)}$$
$$= \frac{1}{\sqrt{1-\sin^2(\arcsin x)}}$$
$$= \frac{1}{\sqrt{1-x^2}}.$$

Die obige Formel für die Ableitung der Umkehrfunktion beweist man anhand der Beziehung

$$\frac{f^{-1}(u)-f^{-1}(u_0)}{u-u_0} = \frac{x-x_0}{f(x)-f(x_0)}$$

mit $u=f(x), u_0=f(x_0)$. Man kann diese Formel anhand von Abb. 1 geometrisch interpretieren.

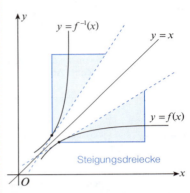

Umkehrfunktion (Abb. 1): zum Beweis der Differenziationsformel für die Umkehrfunktion

Eine streng monotone Funktion ist stets umkehrbar. Ist die Funktion f auf dem Intervall I differenzierbar und gilt $f'(x) \neq 0$ für alle $x \in I$, dann ist f auf I umkehrbar.

unabhängig:

◆ *Lineare Algebra:* Linear unabhängig nennt man eine Menge von ↑ Vektoren, wenn eine ↑ Linearkombination dieser Vektoren nur dann den Nullvektor ergibt, wenn alle Koeffizienten 0 sind (↑ linear unabhängig).

◆ *Wahrscheinlichkeitsrechnung:* Stochastisch unabhängig nennt man eine Menge von ↑ Ereignissen eines Zufallsversuchs, wenn für jede Teilmenge $\{E_1, E_2, \ldots, E_n\}$ dieser Menge von Ereignissen gilt:

$$P(E_1 \cap E_2 \cap \ldots \cap E_n)$$
$$= P(E_1) \cdot P(E_2) \cdot \ldots \cdot P(E_n).$$

Dabei bedeutet $P(E)$ die Wahrscheinlichkeit des Ereignisses E. Mithilfe der ↑ unabhängigen Ereignisse definiert man auch die Unabhängigkeit von Zufallsgrößen (↑ unabhängige Zufallsgrößen).

unabhängige Ereignisse: zwei ↑ Ereignisse $A, B \subseteq \Omega$ mit

$$P(A \cap B) = P(A) P(B).$$

Die Ereignisse A, B sind also genau dann unabhängig, wenn für die ↑ bedingten Wahrscheinlichkeiten gilt:

$$P(A|B) = P(A) \quad \text{und} \quad P(B|A) = P(B)$$

(↑ Multiplikationssatz). Die drei Ereignisse $A, B, C (\subseteq \Omega)$ heißen unabhängig, wenn sie zu je zweien unabhängig sind und wenn ferner gilt:

$$P(A \cap B \cap C) = P(A) P(B) P(C).$$

Man definiert nun rekursiv: Die n Ereignisse $A_1, A_2, \ldots, A_n (\subseteq \Omega)$ heißen unabhängig, wenn sie zu je $n-1$ unabhängig sind und außerdem gilt:

$$P(A_1 \cap A_2 \cap \ldots \cap A_n)$$
$$= P(A_1) P(A_2) \ldots P(A_n).$$

Genau dann sind also die Ereignisse $A_1, A_2, \ldots, A_n$ unabhängig, wenn für jede Teilmenge $\{n_1, n_2, \ldots, n_k\} \subseteq \{1, 2, \ldots, n\}$ mit $2 \leq k \leq n$ gilt:

$$P(A_{n_1} \cap A_{n_2} \cap \ldots \cap A_{n_k})$$
$$= P(A_{n_1}) P(A_{n_2}) \ldots P(A_{n_k}).$$

Eine beliebige Menge von Ereignissen heißt unabhängig, wenn je endlich viele dieser Ereignisse unabhängig sind.

Beispiel 1: In einer Urne liegen 2100 nummerierte Kugeln (Abb. 1), also gilt $\Omega = \{1, 2, 3, \ldots, 2100\}$.

unabhängige Ereignisse (Abb. 1): Urne zu Beispiel 1

Wir ziehen eine Kugel und notieren, ob ihre Nummer

- durch 3 teilbar ist (Ereignis A_3);
- durch 5 teilbar ist (Ereignis A_5);
- durch 3 und durch 5 teilbar ist (Ereignis $A_3 \cap A_5$).

Es ist $A_3 = \{3, 6, 9, \ldots, 2100\}$, also $P(A_3) = \frac{1}{3}$. Entsprechend ist $P(A_5) = \frac{1}{5}$ und $P(A_3 \cap A_5) = \frac{1}{15}$. Also gilt hier

$$P(A_3 \cap A_5) = P(A_3) P(A_5),$$

die Ereignisse A_3 und A_5 sind daher unabhängig.

Wir ziehen eine Kugel und notieren, ob ihre Nummer

- durch 6 teilbar ist (Ereignis A_6);
- durch 10 teilbar ist (Ereignis A_{10});
- durch 6 und durch 10 teilbar ist (Ereignis $A_6 \cap A_{10}$).

Es ist $P(A_6) = \frac{1}{6}$ und $P(A_{10}) = \frac{1}{10}$, und ferner $P(A_6 \cap A_{10}) = \frac{1}{30}$, also

$$P(A_6 \cap A_{10}) \neq P(A_6) P(A_{10});$$

daher sind die Ereignisse A_6 und A_{10} nicht unabhängig voneinander.

Die Ereignisse $A_{d_1}, A_{d_2}, \ldots, A_{d_n}$ für Teiler $d_1, d_2, \ldots, d_n$ von 2100 sind genau dann unabhängig, wenn die Zahlen $d_1, d_2, \ldots, d_n$ paarweise teilerfremd sind.

Abhängigkeit und Unabhängigkeit von Ereignissen treten in der Statistik in Gestalt von abhängigen und unabhängigen Merkmalen auf. Bei entsprechenden Untersuchungen nutzt man z.B. eine ↑ Vierfelder-Tafel im Rahmen eines ↑ Vierfelder-Tests; ein weiterer Test auf Unabhängigkeit ist der ↑ Chi-Quadrat-Test.

Beispiel 2: Eine statistische Erhebung über Farbenblindheit (genauer: Rot-Grün-Blindheit) ergab die Zahlen in folgender Tafel; dabei bedeuten ♀, ♂ und A die Mengen der untersuchten Frauen, Männer und der Fälle von Farbenblindheit (Tab. 1, S. 418).

unabhängige Ereignisse

	A	$\bar{A}$	Summe
♀	21	4839	4860
♂	187	4953	5140
Summe	208	9792	10000

unabhängige Ereignisse (Tab. 1)

Interpretieren wir die gefundenen relativen Häufigkeiten als Wahrscheinlichkeiten, so ist

$$oP(A)P(♂) = \frac{208}{10000} \cdot \frac{5140}{10000} = 0{,}0107,$$

$$P(A \cap ♂) = \frac{187}{5140} = 0{,}0364.$$

Man wird also $P(A \cap ♂) \neq P(A)P(♂)$ annehmen, also die Merkmale A und ♂ als abhängig ansehen. Tatsächlich sind 3 bis 4% der Männer farbenblind, aber nur etwa 0,4% der Frauen.

In entsprechender Weise kann man auch Merkmale mit mehr als zwei Ausprägungen untersuchen.

Beispiel 3: Um zu untersuchen, ob die vier Hauptblutgruppen 0, A, B, AB vom Geschlecht abhängen, wurde das statistische Material in Tab. 2 erstellt:

	♀	♂	Summe
0	1981	2107	4088
A	2008	1898	3906
B	518	563	1081
AB	353	572	925
Summe	4860	5140	10000

unabhängige Ereignisse (Tab. 2)

Mit 0, A, B, AB wird einfachheitshalber auch die Menge der Untersuchten mit diesen Blutgruppen beschrieben. Es ist

$P(0 \cap ♀) = 0{,}1981$ und
$P(0)P(♀) = 0{,}1987$,
$P(A \cap ♀) = 0{,}2008$ und
$P(A)P(♀) = 0{,}1898$,
$P(B \cap ♀) = 0{,}0518$ und
$P(B)P(♀) = 0{,}0525$,
$P(AB \cap ♀) = 0{,}0353$ und
$P(AB)P(♀) = 0{,}0450$.

Die Werte stimmen jeweils ziemlich gut überein. Man kann hieraus schließen, dass die Blutgruppen unabhängig vom Geschlecht sind.

Aus der paarweisen Unabhängigkeit von Ereignissen A, B, C folgt noch nicht die Unabhängigkeit von A, B, C wie folgendes Beispiel zeigt:

Beispiel 4: Beim Werfen einer Münze treten die Ausfälle »Wappen« oder »Zahl« (w oder z) auf. Dann sind beim zweimaligen Werfen einer Münze ($\Omega = \{(w,w),(w,z),(z,w),(z,z)\}$) die Ereignisse

$\{(w,w),(w,z)\}$, $\{(w,w),(z,w)\}$,
$\{(w,w),(z,z)\}$

zwar paarweise unabhängig, nicht aber unabhängig.

Oft weiß man bereits aus der Beschreibung des Zufallsversuchs, ob zwei Ereignisse A, B unabhängig sind, z.B. wenn offensichtlich kein »Zusammenhang« zwischen den Ereignissen besteht. Dann kann man aus $P(A \cap B) = P(A)P(B)$ die Wahrscheinlichkeit von $P(A \cap B)$ berechnen. Statistiker fordern manchmal die Unabhängigkeit zweier Ereignisse (oder Merkmale), um diese Formel anwenden zu können. Dabei kann natürlich ein systematischer Fehler unterlaufen, der die Glaubwürdigkeit der Berechnungen beeinträchtigt.

In einem Manuskript ist eine unbekannte Anzahl n von Fehlern. Lektor A findet a Fehler, Lektorin B findet b Fehler, und c Fehler werden von beiden gefunden. Die Wahrscheinlichkeit, dass ein Fehler von A bzw. von B gefunden wird, ist also $\frac{a}{n}$ bzw. $\frac{b}{n}$.

Sind die Ereignisse »A findet den Fehler« und »B findet den Fehler« für jeden Fehler unabhängig, dann gilt

$$\frac{a}{n} \cdot \frac{b}{n} = \frac{c}{n}.$$

Daraus folgt $n = \frac{a \cdot b}{c}$.

Es ist sehr überraschend, dass man n ausrechnen kann. Das liegt aber daran, dass hier ein sehr unrealistisches Modell konstruiert wurde. ∎

unabhängige Zufallsgrößen: ↑ Zufallsgrößen $X: \Omega \to \mathbb{R}$, $Y: \Omega \to \mathbb{R}$ (mit jeweils nur endlich vielen Werten), für die bei allen $x, y \in \mathbb{R}$ gilt:

$$P(X = x \text{ und } Y = y) = P(X = x) P(Y = y).$$

Mit anderen Worten heißen die Zufallsgrößen unabhängig, wenn die Ereignisse »$X = x$« und »$Y = y$« unabhängig sind (↑ unabhängige Ereignisse). Die Zahlen

$$p_{ij} := P(X = x_i \text{ und } Y = y_j)$$

bilden die **gemeinsame Wahrscheinlichkeitsverteilung** von X und Y; dabei sind $x_1, x_2, \ldots, x_m$ und $y_1, y_2, \ldots, y_n$ die Werte, welche X und Y annehmen können. Die gemeinsame Wahrscheinlichkeitsverteilung stellt man in einer **Kontingenztafel** dar (in Abb. 1 bedeutet ∧ das logische »und«). Als **Randverteilung** ergeben sich die Wahrscheinlichkeitsverteilungen der Zufallsgrößen X und Y:

$$P(X = x_i) = \sum_{j=1}^{n} p_{ij},$$

$$P(Y = y_j) = \sum_{i=1}^{m} p_{ij}.$$

Sind nun X und Y unabhängig, dann kann man die gemeinsame Wahrscheinlichkeitsverteilung von X und Y sofort mithilfe der Verteilungen von X und Y angeben:

$$p_{ij} = P(X = x_i) P(Y = y_j).$$

Bei unabhängigen Zufallsgrößen X und Y gilt für ↑ Erwartungswert und ↑ Varianz

$$E(XY) = E(X) E(Y)$$
$$V(X + Y) = V(X) + V(Y)$$

■ Verallgemeinerung auf *n* Zufallsgrößen

Die Zufallsgrößen $X_1, X_2, \ldots, X_n$ ($X_i: \Omega \to \mathbb{R}$) heißen unabhängig, wenn für alle $x_1, x_2, \ldots, x_n$ die Ereignisse »$X_1 = x_1$«, »$X_2 = x_2$«, ...,

X \ Y	y_1	y_2	...	y_n	Summe
x_1	$P(X=x_1 \wedge Y=y_1)$	$P(X=x_1 \wedge Y=y_2)$	...	$P(X=x_1 \wedge Y=y_n)$	$P(X=x_1)$
x_2	$P(X=x_2 \wedge Y=y_1)$	$P(X=x_2 \wedge Y=y_2)$	...	$P(X=x_2 \wedge Y=y_n)$	$P(X=x_2)$
...	...	...	...	...	...
x_m	$P(X=x_m \wedge Y=y_1)$	$P(X=x_m \wedge Y=y_2)$	...	$P(X=x_m \wedge Y=y_n)$	$P(X=x_m)$
Summe	$P(Y=y_1)$	$P(Y=y_2)$	...	$P(Y=y_n)$	1

unabhängige Zufallsgrößen (Abb. 1): Kontingenztafel

unbestimmtes Integral

»$X_n = x_n$« unabhängig sind. Es gilt dann

$$P(X_1 = x_1 \wedge X_2 = x_2 \wedge \ldots \wedge X_n = x_n)$$
$$= \prod_{i=1}^{n} P(X_i = x_i).$$

Sind die Zufallsgrößen $X_1, X_2, \ldots, X_n$ unabhängig, dann gilt für den Erwartungswert

$$E(X_1 X_2 \ldots X_n) = E(X_1) E(X_2) \ldots E(X_n)$$

und für die Varianz

$$V(X_1 + X_2 + \ldots + X_n)$$
$$= V(X_1) + V(X_2) + \ldots + V(X_n).$$

Anwendung: Bei einer ↑ Bernoulli-Kette der Länge n sei

$$X_i = \begin{cases} 1, & \text{falls } i\text{-ter Versuch ein Treffer,} \\ 0, & \text{falls } i\text{-ter Versuch ein Fehlschlag.} \end{cases}$$

Die Zufallsgrößen $X_1, X_2, \ldots, X_n$ sind unabhängig. Ist p die Trefferwahrscheinlichkeit, so ist $V(X_i) = p(1-p)$ für $i = 1, 2, \ldots, n$. Also ergibt sich für die Anzahl der Treffer $X = X_1 + X_2 + \ldots + X_n$:

$$V(X) = np(1-p).$$

■ Zufallsgrößen mit unendlich vielen Werten

Für Zufallsgrößen X, Y mit *unendlich* vielen Werten definiert man die Unabhängigkeit durch die Unabhängigkeit der Ereignisse $X \leq x, Y \leq y$ für alle $x, y \in \mathbb{R}$. Im Falle endlicher Zufallsgrößen ergibt sich die ursprüngliche Definition. Die Beziehungen $E(XY) = E(X) E(Y)$ und damit $V(X + Y) = V(X) + V(Y)$ gelten auch für unabhängige Zufallsgrößen mit unendlich vielen Werten.

unbestimmtes Integral: die Menge aller ↑ Stammfunktionen einer Funktion f. Man schreibt dies $\int f(x) \mathrm{d}x$ oder einfach $\int f$ (↑ Integral). In dieser abkürzenden Schreibweise bedeutet zum Beispiel der Ausdruck $\sin \in \int \cos$, dass die Kosinusfunktion Stammfunktion der Sinusfunktion ist.

uneigentliches Integral: eine Erweiterung des Integralbegriffs auf unendliche Integrationsintervalle oder unbeschränkte Integranden.

Das ↑ Integral $\int_a^b f(x) \mathrm{d}x$ ist im riemannschen Sinne nur für den Fall definiert, dass das Integrationsintervall $[a; b]$ endlich ist; ferner wird vorausgesetzt, dass f auf $[a; b]$ beschränkt ist. Mit dem Begriff des uneigentlichen Integrals kann man auch dem Ausdruck $\int_a^b f(x) \mathrm{d}x$ auch für unendliche Integrationsintervalle oder unbeschränkte Funktionen eine Bedeutung zuschreiben.

■ Unendliche Integrationsintervalle

Wenn der Grenzwert

$$\lim_{b \to \infty} \int_a^b f(x) \mathrm{d}x$$

existiert, dann heißt f auf dem unendlichen Intervall $[a; \infty[$ uneigentlich integrierbar, und der obige Grenzwert wird als uneigentliches Integral von f über $[a; \infty[$ bezeichnet. Man definiert dann

$$\int_a^\infty f(x) \mathrm{d}x := \lim_{b \to \infty} \int_a^b f(x) \mathrm{d}x.$$

Das uneigentliche Integral von f über $]-\infty; b]$ wird analog definiert:

$$\int_{-\infty}^b f(x) \mathrm{d}x := \lim_{a \to -\infty} \int_a^b f(x) \mathrm{d}x.$$

uneigentliches Integral

Das uneigentliche Integral $\int_{-\infty}^{\infty} f(x)\,dx$ existiert, wenn für ein $a \in \mathbb{R}$ die uneigentlichen Integrale

$$\int_{-\infty}^{a} f(x)\,dx \quad \text{und} \quad \int_{a}^{\infty} f(x)\,dx$$

existieren. Man definiert dann

$$\int_{-\infty}^{\infty} f(x)\,dx := \int_{-\infty}^{a} f(x)\,dx + \int_{a}^{\infty} f(x)\,dx.$$

Beispiel 1: Es sei $r \in \mathbb{R}$. Genau dann existiert das uneigentliche Integral $\int_{1}^{\infty} \frac{dx}{x^r}$, wenn $r > 1$ ist; sein Wert beträgt dann $\frac{1}{r-1}$. Es ist nämlich für $r \neq 1$

$$\int_{1}^{b} \frac{dx}{x^r} = \frac{1}{r-1}(1 - b^{1-r}),$$

und $\lim_{b \to \infty} b^{1-r}$ existiert nur für $1 - r < 0$, also für $r > 1$. Im Fall $r = 1$ gilt

$$\int_{1}^{b} \frac{dx}{x} = \ln b.$$

Das uneigentliche Integral existiert also nicht, weil die ↑ Logarithmusfunktion unbeschränkt wächst.

■ **Unbeschränkter Integrand**

Ist f an der Stelle b nicht beschränkt, so kann trotzdem der ↑ einseitige Grenzwert

$$\lim_{t \to b^-} \int_{a}^{t} f(x)\,dx$$

existieren. In diesem Fall heißt f auf $[a; b]$ uneigentlich integrierbar und obiger Grenzwert uneigentliches Integral. Man definiert

$$\int_{a}^{b} f(x)\,dx := \lim_{t \to b^-} \int_{a}^{t} f(x)\,dx.$$

Entsprechend definiert man das uneigentliche Integral, falls f an der unteren Grenze a nicht beschränkt ist. Ist f an einer Stelle x_0 im Innern von $[a; b]$ nicht beschränkt, so existiert das uneigentliche Integral über $[a; b]$, wenn die uneigentlichen Integrale über $[a; x_0]$ und $[x_0; b]$ existieren. Dann definiert man

$$\int_{a}^{b} f(x)\,dx := \int_{a}^{x_0} f(x)\,dx + \int_{x_0}^{b} f(x)\,dx.$$

Existiert ein uneigentliches Integral, so sagt man auch, es ist **konvergent**.

Beispiel 2: Es sei $r \in \mathbb{R}$. Genau dann existiert das uneigentliche Integral

$$\int_{0}^{1} \frac{dx}{x^r},$$

wenn $r < 1$ ist; sein Wert beträgt dann $\frac{1}{1-r}$. Für $r \neq 1$ und $0 < t < 1$ gilt nämlich

$$\int_{t}^{1} \frac{dx}{x^r} = \frac{1}{1-r}(1 - t^{1-r}),$$

und $\lim_{t \to 0^+} t^{1-r}$ existiert nur für $1 - r > 0$, also für $r < 1$. Im Fall $r = 1$ ist

$$\int_{t}^{1} \frac{dx}{x} = -\ln t,$$

das uneigentliche Integral existiert also nicht, weil $-\ln t$ unbeschränkt wächst, wenn t gegen 0 strebt.

Die Ergebnisse in den Beispielen 1 und 2 sind in Abb. 1 (S. 422) zusammenfassend dargestellt.

uneigentliches Integral

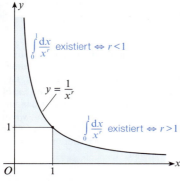

uneigentliches Integral (Abb. 1): zu den Beispielen 1 und 2

■ Anwendung auf Reihen

Mithilfe des uneigentlichen Integrals in Beispiel 1 kann man untersuchen, für welche $r \in \mathbb{R}$ die ↑ Reihe

$$\sum_{n=1}^{\infty} \frac{1}{n^r}$$

konvergiert. Es gilt (vgl. Abb. 2)

$$\sum_{n=2}^{N} \frac{1}{n^r} < \int_1^N \frac{\mathrm{d}x}{x^r} < \sum_{n=1}^{N} \frac{1}{n^r},$$

also

$$\left| \sum_{n=1}^{N} \frac{1}{n^r} - \int_1^N \frac{\mathrm{d}x}{x^r} \right| \leq 1$$

(vgl. blaue Flächen in Abb. 2). Daher konvergiert die Reihe genau dann,

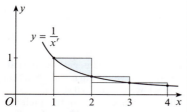

uneigentliches Integral (Abb. 2): Vergleich von Reihe und Integral

wenn das uneigentliche Integral existiert, also für $r > 1$.

■ Die Kreiszahl als uneigentliches Integral

Es gibt eine Reihe von Möglichkeiten, mithilfe des uneigentlichen Integrals auch die Kreiszahl π zu berechnen.

Beispiel 3:

$$\int_0^1 \frac{\mathrm{d}x}{\sqrt{1-x^2}} = \lim_{t \to 1^-} \int_0^t \frac{\mathrm{d}x}{\sqrt{1-x^2}}$$
$$= \lim_{t \to 1^-} (\arcsin t - \arcsin 0)$$
$$= \arcsin 1 = \frac{\pi}{2}.$$

Mithilfe dieses uneigentlichen Integrals kann man die Kreiszahl π *definieren*, denn dieses Integral ist die ↑ Bogenlänge eines Viertelkreises vom Radius 1.

Beispiel 4:

$$\int_{-\infty}^{\infty} \frac{\mathrm{d}x}{1+x^2} = \lim_{a \to -\infty} \int_a^0 \frac{\mathrm{d}x}{1+x^2}$$
$$+ \lim_{b \to \infty} \int_0^b \frac{\mathrm{d}x}{1+x^2}$$
$$= \lim_{a \to -\infty} (\arctan 0 - \arctan a)$$
$$+ \lim_{b \to \infty} (\arctan b - \arctan 0)$$
$$= \lim_{b \to \infty} \arctan b - \lim_{a \to -\infty} \arctan a$$
$$= \frac{\pi}{2} + \frac{\pi}{2} = \pi$$

(vgl. Abb. 3).

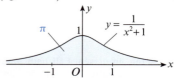

uneigentliches Integral (Abb. 3): π als uneigentliches Integral

Beispiel 5: Das uneigentliche Integral $\int_1^\infty \frac{dx}{x}$ existiert nicht (vgl. Beispiel 1). Die blaue Fläche in Abb. 4 hat also »unendlichen« Flächeninhalt. Rotiert diese Fläche um die *x*-Achse, so entsteht ein ↑ Rotationskörper mit *endlichem* Rauminhalt:

$$\int_1^\infty \frac{dx}{x^2} = \pi.$$

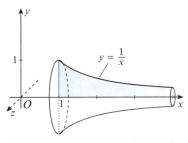

uneigentliches Integral (Abb. 4): π als Volumen eines unbeschränkten Rotationskörpers

unendlichdimensional: ↑ Basis.
Ungleichungen: Aussagen oder Aussageformen mithilfe der Kleiner- oder Größer-Beziehung (vgl. Band I und ↑ bernoullische Ungleichung, ↑ Tschebyschow-Ungleichung)
Unstetigkeitsstelle: Stelle aus dem Definitionsbereich einer Funktion, an der sie nicht ↑ stetig ist. Eine Unstetigkeitsstelle gehört zum Definitionsbereich, ist also keine ↑ Definitionslücke der Funktion.
untere Schranke: die ↑ Schranke einer nach unten beschränkten Menge.
Unterraum (Untervektorraum): eine Teilmenge U eines ↑ Vektorraums V, falls U bezüglich der in V definierten Addition und Vervielfachung selbst ein Vektorraum ist. Man schreibt dann häufig

$$U \leq V$$

und liest dies: U ist Unterraum von V. Jeder Vektorraum V hat so genannte **triviale Unterräume**, nämlich V selbst und den Vektorraum $\{\vec{o}\}$, der nur den Nullvektor enthält. Ist

$$U \leq V \quad \text{und} \quad U \neq V,$$

so heißt U ein **echter Unterraum** von V. In $\mathbb{R}^3$ ist

$$U = \left\{ \begin{pmatrix} \alpha_1 \\ \alpha_2 \\ 0 \end{pmatrix} \,\bigg|\, \alpha_1, \alpha_2 \in \mathbb{R} \right\}$$

ein Unterraum der ↑ Dimension 2. Für beliebige Vektoren $\vec{v}_1, \ldots, \vec{v}_n$ eines Vektorraumes V ist das ↑ Erzeugnis $\langle \vec{v}_1, \ldots, \vec{v}_n \rangle$ ein Unterraum von V. Sind beispielsweise $\vec{u}, \vec{v}$ zwei ↑ linear unabhängige Vektoren in $\mathbb{R}^3$, so beschreibt der Unterraum $\langle \vec{u}, \vec{v} \rangle$ eine ↑ Ebene durch den Koordinatenursprung mit den Spannvektoren $\vec{u}, \vec{v}$. Man sagt: $\vec{u}$ und $\vec{v}$ spannen eine Ebene im Raum auf. In diesem Sinne sind die ↑ Geraden durch den Koordinatenursprung die eindimensionalen Unterräume von $\mathbb{R}^3$.
Ist (H) ein homogenes ↑ lineares Gleichungssystem aus n Gleichungen mit m Unbekannten, so ist die Lösungsmenge L_H (der Lösungsraum von (H)) ein Unterraum von $\mathbb{R}^m$.

■ **Unterraumkriterien**

Wenn man von einer Teilmenge U eines Vektorraumes V nachprüfen möchte, ob $U \leq V$ gilt, muss man nicht alle Vektorraumaxiome (V1) bis (V8) (↑ Vektorraum) nachrechnen. Vielmehr gilt das folgende **Unterraumkriterium:**
Genau dann ist eine Teilmenge U eines Vektorraumes V Unterraum von V, wenn gilt:
(U1) $U \neq \emptyset$;
(U2) $u_1 + u_2 \in U$ für alle $u_1, u_2 \in U$;
(U3) $\mu \vec{u} \in U$ für alle $\mu \in \mathbb{R}$ und $\vec{u} \in U$.

Untersumme

Sind U_1, U_2 zwei Unterräume von V, dann ist auch die Schnittmenge $U_1 \cap U_2$ ein Unterraum. Dagegen ist die Vereinigungsmenge $U_1 \cup U_2$ i.A. kein Unterraum. Die Menge

$$U_1 + U_2 := \{\vec{u}_1 + \vec{u}_2 | \vec{u}_1 \in U_1, \vec{u}_2 \in U_2\},$$

also die Menge aller Summen eines Vektors aus U_1 und eines Vektors aus U_2, ist ein Unterraum von V.

Untersumme: ↑ Integral.

unvereinbar: bezeichnet die Eigenschaft zweier Ereignisse A, B mit $A \cap B = \emptyset$. Zwei Ereignisse sind also unvereinbar, wenn kein Ausfall des einen Ereignisses zum anderen gehört, sie schließen sich also aus.

Urnenmodell: ein Modell zur ↑ Simulation eines Zufallsversuchs mit rationalen Wahrscheinlichkeiten. Als eine Urne mit m Kugeln bezeichnen wir einen ↑ Laplace-Versuch mit m Ausfällen. Ist $\Omega = \{\omega_1, \omega_2, \ldots, \omega_n\}$ die Menge der möglichen Ausfälle des Zufallsversuchs und

$$P(\omega_i) = \frac{a_i}{b} \quad (a_i, b \in \mathbb{N})$$

für $i = 1, 2, \ldots, n$ $\left(\text{mit } \sum_{i=1}^{n} a_i = b\right)$,

dann denke man sich eine Urne mit b Kugeln, von der genau a_i Stück mit »ω_i« beschriftet sind.

Beispiel: Ein »gezinkter« Würfel ($\Omega = \{1, 2, 3, 4, 5, 6\}$) mit

$P(1) = \frac{3}{42}$,
$P(2) = P(3) = P(4) = \frac{6}{42}$,
$P(5) = \frac{7}{42}$,
$P(6) = \frac{14}{42}$

kann durch die Urne in Abb. 1 simuliert werden. Die Wahrscheinlichkeit für die »Sechs« ist deutlich erhöht.

Eine Urne mit n Kugeln (mit den Nummern 1, 2, 3, ..., n) kann für $n = 2$ zur Simulation des Münzwurfs, für $n = 6$ zur Simulation des Würfelns,

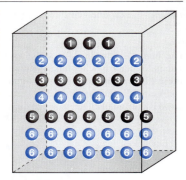

Urnenmodell (Abb. 1): Urnenmodell eines verfälschten Würfels

für $n = 37$ zur Simulation des Roulettespiels verwendet werden. Eine ↑ Auswahl aus einer n-Menge mit Wiederholungen kann durch das Ziehen aus einer Urne *mit Zurücklegen* dargestellt werden; entsprechend kann eine Auswahl aus einer n-Menge ohne Wiederholungen durch das Ziehen aus einer Urne *ohne Zurücklegen* dargestellt werden. In der Urne liegen dabei n verschiedene Kugeln, welche die Elemente der n-Menge darstellen.

V

Vandermonde-Konvolution [vãdɛr'mɔ̃d-; nach ALEXANDRE THÉOPHILE VANDERMONDE; *1735, †1796]: die folgende Identität für ↑ Binomialkoeffizienten:

$$\sum_{i=0}^{k} \binom{m}{i} \binom{n}{k-i} = \binom{m+n}{k}$$

für $k, m, n \in \mathbb{N}$. Sie tritt z.B. beim Zahlenlotto »6 aus 49« auf ($k = m = 6$, $n = 43$):

$$\sum_{i=0}^{6} \binom{6}{i} \binom{43}{6-i} = \binom{49}{6};$$

denn $\binom{6}{i}\binom{43}{6-i}$ ist die Anzahl der verschiedenen Tipps mit genau i »Richtigen«. Die Summe dieser Zahlen für $i=0,1,2,3,4,5,6$ ist also die Anzahl aller möglichen Tipps.

Ferner tritt die Vandermonde-Konvolution bei der ↑ hypergeometrischen Verteilung auf.

Einen Beweis der Vandermonde-Konvolution für den Sonderfall $k=m$ kann man mithilfe von Wegen in Gitternetzen führen: In Abb. 1 ist die Anzahl der Wege von A nach B (ohne »Umweg«) $\binom{m+n}{m}$. Die Anzahl dieser Wege, die durch den Punkt A_i führen, ist $\binom{m}{i}\binom{n}{m-i}$.

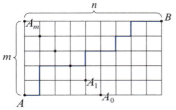

Vandermonde-Konvolution (Abb. 1):
Skizze zum Beweis im Fall $k=m$

Bemerkenswert ist noch der Sonderfall $k=m=n$:
$$\sum_{i=0}^{n}\binom{n}{i}^2 = \binom{2n}{n}.$$

Der allgemeine Fall der Vandermonde-Konvolution lässt sich auch durch Berechnen des Koeffizienten bei x^k in der Identität
$$(1+x)^m(1+x)^n = (1+x)^{m+n}$$
mithilfe des ↑ binomischen Lehrsatzes beweisen.

Varianz [zu lateinisch variare »verändern«] (Dispersion, Streuung): ein Maß für die Abweichung einer ↑ Zufallsgröße von ihrem ↑ Erwartungswert bzw. der Werte einer Messreihe von ihrem arithmetischen Mittel (↑ Mittelwert). Sie ist also ein *Streumaß* (im Gegensatz etwa zum *Lagemaß* Mittelwert). Ist $\Omega = \{\omega_1, \omega_2, \ldots, \omega_n\}$ die Menge der möglichen Ausfälle eines ↑ Zufallsversuchs und X eine Zufallsgröße auf diesem Zufallsversuch, dann ist die Varianz von X definiert durch

$$V(X) := \sum_{i=1}^{n}(X(\omega_i) - \mu)^2 P(\omega_i).$$

Dabei ist $\mu = E(X)$ der Erwartungswert von X. Gibt man eine ↑ Wahrscheinlichkeitsverteilung
$$P(X=x) := P(\{\omega_i \in \Omega | X(\omega_i) = x\})$$
vor, so lässt sich die Varianz auch folgendermaßen ausdrücken:
$$V(X) := \sum_{x \in X(\Omega)}(x-\mu)^2 P(X=x);$$

dabei ist $X(\Omega)$ die (endliche) Wertemenge der Funktion X. Es ist also
$$V(X) = E((X-\mu)^2)$$
$$= E((X-E(X))^2).$$

Es folgt
$$V(X) = E(X^2 - 2\mu X + \mu^2)$$
$$= E(X^2) - 2\mu E(X) + \mu^2$$
$$= E(X^2) - 2\mu^2 + \mu^2,$$
also
$$V(X) = E(X^2) - E(X)^2.$$

Diese Beziehung wird oft zur Berechnung der Varianz benutzt, manchmal *definiert* man auch die Varianz durch diese Beziehung.

■ Standardabweichung und Anwendungen

Die Größe
$$\sigma(X) := \sqrt{V(X)}$$

Variation

heißt ↑ Standardabweichung von X; sie hat die gleiche (physikalische) Dimension wie die Werte von X.
Beispiel: In Tabelle 1 sind für die Zufallsgröße

X = Augensumme beim zweimaligen Würfeln

der Erwartungswert und die Varianz berechnet worden. Es ergibt sich als Standardabweichung

$$\sqrt{\frac{210}{36}} = 2{,}42.$$

In dem Ausdruck für die Varianz werden große Abweichungen vom Erwartungswert bzw. vom Mittelwert stärker berücksichtigt als kleine Abweichungen, da die Abweichungen $|x-\mu|$ quadriert werden.

Die Funktion

$$x \mapsto \sum_{i=1}^{n} (x_i - x)^2 p_i$$

hat an der Stelle

$$x^* = \sum_{i=1}^{n} x_i p_i$$

ein Minimum, falls $\sum_{i=1}^{n} p_i = 1$ ist. Dies ist ein weiterer Grund dafür, die Varianz bzw. die Standardabweichung als Abweichungsmaß bezüglich des Erwartungswertes bzw. des arithmetischen Mittels zu wählen.

Bei einem Zufallsversuch mit *unendlich* vielen Ausfällen kann man die Varianz einer Zufallsgröße X, deren Erwartungswert $\mu = E(X)$ existiert, durch

$$V(X) := \int_{-\infty}^{\infty} (x-\mu)^2 f(x)\,dx$$

definieren, wobei $f(x)$ die ↑ Wahrscheinlichkeitsdichte von X ist.

Die Bedeutung der Varianz erkennt man vor allem bei der ↑ Tschebyschow-Ungleichung und beim Arbeiten mit der ↑ Normalverteilung (↑ Moment).

Ist $x_1, x_2, \ldots, x_n$ eine Messreihe, so definiert man

$$\frac{1}{n-1} \sum_{i=1}^{n} (x_i - \bar{x})^2$$

als die **Stichprobenvarianz** der Messreihe, wobei $\bar{x}$ das arithmetische Mittel der Messwerte ist. Damit erhält man eine ↑ erwartungstreue Schätzgröße für die Varianz der zugrunde liegenden Zufallsgröße.

Variation [von lateinisch *variatio* »Veränderung«]: veraltete Bezeichnung für eine geordnete ↑ Auswahl; im Gegensatz dazu ist eine nichtgeordnete Auswahl eine **Kombination**.

Vektor [von lateinisch *vector* »Träger«, »Fahrer«]: ein Element eines

x	2	3	4	5	6	7	8	9	10	11	12	
$P(X=x)$	$\frac{1}{36}$	$\frac{2}{36}$	$\frac{3}{36}$	$\frac{4}{36}$	$\frac{5}{36}$	$\frac{6}{36}$	$\frac{5}{36}$	$\frac{4}{36}$	$\frac{3}{36}$	$\frac{2}{36}$	$\frac{1}{36}$	
$x \cdot P(X=x)$	$\frac{2}{36}$	$\frac{6}{36}$	$\frac{12}{36}$	$\frac{20}{36}$	$\frac{30}{36}$	$\frac{42}{36}$	$\frac{40}{36}$	$\frac{36}{36}$	$\frac{30}{36}$	$\frac{22}{36}$	$\frac{12}{36}$	$\sum = 7$
$x - E(X)$	-5	-4	-3	-2	-1	0	1	2	3	4	5	
$(x-E(X))^2$	25	16	9	4	1	0	1	4	9	16	25	
$(x-E(X))^2 \cdot P(X=x)$	$\frac{25}{36}$	$\frac{32}{36}$	$\frac{27}{36}$	$\frac{16}{36}$	$\frac{5}{36}$	$\frac{0}{36}$	$\frac{5}{36}$	$\frac{16}{36}$	$\frac{27}{36}$	$\frac{32}{36}$	$\frac{25}{36}$	$\sum = \frac{210}{36}$

Varianz (Tab. 1)

Vektorprodukt

↑ Vektorraums. Die in der ↑ analytischen Geometrie des Raumes bzw. der Ebene vorkommenden Vektoren sind ↑ Translationen (Verschiebungen) des Raumes bzw. der Ebene, die (nach Festlegung eines Koordinatensystems) als Tripel $\begin{pmatrix} x_1 \\ x_2 \\ x_3 \end{pmatrix}$ bzw. Paare $\begin{pmatrix} x_1 \\ x_2 \end{pmatrix}$ reeller Zahlen aufgefasst werden können.

Vektorprodukt (äußeres Produkt, Kreuzprodukt, vektorielles Produkt): im euklidischen Vektorraum $\mathbb{R}^3$ eine Abbildung $\mathbb{R}^3 \times \mathbb{R}^3 \to \mathbb{R}^3$; dabei wird zwei Vektoren $\vec{u}, \vec{v}$ ein dritter Vektor $\vec{u} \times \vec{v}$ zugeordnet, der durch folgende Eigenschaften definiert ist:

(1) Sind $\vec{u}, \vec{v}$ ↑ linear abhängig, so ist $\vec{u} \times \vec{v} = \vec{o}$.

(2) Sind $\vec{u}, \vec{v}$ ↑ linear unabhängig, so ist $\vec{u} \times \vec{v}$ ↑ orthogonal zu $\vec{u}$ und zu $\vec{v}$, und die Vektoren $\vec{u}, \vec{v}$ sowie $\vec{u} \times \vec{v}$ bilden in dieser Reihenfolge ein ↑ Rechtssystem. Für den Betrag von $\vec{u} \times \vec{v}$ gilt

$$|\vec{u} \times \vec{v}| = |\vec{u}| \, |\vec{v}| \sin \alpha.$$

Dabei ist α der von $\vec{u}$ und $\vec{v}$ eingeschlossene Winkel mit $0° < \alpha < 180°$ (Abb. 1).

Der Betrag des Vektors $\vec{u} \times \vec{v}$ ist gleich der Maßzahl des Flächeninhalts des durch $\vec{u}$ und $\vec{v}$ aufgespannten Parallelogramms.

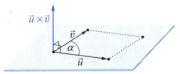

Vektorprodukt (Abb. 1): Definition von $\vec{u} \times \vec{v}$

■ Rechenregeln

Für alle $\vec{u}, \vec{v}, \vec{w} \in \mathbb{R}^3$ und alle $t \in \mathbb{R}$ ist
(3) $\vec{u} \times \vec{v} = -(\vec{v} \times \vec{u})$;
(4) $t(\vec{u} \times \vec{v}) = t\vec{u} \times \vec{v} = \vec{u} \times t\vec{v}$;
(5) $\vec{u} \times (\vec{v} + \vec{w}) = \vec{u} \times \vec{v} + \vec{u} \times \vec{w}$;
(6) $(\vec{u} + \vec{v}) \times \vec{w} = \vec{u} \times \vec{w} + \vec{v} \times \vec{w}$.

Für eine ↑ Orthonormalbasis $\{\vec{e}_1, \vec{e}_2, \vec{e}_3\}$ des Vektorraums $\mathbb{R}^3$ gilt (Abb. 2):

$$\vec{e}_1 \times \vec{e}_2 = \vec{e}_3,$$
$$\vec{e}_2 \times \vec{e}_3 = \vec{e}_1,$$
$$\vec{e}_3 \times \vec{e}_1 = \vec{e}_2.$$

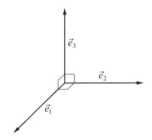

Vektorprodukt (Abb. 2): Orthonormalbasis von $\mathbb{R}^3$

■ Koordinatendarstellung

Hat man ein kartesisches Koordinatensystem im Raum festgelegt und gilt für die Vektoren $\vec{v}, \vec{u} \in \mathbb{R}^3$

$$\vec{v} = \begin{pmatrix} v_1 \\ v_2 \\ v_3 \end{pmatrix} = v_1 \vec{e}_1 + v_2 \vec{e}_2 + v_3 \vec{e}_3,$$

$$\vec{u} = \begin{pmatrix} u_1 \\ u_2 \\ u_3 \end{pmatrix} = u_1 \vec{e}_1 + u_2 \vec{e}_2 + u_3 \vec{e}_3,$$

so hat das Vektorprodukt von $\vec{v}$ und $\vec{u}$ die Koordinatendarstellung

$$(7) \begin{pmatrix} v_1 \\ v_2 \\ v_3 \end{pmatrix} \times \begin{pmatrix} u_1 \\ u_2 \\ u_3 \end{pmatrix}$$
$$= \begin{pmatrix} v_2 u_3 - v_3 u_2 \\ v_3 u_1 - v_1 u_3 \\ v_1 u_2 - v_2 u_1 \end{pmatrix}.$$

Vektorraum

Formal lässt sich das Vektorprodukt $\vec{v} \times \vec{u}$ als dreireihige ↑ Determinante schreiben und ausrechnen: Es ist

$$\begin{pmatrix} v_1 \\ v_2 \\ v_3 \end{pmatrix} \times \begin{pmatrix} u_1 \\ u_2 \\ u_3 \end{pmatrix} = \begin{vmatrix} \vec{e}_1 & \vec{e}_2 & \vec{e}_3 \\ v_1 & v_2 & v_3 \\ u_1 & u_2 & u_3 \end{vmatrix},$$

wenn man diese »Determinante« nach der ersten Zeile entwickelt.

Beispiel: Wir bestimmen den Flächeninhalt F des Dreiecks (Abb. 3) mit den Eckpunkten $A(3|1|0)$, $B(0|1|-1)$, $C(1|0|1)$. Es ist

$$F = \tfrac{1}{2} \left| \overrightarrow{AC} \times \overrightarrow{AB} \right|.$$

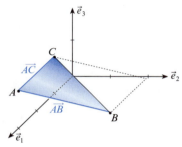

Vektorprodukt (Abb. 3): Flächeninhalt des Dreiecks *ABC*

Wegen

$$\overrightarrow{AC} = \begin{pmatrix} -2 \\ -1 \\ 1 \end{pmatrix}, \quad \overrightarrow{AB} = \begin{pmatrix} -3 \\ 0 \\ -1 \end{pmatrix}$$

und

$$\overrightarrow{AC} \times \overrightarrow{AB} = \begin{vmatrix} \vec{e}_1 & \vec{e}_2 & \vec{e}_3 \\ -2 & -1 & 1 \\ -3 & 0 & -1 \end{vmatrix}$$

$$= \vec{e}_1 - 5\vec{e}_2 - 3\vec{e}_3 = \begin{pmatrix} 1 \\ -5 \\ -3 \end{pmatrix}$$

folgt

$$F = \tfrac{1}{2} \sqrt{1^2 + (-5)^2 + (-3)^2}$$
$$= \tfrac{1}{2} \sqrt{35} \approx 2{,}96.$$

Mithilfe des Vektorprodukts bildet man das ↑ Spatprodukt, welches das Volumen eines von drei Vektoren aufgespannten Spats angibt. Auch für ↑ Abstandsberechnungen kann das Vektorprodukt verwendet werden.

Das Vektorprodukt $\vec{u} \times (\vec{v} \times \vec{w})$ berechnet man mithilfe des **Entwicklungssatzes**:

$$\vec{u} \times (\vec{v} \times \vec{w}) = (\vec{u} \cdot \vec{w}) \vec{v} - (\vec{u} \cdot \vec{v}) \vec{w}.$$

Aus dem Entwicklungssatz folgt die **Lagrange-Identität**:

$$(\vec{u} \cdot \vec{v}) \cdot (\vec{w} \times \vec{x})$$
$$= (\vec{u} \cdot \vec{w})(\vec{v} \cdot \vec{x}) - (\vec{u} \cdot \vec{x})(\vec{v} \cdot \vec{w})$$

Mithilfe des Entwicklungssatzes lassen sich Produkte mit vier oder mehr Vektoren vereinfachen.

Vektorraum (Vektorraum über dem Körper $\mathbb{R}$ der reellen Zahlen, $\mathbb{R}$-Vektorraum, linearer Raum über $\mathbb{R}$): eine Menge V, wenn folgende **Vektorraumaxiome** erfüllt sind:

(1) In V ist eine Addition definiert, sodass $(V,+)$ eine kommutative ↑ Gruppe ist:

(V1) $(u+v)+w = u+(v+w)$ für alle $u, v, w \in V$;

(V2) es gibt ein $o \in V$ (**Nullvektor**) mit $o + v = v$ für alle $v \in V$;

(V3) für jedes $v \in V$ gibt es ein $w \in V$ mit $v + w = o$. Für dieses w schreibt man $(-v)$;

(V4) $u + v = v + u$ für alle $u, v \in V$.

(2) Für jedes $\alpha \in \mathbb{R}$ und jedes $v \in V$ ist ein Element $\alpha v \in V$ definiert (**Vervielfachung**, S-Multiplikation), sodass für alle $\alpha, \beta \in \mathbb{R}$ und alle $v, w \in V$ gilt:

(V5) $(\alpha \beta) v = \alpha (\beta v)$;
(V6) $(\alpha + \beta) v = \alpha v + \beta v$;
(V7) $\alpha (v + w) = \alpha v + \alpha w$;
(V8) $1 v = v$.

Gelten die Axiome (V5) bis (V8) für die Elemente eines *beliebigen* Körpers K anstelle von $\mathbb{R}$, so spricht man von einem K-Vektorraum (Vektorraum über dem Körper K). Die Elemente eines Vektorraumes *V* heißen **Vektoren** von *V*; die Körperelemente nennt man zur Unterscheidung hiervon **Skalare**; statt Vervielfachung benutzte man früher auch die Bezeichnung **Skalarmultiplikation**.

Aus den Vektorraumaxiomen (V1) bis (V8) lassen sich die folgenden Rechenregeln ableiten:
(3) $0v = o$ und $\alpha o = o$.
(4) $(-\alpha)v = -(\alpha v) = \alpha(-v)$.
(5) Aus $\alpha v = o$ folgt $\alpha = 0$ oder $v = o$.

Zur besseren Unterscheidung zwischen Skalaren und Vektoren kennzeichnet man Vektoren oft durch einen Pfeil: $\vec{a}, \vec{b}, \vec{c}, \ldots$.

Die ↑ lineare Algebra ist das mathematische Teilgebiet, in dem die Struktur von Vektorräumen untersucht wird.

■ **Beispiele**

Beispiel 1: Die Menge der ↑ Verschiebungsvektoren in der Ebene bzw. im Raum bildet einen Vektorraum der ↑ Dimension 2 bzw. 3.

Beispiel 2: $\mathbb{R}^n = \mathbb{R} \times \mathbb{R} \times \ldots \times \mathbb{R}$ (*n*-faches kartesisches Produkt). Bezüglich der Addition

$$\begin{pmatrix}\alpha_1\\\alpha_2\\\vdots\\\alpha_n\end{pmatrix} + \begin{pmatrix}\beta_1\\\beta_2\\\vdots\\\beta_n\end{pmatrix} := \begin{pmatrix}\alpha_1+\beta_1\\\alpha_2+\beta_2\\\vdots\\\alpha_n\ \beta_n\end{pmatrix}$$

und der Vervielfachung

$$\mu\begin{pmatrix}\alpha_1\\\alpha_2\\\vdots\\\alpha_n\end{pmatrix} := \begin{pmatrix}\mu\alpha_1\\\mu\alpha_2\\\vdots\\\mu\alpha_n\end{pmatrix} \quad (\mu \in \mathbb{R})$$

ist $\mathbb{R}^n$ ein *n*-dimensionaler Vektorraum. Die Vektoren sind *n*-Tupel reeller Zahlen. Nach Festlegung eines Koordinatensystems im Anschauungsraum sind für die analytische Geometrie die Vektorräume $\mathbb{R}^2$ (Geometrie der Ebene) und $\mathbb{R}^3$ (Geometrie des Raumes) von Bedeutung. Ersetzt man $\mathbb{R}$ durch einen beliebigen Körper *K*, z. B. den Körper $\mathbb{Q}$ der rationalen Zahlen oder den Körper $\mathbb{C}$ der ↑ komplexen Zahlen, so erhält man bezüglich der entsprechenden Verknüpfungen den *K*-Vektorraum K^n. Insbesondere darf *K* auch ein endlicher Körper sein, z. B. der Körper der ↑ Restklassen mod *p* (*p* Primzahl). Für $p = 11$ wird der Vektorraum K^{10} bei der ↑ Codierung verwendet (ISBN-Code).

Beispiel 3: Die (*n, m*)-Matrizen reeller Zahlen (↑ Matrix) bilden bezüglich der Addition und der Vervielfachung einen Vektorraum der Dimension $n \cdot m$.

Beispiel 4: Die Menge aller ↑ Zahlenquadrate der Ordnung *n*, deren Elemente reelle Zahlen sind, bilden einen Vektorraum, wenn man Addition und Vervielfachung mit rationalen Zahlen wie für Matrizen definiert. Es handelt sich dann um einen ↑ Unterraum des Vektorraums aller (*n, n*)-Matrizen (vgl. Beispiel 3).

Beispiel 5: Ist (*H*) ein homogenes lineares Gleichungssystem aus *n* Gleichungen mit *m* Unbekannten ((*n, m*)-System über $\mathbb{R}$), so besteht die Lösungsmenge L_H aus *m*-Tupeln reeller Zahlen. Bezüglich der Addition und Vervielfachung wie in $\mathbb{R}^m$ ist dies ein Vektorraum (Lösungsraum von (*H*)), und zwar ein Unterraum von $\mathbb{R}^m$.

Beispiel 6: Mit $\mathbb{R}[x]$ bezeichnet man die Menge der ↑ Polynome in einer Variablen *x* mit reellen Koeffizienten. Definiert man für $p_1, p_2 \in \mathbb{R}[x]$ mit

$$p_1 = a_0 + a_1 x + \ldots + a_m x^m \\ + \ldots + a_n x^n,$$
$$p_2 = b_0 + b_1 x + \ldots + b_m x^m$$

eine Addition durch

$$p_1 + p_2 := (a_0 + b_0) \\ + (a_1 + b_1)x + \ldots + (a_m + b_m)x^m \\ + a_{m+1} x^{m+1} + \ldots + a_n x^n$$

Vektorrechnung

und erklärt für beliebige $\mu \in \mathbb{R}$

$$\mu p_1 := \mu a_0 + \mu a_1 x + \ldots + \mu a_m x^m + \ldots + \mu a_n x^n,$$

so ist bezüglich dieser Addition und Vervielfachung $\mathbb{R}[x]$ ein Vektorraum. Im Gegensatz zu den Vektorräumen $\mathbb{R}^n$ ist $\mathbb{R}[x]$ unendlichdimensional (↑ Dimension). Die Polynome, deren Grad höchstens n ist, bilden einen $(n+1)$-dimensionalen Unterraum von $\mathbb{R}[x]$.

Beispiel 7: Die Menge aller ↑ Folgen reeller Zahlen bilden ebenfalls einen Vektorraum. Dabei addiert und vervielfacht man wie in $\mathbb{R}^n$:

$$\langle a_n \rangle + \langle b_n \rangle := \langle a_n + b_n \rangle,$$
$$\mu \langle a_n \rangle := \langle \mu a_n \rangle.$$

Auch dies ist ein Beispiel für einen unendlichdimensionalen Vektorraum.

Beispiel 8: Die Menge aller Funktionen über einem gegebenen offenen Intervall I bildet einen Vektorraum V. Die Menge U aller über I stetigen Funktionen ist ein ↑ Unterraum von V. Die Menge W aller über I differenzierbaren Funktionen ist ein Unterraum von U. Diese Vektorräume sind unendlichdimensional.

Vektorrechnung: Teil der ↑ analytischen Geometrie, in dem geometrische Sachverhalte mithilfe von ↑ Verschiebungsvektoren der Ebene oder des Raumes behandelt werden. Den Vektorraum der Verschiebungen (der Ebene oder des Raumes) bezeichnen wir im Folgenden mit V. Da eine Verschiebung $\vec{v}$ durch einen Punkt P und seinen Bildpunkt P' festgelegt ist, schreibt man auch $\vec{v} = \overrightarrow{PP'}$. Die Länge der Strecke PP' ist der ↑ Betrag von $\vec{v}$:

$$|\vec{v}| = \overrightarrow{PP'}.$$

Der Nullvektor $\vec{o}$ hat den Betrag 0 und keine Richtung.

Stellt man Vektoren $\vec{u}, \vec{v} \in V$ ($\vec{u} \neq \vec{o}$, $\vec{v} \neq \vec{o}$) durch Verschiebungspfeile mit gemeinsamen Anfangspunkt dar, so ist einer der entstehenden Winkel höchstens 180° (vgl. Abb. 1). Man bezeichnet ihn als den Winkel zwischen den Vektoren $\vec{u}$ und $\vec{v}$.

■ **Addition in V**

Sind $\vec{v}_1 = \overrightarrow{PP'}, \vec{v}_2 = \overrightarrow{QQ'}$ Vektoren, so gibt es einen Punkt P'', sodass

$$\vec{v}_2 = \overrightarrow{QQ'} = \overrightarrow{P'P''}$$

gilt (Abb. 1). Den Vektor $\vec{v} = \overrightarrow{PP''}$ bezeichnet man als Summe von $\vec{v}_1$ und $\vec{v}_2$ und schreibt

$$\vec{v} := \vec{v}_1 + \vec{v}_2.$$

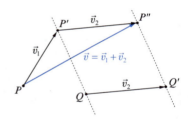

Vektorrechnung (Abb. 1): Addition zweier Vektoren

Aufgrund dieser Definition gilt die Regel

$$\overrightarrow{PQ} + \overrightarrow{QR} = \overrightarrow{PR}.$$

Die so definierte Addition »+« in V ist die ↑ Verkettung der Verschiebungen.
$(V, +)$ ist eine kommunikative ↑ Gruppe, wie man erkennt, wenn man die Gültigkeit der Vektorraumaxiome (↑ Vektorraum) in V untersucht:

(V1) **Assoziativgesetz** (Abb. 2):

$$(\vec{u} + \vec{v}) + \vec{w} = \vec{u} + (\vec{v} + \vec{w})$$

für alle $\vec{u}, \vec{v}, \vec{w} \in V$.

Vektorrechnung

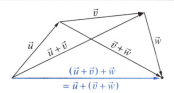

Vektorrechnung (Abb. 2): Assoziativgesetz der Addition von Vektoren

(V2) Der Nullvektor ist **neutrales Element**:

$$\vec{o}+\vec{v}=\vec{v}+\vec{o}=\vec{v} \quad \text{für alle} \quad \vec{v}\in V;$$

(V3) Das zu $\vec{v}=\overrightarrow{PQ}$ **inverse Element** ist der Vektor $(-\vec{v})=\overrightarrow{QP}$:

$$\vec{v}+(-\vec{v})=\overrightarrow{PQ}+\overrightarrow{QP}=\overrightarrow{PP}=\vec{o}.$$

Der Vektor $(-\vec{v})$ ist der **Gegenvektor** von $\vec{v}$. Er hat dieselbe Länge und entgegengesetzte Richtung wie $\vec{v}$.
Allgemein schreibt man statt $\vec{v}+(-\vec{w})$ abkürzend $\vec{v}-\vec{w}$.

(V4) **Kommutativgesetz** (Abb. 3):

$$\vec{u}+\vec{v}=\vec{v}+\vec{u} \quad \text{für alle} \quad \vec{u},\vec{v}\in V.$$

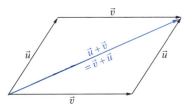

Vektorrechnung (Abb. 3): Kommutativgesetz der Addition von Vektoren

■ **Vervielfachung in V**

Vervielfachung in V (ältere Bezeichnung: Skalarmultiplikation) heißt die folgendermaßen definierte Verknüpfung von Vektoren aus V mit reellen Zahlen (Skalaren): Für alle $\alpha\in\mathbb{R}$ und alle $\vec{v}\in V$ ist $\alpha\vec{v}\in V$ festgelegt durch
(1) $|\alpha\vec{v}|=|\alpha|\,|\vec{v}|$, wobei die Betragsstriche sowohl für Zahlen als auch für Vektoren verwendet werden;
(2) $\alpha>0$: $\alpha\vec{v}$ hat dieselbe Richtung wie $\vec{v}$,
$a<0$: $\alpha\vec{v}$ hat die entgegengesetzte Richtung von $\vec{v}$;
(3) $0\cdot\vec{v}=\vec{o}$ für alle $\vec{v}\in V$,
$\alpha\cdot\vec{o}=\vec{o}$ für alle $\alpha\in\mathbb{R}$.

Bezüglich der Vervielfachung gelten für beliebige $\alpha,\beta\in\mathbb{R}$, $\vec{u},\vec{v}\in V$ die Regeln
(V5) $(\alpha\beta)\vec{v}=\alpha(\beta\vec{v})$;
(V6) $(\alpha+\beta)\vec{v}=\alpha\vec{v}+\beta\vec{v}$;
(V7) $\alpha(\vec{u}+\vec{v})=\alpha\vec{u}+\alpha\vec{v}$;
(V8) $1\vec{v}=\vec{v}$.

■ **Anwendungen in der Geometrie**

Wegen der Gültigkeit von (V1) bis (V8) ist V ein ↑ Vektorraum über $\mathbb{R}$, der häufig als der **geometrische Vektorraum** bezeichnet wird. Es gibt zahlreiche Anwendungen der Vektorrechnung in der Geometrie.

Beispiel 1: Die Verbindungsstrecke der Mitten zweier Dreiecksseiten ist parallel zur dritten Dreiecksseite und halb so lang wie diese (Abb. 4).
Beweis: Es sei P bzw. Q der Mittelpunkt der Seite AC bzw. BC. Dann gilt

$$\overrightarrow{PQ}=\overrightarrow{PC}+\overrightarrow{CQ}=\tfrac{1}{2}\overrightarrow{AC}+\tfrac{1}{2}\overrightarrow{CB}$$
$$=\tfrac{1}{2}(\overrightarrow{AC}+\overrightarrow{CB})=\tfrac{1}{2}\overrightarrow{AB}.$$

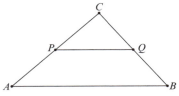

Vektorrechnung (Abb. 4): zu Beispiel 1

$\overrightarrow{PQ}$ ist also parallel zu $\overrightarrow{AB}$ und halb so lang, woraus die Behauptung folgt.
Beispiel 2: Ein Viereck in der Ebene, dessen Diagonalen sich halbieren, ist ein Parallelogramm (Abb. 5, S. 432).

Vektorrechnung

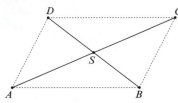

Vektorrechnung (Abb. 5): zu Beispiel 2

Beweis: Wir bezeichnen die Eckpunkte des Vierecks mit A, B, C, D und den Schnittpunkt der Diagonalen mit S. Nach Voraussetzung gilt $\overrightarrow{AS} = \overrightarrow{SC}$ und $\overrightarrow{BS} = \overrightarrow{SD}$. Hieraus folgt

$$\overrightarrow{AD} = \overrightarrow{AS} + \overrightarrow{SD} = \overrightarrow{SC} + \overrightarrow{BS}$$
$$= \overrightarrow{BS} + \overrightarrow{SC} = \overrightarrow{BC}.$$

Entsprechend gilt

$$\overrightarrow{AB} = \overrightarrow{AS} + \overrightarrow{SB} = \overrightarrow{SC} + \overrightarrow{DS}$$
$$= \overrightarrow{DS} + \overrightarrow{SC} = \overrightarrow{DC}.$$

Die gegenüberliegenden Seiten sind also parallel und gleich lang, also ist das Viereck ein Parallelogramm.

Beispiel 3: Die Mittelpunkte der Seiten eines Vierecks bilden ein Parallelogramm (Abb. 6).

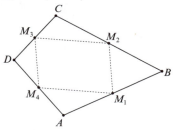

Vektorrechnung (Abb. 6): zu Beispiel 3

Beweis: Mit M_1, M_2, M_3, M_4 bezeichnen wir die Seitenmitten des Vierecks $ABCD$. Genau dann bilden M_1, M_2, M_3, M_4 die Eckpunkte eines Parallelogramms, wenn

$$\overrightarrow{M_1M_2} = \overrightarrow{M_4M_3}$$

gilt. Für $\overrightarrow{M_1M_2}$ und $\overrightarrow{M_4M_3}$ erhält man nun

$$\overrightarrow{M_1M_2} = \tfrac{1}{2}\overrightarrow{AB} + \tfrac{1}{2}\overrightarrow{BC}$$
$$= \tfrac{1}{2}(\overrightarrow{AB} + \overrightarrow{BC}) = \tfrac{1}{2}\overrightarrow{AC},$$
$$\overrightarrow{M_4M_3} = \tfrac{1}{2}\overrightarrow{AD} + \tfrac{1}{2}\overrightarrow{DC}$$
$$= \tfrac{1}{2}(\overrightarrow{AD} + \overrightarrow{DC}) = \tfrac{1}{2}\overrightarrow{AC}.$$

Also ist M_1, M_2, M_3, M_4 ein Parallelogramm.

■ Rechnen mit Ortsvektoren

Durch Festlegung eines Bezugspunktes O (Ursprung) lässt sich der Punktraum bijektiv auf V abbilden, indem man jedem Punkt P seinen ↑ Ortsvektor $\overrightarrow{OP} \in V$ zuordnet. Punktmengen lassen sich dann durch Gleichungen (Aussageformen) in V beschreiben.

Beispiel 4: Durch die Gleichung

$$\vec{x} = \vec{a} + \alpha \vec{b} \quad (\alpha \in \mathbb{R})$$

ist eine ↑ Gerade festgelegt.

Beispiel 5: Durch die Gleichung

$$\vec{x} = \vec{a} + \alpha \vec{u} + \beta \vec{v} \quad (\alpha, \beta \in \mathbb{R})$$

wird eine ↑ Ebene beschrieben.

Die *algebraische* Behandlung geometrischer Probleme wird durch die Einführung von ↑ Koordinatensystemen in der Ebene oder im Raum ermöglicht. Bezüglich eines Koordinatensystems $(O; x; y; z)$ ist jedem Punkt P umkehrbar eindeutig ein Koordinatentripel (x_p, y_p, z_p) zugeordnet (Abb. 7). Man schreibt dann $P = (x_p, y_p, z_p)$, $P = (x_p|y_p|z_p)$, $P = (x_p; y_p; z_p)$ oder kürzer $P(x_p, y_p, z_p)$ usw.

Der Vektor $\vec{v} = \overrightarrow{OP}$ ist dann ebenfalls eindeutig durch ein Zahlentripel gekennzeichnet. Man schreibt

$$\vec{v} = \begin{pmatrix} x_p \\ y_p \\ z_p \end{pmatrix}.$$

Vergleichskriterium

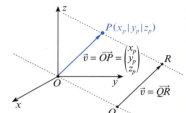

Vektorrechnung (Abb. 7): Koordinatensystem im Raum

Mathematische Probleme lassen sich nun von V nach $\mathbb{R}^3$ übertragen und umgekehrt. Beispielsweise können Fragen nach Parallelität oder Schnitt von Geraden und Ebenen durch Rechnen in $\mathbb{R}^3$ geklärt werden. Die Addition im Vektorraum V entspricht der Addition im Vektorraum $\mathbb{R}^3$:

$$\vec{v}_1 = \begin{pmatrix} x_1 \\ y_1 \\ z_1 \end{pmatrix}, \quad \vec{v}_2 = \begin{pmatrix} x_2 \\ y_2 \\ z_2 \end{pmatrix} \Rightarrow$$

$$\vec{v}_1 + \vec{v}_2 = \begin{pmatrix} x_1 + x_2 \\ y_1 + y_2 \\ z_1 + z_2 \end{pmatrix}$$

$$= \begin{pmatrix} x_1 \\ y_1 \\ z_1 \end{pmatrix} + \begin{pmatrix} x_2 \\ y_2 \\ z_2 \end{pmatrix}.$$

Entsprechendes gilt für die Vervielfachung:

$$\vec{v} = \begin{pmatrix} x \\ y \\ z \end{pmatrix}, \; \alpha \in \mathbb{R} \Rightarrow$$

$$\alpha \vec{v} = \begin{pmatrix} \alpha x \\ \alpha y \\ \alpha z \end{pmatrix} = \alpha \begin{pmatrix} x \\ y \\ z \end{pmatrix}.$$

Beispiel 6: Die Gerade g_1 durch die Punkte $P_1(2|-3|2)$ und $Q_1(3|-4|5)$ wird beschrieben durch die Gleichung

$$\begin{pmatrix} x \\ y \\ z \end{pmatrix} = \begin{pmatrix} 2 \\ -3 \\ 2 \end{pmatrix} + \alpha \begin{pmatrix} -1 \\ 1 \\ -3 \end{pmatrix} \; (\alpha \in \mathbb{R});$$

ferner ist

$$\begin{pmatrix} x \\ y \\ z \end{pmatrix} = \begin{pmatrix} 0 \\ 4 \\ 1 \end{pmatrix} + \beta \begin{pmatrix} -1 \\ 6 \\ 2 \end{pmatrix} \; (\beta \in \mathbb{R})$$

eine Gleichung für die Gerade durch $P_2(0|4|1)$ und $Q_2(1|-2|-1)$. Die Frage nach der Existenz eines Schnittpunktes wird durch Lösen eines ↑ linearen Gleichungssystems beantwortet. Für einen Schnittpunkt $S(x_S|y_S|z_S)$ muss es $\alpha_S, \beta_S \in \mathbb{R}$ geben mit

$$\begin{pmatrix} 2 \\ -3 \\ 2 \end{pmatrix} + \alpha_S \begin{pmatrix} -1 \\ 1 \\ -3 \end{pmatrix}$$
$$= \begin{pmatrix} 0 \\ 4 \\ 1 \end{pmatrix} + \beta_S \begin{pmatrix} -1 \\ 6 \\ 2 \end{pmatrix}.$$

Hieraus erhält man das Gleichungssystem

$$2 - \alpha_S = -\beta_S$$
$$-3 + \alpha_S = 4 + 6\beta_S$$
$$2 - 3\alpha_S = 1 + 2\beta_S$$

mit der Lösung $\alpha_S = 1, \beta_S = -1$. Also existiert ein Schnittpunkt S. Er hat die Koordinaten $(1|-2|-1)$.

Weitere für die analytische Geometrie wichtige Verknüpfungen sind das ↑ Skalarprodukt und das ↑ Vektorprodukt.

Vergleichskriterium: das folgende hinreichende Kriterium für die ↑ Konvergenz einer Folge bzw. Funktion:
Sind die *Folgen* $\langle a_n \rangle$ und $\langle b_n \rangle$ konvergent zum gleichen Grenzwert γ und gilt

$$a_n \leq u_n \leq b_n \quad \text{für alle} \quad n \in \mathbb{N},$$

dann ist auch $\langle u_n \rangle$ konvergent zum Grenzwert γ.

Verkettung

Besitzen die *Funktionen* f und g an der Stelle x_0 den Grenzwert γ und gilt

$$f(x) \leq h(x) \leq g(x)$$

für alle $x \in U(x)$ mit $x \neq x_0$, wobei $U(x)$ eine ↑ Umgebung von x_0 ist, dann besitzt auch h an der Stelle x_0 den Grenzwert γ.

Verkettung (Komposition, Hintereinanderschaltung): nacheinander folgende Ausführung von zwei ↑ Abbildungen, wobei die zweite Abbildung auf die Bilder der ersten Abbildung angewendet wird (vgl. Band I). Zur Untersuchung einer Funktion f ist es häufig nützlich, sie als Verkettung $g \circ h$ von zwei einfacheren Funktionen g und h darzustellen; dabei ist

$$(g \circ h)(x) := g(h(x)).$$

Beim Verketten von Funktionen entstehen aus ↑ stetigen bzw. ↑ differenzierbaren Funktionen wieder solche Funktionen. Die ↑ Kettenregel erlaubt es, die ↑ Ableitung von $g \circ h$ mithilfe der Ableitungen von g und h zu berechnen.

Sind U, V, W ↑ Vektorräume und $\alpha: V \to W, \beta: U \to V$ ↑ lineare Abbildungen mit den ↑ Darstellungsmatrizen A, B, dann hat die Verkettung $\alpha \circ \beta$ die Darstellungsmatrix $A \cdot B$; für alle $\vec{x} \in U$ gilt also (Abb. 1)

$$(\alpha \circ \beta)(\vec{x}) = \alpha(\beta(\vec{x}))$$
$$= A(B\vec{x}) = (A \cdot B)\vec{x}.$$

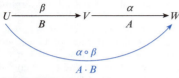

Verkettung (Abb. 1): Verkettung zweier linearer Abbildungen

Verknüpfung (algebraische Verknüpfung, Operation): eine ↑ Abbildung »∗«, die jedem Paar von Elementen einer Menge M wieder ein Element von M zuordnet:

$$* : \begin{cases} M \times M \to M, \\ (a,b) \mapsto c. \end{cases}$$

Das Bild von (a, b) schreibt man $a*b$. Beispiele von Verknüpfungen sind die Addition und die Multiplikation von Zahlen, die Addition von Vektoren, das Verketten von Abbildungen usw.

Verknüpfungsgebilde (algebraische Struktur): eine Menge M zusammen mit einer in M definierten ↑ Verknüpfung »∗«. Man schreibt $(M, *)$.

verknüpfungstreu (homomorph): bezeichnet die Abbildung α eines ↑ Verknüpfungsgebildes $(A, *)$ in ein Verknüpfungsgebilde $(B, \circ)$, wenn

$$\alpha(x*y) = \alpha(x) \circ \alpha(y)$$

für alle $x, y \in A$ gilt.

Verschiebungsvektor: Darstellung einer Verschiebung (vgl. Band I) der Ebene oder des Raumes durch einen ↑ Vektor. Eine Verschiebung wird durch einen Punkt P und seinen Bildpunkt P' eindeutig festgelegt. Daher schreibt man sie in der Form $\overrightarrow{PP'}$. Es gilt $\overrightarrow{PP'} = \overrightarrow{QQ'}$ genau dann, wenn P, Q, Q', P' ein Parallelogramm bilden. Eine Verschiebung ist also auf verschiedene Arten durch einen Pfeil zeichnerisch darzustellen. Die Menge dieser Pfeildarstellungen (Pfeilklasse) bildet eine Veranschaulichung des Verschiebungsvektors. Die Addition von Verschiebungsvektoren wird durch das Aneinandersetzen von Pfeilen veranschaulicht, die Vervielfachung durch eine Vervielfachung der Pfeillänge und eventuell (bei negativem Faktor) Umkehr der Pfeilrichtung. Der Vektorraum der Verschiebungsvektoren bildet die Grundlage der ↑ Vektorrechnung, einer sehr effizienten Methode der Geometrie.

Verschmelzungsgesetze: ↑ boolesche Algebra.

Verteilung: ↑ Wahrscheinlichkeitsverteilung.

Vertrauensintervall (Konfidenzintervall): ein Intervall $[p_1; p_2]$, in dem mit einer gewissen Wahrscheinlichkeit (Vertrauenswahrscheinlichkeit, Konfidenzwahrscheinlichkeit) eine Wahrscheinlichkeit p liegt, für die man in einer hinreichend langen Versuchsreihe relative Häufigkeiten ermittelt hat (vgl. ↑ Schätzen von Wahrscheinlichkeiten).

Vertrauenswahrscheinlichkeit (Konfidenzwahrscheinlichkeit):
↑ Schätzen von Wahrscheinlichkeiten.

Verwerfungsbereich (Ablehnungsbereich): beim ↑ Testen von Hypothesen die Menge der Werte, bei deren Auftreten in einer Zufallsversuchsreihe die Hypothese abgelehnt wird.

Vielfachheit: Häufigkeit einer Nullstelle eines Polynoms, z. B. des ↑ charakteristischen Polynoms.

Vierfelder-Tafel: eine Tafel der in Tab. 1 gegebenen Form, mit der man die Abhängigkeit zweier Merkmale untersuchen kann. Dabei steht A für die Menge der Elemente in der Stichprobe mit der Merkmalsausprägung a und $\bar{A}$ für die Menge der Elemente der Stichprobe, welche die Merkmalsausprägung a nicht besitzen. Entsprechend sind B und $\bar{B}$ zu deuten.

Statt absoluter Häufigkeiten wie in Tab. 1 benutzt man oft auch Tafeln, in denen relative Häufigkeiten oder

Ω	B	$\bar{B}$	Summe
A	$\|A \cap B\|$	$\|A \cap \bar{B}\|$	$\|A\|$
$\bar{A}$	$\|\bar{A} \cap B\|$	$\|\bar{A} \cap \bar{B}\|$	$\|\bar{A}\|$
Summe	$\|B\|$	$\|\bar{B}\|$	$\|\Omega\|$

Vierfelder-Tafel (Tab. 1)

Ω	B	$\bar{B}$	Summe
A	$P(A \cap B)$	$P(A \cap \bar{B})$	$P(A)$
$\bar{A}$	$P(\bar{A} \cap B)$	$P(\bar{A} \cap \bar{B})$	$P(\bar{A})$
Summe	$P(B)$	$P(\bar{B})$	1

Vierfelder-Tafel (Tab. 2)

↑ Wahrscheinlichkeiten angegeben sind (Tab. 2).

Hierbei sind A, B ↑ Ereignisse in einem Zufallsversuch und $\bar{A}$, $\bar{B}$ die ↑ Gegenereignisse. Im Falle der ↑ Unabhängigkeit der Ereignisse A, B gilt $P(A \cap B) = P(A) \cdot P(B)$, $P(A \cap \bar{B}) = P(A) \cdot P(\bar{B})$ usw., sodass sich die Zahlen in der Vierfelder-Tafel aus den Wahrscheinlichkeiten der Ereignisse A und B ergeben.

Möchte man Merkmale mit mehr als zwei Ausprägungen miteinander vergleichen, so benutzt man statt 2×2-Tafeln geeignete $m \times n$-Tafeln, die auch **Kontingenztafeln** genannt werden (↑ unabhängige Zufallsgrößen). In der Kontingenztafel in Abb. 1 sind relative Häufigkeiten eingetragen.

Ω	B_1	B_2	B_3	B_4	Summe
A_1	$h(A_1 \cap B_1)$	$h(A_1 \cap B_2)$	$h(A_1 \cap B_3)$	$h(A_1 \cap B_4)$	$h(A_1)$
A_2	$h(A_2 \cap B_1)$	$h(A_2 \cap B_2)$	$h(A_2 \cap B_3)$	$h(A_2 \cap B_4)$	$h(A_2)$
A_3	$h(A_3 \cap B_1)$	$h(A_3 \cap B_2)$	$h(A_3 \cap B_3)$	$h(A_3 \cap B_4)$	$h(A_3)$
Summe	$h(B_1)$	$h(B_2)$	$h(B_3)$	$h(B_4)$	1

Vierfelder-Tafel (Abb. 1): Kontingenztafel

Vierfelder-Test

Gilt näherungsweise $h(A_i \cap B_j) = h(A_i) h(B_j)$ für alle i, j, dann kann man die beiden Merkmale mit den Ausprägungen $A_1, A_2, \ldots$ und $B_1, B_2, \ldots$ als unabhängig ansehen.

Vierfelder-Test (exakter Test von Fisher, nach RONALD AYLMER FISHER; *1890, †1962): ein Unabhängigkeitstest für Ereignisse (oder Merkmale) A, B mithilfe einer ↑ Vierfelder-Tafel. Ein Versuch möge die Zahlen a, b, c, d ergeben haben, wobei $a+b=r$ und $c+d=s$ zuvor festgelegt worden sind:

	B	$\bar{B}$	Summe
A	a	b	$a+b=r$
$\bar{A}$	c	d	$c+d=s$
Summe	$a+c$	$b+d$	n

Vierfelder-Test (Tab. 1)

Man berechnet nun die Wahrscheinlichkeit, mit der dieses oder ein noch günstigeres Resultat (in der Regel $|A \cap B| \geq a$) zufällig zustande kommen kann, also ohne einen positiven Einfluss von A auf B. Dies wird an den folgenden Beispielen erläutert.

Beispiel 1: Die Wirksamkeit eines neuen Arzneimittels wird getestet. Von $n=22$ erkrankten Personen erhalten $r=12$ das neue Medikament, die anderen $s=10$ (Kontrollgruppe) bekommen ein Placebo, ein gleich aussehendes, aber unwirksames Scheinmedikament. Der Versuch möge die Werte in folgender Tafel ergeben:

	G	$\bar{G}$	Summe
B	10	2	12
$\bar{B}$	4	6	10
Summe	14	8	22

Vierfelder-Test (Tab. 2)

Dabei bedeutet
B: Behandlung mit dem neuen Medikament,
$\bar{B}$: Behandlung mit Placebo,
G: Gesundungsprozess gefördert,
$\bar{G}$: kein Einfluss auf die Gesundung.

Die Zahlen in der Vierfelder-Tafel lassen vermuten, dass die Heilung durch das neue Medikament gefördert wird. In der Tat erweist sich das Gegenteil (kein Zusammenhang zwischen Behandlung und Heilung) bei dem Beispiel als sehr unwahrscheinlich:

Es sei P die Wahrscheinlichkeit, dass von 12 behandelten Versuchspersonen rein zufällig mindestens 10 der Gruppe G angehören. Dies ist die Wahrscheinlichkeit für das Zustandekommen eines der drei in Tab. 3 gezeigten Fälle unter der Voraussetzung, dass das Medikament keinen Einfluss hat:

$a=10$	$b=2$	11	1	12	0
$c=4$	$d=6$	3	7	2	8
$a+c=14$	$b+d=8$	14	8	14	8

Vierfelder-Test (Tab. 3)

Es gibt $\binom{22}{12}$ Möglichkeiten zur Zusammenstellung der Gruppe B.

In $\binom{14}{10}\binom{8}{2}$ Fällen enthält B genau 10 der Geheilten (Abb. 1);

in $\binom{14}{11}\binom{8}{1}$ Fällen enthält B genau 11 der Geheilten;

In $\binom{14}{12}\binom{8}{0}$ Fällen enthält B genau 12 der Geheilten.

vollständiges Differenzial

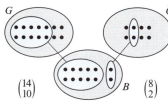

$\binom{14}{10}$ Möglichkeiten B $\binom{8}{2}$ Möglichkeiten

Vierfelder-Test (Abb. 1): Auswahl von 10 Elementen aus G und 2 aus $\bar{G}$

Folglich ist

$$P = \frac{\binom{14}{10}\binom{8}{2} + \binom{14}{11}\binom{8}{1} + \binom{14}{12}\binom{8}{0}}{\binom{22}{12}}$$

$$= \frac{31\,031}{646\,646} = \frac{31}{646} \approx 4{,}8\,\%.$$

Diese Wahrscheinlichkeit ist relativ gering, sodass man dem Medikament eine heilsame Wirkung zuschreiben kann.

Beispiel 2: Wie in Beispiel 1 soll die Wirksamkeit eines Medikaments überprüft werden. Es möge sich folgende Vierfelder-Tafel ergeben haben:

	G	$\bar{G}$	Summe
B	5	1	6
$\bar{B}$	2	3	5
Summe	7	4	11

Vierfelder-Test (Tab. 4)

Gegenüber der Tafel in Beispiel 1 sind also alle Werte halbiert worden. Die Wahrscheinlichkeit, bei der Auswahl der 6 behandelten Personen zufällig 5 oder 6 aus der Gruppe G dabei zu haben, ist

$$P = \frac{\binom{7}{5}\binom{4}{1} + \binom{7}{6}\binom{4}{0}}{\binom{11}{6}} \approx 20\,\%.$$

In diesem Fall wird man aufgrund des Versuchsergebnisses nicht sicher sein können, dass das Medikament eine positive Wirkung hat.

Der Vergleich der Beispiele 1 und 2 zeigt, dass die Zahlen in einer Vierfelder-Tafel nicht zu klein sein dürfen, denn sonst kann keine sichere Entscheidung getroffen werden. Sie sollen aber auch nicht zu groß sein, da es sonst ohne spezielle Rechner zu mühsam ist, die Binomialkoeffizienten zu berechnen. In diesem Fall muss man Testverfahren benutzen, die von der Binomialverteilung oder der Normalverteilung Gebrauch machen (↑ Testen von Hypothesen).

vollständige Induktion: Es sei $A(n)$ eine Aussageform über der Menge $\mathbb{N}$ der natürlichen Zahlen, d.h., für jedes $n_0 \in \mathbb{N}$ ist $A(n_0)$ eine Aussage. Die Menge der natürlichen Zahlen hat folgende Eigenschaft (**Prinzip der vollständigen Induktion, Induktionsaxiom**): Wenn für ein $n_0 \in \mathbb{N}$ die Aussage $A(n_0)$ wahr ist und wenn aus der Wahrheit von $A(k)$ für ein beliebiges $k \geq n_0$ stets auch die Wahrheit von $A(k+1)$ folgt, dann ist $A(n)$ für alle natürlichen Zahlen $n \geq n_0$ wahr.

Diese Eigenschaft der natürlichen Zahlen ist Bestandteil des ↑ peanoschen Axiomensystems, mit dem die natürlichen Zahlen axiomatisch festgelegt sind. Man benutzt das Induktionsaxiom häufig zum Nachweis, dass eine Aussageform über $\mathbb{N}$ die Lösungsmenge $\{n \in \mathbb{N} \mid n \geq n_0\}$ besitzt (Beweis durch vollständige Induktion; vgl. vollständige Induktion, Band I).

Das Induktionsaxiom ist gleichwertig mit der Aussage, dass jede nichtleere Teilmenge von $\mathbb{N}$ ein kleinstes Element enthält.

vollständiges Differenzial (totales Differenzial): für eine Funktion f

Vollständigkeit

von zwei reellen Variablen der Ausdruck

$$df(x_0,y_0) := \frac{\partial f}{\partial x}(x_0,y_0)\,dx$$
$$+ \frac{\partial f}{\partial y}(x_0,y_0)\,dy$$

(↑ partielle Ableitungen).
Dabei sind dx und dy als Variable aufzufassen, also ist df selbst eine (lineare) Funktion von zwei Variablen. Korrekterweise müsste man also das vollständige Differenzial von f an der Stelle (x_0, y_0) in der Form

$$df(x_0,y_0)(dx,dy)$$

schreiben. Die ↑ Tangentialebene an die durch f dargestellte Fläche im Punkt $(x_0 | y_0 | f(x_0,y_0))$ hätte dann die Gleichung

$$z = f(x_0,y_0) + df(x_0,y_0)(x,y).$$

Das vollständige Differenzial spielt eine Rolle u.a. in der ↑ Fehlerrechnung: Ist eine Größe z von zwei anderen Größen x, y abhängig, ist also $z = f(x,y)$ und sind die Größen x, y mit Messfehlern $\pm \Delta x$, $\pm \Delta y$ behaftet, so gilt für den Fehler $\pm \Delta z$, mit dem z bestimmt ist, näherungsweise

$$\Delta z = \left|\frac{\partial f}{\partial x}(x,y)\right|\Delta x + \left|\frac{\partial f}{\partial y}(x,y)\right|\Delta y.$$

Beispiel: Es sei $z = f(x,y) = \dfrac{y^2}{x}$, und es seien die Werte

$$x = x_0 \pm \Delta x = 2 \pm 0{,}1$$
$$y = y_0 \pm \Delta y = 10 \pm 0{,}5$$

gemessen worden. Dann ist

$$z = z_0 \pm \Delta z = 50 \pm \Delta z,$$

und man berechnet Δz mithilfe der partiellen Ableitung gemäß

$$\Delta z = \left|-\frac{y_0^2}{x_0^2}\right|\Delta x + \left|2\frac{y_0}{x_0}\right|\Delta y$$
$$= 25 \cdot 0{,}1 + 10 \cdot 0{,}5 = 7{,}5.$$

Vollständigkeit: eine Eigenschaft des Körpers der reellen Zahlen, die sie von den rationalen Zahlen unterscheidet.
Sowohl die reellen Zahlen als auch die rationalen Zahlen bilden einen angeordneten ↑ Körper, denn es gilt:

- $(\mathbb{Q}, +, \cdot)$ und $(\mathbb{R}, +, \cdot)$ sind Körper;
- »<« ist eine lineare Ordnungsrelation in $\mathbb{Q}$ und in $\mathbb{R}$, und es gilt sowohl in $\mathbb{Q}$ als auch in $\mathbb{R}$:

$$x < y \Rightarrow x + z < y + z \text{ für alle } z,$$
$$x < y \Rightarrow xz < yz \text{ für alle } z > 0.$$

Ferner sind beide Körper **archimedisch angeordnet:** Zu je zwei positiven Zahlen x, y (aus $\mathbb{Q}$ bzw. aus $\mathbb{R}$) gibt es ein $n \in \mathbb{N}$ mit

$$n \cdot a > b;$$

dabei steht $n \cdot a$ für $a + a + \ldots + a$ (mit n Summanden).

■ Supremumseigenschaft

Der Unterschied zwischen $\mathbb{Q}$ und $\mathbb{R}$ besteht nun darin, dass $\mathbb{R}$ folgende Eigenschaft hat: Zu jeder nichtleeren, nach oben beschränkten Teilmenge T von $\mathbb{R}$ gibt es ein $s \in \mathbb{R}$, für das gilt:
(a) $t \leq s$ für alle $t \in T$;
(b) ist $t \leq s'$ für alle $t \in T$, dann ist $s \leq s'$.

Die Menge T besitzt also in $\mathbb{R}$ eine kleinste obere Schranke, ein sog. ↑ Supremum. Diese **Supremumseigenschaft** gilt in $\mathbb{Q}$ nicht; beispielsweise gibt es kein $s \in \mathbb{Q}$, das für die Menge

$$T = \{x \in \mathbb{Q} \mid x^2 < 2\}$$

die Eigenschaften (a) und (b) besitzt. (Man beachte, dass $\sqrt{2}$ keine rationale Zahl ist.)
Einen angeordneten Körper, der die Supremumseigenschaft besitzt, bezeichnet man als *vollständigen* ange-

ordneten Körper. In diesem Sinne ist also der Körper der reellen Zahlen vollständig, der Körper der rationalen nicht.

■ **Formulierungen der Vollständigkeit**

Aus der Supremumseigenschaft kann man viele Eigenschaften des Körpers der reellen Zahlen herleiten; aus einigen dieser Eigenschaften kann man umgekehrt, wenn man sie als »Axiom« voraussetzt, die Supremumseigenschaft gewinnen. Dies bedeutet, dass es mehrere zueinander gleichwertige Formulierungen der Vollständigkeit von $\mathbb{R}$ gibt. Die Vollständigkeit von $\mathbb{R}$ kann durch eine der folgenden (äquivalenten) Eigenschaften von $\mathbb{R}$ definiert werden:

(1) Jede nichtleere, nach oben beschränkte Teilmenge von $\mathbb{R}$ besitzt ein Supremum in $\mathbb{R}$ (**Supremumsaxiom**).

(2) Jede nichtleere, nach unten beschränkte Teilmenge von $\mathbb{R}$ besitzt ein ↑ Infimum in $\mathbb{R}$ (**Infimumsaxiom**).

(3) Jede unendliche beschränkte Teilmenge von $\mathbb{R}$ besitzt mindestens einen Häufungspunkt in $\mathbb{R}$ (↑ Bolzano-Weierstraß-Axiom).

(4) Jede ↑ Cauchy-Folge besitzt in $\mathbb{R}$ einen Grenzwert (**Cauchy-Axiom**).

(5) Jede ↑ monotone, beschränkte Folge konvergiert in $\mathbb{R}$ (**Monotonieaxiom**).

(6) Jede ↑ Intervallschachtelung in $\mathbb{R}$ besitzt einen Kern in $\mathbb{R}$ (↑ Intervallschachtelungsaxiom).

(7) Zu jedem ↑ Dedekind-Schnitt in $\mathbb{R}$ gehört eine Zahl aus $\mathbb{R}$ als Schnittzahl (**Dedekind-Axiom**).

(8) Es gibt keine Zerlegung von $\mathbb{R}$ in zwei ↑ offene Mengen (**Zusammenhangsaxiom**).

(9) Zu jeder offenen Überdeckung einer ↑ kompakten Teilmenge von $\mathbb{R}$ existiert eine endliche Teilüberdeckung (↑ Heine-Borel-Axiom).

(10) Eine stetige Funktion auf einem Intervall nimmt jeden Zwischenwert an (**Zwischenwertaxiom**; ↑ Zwischenwertsatz).

(11) Zu jeder auf einem abgeschlossenen Intervall $[a; b]$ stetigen Funktion f gibt es ein $n \in \mathbb{N}$ mit $f(x) \leq n$ für alle $x \in [a; b]$ (**Beschränktheitsaxiom**).

(12) Zu jeder auf einem abgeschlossenen Intervall $[a; b]$ stetigen Funktion f existiert ein $c \in [a; b]$ mit $f(x) \leq f(c)$ für alle $x \in [a; b]$ (**Maximumsaxiom**).

Jede der Eigenschaften (1) bis (12) zeichnet also den Körper der reellen Zahlen gegenüber dem der rationalen Zahlen aus. Die Vollständigkeit der reellen Zahlen kann man in einer der Formen (1) bis (12) ausdrücken; am häufigsten benutzt man das Supremumsaxiom, das Cauchy-Axiom und das Intervallschachtelungsaxiom. Hat man sich für ein Axiom entschieden, so werden die anderen Axiome zu Sätzen, welche man mithilfe des gewählten Axioms beweisen kann.

Volumen (Rauminhalt): bei einem geometrischen Körper ein Maß für die Größe des von dem Körper ausgefüllten Raumes (vgl. Band I). Man bildet das Volumen als Produkt einer reellen Zahl $a \geq 0$ (der Maßzahl) und einer festen Raumeinheit e^3, z. B. dem Inhalt des Einheitswürfels mit der Kantenlänge 1. Das Volumen von krummlinig begrenzten Körpern, z. B. ↑ Rotationskörpern, kann man mithilfe der ↑ Integralrechnung bestimmen (↑ guldinsche Regeln). Ein allgemeines Prinzip zur Volumenberechnung ist das ↑ cavalierische Prinzip.

Vorzeichentest: ↑ Zeichentest.

Wachstumsprozesse

Wachstumsprozesse: Prozesse, bei denen eine Größe f in Abhängigkeit von der Zeit t zunimmt oder abnimmt (vgl. Wachstum, Band I). Verschiedene Arten von Wachstumsprozessen werden anhand der **Änderungsrate** $\dfrac{\mathrm{d}f(t)}{\mathrm{d}t}=f'(t)$ unterschieden.

Es sei $f(t)$ eine vorhandene Masse zum Zeitpunkt t. Ist zu jedem Zeitpunkt t die Änderungsrate $f'(t)$ durch

$$f'(t)=k\cdot f(t)$$

mit einer von t unabhängigen Konstanten k gegeben, dann spricht man im Fall $k>0$ von einem **natürlichen Wachstum** (Abb. 1), im Fall $k<0$ von einem **natürlichen Zerfall.** Meist definiert man die Konstante k als positiv und schreibt bei Zerfallsprozessen explizit ein Minuszeichen (Abb. 2).

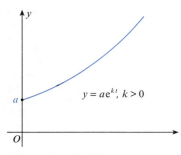

Wachstumsprozesse (Abb. 1): natürliches (exponentielles) Wachstum

Wegen $\dfrac{f'(t)}{f(t)}=(\ln f(t))'$ (↑ logarithmische Ableitung) ist dann $(\ln f(t))'=k$ bzw. $\ln f(t)=kt+c$ mit einer Konstanten c. Daraus folgt $f(t)=\mathrm{e}^{kt+c}=\mathrm{e}^{c}\cdot\mathrm{e}^{kt}$. Setzt man $a:=\mathrm{e}^{c}$, dann wird obige Bedingung durch alle Funktionen f mit

$$f(t)=a\mathrm{e}^{kt}\quad(a\in\mathbb{R})$$

erfüllt. Wegen $f(0)=a$ gibt dabei a die Masse zum Zeitpunkt 0 an. Aufgrund der Gestalt der Wachstumsfunktion spricht man von **exponentiellem Wachstum** bzw. **exponentiellem Zerfall.**

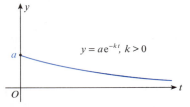

Wachstumsprozesse (Abb. 2): natürlicher (exponentieller) Zerfall

Exponentielles Wachstum ist unbeschränkt. Häufig liegt aber ein **beschränktes Wachstum** vor. In solchen Fällen ist meistens die Annahme gerechtfertigt, dass die Änderungsrate $f'(t)$ proportional zu $B-f(t)$ ist, wobei B eine Obergrenze für f ist:

$$f'(t)=k\cdot(B-f(t))\quad\text{mit}\quad k>0.$$

Wegen $(\ln(B-f(t)))'=\dfrac{-f'(t)}{B-f(t)}$ ergibt sich $(-\ln(B-f(t)))'=k$, also $\ln(B-f(t))=-kt+c$ bzw.

$$B-f(t)=\mathrm{e}^{-kt+c}=a\mathrm{e}^{-kt}$$

mit einer Konstanten a. Das beschränkte Wachstum wird also beschrieben durch

$$f(t)=B-a\mathrm{e}^{-kt}\quad\text{mit}\quad k>0.$$

Es gilt dabei $a=B-f(0)$ und $\lim\limits_{t\to\infty}f(t)=B$ (Abb. 3).

Ist $f'(t)$ sowohl zu $f(t)$ als auch zu $B-f(t)$ proportional, gilt also

$$f'(t)=k\cdot f(t)\cdot(B-f(t))$$

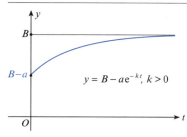

Wachstumsprozesse (Abb. 3): beschränktes Wachstum

mit $k > 0$, dann spricht man von **logistischem Wachstum**. Diese ↑ Differenzialgleichung hat die Lösung

$$f(t) = \frac{B}{1 + c B e^{-kBt}},$$

wobei die Konstante c so gewählt wird, dass $f(0)$ die Masse zum Zeitpunkt 0 ist (Abb. 4).

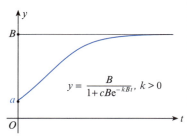

Wachstumsprozesse (Abb. 4): logistisches Wachstum

Wahrscheinlichkeit: ein Grundbegriff der ↑ Wahrscheinlichkeitsrechnung, der untrennbar mit dem des ↑ Zufallsversuchs verbunden ist. Eine implizite Definition dieses Begriffs geben die Axiome der Wahrscheinlichkeitsrechnung (↑ Kolmogorow-Axiome).

Man kann einen eingeschränkten Wahrscheinlichkeitsbegriff einführen, wenn man sich auf ↑ Laplace-Versuche beschränkt; dadurch erhält man die **klassische Definition der Wahrscheinlichkeit:** Liegt ein Laplace-Versuch mit n Ausfällen vor, so ist die Wahrscheinlichkeit $P(\omega)$ eines Ausfalls bzw. die Wahrscheinlichkeit $P(A)$ eines Ereignisses definiert durch

$$P(\omega) := \frac{1}{n} \quad \text{für alle} \ \omega \in \Omega,$$

$$P(A) := \frac{|A|}{|\Omega|} \quad \text{für alle} \ A \subseteq \Omega$$

(»Zahl der günstigen zu Zahl der möglichen Ausfälle«); dabei ist Ω die Menge der möglichen Ausfälle. Die Beschränkung auf endliche Mengen von möglichen Ausfällen und gleichwahrscheinliche Ausfälle macht diesen klassischen Wahrscheinlichkeitsbegriff nur sehr bedingt brauchbar.

Man kann eine **statistische Definition** anstreben, indem man relative Häufigkeiten in langen ↑ Zufallsversuchsreihen benutzt: Man denke sich eine Zufallsversuchsreihe beliebig lange fortgesetzt; mit $h_n(\omega)$ bezeichne man die relative Häufigkeit des Ausfalls ω nach n Versuchen. Dann setzt man

$$P(\omega) := \lim_{n \to \infty} h_n(\omega).$$

Dies ist zwar im Hinblick auf das ↑ Gesetz der großen Zahlen eine vernünftig aussehende Definition. Sie ist aber nicht praktikabel, da Zufallsversuchsreihen notwendigerweise immer endlich sind und da auch abgesehen die Existenz des obigen Grenzwertes nicht sichergestellt werden kann. Man kann aus diesem Definitionsversuch jedoch folgende Erläuterung des Wahrscheinlichkeitsbegriffs entnehmen: Die Wahrscheinlichkeit eines Ausfalls ist der beste Schätzwert, den man für die relative Häufigkeit in einer langen Zufallsversuchsreihe angeben kann. Näherungswerte

Wahrscheinlichkeitsdichte

für die Wahrscheinlichkeit kann man also durch die Berechnung von relativen Häufigkeiten erhalten.

Zur Bezeichnung von Wahrscheinlichkeiten benutzt man den Buchstaben W oder (wie oben) den Buchstaben P (zu lateinisch probabilitas »Wahrscheinlichkeit«).

Wahrscheinlichkeitsdichte: andere Bezeichnung für die ↑ Dichte (Dichtefunktion) einer ↑ Wahrscheinlichkeitsverteilung.

Wahrscheinlichkeitsfunktion: die summierte ↑ Wahrscheinlichkeitsverteilung.

Wahrscheinlichkeitspapier: ein Gitterpapier mit einer gleichabständigen Einteilung auf der Rechtsachse und einer verzerrten Einteilung auf der Hochachse zu dem Zweck, dass die Wahrscheinlichkeitsfunktion der ↑ Normalverteilung

$$y = \Phi\left(\frac{x-\mu}{\sigma}\right)$$

zu einer Geraden wird (Abb. 1 und 2). Durch Eintragen von näherungsweise normalverteilten Messwerten erhält man mithilfe linearer ↑ Regression eine Gerade, an der man die Werte μ und σ ablesen kann (Abb. 2). Dieses Papier war früher im Handel erhältlich, heute arbeitet man einfacher mit geeigneten Computerprogrammen.

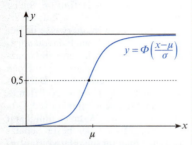

Wahrscheinlichkeitspapier (Abb. 1): Wahrscheinlichkeitsfunktion der Normalverteilung im kartesischen Koordinatensystem

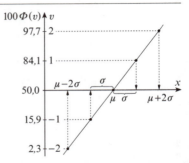

Wahrscheinlichkeitspapier (Abb. 2): Wahrscheinlichkeitsfunktion der Normalverteilung auf Wahrscheinlichkeitspapier

Wahrscheinlichkeitsrechnung: die mathematische Disziplin, die sich mit der Berechnung von ↑ Wahrscheinlichkeiten für ↑ Ereignisse in ↑ Zufallsversuchen beschäftigt. Das wichtigste Anwendungsgebiet der Wahrscheinlichkeitsrechnung ist die beurteilende ↑ Statistik.

Ihre Wurzeln hat die Wahrscheinlichkeitsrechnung in Problemen, die sich im Zusammenhang mit Glücksspielen ergaben. Das Buch »Liber de ludo aleae« des italienischen Mathematikers GERONIMO CARDANO (*1501, †1576) behandelt bereits einfache Fragestellungen, die beim Würfelspiel auftreten. Als der eigentliche Beginn der Wahrscheinlichkeitsrechnung gilt jedoch das Jahr 1654. In diesem Jahr beklagte sich der französische Schriftsteller ANTOINE GOMBAUD Chevalier DE MÉRÉ (*1607, †1684) bei B. ↑ PASCAL darüber, dass seine mathematischen Überlegungen nicht mit seinen Erfahrungen beim Würfelspiel übereinstimmten (↑ Würfelparadoxon von de Méré). Eine weitere seiner Aufgaben war das ↑ Problem des abgebrochenen Spiels. PASCAL löste das Problem und führte hierüber einen sehr fruchtbaren Briefwechsel mit dem französischen Mathematiker PIERRE DE FERMAT (*1601, †1665; vgl. Band I), sodass auch FERMAT zu den Gründern der Wahrscheinlichkeitsrechnung zählt.

Das 1657 erschienene Buch »De ratiociniis in ludo aleae« des niederländischen Mathematikers und Physikers CHRISTIAAN HUYGENS (*1629, †1695) wurde durch den Schriftwechsel zwischen PASCAL und FERMAT angeregt. Für einige Jahrzehnte blieb es das bedeutendste Werk zur Wahrscheinlichkeitsrechnung. Darin wurde erstmals angedeutet, dass die Wahrscheinlichkeitsrechnung nicht nur für Fragen des Glücksspiels von Interesse ist.

Erst 1713 wurde (posthum) das »klassische« Werk der Wahrscheinlichkeitsrechnung »Ars conjectandi« (»Die Kunst des Vermutens«) von JAKOB ↑ BERNOULLI veröffentlicht. Es enthält eine eingehende Darstellung der ↑ Kombinatorik und deren Anwendungen auf Glücksspiele und kaufmännische Probleme. Hier ist auch erstmals das ↑ Gesetz der großen Zahlen dargestellt, womit die Verbindung zwischen Wahrscheinlichkeitsrechnung und Statistik geschaffen wird. Der französische Mathematiker ABRAHAM DE MOIVRE (*1667, †1754), der mehrere mathematische Bücher publizierte, benutzte als Erster Begriffe und Methoden der ↑ Analysis in der Wahrscheinlichkeitsrechnung. Er entdeckte die nach ihm C. F. ↑ GAUSS benannte ↑ Normalverteilung und den ↑ Grenzwertsatz von Moivre-Laplace.

Als Begründer der modernen Wahrscheinlichkeitsrechnung (Wahrscheinlichkeitstheorie) gilt der französische Mathematiker und Astronom P. S. DE ↑ LAPLACE. Er erkannte die Problematik in der Definition des Wahrscheinlichkeitsbegriffs und definierte den »klassischen« Wahrscheinlichkeitsbegriff auf der Grundlage der »Gleichwahrscheinlichkeit« (↑ Laplace-Versuch). In seinem Werk »Théorie analytique des probabilités« stellte er die wichtigsten Sätze der Wahrscheinlichkeitsrechnung zusammen, entwickelte die ↑ Methode der kleinsten Quadrate und wandte seine Ergebnisse auf Fragen der Astronomie und der Bevölkerungsstatistik an. Auch GAUSS leistete wichtige Beiträge zur Entwicklung der Wahrscheinlichkeitsrechnung (Methode der kleinsten Quadrate, Normalverteilung). Der französische Mathematiker und Physiker S. D. ↑ POISSON stieß auf die nach ihm benannte Verteilung (↑ Poisson-Verteilung), als er das bernoullische Gesetz der großen Zahlen und den Grenzwertsatz von Moivre-Laplace auf den Fall beliebiger unabhängiger Zufallsgrößen verallgemeinerte. Er benutzte erstmals den Ausdruck »Gesetz der großen Zahlen«. Der russische Mathematiker P. L. ↑ TSCHEBYSCHOW untersuchte die möglichen Abweichungen von den zu erwartenden Werten in langen ↑ Zufallsversuchsreihen (↑ Tschebyschow-Ungleichung) und trug damit wesentlich zum Verständnis des Gesetzes der großen Zahlen bei. Ein axiomatischer Aufbau der Wahrscheinlichkeitsrechnung wurde schließlich von dem sowjetischen Mathematiker ANDREJ NIKOLAJEWITSCH KOLMOGOROW (*1903, †1987) angegeben.

Wahrscheinlichkeitsverteilung: für einen ↑ Zufallsversuch mit einer endlichen Menge Ω von möglichen Ausfällen und eine ↑ Zufallsgröße $X: \Omega \to \mathbb{R}$ die Funktion $x \mapsto P(X = x)$ mit

$$P(X = x) := P(\{\omega \in \Omega \mid X(\omega) = x\}).$$

Diese Wahrscheinlichkeitsverteilung von X ist definiert auf der Wertemen-

Wahrscheinlichkeitsverteilung

ge $X(\Omega)$ von X und lässt sich durch ein Stabdiagramm (Abb. 1) oder durch ein ↑ Histogramm darstellen.

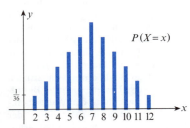

Wahrscheinlichkeitsverteilung (Abb. 1): Stabdiagramm zu Beispiel 1

Die Funktion $x \mapsto P(X \leq x)$, definiert durch

$$P(X \leq x) := P(\{\omega \in \Omega \mid X(\omega) \leq x\}),$$

heißt die summierte oder kumulative Wahrscheinlichkeitsverteilung von X. Man nennt sie auch die **Wahrscheinlichkeitsfunktion** von X. Sie ist auf $\mathbb{R}$ definiert. Die summierte Wahrscheinlichkeitsverteilung stellt man oft durch ein Polygonzugdiagramm (Abb. 2) dar, obwohl die Darstellung durch ein treppenförmiges Diagramm angemessener wäre, denn es handelt sich um eine ↑ Treppenfunktion.

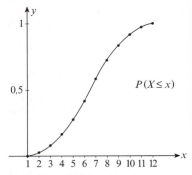

Wahrscheinlichkeitsverteilung (Abb. 2): Polygonzugdiagramm zu Beispiel 1

Beispiel 1: Beim zweimaligen Würfeln ist die Menge der möglichen Ausfälle

$$\Omega = \{1, 2, 3, 4, 5, 6\} \times \{1, 2, 3, 4, 5, 6\}$$

(↑ kartesisches Produkt). Wir betrachten auf Ω die Zufallsgröße

$$X: (i, j) \mapsto i + j$$

(Augensumme). Es ist

$$X(\Omega) = \{2, 3, 4, 5, 6, 7, 8, 9, 10, 11, 12\}.$$

Abb. 1 zeigt ein Stabdiagramm für die Wahrscheinlichkeitsverteilung von X. Die zugehörige summierte Wahrscheinlichkeitsverteilung ist in Abb. 2 als Polygonzugdiagramm dargestellt.

Wichtige Wahrscheinlichkeitsverteilungen endlicher Zufallsgrößen sind die ↑ Binomialverteilung und die ↑ hypergeometrische Verteilung. Die ↑ geometrische Verteilung und die ↑ Poisson-Verteilung sind Beispiele für Wahrscheinlichkeitsverteilungen *unendlicher* Zufallsgrößen, wobei der Wertebereich der Zufallsgröße jeweils die Menge der natürlichen Zahlen (einschließlich der Null) ist. Wahrscheinlichkeitsverteilungen, bei denen wie in diesen Beispielen eine endliche oder höchstens ↑ abzählbare Wertemenge vorliegt, nennt man **diskret**. Auch die Zufallsgröße heißt dann diskret.

■ Nichtdiskrete Wahrscheinlichkeitsverteilungen

Bei unendlichen Zufallsgrößen, bei denen die Wertemenge die Menge $\mathbb{R}$ der reellen Zahlen oder ein Intervall von $\mathbb{R}$ ist, hat nur die summierte Wahrscheinlichkeitsverteilung einen Sinn. Statt $P(X = x)$ kann man jetzt nur noch Wahrscheinlichkeiten der Form

$$P(a \leq X \leq b) := P(X \leq b) - P(X \leq a)$$

angeben. Man nennt die Zufallsgröße und ihre Wahrscheinlichkeitsverteilung **stetig**, wenn es eine nichtnegative stetige Funktion f auf $\mathbb{R}$ gibt, sodass

$$P(X \leq x) = \int_{-\infty}^{x} f(t)\,dt$$

(↑ uneigentliches Integral) gilt. Man bezeichnet f als Dichtefunktion oder ↑ Dichte der Wahrscheinlichkeitsverteilung. Durch f ist ein Histogramm definiert; die Wahrscheinlichkeiten $P(a \leq X \leq b)$ sind darin durch Flächeninhalte darzustellen (Abb. 3).

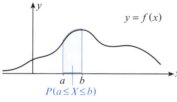

Wahrscheinlichkeitsverteilung (Abb. 3): Histogramm einer stetigen Verteilung

Beispiel 2: Die ↑ Dreiecksverteilung (Abb. 4) hat die Dichtefunktion

$$d(x) = \begin{cases} 0 & \text{für } x < a, \\ \left(\dfrac{2}{b-a}\right)^2 (x-a) & \\ & \text{für } a \leq x < \dfrac{a+b}{2}, \\ -\left(\dfrac{2}{b-a}\right)^2 (x-b) & \\ & \text{für } \dfrac{a+b}{2} \leq x < b, \\ 0 & \text{für } b \leq x. \end{cases}$$

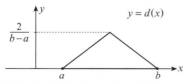

Wahrscheinlichkeitsverteilung (Abb. 4): Dreiecksverteilung

Für die summierte Wahrscheinlichkeitsverteilung (Abb. 5) gilt also

$$P(X \leq x) = \begin{cases} 0 & \text{für } x < a, \\ \dfrac{1}{2}\left(\dfrac{2}{b-a}\right)^2 (x-a)^2 & \\ & \text{für } a \leq x < \dfrac{a+b}{2}, \\ \dfrac{1}{2}\left(\dfrac{2}{b-a}\right)^2 (x-b)^2 & \\ & \text{für } \dfrac{a+b}{2} \leq x < b, \\ 1 & \text{für } b \leq x. \end{cases}$$

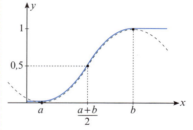

Wahrscheinlichkeitsverteilung (Abb. 5): Wahrscheinlichkeitsfunktion einer Dreiecksverteilung

Beispiel 3: Die Dichte der standardisierten Normalverteilung ist

$$\varphi(x) = \frac{1}{\sqrt{2\pi}} \exp\left(-\frac{1}{2}x^2\right),$$

die summierte Wahrscheinlichkeitsverteilung ist

$$\Phi(x) = \frac{1}{\sqrt{2\pi}} \int_{-\infty}^{x} \exp\left(-\frac{1}{2}x^2\right) dt$$

(vgl. ↑ Normalverteilung, Tab. 1).

■ **Faltung**

Für die Wahrscheinlichkeitsverteilung der *Summe* zweier diskreter Zufallsgrößen X, Y gilt

$$P(X+Y=z) = \sum_{x+y=z} P(X=x \wedge Y=y),$$

waldscher Sequenzialtest

wobei »∧« für »und« steht; summiert wird dabei über alle Paare $(x,y) \in X(\Omega) \times Y(\Omega)$ mit $x+y=z$. Man sagt, die Wahrscheinlichkeitsverteilung von $X+Y$ entsteht aus den Verteilungen von X und Y durch **Faltung**. Im Falle der ↑ Unabhängigkeit der Zufallsgrößen X, Y gilt $P(X=x \wedge Y=y) = P(X=x)P(Y=y)$, sodass die Verteilung von $X+Y$ einfach zu berechnen ist.

Beispiel 4: Die beiden unabhängigen Zufallsgrößen X, Y sollen die in Tab. 1 angegebenen Verteilungen besitzen.

x	1	2	3	4
$P(X=x)$	$\frac{2}{8}$	$\frac{4}{8}$	$\frac{1}{8}$	$\frac{1}{8}$

y	0	1	3	5
$P(Y=y)$	$\frac{1}{10}$	$\frac{3}{10}$	$\frac{5}{10}$	$\frac{1}{10}$

Wahrscheinlichkeitsverteilung (Tab. 1)

Dann ist beispielsweise

$$P(X+Y=4) = P(X=1)P(Y=3)$$
$$+P(X=3)P(Y=1)$$
$$+P(X=4)P(Y=0)$$
$$= \frac{10}{80} + \frac{3}{80} + \frac{1}{80} + \frac{14}{80}.$$

Sind X, Y stetige Zufallsgrößen mit den Dichtefunktionen f und g, dann gilt

$$P(X+Y \leq z) = \int_{-\infty}^{z} f(t)g(z-t)\,dt.$$

Dieses Integral bezeichnet man als **Faltungsintegral** der Funktionen f und g.

Die *gemeinsame* Wahrscheinlichkeitsverteilung zweier diskreter Zufallsgrößen X, Y ist die Funktion

$$(x,y) \mapsto P(X=x \wedge Y=y)$$

(Definitionsmenge $X(\Omega) \times Y(\Omega)$), die im Fall der ↑ Unabhängigkeit der Zufallsgrößen X, Y besonders einfach zu berechnen ist.

waldscher Sequenzialtest [ˈwɔːld-; nach ABRAHAM WALD; *1902, †1950]: ein Alternativtest zum Testen der beiden Hypothesen

$$H_1: p=p_1 \quad \text{und} \quad H_2: p=p_2$$

für die unbekannte Wahrscheinlichkeit p. Um die Zahl der notwendigen Testversuche klein zu halten, führt man diese der Reihe nach (*sequenziell*) so lange aus, bis eine zuvor festgelegte Sicherheitsschranke erreicht ist.

Der Zufallsversuch habe die Ausfälle 1 (Wahrscheinlichkeit p) und 0. Haben die Testversuche x-mal 1 und y-mal 0 geliefert, so ist hierfür die Wahrscheinlichkeit

unter H_1: $q_1 = \binom{x+y}{x} p_1^x (1-p_1)^y$,

unter H_2: $q_2 = \binom{x+y}{x} p_2^x (1-p_2)^y$.

Man führt die Prüfung so lange fort, wie

$$\frac{1}{K} < \frac{q_1}{q_2} < K$$

waldscher Sequenzialtest (Abb. 1): Veranschaulichung im Koordinatensystem

für eine zuvor festgelegte Konstante K gilt. Dies liefert schließlich die Entscheidung für H_1 oder H_2.

Beispiel: Für $p_1 = \frac{1}{4}$ und $p_2 = \frac{3}{4}$ erhält man mit $K = 243 = 3^5$ die Bedingung

$$243^{-1} = 3^{-5} < 3^{y-x} < 243 = 3^5,$$
also $-5 < y - x < 5$.

Man entscheidet sich für H_1, sobald $y - x = 5$, und für H_2, sobald $y - x = -5$ (vgl. Abb. 1).

Unterscheiden sich p_1 und p_2 nur sehr wenig, so darf man die Konstante K nicht zu groß wählen. Andernfalls kann es sehr lange dauern, bis man zu einer Entscheidung kommt.

Weierstraß, Karl Theodor Wilhelm, deutscher Mathematiker, * Ostenfelde (heute zu Ennigerloh, Kreis Warendorf) 31. 10. 1815, † Berlin 19. 2. 1897: KARL WEIERSTRASS studierte Mathematik in Münster (Westfalen) und war danach 1842–48 Gymnasiallehrer in Deutsch-Krone (Pommern, heute Wałcz, Polen) und 1848–56 in Braunsberg (heute Braniewo, Polen). In dieser Zeit arbeitete er über spezielle Funktionen. 1854 erhielt er für eine seiner Arbeiten die Ehrendoktorwürde der Universität Königsberg. Seit 1856 lehrte er als Professor an der Berliner Universität. WEIERSTRASS gründete das erste mathematische Forschungsseminar an einer deutschen Universität und förderte die Entdeckung mathematischer Begabungen.

WEIERSTRASS übte nachhaltigen Einfluss auf die Entwicklung der ↑ Analysis und ihrer Anwendungen sowie auf die ↑ Funktionentheorie aus. Gerade in der Analysis legte er größten Wert auf strenge Beweisführungen und begründete zu diesem Zweck die ↑ Epsilontik, die heute zu den grundlegenden Arbeitsweisen der Infinitesimalrechnung gehört.

Weierstraß (Abb. 1): Karl Weierstraß

Wendepunkt: ein Punkt einer Kurve, in dem die ↑ Krümmung ihr Vorzeichen ändert. In einem Wendepunkt geht eine Linkskurve (Linksbogen) in eine Rechtskurve (Rechtsbogen) über oder umgekehrt (Abb. 1).

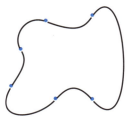

Wendepunkt (Abb. 1): Wendepunkte einer geschlossenen Kurve

Wir betrachten im Folgenden nur Wendepunkte von Funktionsgraphen. Der zugehörige x-Wert heißt **Wendestelle**. Es sei f eine Funktion, die mindestens zweimal differenzierbar ist. Liegt an der Stelle x_0 ein Wendepunkt des Graphen von f vor, dann ist dort die Steigung extremal (minimal oder maximal), es liegt also ein ↑ Extremwert der ↑ Ableitungsfunktion vor (Abb. 2, S. 448).

Man kann also die Kriterien für Extremwerte, angewandt auf die Ableitungsfunktion, als Kriterien für Wendepunkte benutzen:

Wendetangente

(1) Notwendige Bedingung für das Vorliegen eines Wendepunktes an der Stelle x_0 ist

$$f''(x_0) = 0.$$

(2) Hinreichende Bedingung für das Vorliegen eines Wendepunktes an der Stelle x_0 ist

$$f''(x_0) = 0 \text{ und } f'''(x_0) \neq 0.$$

In (2) muss man natürlich voraussetzen, dass die 3. Ableitung von f existiert.

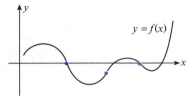

Wendepunkt (Abb. 2): Wendepunkte eines Funktionsgraphen

Ist f mindestens n-mal differenzierbar und ist

$$f''(x_0) = f'''(x_0) = \ldots = f^{(n-1)}(x_0) = 0$$

und

$$f^{(n)}(x_0) \neq 0,$$

dann liegt an der Stelle x_0 genau dann ein Wendepunkt vor, wenn n ungerade ist.

Es ist auch bei beliebig oft differenzierbaren Funktionen mithilfe der Ableitungen nicht immer zu entscheiden, ob ein Wendepunkt vorliegt.
Beispiel: Die Funktion

$$f: x \mapsto \begin{cases} e^{-1/x^2} & \text{für } x < 0 \\ 0 & \text{für } x = 0 \\ -e^{-1/x^2} & \text{für } x > 0 \end{cases}$$

hat an der Stelle 0 einen Wendepunkt, es ist aber $f^{(n)}(0) = 0$ für alle $n \in \mathbb{N}$ (Abb. 3).
Ein Wendepunkt mit einer horizontalen Tangente ist ein ↑ Sattelpunkt.

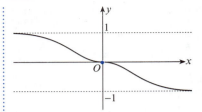

Wendepunkt (Abb. 3): Alle Ableitungen haben an der Wendestelle den Wert 0.

Wendetangente: die Tangente in einem ↑ Wendepunkt. In einem Wendepunkt verläuft die Kurve erst auf der einen, dann auf der anderen Seite der Tangente. Trotzdem spricht man nicht von einem Schnittpunkt, sondern von einem Berührpunkt der Geraden mit der Kurve, da die Steigungen von Kurve und Gerade übereinstimmen.

Wertemenge (Wertebereich): andere Bezeichnung für Bildmenge (Bildbereich) oder Zielmenge (Zielbereich) einer ↑ Abbildung oder ↑ Funktion. Manchmal versteht man unter der Wertemenge aber nicht die Menge, in der die Bilder der Abbildung liegen, sondern nur die Menge der tatsächlich als Bild vorkommenden Elemente. Die Abbildung $f: x \mapsto x^2$ mit der Definitionsmenge $\mathbb{R}$ hat dann die Wertemenge $\mathbb{R}_0^+$, die Menge aller nicht negativen reellen Zahlen.

Wette: Zwei Spieler I, II mögen auf ↑ Ereignisse A und $\bar{A}$ (↑ Gegenereignis) mit Einsätzen e_I und e_II wetten. Die Wette heißt *fair*, wenn der zu erwartende Gewinn (↑ Erwartungswert) für jeden Spieler 0 ist, wenn also

$$e_\text{II} P(A) - e_\text{I} P(\bar{A}) = 0$$

gilt. Wegen $P(\bar{A}) = 1 - P(A)$ bedeutet dies:

$$P(A) = \frac{e_\text{I}}{e_\text{I} + e_\text{II}}.$$

Hat also A die Wahrscheinlichkeit 25% und wettet I den Betrag 10 € auf das Eintreten von A, so kann II 30 € dagegensetzen; ein höherer Einsatz von II wäre unklug.

windschief: bezeichnet die Eigenschaft zweier ↑ Geraden im Raum, die weder parallel sind noch einen gemeinsamen Punkt besitzen (vgl. Band I). Beispielsweise sind die Geraden g_1 und g_2 in Abb. 1 windschief zueinander.

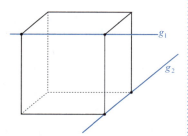

windschief (Abb. 1): windschiefe Kanten am Würfel

Sind g_1, g_2 in Parameterform gegeben, also

$$g_1: \vec{x} = \vec{a}_1 + r\vec{u}_1,\ g_2: \vec{x} = \vec{a}_2 + r\vec{u}_2,$$

so sind g_1, g_2 genau dann windschief zueinander, wenn $\{\vec{a}_1 - \vec{a}_2, \vec{u}_1, \vec{u}_2\}$ linear unabhängig ist.

Den ↑ Abstand d von g_1 und g_2 kann man mithilfe des ↑ Vektorprodukts und des ↑ Skalarprodukts ausrechnen:

$$d = \frac{|(\vec{u}_1 \times \vec{u}_2) \cdot (\vec{a}_1 - \vec{a}_2)|}{|\vec{u}_1 \times \vec{u}_2|}.$$

Winkelfunktionen: ↑ trigonometrische Funktionen.

Wohlordnung: eine Ordnungsrelation mit besonderen Nebenbedingungen. Auf der Menge M sei eine strenge lineare Ordnungsrelation (vgl. Band I) gegeben, also eine Relation »<« mit folgenden Eigenschaften:

(1) Für je zwei Elemente $a, b \in M$ gilt genau eine der drei Beziehungen $a < b, a = b, b < a$;

(2) $a < b \wedge b < c \Rightarrow a < c$.

Die Menge M heißt bezüglich der Relation »<« wohlgeordnet, wenn jede nichtleere Teilmenge von M ein kleinstes Element besitzt, d.h., wenn für jede Menge $T \subseteq M$ mit $T \neq \emptyset$ ein $a \in T$ mit

$$a < t \quad \text{für alle} \quad t \in T \quad \text{mit} \quad t \neq a$$

existiert.

Die Menge der natürlichen Zahlen ist bezüglich der Kleinerrelation »<« wohlgeordnet; die Menge der rationalen Zahlen ist bezüglich dieser Relation nicht wohlgeordnet, da z. B. die Menge der positiven rationalen Zahlen kein kleinstes Element besitzt. Man kann aber eine Wohlordnung in der Menge der positiven rationalen Zahlen beispielsweise folgendermaßen definieren: Man schreibe jede positive rationale Zahl als *gekürzten* Bruch $\frac{a}{b}$ $(a, b \in \mathbb{N})$ und setze $\frac{a}{b} < \frac{c}{d}$, falls $a + b < c + d$ oder $a + b = c + d$ und $b < d$.

Wohlordnungsaxiom: In jeder nichtleeren Menge M kann eine strenge lineare Ordnungsrelation definiert werden, bezüglich der M wohlgeordnet ist (↑ Wohlordnung). Dieses Axiom ist äquivalent mit dem ↑ Auswahlaxiom und dem ↑ zornschen Lemma.

Würfelparadoxon von de Méré
[-dəme're]: B. ↑ PASCAL war befreundet mit dem Schriftsteller ANTOINE GOMBAUD Chevalier DE MÉRÉ (*1607, †1684). Dieser stellte PASCAL eine Frage, die mit einem damals beliebten Würfelspiel zusammenhing: Beim viermaligen Würfeln hat man gewonnen, wenn man mindestens einmal die Augenzahl »Sechs« wirft. Nun wird eine Variante des Spiels betrachtet: Man soll mit zwei Würfeln 24-mal werfen und gewinnt, wenn man dabei mindestens

Wurzelfunktion

eine »Doppelsechs« geworfen hat. Im ersten Fall hat man vier Würfe und sechs mögliche Ausfälle, im zweiten Fall 24 Würfe und 36 mögliche Ausfälle. Wegen

$$\frac{4}{6} = \frac{24}{36} \quad \left(=\frac{2}{3}\right)$$

könnte man vermuten, dass die Gewinnwahrscheinlichkeiten gleich sind. Das ist aber falsch, wie PASCAL vorrechnete:

Variante 1: Die Wahrscheinlichkeit, viermal hintereinander *keine* Sechs zu werfen, ist

$$\frac{5}{6} \cdot \frac{5}{6} \cdot \frac{5}{6} \cdot \frac{5}{6} = \left(\frac{5}{6}\right)^4 = \frac{625}{1296} \approx 0{,}4823.$$

Die Gewinnwahrscheinlichkeit ist demnach $1 - \frac{625}{1296} \approx 0{,}5177$.

Variante 2: Die Wahrscheinlichkeit, 24-mal hintereinander *keine* Doppelsechs zu werfen, ist

$$\frac{35}{36} \cdot \ldots \cdot \frac{35}{36} = \left(\frac{35}{36}\right)^{24} \approx 0{,}5086.$$

Die Gewinnwahrscheinlichkeit ist demnach $1 - \left(\frac{35}{36}\right)^{24} \approx 0{,}4914$.

Die Gewinnwahrscheinlichkeiten sind beide etwa 50%, bei Variante 2 ist sie aber geringfügig kleiner als bei Variante 1.

Es wird berichtet, dass der Chevalier sich bei seinem gelehrten Freund PASCAL darüber beklagte, dass die mathematische Wissenschaft nicht mit dem praktischen Leben – für den Chevalier das Glücksspiel – übereinstimme; denn gemäß seinen Rechnungen (4 : 6 = 24 : 36) müssten beide Formen des Glücksspiels die gleichen Chancen bieten. Es wird weiter berichtet, der Chevalier habe im Spielsalon die *Erfahrung* gemacht, dass dies aber nicht so sei. An dieser Anekdote sind Zweifel angebracht, denn man muss schon sehr oft spielen, um den Unterschied der beiden Varianten festzustellen: Spielt man Variante 2 mit der Gewinnwahrscheinlichkeit 0,4914, dann hat man bei 10 000 Spielen immer noch eine Wahrscheinlichkeit von etwa 4%, mehr als 5000-mal zu gewinnen. Und für 10 000 Spiele braucht man sicher mehr als 200 Stunden.

Chevalier DE MÉRÉ ist durch seinen Trugschluss in die Annalen der Wissenschaft eingegangen, da er PASCAL veranlasste, über das Wesen der Wahrscheinlichkeit nachzudenken. Der Mathematiker G. CANTOR hat dessen bedeutende Rolle gewürdigt: »Der Chevalier de Méré darf, wie ich glaube, allen Widersachern der exakten Forschung, und es gibt deren zu jeder Zeit und überall, als ein warnendes Beispiel hingestellt werden; denn es kann auch diesen leicht begegnen, dass genau an jener Stelle, wo sie der Wissenschaft die tödliche Wunde zu geben suchen, ein neuer Zweig derselben, schöner, wenn möglich, und zukunftsreicher als alle früheren, rasch vor ihren Augen aufblüht — wie die Wahrscheinlichkeitsrechnung vor den Augen des Chevalier de Méré.« ∎

Wurzelfunktion: die ↑ Umkehrfunktion einer ↑ Potenzfunktion. Die Umkehrfunktion von

$$f : x \mapsto x^n \quad \text{mit} \quad D(f) = \mathbb{R}_0^+$$

ist die Wurzelfunktion

$$f^{-1} : x \mapsto \sqrt[n]{x} \quad \text{mit} \quad D(f^{-1}) = \mathbb{R}_0^+.$$

Dabei ist n eine natürliche Zahl. Alle Wurzelfunktionen sind ↑ stetig auf ihrer Definitionsmenge $\mathbb{R}_0^+$ und ↑ differenzierbar auf $\mathbb{R}^+$. Die ↑ Ableitungsfunktion von

$$g : x \mapsto \sqrt[n]{x}$$

ist
$$g': x \mapsto \frac{1}{n} \cdot \frac{\sqrt[n]{x}}{x}.$$

Eine ↑ Stammfunktion von g ist
$$G: x \mapsto \left(1 + \frac{1}{n}\right)^{-1} x\sqrt[n]{x}.$$

Diese Formeln kann man als Sonderfall der entsprechenden Formeln für die allgemeine Potenzfunktion gewinnen, da
$$\sqrt[n]{x} = x^{\frac{1}{n}}.$$

Ferner kann man g' mithilfe der Regel für die Ableitung der Umkehrfunktion bestimmen:
$$g'(x) = \frac{1}{n(\sqrt[n]{x})^{n-1}}.$$

Zur Berechnung von g' direkt aus der Definition der Ableitung benötigt man folgende Umformung:
$$x - x_0 = (\sqrt[n]{x})^n - (\sqrt[n]{x_0})^n$$
$$= (\sqrt[n]{x} - \sqrt[n]{x_0}) \sum_{i=1}^{n} (\sqrt[n]{x})^{n-i} (\sqrt[n]{x_0})^{i-1},$$

also
$$\frac{\sqrt[n]{x} - \sqrt[n]{x_0}}{x - x_0} = \frac{1}{\sum_{i=1}^{n} (\sqrt[n]{x})^{n-i} (\sqrt[n]{x_0})^{i-1}}.$$

Beispiel: Wir bestimmen die Ableitungsfunktion von $g: x \mapsto \sqrt[3]{x}$. Aus
$$\frac{\sqrt[3]{x} - \sqrt[3]{x_0}}{x - x_0}$$
$$= \frac{1}{(\sqrt[3]{x})^2 + (\sqrt[3]{x})(\sqrt[3]{x_0}) + (\sqrt[3]{x_0})^2}$$

erhält man bei dem Grenzübergang $x \to x_0$
$$g'(x_0) = \frac{1}{3(\sqrt[3]{x_0})^2}.$$

Wurzelkriterium: das folgende hinreichende ↑ Konvergenzkriterium für Reihen: Gibt es eine Zahl q mit $0 < q < 1$ und
$$\sqrt[n]{|a_n|} \leq q \quad \text{für alle } n \in \mathbb{N},$$
dann ist die Reihe $\sum_{n=1}^{\infty} a_n$ konvergent.

Es genügt, die Bedingung ab einem gewissen Index n_0 zu fordern, da endlich viele Summanden für die Konvergenz einer Reihe ohne Bedeutung sind.

Der Beweis des Wurzelkriteriums ergibt sich durch Vergleich mit einer ↑ geometrischen Reihe.

Zahlenebene: Darstellung der Menge aller Paare reeller Zahlen mithilfe eines Koordinatensystems (reelle Zahlenebene) oder analoge Darstellung der ↑ komplexen Zahlen (komplexe Zahlenebene, gaußsche Zahlenebene).

Zahlenlotto: ↑ Glücksspiele.

Zahlenquadrat: eine quadratische ↑ Matrix aus Zahlen, bei der die Summen der Zahlen in den Zeilen und Spalten alle den gleichen Wert haben. Man kann den Begriff des Zahlenquadrats auch auf den Fall einengen, dass sich auch in den Diagonalen dieselbe Summe wie in den Zeilen und Spalten ergibt. Ein Zahlenquadrat mit n Zeilen und n Spalten heißt von der Ord-

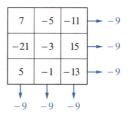

Zahlenquadrat (Abb. 1): Zeilen- und Spaltensummen in Beispiel 1

Zeichentest

$$Q_1 = \begin{array}{|c|c|c|} \hline 1 & -1 & 0 \\ \hline -1 & 0 & 1 \\ \hline 0 & 1 & -1 \\ \hline \end{array} \qquad Q_2 = \begin{array}{|c|c|c|} \hline 0 & 1 & -1 \\ \hline -1 & 0 & 1 \\ \hline 1 & -1 & 0 \\ \hline \end{array} \qquad Q_3 = \begin{array}{|c|c|c|} \hline 0 & 1 & 2 \\ \hline 3 & 1 & -1 \\ \hline 0 & 1 & 2 \\ \hline \end{array}$$

Zahlenquadrat (Abb. 2): $\{Q_1, Q_2, Q_3\}$ ist eine Basis des Vektorraums in Beispiel 2.

nung n. Enthält ein Zahlenquadrat der Ordnung n die natürlichen Zahlen von 1 bis n^2, dann nennt man es ein **magisches Quadrat** (vgl. Band I).

Beispiel 1: In dem (3, 3)-Zahlenquadrat in Abb. 1 (S. 451) haben die Zeilensummen und Spaltensummen alle den Wert -9:

Die Zahlenquadrate der Ordnung n bilden einen n-dimensionalen ↑ Vektorraum, wenn man die Addition und die Vervielfachung wie bei Matrizen elementweise definiert. Bei diesen Operationen bleibt nämlich die Eigenschaft einer Matrix, ein Zahlenquadrat zu sein, erhalten. Auch die evtl. vorhandene Eigenschaft, dass sich in den beiden Diagonalen die gleiche Summe ergibt, bleibt erhalten.

Beispiel 2: Im Vektorraum der Zahlenquadrate der Ordnung 3, bei den auch in den beiden Diagonalen die gleiche Summe wie in den Zeilen und Spalten entsteht, bilden die Quadrate in Abb. 2 eine Basis: $\{Q_1, Q_2, Q_3\}$ ist linear unabhängig, denn aus

$$x_1 Q_1 + x_2 Q_2 + x_3 Q_3 = O$$

(O = Nullquadrat) erhält man

$$x_1 = x_2 = x_3 = 0;$$

jedes Zahlenquadrat der Ordnung 3 lässt sich als Linearkombination von Q_1, Q_2, Q_3 darstellen. Es gilt

a_{11}	a_{12}	a_{13}
a_{21}	a_{22}	a_{23}
a_{31}	a_{32}	a_{33}

$= a_{11} Q_1 + a_{31} Q_2 + a_{22} Q_3$.

Hiervon überzeugt man sich, indem man die Eigenschaften des Zahlenquadrats ausnutzt. Insbesondere kann man dabei verwerten, dass $a_{22} = \frac{1}{3} S$, wenn S die Summe (der Zeilen, Spalten, Diagonalen) des Zahlenquadrats ist; diese Beziehung gewinnt man, indem man die beiden Diagonalensummen und die Summe der mittleren Zeile addiert.

Zeichentest (Vorzeichentest): ein Test für die Hypothese $H_0: p = 0{,}5$ über eine unbekannte Wahrscheinlichkeit p. In der Regel wird der Einfluss einer Maßnahme auf das Ergebnis eines Versuchs getestet, etwa der Einfluss des Düngens auf den Ertrag eines Feldes. Daher gehört der Zeichentest zur Klasse der Abhängigkeitstests. Als Beispiel für seine Anwendung betrachte man Tabelle 1.

Ähnlich wie beim ↑ Vierfelder-Test prüft man, mit welcher Wahrscheinlichkeit die gefundene Zahl der Pluszeichen zufällig sein kann, also nicht vom Düngen beeinflusst ist. Die Wahrscheinlichkeit für mindestens k Pluszeichen bei n Versuchen (Signifikanzwahrscheinlichkeit) ist

$$\sum_{i=k}^{n} \binom{n}{i} \left(\frac{1}{2}\right)^n = 1 - \sum_{i=0}^{k-1} \binom{n}{i} \left(\frac{1}{2}\right)^n$$

(↑ Binomialverteilung), wenn man das Auftreten von Pluszeichen und Minuszeichen für gleich wahrscheinlich hält. In obigem Fall ($n = 10$, $k = 7$) ergibt sich die Wahrscheinlichkeit 17,2%; der Erfolg des Düngens ist also aufgrund der vorliegenden

Feld-Nr.	Erträge nicht gedüngt	Erträge gedüngt	Einfluss des Düngens
1	91	100	+
2	97	94	−
3	80	103	+
4	72	89	+
5	108	102	−
6	98	99	+
7	95	87	−
8	101	113	+
9	83	96	+
10	88	93	+

Zeichentest (Tab. 1): Einfluss des Düngens

Zahlen noch nicht mit großer Wahrscheinlichkeit belegt; dies wäre der Fall, wenn sich eine Wahrscheinlichkeit von höchstens 5% oder gar höchstens 1% ergeben hätte.

■ **Rangnummerntest**

Etwas differenzierter arbeitet der **Rangnummerntest**: Die Differenzen aus obiger Tabelle werden nach Beträgen geordnet, die »negativen« Differenzen markiert und ihre Rangnummern addiert:

1	**3**	5	**6**	**8**	9	12	13	17	23
1	2	3	4	5	6	7	8	9	10

Dann wird die Rangsumme der markierten Zahlen gebildet:

$w = 2 + 4 + 5 = 11$.

Nehmen wir wieder an, das Düngen der Felder sei ohne Einfluss auf die Erträge, also ohne Einfluss auf die Rangsumme w. Zunächst sind $2^{10} = 1024$ gleichwahrscheinliche Ausfälle, dargestellt durch die Teilmengen von $\{1, 2, \ldots, 10\}$, möglich. Von diesen haben genau 54 eine Rangsumme von höchstens 11, wie man durch Auflisten dieser Fälle findet. Daher ist hier die Signifikanzwahrscheinlichkeit

$$P(w \leq 11) = \frac{54}{1024} = 5{,}3\%.$$

Nach diesem Test wäre man schon eher geneigt, aufgrund der vorliegenden Zahlen dem Düngen eine positive Wirkung zuzuschreiben.

Zeiger: Vektor mit vorgeschriebenem »Angriffspunkt«. In der Physik benutzt man Zeiger zur Darstellung gerichteter Größen wie z. B. einer Kraft.

Zeilenvektoren: Vektoren aus $\mathbb{R}^n$, deren Koordinaten die Elemente einer Zeile einer ↑ Matrix sind. In diesem Sinne besteht eine (m, n)-Matrix aus m Zeilenvektoren aus $\mathbb{R}^n$ und n **Spaltenvektoren** aus $\mathbb{R}^m$.

zentraler Grenzwertsatz: eine Näherungsaussage über die Wahrscheinlichkeitsverteilung einer Summe X von n unabhängigen Zufallsgrößen $X_1, X_2, X_3, \ldots, X_n$ (↑ Unabhängigkeit von Zufallsgrößen). Mit

$$X := X_1 + X_2 + \ldots + X_n$$

gilt (unter sehr schwachen Bedingungen für die Zufallsgrößen X_i) die Näherungsformel

$$P(X \leq x) \approx \Phi\left(\frac{x - \mu}{\sigma}\right)$$

mit

$$\mu := \sum_{i=1}^{n} E(X_i) \quad \text{und} \quad \sigma^2 := \sum_{i=1}^{n} \sigma^2(X_i).$$

Dabei ist Φ die Wahrscheinlichkeitsfunktion der standardisierten ↑ Normalverteilung. In der Regel ist die Näherung umso besser, je größer n ist. Nach dem zentralen Grenzwertsatz ist

zentraler Grenzwertsatz

also die Summe von genügend vielen unabhängigen Zufallsgrößen näherungsweise normalverteilt. Dieser Satz erklärt das häufige Auftreten der Normalverteilung in der Natur; denn viele Größen (Körpergröße, Gewicht, ...) werden durch die Überlagerung vieler unabhängiger Einflüsse (Zufallsgrößen) bestimmt. Der zentrale Grenzwertsatz wurde erstmals 1901 von ALEKSANDR MICHAJLOWITSCH LJAPUNOW (*1857, †1918) bewiesen.

Beispiel 1: Beim n-maligen Würfeln betrachte man als Zufallsgröße X die Augensumme. Dann ist X die Summe von n unabhängigen Zufallsgrößen X_i (Augenzahl beim i-ten Wurf). Die Verteilung von X ist für $n=1$ eine ↑ Rechtecksverteilung und für $n=2$ eine ↑ Dreiecksverteilung. Für $n=3$ und $n=4$ ist die Wahrscheinlichkeitsverteilung von X den Abbildungen 1 und 2 zu entnehmen; zum Vergleich ist dort auch die Normalverteilung eingezeichnet.

Beispiel 2: Man werfe gleichzeitig eine Münze, einen Würfel und drehe das Glücksrad mit den Ausfällen 0, 1, 2 und den Wahrscheinlichkeiten $\frac{1}{4}, \frac{1}{4}, \frac{1}{2}$. Die Ausfälle des Zufallsversuchs bestehen also aus Tripeln (Augenzahl, Seite der Münze, Sektor des Glücksrades). Es sei

$X_1 :=$ geworfene Augenzahl,

$X_2 := 5$ bei »Wappen«, 8 bei »Zahl«,

$X_3 :=$ Quadrat der Nummer des Sektors.

Die Wahrscheinlichkeitsverteilung von $X_1 + X_2 + X_3$ ist in Abb. 3 dargestellt. Zum Vergleich ist die Normalverteilung mit den gleichen Parametern (also gleichem Erwartungswert

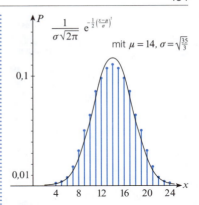

zentraler Grenzwertsatz (Abb. 2): Augensumme beim viermaligen Würfeln

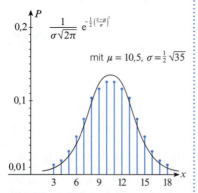

zentraler Grenzwertsatz (Abb. 1): Augensumme beim dreimaligen Würfeln

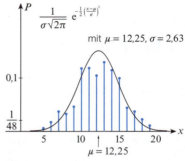

zentraler Grenzwertsatz (Abb. 3): zu Beispiel 2

Zentralwert

und gleicher Standardabweichung) eingetragen.

Beispiel 3: Ein Sonderfall des zentralen Grenzwertsatzes besteht in der Approximation der ↑ Binomialverteilung durch die Normalverteilung; hierbei sind die Zufallsgrößen $X_1, X_2, \ldots, X_n$ auf einem ↑ Bernoulli-Versuch definiert durch

$$X_i(\text{Treffer}) = 1, \quad X_i(\text{Fehlschlag}) = 0.$$

Ist p die Trefferwahrscheinlichkeit und $X = X_1 + X_2 + \ldots + X_n$, so ist

$$P(X=k) = \binom{n}{k} p^k (1-p)^{n-k}$$
$$\approx \frac{1}{\sigma\sqrt{2\pi}} \exp\left(-\frac{1}{2}\left(\frac{k-\mu}{\sigma}\right)^2\right)$$

mit $\mu = np$, $\sigma = \sqrt{np(1-p)}$ (↑ Grenzwertsatz von Moivre-Laplace).

Zentralwert (Median): ein einfaches ↑ statistisches Lagemaß. Hat die Messung einer Größe bei n Versuchen der Reihe nach die Werte $x_1, x_2, \ldots, x_n$ ergeben, so heißt der Wert $z \in \{x_1, x_2, \ldots, x_n\}$ ein Zentralwert dieser Datenmenge, wenn

$$x_i \leq z \quad \text{und} \quad x_i \geq z$$

für jeweils mindestens die Hälfte der Werte x_i gilt. Die Funktion

$$x \mapsto \sum_{i=1}^{n} |x - x_i|$$

nimmt an der Stelle z ihren kleinsten Wert an. Der Zentralwert ist zwar einfach zu berechnen, bei den meisten Zufallsgrößen ist aber der ↑ Erwartungswert als »mittlerer Wert« geeigneter als der Zentralwert.

Beispiel 1: Es soll der Zentralwert der Daten in Tab. 1 bestimmt werden. Es ist

$$8 + 24 + 36 + 29 \geq \tfrac{137}{2},$$
$$29 + 18 + 12 + 10 \geq \tfrac{137}{2},$$

also $z = 20$.

Alter (in Jahren)	Absolute Häufigkeit
17	8
18	24
19	36
20	29
21	18
22	12
23	10
Summe	137

Zentralwert (Tab. 1)

Die »mittlere Abweichung« ist

$$\tfrac{1}{137}(|20-17|\cdot 8 + |20-18|\cdot 24$$
$$+ |20-19|\cdot 36 + |20-20|\cdot 29$$
$$+ |20-21|\cdot 18 + |20-22|\cdot 12$$
$$+ |20-23|\cdot 10) = \tfrac{180}{137} \approx 1{,}3.$$

Hätte man statt 20 einen der anderen Werte eingesetzt, so wäre diese Abweichung größer gewesen.

Um bei stetigen Merkmalen, deren Häufigkeitsverteilung klassiert vorliegt (↑ Häufigkeit), den Zentralwert zu bestimmen, benutzt man die summierte Häufigkeitsverteilung und die zugehörige Summenkurve (Polygonzugdiagramm). Als Zentralwert definiert man denjenigen Wert, bei dem die 50%-Linie die Summenkurve schneidet. Fasst man die Werte in Beispiel 1 als Klassen auf (also etwa 17 als die Klasse $[17; 18[$), dann erhält man gemäß Abb. 1 (S. 456) den Zentralwert 19,5.

Beispiel 2 (Tankstellenproblem): Längs einer Bundesstraße sind sieben Tankstellen einer Mineralölfirma mit unterschiedlichem Umsatz gemäß Abb. 2 (S. 456) verteilt.

zentriert

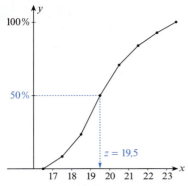

Zentralwert (Abb. 1): Ablesen des Zentralwerts am Polygonzugdiagramm

Das Zentrallager wird so gelegt, dass die Transportkosten minimal sind, dass also

$$|x-13|\cdot 15\% + |x-17|\cdot 8\% + \ldots + |x-102|\cdot 11\%$$

einen möglichst kleinen Wert besitzt. Eine solche Stelle liegt zwischen km 43 und km 49, wie man an der Summenkurve in Abb. 3 abliest.
Ist $X: \Omega \to \mathbb{R}$ eine ↑ Zufallsgröße, dann heißt z ein Zentralwert von X, wenn

$$P(X \leq z) \geq \tfrac{1}{2} \quad \text{und} \quad P(X \geq z) \geq \tfrac{1}{2}.$$

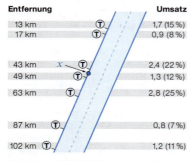

Zentralwert (Abb. 2): Tankstellenproblem

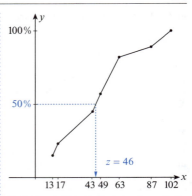

Zentralwert (Abb. 3): Zentralwert zum Tankstellenproblem

Ist die Menge $\Omega = \{\omega_1, \omega_2, \ldots, \omega_n\}$ der Ausfälle des zugrunde liegenden ↑ Zufallsversuchs endlich, so ist die Abweichung

$$\sum_{i=1}^{n} |x - X(\omega_i)| \cdot P(\omega_i)$$

minimal an der Stelle z.

zentriert: bezeichnet eine ↑ Zufallsgröße, die den ↑ Erwartungswert 0 hat.

zentrische Streckung: eine ↑ Ähnlichkeitsabbildung mit einem Fixpunkt S (Streckzentrum) und der Festlegung des Bildpunktes P' von P durch

$$\overrightarrow{SP'} = k \, \overrightarrow{SP}.$$

Dabei ist k der Streckfaktor. Die Abbildungsgleichungen bezüglich eines kartesischen Koordinatensystems lauten

$$x'_1 = s_1 + k(x_1 - s_1)$$
$$x'_2 = s_2 + k(x_2 - s_2).$$

Zerfall: ↑ Wachstumsprozesse.
Zielmenge (Zielbereich): ↑ Wertemenge einer ↑ Abbildung.
Zissoide (Cissoide, Kissoide) [griechisch »Efeublatt«]: die Kurve, die

sich folgendermaßen konstruieren lässt (Abb. 1): Ein Kreis durch den Ursprung schneide eine Parallele zur x-Achse im Punkt $(0|a)$. Von einer Sekante durch O schneiden der Kreis und die Parallele ein Stück $\overline{QR}$ ab. Die Zissoide ist nun der geometrische Ort aller Punkte P, für die gilt: $\overline{OP} = \overline{QR}$.

Die Zissoide lässt sich auch als Kurve auffassen, die aus den Fußpunkten aller Lote vom Scheitel einer Parabel auf ihre Tangenten besteht. Hat die Parabel die Gleichung $x^2 + 4ay = 0$, dann hat die zugehörige Zissoide die Gleichung

$$y^3 = x^2(a-y).$$

Ihre Darstellung in ↑ Polarkoordinaten lautet

$$r = a \cdot \frac{\cos^2 \varphi}{\sin \varphi} \quad (\varphi \in [0; \pi]).$$

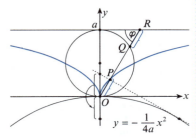

Zissoide (Abb. 1): Konstruktion der Zissoide

zornsches Lemma [nach MAX ZORN]: Es sei »⊑« eine Ordnungsrelation in einer Menge M. Eine Teilmenge von M, in der ⊑ eine lineare Ordnungsrelation ist, heißt eine **Kette**. Ist $T \subseteq M$ und $s \in M$ mit

$t \sqsubseteq s$ für alle $t \in T$,

dann heißt s eine obere Schranke von T. Ein Element $m \in T$ heißt maximales Element von T, wenn für alle $x \in T$ aus $m \sqsubseteq x$ die Gleichheit $m = x$ folgt. Mit diesen Definitionen lautet das zornsche Lemma: Ist ⊑ eine Ordnungsrelation in der nichtleeren Menge M und besitzt jede Kette von M eine obere Schranke, dann enthält M ein maximales Element.

Das ↑ Wohlordnungsaxiom, das ↑ Auswahlaxiom und das zornsche Lemma sind äquivalent, d.h., jede dieser Aussagen kann aus der anderen hergeleitet werden. Das zornsche Lemma (oder ein hierzu äquivalentes Axiom) benötigt man z.B. beim Beweis, dass jeder ↑ Vektorraum eine ↑ Basis besitzt.

Zufall: siehe S. 458.

Zufallsgröße (Zufallsvariable, stochastische Variable): eine Funktion

$X: \Omega \to \mathbb{R}$

auf der Menge Ω der möglichen Ausfälle eines ↑ Zufallsversuchs. Jedem Ausfall des Zufallsversuchs wird also eine reelle Zahl zugeordnet. Zur Bezeichnung von Zufallsgrößen benutzt man meistens Großbuchstaben $X, Y, \ldots$.

Beispiel 1: Der Zufallsversuch bestehe im zweimaligen Würfeln und Notieren der gefallenen Augenpaare. Es ist

$\Omega = \{(1,1), (1,2), \ldots, (6,5), (6,6)\}$

(36 Ausfälle). Die Zufallsgröße

$X: (i,j) \mapsto i+j$

ordnet jedem Augenpaar die Augensumme zu.

Beispiel 2: Der Zufallsversuch bestehe im zehnmaligen Werfen einer Münze und Notieren des erhaltenen 10-Tupels aus »w« (Wappen) und »z« (Zahl). Die Menge

$\Omega = \{w, z\}^{10}$

enthält $2^{10} = 1024$ Elemente. Beachtet man nur die Anzahl der gefallenen Wappen, so betrachtet man die Zufallsgröße

$X: \omega \mapsto$ Anzahl der »w«
in dem 10-Tupel ω.

Zufall

Zufällig nennen wir ein Ereignis, das ohne erkennbaren Grund eintritt. Das Ereignis ist *möglich*, es stellt eine von verschiedenen Möglichkeiten dar, es ist aber *nicht notwendig*, es *muss* nicht eintreten. Man kann nicht vorhersagen, welches der möglichen Ereignisse eintreten wird, und man weiß nicht, warum ein bestimmtes Ereignis eingetreten ist. Der Existenz des Zufalls steht das Kausalitätsprinzip gegenüber: »nihil fit sine causa« (nichts geschieht ohne Ursache).

Dem Glauben an die Zufälligkeit kann man den Glauben an eine unerforschliche göttliche Macht entgegensetzen, die in das irdische Geschehen eingreift. Im Altertum wurden Glücks- oder Schicksalsgöttinnen (Tyche in Griechenland, Fortuna in Rom) für den Zufall verantwortlich gemacht. ALBERT SCHWEITZER (*1875, †1965) hatte seine eigene Sicht des Zufalls: »Zufall ist der Name des lieben Gottes, wenn er inkognito bleiben möchte.« ■

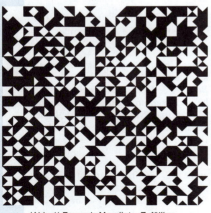

(Abb. 1) François Morellet: »Zufällige Verteilung von Dreiecken, den geraden und ungeraden Zahlen eines Telefonbuchs folgend« (1958)

■ Zufall aus naturphilosophischer Sicht

Berühmte Philosophen wie G.W. LEIBNIZ und IMMANUEL KANT (*1724, †1804) haben das Verhältnis von Kausalität und Zufälligkeit diskutiert. Die vermeintliche Zufälligkeit der Dinge gründet sich danach auch in unserer Unfähigkeit des Erkennens der tieferen Ursachen. In den Naturwissenschaften bildete sich die Vorstellung des Determinismus aus, nach der das Naturgeschehen vollständig gesetzmäßig bestimmt und der Zufall ausgeschlossen ist.

Einen strengen physikalischen Determinismus formulierte P.S. DE LAPLACE: »Es lässt sich eine Stufe der Naturerkenntnis denken, auf welcher alles Weltgeschehen durch *eine* mathematische Formel vorgestellt würde, durch *ein* unermessliches System simultaner Differenzialgleichungen, aus dem sich Ort, Bewegungsrichtung und Geschwindigkeit jedes Atoms im Weltall zu jeder Zeit ergäbe.« Seine deterministische Auffassung hinderte LAPLACE nicht daran, sich wesentlich an der Entwicklung der ↑ Wahrscheinlichkeitsrechnung zu beteiligen. Denn diese »Theorie des Zufalls« ermöglicht quantitative Aussagen in Zusammenhängen, deren kausale Struktur wir nicht (noch nicht?) erkennen können.

Im 20. Jahrhundert stellte die Quantenphysik mit der heisenbergschen Unschärferelation (nach WERNER HEISENBERG; *1901, †1976) den strengen Determinismus wieder infrage: Ort und Impuls eines Elementarteilchens (z. B. eines Elektrons im Atom) können nur mit Unschärfen bestimmt werden. Den Ort eines Teilchens beschreibt man daher durch eine Wahrscheinlichkeitsverteilung, nicht durch eine exakte Position.

In der Biologie stellt sich die Frage nach dem Zufall durch die Evolution. Ob sich das Leben auf der Erde im Sinne der Evolutionstheorie nach CHARLES DARWIN (*1809, †1882) zufällig oder zielgerichtet (teleologisch) entwickelt hat, bleibt wohl offen. Zumindest schränkt sich der Zufall selbst ein: Es besteht zwar keine Notwendigkeit für die Entstehung einer bestimmten Lebensform, ist sie aber erst einmal entstanden, dann ist die Bandbreite für den nächsten Entwicklungssprung schon eingeengt.

■ Mathematisierung des Zufalls

Ob nun der Zufall existiert und man ihn vernünftig beschreiben kann oder ob er nur eine Fiktion oder Modellvorstellung ist, spielt für praktische Fragen keine Rolle. Hier ist entscheidend, dass die auf dem Zufallsbegriff aufbauende ↑ Wahrscheinlichkeitsrechnung ein effizientes Instrument zur Beschreibung von Vorgängen in Natur und Gesellschaft ist.

Grundlage der Wahrscheinlichkeitsrechnung ist die intuitive Vorstellung, die der Mensch von den Begriffen »Zufall«, »Zufallsversuch« und »Ausfall eines Zufallsversuchs« hat. Ein wesentliches Merkmal des Zufalls ist die Regellosigkeit des Auftretens der Ausfälle in einer langen Zufallsversuchsreihe, wie sie z. B. bei ↑ Glücksspielen beobachtet wird. Der Begriff der Regellosigkeit ist aber keineswegs zur Präzisierung des Zufallsbegriffs geeignet, da auch er sich einer strengen mathematischen Definition entzieht. Er dient lediglich zur Beleuchtung der intuitiven Vorstellungen von »Zufall« und »Wahrscheinlichkeit«.

Die Wahrscheinlichkeitstheorie selbst stützt sich daher auf eine axiomatische Grundlegung und umgeht damit die Notwendigkeit einer »Definition des Zufalls«. Schwierigkeiten mit der Interpretation von Zufall und Wahrscheinlichkeit ergeben sich dann erst bei der Anwendung der Theorie auf konkrete Situationen der realen Welt. Hiervon zeugen die zahlreichen Trugschlüsse und Paradoxien im Zusammenhang mit dem Begriff der Wahrscheinlichkeit. ■

Das Thema Zufall reicht weit über den hier darstellbaren Rahmen hinaus und berührt vielfältige Aspekte von Mathematik, Physik, Biologie, Philosophie und Religion. Selbst in bildender Kunst, Musik und Literatur wird der Zufall als schöpferisches Potenzial genutzt (Abb. 1). Die angegebene Literatur bietet Einstiegsmöglichkeiten in diese Themen.

BEHRENDS, EHRHARD: *Überall Zufall.* Mannheim (BI-Wissenschaftsverlag) 1994. ■ EIGEN, MANFRED, und WINKLER, RUTHILD: *Das Spiel. Naturgesetze steuern den Zufall.* Neuausgabe München (Piper) ⁴1996. ■ MONOD, JACQUES: *Zufall und Notwendigkeit. Philosophische Fragen der modernen Biologie.* München (Piper) 1996. ■ SCHEID, HARALD: *Zufall. Kausalität und Chaos in Alltag und Wissenschaft.* Mannheim (BI-Taschenbuchverlag) 1996. ■ TARASSOW, LEW: *Wie der Zufall will? Vom Wesen der Wahrscheinlichkeit.* Neuausgabe Heidelberg (Spektrum, Akademischer Verlag) 1998. ■ *Die Künste des Zufalls,* hg. v. PETER GENDOLLA und THOMAS KAMPHUSMANN. Frankfurt am Main (Suhrkamp) 1999.

Zufallsgröße

Beispiel 3: Als Zufallsversuch betrachten wir eine statistische Erhebung unter Touristen, also

Ω = Menge der befragten Touristen.

Dann wird durch

$X: \omega \mapsto$ Alter von ω

eine Zufallsgröße auf Ω definiert.

■ Arten und Charakterisierung von Zufallsgrößen

Ist $X(\Omega)$ die Bildmenge von Ω, also

$X(\Omega) := \{a \in \mathbb{R} \mid$ es gibt ein $\omega \in \Omega$
mit $X(\omega) = a\}$,

so unterscheidet man je nach der Beschaffenheit von $X(\Omega)$ verschiedene Arten von Zufallsgrößen: X heißt endlich bzw. unendlich, wenn $X(\Omega)$ endlich bzw. unendlich ist. Gilt $X(\Omega) \subseteq \mathbb{Z}$, dann heißt X eine ganzzahlige Zufallsgröße. Ist $X(\Omega)$ abzählbar, dann heißt auch X abzählbar. Endliche oder abzählbare Zufallsgrößen heißen **diskret**. Ist $X(\Omega)$ ein Intervall aus $\mathbb{R}$, so heißt X **stetig**.
Für $x \in X(\Omega)$ definiert man

$P(X = x) := P(\{\omega \in \Omega \mid X(\omega) = x\})$.

Für beliebiges $x \in \mathbb{R}$ definiert man

$P(X \leq x) := P(\{\omega \in \Omega \mid X(\omega) \leq x\})$.

Die Funktion

$x \mapsto P(X = x)$

ist definiert auf $X(\Omega)$ und heißt die ↑ Wahrscheinlichkeitsverteilung von X. Die Funktion

$x \mapsto P(X \leq x)$

(definiert auf $\mathbb{R}$) heißt die summierte Wahrscheinlichkeitsverteilung oder Wahrscheinlichkeitsfunktion von X.
Man beachte, dass man mit den Ereignissen $X = x$ bei unendlichen Zufallsgrößen häufig nichts anfangen kann, dass also nur Ereignisse der Form $X \leq x$ oder $x_1 \leq X \leq x_2$ von Interesse sind. Ist beispielsweise $X(\Omega)$ ein reelles Intervall $[a; b]$ und $x \mapsto P(X \leq x)$ stetig auf $[a; b]$, dann wäre $P(X = x) = 0$ für alle $x \in [a; b]$.
Die wichtigsten Kenngrößen einer Zufallsgröße sind ↑ Erwartungswert und ↑ Varianz bzw. ↑ Standardabweichung. Eine Zufallsgröße heißt **zentriert**, wenn sie den Erwartungswert 0 hat. Sie heißt **normiert** oder ↑ standardisiert, wenn sie darüber hinaus die Standardabweichung 1 besitzt.

■ Rechnen mit Zufallsgrößen

Summe und Produkt von Zufallsgrößen sind, wie bei Funktionen üblich, durch

$(X + Y)(\omega) := X(\omega) + Y(\omega)$

und

$(X \cdot Y)(\omega) := X(\omega) \cdot Y(\omega)$

definiert. Dabei müssen X und Y auf demselben Zufallsversuch (also auf ein und derselben Menge Ω) definiert sein. Im Falle der ↑ Unabhängigkeit der Zufallsgrößen X, Y ist die Wahrscheinlichkeitsverteilung von $X + Y$ bzw. $X \cdot Y$ leicht aus den Verteilungen von X und Y zu berechnen. In entsprechender Weise sind die Summe und das Produkt von mehr als zwei Zufallsgrößen definiert.
Beispiel 4: Die Zufallsgröße X sei wie in Beispiel 1 definiert, ferner sei

$Y: (i, j) \mapsto |i - j|$.

Dann ist

$(X + Y)(\Omega) = \{2, 3, 4, \ldots, 16, 17\}$.

Zufallsversuch

Wir wollen $P(X+Y=6)$ berechnen:

Ereignis	Wahrscheinlichkeit
$X=2 \wedge Y=4$: $\emptyset$	0
$X=3 \wedge Y=3$: $\emptyset$	0
$X=4 \wedge Y=2$: $\{(1,3),(3,1)\}$	$\frac{2}{36}$
$X=5 \wedge Y=1$: $\{(2,3),(3,2)\}$	$\frac{2}{36}$
$X=6 \wedge Y=0$: $\{(3,3)\}$	$\frac{1}{36}$
$X+Y=6$:	$\frac{5}{36}$

Es ergibt sich $P(X+Y=6) = \frac{5}{36}$.

Beispiel 5: Als Zufallsversuch betrachten wir eine ↑ Bernoulli-Kette der Länge n mit der Trefferwahrscheinlichkeit p. Für $i = 1, 2, \ldots, n$ sei

$$X_i(\omega) = \begin{cases} 1, \text{ falls an der } i\text{-ten Stelle} \\ \quad \text{ in } \omega \text{ ein Treffer,} \\ 0 \text{ sonst.} \end{cases}$$

Dann gibt die Zufallsgröße

$$X = \sum_{i=1}^{n} X_i$$

die Anzahl der Treffer an. Es gilt

$$P(X=k) = \binom{n}{k} p^k (1-p)^{n-k}$$

(↑ Binomialverteilung).

Zufallsversuch: ein Experiment, dessen Ausfall durch die Versuchsbedingungen nicht eindeutig festgelegt ist, das also verschiedene Ausfälle zulässt. Dabei muss die Menge Ω der möglichen Ausfälle (**Ergebnismenge, Stichprobenraum**) genau festgelegt sein. Bei einem Zufallsversuch interessiert man sich vor allem für die ↑ Wahrscheinlichkeit der Ausfälle.

Beispiel 1: In einer Lostrommel liegen Nieten, Trostpreise und Gewinne. Zieht man 4 Lose, so lassen sich die möglichen Ausfälle durch Tripel der Form (n, t, g) beschrieben, wobei n, t, g die Anzahl der gezogenen Nieten, Trostpreise und Gewinne angeben. Es ist also

$\Omega = \{(4,0,0), (3,1,0), (3,0,1),$
$\quad (2,2,0), (2,1,1), (2,0,2),$
$\quad (1,3,0), (1,2,1), (1,1,2),$
$\quad (1,0,3), (0,4,0), (0,3,1),$
$\quad (0,2,2), (0,1,3), (0,0,4)\}.$

Die Wahrscheinlichkeit der einzelnen Ausfälle kann man nur berechnen, wenn man die Anzahl der Nieten, Trostpreise und Gewinne in der Lostrommel kennt.

Beispiel 2: Beim zweimaligen Würfeln kann man nach verschiedenen Arten von Ausfällen fragen:

- Welche Augenzahl fällt beim ersten Wurf und welche fällt beim zweiten Wurf? Dieser Zufallsversuch hat 36 Ausfälle (Abb. 1).
- Welche Augenzahlen fallen ohne Berücksichtigung der Reihenfolge? Jetzt sind 21 Ausfälle möglich (blau umrandete Menge in Abb. 1).
- Wie groß ist die Summe der Augenzahlen? Hier sind 11 Ausfälle möglich:

  $\Omega = \{2,3,4,5,6,7,8,9,10,11,12\}.$

- Wie oft ist die Sechs gefallen? Die Menge der möglichen Ausfälle ist

  $\Omega = \{0,1,2\}.$

(1,1)	(1,2)	(1,3)	(1,4)	(1,5)	(1,6)
(2,1)	(2,2)	(2,3)	(2,4)	(2,5)	(2,6)
(3,1)	(3,2)	(3,3)	(3,4)	(3,5)	(3,6)
(4,1)	(4,2)	(4,3)	(4,4)	(4,5)	(4,6)
(5,1)	(5,2)	(5,3)	(5,4)	(5,5)	(5,6)
(6,1)	(6,2)	(6,3)	(6,4)	(6,5)	(6,6)

Zufallsversuch (Abb. 1): Zufallsversuche beim zweimaligen Würfeln

Zufallsversuch

Beispiel 3: Als Zufallsversuch betrachten wir das dreimalige Würfeln und Notieren der Anzahl der gefallenen Sechsen. Es liegt eine ↑ Bernoulli-Kette der Länge 3 mit der Trefferwahrscheinlichkeit $\frac{1}{6}$ vor (↑ Binomialverteilung). Es ergeben sich folgende Werte:

Ausfall	Wahrscheinlichkeit
0	$(\frac{5}{6})^3 = 0{,}579$
1	$3 \cdot \frac{1}{6} \cdot (\frac{5}{6})^2 = 0{,}347$
2	$3 \cdot (\frac{1}{6})^2 \cdot \frac{5}{6} = 0{,}069$
3	$(\frac{1}{6})^3 = 0{,}005$

Beispiel 4: Aus den Urnen I, II, III, IV werde je eine Kugel gezogen (Abb. 2). Unterscheidet man die Urnen und achtet auf ihre Reihenfolge, so sind die möglichen Ausfälle Quadrupel der Form (w, b, b, w) (w für »weiß« und b für »blau«). Man kann die Ausfälle in einem Baum darstellen (↑ mehrstufiger Zufallsversuch):

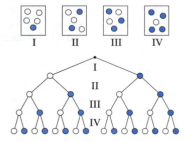

Zufallsversuch (Abb. 2): zu Beispiel 4

Beachtet man nur die Anzahl der gezogenen weißen Kugeln, so erhält man einen Zufallsversuch mit fünf Ausfällen und folgenden Wahrscheinlichkeiten:

Ausfall	0	1	2	3	4
Wahrsch.	$\frac{24}{625}$	$\frac{154}{625}$	$\frac{269}{625}$	$\frac{154}{625}$	$\frac{24}{625}$

■ Abstrakte Definition

Das dem Zufallsversuch zugrunde liegende Experiment muss (zumindest »theoretisch«) beliebig oft wiederholbar sein; das bedeutet insbesondere, dass die Wahrscheinlichkeit der Ausfälle eindeutig festliegen muss. Man kann einen Zufallsversuch deshalb abstrakt definieren als eine Menge Ω und eine Funktion $P\colon \Omega \to \mathbb{R}$ (Wahrscheinlichkeit) mit

$$0 \leq P(\omega) \leq 1 \quad \text{für alle} \quad \omega \in \Omega$$

und

$$\sum_{\omega \in \Omega} P(\omega) = 1;$$

dabei ist Ω als *endliche* Menge vorausgesetzt. Bei Zufallsversuchen mit *unendlich* vielen Ausfällen kann man den Begriff der Wahrscheinlichkeit oft nur für ↑ Ereignisse (Teilmengen von Ω) definieren (Axiome der Wahrscheinlichkeitsrechnung, ↑ Kolmogorow-Axiome).

■ Statistische Erhebung als Zufallsversuch

Statistische Erhebungen können auch als Zufallsversuche betrachtet werden. Dabei bildet das zu untersuchende **Merkmal** mit der Menge Ω der **Merkmalsausprägungen** den Zufallsversuch; das Experiment besteht z. B. in der Beobachtung eines Vorgangs, in der Befragung von Bürgern usw.

Beispiel 5: Ein Touristikunternehmen führt eine Kundenbefragung durch, wobei verschiedene Merkmale betrachtet werden können.

■ Merkmal »bevorzugtes Reiseland«. Die Menge der Merkmalsausprägungen muss vorgegeben sein, z. B. $\Omega = \{$Deutschland, Österreich, Schweiz, Italien, Spanien, Frankreich, Dänemark, andere$\}$.

- Merkmal »bevorzugte Reisezeit«; Menge der Merkmalsausprägungen: $\Omega = \{$Frühjahr, Sommer, Herbst, Winter$\}$.
- Merkmal »bevorzugtes Reisemittel«; Menge der Merkmalsausprägungen: $\Omega = \{$Auto, Bahn, Flugzeug, Schiff, Fahrrad, sonstige$\}$.

Zufallsversuchsreihe (Zufallsversuchsreihe der Länge n): eine n-malige (unabhängige) Wiederholung des Experimentes, das einem ↑ Zufallsversuch zugrunde liegt (Betätigen eines Zufallsmechanismus und Protokollieren des Ausfalls). Man benutzt in statistischen Zusammenhängen auch die Bezeichnung Stichprobe vom Umfang n (↑ Stichprobe). Die Bedeutung einer Zufallsversuchsreihe beruht darin, dass man mit ihr relative Häufigkeiten und damit Näherungswerte für ↑ Wahrscheinlichkeiten von Ausfällen eines Zufallsversuchs bestimmt. Eine Zufallsversuchsreihe der Länge n zu einem ↑ Bernoulli-Versuch ist eine ↑ Bernoulli-Kette.

Zufallsziffer: eine Ziffer, die rein statistisch (»zufällig«) ausgewählt wird. Zufallsziffern dienen zur ↑ Simulation von Zufallsversuchen (↑ Monte-Carlo-Methode). Eine Methode zur Erzeugung von Zufallsziffern ist die häufige Wiederholung eines ↑ Zufallsversuchs mit den 10 gleichwahrscheinlichen Ausfällen

0, 1, 2, 3, 4, 5, 6, 7, 8, 9.

Es entsteht eine Folge von Ziffern, z. B.:

85967	73152	14511	85285
07483	51453	11649	86348
96283	01898	61414	83525
49174	12074	98551	37895
97366	39941	21225	93629
90474	41469	16812	81542
28599	64109	09497	76235
25254	16210	89717	65997
28785	02760	24359	99410
84725	86576	86944	93296

Dies ist ein Teil einer **Zufallszifferntafel**. In solchen Tafeln sind die Ziffern der Übersichtlichkeit wegen in Fünferblöcken angeordnet.

In der Praxis benutzt man Tafeln, die von einem elektronischen Zufallsgenerator erstellt worden sind, oder man lässt Zufallsziffern von einem programmierbaren Rechner zur sofortigen Verwendung bei einer Simulation »berechnen«. In der Regel spricht man dann von ↑ Pseudo-Zufallsziffern, da der Zufall hier ja deterministisch gesteuert wird.

Technisch werden Zufallsziffern (genauer: Pseudo-Zufallsziffern) meistens auf dem Umweg über **Zufallszahlen** erzeugt (↑ Pseudo-Zufallszahlen). Dies sind Zahlen aus dem Intervall $[0; 1]$, welche in $[0; 1]$ *gleichverteilt* sind, d. h. für welche die Wahrscheinlichkeit, in $[a; b] (\subseteq [0; 1])$ zu liegen, gleich $b - a$ ist. Ist x eine solche Zufallszahl, so ist $[10x]$ eine Zufallsziffer. Hierbei steht $[\ ]$ für die Ganzteilfunktion. Mithilfe verschiedener Tests kann man die Güte der so erzeugten Zufallsziffern überprüfen.

Zusammenhangsaxiom: die Aussage, nach der es keine Zerlegung von $\mathbb{R}$ in zwei ↑ offene Mengen gibt. Dies ist eines der Axiome, mit denen man die ↑ Vollständigkeit des angeordneten Körpers der reellen Zahlen beschreiben kann. In der Menge der rationalen Zahlen ist dieses Axiom nicht erfüllt, denn $\mathbb{Q}$ lässt sich beispielsweise in die offenen Mengen

$$\{x \in \mathbb{Q} | x^2 < 2\} \quad \text{und} \quad \{x \in \mathbb{Q} | x^2 > 2\}$$

zerlegen.

Zweipunkteform der Geradengleichung

Zweipunkteform der Geradengleichung: die Gleichung

$$\frac{y - y_1}{x - x_1} = \frac{y_2 - y_1}{x_2 - x_1}$$

oder die Gleichung

$$\begin{pmatrix} x \\ y \end{pmatrix} = \begin{pmatrix} x_1 \\ y_1 \end{pmatrix} + t \begin{pmatrix} x_2 - x_1 \\ y_2 - y_1 \end{pmatrix}$$

für die Gerade durch die Punkte $P_1(x_1|y_1)$ und $P_2(x_2|y_2)$.

Zwischenwertsatz: der Satz, dass eine auf einem abgeschlossenen Intervall stetige Funktion jeden Wert zwischen dem größten und dem kleinsten Wert an einer Stelle im Innern des Intervalls annimmt (Abb. 1). Man formuliert den Zwischenwertsatz folgendermaßen: Ist die Funktion f ↑ stetig auf $[a; b]$, und ist γ eine reelle Zahl mit

$$\inf_{[a;b]} f(x) < \gamma < \sup_{[a;b]} f(x)$$

(↑ Infimum, ↑ Supremum), dann gibt es ein $c \in \,]a; b[$ mit $f(c) = \gamma$.

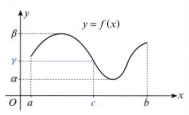

Zwischenwertsatz (Abb. 1): Veranschaulichung des Satzes

Der Zwischenwertsatz beschreibt eine wichtige Eigenschaft stetiger Funktionen, die wesentlich auf der ↑ Vollständigkeit der *reellen* Zahlen beruht: Betrachten wir z. B. die Funktion $f: \mathbb{Q} \to \mathbb{Q}$ mit $f(x) = x^2$, so haben wir in ihr Beispiel einer stetigen Funktion (in $\mathbb{Q}$), für die der Zwischenwertsatz *nicht* gilt: Es ist $f(2) = 4$ und $f(3) = 9$, es gibt aber kein $c \in \,]2; 3[\cap \mathbb{Q}$ mit $f(c) = 5$ (denn $\sqrt{5}$ ist keine rationale Zahl).

Mit dem Zwischenwertsatz kann man feststellen, ob eine Funktion in einem gegebenen Intervall eine Nullstelle besitzt.

Beispiel 1: Die Gleichung

$$x^4 + 2x^3 - x^2 + 7x - 19 = 0$$

besitzt mindestens eine Lösung zwischen 1 und 2, denn für die stetige Funktion

$$f: x \mapsto x^4 + 2x^3 - x^2 + 7x$$

gilt:

$$f(1) = 9 \quad \text{und} \quad f(2) = 42.$$

Also gibt es ein $c \in \,]1; 2[$ mit $f(c) = 19$.

Beispiel 2: Ist

$$f(x) = a_{2n+1} x^{2n+1} + \ldots + a_1 x + a_0$$

ein reelles ↑ Polynom von ungeradem Grad $2n+1$ ($n \in \mathbb{N}_0, a_{2n+1} \neq 0$), dann besitzt f mindestens eine reelle Nullstelle. Denn für $g(x) = \dfrac{f(x)}{a_{2n+1}}$ gilt

$$g(x) = x^{2n+1}(1 + r(x))$$

mit $\lim\limits_{x \to -\infty} r(x) = \lim\limits_{x \to +\infty} r(x) = 0$. Also ist $g(x)$ für hinreichend betragsgroße

- negative Werte von x negativ,
- positive Werte von x positiv.

Aufgrund des Zwischenwertsatzes gibt es also ein $x_0 \in \mathbb{R}$ mit $g(x_0) = 0$ und damit $f(x_0) = 0$.

zyklisch [lateinisch »kreisförmig«, »regelmäßig wiederkehrend«]: bezeichnet eine Operation, die nach endlich vielen Schritten wieder den Ausgangspunkt erreicht.

Eine zyklische *Permutation* der Menge $\{1, 2, 3, \ldots, n\}$ hat die Gestalt

$$\begin{pmatrix} 1 & 2 & 3 & \ldots & n-1 & n \\ 2 & 3 & 4 & \ldots & n & 1 \end{pmatrix}$$

oder allgemeiner

$$\begin{pmatrix} 1 & 2 & 3 & \ldots & n-1 & n \\ i & i+1 & i+2 & \ldots & i-2 & i-1 \end{pmatrix}.$$

Die Elemente werden zyklisch vertauscht. Wendet man eine zyklische Permutation einer n-elementigen Menge n-mal an, dann entsteht die identische Permutation, bei der jedes Element an seinem Platz stehen bleibt.

Eine *Gruppe* heißt zyklisch, wenn sich alle Elemente der Gruppe als Potenzen eines einzigen Elementes g und seines inversen Elementes g^{-1} darstellen lassen. Ist G eine *endliche* zyklische Gruppe der Ordnung n und ist g ein solches erzeugendes Element, dann ist

$$G = \{g^0, g^1, g^2, \ldots, g^{n-1}\}$$

und $g^{n+i} = g^i$ für alle $i \in \mathbb{N}$.

Zykloide (Radlinie, Rollkurve): die Kurve, die ein mit einer Kreisscheibe starr verbundener Punkt beschreibt, wenn die Kreisscheibe auf einer Geraden abrollt. Je nachdem, ob der die Zykloide beschreibende Punkt im Kreisinnern, auf der Kreislinie oder im Außengebiet des Kreises liegt, nennt man die beschriebene Kurve eine gestreckte, spitze oder geschlungene Zykloide (Abb. 1).

Lässt man einen Kreis auf einem anderen festen Kreis außen abrollen, dann entstehen auf dieselbe Art **Epizykloiden** (Abb. 2, S. 466).

Rollt ein Kreis im Innern eines anderen festen Kreises ab (Abb. 2), dann entstehen **Hypozykloiden** (↑ Astroide).

Die Parameterdarstellung der Zykloide lautet für einen Kreis, der auf der x-Achse abrollt,

$$\begin{pmatrix} x \\ y \end{pmatrix} = \begin{pmatrix} rt - a\sin t \\ r - a\cos t \end{pmatrix};$$

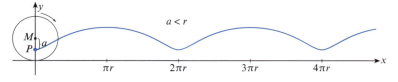

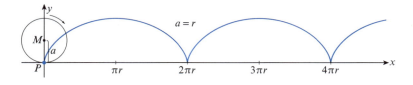

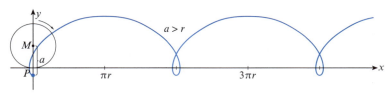

Zykloide (Abb. 1): gestreckte, spitze und geschlungene Zykloide

zyklometrische Funktionen

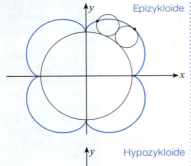

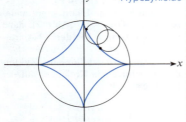

Zykloide (Abb. 2): Epizykloide und Hypozykloide

dabei ist t der Abrollwinkel im Bogenmaß, r der Radius des Kreises und a die Entfernung des Punktes P vom Mittelpunkt des Kreises (Abb. 4).

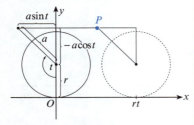

Zykloide (Abb. 3): Parameterdarstellung

zyklometrische Funktionen: ältere Bezeichnung für die ↑ Arkusfunktionen.

Zylinderkoordinaten: ein Koordinatensystem, bei dem man die Lage eines Punktes P in einem räumlichen kartesischen Koordinatensystem $(O; x; y; z)$ durch seine Polarkoordinaten in der x-y-Ebene und seine z-Koordinate beschreibt:

$$x = r\cos\varphi,$$
$$y = r\sin\varphi,$$
$$z = z$$

(Abb. 1). Die Koordinaten r, φ, z nennt man dann die Zylinderkoordinaten des Punktes. Dabei gilt

$$r = \sqrt{x^2 + y^2},$$
$$\varphi = \arctan\frac{y}{x}.$$

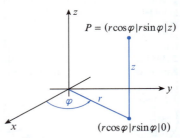

Zylinderkoordinaten (Abb. 1): Koordinaten eines Punktes P

Zylinderkoordinaten eignen sich besonders zur Beschreibung von Rotationsflächen.

Mathematische Zeichen

■ Allgemeine Zeichen

$=$	gleich
$\neq$	ungleich
$\approx$	ungefähr gleich
$:=$	definitionsgemäß gleich
$=:$	definiert durch
$+$	Additionszeichen, plus
$-$	Subtraktionszeichen, minus
$\cdot$	Multiplikationszeichen, mal
$:, \div$	Divisionszeichen, geteilt durch
$<$	kleiner als
$\leq$	kleiner oder gleich
$>$	größer als
$\geq$	größer oder gleich
$\mid$	Teilbarkeitszeichen, teilt
$\%$	Prozent, vom Hundert
$‰$	Promille, vom Tausend
Σ	Summenzeichen
Π	Produktzeichen
a^b	Potenz, a hoch b
$\sqrt{}$	Quadratwurzel
$\sqrt[n]{}$	n-te Wurzel
$\|a\|$	Betrag von a
$n!$	n Fakultät
$\binom{n}{k}$	Binomialkoeffizient, n über k
$(a,b), (a;b)$	Paar aus a und b
$(a_1, a_2, \ldots, a_n)$	n-Tupel
$f: A \to B$	f ist Funktion von A nach B
$a \mapsto b$	a wird auf b abgebildet
$f \circ g$	f verkettet mit g

■ Mengen

$\{a, b, \ldots\}$	Menge der Elemente $a, b, \ldots$
$\{x\|A(x)\}$	Menge aller x mit der Eigenschaft $A(x)$
$\emptyset, \{\}$	leere Menge
$\in$	ist Element von
$\notin$	ist nicht Element von
$\cap$	Bildung der Schnittmenge
$\cup$	Bildung der Vereinigungsmenge
$\subseteq$	ist Teilmenge von
$\subset$	ist echte Teilmenge von
$\setminus$	Bildung der Differenzmenge
$\times$	kartesisches Produkt
$\bar{A}$	Ergänzungsmenge von A
$\mathbb{N}$	Menge der natürlichen Zahlen
$\mathbb{N}_0$	Menge der natürlichen Zahlen einschließlich 0
$\mathbb{Z}$	Menge der ganzen Zahlen
$\mathbb{Q}$	Menge der rationalen Zahlen
$\mathbb{R}$	Menge der reellen Zahlen
$\mathbb{R}^+$	Menge der positiven reellen Zahlen
$\mathbb{C}$	Menge der komplexen Zahlen

■ Spezielle Zahlen

e	eulersche Zahl, $e = 2{,}7182818\ldots$
π	Kreiszahl, $\pi = 3{,}1415926\ldots$
i	imaginäre Einheit, $i = \sqrt{-1}$

■ Funktionszeichen

exp	Exponentialfunktion
$\log_b$	Logarithmus zur Basis b
lg	Logarithmus zur Basis 10
ln	Logarithmus zur Basis e
sin	Sinusfunktion
cos	Kosinusfunktion
tan	Tangensfunktion
arcsin	Arkussinusfunktion
arccos	Arkuskosinusfunktion
arctan	Arkustangensfunktion

■ Mathematische Logik

$\wedge$	logisches »und«
$\vee$	logisches »oder«
$\neg$	logische Negation
$\Rightarrow$	wenn …, dann
$\Leftrightarrow$	genau dann, wenn
$:\Leftrightarrow$	ist definiert durch

■ Geometrie

$\sphericalangle, \angle$	Winkelzeichen
⌐, ⌙	rechter Winkel
$\parallel$	parallel
$\perp$	rechtwinklig zu
$\cong$	kongruent, deckungsgleich
$\sim$	ähnlich
°, ′, ″	Grad, Minute, Sekunde
$P(a\|b)$	Koordinaten von Punkt P
$\overline{AB}$	Strecke von A nach B
$\overline{AB}$	Streckenlänge

Mathematische Zeichen

■ Analysis

$f(x)$	Funktion
$f^{-1}(x)$	Umkehrfunktion von f
$D(f), D_f$	Definitionsmenge von f
$W(f), W_f$	Wertemenge von f
$f'(x), \dfrac{df(x)}{dx}$	erste Ableitung von $f(x)$
$f''(x), \dfrac{d^2f(x)}{dx^2}$	zweite Ableitung von $f(x)$
$f^{(n)}(x), \dfrac{d^nf(x)}{dx^n}$	n-te Ableitung von $f(x)$
$\dfrac{\partial f}{\partial x}$	partielle Ableitung von f nach x
$\int_a^b f(x)\,dx$	Integral der Funktion f in den Grenzen a und b
∞	unendlich
$\lim$	Grenzwert, Limes
$\lim\limits_{x\to\infty} f(x)$	Grenzwert von f für x gegen unendlich
$\lim\limits_{x\to 0^+} f(x)$	einseitiger Grenzwert von f, wenn x von oben gegen 0 geht

■ Lineare Algebra und analytische Geometrie

$\vec{a}$	Vektor
$\|\vec{a}\|$	Norm von $\vec{a}$
$|\vec{a}|$	Betrag von $\vec{a}$
$\vec{a}\cdot\vec{b}$	Skalarprodukt von $\vec{a}$ und $\vec{b}$
$\vec{a}\times\vec{b}$	Vektorprodukt von $\vec{a}$ und $\vec{b}$
$(\vec{a}\times\vec{b})\cdot\vec{c}$	Spatprodukt von $\vec{a},\vec{b},\vec{c}$
$\mathbb{R}^n$	n-faches kartesisches Produkt von $\mathbb{R}$, Vektorraum der n-Tupel reeller Zahlen
$\dim V$	Dimension des Vektorraums V
$A=(a_{ij})_{\substack{i=1,\ldots,n \\ j=1,\ldots,m}}$	(n,m)-Matrix mit den Komponenten a_{ij}
A^{-1}	inverse Matrix
A^T	transponierte Matrix
$|A|$	Determinante von A
$\mathbb{R}_{n,m}$	Menge aller (n,m)-Matrizen
$f\circ g$	f verkettet mit g

■ Statistik und Wahrscheinlichkeitsrechnung

$\bar{x}$	Mittelwert
ω	Ausfall eines Zufallsversuchs
Ω	Menge der Ausfälle
h	relative Häufigkeit
d	Dichte
p	Wahrscheinlichkeit
$X=x$	Ereignis $\{\omega\in\Omega\,|\,X(\omega)=x\}$
$X\leq x$	Ereignis $\{\omega\in\Omega\,|\,X(\omega)\leq x\}$
$A\cup B$	Ereignis A *oder* Ereignis B
$A\cap B$	Ereignis A *und* Ereignis B
$P(A)$	Wahrscheinlichkeit des Ereignisses A
$P(B|A)$	bedingte Wahrscheinlichkeit von B unter der Bedingung A
$P(X=x)$	Wahrscheinlichkeitsverteilung der Zufallsgröße X
$P(X\leq x)$	Wahrscheinlichkeitsfunktion der Zufallsgröße X
$\mu, E(X)$	Erwartungswert
$\sigma^2, V(X)$	Varianz (Streuung)
σ	Standardabweichung

Formelsammlung

Vgl. auch Formelsammlung für das 5.–10. Schuljahr in Band I.

■ Arithmetische Folge

$a_{n+1} = a_n + d \quad (n \in \mathbb{N})$

$a_n = a + (n-1)d \quad (n \in \mathbb{N}, a_1 = a)$

$a_{n+1} = \dfrac{a_n + a_{n+2}}{2} \quad (n \in \mathbb{N})$

$a_1 + a_2 + a_3 + \ldots + a_n$
$= n \dfrac{a_1 + a_n}{2}$
$= na + \dfrac{(n-1)n}{2} d$

■ Geometrische Folge

$a_{n+1} = a_n q \quad (n \in \mathbb{N})$

$a_n = a q^{n-1} \quad (n \in \mathbb{N}, a_1 = a)$

$a_{n+1} = \sqrt{a_n \cdot a_{n+2}} \quad (n \in \mathbb{N}, \text{alle } a_n \geq 0)$

$a_1 + a_2 + a_3 + \ldots + a_n$
$= a(1 + q + q^2 + \ldots + q^{n-1})$
$= a \dfrac{q^n - 1}{q - 1}, \text{ falls } q \neq 1$

■ Grenzwerte von Folgen

$\lim\limits_{n \to \infty} q^n = 0 \quad \text{für } |q| < 1$

$\lim\limits_{n \to \infty} (1 + q + q^2 + \ldots + q^n)$
$= \dfrac{1}{1-q} \quad \text{für } |q| < 1$

$\lim\limits_{n \to \infty} \sqrt[n]{a} = 1 \quad \text{für } a > 0$

$\lim\limits_{n \to \infty} \sqrt[n]{n} = 1$

$\lim\limits_{n \to \infty} \dfrac{n}{a^n} = 0 \quad \text{für } a > 1$

$\lim\limits_{n \to \infty} \left(1 + \dfrac{1}{n}\right)^n = e$

$\lim\limits_{n \to \infty} \left(1 - \dfrac{1}{n}\right)^n = e^{-1}$

$\lim\limits_{n \to \infty} \left(1 + \dfrac{x}{n}\right)^n = e^x \quad \text{für } x \in \mathbb{R}$

■ Taylor-Reihen

Für $x \in \mathbb{R}$ gilt:

$e^x = 1 + x + \dfrac{x^2}{2!} + \dfrac{x^3}{3!} + \dfrac{x^4}{4!} + \ldots$

$\sin x = x - \dfrac{x^3}{3!} + \dfrac{x^5}{5!} - \dfrac{x^7}{7!} + \ldots$

$\cos x = 1 - \dfrac{x^2}{2!} + \dfrac{x^4}{4!} - \dfrac{x^6}{6!} + \ldots$

Für $|x| < 1$ gilt:

$\dfrac{1}{1-x} = 1 + x + x^2 + x^3 + x^4 + \ldots$

$\dfrac{1}{(1-x)^2}$
$= 1 + 2x + 3x^2 + 4x^3 + 5x^4 + \ldots$

$\sqrt{1+x}$
$= 1 + \dfrac{1}{2}x - \dfrac{1}{2^2}x^2 + \dfrac{1 \cdot 3}{2^3}x^3 - \dfrac{1 \cdot 3 \cdot 5}{2^4}x^4 + \ldots$

$\dfrac{1}{\sqrt{1+x}}$
$= 1 - \dfrac{1}{2}x + \dfrac{1 \cdot 3}{2^2}x^2 - \dfrac{1 \cdot 3 \cdot 5}{2^3}x^3 + \ldots$

$\ln(1+x) = x - \dfrac{1}{2}x^2 + \dfrac{1}{3}x^3 - \dfrac{1}{4}x^4 + \ldots$

■ Grenzwerte von Funktionen

$\lim\limits_{x \to 0} \dfrac{\sin x}{x} = 1$

$\lim\limits_{x \to 0} \dfrac{\tan x}{x} = 1$

$\lim\limits_{x \to 0} \dfrac{1 - \cos x}{x^2} = \dfrac{1}{2}$

$\lim\limits_{x \to \infty} \dfrac{x}{a^x} = 0 \quad \text{für } a > 1$

$\lim\limits_{x \to \infty} \dfrac{\log_a x}{x} = 0 \quad \text{für } a > 1$

$\lim\limits_{x \to 0^+} x \log_a x = 0 \quad \text{für } a > 1$

Formelsammlung

$$\lim_{x \to 0^+} x^x = 1$$

$$\lim_{x \to \infty} \left(1 + \frac{1}{x}\right)^x = e$$

$$\lim_{x \to 0^+} \left(1 + \frac{1}{x}\right)^x = 1$$

■ Umkehrfunktionen

$x \mapsto \sqrt[n]{x}\,(x \in \mathbb{R}_0^+)$: $\quad x \mapsto x^n\,(x \in \mathbb{R}_0^+)$

$x \mapsto \log_a x\,(x \in \mathbb{R}^+)$: $\quad x \mapsto a^x\,(x \in \mathbb{R})$

$x \mapsto \ln x\,(x \in \mathbb{R})$: $\quad x \mapsto e^x\,(x \in \mathbb{R})$

$x \mapsto \arcsin x\,(x \in [-1;1])$:
$$x \mapsto \sin x \left(x \in \left[-\frac{\pi}{2}; \frac{\pi}{2}\right]\right)$$

$x \mapsto \arccos x\,(x \in [-1;1])$:
$$x \mapsto \cos x\,(x \in [0; \pi])$$

$x \mapsto \arctan x\,(x \in \mathbb{R})$:
$$x \mapsto \tan x \left(x \in \left]-\frac{\pi}{2}; \frac{\pi}{2}\right[\right)$$

■ Ableitungsregeln

Summenregel:
$$(f(x) + g(x))' = f'(x) + g'(x)$$

Produktregel:
$$(f(x)g(x))' = f'(x)g(x) + f(x)g'(x)$$
speziell: $(af(x))' = af'(x)$

Quotientenregel:
$$\left(\frac{f(x)}{g(x)}\right)' = \frac{f'(x)g(x) - f(x)g'(x)}{(g(x))^2}$$

speziell: $\left(\dfrac{1}{f(x)}\right)' = -\dfrac{f'(x)}{(f(x))^2}$

Kettenregel:
$$(f(g(x)))' = f'(g(x)) \cdot g'(x)$$

speziell: $(\ln f(x))' = \dfrac{f'(x)}{f(x)}$

Umkehrregel:
$$\left(f^{-1}(x)\right)' = \frac{1}{f'(f^{-1}(x))}$$

■ Spezielle Ableitungen

$(x^n)' = n x^{n-1}$

$\left(\dfrac{1}{x^n}\right)' = -\dfrac{n}{x^{n+1}}$

$(\sqrt{x})' = \dfrac{1}{2\sqrt{x}}$

$(\sqrt[n]{x})' = \dfrac{\sqrt[n]{x}}{nx}$

$(e^x)' = e^x$

$(a^x)' = a^x \ln a$

$(\ln x)' = \dfrac{1}{x}$

$(\log_b x)' = \dfrac{1}{x \ln b} = \dfrac{\log_b e}{x}$

$(\sin x)' = \cos x$

$(\cos x)' = -\sin x$

$(\tan x)' = \dfrac{1}{\cos^2 x} = 1 + \tan^2 x$

$(\arcsin x)' = \dfrac{1}{\sqrt{1-x^2}}$

$(\arccos x)' = -\dfrac{1}{\sqrt{1-x^2}}$

$(\arctan x)' = \dfrac{1}{1+x^2}$

■ Integrationsregeln

$$\int a f(x)\,\mathrm{d}x = a \int f(x)\,\mathrm{d}x$$

Summenregel:
$$\int (f(x) + g(x))\,\mathrm{d}x$$
$$= \int f(x)\,\mathrm{d}x + \int g(x)\,\mathrm{d}x$$

Produktintegration
(partielle Integration):

$$\int f(x)g(x)\,\mathrm{d}x$$
$$= f(x)G(x) - \int f'(x)G(x)\,\mathrm{d}x \text{ mit } G' = g$$

Substitution:

$$\int f(g(x))g'(x)\,\mathrm{d}x = F(g(x))$$
$$\text{mit } F' = f$$
$$\int f(x)\,\mathrm{d}x = \int f(g(t))g'(t)\,\mathrm{d}t$$
$$\text{mit } t = g^{-1}(x)$$

speziell:

$$\int \frac{f'(x)}{f(x)}\,\mathrm{d}x = \ln f(x)$$
$$\int f(x)f'(x)\,\mathrm{d}x = \frac{1}{2}(f(x))^2$$

■ Unbestimmte Integrale

$$\int x^a\,\mathrm{d}x = \frac{x^{a+1}}{a+1} + C \ (a \neq 1)$$
$$\int \sqrt{x}\,\mathrm{d}x = \frac{2}{3}x\sqrt{x} + C$$
$$\int \frac{1}{\sqrt{x}}\,\mathrm{d}x = 2\sqrt{x} + C$$
$$\int \frac{1}{x}\,\mathrm{d}x = \ln x + C$$
$$\int e^x\,\mathrm{d}x = e^x + C$$
$$\int a^x\,\mathrm{d}x = \frac{a^x}{\ln a} + C$$
$$\int \ln x\,\mathrm{d}x = x\ln x - x + C$$
$$\int \sin x\,\mathrm{d}x = -\cos x + C$$
$$\int \cos x\,\mathrm{d}x = \sin x + C$$
$$\int \tan x\,\mathrm{d}x = -\ln \cos x + C$$

$$\int \sqrt{1-x^2}\,\mathrm{d}x = \frac{x}{2}\sqrt{1-x^2} - \frac{1}{2}\arccos x + C$$
$$\int \frac{1}{\sqrt{1-x^2}}\,\mathrm{d}x = \arcsin x + C$$
$$\int \frac{1}{1+x^2}\,\mathrm{d}x = \arctan x + C$$
$$\int \frac{1}{1-x^2}\,\mathrm{d}x = \frac{1}{2}\ln\frac{1+x}{1-x} + C$$

■ Vektoren

Vervielfachung:

$$m\vec{a} = \begin{pmatrix} ma_1 \\ ma_2 \\ ma_3 \end{pmatrix}, \ \vec{a},\vec{b} \in \mathbb{R}^3, m \in \mathbb{R}$$
$$|m\vec{a}| = |m||\vec{a}|$$

Skalarprodukt:

$$\vec{a}\cdot\vec{b} = a_1b_1 + a_2b_2 + a_3b_3, \ \vec{a},\vec{b} \in \mathbb{R}^3$$
$$\vec{a}\cdot\vec{b} = 0 \Leftrightarrow \vec{a} \perp \vec{b}$$
$$\vec{a}\cdot\vec{b} = |\vec{a}||\vec{b}|\cos\gamma, \ \gamma = \sphericalangle(\vec{a},\vec{b})$$

Betrag:

$$|\vec{a}| = \sqrt{\vec{a}\cdot\vec{a}}$$

Vektorprodukt:

$$\vec{a}\times\vec{b} = \begin{vmatrix} \vec{e}_1 & \vec{e}_2 & \vec{e}_3 \\ a_1 & a_2 & a_3 \\ b_1 & b_2 & b_3 \end{vmatrix}, \ \vec{a},\vec{b} \in \mathbb{R}^3$$

$$\vec{a}\times\vec{b} \perp \vec{a}, \ \vec{a}\times\vec{b} \perp \vec{b}$$
$$\vec{a}\times\vec{b} = \vec{o} \Leftrightarrow \{\vec{a},\vec{b}\} \text{ linear abhängig}$$
$$(\vec{a}\times\vec{b})\times\vec{c} = (\vec{a}\cdot\vec{c})\vec{b} - (\vec{b}\cdot\vec{c})\vec{a}$$
$$|\vec{a}\times\vec{b}| = |\vec{a}||\vec{b}|\sin\gamma, \ \gamma = \sphericalangle(\vec{a},\vec{b})$$

Spatprodukt:

$$(\vec{a}\times\vec{b})\cdot\vec{c} = (\vec{b}\times\vec{c})\cdot\vec{a} = (\vec{c}\times\vec{a})\cdot\vec{b}$$

Formelsammlung

■ Quadratische Matrizen

$A = (a_{ij})$, $i, j = 1, \ldots, n$

transponierte Matrix:

$A^T = (a_{ij})^T = (a_{ji})$, $i, j = 1, \ldots, n$

Symmetriebedingung: $A^T = A$

inverse Matrix (E Einheitsmatrix):

$A \cdot A^{-1} = A^{-1} \cdot A = E$

Addition:

$A + B = (a_{ij}) + (b_{ij}) = (a_{ij} + b_{ij})$

Vervielfachung:

$k \cdot A = k \cdot (a_{ij}) = (k a_{ij})$

Multiplikation:

$A \cdot B = C$ mit $c_{ik} = \sum_{j=1}^{n} a_{ij} b_{jk}$

$(A \cdot B)^T = B^T \cdot A^T$

$(A \cdot B)^{-1} = B^{-1} \cdot A^{-1}$

■ Affine Abbildung

$\vec{x}' = A\vec{x} + \vec{c}$

Eigenvektor zum Eigenwert k:
$\vec{v}' = k\vec{v}$ mit $\vec{v} \neq \vec{o}$

■ Geraden

Punkt-Richtungs-Form:

$\vec{x} = \vec{p} + t\vec{a}$, $t \in \mathbb{R}$,

$\vec{p}$ Ortsvektor, $\vec{a}$ Richtungsvektor

Zweipunkteform:

$\vec{x} = \vec{p} + t(\vec{q} - \vec{p})$, $t \in \mathbb{R}$,

$\vec{p}, \vec{q}$ Ortsvektoren,

$\vec{q} - \vec{p}$ Richtungsvektor

hessesche Normalenform:

$\vec{n} \cdot (\vec{x} - \vec{p}) = 0$, $|\vec{n}| = 1$,

$\vec{n}$ Normalenvektor, $\vec{p}$ Ortsvektor

■ Ebenen

Punkt-Richtungs-Form:

$\vec{x} = \vec{p} + s\vec{a} + t\vec{b}$, $s, t \in \mathbb{R}$,

$\vec{p}$ Ortsvektor, $\vec{a}, \vec{b}$ Richtungsvektoren

Dreipunkteform:

$\vec{x} = \vec{p} + s(\vec{q} - \vec{p}) + t(\vec{r} - \vec{p})$, $s, t \in \mathbb{R}$,

$\vec{p}, \vec{q}, \vec{r}$ Ortsvektoren,

$\vec{q} - \vec{p}, \vec{r} - \vec{p}$ Richtungsvektoren

hessesche Normalenform:

$\vec{n} \cdot (\vec{x} - \vec{p}) = 0$, $|\vec{n}| = 1$,

$\vec{n}$ Normalenvektor, $\vec{p}$ Ortsvektor

■ Statistik

Mittelwert: $\bar{x} = \dfrac{1}{n} \sum_{i=1}^{n} x_i$

Varianz: $\sigma^2 = \dfrac{1}{n} \sum_{i=1}^{n} (x_i - \bar{x})^2$

Standardabweichung: $\sigma = \sqrt{\sigma^2}$

■ Wahrscheinlichkeitsrechnung

Wahrscheinlichkeit von Ereignissen:

$0 \leq P(A) \leq 1$, $P(\emptyset) = 0$

$P(\bar{A}) = 1 - P(A)$

bedingte Wahrscheinlichkeit:

$P(B|A) = \dfrac{P(A \cap B)}{P(A)}$, $P(A) \neq 0$

Additionssatz:

$P(A \cup B) = P(A) + P(B) - P(A \cap B)$

Multiplikationssatz:

$P(A \cap B) = P(A)P(B|A) = P(B)P(A|B)$

unabhängige Ereignisse:

$P(A \cap B) = P(A)P(B)$

Formelsammlung

■ Diskrete Verteilungen

Erwartungswert:

$$E(X) = \sum_{i=1}^{n} x_i P(X = x_i)$$

$$V(X) = \sum_{i=1}^{n} (x_i - E(X)) P(X = x_i)$$

Binomialverteilung:

$$P(X = k) = \binom{n}{k} p^k q^{n-k},$$
$$q = 1 - p, \ k = 0, 1, \ldots n$$
$$E(X) = np$$
$$V(X) = \sqrt{np(1-p)}$$

Poisson-Verteilung:

$$P(X = k) = e^{-\lambda} \frac{\lambda^k}{k!},$$
$$\lambda \in \mathbb{R}_+, \ k = 0, 1, 2, \ldots$$
$$E(X) = V(X) = \lambda$$

■ Normalverteilung

Dichtefunktion:

$$\varphi(x) = \frac{1}{\sigma\sqrt{2\pi}} \exp\left(-\frac{(x-\mu)^2}{2\sigma^2}\right), \ x \in \mathbb{R}$$

Erwartungswert und Varianz:

$$E(X) = \int_{-\infty}^{\infty} x \, \varphi(x) \, dx = \mu$$

$$V(X) = \int_{-\infty}^{\infty} (x-\mu)^2 \varphi(x) \, dx = \sigma^2$$

Wahrscheinlichkeitsfunktion:

$$P(X \leq x) = \Phi(x) = \int_{-\infty}^{x} \varphi(t) \, dt, x \in \mathbb{R}$$

Standardnormalverteilung ($\mu = 0, \sigma = 1$):

$$\varphi(z) = \frac{1}{\sqrt{2\pi}} e^{-\frac{1}{2}z^2}, \ z \in \mathbb{R}$$

Weiterführende Literatur

■ Allgemeines, Nachschlagewerke

Meyers kleine Enzyklopädie Mathematik. Für Schule, Studium und Praxis, hg. von Siegfried Gottwald u. a. Mannheim (Meyers Lexikonverlag) ^{14}1995.

Bosch, Karl: Mathematik-Lexikon. Nachschlagewerk und Formelsammlung für Anwender. München u. a. (Oldenbourg) 2000.

Christmann, Norbert u. Wick, Joachim: Kompaktkurs Analysis, Vektorrechnung. Wiederholungs- und Ergänzungsbuch zur Schulmathematik für den Übergang von der Schule zur Hochschule. Bonn (Dümmler) ^{5}1991.

Fachlexikon ABC Mathematik, hg. von Walter Gellert u. a. Thun u. a. (Deutsch) 1978.

Fritzsche, Klaus: Mathematik für Einsteiger. Vor- und Brückenkurs zum Studienbeginn. Heidelberg (Spektrum, Akademischer Verlag) 1995.

Reinhardt, Fritz u. Soeder, Heinrich: dtv-Atlas zur Mathematik. Band 2: Analysis und angewandte Mathematik. München (dtv) ^{10}1998.

Scharlau, Winfried: Schulwissen Mathematik. Ein Überblick. Was ein Studienanfänger von der Mathematik wissen sollte. Braunschweig (Vieweg) ^{2}1995.

Taschenbuch mathematischer Formeln und moderner Verfahren, hg. von Horst Stöcker. Thun (Deutsch) ^{4}1999.

Vieweg Mathematik Lexikon. Begriffe, Definitionen, Sätze, Beispiele für das Grundstudium, hg. von Otto Kerner. Braunschweig (Vieweg) ^{3}1995.

Wissensspeicher Mathematik, Beiträge von Brigitte Frank u. a. Berlin (Cornelsen Scriptor) ^{2}1998.

■ Formelsammlungen

Eggs, Herbert u. a.: Mathematische Formelsammlung. Begriffe und Sätze. Frankfurt am Main (Diesterweg) ^{2}1993.

Formeln und Tabellen für die Sekundarstufe II. Mathematik, Informatik–ITG. Berlin (Paetec) ^{2}1997.

Morawetz, Walter u. a.: Mathematische Formeln und Definitionen für Realschulen in Bayern. München (Oldenbourg) ^{2}1997.

Sieber, Helmut u. a.: Mathematische Tafeln mit Formelsammlung für Gymnasien. Neudruck Stuttgart (Klett) 1999.

Stochastik : Formeln und Tabellen. Sekundarstufen I und II. Kombinatorik, Wahrscheinlichkeitstheorie, Statistik. Berlin (Paetec) 1997.

■ Analysis

Duden Abiturhilfen. Analysis, 3 Teile. Mannheim (Dudenverlag) 1998.

Precht, Manfred u. Voit, Karl: Mathematik für Nichtmathematiker. Band 2: Funktionen, Folgen und Reihen, Differential- und Integralrechnung, Differentialgleichungen, Ordnung und Chaos. München (Oldenbourg) ^{5}1994.

Scheid, Harald: Analysis kurz gefasst. Leistungskurs. Stuttgart (Klett) 2000.

Scheid, Harald: Folgen und Funktionen. Einführung in die Analysis. Heidelberg (Spektrum, Akademischer Verlag) 1997.

Sonar, Thomas: Einführung in die Analysis. Unter besonderer Berücksichtigung ihrer historischen Entwicklung für Studierende des Lehramtes. Braunschweig (Vieweg) 1999.

Weiterführende Literatur

■ Lineare Algebra und analytische Geometrie

Duden Abiturhilfen. Lineare Algebra und analytische Geometrie. Grundkurs. Mannheim (Dudenverlag) 1997.

Duden Abiturhilfen. Lineare Algebra und analytische Geometrie. Leistungskurs, 2 Teile. Mannheim (Dudenverlag) 1991–92.

Beutelspacher, Albrecht: Lineare Algebra. Eine Einführung in die Wissenschaft der Vektoren, Abbildungen und Matrizen. Braunschweig (Vieweg) ^{4}2000.

Precht, Manfred u. a.: Mathematik für Nichtmathematiker. Band 1: Grundbegriffe, Vektorrechnung, Lineare Algebra und Matrizenrechnung, Kombinatorik, Wahrscheinlichkeitsrechnung. München (Oldenbourg) ^{6}2000.

Riemer, Wolfgang u. Scheid, Harald: Abiturwissen lineare Algebra und analytische Geometrie. Stuttgart, München (Klett) ^{6}1997.

Scheid, Harald: Lineare Algebra kurz gefasst. Leistungskurs. Stuttgart (Klett) 2000.

■ Statistik und Wahrscheinlichkeitsrechnung

Duden Abiturhilfen. Stochastik, 2 Teile. Mannheim (Dudenverlag) 1990–99.

Behnen, Konrad u. Neuhaus, Georg: Grundkurs Stochastik. Eine integrierte Einführung in Wahrscheinlichkeitstheorie und mathematische Statistik. Stuttgart (Teubner) ^{3}1995.

Henze, Norbert: Stochastik für Einsteiger. Braunschweig u. a. (Vieweg) ^{2}1999.

Höfner, Gert: Wahrscheinlich ganz einfach. Stochastik zwischen Astrologie und Trendrechnung. Berlin (Paetec) 1999.

Lexikon der Stochastik. Wahrscheinlichkeitsrechnung und mathematische Statistik, hg. von P.H. Müller. Berlin (Akademie-Verlag) 1991.

Scheid, Harald: Wahrscheinlichkeitsrechnung. Mannheim (BI-Wissenschaftsverlag) 1992.

■ Unterhaltsame Mathematik

Beutelspacher, Albrecht: »In Mathe war ich immer schlecht ...«. Braunschweig (Vieweg) 1996.

Beutelspacher, Albrecht: Pasta all'infinito. Meine italienische Reise in die Mathematik. München (Beck) ^{2}2000.

Conway, John Horton u. Guy, Richard K.: Zahlenzauber. Von natürlichen, imaginären und anderen Zahlen. Basel (Birkhäuser) 1997.

Delahaye, Jean-Paul: Pi – die Story. Basel (Birkhäuser) 1999.

Körner, Thomas W.: Mathematisches Denken. Vom Vergnügen am Umgang mit Zahlen. Basel (Birkhäuser) 1998.

Neunzert, Helmut u. Rosenberger, Bernd: »Oh Gott, Mathematik!?«. Stuttgart (Teubner) ^{2}1997.

Stewart, Ian: Die Reise nach Pentagonien. 16 mathematische Kurzgeschichten. München (dtv) 1998.

Stewart, Ian: Spiel, Satz und Sieg für die Mathematik. Vergnügliche Ausflüge in die Welt der Zahlen. Frankfurt am Main (Insel-Verlag) 1997.

Stewart, Ian: Die Zahlen der Natur. Mathematik als Fenster zur Welt. Heidelberg (Spektrum, Akademischer Verlag) 1998.

■ Geschichte der Mathematik

Lexikon bedeutender Mathematiker, hg. von Siegfried Gottwald u. a. Leipzig (Bibliographisches Institut) 1990.

Dunham, William: Mathematik von A–Z. Eine alphabetische Tour durch vier Jahrtausende. Basel (Birkhäuser) 1996.

Geschichte der Analysis, hg. von Hans Niels Jahnke. Heidelberg (Spektrum, Akademischer Verlag) 1999.

Ifrah, Georges: Universalgeschichte der Zahlen. Sonderausgabe Köln (Parkland-Verlag) 1998.

Kaiser, Hans u. Nöbauer, Wilfried: Geschichte der Mathematik. München (Oldenbourg) ²1998.

Kordos, Marek: Streifzüge durch die Mathematikgeschichte. Stuttgart (Klett) 1999.

Meschkowski, Herbert: Denkweisen großer Mathematiker. Ein Weg zur Geschichte der Mathematik. Neuausgabe Braunschweig (Vieweg) 1990.

Peiffer, Jeanne u. Dahan-Dalmedico, Amy: Wege und Irrwege. Eine Geschichte der Mathematik. Darmstadt (Wissenschaftliche Buchgesellschaft) 1994.

Volkert, Klaus: Geschichte der Analysis. Mannheim u.a. (BI-Wissenschaftsverlag) 1987.

Abkürzungen und Bildquellen

Abb.	Abbildung	rd.	rund
Abk.	Abkürzung	S.	Seite
bzw.	beziehungsweise	sog.	so genannt
ca.	circa	Tab.	Tabelle
d. h.	das heißt	u.	und
e. V.	eingetragener Verein	u. a.	und andere, unter anderem
evtl.	eventuell	u. Ä.	und Ähnliches
ggf.	gegebenenfalls	usw.	und so weiter
hg.	herausgegeben	v. a.	vor allem
i. A.	im Allgemeinen	v. Chr.	vor Christus
i. d. R.	in der Regel	vgl.	vergleiche
Jh.	Jahrhundert	z. B.	zum Beispiel
n. Chr.	nach Christus	z. T.	zum Teil

Archiv für Kunst und Geschichte, Berlin: *45, 78, 166, 181, 244, 248, 297, 447.* – Bibliographisches Institut & F. A. Brockhaus, Mannheim: *458.* – Deutsches Museum, München: *61, 64, 86, 108, 243, 321, 354, 395.* – Historisches Museum, Basel: *46.*

Grafiken und Tabellen Bibliographisches Institut & F. A. Brockhaus, Mannheim

Fit in allen Prüfungsthemen:
die DUDEN-Abiturhilfen

Mit den DUDEN-Abiturhilfen können sich Schüler gezielt auf das Abitur vorbereiten. Von erfahrenen Fachpädagogen erarbeitet, übersichtlich strukturiert und mit wertvollen Tipps, welche Fehler am häufigsten auftreten und wie man sie vermeiden kann.

MATHEMATIK

Analysis I
11. Schuljahr
Grundlagen: Zahlenfolgen und reelle Funktionen

Analysis II
11. und 12. Schuljahr
Differenzierbarkeit von Funktionen und Kurvendiskussion

Analysis III
12. und 13. Schuljahr
Integralrechnung

Stochastik I
12. und 13. Schuljahr
Beschreibende Statistik und Wahrscheinlichkeitstheorie

Stochastik II
Zufallsgrößen und beurteilende Statistik
12. und 13. Schuljahr

Lineare Algebra und analytische Geometrie I
Leistungskurs
12. und 13. Schuljahr

Lineare Algebra und analytische Geometrie II
Leistungskurs
12. und 13. Schuljahr

Lineare Algebra und analytische Geometrie
Grundkurs
12. und 13. Schuljahr

GESCHICHTE

Geschichte I
12. und 13. Schuljahr

Geschichte II
12. und 13. Schuljahr

PHYSIK

Basiswissen Mathematik zur Physik
11. bis 13. Schuljahr

Mechanik I Bewegungslehre
11. Schuljahr

Mechanik II Erhaltungssätze
11. Schuljahr

Elektrizitätslehre I Felder
12. und 13. Schuljahr

DEUTSCH

Der deutsche Aufsatz
12. und 13. Schuljahr

Erzählende Prosatexte analysieren
12. und 13. Schuljahr

Dramentexte analysieren
12. und 13. Schuljahr

Gedichte analysieren
12. und 13. Schuljahr

CHEMIE

Grundlagen der organischen Chemie
12. und 13. Schuljahr

Grundlagen der allgemeinen Chemie
12. und 13. Schuljahr

Kunststoffe, Farbstoffe, Waschmittel
12. und 13. Schuljahr

BIOLOGIE

Genetik
12. und 13. Schuljahr

Nervensystem und Sinnesorgane
12. und 13. Schuljahr

Stoffwechsel und Energieumsatz
12. und 13. Schuljahr

Zellbiologie
12. und 13. Schuljahr

ERDKUNDE

Entwicklungsländer
12. und 13. Schuljahr
Übungsaufgaben aus der ganzen Welt

Geozonen und Landschaftsökologie
12. und 13. Schuljahr

USA – UdSSR
12. und 13. Schuljahr

Industrie und Dienstleistungen
12. und 13. Schuljahr
Grundbegriffe und Übungsaufgaben aus den wichtigsten Wirtschaftssektoren

KUNST

Kunstgeschichte I
12. und 13. Schuljahr

Kunstgeschichte II
12. und 13. Schuljahr

Die künstlerische Praxis
12. und 13. Schuljahr

Weitere Bände sind in Vorbereitung

DUDENVERLAG
Mannheim · Leipzig · Wien · Zürich